D1618595

Alexander Klimo
Im Dienste des Arbeitseinsatzes

Geschichte des Reichsarbeitsministeriums im Nationalsozialismus

Herausgegeben von Rüdiger Hachtmann, Elizabeth Harvey, Sandrine Kott, Alexander Nützenadel, Kiran Klaus Patel und Michael Wildt

Alexander Klimo

Im Dienste des Arbeitseinsatzes

Rentenversicherungspolitik
im »Dritten Reich«

WALLSTEIN VERLAG

Für Judith und Lukas

Bibliografische Information der Deutschen Nationalbibliothek
Die Deutsche Nationalbibliothek verzeichnet diese Publikation in der
Deutschen Nationalbibliografie; detaillierte bibliografische Daten
sind im Internet über http://dnb.d-nb.de abrufbar.

© Wallstein Verlag, Göttingen 2018
www.wallstein-verlag.de
Zugl. Diss. Humboldt-Universität zu Berlin 2018
Vom Verlag gesetzt aus der Stempel Garamond und der Frutiger
Lektorat: Jutta Mühlenberg, Hamburg
Umschlaggestaltung: Susanne Gerhards, Düsseldorf
Umschlagfoto: Reichsparteitag 1933 in Nürnberg. Adolf Hitler schreitet auf dem Reichsparteitagsgelände auf dem Amtwalterappell (Amtsträger der NS-DAP) an den Kriegsinvaliden vorbei. Foto: Berliner Verlag/Archiv.
© dpa/Zentralbild. picture alliance/ZB.
Druck und Verarbeitung: Hubert & Co., Göttingen
ISBN 978-3-8353-3288-1

Inhalt

Einleitung 9

I. Die Behördenstruktur der gesetzlichen Rentenversicherung   43
1. Die Hauptabteilung II des Reichsarbeitsministeriums . . .   43
2. Die Landesversicherungsanstalten als Träger
der Arbeiterrentenversicherung 57
3. In Bewegung: die Akteure in der
Rentenversicherungspolitik 68

II. Die Sanierung der Invalidenversicherung, 1932-1934 71
1. Die Absenkung des Leistungsprofils der Träger 71
2. Die Programmentwicklung zum Sanierungsgesetz 78
Der »interne« Entscheidungsprozess 83 – Der Beginn des interministeriellen Austauschs 85 – Die Reaktionen der Träger 91 – Der erleichterte Rentenentzug 92 – Die Rolle der Ärzteschaft 98 – Die Ausweitung statistischer Daten 101
3. Gelungene Einflussnahmen 104

III. Die Neuorganisation der Rentenversicherungsträger,
1933-1935 107
1. Strukturelle Veränderungen 107
Die Bestellung von Karl Fees als Kommissar für die Landesversicherungsanstalt Baden 107 – Die Inkorporation gesundheitspolitischer Verbände durch die Landesversicherungsanstalt Baden 116 – Die Zentralisierung des ärztlichen Gutachterwesens 118 – Weitere Planungen 120
2. Das Aufbaugesetz vom 5. Juli 1934 123
3. Gesundheitspolitische Maßnahmen 127
4. Die Rolle der Deutschen Arbeitsfront 136
5. Rechtliche und organisatorische Folgen
der Umstrukturierung 146

IV. Die Forcierung des Arbeitseinsatzes und Einschränkungen
der Versichertenrechte, 1936-1941 149

1. Der Vertrauensärztliche Dienst 149
2. Aus der Praxis der Rechtsprechung 153
3. Die vermehrte Überprüfung der Träger 161
4. Die »staatsfeindliche Betätigung« von Rentnern 166
5. Anpassung und Indienstnahme 176

V. Die verstärkte Mobilisierung im Kriege, 1941-1945 178

1. Das »Kriegsgesetz« und die weitere Forcierung
des Arbeitseinsatzes 178
Die Bestimmungen des Reichsarbeitsministeriums 179 – Einwände
des Militärs 185 – Die Wirkung des §21 189 – Die andauernde
Kritik der Träger 196

2. Die Zusammenarbeit mit den Arbeitsämtern 204

3. Die verschärfte Begutachtung durch den
Vertrauensärztlichen Dienst 210

4. Das letzte Mittel: die Vereinfachung
des Rentenversicherungsrechts 218

5. Konsequenzen aus der Arbeitskräftepolitik
und dem Kriegsverlauf 227

VI. Das Reichsarbeitsministerium in Europa, 1933-1945 230

1. Internationale Kongresse der Sozialversicherung:
die Propagierung des »deutschen Modells« 230
Budapest 1935 231 – Dresden 1936 235 – Wien 1938 237

2. Die Durchführung der Rentenversicherung im Protektorat
Böhmen und Mähren 239
Die Verwaltungsorganisation 241 – Die Personalpolitik 246 –
Vereinheitlichung und Konkretisierung: die praktische Umsetzung 251 – Die Instrumentalisierung der Kranken- und der Invalidenversicherung für den Arbeitseinsatz 256

3. Missglückte Rückkehr:
die deutsche Rentenversicherungspolitik im Elsass 280
Die Einflussnahme durch das Reichsarbeitsministerium 283 – Über Systemwechsel hinweg: die Landesversicherungsanstalt Elsass-Lothringen 285 – Die Invaliden- und Altersversicherung 289 – Die Tuberkulosebekämpfung 296

4. Brüche und Kontinuitäten 304

VII. Die Diskriminierung der Juden, 1933-1945 307

1. Berufsbedingte Entlassungen aus den
Sozialversicherungsbehörden 313

2. Maßnahmen gegen jüdische Versicherte 331
Die Deportation der badischen Juden am 22. Oktober 1940 337 – Die Bedeutung der Elften Verordnung zum Reichsbürgergesetz für die Rentenentziehungen 344 – Die problematische Verwaltungspraxis der Träger 354 – Konkretisierung durch Rundschreiben, nicht durch Gesetze 362 – Die letzten Maßnahmen: die Diskriminierung der Juden im Deutschen Reich 368 – Die Situation jüdischer Rentner im Elsass, im Generalgouvernement und im Protektorat Böhmen und Mähren 371

3. Antisemitische Rentenversicherungspraxis
im Deutschen Reich und im besetzten Ausland 383

VIII. Schluss 387

Dank 403

Bildnachweise 405

Tabellenverzeichnis 405

Abkürzungsverzeichnis 406

Quellen- und Literaturverzeichnis 407

Einleitung

Rentenversicherung und Arbeitseinsatz – auf den ersten Blick scheint es sich um zwei Konzepte zu handeln, die nicht viel miteinander gemeinsam haben oder sich sogar widersprechen. Beendet die Rente schließlich nicht das aktive Erwerbsleben? Ist die Rentenversicherung nicht gerade dadurch gekennzeichnet, dass sie eine finanzielle Sicherung im Alter auch ohne eine Erwerbstätigkeit ermöglicht? Wenn diese beiden Konzepte in eine gedankliche Nähe gebracht werden können, dann hängt dies mit der Epoche zusammen, in der sie betrachtet werden: der des Nationalsozialismus. Das Reichsarbeitsministerium als verantwortliches Fachressort besaß an der Rentenversicherung ein spezifisches Interesse, das über deren Funktion als Altersversorgung hinausging: dem nationalsozialistischen Arbeitseinsatz neue Kräfte hinzuzufügen. Dass dies möglich war, hängt mit dem besonderen strukturellen Aufbau der Rentenversicherung zusammen, die neben dem Risiko des Alters auch das der Erwerbsunfähigkeit absicherte. Im Kaiserreich, in der Weimarer Republik und auch noch im »Dritten Reich« bildete die Erwerbsunfähigkeit die häufigste Zugangsform zu den Leistungen aus der Rentenversicherung. Diese Feststellung hat eine fundamentale Bedeutung für die Betrachtung der Rentenversicherung im Nationalsozialismus.

Denn das gegenwärtige Bild von der Rentenversicherung ist vor allem durch ihre Bedeutung als Teil der Altersvorsorge bestimmt. Die gesetzliche Rentenversicherung bildet dafür noch immer die größte, aber nicht die einzige Säule; neben sie treten zusätzliche staatliche Angebote wie die Riesterrente sowie Betriebsrenten und private Altersvorsorgekonzepte. Die heutige Dreiteilung »Kindheit und Jugend – Arbeitsleben – Ruhestand« ist für die meisten Menschen in Europa noch immer das prägende Lebensmodell, auch wenn heutige Diskussionen aufgrund der sich stetig verändernden Arbeitswelt sowie des demografischen Wandels der Altersstruktur dieses vor allem aus der zweiten Hälfte des 20. Jahrhunderts übernommene Modell immer mehr in Frage stellen.[1] Dennoch: Mit der Rentenversicherung verbinden wir zurzeit vor allem die Versorgung im *Alter*.

---

1 Zur historischen Einordnung des Diskussionsstandes siehe Thomas Bryant: Von der »Vergreisung des Volkskörpers« zum »demographischen Wandel der Gesellschaft«. Geschichte und Gegenwart des deutschen Alterungsdiskurses

EINLEITUNG

Von ihrer Etablierung bis zur Mitte des 20. Jahrhunderts besaß die Rentenversicherung dagegen für die überwiegende Mehrheit ihrer Versicherten eine andere Funktion. Dies beginnt schon mit dem Wort »Rentenversicherung«, welches für diesen Zeitabschnitt problematisch ist. Keine staatliche oder öffentlich-rechtliche Organisation oder Institution trug diesen Namen. Der Term »Rentenversicherung« fungierte lediglich als Oberbegriff ihrer einzelnen, nach Berufsarten getrennten Zweige: der Invalidenversicherung, der Angestelltenversicherung und der knappschaftlichen Pensionsversicherung. Arbeiter, Angestellte und Bergleute waren nicht in der »deutschen Rentenversicherung« versichert, sondern in der »Invaliditäts- und Altersversicherung«, in der »Angestelltenversicherung« und in der »knappschaftlichen Pensionsversicherung«. Ihre Rentenversicherungsträger, jene öffentlich-rechtlichen Körperschaften, die die Durchführung der staatlichen Aufgaben der Rentenversicherung vor Ort übernahmen, hießen »Landesversicherungsanstalt«, »Reichsversicherungsanstalt für Angestellte« oder »Reichsknappschaft«. Zudem gab es für weitere Berufskreise zahlreiche Sonderanstalten: die »Seekasse« für Fischer oder die Arbeiterpensionskassen für die bei der Reichsbahn beschäftigten Arbeiter. Erst allmählich und insbesondere nach Ende des Zweiten Weltkrieges sollte sich der Begriff »Rentenversicherung« zu seiner aktuellen Bedeutung wandeln, dass damit nämlich hauptsächlich die finanzielle Absicherung einer Phase gemeint ist, die das aktive Erwerbsleben beendet und mit der Erreichung einer bestimmten Altersgrenze, etwa dem 65. Lebensjahr, beginnt.[2]

Der schroffe Übergang vom aktiven Erwerbsleben in den Ruhestand aufgrund der Erreichung der Altersgrenze, wie er heute für die überwältigende Mehrheit der Versicherten in Deutschland üblich ist,[3] war im »Dritten Reich« in dieser Form noch nicht gegeben. Die Rentenversicherung befand sich vielmehr in einer Übergangsphase. Der dominierende Zugang zu den Leistungen aus der Rentenversicherung war noch nicht die Erreichung eines bestimmten Lebensalters, sondern der Verlust der Fähigkeit, seinen Lebensunterhalt durch eine Erwerbstätigkeit zu bestreiten, die sogenannte *Erwerbsunfähigkeit*. Diese trat

im 20. Jahrhundert, in: Tel Aviver Jahrbuch für deutsche Geschichte 25 (2007), S. 110-127.
2 Vgl. generell zur Entstehung des Ruhestandes Christoph Conrad: Vom Greis zum Rentner. Der Strukturwandel des Alters in Deutschland zwischen 1830 und 1930, Göttingen 1994.
3 Vgl. Deutsche Rentenversicherung Bund (Hg.): Rentenversicherung in Zeitreihen, 22. Aufl., Berlin 2016, S. 174-180.

vor allem für Arbeiter und Bergleute häufig *vor* Erreichung des 65. Lebensjahres ein. Zu Beginn der NS-Zeit war Erwerbsunfähigkeit noch die mit Abstand häufigste Zugangsform zu den Leistungen aus der Rentenversicherung.[4] Dies sollte sich bis 1945 nicht ändern. Erst seit 1965 gab es in Deutschland in der Rentenversicherung der Arbeiter mehr Zugänge durch die Erreichung der Altersgrenze als durch den Eintritt der Erwerbsunfähigkeit.[5]

Die Frage nach der Erwerbsunfähigkeit war daher im Nationalsozialismus eine entscheidende Komponente in der Praxis der Rentengewährung. Nur wenn ein ärztliches Gutachten die Erwerbsunfähigkeit – in der Invalidenversicherung die »Invalidität«, in der Angestelltenversicherung die »Berufsunfähigkeit« – bescheinigte, war der Zugang zu den Leistungen aus der Rentenversicherung vor Erreichung des 65. Lebensjahres möglich. Für die meisten Versicherten trat der Versicherungsfall in der Rentenversicherung durch die Einbuße der Erwerbsfähigkeit ein. Die damalige Rentenversicherung deckte auch das »Risiko des Alters« ab, aber eben nicht unmittelbar. »Alter« war in diesem Zusammenhang lediglich eine Unterform der »Erwerbsunfähigkeit«: Wer alt war, galt als erwerbsunfähig. Die Altersgrenze, die zunächst bei 70 Jahren lag, besaß zu Beginn der Rentenversicherung nicht die gleiche Bedeutung, die sie heutzutage für den fixen Beginn des »Ruhestandes« hat. Die Reichsregierung führte sie lediglich aus verwaltungstechnischen Gründen ein, da sie davon ausging, dass ein Arbeiter ab dem 70. Lebensjahr nicht mehr imstande sei, seinen Lebensunterhalt alleine bestreiten zu können.[6]

Daher muss ein Perspektivwechsel vorgenommen werden. Die Bedeutung einer »festen, objektiven« Komponente, konkret: die Erreichung einer bestimmten Altersgrenze war für die große Masse der Ver-

---

4 Vgl. Statistisches Handbuch von Deutschland. 1928-1944, hg. v. Länderrat des Amerikanischen Besatzungsgebiets, München 1949, S. 534. Noch im Jahre 1929 gab es 1,9 Millionen laufende Invalidenrenten bei 51 000 laufenden Altersrenten.
5 Deutsche Rentenversicherung Bund (Hg.): Rentenversicherung in Zeitreihen, S. 62. Heute ist der Begriff der »Invalidität« nicht mehr gebräuchlich. Stattdessen spricht man von »verminderter Erwerbsfähigkeit«.
6 Lars Kaschke: Eine versöhnende und beruhigende Wirkung? Zur Funktion der Rentenverfahren in der Invaliditäts- und Altersversicherung im Kaiserreich, in: Stefan Fisch/Ulrike Haerendel (Hg.): Geschichte und Gegenwart der Rentenversicherung in Deutschland. Beiträge zur Entstehung, Entwicklung und vergleichenden Einordnung der Alterssicherung im Sozialstaat, Berlin 2000, S. 127-144, hier S. 128.

EINLEITUNG

sicherten nicht die ausschlaggebende Ursache für die Gewährung einer Rente, sondern »verhandelbare, subjektive« Einschätzungen über den erreichten Grad der Erwerbsunfähigkeit. Die Frage, wann diese vorlag, wurde nicht durch eine feststehende, unveränderliche Definition entschieden, sondern war abhängig von politischen, wirtschaftlichen und sozialen Gegebenheiten und Einflüssen. Der Begriff der »Invalidität«, um bei der Rentenversicherung für Arbeiter zu bleiben, wurde konstruiert, nicht definiert. Die Versicherten mussten ihre Forderungen formulieren, ihre Ansprüche begründen und ihre Rechte erstreiten. Völlig zu Recht urteilt Greg Eghigian, dass die Geschichte sozialer Ansprüche an den Staat auch eine Geschichte der modernen Form der politischen Beschwerde ist (»The history of the social entitlement state is also a history of the modern form of political complaint«).[7]

In der nationalsozialistischen Diktatur, die die Rechte des Einzelnen zugunsten einer vermeintlichen oder wirklichen »Volksgemeinschaft« einzuschränken versuchte und tatsächlich einschränkte, sah sich die so konzipierte Rentenversicherung veränderten Rahmenbedingungen ausgesetzt. Erstens betraf dies die bereits angesprochene Relativierung individueller Rechte zugunsten der »Gemeinschaft«. Zweitens: Die veränderten wirtschaftlichen und arbeitsmarkttechnischen Erfordernisse durch den Arbeitseinsatz und die forcierte Aufrüstung, die von einem Arbeitskräfteüberschuss in Millionenhöhe in wenigen Jahren zu einem massiven Arbeitskräftemangel führte. Drittens: Die immer stärker werdende Ausgrenzung von Juden aus der deutschen Gesellschaft. Und viertens: Die sozialdarwinistischen Vorstellungen eines »gesunden Volkskörpers«, der durch Auslese und Selektion, durch ausgeweitete gesundheitspolitische Maßnahmen und durch die Hervorhebung des Prinzips der Vor- statt Fürsorge für die kommenden Aufgaben des »Tausendjährigen Reiches« ertüchtigt werden sollte.

Ob und wie diese Bedingungen den Begriff der Invalidität neu konstruiert, angepasst oder verschoben haben, ist hingegen völlig offen. Die bisherige Forschung hat die Rentenversicherungspolitik des Ministeriums vor allem auf der ministeriellen Ebene untersucht und direkte Folgen für Versicherte und Rentner meistens ausgeklammert. Dabei zeigt sich die Bedeutung der Rentenversicherung im »Dritten Reich« weniger in der Sozialversicherungsgesetzgebung, als vielmehr im Streit darüber, unter welchen Konditionen Rentenversicherungsansprüche als gerechtfertigt erschienen und von den Rentenversicherungsträgern

---

7 Greg Eghigian: Making Security Social. Disability, Insurance, and the Birth of the Social Entitlement State in Germany, Ann Arbor 2000, S. 21.

und Versicherungsämtern positiv beschieden wurden. In diesen Streitverfahren wurde der Begriff der Erwerbsunfähigkeit ausgelegt und in dieser Auseinandersetzung spiegelte sich die Rentenversicherungspolitik des Reichsarbeitsministeriums wider. Der vom Regime erzeugte Arbeitskräftemangel wirkte auf die Durchführung der Rentenversicherung ein, auch wenn diese Annahme sowohl in der Verwaltungs- und Spruchpraxis, als auch in der zeitgenössischen Literatur umstritten war.[8]

Das Reichsarbeitsministerium, als zuständiges Fachressort mit der Durchführung der Rentenversicherung betraut, verwaltete im »Dritten Reich« nicht lediglich die aus dem Kaiserreich übernommene und in der Weimarer Republik ausgebaute Sozialversicherung. Auch wenn aufgrund der hohen Pfadabhängigkeit die Strukturen der deutschen Sozialversicherung nicht grundsätzlich angetastet worden sind, so passten die verantwortlichen Beamten im Reichsarbeitsministerium die Rentenversicherung dennoch an die Bedingungen der nationalsozialistischen Herrschaft an. Dabei sind grundlegende Entwicklungen in der Rentenversicherung während des Nationalsozialismus durchaus bekannt oder waren zumindest bereits Gegenstand von Untersuchungen, da sich Historikerinnen und Historiker vor allem auf jene Elemente konzentrierten, die das vermeintlich Spezifische des NS-Staates besonders betonen: die Zerschlagung der Selbstverwaltung, die Einführung des »Führerprinzips«, der Rentenentzug aufgrund »staatsfeindlicher Betätigung«, die Versuche der Deutschen Arbeitsfront, die Rentenversicherung zu übernehmen oder massiv umzugestalten, die Diskriminierung jüdischer Versicherter und die Reformbestrebungen für eine rassistische Sozialversicherungsgesetzgebung. Auch über die Rentenversicherungspolitik des Reichsarbeitsministeriums selbst liegen Informationen vor: über die Sanierung der finanziell angeschlagenen Träger, die tatsächlichen Rentenerhöhungen, die Versuche des Reichsarbeitsministeriums, weitere Verbesserungen des niedrigen Leistungsniveaus zu erreichen sowie die Einbeziehung der Handwerker und Selbstständigen in die Rentenversicherung.

Eine Untersuchung der Rentenversicherungspolitik des Reichsarbeitsministeriums kann daher auf vielfältige Forschungsergebnisse

---

8 Die Invalidenversicherung besaß seit ihrer Entstehung das Problem, ob bei der Frage der »Invalidität« die »Arbeitsmarktlage« Berücksichtigung finden sollte oder nicht. Vgl. Hermann Dersch: Leistungsvoraussetzungen der Sozialversicherung und Arbeitseinsatz, in: Zentralblatt für Reichsversicherung und Reichsversorgung 19-24 (1943), S. 145-150.

EINLEITUNG

zurückgreifen. Nur: Viele grundlegende Arbeiten bieten in den meisten Fällen lediglich einen summarischen Überblick und begnügen sich mit der Darstellung allgemeiner Entwicklungslinien, ohne diese in einen größeren Zusammenhang zu betten. Außerdem wurden die Entwicklungen in der Rentenversicherung meistens entweder nur auf der oberen Ebene, also im interministeriellen Austausch, oder nur auf der unteren Ebene, etwa bei konkreten Maßnahmen der Versicherungsträger untersucht. Dies gilt besonders für die Ausgrenzung der jüdischen Bevölkerung, welche – auch aufgrund eines bestehenden Quellenmangels – bisher in den meisten Fällen nur sehr selektiv analysiert werden konnte.[9] Auch scheuen die meisten Arbeiten davor zurück, die Entwicklung der Rentenversicherung über die Grenzen Deutschlands bzw. des »Altreichs« hinaus, also im besetzten Europa, zu untersuchen.[10] Ein Themenbereich, über den bisher kaum Informationen vorliegen, ist die internationale Dimension der Rentenversicherungspolitik des Reichsarbeitsministeriums – sowohl die internationale Propagierung eines »deutschen Modells« der Sozialversicherung[11] als auch die Durchführung der Rentenversicherung in den besetzten Gebieten kurz vor und während des Zweiten Weltkrieges.[12] Und schließlich: Die Forschung hat die Rentenversicherung im Nationalsozialismus vor allem unter dem Gesichtspunkt ihrer heute üblichen Form untersucht, nämlich als Teil der *Altersversorgung*. Der grundsätzliche Charakter der Rentenversicherung vor den 1960er-Jahren, in dem ihr Gegen-

---

9 Die bisher fundierteste Deutung der antisemitischen Maßnahmen auf dem Feld der Rentenversicherung bietet Alfred C. Mierzejewski. Ders.: A History of the German Public Pension System: Continuity Amid Change, Lanham u. a. 2016, S. 135-142.
10 Eine Ausnahme bildet dabei vor allem die Studie von Eckart Reidegeld, der sich jedoch hauptsächlich auf Gesetzes- und Verordnungsquellen stützt. Ders.: Staatliche Sozialpolitik in Deutschland, Bd. 2: Sozialpolitik in Demokratie und Diktatur 1919-1945, Wiesbaden 2006.
11 Siehe dazu den im Erscheinen begriffenen Sammelband von Sandrine Kott/Kiran Klaus Patel (Hg.): Nazism across Borders. The Social Policies of the Third Reich and their Global Appeal, Oxford 2018.
12 Vgl. über die Bedeutung der Sozialpolitik im Protektorat Böhmen und Mähren die derzeit im Entstehen begriffene Dissertation von Radka Šustrová: Liberale Gesellschaft oder nationale Gemeinschaft? Sozialpolitik im Protektorat Böhmen und Mähren, 1939-1945; sowie dies.: »It Will Not Work without a Social Policy!«. Research on Social Policy Practice on the Territory of Protectorate of Bohemia and Moravia, in: Czech Journal of Contemporary History 2 (2014), S. 31-56.

EINLEITUNG

stand vor allem die Versicherung des Risikos der *Erwerbsunfähigkeit* darstellte, fand in dieser Form bisher kaum genuine Berücksichtigung. Die vorliegende Studie möchte diese Punkte daher besonders berücksichtigen. Die Rentenversicherungspolitik des Reichsarbeitsministeriums wird zum Anlass genommen, die grundsätzliche Arbeitsweise eines Reichsministeriums im Nationalsozialismus zu analysieren. Wie hat das Ministerium konkret gearbeitet? Welche Veränderungen in der Arbeitsweise lassen sich vom Ende der Weimarer Republik bis zum Ende des »Dritten Reiches« beobachten? Im Fokus stehen dabei in jedem Kapitel die Kommunikations- und Weisungsstrukturen des Ministeriums mit seinen nachgeordneten Behörden und den Rentenversicherungsträgern. Eine Gesetzgebung ohne ausführende Behörden würde im luftleeren Raum agieren, im Gegenzug wären die Rentenversicherungsträger ohne eine zentrale Behörde nicht in der Lage, die Rentenversicherung unter sich ändernden politischen oder wirtschaftlichen Gesichtspunkten – zumal in einem so »extremen Zeitalter« wie der ersten Hälfte des 20. Jahrhunderts[13] – aufrechtzuhalten. Es wird daher insbesondere zu fragen sein, wie sich der politische Willensbildungsprozess konkret ausgestaltet hat und welche Bedingungen den gravierenden Änderungen in der Gesetzgebung, der Praxis und dem Recht der Rentenversicherung zugrunde lagen. Die nachgeordneten Behörden und die Träger spielten dabei eine wichtige Rolle, da deren Wirken *integraler Bestandteil* der Arbeitsweise des Ministeriums war. Deren Einwirkung auf die Rentenversicherungspolitik und die konkrete Umsetzung durch das Reichsarbeitsministerium stehen dabei im Mittelpunkt dieser Arbeit.

Zudem geht es darum, die Gründe für die Adaption, Übernahme und Durchführung nationalsozialistischer Vorstellungen darzustellen. Welche Änderungen haben sich im »Dritten Reich« im Einzelnen ergeben? Wie wirkte sich der Arbeitskräftemangel auf die Vergabepraxis in der Rentenversicherung aus? Wurde der Begriff der Invalidität zwischen 1933 und 1945 neu konstruiert? Wenn ja, welche Akteure waren daran beteiligt und welche Folgen hatte dies? Wie fanden antisemitische Maßnahmen Eingang in die Verwaltungspraxis der Träger oder des Ministeriums? Gab es zentrale Anweisungen, die Renten von Juden einzustellen oder Juden aus der Sozialversicherung auszuschließen?

Auch die internationalen Belange des Ministeriums werden – fallweise für die Durchführung der Rentenversicherung im annektierten

---

13 Vgl. Eric Hobsbawm: Das Zeitalter der Extreme. Weltgeschichte des 20. Jahrhunderts, aus dem Engl. von Yvonne Badal, München 1995.

EINLEITUNG

Elsass und im neu gegründeten Reichsprotektorat Böhmen und Mähren – berücksichtigt. Vor allem die Durchführung der Rentenversicherung in den besetzten Gebieten während des Zweiten Weltkrieges zeigt die Möglichkeiten und Grenzen von Reichsministerien bei der Okkupation und Aufrechterhaltung einer »deutschen Ordnung« im besetzten Europa. Inwieweit verdrängten die Beamten in den besetzten Gebieten nationale Eigenheiten, um deutsche Interessen durchzusetzen? Welche Rolle spielte dabei das Reichsarbeitsministerium? Wie beeinflusste es die Durchführung der Rentenversicherung in den betreffenden Gebieten, obwohl es formal nicht zuständig war?

Und schließlich: Wie lässt sich die Arbeitsweise des Ministeriums und der Träger bei der Diskriminierung von Juden in der Rentenversicherung beschreiben? Von welchen Gesichtspunkten war ihre Zusammenarbeit geprägt, welche Unterschiede und Gemeinsamkeiten lassen sich im Vergleich mit der sonstigen Rentenversicherungspolitik des Ministeriums ausmachen?

Die historische Forschung hat sich diesen Fragen bisher kaum gewidmet, obwohl das Reichsarbeitsministerium die wichtigste Behörde für die Durchführung der Rentenversicherung war.

Forschungsstand

Die Forschungslage über die Rentenversicherung ist äußerst vielfältig. Die Erforschung der Sozialversicherung im Allgemeinen und der Rentenversicherung im Besonderen hat sich allerdings bisher stark auf das Kaiserreich und die Weimarer Republik konzentriert,[14] während

14 Karl Christian Führer: Für das Wirtschaftsleben »mehr oder weniger wertlose Personen«. Zur Lage von Invaliden- und Kleinrentnern in den Inflationsjahren 1918-1924, in: Archiv für Sozialgeschichte 30 (1990), S. 145-180; ders.: Untergang und Neuanfang. Die Rentenversicherungen für Arbeiter und für Angestellte im Jahrzehnt der »Großen Inflation« 1914-1924. Ein Vergleich, in: Stefan Fisch/Ulrike Haerendel (Hg.): Geschichte und Gegenwart der Rentenversicherung in Deutschland, Berlin 2000, S. 247-270; Kaschke: Eine versöhnende und beruhigende Wirkung?; Florian Tennstedt: Vorläufer der gesetzlichen Rentenversicherung, in: Stefan Fisch/Ulrike Haerendel (Hg.): Geschichte und Gegenwart der Rentenversicherung in Deutschland, Berlin 2000, S. 31-48; Lars Kaschke: Nichts als »Bettelgelder«? Wert und Wertschätzung der Alters- und Invalidenrenten im Kaiserreich, in: Historische Zeitschrift 270 (2000), S. 345-388; Ulrike Haerendel: Die Anfänge der gesetzlichen Rentenversicherung in Deutschland. Die Invaliditäts- und Altersversicherung von 1889 im Spannungsfeld von Reichsverwaltung, Bundesrat und Parlament, Speyer 2001.

genuine Arbeiten über den Nationalsozialismus seltener sind. Über die Unfall- und Krankenversicherung liegen eigenständige Arbeiten vor,[15] die Rentenversicherung selbst wurde hingegen bisher vor allem fast ausschließlich innerhalb eines größeren Kontextes abgehandelt.[16] Die wenigen Arbeiten, die sich entweder vollständig oder in großen Zügen mit der Rentenversicherung im Nationalsozialismus befasst haben, bieten dennoch äußerst interessante Einblicke. Die aktuellste Monografie über die Geschichte der Rentenversicherung stammt von dem amerikanischen Historiker Alfred Mierzejewski, der 2016 eine Geschichte der deutschen Rentenversicherung von ihren Ursprüngen bis ins Jahre 2007 vorlegte und ihre Entwicklungen im »Dritten Reich« kenntnis- und detailreich nachzeichnete.[17] Seine Ausführungen über die Entwicklung der Rentenversicherung im Krieg und in den annektierten Gebieten sowie über die Situation jüdischer Rentner und Versicherter sind äußerst aufschlussreich und werden sicherlich zu weiteren Detailstudien anregen. Mierzejewski kommt entgegen den vielfach aufgestellten Behauptungen, das Reichsarbeitsministerium sei ein »schwaches Ministerium«, zu dem Schluss, dass das Ministerium durchaus in der Lage gewesen sei, sich im Machtkampf gegen andere NS-Organisationen, vor allem der Deutschen Arbeitsfront, durchzusetzen: »The RAM was able to gather more power into its hands, both as a result of its own exertions and as a result of the Nazi drive to crush democratic institutions.«[18]

Zu den wichtigsten Veröffentlichungen über die Rentenversicherung im Nationalsozialismus zählt zudem die 2005 veröffentlichte

15 Josef Boyer: Ein Sieg der Unternehmerautonomie: Die Berufsgenossenschaften während des Nationalsozialismus, in: Marc von Miquel (Hg.): Sozialversicherung in Diktatur und Demokratie. Begleitband zur Wanderausstellung der Arbeitsgemeinschaft »Erinnerung und Verantwortung« der Sozialversicherungsträger in NRW, Essen 2007, S. 246-260; Rebecca Schwoch: »Treueste Pflichterfüllung« im Dienst der »Volksgesundheit«: Ärztliche Standespolitik im Nationalsozialismus, in: ebd., S. 261-274; Florian Tennstedt: Geschichte der Selbstverwaltung in der Krankenversicherung von der Mitte des 19. Jahrhunderts bis zur Gründung der Bundesrepublik Deutschland, Bonn 1977.
16 Reidegeld: Staatliche Sozialpolitik in Deutschland, Bd. 2; Dorothea Noll: »… ohne Hoffnung, im Alter jemals auch nur einen Pfennig Rente zu erhalten«. Die Geschichte der weiblichen Erwerbsbiographie in der gesetzlichen Rentenversicherung, Frankfurt am Main 2010; Hans Günter Hockerts (Hg.): Drei Wege deutscher Sozialstaatlichkeit. NS-Diktatur, Bundesrepublik und DDR im Vergleich, München 1998.
17 Mierzejewski: A History of the German Public Pension System.
18 Ebd., S. 146.

EINLEITUNG

Dissertation von Lil-Christin Schlegel-Voß.[19] Entgegen den bisherigen Forschungsarbeiten zur Rentenversicherungspolitik, die sich ihrer Ansicht nach lediglich auf »Entscheidungsprozesse und die divergierenden Interessen der politischen Akteure«[20] beschränkten, versucht Schlegel-Voß die Auswirkungen der Sozialversicherungsgesetzgebung auf die konkrete Lebenslage älterer Menschen zu untersuchen. Dabei neigt sie allerdings dazu, den Schwerpunkt ihrer Arbeit ebenfalls auf den Gesetzgebungsprozess und die ihn begleitenden Akteure aus dem Reichsarbeitsministerium, anderen Reichsministerien sowie NS-Organisationen zu setzen. Da sie Quellenbestände nutzen konnte, die vor 1989 der historischen Forschung nicht oder nur eingeschränkt zur Verfügung standen, ergänzt sie ältere Forschungsarbeiten. Dadurch, dass auch ältere, pflegebedürftige Menschen Opfer der »Euthanasie«-Morde wurden, verweist Schlegel-Voß zudem gleichzeitig auf einen wichtigen, bisher vernachläßigen Punkt in der Erforschung der Situation von älteren Menschen.

Ebenfalls zu den noch neueren Arbeiten zählt der Beitrag eines weiteren US-amerikanischen Historikers, der schon angesprochene Greg Eghigian.[21] Zwar behandelt er hauptsächlich das Kaiserreich und die Weimarer Republik, seine Schlussfolgerungen sind dennoch für die Geschichte der Rentenversicherung im Nationalsozialismus von Bedeutung. Nach ihm bot die Sozialversicherung einen neuen, mächtigen Weg, um die sozialen Probleme der Zeit in der *Sprache von Risiken und Unsicherheiten* zu verstehen. Sie ermöglichte die Lösung der »Arbeiterfrage« durch eine »Säkularisierung des Unglücks«, indem der Staat die Risiken des Arbeitslebens aufteilte und die Durchführung der Sozialversicherung in die Hände von Unternehmern, Arbeitern und Experten legte. Daraus erwuchs die Hoffnung, dass sie Vertrauen, Sicherheit und Beständigkeit schaffen würde. Eghigian betrachtet die Geschichte der Sozialversicherung vor allem anhand der Forderungen der Versicherten, ihre Ansprüche gegenüber staatlichen Stellen durchzusetzen und durchsetzen zu können. Die Kontinuitätslinie der Sozialversicherung besteht seiner Meinung nach vor allem in der Politik, das Angebot zu reglementieren und zu lenken, anstatt die Nachfrage zu befriedigen.[22] Im Nationalsozialismus traf dies nun auf eine rassistische

---

19 Lil-Christin Schlegel-Voß: Alter in der »Volksgemeinschaft«. Zur Lebenslage der älteren Generation im Nationalsozialismus, Berlin 2005.
20 Ebd., S. 19.
21 Eghigian: Making Security Social.
22 Vgl. ebd., S. 271-288.

Grundordnung: Zuerst wurden diejenigen mit sozialen Leistungen bedacht, die die Unterstützung am nötigsten hatten, und danach die, die sie in den Augen der Machthaber am ehesten verdienten; jene Deutsche also, die der »Volksgemeinschaft« angehörten. Zu den »klassischen Arbeiten« über die Rentenversicherung im Nationalsozialismus zählen weiterhin die Veröffentlichungen von Karl Teppe und Florian Tennstedt. Die sehr detailreiche Arbeit von Teppe[23] zeichnet sich durch exemplarische Analysen der Gesetzgebungspraxis der Rentenversicherungspolitik aus, um so »die spezifische Wirkungsweise des Hitler-Regimes auf die Sozialversicherung« zu verdeutlichen.[24] Aus seinen Arbeiten zieht er folgende Ergebnisse, die auf jeweils unterschiedliche Problemstellungen sowohl der älteren als auch der heutigen NS-Forschung verweisen: Erstens sieht er in den polykratischen Strukturen des NS-Staates mit seinen vielfältigen Kompetenzstreitigkeiten sowie der »notorischen Unentschlossenheit Hitlers«[25] den entscheidenden Grund für das Scheitern jeglicher Reformanstrengungen in der Sozialversicherung. Reichsministerien wie NS-Organisationen hätten sich auf diesem Gebiet gegenseitig gelähmt und unter den unklaren Kompetenzverteilungen und der Herrschaftspraxis im NS-Staat gelitten. Zweitens habe die Sozialversicherungspraxis durch »Appelle an den sozialen Gemeinsinn« als »Instrument der Systemstabilisierung« fungiert.[26] Für die Empfänger von Altersrenten und Unterstützungsleistungen durch die Invalidenversicherung galt es, sich in die »Volksgemeinschaft« ein- und den Zielen des Staates unterzuordnen. Drittens verweist Teppe auf den mangelnden Willen des Regimes, vor dem Krieg sozialpolitische Verbesserungen in die Wege zu leiten. Erst die Furcht Hitlers vor einem voranschreitenden Popularitätsverlust und dem »Zusammenbruch der Heimatfront«[27] hätten zu Verbesserungen in den Leistungen der Sozialversicherung geführt, die als Teil der nationalsozialistischen Sozialpolitik bis zum Ende des Regimes ihren Charakter als »Bestechungspolitik« zu keinem Zeitpunkt verlieren konnte.[28]

23 Karl Teppe: Zur Sozialpolitik des Dritten Reiches am Beispiel der Sozialversicherung, in: Archiv für Sozialgeschichte 17 (1977), S. 195-250.
24 Ebd., S. 197.
25 Ebd., S. 249.
26 Ebd.
27 Timothy W. Mason: Sozialpolitik im Dritten Reich. Arbeiterklasse und Volksgemeinschaft, Opladen 1977, S. 37.
28 Ebd., S. 250.

EINLEITUNG

Florian Tennstedts summarischer Überblick[29] beleuchtet als einer der wenigen das Zusammenspiel der Sozialversicherungsabteilung des Reichsarbeitsministeriums mit den Trägern der gesetzlichen Rentenversicherung, nämlich die für die Invalidenversicherung zuständigen Landesversicherungsanstalten und die Reichsversicherungsanstalt für Angestellte. Seine bedauerlicherweise durch nur wenige Quellen- und Literaturverweise gekennzeichneten Ausführungen geben wertvolle Hinweise für die Bedeutung der regionalen Landesversicherungsanstalten in der Frage der Rentenbewilligungspraxis. Die Umorganisation des Vertrauensärztlichen Dienstes (VäD) unter dem Dach der Sozialversicherungsträger der Arbeiterrentenversicherung und die damit einhergehende Personalunion von Vertrauensärzten aus der Krankenversicherung und der Invalidenversicherung hatte weitreichende Folgen: So vermutet Tennstedt, dass »mit Hilfe der ärztlichen Begutachtung« der massenhafte Entzug von Invalidenrenten erleichtert wurde.[30]

Die Arbeit von Wolfgang Scheur behandelt die Rentenversicherung selbst nur am Rande, wobei er sich dabei auf die höchste Ministerialebene und die Auswertung von Gesetzestexten konzentriert.[31] Die Untersuchung von Marie-Luise Recker[32] beleuchtet die nationalsozialistischen Reformbestrebungen in der Rentenversicherungspolitik aus dem Blickwinkel der Deutschen Arbeitsfront (DAF), und sie zeichnet den Konflikt zwischen den beteiligten Protagonisten im Reichsarbeitsministerium und in der DAF nach. Recker betrachtet das von der DAF ausgearbeitete »Sozialwerk des Deutschen Volkes« dabei in etwas verstörend unkritischer Weise als realistisches Modell einer Nachkriegsordnung, die eine komplett neue Ausgestaltung des Invaliden- und Altersversicherungswesens nach sich gezogen hätte.[33] Dieser Zusammenhang wurde von der bisherigen Forschung vor allem deshalb herangezogen, um die vermeintlich »modernen Elemente« des Nationalsozialismus zu diskutieren.[34]

29 Florian Tennstedt: Sozialgeschichte der Sozialversicherung, in: Sozialmedizin in der Praxis 3 (1976), S. 385-492.
30 Ebd., S. 476.
31 Wolfgang Scheur: Einrichtungen und Massnahmen der sozialen Sicherheit in der Zeit des Nationalsozialismus, Köln 1967, S. 56-60, 85-87, 138-141, 160-165.
32 Marie-Luise Recker: Nationalsozialistische Sozialpolitik im Zweiten Weltkrieg, München 1985.
33 Ebd., S. 297.
34 Vgl. Rainer Zitelmann: Die totalitäre Seite der Moderne, in: Michael Prinz (Hg.): Nationalsozialismus und Modernisierung, Darmstadt 1991, S. 1-21,

EINLEITUNG

Die von Götz Aly in seinem Buch *Hitlers Volksstaat* vertreten Thesen haben in der Forschung einen starken Widerspruch erfahren.[35] Aly verweist darin auf einen Komplex, dem sich eine Arbeit über ein sozialpolitisches Thema im Nationalsozialismus nicht entziehen kann: Die Wechselwirkung zwischen sozialpolitischen Wohlfahrtsmaßnahmen für die Mehrheitsgesellschaft und den exkludierenden Praktiken des Regimes, »Volksfeinde« aus der deutschen Gesellschaft auszuschließen, sie zu verfolgen und zu ermorden. Bezüglich der Rentenversicherung geht Aly davon aus, dass durch die Ermordung der deutschen und österreichischen Juden die Einsparungen ihrer Anwartschaften dazu genutzt werden konnten, den Staatszuschuss zu senken oder das Leistungsniveau anzuheben.[36] Die durchgeführten und diskutierten Rentenreformen ab 1941 betrachtet er vor dem Hintergrund, »dass der soziale Veränderungswillen derjenigen Führer des Dritten Reichs besonders stark ausgeprägt war, die sich gleichzeitig aktiv hervortaten, wenn es galt, die Politik des Massenmordes durchzusetzen.«[37]

Die Situation von jüdischen Versicherten in der Rentenversicherung wurde erstmals von Petra Kirchberger in der Schriftenreihe »Beiträge zur nationalsozialistischen Gesundheits- und Sozialpolitik« zum Schwerpunktthema *Sozialpolitik und Judenvernichtung* beschrieben.[38] In ihrem Aufsatz betont sie vor allem die Rolle, die die Rentenversicherungsträger in der sukzessiven Diskriminierung von Juden in der Sozialversicherung spielten, bleibt jedoch in der Auswahl der Quellen zu selektiv. Dabei kommt sie zu dem Schluss, dass die Leistungsverbesserungen in der Rentenversicherung erst durch die Deportation und

    hier S. 17; Michael Prinz: Die soziale Funktion moderner Elemente in der Gesellschaftspolitik des Nationalsozialismus, in: ebd., S. 297-327; Ronald M. Smelser: Robert Ley. Hitlers Mann an der »Arbeitsfront«. Eine Biographie, aus d. Amerikan. von Karl und Heidi Nicolai, Paderborn 1989, S. 299 ff. Kritisch gegen diese These: Christof Dipper: Modernisierung des Nationalsozialismus, in: Neue Politische Literatur 36 (1991), S. 450-456; Michael Schneider: Nationalsozialismus und Modernisierung? Probleme einer Neubewertung des »Dritten Reichs«, in: Archiv für Sozialgeschichte 32 (1992), S. 541-545.
35 Götz Aly: Hitlers Volksstaat. Raub, Rassenkrieg und nationaler Sozialismus, Frankfurt am Main 2006. Zur Kritik an Aly vgl. die Diskussion in Sozial. Geschichte 20 (2005), Nr. 3.
36 Aly: Hitlers Volksstaat, S. 56.
37 Ebd., S. 73.
38 Petra Kirchberger: Die Stellung der Juden in der deutschen Rentenversicherung, in: Götz Aly/Susanne Heim/Miroslav Kárný/Petra Kirchberger/Alfred Koniczny: Sozialpolitik und Judenvernichtung. Gibt es eine Ökonomie der Endlösung?, Berlin 1987, S. 111-132.

EINLEITUNG

Ermordung der jüdischen Rentner und Versicherten möglich gewesen seien.

Hans-Jörg Bonz erwähnt ebenfalls die Rolle der Sozialversicherungsträger.[39] Wie Kirchberger betont er die eigenständige Vorgehensweise dieser Behörden beim Rentenentzug wegen »staatsfeindlicher Betätigung«. Das Reichsarbeitsministerium habe sich genötigt gesehen, den vielfältigen Initiativen der Sozialversicherungsträger und den Versicherungsämtern Einhalt zu gebieten, um die Kontrolle auf diesem Feld nicht zu verlieren.

Die Forschungen zu den nachgeordneten Behörden des Reichsarbeitsministeriums, der Reichsknappschaft und der Reichsversicherungsanstalt für Angestellte, beinhalten vor allem institutionengeschichtliche, in sich geschlossene Darstellungen. Martin H. Geyer untersucht in seiner Studie über die Reichsknappschaft[40] erstmalig einen Zweig der Rentenversicherung in einer eigenständigen Monografie. Seine stark auf die Weimarer Republik konzentrierte Arbeit beleuchtet Aspekte der Finanzierungsfragen in der Sozialversicherung sowie der knappschaftlichen Selbstverwaltung. Die hypothetischen Realisierungschancen der sozialpolitischen Neuordnungspläne seitens der Deutschen Arbeitsfront sieht Geyer – im Gegensatz zu Recker – als nicht besonders hoch an.[41]

Zur Angestelltenversicherung im »Dritten Reich« gibt es bisher wenige Forschungsergebnisse. Den bisher detailliertesten Überblick bietet Tanja Annette Glootz, die die Geschichte der Angestelltenversicherung im 20. Jahrhundert nachzeichnet und dabei auch die Rolle der Reichsversicherungsanstalt für Angestellte bis zu ihrer Stilllegung im Juli 1945 darstellt.[42]

Eine Gesamtdarstellung zum Wirken des Reichsversicherungsamtes, jener fast schon »legendären«, im Jahre 1884 gegründeten Behörde, die als Aufsichts-, Spruch- und Beschlussbehörde die Sozialversicherung in Deutschland wie keine andere Institution beeinflussen sollte, ist bis heute nicht erschienen – trotz hervorragender Quellenlage. Dennoch gibt es sehr viele Detailforschungen zu bestimmten Bereichen dieser Behörde. Die ersten geschichtswissenschaftlichen Arbeiten zum

---

39 Hans-Jörg Bonz: Für Staatsfeinde keine Rente, in: Zeitschrift für Sozialreform 37 (1991), S. 517-531.
40 Martin H. Geyer: Die Reichsknappschaft. Versicherungsreformen und Sozialpolitik im Bergbau 1900-1945, München 1987.
41 Ebd., S. 364-373.
42 Tanja Anette Glootz: Geschichte der Angestelltenversicherung des 20. Jahrhunderts, Berlin 1999.

EINLEITUNG

Reichsversicherungsamt entstanden von 1979 bis 1984. Walter Bogs, während des »Dritten Reiches« sowohl im Reichsarbeitsministerium als auch im Reichsversicherungsamt und nach dem Krieg als Senatspräsident im neu gegründeten Bundessozialgericht tätig, beleuchtete in der Festschrift zum 25. Jahrestag der Gründung des Bundessozialgerichtes vor allem die Verfahren der Rechtsprechung im Reichsversicherungsamt. Seine eigene Rolle im NS-System blendete er allerdings aus.[43] Neben einer Publikation über die Unfallversicherung vor dem Ersten Weltkrieg,[44] war es wieder ein Jubiläum, das Forschungen zum Reichsversicherungsamt anregen sollte. 1984 wurde das 100-jährige Jubiläum des »Bestehens der sozialgerichtlichen Rechtsprechung« gefeiert, also die Gründung des Reichsversicherungsamtes. Erstmals legte die Forschung eigenständige Beiträge über die Gründung der Behörde,[45] wichtige Persönlichkeiten des Amtes[46] sowie ihr Wirken im Gesetzgebungsprozess vor.[47] Wieder ein Jubiläum, dieses Mal der 60. Jahrestag

43 Walter Bogs: Sozialrechtspflege vor Einführung der Sozialgerichtsbarkeit, insbesondere Verfassung und Verfahren des Reichsversicherungsamtes, in: Deutscher Sozialgerichtsverband e.V. (Hg.): Sozialrechtsprechung. Verantwortung für den sozialen Rechtsstaat. Festschrift zum 25jährigen Bestehen des Bundessozialgerichts, Köln u.a. 1979, S. 3-23.
44 Vgl. Heinz Barta: Kausalität im Sozialrecht. Entstehung und Funktion der sogenannten Theorie der wesentlichen Bedingung – Analyse der grundlegenden Judikatur des Reichsversicherungsamtes in Unfallversicherungssachen (1884-1914). Der Weg vom frühen zivilen, industriell/gewerblichen Haftpflichtrecht zur öffentlich-rechtlichen Gefährdungshaftung der Arbeiter(unfall)versicherung, Berlin 1983.
45 Alfred Christmann/Siegfried Schönholz: Die Errichtung des Reichsversicherungsamts und seine geschichtliche Entwicklung, in: Georg Wannagat (Hg.): Entwicklung des Sozialrechts. Aufgabe der Rechtsprechung, Festgabe aus Anlaß des 100jährigen Bestehens der sozialgerichtlichen Rechtsprechung, Köln 1984, S. 3-46. Zur Gründungsgeschichte vgl. auch C.J. Schulte: Zur Entstehungsgeschichte des Reichsversicherungsamtes und des Bundesamtes für das Heimatwesen als Judikativorgane des Reiches, in: Zeitschrift für Sozialreform 44 (1998), Nr. 1, S. 45-53.
46 Florian Tennstedt: Das Reichsversicherungsamt und seine Mitglieder – einige biographische Hinweise, in: Georg Wannagat (Hg.): Entwicklung des Sozialrechts. Aufgabe der Rechtsprechung, Festgabe aus Anlaß des 100jährigen Bestehens der sozialgerichtlichen Rechtsprechung, Köln 1984, S. 47-82.
47 Winfried Funk: Rechtsetzungsbefugnis des Reichsversicherungsamts: Einwirkung seiner Mitglieder im vorparlamentarischen Raum bei der Meinungsbildung und bei Gesetzentwürfen, in: Georg Wannagat (Hg.): Entwicklung des Sozialrechts. Aufgabe der Rechtsprechung, Festgabe aus Anlaß des 100jährigen Bestehens der sozialgerichtlichen Rechtsprechung, Köln 1984, S. 161-192.

EINLEITUNG

der Gründung des Bundessozialgerichtes, war der Anlass für den 2014 veröffentlichten, voluminösen Band *Grundlagen und Herausforderungen für den Sozialstaat.* Wolfang Ayaß' Aufsatz darin thematisiert nun erstmals die Rolle des Reichsversicherungsamtes im »Dritten Reich«, indem er den Bedeutungszuwachs des Amtes seit 1933 untersucht.[48] Eine neuere Deutung über die Anfänge und Entwicklung des deutschen Sozialstaates legte 2014 Sandrine Kott vor. Dabei betrachtet sie die deutsche Sozialversicherung von der Peripherie aus: Anhand der Landesversicherungsanstalt Elsaß-Lothringen, damals noch Teil des Deutschen Reiches, belegt sie die hohe Bedeutung der lokalen Behörden für die Bildung der Nation. Die Sozialversicherung war nah, der Berliner Zentralstaat fern; in der alltäglichen administrativen Beziehung zwischen Versicherten und staatlichen Behörden fanden die Prozesse der allmählichen staatlichen Durchdringung und der Nationalisierung der Gesellschaft statt. Zudem analysiert sie die Argumentation jener deutschen Sozialpolitiker, die die Einführung einer Invaliden- und Altersversicherung als »deutsche Antwort« eines »europäischen Problems« propagierten. Dem stellt Kott den vielfältigen internationalen Austausch zwischen Sozialpolitikern vieler europäischer Länder gegenüber, der erkennen lässt, wie sehr die sozialen Probleme der Zeit und deren Lösung im internationalen Rahmen bereits diskutiert worden sind, lange bevor das Deutsche Reich die Vorreiterrolle in der Einführung der verschiedenen Zweige der Sozialversicherung einnahm.[49] Zweierlei aus dieser Studie ist bedenkenswert: Zum einen die hohe Bedeutung der lokalen Rentenversicherungsträger für den Zentralstaat. Und zum anderen die Berücksichtigung internationaler Aspekte der Rentenversicherung, da bei einer Beschränkung auf das Reich viele Einsichten verwehrt blieben.

Die Landesversicherungsanstalten, also die Rentenversicherungsträger der Arbeiter, haben bislang keinerlei Aufmerksamkeit in der Geschichtswissenschaft erfahren, dementsprechend wenige Veröffentlichungen liegen zu diesem Thema vor. Verschiedene Jubiläen der Träger bildeten den Anlass für Publikationen, die die Landesversicherungsanstalten in Eigenregie umsetzten. Diese entsprechen allerdings

---

48 Wolfgang Ayaß: Wege zur Sozialgerichtsbarkeit. Schiedsgerichte und Reichsversicherungsamt bis 1945, in: Peter Masuch (Hg.): Grundlagen und Herausforderungen des Sozialstaats. Denkschrift 60 Jahre Bundessozialgericht, Berlin 2014, S. 271-288.
49 Sandrine Kott: Sozialstaat und Gesellschaft. Das deutsche Kaiserreich in Europa, Göttingen 2014.

kaum geschichtswissenschaftlichen Ansprüchen.⁵⁰ Lediglich die Arbeit über die Landesversicherungsanstalt Schleswig-Holstein bricht dieses Muster; diese ist jedoch vor allem aus einer juristischen Perspektive geschrieben.⁵¹ Die Geschichte der Landesversicherungsanstalten Baden und Württemberg war Gegenstand eines von der SV-DOK (Dokumentations- und Forschungsstelle der Sozialversicherungsträger) angestoßenen Forschungsprojektes. Der dünne Band beschreibt eindrucksvoll die personellen Veränderungen in den südwestdeutschen Rentenversicherungsträgern, unterlässt es jedoch, die dringend benötigte Synthese zwischen der Politik der Berliner Zentralbehörden – Reichsarbeitsministerium und Reichsversicherungsamt – mit der Entwicklung der Rentenversicherung im regionalen Kontext zu vollziehen.⁵²

Insgesamt hat sich die historische Forschung im Bereich der Rentenversicherung in der NS-Zeit auf die »großen« Gesetzeswerke des Reichsarbeitsministeriums konzentriert, auf die Neuordnungsentwürfe der Deutschen Arbeitsfront und auf die Diskriminierung von Juden. Die oberste Reichsebene bildete bei den meisten Forschungsanstrengungen die dominierende Perspektive, der Blick auf die Durchführung der Rentenversicherung endete zudem in den meisten Fällen an den Grenzen des Reiches. Das individuelle Schicksal von Versicherten und Rentnern war kaum Gegenstand sozialgeschichtlicher Forschungsanstrengungen, diskriminierende Maßnahmen gegen Juden, »Volksfeinde« oder bei einer »staatsfeindlichen Betätigung« fungierten vor allem als Paradebeispiele einer vermeintlich »spezifischen nationalsozialistischen« Durchdringung und einer entsprechenden Einstellung bei den betreffenden Beamten. Viele Einzelbefunde stehen isoliert da, ohne eine Einordnung in größere Zusammenhänge und ohne Berücksichtigung einer Gesamtperspektive auf das »Dritte Reich«.

Die folgende Studie nimmt daher eine integrative Sichtweise auf die Rentenversicherung in der nationalsozialistischen Zeit ein: Das Ministerium sowie die Träger sollen nicht als abgeschlossene, von ihrer Umwelt unabhängige Behörden betrachtet werden, sondern in ihrer Rolle als wichtige Akteure im System der gesetzlichen Rentenversicherung, mit unterschiedlich gelagerten Aufgabenfeldern und Abhängigkeiten,

50 Vgl. etwa für die Landesversicherungsanstalt Baden Hans Stöhr: In alten Akten geblättert. 90 Jahre Landesversicherungsanstalt Baden, Karlsruhe 1981.
51 Tatjana Schroeder: Die Geschichte der Landesversicherungsanstalt Schleswig-Holstein, Kiel 1987.
52 Christoph Wehner: Die Landesversicherungsanstalten Baden und Württemberg im »Dritten Reich«. Personalpolitik, Verwaltung und Rentenpraxis 1933-1945, Ettlingen 2017.

deren Gesetztätigkeit sowie Verwaltungshandeln andere Akteure direkt und indirekt beeinflusste. Die Rentenversicherungspolitik des Reichsarbeitsministeriums wird zudem nicht allein in ihren Folgen für die Situation im Deutschen Reich beschrieben, sondern ebenso für die besetzten Gebiete vor und während des Zweiten Weltkrieges. Auch die bedeutenderen Gesetzeswerke des Ministeriums sollen nicht unabhängig voneinander betrachtet werden, sondern in einem größeren Rahmen über das Gesamtwirken des Ministeriums im »Dritten Reich«. Eine sozialpolitische Agenda in der Rentenversicherung ist in den größeren Gesetzeswerken nämlich durchaus erkennbar, auch wenn diese meist erst in der Durchführung und praktischen Anwendung durch die Träger ersichtlich wird.

Quellenlage

Die Quellenlage zur Geschichte der Rentenversicherungspolitik des Reichsarbeitsministeriums gleicht einem Mosaik. Die auf den ersten Blick naheliegendsten Archivalien, der in der Berliner Zweigstelle des Bundesarchivs lagernde Bestand »R 3901 – Reichsarbeitsministerium«, unterlag einer derart wechselhaften Überlieferungsgeschichte, dass das ursprüngliche Aktenmaterial allenfalls nur noch sehr bruchstückhaft zur Verfügung steht.[53] Das überlieferte Aktenmaterial des Ministeriums, das nicht durch deutsche Stellen oder den Bombenkrieg vernichtet worden ist, ist in seiner Zusammenstellung sehr heterogen. Speziell für die Hauptabteilung II, die für die Sozialversicherung zuständig war, ergeben sich vielfältige Lücken. Ihre Überlieferung ist leider »nur allzu bruchstückhaft, als daß sie mehr als einen beispielhaften Einblick in die Arbeit« der Abteilung geben kann.[54] Die Akten der Hauptabteilung II, die schließlich den Weg ins Bundesarchiv gefunden haben, sind für die Rentenversicherungspolitik äußerst unergiebig. So sind Sozialversicherungsregelungen hinsichtlich ausländischer Arbeiter im Deutschen Reich, deutsch-polnische Abkommen über Oberschlesien sowie deutsch-italienische Vereinbarungen über die Beschäftigung italienischer landwirtschaftlicher Arbeiter im Reich überliefert.[55] Die Auseinandersetzung zwischen Robert Ley

---

53 Vgl. Ute Simon (Bearb.): Reichsarbeitsministerium. Bestand R 41, Koblenz 1991.
54 Ebd., S. XXIX.
55 Vgl. insbesondere die Akten der Bestände im Bundesarchiv (BArch) R 3901/ 20619 und 20823.

und den beteiligten Beamten der Hauptabteilung II über die Ausgestaltung eines Altersversorgungswerks der Deutschen Arbeitsfront ist hingegen vor allem durch die Handakten Johannes Krohns[56] bekannt und wurde von der bisherigen Forschung dementsprechend intensiv und detailreich wahrgenommen und diskutiert.[57] Auch sind Unterlagen zur Rentenversicherungspolitik des Reichsarbeitsministeriums beim Übergang von der Weimarer Republik zum »Dritten Reich« vergleichsweise gut erhalten, was vor allem das Sanierungsgesetz von 1933 und teilweise das Aufbaugesetz von 1934 betrifft. Sehr detailliert können daher die Entscheidungsprozesse für diese beiden Gesetze nachgezeichnet werden – sowohl die ministeriellen Vorgänge als auch die Rolle der nachgeordneten Behörden. Leider lassen sich alle folgenden vom Reichsarbeitsministerium ausgearbeiteten Gesetze auf dem Gebiet der Rentenversicherung nicht einmal ansatzweise in der gleichen Dichte aus dem im Bestand R 3901 verfügbaren Quellenmaterial nachvollziehen, wie es für das Sanierungsgesetz möglich ist. Bereits für das nur ein halbes Jahr später, im Juli 1934 erlassene Aufbaugesetz, lässt sich die Vorgeschichte und Vorbereitung mit diesem Bestand nicht in gleicher Weise nachzeichnen.

Daher wurde im Laufe des Entstehungsprozesses dieser Arbeit schnell deutlich, dass die Gegenüberlieferung anderer Behörden verstärkt herangezogen werden musste, um schlaglichtartige Einblicke und Beispiele über die Rentenversicherungspolitik des Reichsarbeitsministeriums hinaus erhalten zu können. In diesem Zusammenhang gerieten die Rentenversicherungsträger in das Blickfeld der Untersuchung. Schließlich waren es die Träger, die die toten Buchstaben der Gesetze, die das Reichsarbeitsministerium ausarbeitete, in der alltäglichen Verwaltungspraxis mit Leben füllten. Sie führten die Rentenversicherung durch, sie interpretierten Gesetze, Verordnungen und Erlasse und traten mit den Versicherten direkt in Kontakt. Die Untersuchung eines Rentenversicherungsträgers würde nicht nur die konkreten Folgen der Rentenversicherungspolitik des Ministeriums offenlegen, sie war sogar fundamental vonnöten, da, wie sich zeigte, die Verwaltungspraxis der Träger integraler Bestandteil der Arbeitsweise des Ministeriums auf dem Gebiet der Rentenversicherung war. Über

---

56 Vgl. die Bestände im BArch R 3901/20644 und 20647.
57 Recker: Nationalsozialistische Sozialpolitik, S. 82-154; Schlegel-Voß: Alter in der »Volksgemeinschaft«, S. 158-175; Teppe: Zur Sozialpolitik des Dritten Reiches, S. 237-248; Michael Schneider: In der Kriegsgesellschaft. Arbeiter und Arbeiterbewegung 1939 bis 1945, Bonn 2014, S. 380-410.

EINLEITUNG

die Rentenversicherungsträger der Arbeiter, die Landesversicherungsanstalten, gab es im Herbst 2013, als die Studie konzipiert wurde, kaum genuine geschichtswissenschaftliche Forschungen. Dabei war die Arbeiterversicherung, sowohl nach Beitrags- und Leistungsvolumen als auch nach Zahl der Versicherten und Rentner, der mit Abstand größte Zweig in der Rentenversicherung. Bei der Quellenrecherche zeigte sich, dass der Bestand der Landesversicherungsanstalt Baden, der im Karlsruher Generallandesarchiv verwahrt wird, besonders geeignet ist, die Rentenversicherungspolitik des Reichsarbeitsministeriums an einem regionalen Träger zu erforschen. In zahlreichen Verwaltungsakten des Trägers konnte die Politik des Reichsarbeitsministeriums in ihrer konkreten Durchführung beobachtet werden, ebenso behördeneigene Diskussionen, Entwicklungen und Ereignisse, die an das Ministerium weitergeleitet worden sind. Erst so konnte nachvollzogen werden, welche Auswirkungen die Gesetze und Anordnungen des Ministeriums in der Praxis konkret besaßen, welche Übereinstimmungen es gab und welche Schwierigkeiten, Unzulänglichkeiten und Hindernisse die Durchführung erschwerten. Zudem ließ sich aufgrund der besonderen Lage Badens ein weiterer Aspekt berücksichtigen: die Übernahme der Geschäfte der »Landesversicherungsanstalt Elsaß-Lothringen« nach der Besetzung Frankreichs durch die deutschen Truppen im Zweiten Weltkrieg. Insgesamt konnten die konkreten Auswirkungen von Gesetzen und Verordnungen vor Ort also dadurch genauso untersucht werden wie die eigenständige Verwaltungspraxis eines Trägers sowie seine Interaktion und Kommunikation mit den zentralen, vorgesetzten Reichsbehörden: dem Reichsarbeitsministerium und dem Reichsversicherungsamt.

Auch über das Reichsversicherungsamt, das als oberste Spruch-, Beschluss- und Aufsichtsbehörde auf dem Feld der Sozialversicherung die Rentenversicherung in hohem Maße beeinflusste, gibt es noch keine größere, zusammenfassende Abhandlung. Der entsprechende Bestand R 89 des Bundesarchivs enthält nahezu vollständig die Akten des Reichsversicherungsamtes, welches 1945 aufgelöst worden ist. Die Anzahl der Akteneinheiten zur Sozialversicherung und selbst zur Rentenversicherung übersteigt diejenige der überlieferten Akten aus der Hauptabteilung II des Reichsarbeitsministeriums um ein Vielfaches. Das Reichsversicherungsamt war für die Rentenversicherung deshalb so wichtig, weil es vor allem als Verteilerbehörde die zahlreichen Erlasse, Anordnungen und Direktiven des Reichsarbeitsministeriums per Rundschreiben an die Träger weiterleitete und gleichzeitig die Kommunikation zwischen den Trägern und dem Reichsarbeitsministerium filterte und übernahm. Gerade wenn es für das Ministerium darum ging, die Haltung der Träger bezüglich Gesetzesinitiativen und -vorschlägen in Erfahrung zu bringen, oder Wissen über Verhältnisse vor Ort abzufragen, bildete das Reichsversicherungsamt eine wichtige Instanz, um dies zu ermöglichen. Gleichzeitig war es die höchste Instanz, die die Gesetze des Reichsarbeitsministeriums bei Zweifelsfragen und Unklarheiten interpretierte und diese Interpretationen an die Träger weitergab. Somit war es eine wichtige Schnittstelle zwischen dem Ministerium und den ausführenden Behörden der Rentenversicherung.

Ein noch unbearbeiteter Bestand bildet zudem das umfangreiche Aktenmaterial der Reichsversicherungsanstalt für Angestellte (RfA), dem Rentenversicherungsträger der Angestellten, das noch in den Diensträumen der Deutschen Rentenversicherung Bund in Berlin-Charlottenburg lagert und das ich dankenswerterweise für meine Arbeit bereits berücksichtigen konnte.[58] Das Augenmerk lag dabei vor allem auf der Interaktion mit dem Reichsarbeitsministerium und weniger auf einer allgemeinen Geschichte der Reichsversicherungsanstalt für Angestellte.[59]

Eine Quellengattung, von der in der Forschung zur Geschichte der Rentenversicherung im Nationalsozialismus bisher kein Gebrauch gemacht worden ist, bilden die teilweise umfangreich erhaltenen Spruchakten der Oberversicherungsämter. Diese regionalen staatlichen Behörden, die in Streitfällen zwischen Versicherten und Rentenversicherungsträgern um die An- oder Aberkennung von Rentenbescheiden zu urteilen hatten, waren im ganzen Reich verteilt. Ihre Zahl betrug zu Beginn des »Dritten Reiches« etwa 70. Weil die Rentenversicherung in der ersten Hälfte des 20. Jahrhunderts vor allem noch eine Invalidenversicherung war, gab es bei der Beurteilung, ob die Bedingungen für den Rentenzugang gegeben waren, einen deutlich größeren Interpreta-

---

58 In den Diensträumen der Deutschen Rentenversicherung Bund lagern noch eine Vielzahl von Verwaltungsakten der Reichsversicherungsanstalt für Angestellte aus der Zeit des Nationalsozialismus. Zur Quellenlage siehe Dierk Hoffmann: Neuere Forschungsfragen zur Rentenversicherung und die Aktenüberlieferung der Deutschen Rentenversicherung Bund, in: Marc von Miquel/Marcus Stumpf (Hg.): Historische Überlieferung der Sozialversicherungsträger. Desiderate der Forschung und archivische Überlieferungsbildung, Münster 2012, S. 42-51.
59 Vgl. die im Entstehen begriffene Arbeit von Paul Erker/Dierk Hoffmann: Alterssicherungssystem und Reichsversicherungsanstalt in der »Volksgemeinschaft«. Die Geschichte der Rentenversicherung in der NS-Zeit (im Erscheinen).

tionsspielraum – mit der Folge, dass sich die jährlichen Streitigkeiten vor den Oberversicherungsämtern reichsweit schätzungsweise in einer Größenordnung im hohen vierstelligen Bereich befunden haben.[60] Die Überlieferung der Oberversicherungsämter München, Augsburg, Freiburg und Konstanz, die sich im Bayerischen Hauptstaatsarchiv und dem Landesarchiv Baden-Württemberg befindet, enthält mehrere Tausend Einzelfälle, die auch die Jahre 1933 bis 1945 umfassend abdecken. Von diesen konnten für die Studie mehr als 900 untersucht werden. Dabei ließen sich nicht nur statistische Daten erheben (Anzahl der klagenden Männer und Frauen, Durchschnittsalter der Versicherten, Höhe der zuerkannten Erwerbsunfähigkeit, Erfolgsquoten, Gründe der Invalidität, gutachtende Instanz), auch die von den Versicherten teils hand-, teils maschinenschriftlich eingelegten Berufungsbeschwerden sowie die Urteilsbegründungen geben einen konkreten Einblick in die individuelle Erfahrungswelt von Rentenanwärtern sowie Beamten staatlicher Sozialversicherungsbehörden. In den Streitfällen vor den Gerichten konzentrierte sich die Sozialversicherungspolitik des Reichsarbeitsministeriums im Kleinen, denn die Gerichte waren der Ort, an denen die Bedingungen für den Zugang zu den Leistungen aus der Rentenversicherung maßgeblich ausgehandelt worden sind.

Zuletzt wurde mit der Berücksichtigung des umfangreichen Aktenbestandes über die Durchführung der Rentenversicherung im annektierten Protektorat Böhmen und Mähren, der sich im Prager Nationalarchiv befindet, dem Umstand Rechnung getragen, dass sich das Reichsarbeitsministerium stets im internationalen Kontext bewegt hat. Vor dem Zweiten Weltkrieg vor allem auf internationalen Konferenzen und bei der Ausarbeitung von zwischenstaatlichen Verträgen über die Sozialversicherung tätig, unterstützte das Ministerium während des Krieges logistisch die Durchführung der Rentenversicherung in den annektierten Gebieten. Dabei konnte insbesondere Aktenmaterial der Abteilung »Sozialversicherung«, die zunächst beim Amt des Reichsprotektors, dann ab 1942 beim Prager Ministerium für Wirtschaft und Arbeit angesiedelt war, herangezogen werden. Das Reichsarbeits-

---

60 Die Schätzung beruht auf der Anzahl der Berufungsfälle in der Invalidenversicherung vor den Oberversicherungsämtern München, Augsburg, Landshut, Speyer, Nürnberg und Würzburg im Jahre 1938. Diese sechs Anstalten hatten zusammen etwa 750 Fälle zu bearbeiten. Für 70 Ämter ergäbe sich so eine Zahl von 8750 Fällen im Jahre 1938, wobei dies natürlich nur eine allgemeine Richtlinie sein kann, da die unterschiedlichen Verhältnisse der Anstalten im Deutschen Reich, vor allem in den Industriegebieten im Westen, nicht berücksichtigt werden.

ministerium wirkte, obwohl formal für das Protektorat nicht zuständig, auf die dortige Durchführung der Rentenversicherung ein – durch die Abordnung von Beamten aus seinem Geschäfts- und nachgeordneten Bereich und durch die Reichsgesetzgebung, die die betreffenden Beamten für das Protektorat übernahmen. Durch die Gegenüberlieferung der nachgeordneten Behörden, den Spruch- und Verwaltungsakten der Oberversicherungsämter und der Durchführung der Rentenversicherung im Elsass und im Protektorat konnte so der Bestand über die Arbeit der Hauptabteilung II – zumindest für größere Teilbereiche – rekonstruiert werden. Das Gesamtwirken der Hauptabteilung II in der Rentenversicherungspolitik kann aufgrund der disparaten Quellenlage also nicht vollständig wiedergegeben werden. Dennoch war das so zusammengetragene Material derart reichhaltig, dass sich ohne Zweifel allgemeine Aussagen über die Arbeitsweise des Reichsarbeitsministeriums auf einem so gewichtigen Feld wie der Rentenversicherung nachzeichnen lassen.

Forschungsleitende Fragestellung

Nach der ersten Durchsicht der Archivalien aus verschiedenen Überlieferungsebenen wurde schnell ersichtlich, dass die Einbeziehung der nachgeordneten Behörden und Ämter nicht allein aufgrund der Gegenüberlieferung zu den Beständen des Reichsarbeitsministeriums wichtig war. Die dieser Arbeit zugrundeliegende Annahme, dass dezentrale Akteure nicht allein als Befehlsempfänger eines einseitigen Top-down-Prozesses betrachtet werden können, sondern Teil eines sich gegenseitig beeinflussenden Prozesses sind, ließ sich sogleich in der Verwaltungspraxis dieser Behörden erkennen. Dieser Gedanke ist freilich nicht neu. In der Geschichtswissenschaft wurde dieser Zusammenhang vor allem bei der Untersuchung der öffentlichen Wohlfahrt herausgearbeitet. Wolf Gruner hat bereits in seiner 2002 veröffentlichten Dissertation auf das Zusammenspiel zentraler wie dezentraler (oder lokaler) Akteure bei der Diskriminierung von Juden in der Wohlfahrt hingewiesen.[61] Uwe Lohalm betont ebenfalls die Bedeutung lokaler Akteure bei der Untersuchung der Hamburger Wohlfahrt im Nationalsozialismus.[62] Und auch Johannes Vossen hat in sei-

---

61 Wolf Gruner: Öffentliche Wohlfahrt und Judenverfolgung. Wechselwirkungen lokaler und zentraler Politik im NS-Staat, München 2002.
62 Uwe Lohalm: Völkische Wohlfahrtsdiktatur. Öffentliche Wohlfahrtspolitik im nationalsozialistischen Hamburg, München/Hamburg 2010.

ner Studie über lokale Gesundheitsämter in Westfalen seine Analysen mit der Ebene der Reichspolitik verknüpft.[63]

Um das Zusammenspiel zwischen der zentralen Behörde, dem Reichsarbeitsministerium, und den lokalen Akteuren – wie den Rentenversicherungsträgern, Verbänden und Oberversicherungsämtern – adäquat beschreiben zu können, muss die generelle Funktionsweise eines Ministeriums berücksichtigt werden. Dabei kann auf die Arbeiten der Organisationssoziologie zurückgegriffen werden. Vor allem Renate Mayntz hat bereits in den 1970er-Jahren in einer systematischen Analyse herausgearbeitet, wie Entscheidungen in der öffentlichen Verwaltung – und auch speziell in der Ministerialbürokratie – zustande kommen.[64] Nach Max Weber dient die Verwaltung zwei Zwecken: der Bestandssicherung der politischen Herrschaft und der Durchsetzung ihrer Ziele. Dem Idealtypus des »Gehorsamsprinzips« gemäß wird die Verwaltung von den politischen Entscheidungsträgern für ihre Zwecke eingespannt und deren politischer Wille in administratives Handeln übersetzt. In der Praxis, so Mayntz, zeige sich dies jedoch nicht: Die politische Führung besitze oft nicht das nötige Fachwissen, um sich in Detailfragen gegen die Experten der Verwaltung durchsetzen zu können. Die Folge sei eine gewisse Verselbstständigung der Verwaltung, da sie die Akkumulation von Fachwissen und Sachinformation sowie die Verfügung von Sachmitteln und den für ihre Durchsetzung notwendigen Handlungsspielraum besitze. Reichsarbeitsminister Franz Seldte scheint auf den ersten Blick genau in dieses Schema zu passen. Bei Amtsantritt bat er den Leiter der Hauptabteilung II, Johannes Krohn, die Amtsgeschäfte für ihn zu übernehmen.[65] Zudem zeigte sich im Sanierungsprozess der Rentenversicherung 1932/33, dass die Abteilungs- und Referatsleiter die Grundlinien des Sanierungsplans bestimmten, und die politische Führung weder die Zeit, noch den fachlichen Überblick besaß, um einen gewichtigen Einfluss darauf nehmen zu können.[66]

Die Ministerialverwaltung des Reichsarbeitsministeriums war ohne Zweifel an der politischen Entscheidungsvorbereitung oder, wie es zeitgenössisch hieß, an der »Programmentwicklung« beteiligt. Dies

63 Johannes Vossen: Gesundheitsämter im Nationalsozialismus. Rassenhygiene und offene Gesundheitsfürsorge in Westfalen, 1900-1950, Essen 2001.
64 Renate Mayntz: Soziologie der öffentlichen Verwaltung, Heidelberg/Karlsruhe 1978. Die folgenden Ausführungen basieren auf den Ergebnissen ihrer Analyse.
65 Mierzejewski: A History of the German Public Pension System, S. 110.
66 Vgl. Kapitel II.2.

ist nicht überraschend, und während dieser Befund in demokratischen Systemen auf das Problem einer »mangelhaften Legitimation« durch die Verselbstständigung der Verwaltung hinweist, stellt sich dies während einer Diktatur wie des »Dritten Reiches« anders dar. Die Regierung und die Minister waren dem Reichstag, den Volksvertretern und den Parteien nicht mehr verantwortlich, das »Legitimitätsproblem« der Ministerialverwaltung fiel folglich weg. Johannes Krohn stellte dies Ende 1933, nach der Fertigstellung des erwähnten Sanierungsgesetzes, erleichtert fest: »Die Neuordnung war nur durch eine rein autoritäre Regierung möglich, niemals in einem Parlament.«[67]

Die Programmentwicklung vollzieht sich dem Idealtyp des »Modells der legislatorischen Steuerung« nach in zwei unterschiedlichen Bereichen. Die Regierung, Minister und auch Staatssekretäre füllen »politische Funktionen« aus, formulieren also den politischen Willen und delegieren deren Ausführung nach unten weiter, während die Ministerialverwaltung, also die Ebene ab den Abteilungsleitern (Abteilungsleiter, Unterabteilungsleiter, Referatsleiter) nur »administrative Funktionen« wahrnimmt und diesen Willen, auch und vor allem, im nachgeordneten Bereich ausführt. Die auf diese Weise formulierte Grenze zwischen politischen und administrativen Funktionen ist jedoch, wie Mayntz urteilt, keineswegs so scharf, wie man annimmt. Im Gegenteil, an der Programmentwicklung nehmen die Abteilungen und Referate aktiv teil. Die Programmentwicklung teilt Mayntz daher in fünf Phasen ein: Problemwahrnehmung, Zielfestlegung, Lösungsalternativen, Alternativenauswahl und Ratifizierung der Entscheidung. Aufgrund der guten Quellenlage zur Ausarbeitung des Sanierungsgesetzes lassen sich dort, wie zu zeigen sein wird, diese Phasen deutlich ausmachen; die Ministerialverwaltung war maßgeblich an der Programmentwicklung beteiligt und nahm, bis auf die letzten beiden Phasen, die Geschicke in ihre eigenen Hände.

Die Referate waren also die eigentlichen Arbeitseinheiten des Ministeriums. Es ist interessant zu beobachten, wie die Anzahl der Referate des Reichsarbeitsministeriums im Verlauf der Weimarer Republik zunimmt, um dann während des »Dritten Reiches« relativ stabil zu bleiben.[68] Das Aufgabenprofil des Ministeriums hatte sich während der ersten deutschen Demokratie noch zu schärfen, die Einrichtung der

---

67 So Johannes Krohn auf einer Pressekonferenz am 2. Dezember 1933, zit. nach Teppe: Zur Sozialpolitik des Dritten Reiches, S. 216f.
68 Vgl. v. a. die Geschäftsverteilungspläne in BArch R 3901/671, 673, 674 und 690 sowie BArch R 89/10042.

EINLEITUNG

Referate folgte schrittweise dem Aufgabenbereich, den es umzusetzen hatte. Der Kontakt der nachgeordneten Behörden mit dem Reichsarbeitsministerium, so zeigte sich in den betreffenden Quellen, erfolgte hauptsächlich über die für den jeweiligen Verwaltungsbereich zuständigen Referate. Sie erhielten die Impulse für Programmentwicklungen im direkten Austausch mit den nachgeordneten Behörden, mit Verbänden, mit Vertretern ihrer Klientel, aber auch durch die Beobachtung des eigenen Sachgebietes und im Vollzug der gesetzten Ziele.

Da die Zahl der Impulse, die an die Referate herangetragen werden, weit über deren Bearbeitungskapazitäten hinausgehen, stehen einem notwendigen Selektionsprozess zwei Maxime zugrunde: Greife nichts auf, was dein Referat überfordert, und schlage nichts vor, was keine Ansicht hat, auf höherer Ebene akzeptiert zu werden. Die Programmentwicklung der Ministerialverwaltung (Stichwort »dezentrale Programminitiativen«), die ihre Impulse aus den oben genannten Quellen erhielt oder selbst initiativ aufgriff, musste auf diese beiden Maxime ausgerichtet werden. Nur wenn sie eine Aussicht auf Unterstützung durch die politische Führung sahen, arbeiteten die Referate Programmentwicklungen aus. Daher wird bereits bei der Programmentwicklung versucht, die Reaktionen der politischen Leitung zu antizipieren. Dies scheint für die Verwaltung eine grundlegende Annahme zu sein, und bietet möglicherweise eine verwaltungssoziologische Erklärung für das Handeln von Verwaltungsbeamten im NS-Staat, das nicht durch persönliche Meinungen und Anschauungen beeinflusst war, sondern durch die Antizipation der politischen Führung.[69] Mayntz geht dabei davon aus, dass dezentrale Programminitiativen aufgrund der Ungewissheit in der Annahme durch die politische Führung meistens von geringer sachlicher oder zeitlicher Reichweite seien. Dies wird im empirischen Teil der vorliegenden Studie, dort wo es das Quellenmaterial zulässt, zu überprüfen sein.

69 Die bekannte These, die Ian Kershaw ausbreitet (»dem Führer entgegenarbeiten«), scheint für das Handeln der Ministerialverwaltung nicht vollständig anwendbar zu sein. Die Einbettung der Fachreferate in die Organisation des Ministeriums hatte zwar eine gewisse Selbstständigkeit – die lediglich durch das Abwägen der Erfolgsaussichten bei der politischen Führung eingegrenzt wurde – zur Folge. Es wirkt jedoch vielmehr so, als ob der Antizipation der Reaktion der politischen Leitung weniger ideologische, sondern organisatorische Gesichtspunkte zugrunde lag. Vgl. ders.: Hitler. 1889-1936, aus dem Engl. von Jürgen Peter Krause und Jörg W. Rademacher, Stuttgart 1998, S. 663-744.

Die politische Leitung kann selbstverständlich die Programmentwicklung durch die Formulierung politischer Zielvorstellungen gegenüber den Referaten starten (»zentrale Programminitiativen«). Politische Aufmerksamkeit wird dabei vor allem bei Krisen, kontroversen Programmen, einer öffentlichen Wirksamkeit, als Abwehr von Kritik oder auf Rat einflussreicher Persönlichkeiten geweckt. Dies berücksichtigend, kann die Frage gestellt werden, ob die vielfältigen Versuche des Reichsarbeitsministeriums, die niedrigen Leistungen der Rentenversicherung zu verbessern, eine Reaktion auf die öffentlichen Angriffe der Deutschen Arbeitsfront darstellten.

Darüber hinaus wird die Bedeutung der Abteilungen und Referate für die politische Ebene in der Organisationssoziologie sehr stark hervorgehoben; die Politik sei in hohem Maße von der Entscheidungsvorbereitung durch die Ministerialverwaltung abhängig. Die Ministerialbeamten erscheinen vor allem in ihrer Rolle als »Problemlöser« für die politischen Entscheidungsträger.[70] Was bedeuten die Beobachtungen von Renate Mayntz und der Organisationssoziologie nun für eine Untersuchung der Rentenversicherungspolitik des Reichsarbeitsministeriums? Die Frage der »Programmentwicklung«, die zu den Gesetzen, Verordnungen und Erlassen des Ministeriums geführt haben, steht dabei im Vordergrund. Das Reichsarbeitsministerium kann nicht als alleinstehende, monolithische Einheit betrachtet werden, welches losgelöst von seiner Umwelt versucht hat, politische Entscheidungen mehr oder weniger erfolgreich in die Tat umzusetzen. Sämtliche Entscheidungen, die das Ministerium getroffen hat, sind im Kontext zentraler wie dezentraler Programminitiativen zu untersuchen. Nicht so sehr *welche* Entscheidungen das Ministerium getroffen hat, sollen im Vordergrund stehen, sondern *wie* diese zustande gekommen sind. Dadurch ist es möglich, die konkrete Politik und die Rolle des Ministeriums in Staat und Gesellschaft adäquat zu beschreiben.

Vier forschungsleitende Thesen und Fragen stehen dabei im Mittelpunkt dieser Arbeit.

1) Das Reichsarbeitsministerium agierte in einem weitverzweigten System von unterschiedlichen Behörden und Trägern der Rentenversicherung. Auch wenn es an der Spitze jenes Apparates stand, der sich mit den Belangen der Rentenversicherung auseinander-

---

70 Edda Müller: Organisationsstruktur und Aufgabenerfüllung. Bemerkungen zur ministeriellen Organisation, in: Die öffentliche Verwaltung 39 (1986), Nr. 1, S. 10-15, hier S. 11.

EINLEITUNG

zusetzen hatte, so war das Ministerium dennoch in hohem Maße von der Verwaltungstätigkeit seiner nachgeordneten Behörden abhängig. Die behördlichen Maßnahmen des Ressorts glichen weniger einem Top-down-Prozess von Befugnissen, Anordnungen und Verwaltungsakten, wie es der vermeintliche »Führerstaat« suggerieren könnte, sondern eher einem Aushandlungsprozess mehrerer an der Durchführung der Rentenversicherung beteiligter Akteure.

2) Die Diskriminierung der jüdischen Versicherten wird vor allem aus der Perspektive einer »problemlösungsorientierten Verwaltung« beschrieben. Der staatliche Antisemitismus stellte die Beamten der Rentenversicherungsträger vor die Aufgabe, diskriminierende Maßnahmen und Verwaltungsakte gegenüber jüdischen Versicherten und Rentnern gerade in einem Bereich anzuwenden, der sich – etwa im Gegensatz zur Fürsorge – durch eine hohe Verrechtlichung auszeichnete. Dabei stehen weniger mögliche antisemitische Motivlagen der Beamten im Vordergrund. Stattdessen wird das konkrete Verwaltungshandeln vor dem Hintergrund rechtlicher Rahmenbedingungen und Handlungsspielräume bewertet – unter der Annahme, dass Verwaltung flexibel auf geänderte Rahmenbedingungen, in diesem Fall den staatlichen Antisemitismus, reagieren kann.

3) Mit den territorialen Zugewinnen im Zweiten Weltkrieg vergrößerte sich ebenfalls der Gestaltungsbereich des deutschen Sozialstaates. Formal war das Reichsarbeitsministerium nicht in die Durchführung der Rentenversicherung in den besetzten Gebieten eingebunden. Dennoch mussten sich die in diese Gebiete abgeordneten Beamten bei der Verwaltung der Rentenversicherung an sozialpolitischen Maßnahmen und Leitbildern orientieren. Diese Orientierung konnte einzig das Reichsarbeitsministerium bieten, da die involvierten Machthaber vor Ort an der Ausgestaltung spezifisch technischer, sozialpolitischer Normen weder interessiert waren, noch über die versicherungsrechtliche Expertise verfügten. Das Reichsarbeitsministerium wirkte mit seiner sozialpolitischen Agenda im Reich daher indirekt auf die Durchführung der Rentenversicherung in den besetzten Gebieten ein.

4) Die Rentenversicherung füllte im »Dritten Reich«, wie anfangs erwähnt, vor allem die Rolle einer Invalidenversicherung aus, die hauptsächlich das Risiko der Erwerbsunfähigkeit absicherte. Insbesondere ab Mitte der 1930er-Jahre, als sich durch die forcierte Aufrüstung und die Arbeitsbeschaffungsmaßnahmen im Reich ein massiver Arbeitskräftemangel einstellte, sahen sich die Behörden

der Rentenversicherung einem hohen Druck ausgesetzt, die Ansprüche von Versicherten zugunsten des nationalsozialistischen Arbeitseinsatzes zurückzudrängen. Die Auswirkungen dieses Arbeitseinsatzes spielten in der bisherigen Forschung zur Rentenversicherung keine Rolle. Dabei muss die Frage beantwortet werden, inwieweit die Bedingungen, die im nationalsozialistischen Staat geschaffen wurden, auf die Durchführung der Rentenversicherung eingewirkt haben. Wie stark hat der Bedarf an Arbeitskräften die tagtägliche Verwaltungsarbeit der Rentenversicherungsträger beeinflusst? Welchen Deutungen sah sich der Begriff der Erwerbsunfähigkeit im »Dritten Reich« ausgesetzt?

Die Frage nach dem Bedeutungswandel solcher Begriffe wie »Erwerbsunfähigkeit«, »Invalidität« oder »Berufsunfähigkeit« muss eine Studie über die Rentenversicherungspolitik des Reichsarbeitsministeriums in der NS-Zeit aufnehmen. Im Folgenden wird daher zunächst die Vorgeschichte dieses Komplexes skizziert.

Erwerbsunfähigkeit als konstitutives Element der Rentenversicherung: ein Überblick

Die Einschätzung der Erwerbsunfähigkeit stellte die wichtigste Komponente im Rentenfeststellungsverfahren dar und begleitete die Rentenversicherung seit ihrer Einführung. Jedoch gab es zu keinem Zeitpunkt eine feststehende Definition, ab wann genau von einer Erwerbsunfähigkeit auszugehen sei. Tatsächlich hat die Spruchpraxis des Reichsversicherungsamtes in mehr oder weniger regelmäßigen Abständen Stellung dazu bezogen. In der Weimarer Republik geschah dies am 1. Februar 1927 zum letzten Mal, als der Spruchsenat des Reichsversicherungsamtes die grundsätzliche Frage behandelte, ob in der Rentenversicherung weiterhin davon ausgegangen werden könne, dass die Erreichung der Altersgrenze mit dem Eintritt der Erwerbsunfähigkeit gleichzusetzen sei.

Eine Versicherte hatte gegen den Bescheid eines Oberversicherungsamtes Revision eingelegt, der ihr die Nachentrichtung von freiwilligen Beiträgen zur Aufrechterhaltung ihrer Anwartschaft untersagte, da dies nach damaliger Rechtsauffassung nicht mehr möglich sei, wenn der Versicherungsfall, also die Invalidität, bereits eingetroffen war. Das Reichsversicherungsamt hatte also über die Frage zu entscheiden, ob die Erreichung des 65. Lebensjahres gleichzeitig den Eintritt der Invalidität bedeutete. Wenn frühere Entscheidungen des Amtes dies noch bejaht hatten, hob das Reichsversicherungsamt im Jahre 1927 hervor, dass dies

EINLEITUNG

nicht mehr zutreffe. Die Erreichung der Altersgrenze könne nicht mehr mit dem Eintritt der Invalidität gleichgestellt werden; die Versicherten dürften vielmehr selbst den Zeitpunkt, ab dem sie die Altersinvalidenrente erhalten wollten und die Wirkung des Versicherungsfalls für sie eintreten solle, *selbst* bestimmen.[71] Es führte zudem aus, dass damit nicht nur die Errichtung freiwilliger Beiträge gemeint sei. Der Rentenversicherte könne auch bei Erreichung der Altersgrenze den Eintritt des Versicherungsfalls freiwillig hinauszögern, um so durch weitere Beitragszahlungen höhere Rentenanwartschaften aufzubauen.[72]

Kaum ein anderes Urteil des Reichsversicherungsamtes demonstriert den Bedeutungswandel der Rentenversicherung in der ersten Hälfte des 20. Jahrhunderts so deutlich wie dieses. Fast vier Jahrzehnte nach Verabschiedung des »Invaliditäts- und Altersversicherungsgesetzes«[73] trug die Spruchkammer des Reichsversicherungsamts dem Umstand Rechnung, dass die Erreichung des 65. Lebensjahres nicht zwangsweise den Beginn der Altersrente darstellen musste, wenn der Versicherte seine ihm zur Verfügung stehende Arbeitskraft weiter in einer Erwerbstätigkeit verwerten wollte. Die steigende Lebenserwartung, die Verbesserung der Arbeitsbedingungen und vor allem die bessere medizinische Versorgung konnten das Risiko des Schwindens der Arbeitskraft senken und den Zeitpunkt des Eintritts der Erwerbsunfähigkeit nach hinten verschieben. Die Parameter, die im Kaiserreich für die Begriffe »Arbeit«, »Rente« und »Erwerbsunfähigkeit« aufgestellt worden waren, befanden sich im Wandel. Aus der »Invalidenversicherung« wurde immer stärker eine »Altersversicherung«, der »Greis« wandelte sich zum »Rentner«.[74] Die Wahrscheinlichkeit, die Altersgrenze in der Rentenversicherung zu erreichen, stieg unaufhörlich an. Die Frage, welche Funktion die Rentenversicherung vor diesem Hintergrund ausüben sollte, musste neu verhandelt werden. Es waren solche Urteile wie das des Reichsversicherungsamtes vom 1. Februar 1927, die die Entwicklung der Rentenversicherung maßgeblich beeinflussen sollten.

Damit wird auch deutlich, dass die Rentenversicherung – heute wie damals – stets auf gesellschaftliche, wirtschaftliche, politische und sozi-

71 Reichsversicherungsamt: Amtliche Nachrichten des Reichsversicherungsamts, Bd. 43, Berlin 1927, S. 432-434.
72 Hugo Schäffer (Reichsversicherungsamt) an Badisches Landesversicherungsamt, betr. Zeitpunkt für Beginn der Altersinvalidenrente, 22.9.1927, Generallandesarchiv Karlsruhe (GLAK) 462-4/Nr. 10.
73 Vgl. Gesetz, betreffend die Invaliditäts- und Altersversicherung, RGBl. 1889, S. 97-144.
74 Vgl. Conrad: Vom Greis zum Rentner, S. 298-346.

ale Entwicklungen reagieren musste. Sie war und ist keine feststehende Institution, sondern einem stetigen Wandel unterworfen. Eine Frage begleitete die Rentenversicherung dabei seit ihrer Entstehung: Ab wann und unter welchen Voraussetzungen soll es Menschen ermöglicht werden, Leistungen aus der Rentenversicherung zu beziehen? Spätestens mit den Debatten und Diskussionen über den demografischen Wandel, also der in Zukunft zu erwartenden Veränderung der Altersstruktur in Deutschland, der Überalterung der Gesellschaft und der Frage, wie die finanziellen Grundlagen des »Generationenvertrages« gewährleistet und aufrechterhalten werden können, wird das System der gesetzlichen Rentenversicherung als wichtigste Grundlage der Altersversorgung in Frage gestellt. Im Grunde entzünden sich die politischen Diskussionen stets an diesen Fragen: Unter welchen Bedingungen können Menschen in Rente gehen? Wie lange soll ein Mensch arbeiten? Welche Grenze ist für den Beginn der Altersrente gerechtfertigt? Wer soll dieses System wie finanzieren? Welche Rolle spielt die sich verändernde Altersstruktur der Gesellschaft? Diese Fragen werden letztendlich weder durch finanzielle Gesichtspunkte entschieden, noch durch biologische oder ideologische. Ohne Zweifel spielen diese Faktoren eine große Rolle, entschieden werden diese Fragen aber auf der politischen Ebene und damit – in demokratischen Staaten – in einem gesamtgesellschaftlichen Diskurs.

Einen offenen Diskurs, unter welchen Voraussetzungen Menschen in Rente gehen können, gab es im Nationalsozialismus jedoch nicht. Dennoch waren dies die entscheidenden Fragen, die die Politik des Reichsarbeitsministeriums als zuständiges Fachressort stets begleiteten. Vor dem Hintergrund, dass die Rentenversicherung im »Dritten Reich« noch immer eine Invaliden- und weniger eine Altersversicherung war, wurden diese Fragen zudem unter verschärften Bedingungen gestellt, da die Gewährung einer Invalidenrente nicht von objektiven Faktoren abhing, sondern von einer ärztlichen Beurteilung und der Verwaltungspraxis von Trägern und Behörden.

Maßgebend für den Erhalt einer Invalidenrente, sofern diese nicht durch das Erreichen des 65. Lebensjahres unter Erfüllung der Wartezeit und Aufrechterhaltung der Anwartschaft gewährt wurde, war – wie beschrieben – die Erwerbsunfähigkeit. Doch wie könnte eine Definition dafür lauten? 1906 arbeitete Hugo Siefart, Kaiserlicher Regierungsrat und ständiges Mitglied des Reichsversicherungsamtes, eine solche aus.[75] Im allgemeinsten Sinne kann Erwerbsunfähigkeit da-

---

75 Hugo Siefart (1858-1937), Ministerialbeamter und Jurist, war ab 1896 als Regierungsrat und ständiges Mitglied im Reichsversicherungsamt, ab 1907

EINLEITUNG

nach folgendermaßen definiert werden: »Erwerbsunfähigkeit ist der im Wesentlichen auf der persönlichen Eigenart eines Menschen beruhende Mangel an Fähigkeit, an einem beliebigen Orte Arbeiten irgendwelcher Art zu leisten, die für andere brauchbar sind und deshalb für ihn als Erwerbsquelle dienen können.«[76] Erwerbsunfähigkeit bezieht sich danach auf den Mangel der Fähigkeit, eine Arbeit zur Sicherung des Lebensunterhaltes auszuüben. Sie unterschied sich von der Arbeitsunfähigkeit in der Krankenversicherung dadurch, dass die mit ihr einhergehenden Leiden nicht temporär waren und wieder verschwanden, sondern längerfristigen oder dauerhaften Charakter besaßen. Die Lage des Arbeitsmarktes der Region, in der der Erwerbsunfähige lebte, spielte nach dieser Definition genauso wenig eine Rolle, wie die Art der Tätigkeit, die der Versicherte vorher ausgeübt hatte. Anders als die in der Angestelltenversicherung 1911 eingeführte »Berufsunfähigkeit« kam es bei erwerbsunfähigen Arbeitern nicht auf die in einem bestimmten Beruf gesammelten Vorkenntnisse und erlernten Fähigkeit an. Es gab auch keine Zwischenstufen der Erwerbsunfähigkeit wie in der Unfallversicherung, sie war nicht »teilbar«: Entweder es lag eine Erwerbsunfähigkeit vor – oder nicht. Dennoch ermittelte ein ärztlicher Sachverständiger den »Grad der Erwerbsunfähigkeit«: Als voll erwerbsunfähig galt derjenige, dessen Erwerbsfähigkeit um 66 % oder mehr geschmälert war und der nicht mehr als ein Drittel dessen verdienen konnte, wozu ein Arbeiter mit ähnlichen Kenntnissen und Fähigkeiten in der Lage war. Später senkte die Reichsregierung die Grenze, ab wann eine vollständige Erwerbsunfähigkeit vorlag, auf 50 %, ohne freilich das Lohndrittel, das ein Arbeiter mindestens verdienen musste, um als erwerbsfähig zu gelten, aufzugeben.[77] In der Praxis erkannten die ärztlichen Gutachter die Invalidität dann als gegeben an, wenn der Grad der Erwerbsunfähigkeit 50 % überstieg und der so vermindert erwerbsfähige Arbeiter nicht mehr in der Lage war, mindestens ein Drittel des ortsüblichen Lohnes

als Geheimer Regierungsrat und Senatsvorsitzender und ab 1911 als Senatspräsident tätig. Ab Ende 1910 arbeitete er kommissarisch im Reichsamt des Innern, 1916 im Reichswirtschaftsamt. Nach dem Ersten Weltkrieg war er als Ministerialrat im Reichsarbeitsministerium tätig. 1921 leitete er kurzfristig die Abteilung Sozialversicherung.

76 Hugo Siefart: Der Begriff der Erwerbsunfähigkeit auf dem Gebiet des Versicherungswesens. Im Auftrage des Reichs-Versicherungsamts für den V. internationalen Kongreß für Versicherungswissenschaft und den IV. internationalen Kongreß für Versicherungsmedizin in Berlin 1906, Berlin 1906, S. 70.
77 Vgl. Invalidenversicherungsgesetz vom 13.7.1899, RGBl. I 1899, S. 393-462.

zu verdienen. Die Frage der erreichten Erwerbsunfähigkeit war also kein festes Maß, an dem man sich orientieren konnte, sondern Ergebnis eines politischen, wirtschaftlichen und sozialen Prozesses.[78] Die Diskussionen, inwieweit die allgemeine Lage des Arbeitsmarktes in die Bewertung der Erwerbsunfähigkeit einfließen sollte, begleitete die Rentenversicherung von ihrer Gründung bis heute.[79] Im Kaiserreich setzte sich die Ansicht durch, dass der Arbeitsmarkt, oder besser: die Arbeitsgelegenheit eines Rentenbewerbers keine Rolle spielen sollte. In der Begründung zum Rentenversicherungsgesetz von 1889 hieß es dazu:

»Dagegen wird die augenblickliche konkrete Möglichkeit einer Beschäftigung, die vorhandene Arbeitsgelegenheit, bei der Beurteilung, ob noch eine ausreichende Erwerbsfähigkeit verblieben ist, nicht in Betracht gezogen werden dürfen. Die Arbeitsgelegenheit ist dem Wechsel so sehr unterworfen, daß sie sich kaum kontrollieren läßt. Die größere oder geringere Gelegenheit zur Arbeit hat mit der körperlichen oder geistigen Fähigkeit zur Fortsetzung der Erwerbstätigkeit begrifflich nichts zu tun. Die Aufgabe des Entwurfs ist nicht die Versicherung gegen Arbeitslosigkeit, sondern gegen Erwerbsunfähigkeit.«[80]

Im nationalsozialistischen Staat haben sich führende Exponenten darum bemüht, zumindest die Aussage zu relativieren, dass sich »Arbeitsgelegenheiten kaum kontrollieren« ließen. Die Lage des Arbeitsmarktes bzw. des Arbeitseinsatzes spielte zu dieser Zeit für die Rentenversicherung sehr wohl eine Rolle. Allerdings nicht in dem Sinne, dass gefragt wurde, ob die derzeitige Lage des Arbeitsmarktes einen Verdienst von einem Drittel ermöglichen würde, sondern unter der Prämisse, dass es massiv an Arbeitskräften mangelte. Vor diesem Hintergrund verschob sich die Deutung, wann eine Erwerbsunfähigkeit vorlag.

Das Jahr 1927 markiert jedoch noch aus einem anderen Grund eine wichtige Zäsur für die Sozialpolitik. Denn in diesem Jahr erfolgte

78 Vgl. Eghigian: Making Security Social, S. 17-23.
79 Vgl. Eberhard Eichenhofer: Handbuch der gesetzlichen Rentenversicherung – SGB VI, Köln 2012, S. 458.
80 Zit. nach Siefart: Begriff der Erwerbsunfähigkeit, S. 47. Original in: Begründung zu §7 des »Entwurfs eines Gesetzes, betreffend die Alters- und Invalidenversicherung«. Stenogr. Ber. über die Verhandlungen des Reichstags, 7. Leg.-Per. IV. Sess. 1888/1889, 4. Band (Erster Anlageband), S. 69f.

EINLEITUNG

die Einführung des vierten Zweigs der Sozialversicherung, die Arbeitslosenversicherung. Das »Gesetz über Arbeitsvermittlung und Arbeitslosenversicherung«[81] führte zu einer stärkeren Ausrichtung der Sozialpolitik auf den Arbeitsmarkt. Die Arbeitsverwaltung wurde aus der allgemeinen Verwaltung ausgegliedert und in die neu gegründete »Reichsanstalt für Arbeitsvermittlung und Arbeitslosenversicherung«, die dem Reichsarbeitsministerium unterstellt war, eingegliedert. Die »bedeutendste sozialpolitische Innovation der Weimarer Republik«[82] wurde nach 1933 – ebenso wie die Behörden der Rentenversicherung – den nationalsozialistischen Zielvorstellungen dienstbar gemacht.[83]

Bevor das konkrete Wirken des Reichsarbeitsministeriums vorgestellt und analysiert wird, wird im Folgenden zunächst auf die Organisation der gesetzlichen Rentenversicherung in Deutschland in der Weimarer Republik und im Nationalsozialismus eingegangen.

---

81 Vgl. Gesetz über Arbeitsvermittlung und Arbeitslosenversicherung vom 16.7.1927, RGBl. I 1927, S. 187-218.
82 Hans-Walter Schmuhl: Arbeitsmarktpolitik und Arbeitsverwaltung in Deutschland 1871-2002, Nürnberg 2003, S. 155.
83 Vgl. dazu auch die Forschungsergebnisse und die im Entstehen begriffene Dissertation von Henry Marx über »Die Reichsanstalt für Arbeitsvermittlung und Arbeitslosenhilfe in der Zeit des Nationalsozialismus 1933-1945«; sowie ders.: Arbeitsverwaltung und Organisation der Kriegswirtschaft, in: Alexander Nützenadel (Hg.): Das Reichsarbeitsministerium im Nationalsozialismus. Verwaltung – Politik – Verbrechen, Göttingen 2017, S. 282-316.

I. Die Behördenstruktur der gesetzlichen Rentenversicherung

1. Die Hauptabteilung II des Reichsarbeitsministeriums

Als das Reichsarbeitsministerium im Jahre 1919 die ressortmäßige Vorbereitung der Sozialversicherungsgesetzgebung in seinen Aufgabenbereich übernahm, konnten die Einrichtungen und staatlichen Behörden, die die Rentenversicherung durchführten und verwalteten, auf eine teilweise über 30-jährige Geschichte zurückblicken.[1] Das neu gegründete Ministerium übernahm also nicht die Ausarbeitung, Entwicklung und Einführung eines gänzlich neuen sozialpolitischen Zweiges, sondern integrierte bereits bestehende Sozialversicherungsbehörden und Rentenversicherungsträger in seinen administrativen Apparat. Seit dem Inkrafttreten der Reichsversicherungsordnung im Jahre 1911 bestand zudem ein umfassend kodifiziertes Werk des Sozialversicherungsrechts, das die Rentenversicherung sowohl organisatorisch als auch institutionell in einen weitreichenden Gesetzesrahmen einordnete. Damit markierte die Rentenversicherung im Gegensatz zu den im Laufe der Weimarer Republik eingeführten sozialpolitischen Regelungen etwa durch das Gesetz zur Versorgung Kriegsbeschädigter (1920), dem Schlichtungswesen (1923) oder der Arbeitslosenversicherung (1927) einen Bereich, der weder von Grund auf neu geordnet, noch im Rahmen der Weimarer Sozialgesetzgebung erstmalig errichtet worden ist.[2]

Verantwortlich für die Durchführung der Rentenversicherungspolitik innerhalb der Behördenstruktur des Ministeriums war die Hauptabteilung II. Ohne auf die Gründungsgeschichte des Reichsarbeits-

---

1 Die Literatur zur Entstehungsgeschichte der deutschen Sozialversicherung ist weitreichend, hinführend der Beitrag von Michael Stolleis: Historische Grundlagen. Sozialpolitik in Deutschland bis 1945, in: Bundesministerium für Arbeit und Sozialordnung/Bundesarchiv (Hg.): Geschichte der Sozialpolitik in Deutschland seit 1945, Bd. 1: Grundlagen der Sozialpolitik, Baden-Baden 2001, S. 199-332; Reidegeld: Staatliche Sozialpolitik in Deutschland, Bd. 2; sowie Wolfgang Ayaß/Florian Tennstedt (Hg.): Die Praxis der Rentenversicherung und das Invalidenversicherungsgesetz von 1899. Quellensammlung zur Geschichte der deutschen Sozialpolitik 1867 bis 1914, Darmstadt 2014.

2 Vgl. Gesetz über die Versorgung der Militärpersonen und ihrer Hinterbliebenen bei Dienstbeschädigung (Reichsversorgungsgesetz) vom 12.5.1920, RGBl. I 1920, S. 989-1019; Verordnung über das Schlichtungswesen vom 30.10.1923, RGBl. I 1923, S. 1043-1045, Gesetz über Arbeitsvermittlung und Arbeitslosenversicherung vom 16.7.1927, RGBl. I 1927, S. 187-218.

ministeriums im Detail einzugehen, lässt sich doch bis zum Jahre 1933 von einer organisatorischen Findungsphase der Hauptabteilung II ausgehen.[3] Die Unbeständigkeit in der Organisation der Unterabteilungen und Referate endete erst im Jahre 1933, als das Ministerium die Improvisationsphase zugunsten eines festeren Gefüges in der Abteilung beendete. Anfangs auf zwei, ab 1933 dann auf drei Unterabteilungen aufgeteilt, bestand die Hauptabteilung II im Jahre der Machtübertragung an die Nationalsozialisten aus insgesamt 28 Referaten, die für Bereiche wie »Reichsversicherung«, »Wohlfahrtspflege« oder »Internationale und ausländische Sozialpolitik« zuständig waren. In diesem Zusammenhang interessiert vor allem die für die Sozialversicherung zuständige Unterabteilung IIa, die mit 13 Referaten die größte Unterabteilung bildete und sich mit den Angelegenheiten aller Versicherungszweige, der Reichsversicherungsordnung, der versicherungstechnischen und -mathematischen Belange und der Gesundheitsfürsorge befasste. Ebenfalls von Belang war die Unterabteilung IIb, die für die internationalen Belange des Ressorts verantwortlich war.

Wenn die Vielgestaltigkeit des politischen Willensbildungsprozesses durch die Notverordnungspraxis in der Weimarer Republik bereits stark ausgehöhlt worden war, so setzte sich dies während des Nationalsozialismus durch die Entmachtung des Parlaments und des Reichsrats in einer neuen Qualität fort. Auch die Gesetzgebung des Reichsarbeitsministeriums auf dem Feld der Rentenversicherung in den Jahren 1933 und 1934 zeugt von dem durch die nationalsozialistische Diktatur bedingten – zumindest kurzfristigen – Bedeutungsgewinn der Ministerialverwaltung im Gesetzgebungsprozess.

Die Aufwertung der Ministerialverwaltung im Willensbildungsprozess von politischen Inhalten und der Programmentwicklung war ein Prozess, der bereits verstärkt mit den Präsidialkabinetten eingesetzt hatte, als mit dem Parlament ein wichtiger Impulsgeber für Gesetzesvorhaben auf dem Gebiet der Rentenversicherung ausfiel.[4] Doch das Parlament sowie politische Parteien und gesellschaftliche Gruppen, wie Gewerkschaften und Arbeitgeberverbände, waren nicht die einzigen Akteure, die bei der Formulierung sozialpolitischer Gesetzesvorhaben

---

3 Vgl. hierzu und für die folgenden Absätze die Geschäftsverteilungspläne des Reichsarbeitsministeriums in BArch R 3901/38, 39, 127, 537, 668, 671, 673, 674, 690; sowie BArch R 89/10017, 10042, 10110.

4 Auch wenn mit dem Instrumentarium der Notverordnungspraxis bereits vor 1930 ebenfalls auf dem Feld der Rentenversicherung der Bedeutungsgewinn ministeriellen Handelns ersichtlich war. Vgl. Führer: Für das Wirtschaftsleben »mehr oder weniger wertlose Personen«.

mitwirkten. Gerade durch den Kontakt mit den betroffenen Stellen der Rentenversicherung, den ausführenden Rentenversicherungsträgern und Sozialversicherungsbehörden, erschloss das Ministerium weitere Impulsquellen außerhalb des politischen und ministeriell-administrativen Bereichs für die sozialpolitische Gesetzgebung. Dies lässt sich nicht nur für das Kaiserreich und die Weimarer Republik beobachten, sondern ebenso für die Rentenversicherungspolitik im »Dritten Reich«.[5]

Die Hauptabteilung II war von 1921 bis 1944 insgesamt von einer hohen personellen Kontinuität geprägt, lediglich innerhalb der Fachreferate und der Positionen der Haupt- und Unterabteilungsleiter gab es eine – teils rege – personalpolitische Rotation. So gab es interne personelle Veränderungen in der Position des Hauptabteilungsleiters und der Unterabteilungsleiter sowie in der Mehrzahl der Fachreferate, die sich mit den Belangen der Rentenversicherung beschäftigten. Lediglich der langjährige Leiter der Hauptabteilung II, Andreas Grieser, 1932 zum Staatssekretär ernannt, wurde mit dem Machtantritt der Nationalsozialisten entlassen. Mit Grieser verlor das Reichsarbeitsministerium einen international anerkannten Fachmann auf dem Gebiet der Sozialversicherung, der nach dem Zweiten Weltkrieg in der Bundesrepublik – in hohem Alter – wieder auf dem Feld der Sozialversicherung tätig war.[6] Die Leitung der Hauptabteilung II schien im Reichsarbeitsministerium ein Sprungbrett für die spätere Ernennung zum Staatssekretär gewesen zu sein. Denn auch Griesers Nachfolger als Hauptabteilungsleiter, Johannes Krohn, wurde von Seldte zum Staatssekretär – und damit zum Nachfolger des entlassenen Griesers – ernannt. Die nun frei gewordene

5 Zum Gesetzgebungsprozess in der Rentenversicherung vor 1933 vgl. Führer: Untergang und Neuanfang. Für die Rentenversicherung im Dritten Reich gibt es nur wenig Literatur, die die Programmentwicklung im Ministerium anhand von Impulsen aus den nachgeordneten Behörden untersucht. Im weiteren Sinne vgl. Tennstedt: Sozialgeschichte der Sozialversicherung; sowie für die NS-Zeit Kirchberger: Die Stellung der Juden in der deutschen Rentenversicherung, S. 111-132.
6 Leider ist der Grund seiner Entlassung nicht mehr rekonstruierbar. Da sich Grieser seinem Biografen zufolge stark für die Selbstverwaltungsstrukturen in der Sozialversicherung eingesetzt hat, war dies möglicherweise der ausschlaggebende Grund für seine Entlassung. Grieser war zudem stark in die internationalen Strukturen der Sozialversicherung, etwa bei der International Labour Organization, eingebunden. Möglicherweise stand er in den Augen der neuen Machthaber einem »nationalen« Weg der Sozialversicherung entgegen. Für Informationen zu seiner Entlassung aus Sicht seines Biografen siehe Volker H. Schmied: Andreas Grieser (1868-1955). Das Leben und Wirken des »Nestors« der deutschen Sozialversicherung, Karlstadt 1993, v.a.S. 115-125.

Position des Hauptabteilungsleiters besetzte der Minister im Februar 1933 mit Hans Engel, wie er selbst Mitglied des Stahlhelms. Engel sollte zehn Jahre die Position des Hauptabteilungsleiters bekleiden und gehörte zu dem beamteten Spitzenpersonal, das seinen beruflichen Aufstieg dem Nationalsozialismus verdankte. Am 9. März 1942 wurde auch Engels zum Staatssekretär ernannt. Als Leiter der Hauptabteilung II verantwortete er die Entwicklung der Sozialpolitik, der Wohlfahrtspolitik und der Fragen des Arbeitseinsatzes. Sein Wirken war also übergreifend, er verband die Belange des Arbeitseinsatzes und der Arbeitsbeschaffung mit den Entwicklungen der Sozialversicherung. Durch Reisen in die besetzten Gebiete koordinierte er ebenfalls die Entwicklung der Rentenversicherung im besetzten europäischen Ausland.[7]

Auch die Positionen der Unterabteilungsleiter unterlagen einem Wechsel: Gerhard Zschimmer (IIa – Reichsversicherung) und Lothar Rosenberg (IIb – Wohlfahrtspflege und internationale Sozialpolitik) folgten dem Staatssekretär Johannes Krohn und Emil Otto Freiherr vom Gemmingen, der das Reichsarbeitsministerium verließ und zum Direktor des Reichsrechnungshofes aufstieg. Die wichtigsten Referate, die sich mit der Rentenversicherung befassten, waren in der Abteilung IIa angesiedelt. Zu ihnen zählten die Referate der ein-

[7] Hans Alfred Engel (17.11.1887-Mai 1945) kannte Minister Franz Seldte bereits seit der Schulzeit. Beide wurden in Magdeburg geboren und gehörten dem Infanterie-Regiment 66 in Magdeburg an. Engel war evangelisch und mit Käte Kluge verheiratet, der Tochter eines Medizinalrates. Sein Vater, Johann Engel, war Professor. Hans Engel studierte Rechtswissenschaften in Berlin, Freiburg und Marburg. Im Jahre 1911 wurde er in Marburg zum Dr. jur. promoviert. 1914 war er bis zu Beginn des Ersten Weltkrieges für kurze Zeit als Gerichtsassessor tätig. Von August 1914 bis Dezember 1917 nahm er am Ersten Weltkrieg teil, zuletzt im Range eines Oberleutnants der Reserve. Von 1918 bis 1924 war er Mitglied der nationalliberalen Deutschen Volkspartei. 1920 trat er als Regierungsrat ins Reichsministerium für Ernährung und Landwirtschaft ein, 1925 erfolgte seine Ernennung zum Oberregierungsrat, 1929 die zum Ministerialrat. 1936 trat er in die NSDAP ein. Engel war Mitglied des Reichsluftschutzbundes, der Nationalsozialistischen Volkswohlfahrt, des Reichsbundes der Deutschen Beamten, des Kolonialbundes, des NS-Rechtswahrerbundes, des NS-Reichskriegerbundes, der Akademie für Deutsches Recht und des NS-Fliegerkorps. Er starb wahrscheinlich im April oder Mai 1945 in einem sowjetischen Lager. Siehe zu seiner Person BArch R 9361-I/658 (BDC: Personenbezogene Unterlagen der NSDAP); Personalakte des Reichsarbeitsministeriums: BArch R 3901/20342, 20343, 20344 und 20345; Personalakte der Präsidialkanzlei: BArch R 601/2097; Personalakte des Reichsjustizministeriums: BArch R 3001/55208; Personalangelegenheiten der Reichskanzlei: BArch R 43-II/1138b; sowie Cuno Horkenbach: Das Deutsche Reich von 1918 bis heute, Berlin 1935, S. 511.

zelnen Versicherungszweige (Invalidenversicherung, Angestelltenversicherung, Knappschaft), die Referate, die die (Um-) Organisation der Rentenversicherung betrafen (Verfahren vor den Sozialversicherungsbehörden, Umorganisation der Reichsversicherung) sowie diejenigen, die sich mit der Finanzlage (Versicherungsmathematische Fragen, Verwaltung der Vermögen der Versicherungsträger) sowie der Gesundheitsfürsorge beschäftigten.

Hans Engel (1933)

Hierarchie	Abteilungsbezeichnung	Aufgabenfelder	Leiter
Leitung	HA II	Sozialversicherung	Hans Engel
	A IIa	Reichsversicherung	Gerhard Zschimmer
	A IIb	Wohlfahrtspflege, internationale und ausländische Sozialpolitik	Lothar Rosenberg
	A IIc	Arbeitslage, Arbeitsvermittlung, Arbeitseinsatz, Arbeitsbeschaffung, Arbeitslosenhilfe	Alexander Wende
Referate der Abteilung IIa	1	Invalidenversicherung	Adolf Hoffmeister, Wilhelm Heller
	2	Angestelltenversicherung, Pensionskassen, Selbständige	Friedrich Wankelmuth
	6	Umorganisation der Reichsversicherung	Willy Kieffer
	9	Verfahren in der Rentenversicherung	Wilhelm Kilian
	10	Reichsknappschaft	Josef Eckert
	12	Versicherungsmathematische Fragen, Verwaltung der Vermögen der Versicherungsträger	Wilhelm Dobbernack
	13	Gesundheitsfürsorge in der Reichsversicherung	Michael Bauer

Tabelle 1: Die Hauptabteilung II und die wichtigsten Referate der Abteilung IIa des Reichsarbeitsministeriums, 1933

Gerhard Zschimmer (1925)

Der bedeutendste Beamte für die Sozialversicherung im »Dritten Reich« war Gerhard Zschimmer, Leiter der Unterabteilung A IIa (Reichsversicherung). Er verantwortete die komplette Entwicklung der Rentenversicherung während der NS-Diktatur. Zahllose Erlasse, Verordnungen und Verwaltungsakte, die er unterschrieb, belegen sein Wirken als verantwortlicher Beamter in allen Belangen der Sozialversicherung. Er nahm an allen wichtigen Treffen innerhalb des Ministeriums teil und hat neben den Entwicklungen im Reich auch die internationalen Maßnahmen des Ministeriums mitgetragen sowie antisemitische Verordnungen und Erlasse verantwortet.[8]

Das der Unterabteilung A IIa zugeordnete Referat »Invalidenversicherung« leitete Wilhelm Heller, der neben Hans Engel zu den wenigen Beamten gehörte, die erst nach der Machtübertragung an die Nationalsozialisten ins Ministerium gelangt sind. Heller leitete das Referat bis 1938 in Vertretung für Adolf Hoffmeister und übernahm es ab diesem Zeitpunkt vollständig. Er war an der Ausgestaltung von Gesetzen und Verordnungen nicht direkt beteiligt, sondern arbeitete vor allem Gerhard Zschimmer zu. Zudem reiste er einige Male ins Elsass, um die Durchführung der Rentenversicherung dort zu koordinieren. Heller trat auch mit den nachgeordneten Behörden unterhalb der »of-

---

8 Gerhard Zschimmer (geb. am 20.3.1876 in Niederlößnitz bei Dresden, Todesdatum unbekannt) gehörte zu den älteren Beamten der Hauptabteilung II. Der studierte Jurist trat 1898 in den Justizdienst ein und wurde 1912 Regierungsrat und ständiges Mitglied des Reichsversicherungsamtes. 1920 erfolgte seine Ernennung zum Oberregierungsrat, 1924 sein Eintritt ins Reichsarbeitsministerium. 1925 wurde er zum Ministerialrat ernannt, ab 1932 leitete er die Unterabteilung IIa »Reichsversicherung« bis zum Ende seiner Laufbahn im Ministerium. 1936 erfolgte seine Ernennung zum Ministerialrat. Zschimmer war niemals Mitglied der NSDAP – wie die Mehrzahl der leitenden Beamten der Hauptabteilung II. Im Februar 1944 trat er, 67-jährig, in den Ruhestand. Siehe zu seiner Person Reichsfinanzministerium: Reichsarbeitsministerium. Beamte, Bd. 1: 1930-1936, BArch R 2/18428 und Bd. 2: 1936-1945, BArch R 2/18429; Personalakte der Präsidialkanzlei: BArch R 601/466.

fiziellen Ebene« von Verordnungen und Erlassen in Kontakt, um Verwaltungspraktiken vor Ort anzuregen. Deren Anliegen vermittelte er innerhalb des Ministeriums weiter. Wie Zschimmer war auch er nicht Mitglied in der NSDAP.[9]
Über Wilhelm Dobbernack (13.9.1902-26.10.1970), den jüngsten Referatsleiter des Ministeriums, ist nur sehr wenig bekannt. Der in Hamburg geborene Dobbernack leitete mit gerade einmal 26 Jahren ab 1928 das Referat »Versicherungsmathematische Fragen«, welches er bis zum Kriegsende führte. Als einer der wenigen Beamten der Hauptabteilung II trat er 1937 in die NSDAP ein. Anders als in der Forschung dargestellt, war es nicht Johannes Krohn, der dem Sanierungsgesetz vom 7. Dezember 1933 zum Erfolg verhalf, sondern Dobbernack. Krohn verantwortete zwar das Gesetz, ausgearbeitet hat es aber im Wesentlichen Wilhelm Dobbernack. Er war sowohl an den Besprechungen der Leitungsebene (Minister, Staatssekretär, Abteilungsleiter) beteiligt, als auch in die direkten Kontakte mit den nachgeordneten Behörden involviert. Seinem eigenen Lebenslauf gemäß war er neben der Mitwirkung an der Sanierungs- und Aufbaugesetzgebung ebenfalls an der Bearbeitung der finanziellen Fragen der Sozialversicherungsabkommen mit europäischen Ländern, etwa Frankreich, Italien, Polen, Österreich oder Ungarn beteiligt. Darüber hinaus beobachtete er die Entwicklung der Sozialversicherung in den Vereinigten Staaten und der Sowjetunion.[10]

9 Wilhelm Heller (geb. am 1.8.1888) wurde im Ersten Weltkrieg stark verwundet. Er gehörte bis zum Ende des Zweiten Weltkrieges dem Mitarbeiterstab des Ministeriums an. Nach 1945 verliert sich seine Spur. Siehe zu seiner Person BArch R 9361-V/6017 (BDC: Personenbezogene Unterlagen der NSDAP); Personalakte der Präsidialkanzlei: BArch R 601/466.
10 Personalakte des Reichsarbeitsministeriums: BArch R 3901/102369; Personalakte der Präsidialkanzlei: BArch R 601/465; Reichsfinanzministerium: Reichsarbeitsministerium. Beamte, Bd. 1: 1930-1936, BArch R 2/18428. Von 1921 bis 1925 studierte Dobbernack Mathematik in Hamburg, Freiburg i.B. und Göttingen. 1925 wurde er an der Universität Hamburg promoviert. 1925 bis 1926 arbeitete er als Versicherungsmathematiker in der Gerling-Konzern-Lebensversicherung A.G. in Köln. 1926 war er als wissenschaftlicher Hilfsarbeiter im Reichsversicherungsamt in Berlin tätig. Dort war er eigenen Angaben zufolge mit dem Sonderauftrag betraut, die erste versicherungstechnische Bilanz über die deutsche Invalidenversicherung nach dem Ersten Weltkrieg zu erstellen. Nach dem Zweiten Weltkrieg war er als Berater der britischen Kontrollkommission – Manpower-Division – Social Insurance Branch – für die Sozialversicherung im britischen Gebiet und Berlin zuständig. Von 1946 bis 1948 leitete er Hauptabteilung Sozialversicherung im Zentralamt für Ar-

Die Abteilung IIb (Internationale Angelegenheiten) leitete ab dem Jahre 1939 Walter Bogs. Er ging dort unter anderem Fragen der Sozialversicherung in den besetzten Gebieten oder Sonderregelungen bezüglich ausländischer Arbeiter sowie Zwangsarbeiter im Reich nach. In diesem Zusammenhang war er maßgeblich für die Diskriminierung jüdischer Versicherter verantwortlich, indem er die Vorgehensweise der Träger nach der Deportation jüdischer Rentner aus dem Reich koordinierte. Im Jahre 1944 kehrte er als Senatspräsident an das Reichsversicherungsamt zurück.[11]

Wenngleich das Reichsarbeitsministerium als oberste Reichsbehörde der wichtigste Akteur auf dem Gebiet der Rentenversicherung gewesen ist, war es nicht der einzige. Es stand an der Spitze eines weitreichenden Gefüges, in dem die mit der Durchführung der Rentenversicherung beauftragten Stellen in einem komplexen verwaltungsrechtlichen Beziehungsrahmen eingeordnet waren. Auch bildete der mit unterschiedlichen Bedeutungen aufgeladene Begriff »Renten-

beit der britischen Besatzungszone für den Neuaufbau der Sozialversicherung in der britischen Besatzungszone. 1950 wurde er vom Bundesministerium für Arbeit in Bonn übernommen. Ab 1952, bis zu seinem altersbedingten Ausscheiden im Jahre 1964, übernahm er zudem die Leitung des Bonner Zweigamtes des Internationalen Arbeitsamtes, einem Organ der International Labour Organization (ILO). Er war der erste Deutsche, der nach dem Zweiten Weltkrieg eine derartige Leitungsposition innehatte. Für diese Hinweise danke ich Sandrine Kott sehr.

11 Walter Bogs (geb. am 3.4.1899 in Bromberg, gest. am 22.10.1991) war erst ab 1939 im Reichsarbeitsministerium beschäftigt und leitete die Abteilung IIb (Internationale Angelegenheiten). Nach seinem Einsatz im Ersten Weltkrieg absolvierte er ein Jurastudium in Marburg und Berlin. 1922 wurde er in Marburg promoviert. Nach einer Tätigkeit beim Deutschen Gewerkschaftsbund war er von 1928 bis 1933 Richter am Berliner Arbeitsgericht, verantwortete die Sozialversicherung aber bereits durch seine nebenamtliche Tätigkeit beim Reichsversicherungsamt mit. Nach dem Zweiten Weltkrieg war er zunächst als Lehrbeauftragter für Sozialversicherung und Arbeitsrecht an der Universität Göttingen beschäftigt und von 1946 bis 1949 als Richter am Amts- und Landgericht. Seine Hochschulkarriere setzte er als ordentlicher Professor an der Hochschule für Arbeit, Politik und Wirtschaft in Wilhelmshaven fort, 1951 und 1952 als Rektor. Von 1954 bis 1967 arbeitete er als Senatspräsident im Kasseler Bundessozialgericht; von 1958 bis 1978 war er zudem Mitglied des Sozialbeirats der Bundesregierung. Siehe zu seiner Person – außer zu seiner Rolle bei der Diskriminierung jüdischer Rentner – Hans F. Zacher: Walter Bogs – 90 Jahre alt, in: Zeitschrift für ausländisches und internationales Arbeits- und Sozialrecht 3 (1989), S. 69-72.

versicherung« lediglich die einigende Klammer, mit der die verschiedenen Behörden in einem gemeinsamen Aufgabenfeld zusammengehalten wurden. Die Einordnung der verschiedenen Behörden in den Komplex der Rentenversicherung verlangt eine Dekonstruktion dieses Begriffes, indem das Aufgabengebiet des Reichsarbeitsministeriums in einen verwaltungstechnischen und versicherungsrechtlichen Zusammenhang präziser gefasst wird.[12]

Die Kernaufgaben des Reichsarbeitsministeriums lassen sich vor allem zwei Bereichen zuordnen: der ressortmäßigen Vorbereitung der Sozialversicherungsgesetzgebung sowie den unterschiedlich gearteten Aufsichtsfunktionen gegenüber den Trägern und Behörden der Rentenversicherung.[13] Die bei der Gründung des Ministeriums eingerichtete »Abteilung II« war für die Ausarbeitung der Programmentwicklung auf dem Gebiet der Rentenversicherung zuständig; zu ihren Aufgaben zählte der Entwurf von Gesetzen und Novellen sowie die Entwicklung von Rechtsverordnungen und Verwaltungsvorschriften. Unmittelbare Aufsicht führte das Ministerium über die reichseinheitlichen Träger der Rentenversicherung: die Reichsversicherungsanstalt für Angestellte sowie die Reichsknappschaft, dem Rentenversicherungsträger der Bergarbeiter. Zudem fungierte es als Dienstaufsichtsbehörde gegenüber dem Reichsversicherungsamt, der wichtigsten nachgeordneten Behörde auf dem Feld der Sozialversicherung.

Als oberste Spruch-, Beschluss- und Aufsichtsbehörde war das *Reichsversicherungsamt* nicht nur letzte Instanz bei Rechtsstreitigkeiten auf dem Gebiet der Sozialversicherung, sondern übte ebenso Aufsichtsfunktionen gegenüber den Trägern der Rentenversicherung der Arbeiter sowie der Ober- und Versicherungsämter aus. Das Reichsversicherungsamt stand im Rang einer höheren Reichsbehörde, die allein dem Reichsarbeitsminister unterstellt war, jedoch auf einigen Feldern der Sozialversicherung – zumindest bis 1933 – relative Autonomie besaß. Obwohl die Behörde reichsweit in Erscheinung trat und

---

12 Vgl. die noch immer umfassendste Darstellung der mit der Durchführung und Gesetzgebung der Rentenversicherung betrauten Organisationen und Behörden bei Tennstedt: Sozialgeschichte der Sozialversicherung, S. 461-482; sowie – vor allem aus der Sicht des Reichsarbeitsministeriums während der Zeit des Nationalsozialismus – Teppe: Zur Sozialpolitik des Dritten Reiches, S. 212-224.

13 Vgl. hierzu und zum Folgenden Lutz Richter: Sozialversicherungsrecht, Berlin 1931, v.a. Teil III »Die Geschäfte des Staates in der Sozialversicherung«, S. 189-222; Reichsverband Deutscher Landesversicherungsanstalten (Hg.): Die deutsche Invaliden-Versicherung, Berlin 1932.

von den Versicherten als Anlaufstelle wahrgenommen wurde, besaß das Reichsversicherungsamt durchaus einen föderalen Charakter. Als Aufsichtsbehörde der regionalen Landesversicherungsanstalten, den Rentenversicherungsträgern der Arbeiter, und vor allem bedingt durch die Befugnisse des Reichsrats bei der Personalakkreditierung wirkten die Gliedstaaten in der Weimarer Republik in unterschiedlichem Maße auf die Politik des Amtes ein.[14] Der vom Reichspräsidenten ernannte und vom Reichsrat vorgeschlagene Präsident besaß behördeninterne Leitungs- und Aufsichtsfunktionen, er überwachte den Geschäftsbetrieb sowie die Gleichmäßigkeit der Gesetzesanwendung und Verwaltung.[15] Mit der Zerschlagung der Weimarer Staatsordnung und der endgültigen Auflösung des Reichsrats 1934 sowie der Einführung des »Führerprinzips« in den Sozialversicherungsbehörden verloren die Einzelstaaten den institutionellen Einfluss, den sie auf Grund der Repräsentation ihrer Vertreter im Reichsversicherungsamt besaßen. Welche Rolle dies für die Ausgestaltung der Sozialversicherungspolitik des Reichsarbeitsministeriums bedeutete, wird noch auszuführen sein. Vielfältige Kompetenzen und Einflussmöglichkeiten auf dem Gebiet der Personalverwaltung sicherten dem Reichsarbeitsministerium bereits vor 1933 einen hohen Einfluss im Reichsversicherungsamt zu. Vor allem die Mitwirkung bei Personalentscheidungen über den Einsatz von Reichsbeamten als Vertreter der reichseigenen Rentenversicherungsträger im Behördenapparat (Angestelltenversicherung und Knappschaft) spielte dabei eine bedeutende Rolle.[16]

Hierarchisch eine Ebene unter dem Reichsversicherungsamt rangierten die regionalen Behörden der Rentenversicherung, die *Landes-, Ober- und Versicherungsämter*. Die im Kaiserreich eingerichteten Landesversicherungsämter übernahmen dabei die Funktionen des Reichsversicherungsamts auf Landesebene derjenigen Länder, die sich der »Verreichlichung« der Sozialversicherung durch Gründung eigener, unmittelbarer Versicherungsbehörden zu entziehen suchten. Bis das Reichsarbeitsministerium im Jahre 1935 diesem spezifischem Länderpartikularismus auf dem Gebiet der Sozialversicherung durch die Auflösung der Landesversicherungsämter Einhalt gebot, existierten

---

14 Siehe zur Funktion des Reichsversicherungsamtes auf reichsweiter Ebene Kott: Sozialstaat und Gesellschaft, S. 135-163.
15 Vgl. Richter: Sozialversicherungsrecht, S. 199-202; und die Geschäftsordnung für das Reichsversicherungsamt aus dem Jahre 1929, BArch R 89/10892.
16 Zu den Personalstrukturen des Reichsversicherungsamtes siehe Tennstedt: Das Reichsversicherungsamt und seine Mitglieder, S. 47-82.

zu Beginn des NS-Regimes nur noch in drei Ländern eigenständige Landesversicherungsämter: in Baden, Bayern und Sachsen.

Die Oberversicherungs- und Versicherungsämter waren *staatliche Versicherungsbehörden*, die sich in ihrer Aufsichts- und Rechtsprechungsfunktion von den Trägern der Rentenversicherung, die als Körperschaften des öffentlichen Rechts eigens für die Durchführung der Rentenversicherung errichtet worden sind, unterschieden.[17] Die Versicherungsbehörden spielten im Prozess der Verrechtlichung sozialpolitischer Ansprüche eine wichtige Rolle, da sie als staatliche Rechtsprechungs- und Berufungsinstanzen die Möglichkeit der Artikulation, Formulierung und Aneignung sozialer Rechte erst bereitstellten. Auf das gesamte Reichsgebiet verteilt, statteten die jeweiligen Landesregierungen die Versicherungsbehörden mit einem Beamtenapparat aus, der sich – in den Spruchkammern – um die gewählten Vertreter der Arbeitgeber und der Arbeitnehmer erweiterte. Die Versicherungsbehörden fungierten als Rechtsprechungsorgane bei Konflikten in der Rentenversicherung und vermittelten zwischen Versicherten und den Trägern. Die Möglichkeit der Berufung vor dem Oberversicherungsamt, bzw. der Revision vor dem Reichsversicherungsamt, war beiden Konfliktparteien gegeben: Gegen ein Urteil eines (Ober-)Versicherungsamtes konnte auch von einem Träger der Rentenversicherung Berufung bzw. Revision eingereicht werden, auch wenn es in den überwiegenden Fällen die Versicherten waren, die die nächsthöhere Instanz bei Konflikten anriefen.[18]

Obwohl die Reichsregierung sie einzig zum Zweck der Durchführung und Verwaltung der Rentenversicherung ins Leben gerufen hat, waren die Träger der deutschen Rentenversicherung *keine* staatlichen Behörden. Sie unterlagen dem öffentlichen Recht und waren, da sie staatliche Verwaltungstätigkeit auf der kommunalen Ebene durchführten, an die Aufsichtsbefugnisse der Versicherungsämter gebunden, die die korrekte gesetzmäßige Durchführung der Rentenversicherung überwachten. Dem Grundsatz nach in ihren Entscheidungen

---

17 Zur Stellung der Landesversicherungsanstalten als juristische Personen des öffentlichen Rechts, die staatliche Verwaltung führen, vgl. Richter: Sozialversicherungsrecht, S. 21-27. Leider fehlt bis heute eine Darstellung über die Entstehungs- und Organisationsgeschichte der Landesversicherungsanstalten als Träger der Rentenversicherung der Arbeiter. Grundlegende Bemerkungen dazu bei Tennstedt: Sozialgeschichte der Sozialversicherung, S. 449-460. Einen Überblick bietet Horst Peters: Die Geschichte der sozialen Versicherung, Sankt Augustin 1978.
18 Vgl. dazu Kapitel IV.2.

unabhängig, gab es im Kaiserreich und in der Weimar Republik keine Handhabe der übergeordneten Stellen, den Rentenversicherungsträgern Weisungen zukommen zu lassen, die über das Aufsichtsrecht hinausgingen. Die Träger unterschieden sich in ihrer Zuständigkeit für unterschiedliche Berufsgruppen. Die regionalen *Landesversicherungsanstalten*, als Träger der Arbeiterrentenversicherung, verwalteten die Rentenversicherung aller Arbeiter sowie derjenigen Angestellten, die weniger als 2000 RM jährlich verdienten. Die *Reichsversicherungsanstalt für Angestellte*, 1911 gegründet, verwaltete zentral und reichsweit die Rentenversicherung der Angestellten. Aufgrund höherer Beiträge erreichte die Angestelltenversicherung ein weitaus höheres Niveau als die Arbeiterrentenversicherung. Die *Reichsknappschaft*, die Rentenversicherung der Bergarbeiter, war der dritte »große« Rentenversicherungsträger in der NS-Zeit. Zahlreiche kleinere Träger, wie etwa die für die Seeleute zuständige Seekasse oder die Rentenversicherungsträger der Eisenbahnbeschäftigten trugen darüber hinaus zur Vielgestaltigkeit der Rentenversicherungsträger bei.

Die Träger einte die vor 1933 vom Reichsarbeitsministerium und Reichsversicherungsamt unabhängige Arbeitsweise, auch wenn die Länder und das Reich über die Personalpolitik zumindest einen indirekten Einfluss ausübten. Denn die Rentenversicherungsträger bestanden in der Regel aus einem teilweise beamteten und teilweise vom Land oder Reich ernannten Vorstand (Präsident und Vizepräsident) sowie einem Beirat oder Ausschuss.[19] Stärker als in den Versicherungsbehörden waren die Versicherten und die Arbeitgeber über die Entsendung von Vertretern in die Verwaltungstätigkeit der Träger eingebunden. Dies war ein direkter Ausdruck der Sozialversicherungsgesetzgebung im Kaiserreich: Die Versicherten und die Arbeitgeber verwalteten ihre Versicherung selbst, während der Staat, bis auf die Bereiche Personalpolitik und Aufsichtsfunktionen, keinen Einfluss auf die Träger ausüben sollte. Das sogenannte Selbstverwaltungsprinzip der Träger war *das* konstituierende Element der deutschen Sozialversicherung.[20]

19 Vgl. Richter: Sozialversicherungsrecht, S. 93-95. Eine Satzung einer Landesversicherungsanstalt ist im Generallandesarchiv Karlsruhe überliefert: Satzung für die Landesversicherungsanstalt Baden aus dem Jahre 1921, GLAK 462-4/10.
20 Vgl. dazu Kott: Sozialstaat und Gesellschaft, S. 102-106. Zum Zusammenhang zwischen Selbstverwaltung und Spruchtätigkeit siehe Peter Krause: Die Selbstverwaltung der Sozialversicherungsträger in der Rechtsprechung des RVA und des BSG, in: Georg Wannagat (Hg.): Entwicklung des Sozialrechts. Aufgabe der Rechtsprechung, Festgabe aus Anlaß des 100jährigen Bestehens

Die für das jeweilige Land zuständigen Landesregierungen setzten die Vorstandsbeamten und weitere Beamten der regionalen Landesversicherungsanstalten ein, während das Reichsarbeitsministerium die Beamten für die reichsweiten Träger (Angestelltenträger und Knappschaft) und des Reichsversicherungsamtes ernannte.[21] Nicht nur die personalpolitischen Entscheidungsbefugnisse der vorgesetzten Behörden schränkten die relative Autonomie der Träger ein, auch im Bereich des Finanzgebarens besaß der Staat umfangreiche Eingriffsmöglichkeiten und Aufsichtsbefugnisse. Die Träger verwalteten die aus den Beiträgen der Arbeitgeber und Versicherten generierten hohen Summen, sie legten sie an, zogen sie ein und zahlten sie – über die Postbehörden – aus. Ein Teil dieser Summen musste dabei in Anleihen an das Reich gezeichnet werden.[22] Auch die Höhe der freiwilligen Leistungen, die die Träger zwecks Vermeidung der Erwerbsunfähigkeit anbieten konnten (etwa Heilkuren, Darlehen für den Wohnungsbau, gesundheitsfördernde Maßnahmen) legte der Staat fest und überwachte sie durch das Reichsversicherungsamt. Die Rentenversicherungsträger erfüllten die Kernaufgaben der Versicherung auf lokalem Gebiet: Sie verwalteten die Versicherungsbeiträge, waren für die Anerkennung und Ablehnung der Rentenanträge sowie den Entzug und die Wiederaufnahme von Rentenleistungen zuständig.

Das Reichsarbeitsministerium besaß im Bereich der Rentenversicherung – wie beschrieben – vor allem zwei Aufgaben: die ressortmäßige Vorbereitung der Sozialversicherungsgesetzgebung sowie die Aufsicht über seine nachgeordneten Behörden, das Reichsversicherungsamt und die reichsunmittelbaren Träger der Angestellten (Reichsversicherungsanstalt für Angestellte) und der Bergleute (Reichsknappschaft). Die Invalidenversicherung, also die Träger der Arbeiterrentenversicherung (die Landesversicherungsanstalten) beaufsichtigte nicht das Ministerium, sondern das Reichsversicherungsamt. Die Landesversicherungsanstalten, von denen es zu Beginn der NS-Zeit im Deutschen Reich insgesamt 31 gab,[23] waren die wichtigsten Behörden auf dem Gebiet der unteren Verwaltung. Nicht nur, weil der Anteil der Arbeiter unter den Erwerbspersonen in Deutschland deutlich höher

---

der sozialgerichtlichen Rechtsprechung, Köln 1984, S. 575-607. Eine ausführliche Darstellung über die Selbstverwaltung in den Krankenkassen bietet Tennstedt: Geschichte der Selbstverwaltung in der Krankenversicherung.
21 Vgl. Richter: Sozialversicherungsrecht, S. 199-203.
22 Vgl. Teppe: Zur Sozialpolitik des Dritten Reiches, S. 236f.
23 Ayaß/Tennstedt: Die Praxis der Rentenversicherung, S. 5f.

lag als der Anteil an Angestellten und Bergarbeitern, sondern weil sie auch zu den ersten Organisationen der Rentenversicherung seit der Einführung der »Alters- und Invalidenversicherung« im Jahre 1889 zählten. Sie waren es, die die Politik des jeweils zuständigen Ministeriums (vor der Gründung des Reichsarbeitsministeriums im Jahre 1919 war die Sozialversicherung im Reichsministerium des Innern angesiedelt[24]) in der Praxis und vor Ort durchführten. Sie hauchten den toten Buchstaben der Sozialversicherungsgesetze Leben ein, indem sie die Gesetze anwandten, interpretierten und durchführten. Dadurch besaßen die Träger eine besondere Bedeutung: Sie machten die Rentenversicherung »real« und für die Menschen »fühlbar«, sie waren die Adressaten von Forderungen und die Instanz, die Leistungen aus der Rentenversicherung ausbezahlte. In der Tradition der Selbstverwaltung verwalteten sie die Gelder, sie zogen die Beiträge ein, kontrollierten die Betriebe und waren für die Leistungsgewährung zuständig. Da nahezu alle Menschen, die einer Erwerbstätigkeit nachgingen, von den Trägern erfasst wurden, leisteten sie die alltägliche Verwaltungsarbeit vor Ort und setzten die Politik des Reichsarbeitsministeriums, die in Form von Gesetzen, Verordnungen und Erlassen durchgeführt wurde, um. Die Rentenversicherung war seit ihrer Gründung dezentral organisiert. Das Reichsversicherungsamt als oberste Aufsichts-, Beschluss- und Spruchbehörde war zwar eine zentrale Behörde, aber die Eigenständigkeitsansprüche von Baden, Bayern und Sachsen ließen die Zuständigkeit des Reichsversicherungsamtes – bis 1935 – an den Grenzen dieser Länder stoppen.[25]

Das konstituierende Element der Rentenversicherung, wie sie die bismarcksche Sozialversicherungsgesetzgebung eingeführt hat, war die Selbstverwaltung. Die Träger waren zwar an die Buchstaben des Gesetzes gebunden und konnten in Streitfragen vom Reichsversicherungsamt bzw. den Landesversicherungsämtern zur Zahlung von Leistungen bzw. zur Änderung von Rentenbescheiden gezwungen werden. Dennoch besaßen sie gerade in finanzpolitischen Fragen, etwa wo und in welcher Form sie die ihnen anvertrauten Gelder anlegten, wem und zu welchen Konditionen sie Darlehen gewährten, eine große Entscheidungsfreiheit, mussten sich dabei aber an die vom Reichs-

---

24 Vgl. Gerhard A. Ritter: Sozialversicherung in Deutschland und England. Entstehung und Grundzüge im Vergleich, München 1983, S. 18-75.
25 Die »Fünfte Verordnung zum Aufbau der Sozialversicherung« vom 21. Dezember 1934 (RGBl. I 1934, S. 1274-1279) löste die Landesversicherungsämter zum 1. Januar 1935 auf. Deren Kompetenzen gingen auf das Reichsversicherungsamt über.

versicherungsamt festgelegte Grenze halten. Auch die Ausgestaltung freiwilliger Leistungen, etwa Kuraufenthalte, die Bezahlung von »nicht lebensnotwendigen« Operationen und die Errichtung von Genesungsheimen, lag vollkommen in ihrer Hand. Sie hatten lediglich das vom Reichsversicherungsamt und dem jeweils zuständigen Ressort festgelegte Mindestmaß der gesetzlichen Leistungen zu erfüllen.

Der wichtigste Verband der Rentenversicherungsträger war der »Verband Deutscher Landesversicherungsanstalten«, dem ab 1938 nicht nur die Invalidenversicherungsträger, sondern auch die Reichsversicherungsanstalt für Angestellte angehörten, und der ab diesem Zeitpunkt unter dem Namen Reichsverband Deutscher Rentenversicherungsträger firmierte. Der 1919 gegründete Verband hatte seinen Sitz in Kassel. Er koordinierte die Durchführung wichtiger politischer Änderungen im Rentenversicherungsrecht und wirkte auf die Vereinheitlichung des Rentenrechts hin. Seine Mitglieder waren stets zu wichtigen Sitzungen im Reichsarbeitsministerium und im Reichsversicherungsamt eingeladen und vor allem beratend tätig.[26]

Die Landesversicherungsanstalten als Träger der Arbeiterrentenversicherung waren in quantitativer Hinsicht die wichtigsten Träger der Rentenversicherung. In ihnen spiegelt sich die Politik des Reichsarbeitsministeriums auf der untersten Verwaltungsebene wider. Daher wird im Folgenden der Aufbau und die Arbeitsweise einer Landesversicherungsanstalt vorgestellt.

2. Die Landesversicherungsanstalten als Träger der Arbeiterrentenversicherung

Anhand der Landesversicherungsanstalt Baden wird die interne Struktur eines Rentenversicherungsträgers dargestellt. Wie erwähnt besaß das Land Baden, neben Bayern und Sachsen, ein eigenes Landesversicherungsamt, welches die Landesversicherungsanstalt Baden beaufsichtigte. Eine Satzung gab sich die Anstalt erstmals im Jahre 1889, dem Jahr des Inkrafttretens des Invaliditäts- und Altersversicherungsgesetzes. Neufestsetzungen der Satzung erfolgten im Zuge des Reichs-

---

26 Zu den wenigen Hinweisen über den Verband vgl. Martin Dröge: Männlichkeit und »Volksgemeinschaft«. Der westfälische Landeshauptmann Karl Friedrich Kolbow (1899-1945): Biographie eines NS-Täters, Paderborn 2015, S. 263.

gesetzes von 1899[27] und der Einführung der Reichsversicherungsordnung im Jahre 1911.[28] Am 7. April 1921 änderte der Träger seine Satzung das letzte Mal.[29] Die Landesversicherungsanstalt besaß drei Organe: den Vorstand, den Ausschuss und die Ausschusskommission. Der Vorstand bestand aus Beamten, die von der badischen Regierung ernannt wurden (meist Präsident und Vizepräsident), aus je drei Vertretern der Arbeitgeber und der Arbeitnehmer sowie – je nach Bedarf – aus Beamten der Anstalt, die vom Ausschuss bestellt wurden.[30] Die Arbeitgeber- und Arbeitnehmervertreter wählten die Versicherten für einen Zeitraum von fünf Jahren in einfacher Mehrheit.[31] Bei einem Streit über die Gültigkeit von Wahlen entschied das Landesversicherungsamt.[32] Auch konnte der Ausschuss Hilfsbeamte bestellen, die den Vorstand unterstützten.

Dem Vorstand oblag die gesamte Verwaltung der Versicherungsanstalt. Der Vorstandsvorsitzende vertrat den Vorstand gerichtlich und außergerichtlich. Die Vertretung der Anstalt gegenüber dem Vorsitzenden hatte eine auf ein Jahr gewählte Kommission des Ausschusses wahrzunehmen. Der Vorstand arbeitete Beschlüsse aus und übernahm die Kassen- und Rechnungsführung. Insgesamt war er im Kollegialprinzip tätig.[33] Der Vorstand beschloss die Anstellung von Beamten, die Festsetzung von allgemeinen Grundsätzen bei der Übernahme von Heilverfahren, die Erlassung von allgemeinen Dienstanordnungen und Hausanordnungen, die Gestattung an Arbeitgeber, die Marken zu anderen als den im Gesetz bestimmten Terminen einzukleben oder die Beiträge zu bezahlen sowie die Gestattung an Arbeitgeber, die Beiträge durch Verwendung von Marken selbst zu entrichten.[34] Er bestimmte

27 Vgl. Invalidenversicherungsgesetz vom 13.7.1899, RGBl. I 1899, S. 393-462.
28 Vgl. Reichsversicherungsordnung vom 19.7.1911, RGBl. I 1911, S. 509-838.
29 Vgl. Satzung für die Landesversicherungsanstalt Baden aus dem Jahre 1921, GLAK 462-4/10. Die folgenden Absätze beruhen auf dieser Satzung.
30 Vgl. §1347 Reichsversicherungsordnung, RGBl. I 1911, S. 758.
31 Vgl. zu den Voraussetzungen für die Wahl der Vertreter: §§ 12-14 der Reichsversicherungsordnung, RGBl. I 1911, S. 511.
32 Vgl. §33 Reichsversicherungsordnung, RGBl. I 1911, S. 515.
33 Das Kollegialprinzip ist eine Art der Behördenführung, nach der Beschlüsse von gleichberechtigten Mitgliedern in geheimer Abstimmung gefasst und mit einheitlicher Stimme nach außen vertreten werden. Das dem entgegengesetzte Konsensprinzip versucht, einen von allen Beteiligten angenommenen Konsens für die Entscheidungsfindung zu erreichen.
34 Die Beiträge zur Invalidenversicherung wurden bis zur Einführung des allgemeinen Beitragseinzuges im Jahre 1942 durch bestimmte »Beitragsmarken«

DIE LANDESVERSICHERUNGSANSTALTEN

über einzelne Renten- oder Heilverfahrensfälle, die Anlegung des Anstaltsvermögens oder über Aufwendungen, die nicht gesetzlich geregelt waren. Der Vorstand beriet zudem über die Ablehnung von Rentenansprüchen oder die Entziehung von Renten, die dem Gutachten des Versicherungsamtes und der Versicherungsvertreter entgegenstanden, sowie über die Gewährung oder Versagung eines Heilverfahrens. Die Beschlüsse des Vorstandes wurden mit absoluter Mehrheit der abgegebenen Stimmen gefasst, bei Stimmengleichheit bestimmte der Vorstandsvorsitzende.

Der Ausschuss bestand aus je 13 Vertretern von Arbeitgebern und Arbeitnehmern. Er besaß folgende Zuständigkeiten: die Ernennung bzw. die Wahl von Vorstandsmitgliedern (außer denen, die von der badischen Landesregierung ernannt wurden), die Festsetzung der Bedingungen für die Anstellung von Hilfsbeamten und Hilfspersonen, die Wahl der Mitglieder der Ausschusskommission, die Feststellung des Voranschlags und die Abnahme der Jahresrechnung, die Zustimmung zur Verwendung von Mitteln zum wirtschaftlichen Nutzen der Versicherten,[35] zur Verhütung vorzeitiger Invalidität der Versicherten und zur Hebung der gesundheitlichen Verhältnisse der versicherungspflichtigen Bevölkerung,[36] den Beschluss über Vermögensanlagen, die der Genehmigung der Aufsichtsbehörde bedurften,[37] den Beschluss über Erwerbung und Veräußerung von Grundstücken, den Beschluss über Abänderung der Satzung,[38] den Beschluss über Anträge zur Veränderung des Anstaltsbezirks, etwa bei Anschluss oder Ausscheiden von Sonderanstalten, sowie die Beschlusshoheit über Anträge von Mitgliedern des Ausschusses.

Die Ausschusskommission wurde bei jeder ordentlichen Versammlung des Ausschusses gebildet, die bis zur nächsten Sitzung des Ausschusses »zu wirken« hatte. Sie bestand aus einem Vorsitzenden und

---

in eigens dafür vorgesehenen »Quittungskarten« nachgewiesen. Der Arbeitgeber erwarb die Marken in größerer Menge von den Trägern und klebte diese in die Quittungskarten seiner Arbeiter ein. Die Hälfte des Wertes der einzuklebenden Marke zog der Arbeitgeber dem Arbeiter vom Lohn ab. Die Quittungskarten wurden von den Landesversicherungsanstalten gesammelt, um im Versicherungsfalle die Berechtigung und Höhe der Renten berechnen zu können.

35 Vgl. § 1400 Reichsversicherungsordnung, RGBl. I 1911, S. 768.
36 Vgl. § 1274 Reichsversicherungsordnung, RGBl. I 1911, S. 746.
37 Vgl. §§ 27c bis 27e Reichsversicherungsordnung (in der Fassung vom 15.12.1924), RGBl. I 1924, S. 782f.
38 Vgl. § 1341 Reichsversicherungsordnung, RGBl. I 1911, S. 757.

seinem Stellvertreter sowie aus je zwei Arbeitgeber- und Arbeitnehmervertretern. Die Wahl der Vertreter erfolgte durch die Arbeitgeber und die Arbeitnehmer des Ausschusses. Die Kommission vertrat die Anstalt gegenüber dem Vorstand, sie prüfte die Vorlagen für den Ausschuss, insbesondere den Voranschlag. Die Kommission war befugt, unter Hinzuziehung des Vorstandsvorsitzenden die Bücher und Akten der Anstalt einzusehen, Kassenrevisionen zu beantragen und an solchen teilzunehmen. Sie konnte in den Ausschusssitzungen nach eigenem Ermessen Anträge stellen.

Die ordentliche Versammlung des Ausschusses fand einmal jährlich im Oktober oder November statt. Dem Ausschuss waren die Jahresrechnung und die »Abhörakten« vom Vorstand vorzulegen. Außerordentliche Versammlungen des Ausschusses hatte der Vorstand innerhalb von vier Wochen einzuberufen, wenn dies vom Reichs- oder Landesversicherungsamt oder von mehr als der Hälfte der Mitglieder des Ausschusses schriftlich verlangt wurde. Auf der ordentlichen Versammlung wählte der Ausschuss einen Vorsitzenden und seinen Stellvertreter.[39] An den Sitzungen des Ausschusses konnten neben Vertretern der badischen Regierung, des Reichs- und des Landesversicherungsamtes auch Mitglieder des Vorstandes in beratender Funktion teilnehmen.

Zu den Aufgaben der Landesversicherungsanstalt gegenüber dem Reichsversicherungsamt zählte die Aufstellung des Voranschlags. Dieser enthielt die Rechnungsergebnisse des Vorjahres und besondere Voranschläge für die Heilstätten. Der Vorstand musste diesen genehmigen, die Ausschusskommission hatte ihn zu prüfen. Der Voranschlag musste dem Ausschuss in jeder ordentlichen Sitzung vorgelegt werden.

Das von Sandrine Kott beschriebene Bild einer »Demokratisierung« durch die Organisationen der Sozialversicherung trifft für die Landesversicherungsanstalten ohne Zweifel zu.[40] Der Ausschuss und insbesondere die von ihm gewählte Kommission besaßen umfangreiche Rechte gegenüber dem Vorstand, dessen Vorsitzender und Stellvertreter zwar vom Staate ernannt wurden, aber ansonsten aus Vertretern der Arbeitnehmer- und Arbeitgeberschaft bestand. Keinesfalls ließen sich bedeutende Veränderungen in der Struktur der Organisation der Landesversicherungsanstalt Baden gegen den Willen der Ausschuss-

---

39 Die Wahlen innerhalb des Ausschusses regelte die Reichsversicherungsordnung in den §§ 12 bis 24, RGBl. I 1911, S. 511-513.
40 Vgl. Kott: Sozialstaat und Gesellschaft, S. 71-90.

DIE LANDESVERSICHERUNGSANSTALTEN

mitglieder durchsetzen. Diese Kompetenzen verdeutlichen, was der Begriff der »Selbstverwaltungskörperschaft« bedeutet: Es waren die Beitragszahler selbst, also die Arbeitgeber- und Arbeitnehmervertreter, die die staatliche Sozialversicherung auf der unteren Verwaltungsebene durchführten und mitgestalteten.

Das Landesversicherungsamt Baden beaufsichtigte die Landesversicherungsanstalt Baden bis zum Jahre 1935. Als Revisionsinstanz entschied das Landesversicherungsamt über die Urteile der vier Oberversicherungsämter in Freiburg, Karlsruhe, Konstanz und Mannheim, wenn eine betreffende Partei (der Versicherte oder die Anstalt selbst) die Berufung des Oberversicherungsamtes beanstandete. Außerdem entschied es in Spruchverfahren über Anträge.[41] Weiter waren dem Landesversicherungsamt die behördlichen Angelegenheiten der obersten Verwaltungsbehörden übertragen.[42]

Zu einem der Hauptarbeitsgebiete der Aufsichtsbehörde gehörte die Revisionsarbeit bei Klagen gegen die Berufungsentscheidungen der regionalen Oberversicherungsämter. Die Weltwirtschaftskrise zeichnet sich hier im Kleinen ab: Musste das Amt im Jahre 1925 noch über 82 Revisionen entscheiden, waren es 1933 bereits 378. Auch die Anzahl der durch die Versicherten eingelegten Revisionen erhöhte sich: Betrug ihr Anteil im Jahre 1925 62 %, so schnellte er 1933 auf 91 % hoch. In den allermeisten Fällen entschied das Landesversicherungsamt gegen die Versicherten, nur etwa jede zehnte Revision, die von einem Versicherten ausging, war von Erfolg gekrönt.[43] Die Weltwirtschaftskrise, durch die viele Menschen in existenzielle Notlagen gerieten, ließ die Anzahl der von den Oberversicherungsämtern zu entscheidenden Fällen in die Höhe schnellen, wobei in diesem Falle das Landesversicherungsamt nur unzureichend auf die Klagewelle der Versicherten vorbereit war, wie die stetige Erhöhung der aus dem Vorjahr nicht erledigten Spruchsachen aufzeigt.[44] Die immens gesteigerte Arbeitslast

---

41 Gemäß §§ 1736, 1740 Reichsversicherungsordnung, RGBl. I 1911, S. 828 u. 829.
42 In den Fällen der §§ 76, 1451, 1453 Reichsversicherungsordnung, RGBl. I 1911, S. 523, 776 u. 777.
43 13 % im Jahre 1925, 9 % in den Jahren 1932, 1933. Vgl. Geschäftsberichte des Landesversicherungsamtes Baden, GLAK 462 Zugang 1994-38/70.
44 Von 13 aus dem Jahre 1924 pendelte sich die Anzahl unerledigter Verfahren auf 50 bis 60 zu Beginn der 1930er-Jahre ein. Ergebnis der Auswertung der Geschäftsberichte des Landesversicherungsamtes Baden: Geschäftsberichte für das Landesversicherungsamt Baden 1925-1932, GLAK 462 Zugang 1994-38/70.

des Landesversicherungsamtes blieb auch in den badischen Ministerien nicht unerkannt.[45]

Das Hauptaufgabengebiet der Landesversicherungsanstalten lag in der Bearbeitung von Rentenanträgen und in der Prüfung, ob die Voraussetzungen und gesetzlichen Bestimmungen für einen positiven Rentenbescheid gegeben waren. Das wichtigste Augenmerk galt dabei der Beantwortung der Frage, ob Invalidität vorlag. Die Festsetzung des erreichten Invaliditätsgrades oblag seit Beginn der Rentenversicherung ärztlichen Gutachtern. Eine Zusammenstellung der Landesversicherungsanstalt Rheinprovinz gibt über die häufigsten Invaliditätsursachen zu Beginn der 1930er-Jahre Aufschluss (siehe Tabelle 2).

Nr.	Bezeichnung	Invalidenrenten	Waisenrenten	Heilverfahren	Anteil der Invalidenrenten
1	Krankheiten der Schlagadern	2449	27	49	12,42%
2	Krankheiten des Herzens	2446	537	1114	12,40%
3	Altersschwäche	2445	44	-	12,40%
4	Krankheiten der Lunge außer Tbc.	1793	578	1484	9,09%
5	Tuberkulose der Lungen	1637	387	4782	8,30%
6	Gelenkrheumatismus	875	17	2242	4,44%
7	Folgen mechanischer Verletzungen	845	611	10	4,29%
8	Krankheiten der Knochen	707	8	172	3,59%
9	Entkräftung	631	7	3005	3,20%
10	Geisteskrankheiten	531	28	13	2,69%
11	Krankheiten der Augen	469	2	9	2,38%
12	Krankheiten des Magens	419	91	540	2,12%

45 Badisches Ministerium des Innern an Badisches Finanzministerium, betr. Besetzung des Landesversicherungsamts, 4.8.1931, GLAK 234/Nr. 4485.

DIE LANDESVERSICHERUNGSANSTALTEN

Nr.	Bezeichnung	Invaliden-renten	Waisen-renten	Heil-verfahren	Anteil der Invaliden-renten
13	Krankheiten des Kehlkopfes	415	8	948	2,10 %
14	Krankheiten der Nerven	339	13	1056	1,72 %
15	Allgemeinleiden	337	3	7	1,71 %
16	Sonstige Neurosen	290	8	3900	1,47 %
17	Krankheiten der Nieren	281	95	318	1,43 %
18	Krebs	251	279	2	1,27 %
19	Krankheiten des Gehirns	211	139	5	1,07 %
20	Tuberkulose anderer Organe	210	44	58	1,07 %
21	Syphilis	192	16	151	0,97 %
22	Zuckerkrankheit	186	25	114	0,94 %
23	Krankheiten der Blutadern	162	10	9	0,82 %
24	Epilepsie	159	14	5	0,81 %
25	Muskelrheumatismus	156	–	233	0,79 %
26	Anderweitige Krankheiten	146	64	23	0,74 %
27	Krankheiten des Rückenmarks	144	11	7	0,73 %
28	Krankheiten der Ohren	115	13	2	0,58 %
29	Krankheiten der Leber	112	56	134	0,57 %
30	Krankheiten des Darmes	109	80	94	0,55 %
31	Krankheiten der Harnwege	108	21	67	0,55 %
32	Blutarmut	100	12	538	0,51 %
33	Unterleibsbrüche	75	2	2	0,38 %
34	Gicht	74	1	14	0,38 %
35	Andere bösartige Geschwülste	45	6	–	0,23 %

Nr.	Bezeichnung	Invalidenrenten	Waisenrenten	Heilverfahren	Anteil der Invalidenrenten
36	Krankheiten des Brustfelles	41	35	150	0,21 %
37	Krankheiten der Haut	37	1	14	0,19 %
38	Unterschenkelgeschwüre	37	2	2	0,19 %
39	Kropf	28	5		0,14 %
40	Senkung der Baucheingeweide	16	5	2	0,08 %
41	Gutartige Geschwülste	15	3	3	0,08 %
42	Krankheiten der Nase	15	2	14	0,08 %
43	Krankheiten der Mundhöhle	14	14	8	0,07 %
44	Infektions- und parasitäre Krankheiten	12	85	20	0,06 %
45	Traumatische Neurosen	10	–	1	0,05 %
46	Alkoholvergiftungen	8	1	175	0,04 %
47	Tripper	7	3	100	0,04 %
48	Krankheiten der Lymphgefäße	7	5	2	0,04 %
49	Sonstige Vergiftungen	4	10	1	0,02 %
50	Bleivergiftungen	3	–	3	0,02 %

Tabelle 2: Übersicht über die Gründe der Festsetzung von Invaliden- und Waisenrenten und Heilverfahren bei der Landesversicherungsanstalt Rheinprovinz, 7.8.1931[46]

---

46 Landesversicherungsanstalt Rheinprovinz, Vermerk, betr. Übersicht über die bei der LVA Rheinprovinz im Jahre 1930 festgesetzten Renten und durchgeführten ständigen Heilverfahren, 7.8.1931, BArch R 89/9241, Bl. 25.

Daraus wird deutlich, dass Erkrankungen der Schlagadern und des Herzens die häufigsten Ursachen für die Festsetzung einer Invalidenrente waren. Die meisten Versicherten erkrankten jedoch an Lungentuberkulose, was jedoch nur in einem Viertel der Fälle zur Gewährung einer Invalidenrente führte, da die meisten Versicherten in einem Heilverfahren zumindest so weit geheilt werden konnten, dass sie wieder einer Beschäftigung nachgehen konnten.

Diese Übersicht über die Invaliditätsursachen kann jedoch nur als grobe Einschätzung herangezogen werden. Grundlage für die Erstellung dieser Übersicht war eine vom Reichsversicherungsamt geforderte und von der Landesversicherungsanstalt Rheinprovinz eingesetzte »Kommission zur Beratung der Einführung einer Statistik«.[47] Im April 1932 forderte das Reichsversicherungsamt die Träger in einem Rundschreiben auf, genauere Angaben über die Anzahl der Neuzugänge bei den Invalidenrenten und eine genauere Übersicht über die Invaliditätsursachen anzugeben.[48] Ziel war es, durch die Einführung einer neuen statistischen Zählweise die Invaliditätsursachen genauer bestimmen zu können. Eine grobe Statistik über die Invaliditätsursachen hatten die Rentenversicherungsträger bereits seit 1906 zu führen.[49] Die nun vom Reichsversicherungsamt ins Spiel gebrachte neue Statistik sei allerdings ungeeignet, so lautete das Urteil der Kommission. Sie bemängelte die Zusammenstellung, die fehlerhafte Werte aufweisen könne, da oftmals nicht nur ein Leiden, sondern die Kombination mehrerer Krankheiten zur Invalidität führe. Insgesamt lehnte die Kommission die Erstellung einer solchen Statistik ab, im Wesentlichen mit Verweis auf die daraus entstehenden Verwaltungskosten durch die Mehrarbeit für die Beamten. Dieser Ansicht folgte schließlich auch das Reichsversicherungsamt. Die Frage nach der Einführung einer erweiterten Statistik griff das Reichsarbeitsministerium allerdings zu einem späteren Zeitpunkt wieder auf – diesmal erfolgreich.

Wie bereits angemerkt, hing die Gewährung einer Rente maßgeblich von den medizinischen Gutachtern ab. In Baden hatte es sich bis Mitte der 1920er-Jahre durchgesetzt, dass praktische Ärzte die Rentenbewerber begutachteten. 1926 schlug die Landesversicherungsanstalt

---

47 Landesversicherungsanstalt Rheinprovinz an Reichsversicherungsamt, betr. Bericht über die Sitzung der Kommission zur Beratung der Einführung, 25.5.1932, BArch R 89/9241, Bl. 99-100.
48 Ebd.
49 Ebd.

Baden, in Absprache mit der »ärztlichen Landeszentrale für Baden«, diesbezüglich jedoch einen neuen Weg ein: Die Begutachtung sollte von nun an nicht mehr von den Hausärzten oder praktischen Ärzten durchgeführt werden, sondern durch spezielle, der Landesversicherungsanstalt als »Vertrauensärzte« dienende Bezirksärzte bei den Gesundheitsämtern.[50] Bei Bedarf sollten Rentenbewerber aber weiterhin wie gehabt in Kliniken eingewiesen werden können, um ihren Gesundheitszustand zu ermitteln. Damit führte die Anstalt erstmals eine einheitliche Beurteilungspraxis ein, indem der Vielgestaltigkeit des Begutachtungswesens ein steuer- und kontrollierbares Instrument hinzugefügt wurde. Die Begutachtung wurde daher der privaten Sphäre entnommen und dem staatlichen Einfluss unterstellt.

Am 1. Februar 1928 erfolgte schließlich die Anstellung eines Landesvertrauensarztes bei der Landesversicherungsanstalt Baden – es handelte sich um den Vertrauensarzt der Allgemeinen Ortskrankenkasse, Dr. Max Dengg. Die Begutachtung im Karlsruher Stadtgebiet sollte von nun an nicht mehr vom Karlsruher Bezirksamt durchgeführt werden, sondern von Dengg,[51] der als Gutachter und Berater für den Träger tätig war. Die Entwicklung der Zentralisierung von Befugnissen, die im Nationalsozialismus noch weiter vorangetrieben wurde, ist somit bereits in der Weimarer Republik eingeleitet worden. Das Beispiel zeigt: Es oblag – zumindest vor 1933 – keineswegs der Zentralbehörde, wie die ärztliche Begutachtungspraxis organisiert werden sollte. Vielmehr war es Sache des Trägers selbst, wie und auf welche Weise er die Rentenberechtigten begutachten lassen wollte.

Schnell wirkte sich die Weltwirtschaftskrise aber auch in diesem Bereich aus. Insbesondere die Klinikaufenthalte der Rentenbewerber dauerten der Landesversicherungsanstalt Baden zu lange und waren ihr zu kostspielig. Im Jahre 1929 ließ sie in den badischen Kliniken insgesamt 2384 Rentenbewerber begutachten, ein Jahr später stieg die Anzahl auf 2510. Die Kosten dafür betrugen knapp 140 000 RM, während die Anzahl der Verpflegungstage – der kostenintensivste Posten bei der Begutachtung – im Schnitt von 2,78 Tage (1927) auf 4,7 Tage im Jahre 1930 anwuchs. Zwar wusste die Landesversicherungsanstalt Baden »die wertvolle Mitarbeit der Kliniken und Krankenanstalten bei

---

50 Jung (Landesversicherungsanstalt Baden) an alle badischen Bezirksämter – Versicherungsämter, betr. Die Vorbereitung der Rentenanträge, 10.5.1926, GLAK 357/Nr. 32.717.
51 Jung (Landesversicherungsanstalt Baden), Vermerk, betr. Vertrauensarzt der Landesversicherungsanstalt Baden, 30.1.1928, GLAK 357/Nr. 32.717.

DIE LANDESVERSICHERUNGSANSTALTEN

Durchführung des Gesetzes wohl zu schätzen«, sie müsse aber »bei der derzeitigen gespannten Finanzlage unserer Anstalt ernstlich darauf bedacht sein«, den gesamten Verwaltungsaufwand »auf das unbedingt Notwendigste zu beschränken«. Daher sollten die Ärzte auf die »derzeitigen Verhältnisse Rücksicht nehmen«, und die Begutachtung von Rentenempfängern möglichst beschleunigt durchführen.[52]

Bereits drei Monate später war die finanzielle Lage der Landesversicherungsanstalt Baden so ernst, dass sie die Gebührensätze für Gutachten senkte. In Verhandlungen mit der Ärztlichen Landeszentrale für Baden sowie dem Vorsitzenden des »Staatsärztlichen Vereins« einigte man sich darauf, auf den Krankheitsbericht des behandelnden Bezirksarztes zu verzichten, sich stattdessen Informationen über den Gesundheitszustand des Bewerbers von den Krankenkassen zu besorgen sowie die Gebührensätze für die Erstellung von Gutachten zu senken.[53] Die Weltwirtschaftskrise forcierte also einen extremen Sparkurs bei den Landesversicherungsanstalten. Die Qualität der Beurteilung musste dadurch erheblich sinken – ein Indiz für die oben vorgestellte massive Zunahme der Verfahren vor den Oberversicherungsämtern.

Vor allem aber die Notverordnungen durch die Regierung Heinrich Brünings in den Jahren 1931 und 1932 sollten das Leistungsniveau der Rentenversicherung jedoch deutlich absenken. 1930 betrug die durchschnittliche Invalidenrente 36,46 RM, drei Jahre später, 1933, nur noch 30,21 RM. Bis zum Ende des »Dritten Reiches« wurde die durchschnittliche Rentenhöhe aus dem Jahre 1930 nicht mehr erreicht, auch nicht durch die 1941 und 1942 durchgeführten Rentenerhöhungen. Die Notverordnungen bestimmten das Ruhen der Invalidenrente, wenn die Sozialbehörden den Versicherten gleichzeitig andere Unterstützungsleistungen gewährten. Zudem erhöhten sie die Wartezeit von 200 auf 250 Beitragswochen und gewährten den Kinderzuschuss nur noch bis zum 15. und nicht mehr bis zum 18. Lebensjahr. Die zweite Notverordnung vom Juni 1932 reduzierte zusätzlich bereits bestehende Invalidenrenten um 6 RM, Witwenrenten um 5 RM und Waisenrenten

52 Karl Rausch (Landesversicherungsanstalt Baden) an Direktionen der Unikliniken und größeren Krankenanstalten, betr. Die Kosten des Rentenverfahrens, 30.7.1931, GLAK 462-4/Nr. 582.
53 Für ein Rentenbewilligungsgutachten gab es vorher 7 RM, nun 5 RM; ein Rentenentziehungsgutachten wurde nur noch mit 4 RM entlohnt (statt mit 5 RM); für Gutachten über gebrechliche Kinder zahlte die Landesversicherungsanstalt Baden statt 5 RM nur noch 3 RM. Vgl. Karl Rausch (Landesversicherungsanstalt Baden), Vermerk, betr. Die Kosten für ärztliche Gutachten in Rentensachen, 26.10.1931, GLAK 357/Nr. 32.717.

um 4 RM monatlich. Neu festzusetzende Invalidenrenten wurden hingegen um 7 RM gekürzt.[54]

Sämtliche Behörden der Rentenversicherung, ob Träger, Versicherungsämter oder Ministerium, waren nahezu ausschließlich mit der Bewältigung der Folgen der Weltwirtschaftskrise befasst. Der Machtantritt Hitlers hat ihre Verwaltungsarbeit zunächst nicht tangiert. Jedoch sollte sich bald zeigen, dass die nun einsetzende Sanierungspolitik unter veränderten Bedingungen – unter nationalsozialistischen Vorzeichen – durchgeführt wurde.

3. In Bewegung: die Akteure in der Rentenversicherungspolitik

Die Durchführung der Rentenversicherung war Aufgabe einer Vielzahl von Akteuren. Das Reichsarbeitsministerium stand dabei an der Spitze eines weitverzweigten Behördenapparates, der Zehntausende Beamte und Mitarbeiter umfasste. Das Reichsversicherungsamt war dabei dem Ministerium direkt unterstellt, die reichsweit agierenden Träger der Angestelltenversicherung und der Bergarbeiter unterstanden der unmittelbaren Aufsicht des Ministeriums. Die Landesversicherungsanstalten beaufsichtigte wiederum das Reichsversicherungsamt. Dieses Amt übernahm auch die Kommunikation zwischen dem Reichsarbeitsministerium und seinen Trägern. Die Oberversicherungs- und Versicherungsämter fungierten als regionale Spruchbehörden und Berufungsinstanzen bei Streitigkeiten zwischen den Versicherten und den Trägern. Das Reichsversicherungsamt übernahm als Revisionsbehörde die zweite und letzte Instanz im Verfahrensweg der Spruchtätigkeit. Für die Mehrzahl der Versicherten ergab sich der Kontakt mit der Rentenversicherung über ihre Träger oder lokale Oberversicherungs- und Versicherungsämter. Ein direkter Kontakt zwischen dem Ministerium und den Versicherten war unüblich, sieht man von vereinzelten Eingaben von Versicherten an das Ministerium ab, die jedoch stets an das Reichsversicherungsamt weitergeleitet worden sind. Angesichts der Vielgestaltigkeit der an der öffentlichen Rentenversicherung beteiligten Behörden verwundert es, dass die historische Forschung die Rentenversicherungspolitik bisher nicht in ihrer Gesamtheit untersucht hat, sondern sich überwiegend nur auf eine Analyseebene beschränkt hat. Die hohe Bedeutung der

---

54 Schlegel-Voß: Alter in der »Volksgemeinschaft«, S. 51.

nachgeordneten Behörden für die Entwicklung der Sozialversicherung hat zuletzt Sandrine Kott hervorgehoben.[55] Die Rentenversicherungspolitik des Reichsarbeitsministeriums soll daher im Folgenden vor allem in ihrem gemeinsamen Wirken mit den Rentenversicherungsträgern und dem Reichsversicherungsamt analysiert werden.

Die wichtigsten Beamten der Hauptabteilung II waren bereits vor der Machtübertragung an die Nationalsozialisten im Reichsarbeitsministerium beschäftigt. Üblicherweise juristisch ausgebildet, besaßen sie 1933 bereits mehrjährige Erfahrungen als Ministerialbeamte. Hans Engel, der einzige Spitzenbeamte des Ministeriums, der erst mit dem Antritt Seldtes ins Ministerium wechselte, war bereits seit 1920 Beamter eines Reichsministeriums. Die meisten Beamten der Hauptabteilung II traten nicht in die NSDAP ein, und auch in ihrer publizistischen Arbeit hielten sie sich mit radikalen Zielsetzungen im Sinne der nationalsozialistischen Ideologie zurück. Als typische Exponenten der viel beschriebenen konservativen Ministerialbürokratie gerierten sich einige Vertreter dieser Gruppe nach dem Krieg als Verfechter einer »alten Ordnung«, die die radikalen Zielsetzungen des Regimes und der Partei so stark wie möglich bekämpft hätten. Walter Bogs etwa, seit Beginn des Zweiten Weltkrieges für die Koordinierung der Sozialversicherungspolitik gegenüber den deportierten Juden zuständig, setzte seine Karriere in sozialpolitischen Behörden in der Bundesrepublik nahtlos fort. Zu seinen Ehren verfasste Festschriften blenden seine Rolle während der NS-Diktatur vollständig aus.[56]

Durch die Existenz eines Ausschusses und einer Ausschusskommission in den Landesversicherungsanstalten waren die Rechte der Versicherten in einem hohen Maße gewährt. In wichtigen Fragen konnte der Vorstand nicht ohne die Zustimmung des Ausschusses agieren. Zu dessen wichtigsten Aufgaben gehörte die Wahl von Vorstandsmitgliedern, die Wahl der Mitglieder der Ausschusskommission, die Zustimmung zur Verwendung von Mitteln zum wirtschaftlichen Nutzen der Versicherten (vor allem Baukredite fielen darunter) und für freiwillige Leistungen (Gesundheitskuren), die Mitwirkung bei der Anlage des Vermögens und bei der Neufestsetzung oder Abänderung der Satzung. Sämtliche dieser Rechte verlor der Ausschuss – wie noch zu zeigen sein wird – mit Machtantritt der Nationalsozialisten. Dies ist deswegen ein so bedeutender Punkt, weil dadurch deutlich wird, dass die zentralen Behörden in der Weimarer Republik aufgrund der Existenz

---

55 Vgl. Sandrine Kott: Sozialstaat und Gesellschaft.
56 Vgl. die Kurzbiografie von Zacher: Walter Bogs – 90 Jahre alt.

der Ausschüsse in vielerlei Hinsicht weniger Eingriffsmöglichkeiten in die Struktur und Arbeitsweise der Träger besaßen. Die Sanierung und der anschließende Neuaufbau der Invalidenversicherung, so sollte sich jedoch bald zeigen, schien nur durch eine starke Zentralinstanz möglich zu sein.

II. Die Sanierung der Invalidenversicherung 1932-1934

1. Die Absenkung des Leistungsprofils der Träger

Trotz der einschneidenden Leistungssenkungen durch die beiden Notverordnungen vom 8. Dezember 1931 und 14. Juni 1932 konnten die Finanzen der Rentenversicherungsträger nicht grundlegend saniert werden. Die hohe Arbeitslosigkeit bedingte massive Einnahmeausfälle, die nicht kompensiert werden konnten. Weiteres Einsparpotenzial sah das Reichsversicherungsamt in einer Verringerung der freiwilligen Leistungen der Träger. Davon waren vor allem die Heilverfahren betroffen, die die Rentenversicherungsträger im 20. Jahrhundert in ihr Leistungsrepertoire aufgenommen hatten, um den Eintritt der Invalidität zu verhindern oder so weit wie möglich in die Zukunft zu schieben. Die Heilverfahren waren also nicht nur als Zusatzleistungen für die Versicherten konzipiert, sondern sollten ebenso die Gesundheit der Arbeiter erhöhen – vor dem Hintergrund, Versicherungsleistungen so spät wie möglich gewähren zu müssen. Der Betrieb der Heilanstalten lag vollständig in der Zuständigkeit der Träger, das Gesetz bestimmte lediglich den Prozentsatz, den die Träger von ihrem verfügbaren Vermögen für freiwillige Leistungen ausgeben durften.

Im Oktober 1932 beschloss das Reichsversicherungsamt aufgrund der schwierigen Lage der Träger eine Verringerung dieser Kosten zu bestimmen; fortan durften die Träger nur noch 20% ihrer Einnahmen für freiwillige Leistungen ausgeben. Kurzfristig entlastete dies zwar den Kassenstand der Träger, auf lange Sicht gesehen hatten diese jedoch ein Interesse daran, ihre Versicherten in Heilanstalten entsenden zu können, um so den Eintritt des Versicherungsfalls zu verhindern oder hinauszuzögern. Vor allem die Gewerkschaften beklagten diese Entscheidung des Reichsversicherungsamtes und wandten sich deswegen an das Reichsarbeitsministerium. Dem Allgemeinen Deutschen Gewerkschaftsbund, dem Gesamtverband der christlichen Gewerkschaften Deutschlands und dem Verband der Deutschen Gewerkvereine schrieb Staatssekretär Andreas Grieser, dass er zwar die »Auffassung [der Gewerkschaften, A.K.] vom Werte des Heilverfahrens für die Versicherten und die Versicherungsträger [...] völlig teile«, dass aber unter den derzeitigen Umständen »das Augenmerk der Reichsregierung in erster Linie darauf gerichtet sein [muss], die Invalidenversicherung – in ihrem Kern unverändert – durch die Krisenzeit hindurchzubringen. Diesem gegenwärtig wichtigsten Ziel muß sich auch die Gesundheitsfürsorge unterordnen«.[1]

Die »Deutsche Liga der freien Wohlfahrtspflege« wandte sich direkt an das Reichsversicherungsamt, um die geplante Herabsetzung der freiwilligen Leistungen von jährlich 55 auf 40 Millionen RM zu verhindern. Insbesondere die Tuberkulose- und Geschlechtskrankheitenfürsorge sowie die Fürsorge für Mütter und Kinder, die die Landesversicherungsanstalten unterstützten, könne nicht mehr in gleichem Maße unterstützt werden, befürchtete der Dachverband verschiedener Organisationen der Wohlfahrtspflege.[2] Auch wenn das Reichsversicherungsamt die Einschränkung der freiwilligen Leistungen bedauere, so lautete die Antwort der Behörde, so zwinge sie die finanzielle Notlage der Invalidenversicherung dazu. Es müsse dafür Sorge getragen werden, »daß die Aufwendungen für freiwillige Leistungen nicht die Rentenzahlungen der Invalidenversicherung gefährden«.[3]

Keine zwei Monate später erfuhr das Reichsarbeitsministerium, wie drastisch die Lage der Arbeiterrentenversicherungsträger war. Das Reichsversicherungsamt unterrichtete am 6. April 1933 Minister Seldte, dass die Rentenversicherungsträger nur noch über sehr geringe Resteinnahmen verfügten. Zur Verflüssigung in Krisenzeiten könnten zudem nicht alle Vermögenswerte der Träger herangezogen werden, den nennenswertesten Posten würde hier die Verpfändung von Wertpapieren ausmachen. Zwar sei noch damit zu rechnen, dass das unmittelbar verwertbare Vermögen der Träger noch für das Jahr 1933 ausreichen würde, einige Landesversicherungsanstalten würden aber erhebliche Probleme bekommen. Insgesamt sah Hugo Schäffer vom Reichsversicherungsamt die Zahlungsfähigkeit der Träger in ernster Gefahr, denn er befürchtete, »daß die Versicherungsträger nur noch wenige Monate durchkommen werden, wenn die Beiträge nicht eine

---

1 Andreas Grieser (Reichsarbeitsministerium) an den Allgemeinen Deutschen Gewerkschaftsbund, den Gesamtverband der christlichen Gewerkschaften Deutschlands und den Verband der Deutschen Gewerkvereine, betr. Freiwillige Leistungen der Träger der Invalidenversicherung, 28.12.1932, BArch R 89/9320, Bl. 128.

2 Deutsche Liga der freien Wohlfahrtshilfe an Reichsversicherungsamt, betr. Freiwillige Leistungen der Träger der Invalidenversicherung, 11.1.1933, BArch R 89/9320, Bl. 129.

3 Reichsversicherungsamt an Deutsche Liga der freien Wohlfahrtshilfe, betr. Freiwillige Leistungen der Träger der Invalidenversicherung, 26.1.1933, BArch R 89/9320, Bl. 130.

über die durch die Jahreszeit bedingte Belebung hinausgehende Steigerung aufweisen«.[4]

An den Reichsverband der Deutschen Landesversicherungsanstalten wandten sich zahlreiche Landesversicherungsanstalten, um dem Verband ihre finanzielle Notlage zu schildern und sich beim Ministerium »nochmals für eine rasche und durchgreifende Neuordnung der finanziellen Lage der Landesversicherungsanstalten einzusetzen«.[5] Dieser Forderung kam der Dachverband der Arbeiterrentenversicherungsträger schließlich im Juni 1933 nach, als er an das Ministerium schrieb: »Die sich immer schwieriger gestaltenden finanziellen Verhältnisse der Träger der Invalidenversicherung geben unserem Reichsverband Veranlassung, nochmals dringend darum zu bitten, auf eine möglichste Beschleunigung der Massnahmen zur Sanierung der Invalidenversicherung hinzuwirken.«[6] Weiter hieß es, dass auch »die Durchführung der Hilfeleistung zu Gunsten notleidender Anstalten [...] auf immer grössere Schwierigkeiten [stößt]«.[7] Tatsächlich war es nicht unüblich, dass sich Anstalten, die nur noch über geringe Finanzmittel verfügten, vermehrt um alternative Wege der Geldbeschaffung bemühten. So fragte die Landesversicherungsanstalt Danzig zum Beispiel bei einigen Trägern nach, ob diese ihr Geld leihen könnten – jedoch erfolglos.[8]

Und noch im September 1933 verbat das Reichsversicherungsamt den Rentenversicherungsträgern hinsichtlich der freiwilligen Leistungen die Ausgabe größerer Summen. Das Reichsversicherungsamt warnte, das die »Einnahmen beträchtlich hinter den Ausgaben zurückbleiben, so daß weiter Teile des Vermögens zum Ausgleich herangezogen werden müssen«.[9] Die Aufwendungen für das laufende Haushaltsjahr durften im Bereich der freiwilligen Leistungen auf keinen Fall mehr so hoch sein wie im abgelaufenen Haushaltsjahr.

4 Hugo Schäffer (Reichsversicherungsamt) an Reichsarbeitsministerium, betr. Die Kassenlage der Versicherungsträger Invalidenversicherung, 6.4.1933, BArch R 3901/4601, Bl. 100-102.
5 Fritze (Landesversicherungsanstalt Thüringen) an Reichsverband Deutscher Landesversicherungsanstalten, betr. Finanzlage der Invalidenversicherung, 20.5.1933, BArch R 3901/4601.
6 Heinz Görling (Reichsverband Deutscher Landesversicherungsanstalten) an Reichsarbeitsministerium, 1.6.1933, BArch R 3901/4601.
7 Ebd.
8 Mewes (Landesversicherungsanstalt Rheinprovinz) an Reichsverband Deutscher Landesversicherungsanstalten, 3.10.1933, BArch R 3901/4602.
9 Reichsversicherungsamt an alle Landesversicherungsanstalten, betr. Die Voranschläge für das Geschäftsjahr 1934, 14.9.1933, BArch R 89/9320, Bl. 131.

DIE SANIERUNG DER INVALIDENVERSICHERUNG

Allerdings bewirkte die verbesserte Konjunktur und das allmähliche Abflauen der Weltwirtschaftskrise schon im November 1933 eine Neuausrichtung der Lage: »Die erfreuliche Besserung der Beitragseinnahmen in den allerletzten Monaten berechtigt zu der Hoffnung, daß die geldliche Lage der Träger der Invalidenversicherung sich günstiger gestalten wird, als noch bis vor kurzem angenommen werden konnte«, hieß es gerade einmal sechs Wochen später.[10] Die finanzielle Situation der Träger hatte sich inzwischen so weit gebessert, dass das Reichsversicherungsamt von nun an als Obergrenze für freiwillige Leistungen immerhin 25 % dessen erlaubte, was im Herbst 1932 möglich gewesen war. Tatsächlich erkannte das Reichsversicherungsamt die Nachteile dieser Regelung: Die »Anträge auf Heilverfahren [zeigen] nach den Berichten von Versicherungsträgern neuerdings eine starke Zunahme [...] und die nachteiligen Wirkungen der bisher gebotenen Einschränkung der freiwilligen Leistungen [werden] durch deren lange Dauer immer fühlbarer«.[11] Ging es auf dem Höhepunkt der Weltwirtschaftskrise vor allem darum, möglichst kurzfristig die Finanzen der Träger zu verbessern, indem die Träger die freiwilligen Leistungen heruntersetzten, so zeigt sich nach der Besserung der Finanzen, dass die langfristigen Funktionen der Rentenversicherung, nämlich nicht nur die Ausbezahlung von Rentenleistungen, sondern auch die Vermeidung der Invalidität, wieder in den Fokus rückten. Dies bedeutete auch eine Umverteilung von den Renten zu den Heilverfahren. Das Reichsarbeitsministerium hat sich stets damit gerühmt, mit dem Sanierungsgesetz die Rentenversicherung gerettet zu haben. Tatsächlich begannen sich die Finanzen der Träger jedoch bereits wieder zu erholen, bevor das Sanierungsgesetz erlassen wurde.

Die schlechte finanzielle Lage zu Beginn der 1930er-Jahre bekamen die Rentner zu spüren. In der Angestelltenversicherung gab es zwar nicht die gleichen finanziellen Engpässe wie in der Invalidenversicherung, aber auch hier hatte die Reichsregierung die Leistungen gekürzt. Die Notverordnung vom 9. Dezember 1931 erhöhte die Wartezeit für den Bezug des Altersruhegeldes in der Angestelltenversicherung auf 180 Beitragsmonate. In der Praxis führte dies dazu, dass viele Versicherte wegen der Notverordnung nicht in Rente gehen konnten, da sie kein Anrecht auf Altersruhegeld besaßen, wenn sie gleichzeitig

10 Reichsversicherungsamt an alle Landesversicherungsanstalten, betr. Die Voranschläge für das Geschäftsjahr 1934, 2.11.1933, BArch R 89/9320, Bl. 132.
11 Ebd.

noch Krisenunterstützung erhielten. Zwar sah das Angestelltenversicherungsgesetz durch die Einführung einer betreffenden Regelung (die Neufassung des § 397 durch das Gesetz vom 7. März 1929) vor, dass die Voraussetzungen für den Bezug einer Rente auch dann erfüllt seien, wenn ein über 60 Jahre alter Versicherter ein Jahr arbeitslos gewesen war.[12] Diese Regelung war jedoch außer Kraft gesetzt, wenn der Versicherte stattdessen Krisenunterstützung erhielt. Der Interessenverband »VELA – Vereinigung der leitenden Angestellten« empfand dies als unzumutbare Härte. Im Namen seiner Mitglieder forderte er das Reichsarbeitsministerium auf, »die großen Härten der Notverordnung vom 8. Dezember 1931 [...] zu beseitigen«.[13] Das Reichsarbeitsministerium indes reichte das Schreiben an den Träger der Angestelltenversicherung weiter, die Reichsversicherungsanstalt für Angestellte. Diese konnte die Forderung der VELA, das Altersruhegeld schon vor Wegfall der Arbeitslosen- oder Krisenunterstützung auszuzahlen, nicht unterstützen. Da diese besondere Konstellation nur auf eine relativ kleine Gruppe zutraf (nämlich auf über 60-Jährige, die die Wartezeit noch nicht erfüllt hatten und mindestens ein Jahr arbeitslos waren), konnte sich die Reichsversicherungsanstalt nicht dazu durchringen, dem Reichsarbeitsministerium eine andere Empfehlung als diese zu geben.[14]

Auch das Reichsversicherungsamt, das in dieser Sache vom Ministerium gehört wurde, sah dies so, denn »zunächst dürften die Fälle, in denen ein 65jähriger Versicherter noch nicht berufsunfähig ist, gering an Zahl sein, daß sie eine Ausnahmevorschrift rechtfertigen. Dann aber ist der Schutz gegen Arbeitslosigkeit nicht Gegenstand der Angestelltenversicherung, sondern Aufgabe der Arbeitslosenversicherung.«[15] Das Ministerium nahm diese Anregungen auf. Dies war auch weiterhin notwendig, denn der betreffende § 397 war nur bis Ende 1933 befristet. Das Reichsarbeitsministerium setzte ihn seinerzeit in Kraft, um den Rentenzugang für nur noch schwer vermittelbare, ältere Arbeitslose

12 Gesetz zur Änderung des Angestelltenversicherungsgesetzes vom 7.3.1929, RGBl. I 1929, S. 75-76.
13 Vereinigung der leitenden Angestellten an Reichsarbeitsministerium, betr. Angestelltenversicherung, 5.12.1932, BArch R 3901/4600, Bl. 56-58.
14 Hugo Schäffer (Reichsversicherungsanstalt für Angestellte) an Reichsarbeitsministerium, betr. Wartezeit für das Altersruhegeld, 11.1.1933, BArch R 3901/4600, Bl. 59-60.
15 Hugo Schäffer (Reichsversicherungsamt) an Reichsarbeitsministerium, betr. Änderung des § 397 des Angestelltenversicherungsgesetzes, 3.5.1933, BArch R 3901/4600, Bl. 61-62.

der Angestelltenversicherung zu erleichtern. Tatsächlich zogen ihn die Träger während der Krisenzeit nicht für diese Zwecke heran, da der Verrentung der Anspruch auf Krisenunterstützung entgegenstand. Der Geschäftsführer des Deutschen Gemeindetages regte daher beim Ministerium an, die Gültigkeit dieses Paragrafen zu verlängern:

»Wenn die Maßnahmen der Reichsregierung in diesem Jahr zu einer ausserordentlichen Verminderung der Arbeitslosigkeit geführt haben, so kann man doch nicht annehmen, dass für Angestellte an der Grenze des 60. Lebensjahres noch Aussicht besteht, wieder eine Stellung zu finden. Es würde auch nicht im Sinne des Arbeitsbeschaffungsprogrammes der Reichsregierung liegen, wenn durch alte Leute der jungen Generation Arbeitsplätze genommen würden.«[16]

Auch wenn sich das Instrument des §397 während der Krisenzeit nicht bewährt hatte, so gingen der Deutsche Gemeindetag und das Ministerium davon aus, dass durch die Verbesserung der wirtschaftlichen Lage ältere, arbeitslose ehemalige Angestellte leichter in den Rentenstand gebracht werden könnten. Wankelmuth teilte ebenfalls diese Einschätzung.[17] Tatsächlich verlängerte das Ministerium die Geltung des §397 auf dem Verordnungswege. Der §397 blieb bis Kriegsende in Kraft, bis ihn die Briten in ihrer Besatzungszone im Jahre 1945 aufhoben. Als der Bundesrat den Paragrafen im Jahre 1953 auf das gesamte Bundesgebiet ausdehnen wollte, wandte sich Bundesarbeitsminister Anton Storch gegen diesen Vorschlag. Interessanterweise argumentierte er ähnlich wie das Reichsversicherungsamt 20 Jahre zuvor: »Der BMA begründete seine Ablehnung damit, daß die Rentenversicherung mit dieser Regelung ›ein ihr fremdes Risiko‹ übernehmen sollte und schlug vor, dieses Problem im Rahmen der Sozialreform zu lösen.«[18]

---

16 Deutscher Gemeindetag an Reichsarbeitsministerium, betr. Altersgrenze in der Angestelltenversicherung, 11.11.1933, BArch R 3901/4600, Bl. 109.
17 Friedrich Wankelmuth (Reichsarbeitsministerium) an Deutscher Gemeindetag, 29.11.1933, BArch R 3901/4600, Bl. 110.
18 Vgl. das Kabinettsprotokoll der 12. Kabinettssitzung am 11. Dezember 1953 der Bundesregierung: Entwurf eines Gesetzes zur einheitlichen Anwendung des §397 des Angestelltenversicherungsgesetzes vom 28. Mai 1924; hier: Stellungnahme der Bundesregierung, in: Hans Booms (Hg.): Die Kabinettsprotokolle der Bundesregierung, Bd. 6: 1953, Boppard am Rhein 1989, S. 562.; Gesetz zur einheitlichen Anwendung des §397 des Angestelltenversicherungsgesetzes vom 25.12.1954, BGBl. I 1954, S. 506.

DIE ABSENKUNG DES LEISTUNGSPROFILS DER TRÄGER

Nach der Machtübertragung an die Nationalsozialisten kam es darüber hinaus zu Einmischungen in die Angelegenheiten der Rentenversicherung durch führende Parteipolitiker, wie den sächsischen Reichsstatthalter Martin Mutschmann. Ein Vorgang aus dem Spätsommer 1933 macht dies deutlich. Mutschmann beklagte sich beim Reichsarbeitsministerium, dass er ständig Beschwerdebriefe von Rentnern erhalten würde, dass ihre Rente nicht ausreiche. Er schrieb: »Es ist dringend notwendig, daß das Los aller Rentenempfänger recht bald gebessert und auf irgendeine Weise eine Erhöhung ihrer Bezüge herbeigeführt wird. Das Echo in der Masse würde ganz ungeheuer sein und das restlose und unerschütterliche Vertrauen zum Führer würde dadurch am besten seinen Lohn finden.«[19] Die Vorschläge Mutschmanns waren zwar reichlich naiv,[20] dennoch hatte das Ministerium einem so ranghohen Parteikader zu antworten. Die Antwort fiel aber durchweg negativ aus; Seldte versicherte Mutschmann, dass sein Ministerium durch das Sanierungsgesetz die Grundlagen dafür schaffen werde, die Rentenversicherung finanziell zu retten und verwies auf die Zusammenarbeit des Reichsarbeitsministeriums mit den anderen Ressorts.[21] Auch wenn diese Episode in ihrer Bedeutung gering ist, so zeigt sie doch, dass neue Akteure versuchten, Einfluss auf die Rentenversicherung zu nehmen.

Die besorgniserregende Finanzlage der Träger nahm das Reichsarbeitsministerium letztlich zum Anlass, die Sanierung der Rentenversicherung vor allem auf Kosten der Versicherten durchzuführen. Eine weitere Reduzierung des geringen Rentenniveaus sah es dabei als politisch undurchführbar an. So schränkte es zunächst die Ausgaben der freiwilligen Leistungen massiv ein. Sämtliche Sanierungspläne des Ministeriums sahen jedoch, wie zu zeigen sein wird, für zukünftige Renten massive Leistungskürzungen vor.

19 Martin Mutschmann (Reichsstatthalter in Sachsen) an Franz Seldte (Reichsarbeitsministerium), 8.8.1933, BArch R 3901/4600, Bl. 54.
20 So schlug er vor, Spitzenrenten zu senken und dann das Geld an die Kleinrentner verteilen bzw. ihnen eine einmalige Spende zukommen zu lassen.
21 Franz Seldte (Reichsarbeitsministerium) an Martin Mutschmann (Reichsstatthalter in Sachsen), betr. Kleinrentnerfürsorge und Rentenversicherungen, 22.9.1933, BArch R 3901/4600, Bl. 51-53.

2. Die Programmentwicklung zum Sanierungsgesetz

Im Herbst 1932 begann das Reichsarbeitsministerium damit, die Sanierung der Rentenversicherung gesetzgeberisch vorzubereiten. Staatssekretär Johannes Krohn, die Referatsleiter Gerhard Zschimmer (Referat für Invalidenversicherung), Friedrich Wankelmuth (Referat für Angestelltenversicherung) und Wilhelm Dobbernack (Referat für versicherungsmathematische und finanzielle Belange der Träger) stellten am 6. Oktober 1932 Minister Hugo Schäffer die von der Hauptabteilung II ausgearbeiteten Sanierungspläne vor. Der hauptsächlich von Dobbernacks Referat ausgearbeitete Plan sah die Senkung der künftig festzustellenden Leistungen der Invalidenversicherung sowie die Einführung neuer Lohnklassen vor.[22] Der Minister ordnete auf dieser Grundlage die Ausarbeitung zweier konkreter Finanzierungssysteme an: eines ohne und eines mit Grundbetrag.[23] Die ausgearbeiteten Vorschläge sollten zudem den Trägern zur Kommentierung mitgeteilt werden.[24]

Die Mitarbeiter Dobbernacks stellten in den folgenden vier Wochen einen umfassenden Sanierungsplan auf. Gemäß den Vorgaben von Minister Schäffer erarbeiteten sie die beiden Systeme – mit und ohne

22 In den Lohnklassen (synonym dazu wurde auch der Begriff »Beitragsklasse« verwendet) zahlten die Versicherten ihre Beiträge zur Rentenversicherung ein. In welche Klasse eingezahlt wurde, ergab sich dabei aus der Höhe des Lohnes. Insgesamt gab es zu diesem Zeitpunkt sieben Lohnklassen. Je mehr Beiträge ein Versicherter in höhere Lohnklassen eingezahlt hatte, desto höher fiel seine zu erwartende Rente aus. Aus den Einzahlungen in die Lohnklassen wurde der sogenannte Steigerungsbetrag berechnet. Die Einführung neuer Lohnklassen, in die dann die höher bezahlten Arbeiter Beträge einzahlten, würde den Finanzbestand der Träger kurz- bis mittelfristig erhöhen, allerdings würden die Versicherten dadurch auch höhere Anwartschaften aufbauen.
23 Der Grundbetrag war der jährlich vom Reich getragene Zuschuss zu den Invalidenrenten. Er erwirkte eine gewisse Nivellierung und sollte eine Mindestrente für diejenigen garantieren, die nur in niedrige Lohnklassen eingezahlt oder generell nur wenige Beiträge geleistet hatten. Die Höhe der Rente setzte sich aus mehreren Komponenten zusammen. In der Invalidenversicherung bestand sie aus dem jährlichem Grundbetrag (60 RM), dem jährlichen Reichszuschuss (72 RM) und den Steigerungsbeträgen. Aufgrund der langen Versicherungszeit fiel bei der Altersrente der Grundbetrag weg, diese bestand also nur aus Reichszuschuss und Steigerungsbetrag.
24 Wilhelm Dobbernack (Reichsarbeitsministerium), Vermerk, betr. Erhaltung der Leistungsfähigkeit der Invalidenversicherung, 1.11.1932, BArch R 3901/4601.

Grundbetrag – und innerhalb dieser jeweils zwei Vorschläge, die sich lediglich in der Höhe des aus den Einzahlungen in den Lohnklassen errechneten Steigerungsbetrages unterschieden. Dabei verfolgten die Vorschläge Dobbernacks übergreifend das Ziel, die Bedeutung des Grundbetrages, der für eine gewisse Nivellierung in der Rentenhöhe sorgte, gegenüber den Steigerungsbeträgen zu verringern, um so die Abstände zwischen niedrigeren und höheren Renten zu vergrößern. Dobbernack lastete der »Weimarer Nachkriegsgesetzgebung« an, dass diese mit der Wahl eines relativ hohen Grundbetrages die persönliche Arbeitsleistung der Versicherten nicht angemessen würdigte. Die Vorschläge sollten also die »Unterschiede in der Rentenhöhe zwischen den einzelnen Lohnklassen der Invalidenversicherung [...] vergrössern, indem sie den Grundbetrag in seiner Bedeutung gegenüber den Steigerungsbeträgen zurücktreten lassen«. Ziel war es, die Rentenleistungen in ihrer Höhe »auseinanderzuziehen«, wobei die niedrigen Renten anteilig stärker gekürzt werden sollten als die höheren.[25] Die Vorschläge aus dem Referat Dobbernacks zielten also generell darauf, das »Prinzip des sozialen Ausgleichs« gegenüber dem »Prinzip der Versicherung« stärker zurücktreten zu lassen.[26] Die Grundausrichtung aller Vorschläge war dieselbe, die Empfehlungen unterschieden sich lediglich dahingehend, wie stark die individuelle Lebens- und Arbeitsleistung gegenüber den nivellierenden Aspekten gestärkt werden sollte. Die Vorschläge bedeuteten eine Richtungsänderung gegenüber der in der Weimarer Republik eingeschlagenen Vorstellung der Rolle des Sozialstaates als »Wohlfahrtsstaat«,[27] indem sie die nivellierende Bedeutung des Grundbetrages relativierten. Die Ministerialverwaltung um Krohn, Dobbernack und Wankelmuth stellte sich mit diesem politischen Programm bewusst gegen die Ausgestaltung der Rentenversicherung in der Weimarer Republik. Die Ära der Präsidialkabinette, die das Parlament zur Bedeutungslosigkeit degradierte und die Ministerialverwaltung in ihrer Entscheidungsbefugnis stärkte, hinterließ somit ebenfalls im Reichsarbeitsministerium und in der Ausgestaltung der Rentenversicherung ihre Spuren.

Auch hier zeigte sich, dass die Referate die eigentlichen Arbeitseinheiten des Ministeriums waren. Dobbernack und Wankelmuth verstän-

25 Ebd.
26 Vgl. Eichenhofer: Handbuch der gesetzlichen Rentenversicherung, S. 344.
27 Vgl. Ulrike Haerendel: Die Weiterentwicklung des Sozialstaats im Kaiserreich und in der Weimarer Republik, in: Peter Masuch (Hg.): Grundlagen und Herausforderungen des Sozialstaats. Denkschrift 60 Jahre Bundessozialgericht, Berlin 2014, S. 93-117.

digten Anfang November 1932 – wie es Schäffer angeordnet hatte – die nachgeordneten Behörden vom Vorhaben des Ministeriums, wobei sie das Reichsversicherungsamt sowie den Reichsverband Deutscher Landesversicherungsanstalten in die Vorbereitung einbezogen.[28] Das Ministerium lud schließlich am 3. Dezember 1932 zu einer Debatte über die Sanierungspläne der Invalidenversicherung ein.[29] Krohn eröffnete die Sitzung, indem er erklärte, dass die geplanten Rentenkürzungen nur die eine Seite des Sanierungsprozesses seien, tatsächlich müssten seiner Ansicht nach auch die Einnahmen der Träger erhöht werden. Drei Möglichkeiten kämen dafür in Frage: die Aufstockung der Lohnklassen, die Vermehrung der Reichsmittel[30] und eine allgemeine Erhöhung der Beiträge. Krohn favorisierte vor allem die Aufstockung der Lohnklassen, was allerdings nur kurzfristig die aktuelle Kassenlage verbessern würde, langfristig aber nicht die Sanierung sichern würde, da sich die Beitragseinzahlungen in höheren Lohnklassen auch in höheren Rentenleistungen niederschlagen würden. Aufgrund der angespannten finanziellen Lage des Reiches sah er keine politische Möglichkeit zur Erhöhung der Reichsmittel; eine Erhöhung der Beiträge hielt er jedoch durchaus für möglich.

Heinz Görling, der Präsident des Reichsverbandes, hielt die derzeitige Berechnung der Steigerungsbeiträge für untragbar und die in den Vorschlägen vorgesehene Fixierung für eine Verbesserung.[31] In ähnlicher Weise äußerte sich Direktor Hans Schäfer von der Reichsversicherungsanstalt für Angestellte. Des Weiteren schlug er noch die Aufstellung einer versicherungstechnischen Bilanz des Angestell-

---

28 Wilhelm Dobbernack (Reichsarbeitsministerium) an Reichsversicherungsamt, betr. Berechnung der künftigen Renten aus der Invaliden- und Angestelltenversicherung, 6.11.1932, BArch R 3901/4601.
29 Wilhelm Dobbernack (Reichsarbeitsministerium), Vermerk, betr. Berechnung der künftigen Renten aus der Invaliden- und Angestelltenversicherung, 14.12.1932, BArch R 3901/4601.
30 Bei den »Reichsmitteln« bezog sich Krohn hier auf den sogenannten »Reichsbeitrag«. Der Reichsbeitrag wurde nach dem Ende der Inflationszeit eingeführt und sollte die Einnahmeausfälle der Rentenversicherungsträger während der Inflation ausgleichen. 1932 bestand der Reichsbeitrag aus 186 Millionen RM jährlich. Der Reichsbeitrag sollte eigentlich im Laufe der nächsten Jahre kontinuierlich abnehmen und letztlich komplett verschwinden. Er wurde nach einem bestimmten Schlüssel (dem sog. »Godesberger Schlüssel«) auf die Landesversicherungsanstalten verteilt.
31 Die Höhe des Steigerungsbetrags betrug 20% der Beiträge. Die neuen Vorschläge sahen feste Steigerungsbeträge vor: 6 (bzw. 8) Reichspfennig in der ersten Lohnklasse und 42 (bzw. 44) Reichspfennig in der siebten Lohnklasse.

tenversicherungsträgers vor, »auf Grund der dann die Selbstverwaltung Vorschläge für eine Änderung der Rentenberechnung machen werde«.[32] Lediglich der Gewerkschaftsvertreter vom Allgemeinen Deutschen Gewerkschaftsbund, Alban Welker, sprach sich gegen eine Verschlechterung der Rentenleistungen aus und empfahl, den Grundbetrag auf 15 RM monatlich zu erhöhen.[33] Er befürwortete neben einer Erhöhung der Beiträge auch die Übertragung eines Teiles des relativ hohen Beitragssatzes der Arbeitslosenversicherung (6,5 %) auf die Rentenversicherung (3 %).

Zwar ließ Krohn die Frage nach der Aufstellung einer versicherungsmathematischen Bilanz noch offen, einige der von den Trägern und anderen Akteuren gemachten Vorschläge sollten vom Ministerium später aber wieder aufgegriffen werden. Die praxiserfahrenen Träger waren stets in die Gesetzgebungsarbeit eingebunden, sowohl in der Endphase der Weimarer Republik als auch in der NS-Zeit. Mit der Unterstützung der nachgeordneten Behörden erarbeiteten die Referate die Vorlagen, die dann der Staatssekretär und der Minister nach außen vertraten. Bei den späteren Gesetzesvorbereitungen sollte sich zudem zeigen, dass der nachgeordnete Bereich eine unverzichtbare Quelle im Gesetzgebungsverfahren war und die Beamten der Hauptabteilung II die Vorschläge und Erörterungen aus diesen Treffen berücksichtigten.

Der 3. Dezember 1932, an dem diese Sitzung im Hause des Reichsarbeitsministeriums stattgefunden hatte, war gleichzeitig der letzte Arbeitstag von Minister Hugo Schäffer, der wieder die Präsidentschaft des Reichsversicherungsamtes übernahm. Das Arbeitsressort im Kabinett Schleicher, das Hindenburg an diesem Tag einsetzte, erhielt Friedrich Syrup, sowohl vor als auch nach seiner kurzen Amtszeit als Reichsarbeitsminister (er amtierte vom 3. Dezember 1932 bis 28. Januar 1933) Präsident der Reichsanstalt für Arbeitslosenvermittlung und Arbeitslosenversicherung – somit der letzte Reichsarbeitsminister in der Weimarer Republik.

32 Wilhelm Dobbernack (Reichsarbeitsministerium), Vermerk, betr. Berechnung der künftigen Renten aus der Invaliden- und Angestelltenversicherung, 14.12.1932, BArch R 3901/4601.
33 Nachdem die Notverordnungen während der Brüning-Zeit diesen auf 7 RM gesenkt hatten, forderte Welker also eine Wiederherstellung des Grundbetrages. Alban Welker hatte schon 1929 auf die niedrige Höhe der Invalidenversicherung aufmerksam gemacht. Siehe ders.: Zum Ausbau der Invalidenversicherung, in: Die Arbeit. Zeitschrift für Gewerkschaftspolitik und Wirtschaftskunde 6 (1929), S. 78-87.

Trotz seiner kurzen Amtszeit traf Syrup bei der Sanierung der Invalidenversicherung wichtige Entscheidungen. Ende Dezember 1932 beschrieben Krohn, Zschimmer, Wankelmuth und Dobbernack, also die maßgebenden Beamten, die sich mit der Sanierung beschäftigten, dem neuen Minister die Lage der Invalidenversicherung.[34] Dabei unterbreiteten sie ihm folgende Vorschläge: die Erhöhung der Reichsmittel, die Erhöhung des Rentenversicherungsbeitrags, die Aufstockung von Lohnklassen sowie die Herabsetzung von Leistungen für neu festzustellende Renten. Krohn warb auch dafür, dass das Reichsarbeitsministerium seine Zugriffsmöglichkeiten auf die Träger verstärken solle, da »nach seiner Auffassung eine Sanierung der Invalidenversicherung nicht durchgeführt werden dürfe, ohne eine gleichzeitige Reform der inneren Verfassung der Versicherungsanstalten mit dem Ziele, den Einfluß der Staatsverwaltung und des Reichs zu verstärken«.[35] Bereits vor der Machtübertragung an die Nationalsozialisten sah das Ministerium also eine Einschränkung der Selbstverwaltung und eine Erweiterung seiner Befugnisse vor.

Als die betreffenden Beamten ihre Besprechung beim Minister am 11. Januar 1933 fortführten, konkretisierten sie ihre Planungen. Krohn und seine Referatsleiter befürworteten eine Erhöhung der Beiträge zur Rentenversicherung nur dann, wenn die Beiträge der Arbeitslosenversicherung gleichzeitig um diese Höhe gekürzt würden. Eine andere Möglichkeit der Erhöhung sei politisch wohl nicht durchsetzbar. Auch bezüglich des Finanzierungssystems wurden konkrete Entscheidungen getroffen. Syrup bestimmte, dass diejenigen Vorschläge weiterverfolgt werden sollten, die den Grundbetrag beibehielten. Er entschied sich damit für einen Entwurf, der das »Prinzip des sozialen Ausgleichs« weniger stark relativierte. Bezüglich der Erhöhung der Reichsmittel, also des Reichsbeitrages, entschied Syrup nach dem Plan, den Dobbernack ausgearbeitet hatte. Der Reichsbeitrag sollte in vier Schritten von 186 Millionen auf 200 Millionen RM jährlich erhöht werden – und zu einer dauerhaften Größe werden. Zudem entschied der Minister bereits in dieser frühen Phase der Erörterungen, sich mit dem Finanz- und dem Wirtschaftsressort sowie den Ländern und den Arbeitgeber- und Arbeitnehmerverbänden auszutauschen. Der

---

34 Reichsarbeitsministerium, Vermerk, betr. Lage der Invalidenversicherung, 31.12.1932, BArch R 3901/4601.
35 Ebd.

Gesetzentwurf sollte dann anschließend an den Reichswirtschaftsrat geleitet werden.[36] Das Reichsarbeitsministerium informierte die anderen Reichsministerien also erst Anfang 1933 über konkrete Entwürfe und Vorschläge. Eine für die anstehende Chefbesprechung zwischen den Ministern erstellte Denkschrift enthielt nun die Punkte, die das Reichsarbeitsministerium bereits mit seinen nachgeordneten Behörden im Vorfeld abgesprochen hatte.[37] Wieder spricht es von einem Maßnahmenpaket, welches die bekannten drei Punkte enthält: die Erhöhung der Beiträge, die Erhöhung des Reichsbeitrages sowie die Verringerung der Leistungen von zukünftigen Renten.[38] Die Denkschrift war nicht nur das Resultat eines Prozesses innerhalb des Ministeriums, sondern erheblich vom vorherigen Austausch mit den nachgeordneten Behörden geprägt. Die Übersendung der Denkschrift markierte allerdings lediglich den ersten »offiziellen« Kontakt zum Reichsfinanzministerium sowie zum Reichswirtschaftsministerium, dessen Führungspersonal obendrein zehn Tage später aufgrund der Ernennung Hitlers zum Reichskanzler ausgetauscht wurde.[39]

Der »interne« Entscheidungsprozess

Durch den Regierungswechsel vollzog sich der Entscheidungsprozess über die Sanierung der Invalidenversicherung in den nächsten Wochen lediglich in einem internen Rahmen;[40] die nächste Sitzung fand schließlich am 14. Februar 1933 mit dem Reichsverband und den Landesversicherungsanstalten Berlin und Sachsen statt. Krohn bat deren Vertreter um aktuelles »Zahlenmaterial«, aus denen die geschätzten Einnahmen und die Rentenlast der jeweiligen Landesversicherungsanstalten ersichtlich seien.[41] Das eingespielte Quartett um Krohn, Zschimmer, Wankelmuth und Dobbernack waren bestrebt,

36 Vgl. Reichsarbeitsministerium, Vermerk, betr. Lage der Invalidenversicherung, 23.1.1933, BArch R 3901/4601.
37 Vgl. die Denkschrift des Reichsarbeitsministeriums an die Referenten Stephan Poerschke vom Reichsfinanzministerium sowie Wolfgang Pohl vom Reichswirtschaftsministerium, Reichsarbeitsministerium, betr. Sanierung der Invalidenversicherung, 1.1.1933, BArch R 3901/4601.
38 Reichsarbeitsministerium, Vermerk, 20.1.1933, BArch R 3901/4601.
39 Dem parteilosen Reichswirtschaftsminister Hermann Warmbold folgte am 30. Januar 1933 der DNVP-Politiker Alfred Hugenberg.
40 Schroeder (Reichsverband Deutscher Landesversicherungsanstalten) an Johannes Krohn (Reichsarbeitsministerium), 9.2.1933, BArch R 3901/4601.
41 Ebd.

die Erfolgschancen der Sanierungspläne zunächst praktisch auszuloten: Dazu sollten die neu festgesetzten Renten bei einigen Landesversicherungsanstalten gesondert notiert werden, um sie nach dem Rentenberechnungsvorschlag, für den sich Syrup am 30. Dezember 1932 entschieden hatte, zu führen.[42] Als Dobbernack das geforderte Zahlenmaterial schließlich im April 1933 erhalten hatte, konnten sich die Beamten bestätigt fühlen: Neu festzusetzende Renten würden eine erhebliche Abwertung – und damit Einsparungen für die Träger – erfahren. Dabei würden vor allem Frauen zu den Leidtragenden zählen, da die Relativierung des Grundbetrages die Steigerungsbeträge in ihrer Bedeutung hervorhob und somit das der Rentenversicherung zugrundeliegende Modell der »typischen männlichen Erwerbsbiographie« – zum Nachteil von Frauen – reproduzierte.[43]

Ende März 1933 trafen sich im Ministerium wieder die Spitzen des Reichsverbandes mit Krohn und den Referatsleitern der Hauptabteilung II. Dabei sprachen sich die Verbandsvertreter vollständig für die von der Hauptabteilung II verfolgten Ziele aus und waren sogar mit einer Verschärfung des Aufsichtsrechts einverstanden.[44] Auch stimmte der Reichsverband zu, dass die Landesversicherungsanstalten einen größeren Teil ihrer Überschüsse als bisher dem Reich in Form von Reichsanleihen zur Verfügung stellen würden.[45] Die bisher ersichtliche Arbeitsweise innerhalb des Ministeriums, dass der Staatssekretär, der Abteilungsleiter und die Referatsleiter nach einem internen, die Träger und den Reichsverband einschließenden Entscheidungsprozess, wieder beim Minister vorstellig wurden, wiederholte sich auch hier. Am 5./6. April 1933 berichteten Krohn, Zschimmer, Wankelmuth und Dobbernack dem jetzigen Reichsarbeitsminister Franz Seldte vom aktuellen Stand der Sanierungspläne. Zum ersten Mal bei einem dieser Treffen war auch Hans Engel zugegen, der neue Abteilungsleiter

---

42 Otto Rocktäschel (Landesversicherungsanstalt Sachsen) an Wilhelm Dobbernack (Reichsarbeitsministerium), 21.2.1933, BArch R 3901/4601; sowie Wilhelm Dobbernack (Reichsarbeitsministerium) an Otto Rocktäschel (Landesversicherungsanstalt Sachsen), 25.2.1933, BArch R 3901/4601.

43 Otto Rocktäschel (Landesversicherungsanstalt Sachsen) an Wilhelm Dobbernack (Reichsarbeitsministerium), 20.4.1933, BArch R 3901/4601.

44 Konkret bedeutete dies eine Verzinsung, die nicht unter der unteren Grenze der auf dem Kapitalmarkt üblichen Zinssätze lag. Damit konnten also keine günstigeren Zinsen (aus sozialen Gründen) an Versicherte herausgegeben werden.

45 Wilhelm Dobbernack (Reichsarbeitsministerium), Vermerk, 29.3.1933, BArch R 3901/4601.

der Hauptabteilung II. Seldte entschied, nun einen Gesetzesentwurf ausarbeiten zu lassen, der zudem die Möglichkeit enthalten sollte, durch eine freiwillige Zusatzversicherung neben der Invalidenrente ein Kapital zu erwirtschaften, das zusammen mit der Rente für Siedlungszwecke zu verwenden sei. Da dieser Vorschlag nun zum ersten Mal auftauchte, kann davon ausgegangen werden, dass es sich um Seldtes Versuch handelte, ein neues, allerdings versicherungsfremdes Element in die Rentenversicherung einzubringen. In dem Entwurf, den die Reichsregierung schließlich im Dezember 1933 verabschiedete, sollte er keine Berücksichtigung finden. Zudem bestimmte Seldte, dass nun das Finanz- und Wirtschaftsministerium wieder in den Prozess einzuschalten seien.[46] Auch die Beamten der Hauptabteilung II versuchten zu diesem Zeitpunkt, ein neues Element in den Entwurf einzubringen. Durch die Weltwirtschaftskrise und die daraus resultierende Massenarbeitslosigkeit hatten viele Versicherte ihre Anwartschaften auf Rente verloren, da sie nicht die geforderte Anzahl von Mindesteinzahlungen aufweisen konnten, und auch nicht über die Mittel verfügten, die Anwartschaft durch eine freiwillige Weiterversicherung aufrechtzuhalten. Die Zeit der Arbeitslosigkeit sollte daher als Ersatzzeit zur Erhaltung der Anwartschaft herangezogen werden können. Dabei waren die Beamten jedoch auf die Unterstützung durch das Finanz- und Wirtschaftsressort angewiesen.[47] Das Ministerium wandte sich schließlich Mitte April an die gesamte Reichsregierung, um für den Entwurf zu werben.[48]

Der Beginn des interministeriellen Austauschs

Auf dieser Grundlage begann schließlich – in einem zweiten Schritt nach dem internen Verständigungsprozess – der interministerielle Austausch. Als Erstes wandte sich das Reichspostministerium Ende April 1933 an das Reichsarbeitsministerium, um eine weitere Regelung ins Spiel zu bringen. Insbesondere die dauerhaft zu fixierende Erhöhung des Reichsbeitrages auf 200 Millionen RM missfiel dem

46 Friedrich Wankelmuth (Reichsarbeitsministerium), Vermerk, betr. Sanierung der Invalidenversicherung, 6.4.1933, BArch R 3901/4601.
47 Reichsarbeitsministerium an Reichswirtschaftsministerium, betr. Sanierung der Invaliden-, der Angestellten- und der knappschaftlichen Pensionsversicherung, 28.4.1933, BArch R 3901/4601.
48 Reichsarbeitsministerium an alle Ministerien, betr. Sanierung der Invaliden-, der Angestellten- und der knappschaftlichen Pensionsversicherung, 13.4.1933, BArch R 3901/4601.

Reichspostministerium, da die Erhöhung unter anderem damit bewerkstelligt werden sollte, dass die an die Reichspost zu zahlende Vergütung für den Verkauf der Invalidenmarken in Höhe von 13 Millionen RM komplett vom Reich übernommen werden sollte. Daher forderte der Reichspostminister, dass »bei der in Aussicht genommenen grundsätzlichen Reform der Sozialversicherung auch endgültige Bestimmungen über die an die Deutsche Reichspost zu zahlenden Vergütungen, die jetzt nur von Jahr zu Jahr durch das Reichshaushaltsgesetz geregelt werden, in die Reichsversicherungsordnung aufgenommen werden«.[49] Dazu sollte es nicht kommen.

Bevor sich allerdings die entscheidenden Ministerien dem Entwurf widmeten, schaltete sich ein neuer, allerdings im Reichsarbeitsministerium altbekannter Akteur in die Auseinandersetzung ein: der Reichssparkommissar Friedrich Saemisch.[50] Dieser erstellte ein umfangreiches Gutachten, wie seiner Ansicht nach die Invalidenversicherung am besten saniert werden könne.[51] Der Reichsfinanzminister bestand darauf, dass der Reichssparkommissar an den Verhandlungen teilnehmen solle. Da der Plan der Hauptabteilung II vorsah, dass erhebliche Mittel aus dem Reichshaushalt zur Sanierung der Invalidenversicherung bereitgestellt werden sollten, kam dem Reichsfinanzminister das Gutachten Saemischs, das alternative Wege der Sanierung zu ermöglichen schien, nicht ungelegen. Aufgrund der angespannten finanziellen Lage wandte sich der Finanzminister sowohl gegen die Erhöhung

---

49 Reichspostministerium an Reichsarbeitsministerium, betr. Sanierung der Invalidenversicherung, 27.4.1933, BArch R 3901/4601.
50 Saemisch (1869-1945) fungierte schon in der Weimarer Republik als Gegenpart zum Reichsarbeitsministerium. 1926 stellte Reichsarbeitsminister Heinrich Brauns gar die Institution des Reichssparkommissars in Frage. Vgl. Chefbesprechung des Reichskabinetts vom 10. Dezember 1926, in: Karl Dietrich Erdmann: Akten der Reichskanzlei. Die Kabinette Marx III und IV: 17. Mai 1926 bis 29. Januar 1927, 29. Januar 1927 bis 29. Juni 1928, bearb. von Günter Abramowski, Bd. 1, Boppard am Rhein 1988, Dok. 146; sowie Hermann Dommach: Der Reichssparkommissar Moritz Saemisch in der Weimarer Republik, Frankfurt am Main 2012; Rüdiger Hachtmann: Vernetzung um jeden Preis. Zum politischen Alltagshandeln der Generalverwaltung der Kaiser-Wilhelm-Gesellschaft im »Dritten Reich«, in: Helmut Maier (Hg.): Gemeinschaftsforschung, Bevollmächtigte und der Wissenstransfer. Die Rolle der Kaiser-Wilhelm-Gesellschaft im System kriegsrelevanter Forschung des Nationalsozialismus, Göttingen 2007, S. 77-152.
51 Reichssparkommissar, Vermerk, betr. Gutachten des Reichssparkommissars, 20.5.1933, BArch R 3901/4601.

des Reichsbeitrages als auch gegen die Aufrechterhaltung der Anwartschaft von Arbeitslosen auf Kosten des Reiches.[52] Den entscheidenden Schritt zur Verabschiedung des Sanierungsgesetzes sollte jedoch erst die Chefbesprechung am 14. September 1933 erbringen. Zwar kritisierte auf der einen Seite vor allem das Reichsfinanzministerium die vom Ministerium vorgesehene Regelung zur Aufrechterhaltung der Anwartschaften von Arbeitslosen (und plädierte dafür, dass die Kosten dafür der Reichsanstalt für Arbeitsvermittlung und Arbeitslosenversicherung aufgebürdet würden). Auf der anderen Seite förderte die Runde noch zwei weitere Vorschläge zutage, die das Reichsarbeitsministerium später noch aufnehmen sollte, da sie die Organisation der Rentenversicherung betrafen. So forderte der Reichswirtschaftsminister die Zusammenlegung aller Versicherungsträger der Invalidenversicherung zu einem großen Träger, mit dem Ziel,»daß eine mit weitgehender Selbstverwaltung ausgestattete Versicherungsanstalt geschaffen werde, die selbst ihre Bilanzen aufzustellen habe und für das Gleichgewicht von Einnahmen und Ausgaben verantwortlich sei«.[53] Dies geschah zwar erst 70 Jahre später,[54] der Vertreter des Reichssparkommissars machte hingegen einen Vorschlag, der in Ansätzen bereits vom Reichsarbeitsministerium verfolgt worden war: Dem Selbstverwaltungsprinzip der Träger stand er eher skeptisch gegenüber und führte stattdessen aus,»daß eine Umgestaltung der Versicherungsträger nach dem Führerprinzip, insbesondere eine Verbesserung des ärztlichen Dienstes, zu wesentlichen Ersparnissen führen könne«.[55] Die nach dem Sanierungsgesetz realisierte Umorganisation der Rentenversicherung durch das sogenannte Aufbaugesetz sollte diesen Gedanken schließlich aufgreifen.[56]

52 Reichsfinanzministerium an Reichsarbeitsministerium, 9.6.1933, BArch R 3901/4601.
53 Wilhelm Dobbernack (Reichsarbeitsministerium), Vermerk, betr. Verabschiedung des Gesetzentwurfs zur Erhaltung der Leistungsfähigkeit der Invaliden-, der Angestellten- und der knappschaftlichen Versicherung durch die Reichsregierung, 30.9.1933, BArch R 3901/4602. Dazu kam es dann doch nicht. Vgl. Kapitel III.1.
54 Tatsächlich dauerte es bis ins Jahr 2005, als mit der Gründung der Rentenversicherung Bund ein solcher Träger entstand.
55 Wilhelm Dobbernack (Reichsarbeitsministerium), Vermerk, betr. Verabschiedung des Gesetzentwurfs zur Erhaltung der Leistungsfähigkeit der Invaliden-, der Angestellten- und der knappschaftlichen Versicherung durch die Reichsregierung, 30.9.1933, BArch R 3901/4602.
56 Siehe Kapitel 3.1.

Auf Grundlage dieser Besprechung legte das Reichsarbeitsministerium noch im September 1933 einen detaillierten Sanierungsplan vor.[57] Zu den wichtigsten Punkten zählte weiterhin die Aufstockung und Fixierung des Reichsbeitrages zu einer dauerhaften Größe von 200 Millionen RM sowie die Beitragsübertragung von der Arbeitslosen- auf die Invalidenversicherung, und zwar um 1,5 Prozentpunkte auf 6,5 %. Diese Regelung sollte jedoch erst greifen, wenn die hohe Arbeitslosigkeit beseitigt sei. Zudem sollte die vorhandene Unterversicherung der Invalidenversicherten aufgehoben werden. Derzeit deckten die Lohnklassen einen Wochenlohn von höchstens 42 RM ab. Durch die Einführung einer festen und zwei freiwilligen Lohnklassen sollten vor allem besserverdienende Facharbeiter höhere Rentenanwartschaften erwirtschaften können, ganz so, wie es das Ministerium bereits seit dem Herbst 1932 geplant hatte. Künftig festzustellende Renten sollten erheblich gesenkt werden, wobei laut der Lesart des Ministeriums ein »gesundes und gerechtes Verhältnis« zwischen Beitrag und Leistung erzielt werden müsse. Tatsächlich sah der Plan – wie erwartet – vor allem eine starke Entwertung der niedrigen Renten vor.

Der Reichssparkommissar brachte noch einen weiteren Punkt ins Gespräch, der sich direkt auf die Verfahren der Rentenversicherung auswirken sollte. Saemisch ging davon aus, dass aufgrund einer »Dehnung des Begriffs der Invalidität« eine große Zahl von Renten während der Weltwirtschaftskrise zu Unrecht vergeben worden sei.[58] Daher forderte er, dass das Sanierungsgesetz die Entziehung von solchen vermeintlich zu Unrecht bewilligten Renten erleichtern sollte. Die Forschung geht davon aus, dass diese Regelung, die dann schließlich im Sanierungsgesetz Eingang fand, ohne Unterstützung des Reichsarbeitsministeriums zustande gekommen ist.[59] Dies stimmt nicht. Tatsächlich befürwortete Hans Engel diese Regelung und wurde nach der Verabschiedung des Gesetzes zu einem ihrer größten Förderer. Am 30. September schließlich übersandte Krohn den Gesetzesentwurf an

---

57 Reichsarbeitsministerium, Vermerk, 21.9.1933, BArch R 3901/4602. Die von Dobbernack erstellte versicherungsmathematische Denkschrift bildete dabei den Kern des Entwurfs. Siehe Reichsarbeitsministerium, Vermerk, betr. Versicherungsmathematische Denkschrift über die finanzielle Lage und künftige Entwicklung der Invalidenversicherung und die geldlichen Auswirkungen des Gesetzentwurfs, 30.9.1933, BArch R 3901/4602.
58 Vgl. Tennstedt: Sozialgeschichte der Sozialversicherung, S. 473.
59 Schlegel-Voß: Alter in der »Volksgemeinschaft«, S. 55.

die Reichskanzlei, um ihn auf die Tagesordnung der nächsten Kabinettssitzung setzen zu lassen.[60] Allerdings bemühte sich der Reichsfinanzminister weiterhin darum, dass das Reich nicht für die Kosten der Aufrechterhaltung der Anwartschaften von Arbeitslosen aufkommen müsse. Noch im Oktober forderte er, dass die Kosten dafür von der Reichsanstalt aufzubringen seien.[61] Auch ein von Krohn an den Staatssekretär der Reichskanzlei versandtes Schreiben, das Dobbernack ausformulierte und in dem Krohn um die Unterstützung für das Programm des Ministeriums warb, führte zu keiner Entscheidung.[62]

Neben dem Reichsfinanzministerium wandte sich im November 1933 ebenfalls das Reichsministerium für Landwirtschaft an Seldte, um gegen den Entwurf zu protestieren. Insbesondere die Beitragsübertragung von der Arbeitslosen- auf die Invalidenversicherung fand keinen Anklang im Landwirtschaftsressort, weil die landwirtschaftlichen Betriebe von der Arbeitslosenversicherung sowieso befreit seien. Eine Erhöhung der Invalidenversicherungsbeiträge auf Kosten der Beiträge zur Arbeitslosenversicherung würde also für die landwirtschaftlichen Betriebe Mehrkosten bedeuten.[63] Eine erste Intervention Dobbernacks, der sich mit Ministerialrat William Quassowski aus dem Reichsministerium für Ernährung und Landwirtschaft austauschte, führte nicht zum Erfolg.[64] Erst die Zusicherung Krohns, dass sich das Reichsarbeitsministerium um Vergünstigungen in der Krankenversicherung für Betriebe der Landwirtschaft stark machen würde, konnte den Landwirtschaftsminister davon überzeugen, dem Entwurf zum Sanierungsgesetz zuzustimmen.[65]

Bevor das Reichsarbeitsministerium allerdings auch die anderen Ressorts von seinem Entwurf überzeugen konnte, musste es noch

60 Johannes Krohn (Reichsarbeitsministerium) an Hans Heinrich Lammers (Reichskanzlei), betr. Verabschiedung des Gesetzentwurfs zur Erhaltung der Leistungsfähigkeit der Invaliden-, der Angestellten- und der knappschaftlichen Versicherung durch die Reichsregierung, 30.9.1933, BArch R 3901/4602.
61 Wilhelm Dobbernack (Reichsarbeitsministerium), Vermerk, betr. Entwurf des Gesetzes zur Erhaltung der Leistungsfähigkeit der Invaliden-, der Angestellten- und der knappschaftlichen Versicherung, 24.10.1933, BArch R 3901/4602.
62 Ebd.
63 Reichsministerium für Ernährung und Landwirtschaft an Reichsarbeitsministerium, betr. Zur Kabinettsvorlage vom 30. September 1933, 18.10.1933, BArch R 3901/4602.
64 Reichsarbeitsministerium, Vermerk, 28.10.1933, BArch R 3901/4602.
65 Reichsarbeitsministerium, Vermerk, 27.11.1933, BArch R 3901/4602.

einige Zugeständnisse machen. Auf der Chefbesprechung am 1. Dezember 1933 gelang Krohn und seinen Referatsleitern schließlich der Durchbruch. Allerdings konnte das Ministerium nicht den Entwurf durchsetzen, den es eigentlich geplant hatte. Vor allem das Finanz- und Wirtschaftsministerium konnten einige Einwände gegen den ursprünglichen Entwurf geltend machen. Dem Reichsarbeitsministerium sollte letztlich nicht die alleinige Festsetzung des Beitragssatzes zur Invalidenversicherung zustehen, sondern diesen nur im Einvernehmen mit diesen beiden Ministerien bestimmen können. Auch die von Seldte in den Entwurf gebrachte Spareinrichtung, wonach Versicherte in der Invalidenversicherung ein Kapital zu Siedlungszwecken hätten ansparen können, entfiel. Der Plan des Ministeriums, dass der Reichsbeitrag auf 200 Millionen RM steigen und eine feste Größe werden sollte, konnte ebenfalls nicht aufrechterhalten werden. Zwar setzte sich das Ministerium hinsichtlich der Erhöhung durch, allerdings sollte die Auszahlung dieses Betrages auf drei Jahre befristet sein und anschließend neu entschieden werden, ob die Invalidenversicherung den Reichsbeitrag in dieser Höhe weiter benötigte. Zudem konnte der Finanzminister das Kabinett überzeugen, dass die Kosten für die Aufrechterhaltung der Anwartschaft von Arbeitslosen nicht vom Reich, sondern von der Reichsanstalt für Arbeitslosenvermittlung und Arbeitslosenversicherung getragen wurden.[66] Dies musste als Niederlage des Reichsarbeitsministeriums angesehen werden, auch wenn es im abschließenden Vermerk von Zschimmer lapidar hieß, dass mehrere Seiten anerkannten,»daß es sich um ein bedeutsames Werk handelt und daß der Entwurf eine gute Arbeit sei«.[67] Das Sanierungsgesetz sollte zusätzlich eine Regelung enthalten, die vom Kabinett nicht diskutiert worden ist, für die Rentenversicherung aber vor allem während des Krieges weitreichende Folgen haben sollte. Die in der Reichsversicherungsordnung festgelegte Beschränkung über die Vermögensanlage der Träger, nach der 25% des Vermögens als Reichsanleihen angelegt werden musste, entfiel. Fortan durfte die Reichsregierung den als Reichsanleihen anzulegenden Vermögens-

---

66 Reichsarbeitsministerium, Auszug aus der Niederschrift über die Sitzung des Reichsministeriums vom 1.12.1933, Dezember 1933, BArch R 3901/4602.
67 Gerhard Zschimmer (Reichsarbeitsministerium), Vermerk, betr. Verabschiedung des Gesetzentwurfs zur Erhaltung der Leistungsfähigkeit der Invaliden-, der Angestellten- und der knappschaftlichen Versicherung, 2.12.1933, BArch R 3901/4602.

anteil der Träger selbst bestimmen.⁶⁸ Am 7. Dezember 1933 wurde das Sanierungsgesetz schließlich veröffentlicht.⁶⁹

Die Reaktionen der Träger

Die Träger waren geteilter Meinung: Während die Landesversicherungsanstalten, die kurz vor dem finanziellen Bankrott standen, das Gesetz begrüßten, war man vor allem in der Reichsversicherungsanstalt für Angestellte verärgert über die weitreichenden Eingriffsmöglichkeiten, die sich der Gesetzgeber selbst gegeben hatte. Von einer »Verkümmerung der Verwaltung« sowie von einer »Ausschaltung der Selbstverwaltung bei der versicherungstechnischen Bilanzaufstellung und Beitragsbemessung und insbesondere bei der Anlegung des Vermögens« sprach Direktor Schäfer. Bei der Arbeiterrentenversicherung konnte Schäfer dieses Vorgehen verstehen, nicht jedoch bei der Angestelltenversicherung:

»Während die Invalidenversicherung einen grossen Teil ihrer Rentenlast vom Reich erstattet bekäme und deshalb das Reich mit Recht verlangen könne, dass ihm ein Teil der Beitragseinnahmen in Form von Darlehen wieder zur Verfügung gestellt würde, bestünde dieser Grund bei der Reichsversicherungsanstalt nicht, im Gegenteil wäre es billig gewesen, dass das Reich der Reichsversicherungsanstalt zum Ausgleich für die durch die Inflation und die beitragsfreie Anrechnung der Kriegszeit erhöhten Rentenlasten einen entsprechenden Betrag zu Verfügung gestellt hätte.«⁷⁰

Die Leiter der Landesversicherungsanstalten indes diskutierten auf einem Treffen des Reichsverbandes Deutscher Landesversicherungsanstalten vor allem die Regelung des §24 des Sanierungsgesetzes, nach dem der Entzug einer Rente auch ohne Feststellung einer wesentlichen Änderung in den Verhältnissen des Rentenempfängers zulässig sei.⁷¹

68 Vgl. §27f. Reichsversicherungsordnung in der Fassung vom 15.12.1924, RGBl. I 1924, S. 783, §22 des Sanierungsgesetzes, RGBl. I 1933, S. 1042.
69 Gesetz zur Erhaltung der Leistungsfähigkeit der Invaliden-, der Angestellten- und der knappschaftlichen Versicherung vom 7.12.1933, RGBl. I 1933, S. 1039-1043.
70 Reichsversicherungsanstalt für Angestellte, Auszug aus der Niederschrift über die Sitzung des Direktoriums am 11.12.1933, 11.12.1933, DRV RfA-Archiv/Aktenordner »Nr. 8, Nr. 9«.
71 §24 Sanierungsgesetz: »In der Invaliden- und der Angestelltenversicherung ist die Entziehung einer Rente auch ohne Feststellung einer wesentlichen Änderung in den Verhältnissen des Rentenempfängers zulässig, wenn eine erneute

Auf der einen Seite trug Regierungsdirektor Heigel Bedenken vor, dass diese Regelung eine große Verwaltungsarbeit mit sich brächte. Er schlug daher vor, beim Reichsarbeitsministerium eine Verordnung anzuregen, nach der eine Berufungsklage vor den Oberversicherungsämtern gegen Rentenentziehungsbescheide nach §24 ausgeschlossen sein sollte. Auf der anderen Seite aber zeigte vor allem Verbandspräsident Heinz Görling Verständnis für die vom Reichsarbeitsministerium eingeschlagene Linie:

»Wenn die Vorschriften des §24 in das neue Gesetz aufgenommen seien, so beabsichtige die nationalsozialistische Regierung hiermit einen Reinigungsprozess durchzuführen, da – besonders in der Inflationszeit – ein Teil der Renten ohne genügende ärztliche Untersuchung bewilligt worden seien. Der Gesetzgeber wünsche also ein strenges Durchgreifen; dabei dürfe man sich jedoch von dem gefundenen Gedanken der praktischen Billigkeit nicht abbringen lassen. Die Versicherungsträger dürften sich jedoch nicht dem Vorwurf aussetzen, daß sie die neue Bestimmung lax zur Durchführung brächten.«[72]

Tatsächlich rechnete der Verband damit, dass 2 % aller laufenden Renten aufgrund des Sanierungsgesetzes wegfallen würden und sich das Einsparpotenzial lediglich auf – überschaubare – 15 bis 18 Millionen RM belaufen würde.[73]

Der erleichterte Rentenentzug

Die Möglichkeit der Entziehung einer rechtskräftig festgelegten Rente bedeutete daher auch weniger einen quantitativen als einen qualitativen Unterschied. Die Empfehlung des Reichssparkommissars, Rentner nachzuuntersuchen, um »ungerechtfertigte Rentengewährungen« mit dem Verlust der Rente zu sanktionieren, nahm das Ministerium zwar auf. Allerdings, und das hat die Forschung bisher übersehen, nahm das Ministerium diese Empfehlung nicht widerwillig ins Sanierungsgesetz auf, sondern traf bereits vor der Veröffentlichung des Gutachtens des Reichssparkommissars entsprechende Vorbereitun-

---

Prüfung ergibt, daß der Rentenempfänger nicht invalide (berufsunfähig) ist«. RGBl. I 1933, S. 1042.
72 Reichsverband Deutscher Landesversicherungsanstalten, Niederschrift einer Verhandlung der Verbandsmitglieder, 12.12.1933, BArch R 40/84.
73 Reichsverband Deutscher Landesversicherungsanstalten, Niederschrift einer Verhandlung der Verbandsmitglieder, 9.2.1934, BArch R 40/85.

gen. Es scheint allerdings erst die Ausschaltung der parlamentarischen Demokratie notwendig gewesen zu sein, um den erleichterten Rentenentzug politisch durchzusetzen. In den Verhandlungen der Hauptabteilung II mit den Vertretern des Reichssparkommissars vertraten Krohn und seine Referatsleiter Zschimmer, Wankelmuth, Dobbernack, Eckert, Hoffmeister und Grünewald im August 1933 keine andere Meinung als Saemisch:

»Es scheint so, als ob namentlich in der Zeit nach dem Kriege zum Teil die Bewilligung in etwas weitherziger Weise vorgenommen wurde. Es muß also damit gerechnet werden, daß zur Zeit in nicht unerheblichem Umfange Invalidenrenten laufen, obwohl die Voraussetzungen für die Annahme von Invalidität objektiv nicht gegeben sind.«[74]

Auch wenn das Ministerium die Belastung durch »ungerechtfertigte Rentenvergabe« für die Träger nicht überschätzen wollte, sah es die desolate Lage der Invalidenversicherung als Grund dafür an, sich in die Verfahren der Rentenversicherung einzumischen – ein Vorgang, der weder dem Ministerium noch dem Reichsversicherungsamt in seiner Aufsichtsfunktion rechtlich zustand. Abgesehen davon, dass die Bescheinigung von Invalidität selbstverständlich subjektiv war, und sich die Beamten daher letztendlich anmaßten, die nötige Objektivität zu besitzen, griffen sie so in das Rentenversicherungssystem ein, indem sie das Zustandekommen rechtskräftiger Verwaltungsakte anzweifelten und rückgängig machen wollten. Dies war dem Ministerium durchaus bewusst:

»Der Entziehung einer rechtskräftig festgestellten Rente, die objektiv zu Unrecht zugebilligt wurde, steht aber die gegenwärtige Rechtslage entgegen. Denn nach Gesetz und Rechtsprechung wird für die Entziehung einer rechtskräftig festgestellten Rente eine wesentliche Veränderung in den Verhältnissen des Rentenempfängers vorausgesetzt. […] In dem Zeitpunkt, in dem die Invalidenversicherung um ihren Bestand ringt, kann vor dem nach der geschilderten Rechtslage bestehenden subjektiven Rechts der Rentenempfänger nicht Halt gemacht werden.«[75]

---

74 Reichsarbeitsministerium, Vermerk, betr. Verhandlung über Invaliden-, Angestellten- und knappschaftliche Pensionsversicherung, 2.8.1933, BArch R 3901/4602.
75 Ebd.

Daher, so die Intention, erlaube das Gesetz auch die Entziehung einer Rente, wenn sich keine Änderung in den Verhältnissen des Rentners ergeben hätte. Dies stellte das Ministerium als »ausgesprochene Notmaßnahme« dar. Um es zu entschärfen, sollten nur unter 60-Jährige begutachtet werden und die Gewährung der Rente mehr als zwei Jahre zurückliegen. Dies galt für die Knappschaft ebenso wie für die Angestelltenversicherung. Die Träger sollten nach Erlass des Gesetzes sofort mit der Umsetzung beginnen und ihren gesamten Rentenbestand danach durchsehen.

Nach der erfolgten Veröffentlichung des Gesetzes im *Reichsgesetzblatt* erfolgte eine Intervention durch Hans Engel. Dies ist ein ungewöhnlicher Vorgang. Er wandte sich über das Reichsversicherungsamt an die Träger und wies sie gesondert darauf hin, dass er damit rechne, »dass in nicht unerheblichem Umfange Renten laufen, ohne daß die nach dem Gesetz erforderlicher Invalidität (Berufsunfähigkeit) vorliegt«. Insgesamt bezweckten die »neuen Vorschriften […], die drei Versicherungszweige von solchen Renten zu befreien«.[76]

Mitte Februar 1934, also knapp zweieinhalb Monate nach Verabschiedung des Sanierungsgesetzes, ermächtigte das Reichsarbeitsministerium die Träger der Invaliden-, Knappschafts- und Angestelltenversicherung dazu, ihren gesamten Rentenbestand nach Rentnern durchzusehen, denen eine Rente vermeintlich zu Unrecht zugesprochen worden war. Parallel zu der erweiterten Statistik wollte das Ministerium nun auch genau wissen, welche Einsparungen dadurch erreicht werden konnten und wie viele Renten entzogen wurden.[77] Die Zusammenstellung dieser statistischen Angaben hatte zwar das Reichsarbeitsministerium verfügt, gesammelt wurden sie aber vom Reichsversicherungsamt.[78] Dies ergibt sich nicht nur aus der Tatsache, dass das Reichsversicherungsamt die Aufsichtsbehörde der Invalidenversicherungsträger war, sondern auch dadurch, dass es die alltäglichen Verwaltungsmaßnahmen des Ministeriums koordinierte und umsetzte. Darin lag vor allem die Funktion des Amtes.

---

76 Hans Engel (Reichsarbeitsministerium) an Reichsarbeitsministerium, betr. Entziehung von Renten der Invaliden-, der Angestellten- und der knappschaftlichen Versicherung nach dem Gesetz vom 7. Dezember 1933, 15.2.1934, GLAK 462-4/Nr. 590.
77 Ebd.
78 Hugo Schäffer (Reichsversicherungsamt) an alle Landesversicherungsanstalten, betr. Rundschreiben: Entziehung von Renten der Invalidenversicherung nach dem Gesetz vom 7. Dezember 1933, 24.2.1934, GLAK 462-4/Nr. 590.

DIE PROGRAMMENTWICKLUNG ZUM SANIERUNGSGESETZ

Die Entscheidung, Rentenbezieher unter den generellen Verdacht der Erschleichung von Versicherungsleistungen zu stellen, besaß für die Träger eine immense Signalwirkung. Diese Maßnahme wies auf eine neue Erwartungshaltung hin, künftig strengere Maßstäbe bei der Gewährung von Invaliden- und Berufsunfähigkeitsrenten anzulegen.[79] Die Versicherten zeigten sich von der Nachuntersuchungspraxis keineswegs erfreut. Als Gradmesser können hier die Verfahren vor den Oberversicherungsämtern gelten. Die Berufungen vor den betreffenden Gerichten zeugen davon, dass die Rentenversicherungsträger die Empfehlung Engels umsetzten. Zwar lag die Anzahl der Berufungen 1933 aufgrund der Notverordnungen noch weit über dem bis dahin üblichen Niveau und flaute erst während der 1930er-Jahre weiter ab, dennoch ging das Oberversicherungsamt Augsburg davon aus, dass die Zahl der Berufungen

»sicherlich noch weiter zurückgegangen [wäre], wenn nicht durch die zahlreichen Nachuntersuchungen und Rentenentziehungen durch die Landesversicherungsanstalt viele Berufungen verursacht worden wären. Es hat sich aber gezeigt, dass diese Rentenentziehungen in den meisten Fällen durchaus berechtigt waren. Rentenentziehungen werden von den Versicherten, die einmal in dem Genuß einer Rente standen, nicht so leicht hingenommen als Abweisungen von Erstanträgen.«[80]

Das Oberversicherungsamt München rechnete ebenfalls mit einer veränderten Erwartungshaltung gegenüber den zukünftig zur Entscheidung stehenden Rentenanträgen:

»Diese Entziehungen werden zwar in absehbarer Zeit, wenn die Nachprüfung aller Renten durch den Versicherungsträger abgewickelt ist, wieder weniger werden, jedoch wird damit gerechnet werden den müssen, daß die bei der gegenwärtigen Nachprüfung vom Versicherungsträger gesammelten Erfahrungen künftig zur Anlegung eines von vornherein strengeren Maßstabes bei der Verbescheidung von Rentenanträgen führen werden.«[81]

79 Siehe zur Konstruktion des Begriffes der Invalidität Eghigian: Making Security Social, S. 19.
80 Vgl. Geschäftsbericht des Oberversicherungsamts Augsburg aus dem Jahre 1934, Staatsarchiv (StA) Augsburg, Oberversicherungsamt Augsburg, Geschäftsberichte (bisher unverzeichnetes Quellenmaterial des StA Augsburg). Hierin befinden sich auch die Geschäftsberichte weiterer bayerischer und süddeutscher Oberversicherungsämter.
81 Ebd.

Innerhalb der umsetzenden Behörden wurde die Nachuntersuchungspraxis sehr negativ wahrgenommen, gleichwohl sie sich ihrer Verantwortung gegenüber dem Willen des Gesetzgebers bewusst waren. Das Oberversicherungsamt Würzburg versuchte daher konsequent, die Rentenentziehung nur auf offensichtliche Fälle zu beschränken, was aber im Hinblick auf die Beurteilung der Erwerbsunfähigkeit nicht immer einfach war:

»Bei offenbar ungerechtfertigtem Rentenbezug ist die Entscheidung auf Rentenentziehung klar, nicht aber in Fällen, bei denen man sich unschwer nach jeder Seite hin entscheiden kann, also Zweifelsfällen. In solchen Zweifelsfällen enthüllt sich dem Gericht sehr viel menschliches Elend und es ist begreiflich, daß sich hier die Kammer vorwiegend auf die Seite des Rentenempfängers neigt. Dieser aus sozialen und menschlichen Gründen gebotenen Stellungnahme zu § 24 a.a.O. steht auf der anderen Seite das Bestreben der Kammer gegenüber, die Versicherungsträger vor Ausbeutung zu schützen und dem Grundsatz, daß Gemeinnutz vor Eigennutz gehe, praktisch Geltung zu verschaffen. In dem Hinwirken auf die Beschränkung, insbes. die Zurücknahme aussichtsloser Berufungen fand das Gericht verständnisvolle Unterstützung durch die Gaurechtsberatungsstelle der Deutschen Arbeitsfront, die so an der Zurückdämmung der Rentenbegehrlichkeit und damit an der moralischen Gesundung mitarbeitete.«[82]

Das Reichsarbeitsministerium betrat mit der Entziehung rechtskräftig festgestellter Renten Neuland. Dass es sich dabei um einen bisher nicht da gewesenen Vorgang handelte, wird auch dadurch deutlich, dass es die Träger dazu ermahnte, keine Details darüber an die Presse zu geben. Tatsächlich erschien im *Berliner Tageblatt* vom 18. Mai 1934 ein Artikel über die geplanten Rentenentziehungen.[83] Engel insistierte daraufhin, dass dem Ministerium solche Mitteilungen »zur Zeit politisch unerwünscht sind« und versuchte »darauf hinzuwirken, daß solche Notizen von Landesversicherungsanstalten nicht an die Presse gegeben werden«.[84]

---

82 Ebd.
83 Berliner Tageblatt, Nr. 232, 18.5.1934.
84 Hans Engel (Reichsarbeitsministerium) an Hugo Schäffer (Reichsversicherungsamt), betr. Rundschreiben: Nachprüfung der Invalidenrenten, 4.6.1934, GLAK 462-4/Nr. 590.

DIE PROGRAMMENTWICKLUNG ZUM SANIERUNGSGESETZ

Das Reichsversicherungsamt hatte schon vor dem Sanierungsgesetz und selbst vor der Gutachtenerstellung des Reichssparkommissars damit begonnen, bei den Landesversicherungsanstalten Berichte über die ärztliche Untersuchungspraxis von Rentenempfängern anzufordern. Es wollte wissen, »in welchem Umfang bei den Trägern der Invalidenversicherung ärztliche Untersuchungen der Invalidenrentenempfänger vorgenommen werden und welches unmittelbare Ergebnis sie durchschnittlich haben«,[85] und versuchte sich damit erst einmal einen Überblick über die Untersuchungspraxis der Träger zu schaffen. Zunächst als einmalige Feststellung gedacht, institutionalisierte das Reichsversicherungsamt die geforderten Übersichten über die Nachuntersuchung im Juni 1933. Diese jährlich abzugebenden Berichte sollten von den Trägern künftig mit den Geschäfts- und Rechnungsergebnissen eingereicht werden.[86]

Das Reichsarbeitsministerium setzte also am zentralen Punkt der Rentenversicherung an, der ärztlichen Untersuchungspraxis, die über die Rentenvergabe maßgeblich entschied. Konsequenterweise nutzte Engel das Sanierungsgesetz auch dafür, Informationen über die Nachuntersuchungspraxis der Träger zu erhalten: »Um die Auswirkungen der Vorschriften [des Sanierungsgesetzes, A.K.] beurteilen zu können, werden ausser den Nachweisungen [der Zahl der im Jahre 1933 ärztlich nachuntersuchten, noch nicht 60 Jahre alten Rentenempfängern, A.K.] [...] auch die hierdurch ersparten Rentenbeträge jährlich festzustellen sein.«[87] Spätestens dadurch wurde deutlich, dass die geforderten Angaben nicht einmalig zusammengestellt werden sollten. Es wurde eine Praxis institutionalisiert, die vom Reichsversicherungsamt angestoßen

85 Reichsversicherungsamt an alle Landesversicherungsanstalten, betr. Nachweisung der Zahl der im Jahre 1932 ärztlich nachuntersuchten, noch nicht 60 Jahre alten Invalidenrentenempfängern, 6.4.1933, GLAK 462-4/590; sowie die Antwort von der Landesversicherungsanstalt Baden: Karl Rausch (Landesversicherungsanstalt Baden) an Reichsversicherungsamt, betr. Nachweisung der Zahl der im Jahre 1932 ärztlich nachuntersuchten, noch nicht 60 Jahre alten Invalidenrentenempfängern, 26.4.1933, GLAK 462-4/590.
86 Reichsversicherungsamt an alle Landesversicherungsanstalten, betr. Rundschreiben über die Nachuntersuchung von noch nicht 60 Jahre alten Rentenempfängern, 6.6.1933, GLAK 462-4/590.
87 Hans Engel (Reichsarbeitsministerium) an Reichsversicherungsamt, betr. Entziehung von Renten der Invaliden-, der Angestellten und der knappschaftlichen Versicherung nach dem Gesetz vom 7. Dezember 1933, 15.2.1934, GLAK 462-4/Nr. 590.

worden war, und nur mittelbar mit der Abfassung des Sanierungsgesetzes zusammenhing.[88]

Die Rolle der Ärzteschaft

Die Zulassung der Ärzte als Gutachter in der Invalidenversicherung zu kontrollieren, war demnach der deutlich zielstrebigere Weg, die Rentenversicherung für eine wie auch immer geartete Indienstnahme zu instrumentalisieren. Allerdings war dies auch der schwerfälligere Weg, da die Begutachtung 1933/34 noch dezentral, uneinheitlich und ohne gemeinsame Richtlinien durchgeführt wurde. Relativ unbemerkt von den Bemühungen um die Sanierung der Invalidenversicherung erließ das Reichsarbeitsministerium daher im April 1933, also zeitlich vor dem Gutachten des Reichssparkommissars, einen Erlass, um die Neuzulassung von Ärzten zur Krankenversicherung – zumindest für den Moment – auszusetzen:

»Die durch die nationale Erhebung gegebene neue Sachlage macht auch bei der Zulassung von Ärzten zur Tätigkeit bei den Krankenkassen wesentliche Änderungen erforderlich. Entsprechende Maßnahmen sind alsbald eingeleitet. Damit aber nicht inzwischen durch neue Zulassungen diesen Maßnahmen vorgegriffen wird, ordne ich an, daß bis zur endgültigen Regelung Zulassungen nicht mehr erfolgen dürfen.«[89]

Damit war zweierlei gemeint: Jüdische Ärzte wurden aus dem Dienst der Krankenkassen entlassen sowie nicht mehr eingestellt,[90] und die Begutachtung von Kranken-, aber auch Rentenversicherten sollte fortan stärker zentralisiert werden. Seldte wandte sich hier deswegen direkt an die Länderregierungen, da diese die Einstellung von Ärzten – noch – eigenständig verantworteten.

Doch nicht nur in den Krankenkassen und auf Länderebene wurde die Ärzteschaft bis zum Erlass des Ministeriums ausgetauscht, sondern auch bei den Rentenversicherungsträgern. Ein anschauliches

---

88 Hugo Schäffer (Reichsversicherungsamt) an alle Landesversicherungsanstalten, betr. Rundschreiben: Entziehung von Renten der Invalidenversicherung nach dem Gesetz vom 7. Dezember 1933, 24.2.1934, GLAK 462-4/Nr. 590.
89 Franz Seldte (Reichsarbeitsministerium) an die Sozialministerien der Regierungen der Länder, betr. Zulassung von Ärzten zur Krankenversicherung, 6.3.1933, BArch R 3901/20602, Bl. 18.
90 Vgl. Thomas Beddies: Jüdische Ärztinnen und Ärzte im Nationalsozialismus. Entrechtung, Vertreibung, Ermordung, Berlin 2014.

DIE PROGRAMMENTWICKLUNG ZUM SANIERUNGSGESETZ

Beispiel hierfür bieten die Vorkommnisse bei der Reichsbahn, die mit den Reichsbahn-Arbeiterpensionskassen eigene Rentenversicherungsträger besaßen, die unter Aufsicht des Reichsversicherungsamtes standen.[91] Die Reichsbahn hatte die Zentralisierung des Gutachterwesens bereits vor der Verabschiedung des Sanierungsgesetzes in die Wege geleitet. Die Verwaltungsspitze der Reichsbahn, die Generaldirektion,[92] war schon im April 1933 zu dem Schluss gekommen, »daß das bisher geübte Verfahren bei der Festsetzung der Renten insofern an Mängeln leidet, als auf die Feststellung der Invalidität – vorübergehender oder endgültiger – nicht immer hinreichende Sorgfalt verwandt worden ist. [...] Die Folge davon ist, daß ohne Zweifel eine große Anzahl von Renten gezahlt wird, die nicht berechtigt sind.« Die Arbeiterpensionskasse I[93] startete daher einen Versuch in den Reichsbahndirektionen Berlin, Breslau, Erfurt, Hannover, Oppeln und Stettin. Vor der endgültigen Festsetzung der Renten sollte ein eigens bestellter sogenannter »Revisionsarzt« sämtliche Gutachten auf Schlüssigkeit und Kohärenz untersuchen und gegebenenfalls weitere Gutachten anordnen. Diesem Revisionsarzt kam auch die Aufgabe zu, die Gutachter der einzelnen Bezirke auszuwählen sowie allgemeine Richtlinien für die Beurteilung der Invalidität aufzustellen.[94]

Nachdem die Arbeiterpensionskasse I (APK) daraufhin einen Arzt aus den eigenen Reihen Anfang Mai 1933 zum Revisionsarzt bestimmt hatte,[95] zog sie drei Monate später über seine Einstellung ein positives Fazit:

»Auf seinen Vorschlag sind ferner vielfach Obergutachten und Beobachtungsgutachten eingeholt worden. Auf Grund dieser Gutachten sind in zahlreichen Fällen, in denen die Bezirksausschüsse ohne Mitwirkung des Revisionsarztes Invaliden- und Zusatzrenten bewil-

91 Richter: Sozialversicherungsrecht, S. 189-205.
92 Zur Struktur der Reichsbahn vgl. Klaus Hildebrand: Die Reichsbahn in der nationalsozialistischen Diktatur 1933-1945, in: Lothar Gall/Manfred Pohl (Hg.): Die Eisenbahn in Deutschland. Von den Anfängen bis zur Gegenwart, München 1999, S. 165-244.
93 Es gab reichsweit sieben Arbeiterpensionskassen, bis 1935 ein zentraler Rentenversicherungsträger für sie geschaffen wurde.
94 Hauptverwaltung der Deutschen Reichsbahngesellschaft an die Reichsbahndirektionen Berlin, Breslau, Erfurt, Hannover, Oppeln, Stettin, betr. Rentenbewilligung in der Invalidenversicherung, 12.4.1933, BArch R 5/23161, Bl. 2.
95 Vorstand der Reichsbahn-Arbeiterpensionskasse I an die Hauptverwaltung der Deutschen Reichsbahngesellschaft, betr. Rentenbewilligung in der Invalidenversicherung, 8.5.1933, BArch R 5/23161, Bl. 8.

DIE SANIERUNG DER INVALIDENVERSICHERUNG

ligt hätten, die Rentenanträge abgelehnt worden. Hierbei hat es sich ergeben, dass selbst oberbahnärztliche Gutachten und vereinzelt auch Gutachten von Kliniken durch die fachliche Beanstandung des Revisionsarztes entkräftet worden sind.«[96]

Die APK I forderte daher die Ausdehnung auf weitere Bezirksausschüsse,[97] was die Berliner Hauptverwaltung schließlich genehmigte.[98] 1934 besprach sich die Hauptverwaltung im großen Kreis mit Vertretern der begutachtenden Ärzte, den sogenannten Oberbahnärzten. Dabei wurde darauf hingewiesen, dass

»infolge einer Anregung des Reichssparkommissars und mit Rücksicht auf die äußerst ungünstige Finanzlage der reichsgesetzlichen Invalidenversicherung die Landesversicherungsanstalten und damit auch die Reichsbahnarbeiterpensionskassen, bei denen der Prozentsatz der Invalidisierten besonders groß sei, gezwungen worden seien, bei der Bewilligung von Invalidenrenten einen schärferen Maßstab anzulegen als bisher«.

Von den Anwesenden wurde nun erörtert, ob es zweckmäßig sei, »die Einrichtung des Revisionsarztes auf die Dauer zu zentralisieren«. Dies schien das einzige Mittel zu sein, um die Rentenvergabe strenger handhaben zu können. Zudem müsse »die unrechtmäßige Bewilligung von Renten auf Kosten der Gesamtheit [...] im neuen Staat ausgeschlossen sein«.[99] Grundlage für dieses Vorgehen bildete schließlich das Sanierungsgesetz, auf das in der Hauptverwaltung hingewiesen wurde. Das Reichsarbeitsministerium bestätigte die Vorgehensweise der Reichsbahndirektion ausdrücklich im Dezember 1933.

Diese kurze Episode illustriert den Weg, den schließlich auch das Reichsarbeitsministerium einschlagen sollte: die Installierung von neuen Ärzten mit größeren Befugnissen sowie die Zentralisierung der Gutachtertätigkeit. Auf die beschriebenen Änderungen bei der Reichsbahn nahm das Reichsarbeitsministerium noch keinen Einfluss. Diesen

---

96 Vorstand der Reichsbahn-Arbeiterpensionskasse I an die Hauptverwaltung der Deutschen Reichsbahngesellschaft, betr. Rentenbewilligung in der Invalidenversicherung, 11.9.1933, BArch R 5/23161, Bl. 9-12, hier Bl. 10.
97 Ebd.
98 Hauptverwaltung der Deutschen Reichsbahngesellschaft an die Reichsbahndirektionen Berlin, Breslau, Erfurt, Hannover, Oppeln, Stettin, betr. Rentenbewilligung in der Invalidenversicherung, 21.9.1933, BArch R 5/23161, Bl. 13.
99 Auszug aus der Niederschrift über die Besprechung mit den Oberbahnärzten vom 12./13. Januar 1934 in München, BArch R 5/23161, Bl. 31.

lag aber bereits der »Geist« des Sanierungsgesetzes zugrunde, den die Reichsbahndirektion vorwegnahm.

Die Ausweitung statistischer Daten

Um die Rentenvergabe künftig besser kontrollieren zu können, erweiterte das Reichsarbeitsministerium die Möglichkeiten der statistischen Erhebungen im September 1933 konsequent – eine Maßnahme, die im Mai 1932 angeblich aufgrund zu hoher Erhebungskosten noch abgelehnt worden war.[100] Der Reichssparkommissar, der in seinem Gutachten bereits die vereinfachte Rentenentziehung befürwortet hatte, brachte die Einführung einer erweiterten Statistik wieder ins Gespräch, um so weitere »ungerechtfertigte Rentenvergaben« aufzudecken: »Zweck der Denkschrift war es vor allem, auf die Bedeutung der Statistik als Mittel der Dienstaufsicht über die Versicherungsträger besonders aufmerksam zu machen.«[101] Mit der erweiterten Statistik sollte es laut dem Reichssparkommissar möglich werden, »die großen Unterschiede in der Rentenbewilligung aufzuzeigen und auf die Möglichkeit hinzuweisen, mit Hilfe der Statistik den Ursachen der nicht ohne weiteres erklärlichen Unterschiede nachzugehen und die Entwicklung zeitlich zu verfolgen«.[102] Der Reichssparkommissar legte dem Reichsarbeitsministerium also nahe, die Aufsichtsbefugnisse des Reichsversicherungsamtes gegenüber den Trägern zu erweitern. Tatsächlich bestanden zwischen den einzelnen Versicherungsträgern teils beträchtliche Unterschiede in der Rentenbewilligung.[103]

Das Reichsversicherungsamt befürwortete die vom Reichssparkommissar mitgetragene Forderung der Ausweitung der Statistik und auch deren Nutzung als Instrument der Dienstaufsicht.[104] Es lehnte aber die Rückschlüsse des Reichssparkommissars ab, dass aus den zu gewinnenden Zahlen konkrete Verwaltungsmaßnahmen zur Maßregelung von Rentenversicherungsträgern, die großzügig Renten vergaben, abgeleitet werden könnten. Dabei verwies das Amt auf die verschie-

---

100 Landesversicherungsanstalt Rheinprovinz an Reichsversicherungsamt, betr. Bericht über die Sitzung der Kommission zur Beratung der Einführung, 25.5.1932, BArch R 89/9241, Bl. 99-100.
101 Reichssparkommissar an Reichsarbeitsministerium, betr. Statistik der Invalidenversicherung, 13.9.1933, BArch R 3901/4602.
102 Ebd.
103 Steinhoff: Invalidenrentenstatistik und Gesundheitsstand, in: Deutsches Ärzteblatt 66 (1936), Nr. 49, S. 1210-1212.
104 Reichsversicherungsamt an Reichsarbeitsministerium, betr. Statistik der Invalidenversicherung, 16.10.1933, BArch R 3901/4602.

denen regionalen Besonderheiten (Altersstruktur, Arbeitsmarkt und gesundheitliche Bedingungen durch die Industrialisierung). Es sah also die statistische Erhebung auch kritisch und bezweifelte, dass sie Rückschlüsse über die Bewilligungsfreudigkeit der Versicherungsanstalten zulassen würde. Der Reichssparkommissar artikulierte hier seine Vorstellung, dass das weitverzweigte System der Rentenversicherung, die regionalen Eigenheiten sowie die im System angelegte Partikularität »einfach« über die Dienstaufsicht und die Einführung einer Statistik geregelt werden könne. Er missachtete die Eigenheiten des verzweigten Versicherungssystems und die relativ hohe Autonomie der Träger. Dennoch hebt dieser Vorgang einen wichtigen Punkt hervor: Der Reichssparkommissar nährte die Vorstellung, dass die Rentenversicherung zu eigenen Zwecken (hier: der Sanierung) instrumentalisiert werden könne. In der wissenschaftlichen Forschung wird argumentiert, dass die Rentenversicherung gerade deshalb die NS-Zeit relativ unbeschadet überstanden habe, weil der hohe Grad ihrer Verrechtlichung und strukturellen Pfadabhängigkeit eine Instrumentalisierung verhinderte.[105] Tatsächlich traf dies zu Beginn der NS-Herrschaft durchaus noch zu, wie es hier in den Zweifeln des Reichsversicherungsamtes zum Ausdruck kommt. Dennoch begannen das Reichsarbeitsministerium und das Reichsversicherungsamt vor allem seit den Ausarbeitungen zum Aufbaugesetz damit, die Schranken, die eine Instrumentalisierung der Rentenversicherung verhinderten, langsam abzubauen.

So hat das Reichsversicherungsamt unmittelbar nach der Verabschiedung des Sanierungsgesetzes damit angefangen, eine erweiterte Statistik bei den Rentenversicherungsträgern anlegen zu lassen. Insbesondere forderte es eine Übersicht über die Invaliditätsursachen. Damit diese Datenmengen, die in dieser Größenordnung bisher von den Trägern noch nie bereitgestellt werden mussten, verarbeitet werden konnten, stellte das Reichsversicherungsamt Lochkarten für Hollerith-Maschinen zur Verfügung, die von den Versicherungsanstalten ausgestanzt werden mussten, um eine maschinelle Auswertung zu gewährleisten.[106] Die Daten sollten dabei nicht nach den vom Reichssparkommissar aufgestellten Grundsätzen erhoben werden, sondern nach Richtlinien, die das Reichsversicherungsamt bereits zu Beginn des 20. Jahrhunderts

---

105 Vgl. Christoph Sachße/Florian Tennstedt: Der Wohlfahrtsstaat im Nationalsozialismus, Stuttgart/Berlin/Köln 1992, S. 53.
106 Vgl. Grundsätzlich zur Datenverarbeitung in der Rentenversicherung Ullrich Topf: Datenverarbeitung in der Rentenversicherung, Wiesbaden 1993.

ausgearbeitet, jedoch nicht erlassen hatte und die nun zur Anwendung kommen sollten.[107] Die Landesversicherungsanstalten hatten nun so detailliert wie noch nie in ihrer Geschichte statistische Auskunft über umgetauschte Quittungskarten sowie über Zu- und Abgänge an Renten anzugeben.[108] Diese Mehrarbeit war nicht ohne zusätzliches Personal zu leisten;[109] das Reichsversicherungsamt erlaubte den Trägern daher die Einstellung neuer Hilfskräfte. Zu den wichtigsten Informationen, die das Reichsversicherungsamt von den Trägern nun erhielt, zählten das Alter und Geschlecht der Rentner, die Begründung der Rentengewährung und den Abgang, die Rentenhöhe und die Höhe der geleisteten Beiträge sowie die Anzahl und Dauer der Heilverfahren.[110]

Das Beispiel zeigt, dass eine Instrumentalisierung der Rentenversicherung zumindest 1934/35 nicht möglich war, weil das inhomogene System der Rentenversicherung für eine zentrale Steuerung durch das Ministerium nicht ausgelegt war. Es liegt die Vermutung nahe, dass diese Informationen dazu genutzt werden sollten, die Gesetzgebung zu unterstützen und die Sanierung zu überwachen, und nicht, um die Rentenversicherung zu instrumentalisieren. Da die Invalidenversicherung in ihrer bis dahin 44-jährigen Geschichte noch nie so kurz vor einer finanziellen Zahlungsunfähigkeit gestanden hatte, schien dies auch aus Sorge vor einem erneuten Zusammenschrumpfen der Reserven der Träger gerechtfertigt. Tatsächlich ging es dem Ministerium konkret zum Beispiel darum, »zuverlässige Ausscheidewahrscheinlichkeiten für Renten« feststellen zu können.[111]

107 Reichsversicherungsamt an Reichsgesundheitsamt, betr. Erweiterung der Statistik, 19.2.1934, BArch R 89/9241, Bl. 163.
108 Reichsversicherungsamt, betr. Rundschreiben an die Vorstände sämtlicher Träger der Invalidenversicherung, 24.3.1934, BArch R 89/9223, Bl. 42-46.
109 Dieses Argument führten sie ja bereits im Februar 1932 aus. Vgl. Kapitel I.2.
110 Bei den statistischen Angaben handelte es sich um drei Kategorien: a) die Quittungskarten (geforderte Informationen: Geschlecht, Geburtsjahr, Übersicht über die Anzahl der geklebten Marken nach Lohnklasse, die Verwendungsdauer der Quittungskarten sowie die Beitragsdichte: das Verhältnis zwischen Wochenbeiträgen und Verwendungszeit), b) die Rentenzugänge (geforderte Informationen: Geschlecht, Alter, Jahr des Beginns, Versicherungsdauer, Zahl der angerechneten Beiträge, Rentenhöhe, Ursache für die Gewährung der Rente, Heilverfahren, Witwen- und Waisenrenten) und c) die Rentenabgänge (geforderte Informationen: Alter bei Beginn, Dauer des Bezugs, Alter beim Abgang, Grund des Abgangs, Höhe der Rente).
111 Reichsversicherungsamt an alle Landesversicherungsanstalten, betr. Gänzlich ruhende Renten, 29.1.1935, BArch R 89/9223, Bl. 135.

Die Sanierung der Invalidenversicherung war vor allem das Werk Wilhelm Dobbernacks. Die personellen Wechsel von Ministern und Staatssekretären tangierten den Leiter der versicherungsmathematischen Abteilung nicht weiter. Alle Pläne und Vorschläge aus seiner Hand sahen vor allem die Abwertung niedriger Renten vor, sie unterschieden sich lediglich im Grad der zu erfolgenden Abwertung. Dobbernack stand dabei in einem ständigen Kontakt mit den Landesversicherungsanstalten, um die Auswirkungen der Pläne in der Praxis konkret zu prüfen. Die Sanierung bedeutete letztendlich den ersten Schritt zu einer Verschärfung der Rentenvergabepraxis. Vermeintlich zu Unrecht bewilligte Renten konnten auch ohne eine Änderung in den Verhältnissen des Versicherten entzogen werden – ein fatales Signal an Versicherte, Träger und Oberversicherungsämter. Das Sanierungsgesetz wurde von den Trägern unterschiedlich beurteilt. Die Landesversicherungsanstalten begrüßten es, zu zerrüttet waren ihre Finanzen. Die Reichsversicherungsanstalt für Angestellte hingegen bedauerte vor allem den Verlust von Selbstverwaltungskompetenzen.

3. Gelungene Einflussnahmen

Die Programmentwicklung zum Sanierungsgesetz hat ohne Frage die fünf von Renate Mayntz aufgestellten Phasen durchlaufen.[112] Die *Problemwahrnehmung* war dabei nicht nur durch das Reichsarbeitsministerium gegeben, sondern auch durch den nachgeordneten Bereich. Das Reichsversicherungsamt hatte bereits vor den ersten innerministeriellen Gesprächen über die Sanierung der Invalidenversicherung eigenhändig Maßnahmen bei den Landesversicherungsanstalten angeordnet, um die Rentenauszahlung nicht zu gefährden. Indem die freiwilligen Leistungen massiv gekürzt wurden, provozierte dies allerdings weitere Folgeprobleme, die vor allem durch die Fürsorgeverbände und den Deutschen Gemeindetag an das Amt herangetragen worden sind. Auch die Träger selbst wandten sich vermehrt an das Ministerium, um die Durchführung gesetzlicher Regelungen zur Sanierung der Invalidenversicherung zu beschleunigen. So erfolgte auch die *Zielfestlegung* im Bereich der administrativen Verwaltung und nicht im politischen Spektrum. Dies war nicht nur durch die 1932/33 erfolgten häufigen Wechsel an der Ministeriumsspitze, sondern vor allem durch die Expertise in den betreffenden Referaten bedingt. Dass

---

112 Mayntz: Soziologie der öffentlichen Verwaltung, S. 184.

die Zielfestlegung der Sanierung der Invalidenversicherung auf dem Wege der Gesetzgebung nicht von politischen Stellen, sondern von der Ministerialverwaltung entschieden wurde, geht dadurch hervor, dass es diesbezüglich keine »zentrale Programminitiative« gab. Auch die *Lösungsalternativen* wurden unabhängig von der Führungsebene des Reichsarbeitsministeriums aufgestellt. Die vier von den Referaten ausgearbeiteten Sanierungspläne unterschieden sich jedoch nur minimal voneinander. Dass das nivellierende Prinzip des »sozialen Ausgleichs« zuungunsten des »Prinzips der Versicherung« geschwächt wurde, dass der Grundbetrag gegenüber den Steigerungsbeträgen eine geringere Rolle spielen sollte, dass also insgesamt die niedrigen Renten stärker als die hohen Renten gekürzt werden sollten, wurde nicht vom Minister entschieden, sondern durch die vier Vorschläge zur Sanierung präjudiziert, die sich lediglich im Grad der Kürzung niedrigerer Renten unterschieden. Die konkrete Ausgestaltung wurde so durch das Wirken der Referate stark geschmälert. Lediglich bei der *Ratifizierung* war die Hauptabteilung II auf den Minister, nun Seldte, angewiesen, da dieser offiziell den interministeriellen Entscheidungsprozess einleitete.

Diese Form der Programmentwicklung war und ist für Ministerien nicht unüblich und demonstriert die Fachexpertise des Beamtenstabes, auf den ein Minister angewiesen ist. Was jedoch während dieses Prozesses auffällt, ist vor allem die relativ reibungslose Zusammenarbeit mit dem Reichsversicherungsamt, dem Reichsverband Deutscher Landesversicherungsanstalten und den betreffenden Rentenversicherungsträgern, die am Gesetzgebungsprozess beteiligt waren. Dies beruht sicherlich auch auf der übereinstimmenden Zielfestlegung. Nur die Reichsversicherungsanstalt für Angestellte kritisierte intern das Sanierungsgesetz, weil es die Befugnisse des Reiches gegenüber den Trägern insbesondere in der Anlegung des Vermögens stärkte.

Auch leitete das Sanierungsgesetz indirekt die Bemühungen des Ministeriums ein, einen größeren Einfluss auf die Durchführung der Rentenversicherung zu erhalten und eine Indienstnahme zu ermöglichen. Zwar stand im Moment noch vor allem die Sanierung der Invalidenversicherung im Vordergrund, es war aber nicht ausgeschlossen, dass andere wirtschaftliche und politische Bedingungen diese Indienstnahme in eine andere Richtung lenken könnten. Die Möglichkeit einer Aberkennung von Renten ohne wesentliche Änderung in den Zuständen des Rentenbeziehers wies jedoch in eine Richtung, die vor allem den nationalsozialistischen Arbeitseinsatz betreffen sollte. Im Mittelpunkt standen die Zweifel, ob der Begriff der Invalidität während der Weltwirtschaftskrise in »richtiger« Weise angewandt wurde. Die Zentralisierung der ärztlichen Begutachtung leitete das Reichsarbeitsministerium bereits im Jahre 1933/34 ein. Nicht zu Unrecht vermuteten die Rentenversicherungsträger und die Oberversicherungsämter, dass durch diese Maßnahmen künftig ein strengerer Maßstab für den Eintritt der Invalidität angelegt werden sollte.

III. Die Neuorganisation der Rentenversicherungsträger 1933-1935

1. Strukturelle Veränderungen

Das Ministerium hatte bereits bei der Planung des Sanierungsgesetzes angekündigt, dass der finanziellen Neuordnung eine organisatorische folgen werde. Dies setzte es mit dem sogenannten Aufbaugesetz um. In der Geschichtswissenschaft wurde der Beginn der Vorbereitungen für das Aufbaugesetz stets auf den 7. März 1934 angesetzt, den Tag, an dem das Reichsarbeitsministerium einen 18-köpfigen Ausschuss einberief, der über die Fragen der Neuorganisation der Träger beraten sollte.[1] Tatsächlich sollte das Aufbaugesetz eine massive Änderung der Organisationsstruktur der Rentenversicherungsträger bewirken, namentlich durch die Abschaffung der den Vorstand kontrollierenden Organe, die Einführung des »Führerprinzips« und die massive Ausweitung der staatlichen Aufsicht gegenüber den Trägern. Allerdings, und das hat die bisherige Forschung übersehen, wurde bereits im April 1933 mit einem Umbau der Rentenversicherungsträger begonnen, und zwar keineswegs aufgrund von Maßnahmen, die durch das Reichsarbeitsministerium oder das Reichsversicherungsamtes angestoßen wurden, sondern durch die Länderregierungen. Die im Folgenden vorgestellten Vorgänge in der Landesversicherungsanstalt Baden sind hierzu aufschlussreich.

Die Bestellung von Karl Fees als Kommissar für die Landesversicherungsanstalt Baden

Nur wenige Wochen nach der Machtübertragung an die Nationalsozialisten bestellte die badische Landesregierung einen »Kommissar für die Landesversicherungsanstalt Baden« ein, der den Karlsruher Rentenversicherungsträger im personellen, finanzpolitischen und organisatorischen Bereich untersuchen sollte.[2] Diese Aufgabe übernahm

---

1 Teppe: Zur Sozialpolitik des Dritten Reiches, S. 219; Schlegel-Voß: Alter in der »Volksgemeinschaft«, S. 57f. Auch wenn Teppe als Motiv für die Ausarbeitung des Aufbaugesetzes die Bestrebungen der Deutschen Arbeitsfront, die Sozialversicherung in ihren Verwaltungskörper zu übernehmen, ansieht, so lässt auch er die »eigentliche Geschichte« des Aufbaugesetzes mit jener Sitzung vom 7. März 1934 beginnen.
2 Badisches Ministerium des Innern, Vermerk, 28.4.1933, GLAK 462 Zugang 1994-38/229.

Karl Fees, ein ehemaliger Angestellter des Oberversicherungsamtes Karlsruhe und seit März 1933 Rastatter Oberbürgermeister. 1930 hatte Fees eine parteipolitische Kehrtwende vollzogen, als er von der SPD zur NSDAP wechselte. Dies prädestinierte ihn wohl in den Augen der badischen Landesregierung dazu, die Landesversicherungsanstalt zu prüfen.[3] Er begann seine Arbeit damit, dass er als Erstes das Führungspersonal einer genaueren Betrachtung unterzog. Überall im Deutschen Reich standen nach dem Machtwechsel die Präsidenten der Landesversicherungsanstalten besonders im Fokus. Die Präsidenten Josef Andre (Zentrum, LVA Württemberg), Otto Grotewohl (SPD, LVA Braunschweig) und Georg Thöne (SPD, LVA Hessen-Nassau) etwa wurden entlassen, während Martin Frommhold (DDP, LVA Hannover) gar in den Selbstmord getrieben und Hermann Neumann (SPD, LVA Hessen) erst verhaftet und dann von der SA ermordet wurde.[4] Florian Tennstedt geht davon aus, dass 1933 14 Präsidenten ihr Amt verloren haben sowie sämtliche der SPD angehörigen Präsidenten entlassen wurden.[5] Tatsächlich gab es jedoch eine Ausnahme: Der Präsident der Landesversicherungsanstalt Baden, Karl Rausch, ist trotz sozialdemokratischer Vergangenheit als badischer Landtagsabgeordneter der SPD nicht entlassen worden. Der gelernte Buchdrucker Rausch war zu Beginn der NS-Diktatur bereits 57 Jahre alt und gehörte damit zu den älteren Präsidenten. Diese Position hatte er seit dem 1. Mai 1929 inne, nachdem er bereits 1920 als Regierungsrat in

---

3 Michael Ruck: Korpsgeist und Staatsbewußtsein. Beamte im deutschen Südwesten 1928 bis 1972, München 1996, S. 83.
4 Informationen zu Josef Andre bei Frank Engehausen: Eintrag Josef Andre, in: Maria Magdalena Rückert (Hg.): Württembergische Biographien. Unter Einbeziehung hohenzollerischer Persönlichkeiten, Bd. 2, Stuttgart 2006, S. 3-6; Informationen zu Otto Grotewohl bei Dierk Hoffmann: Otto Grotewohl. Eine politische Biographie, München 2009, S. 170. Informationen zu Georg Thöne bei Albert Grzesinski: Im Kampf um die deutsche Republik. Erinnerungen eines Sozialdemokraten, München 2001, S. 83. Informationen zu Martin Frommhold bei Klaus Mlynek: Eintrag Martin Frommhold, in: Dirk Böttcher/Klaus Mlynek/Waldemar R. Röhrbein/Hugo Thielen: Hannoversches biographisches Lexikon. Von den Anfängen bis in die Gegenwart, Hannover 2002, S. 124. Informationen zu Hermann Neumann bei Martin Schumacher: MdL, das Ende der Parlamente 1933 und die Abgeordneten der Landtage und Bürgerschaften der Weimarer Republik in der Zeit des Nationalsozialismus. Politische Verfolgung, Emigration und Ausbürgerung 1933-1945. Ein biographischer Index, Düsseldorf 1995, S. 20.
5 Tennstedt: Sozialgeschichte der Sozialversicherung, S. 472.

den Dienst der Anstalt getreten war.⁶ Rausch musste in den Augen Fees' eigentlich dazu prädestiniert gewesen sein, entlassen zu werden, dennoch geschah dies nicht. Wohl seine Entlassung vorbeugend, hielt Rausch am 20. April 1933 – Hitlers Geburtstag – vor dem Anstaltspersonal eine Rede, in der er seine engagierte Mitarbeit im neuen Staat ankündigte:

»Hauptsache des Einzelnen muss sein: seine Einstellung zur positiven Mitarbeit im neuen Staat auf dem Boden der Regierung. [...] Unser Gelöbnis muss heute sein, sich als Diener des Volksganzen zur Verfügung zu stellen und bereit zu sein, ehrlich, offen und treu mitzuarbeiten. Dass wir es mit diesem Versprechen ernst und heilig nehmen, bedarf keiner besonderen Betonung. Wir hoffen, dass unsere Hand zur Mitarbeit nicht zurückgewiesen wird. Dabei stütze ich mich auf den Ausspruch bedeutender Männer dieser neuen Bewegung. [...] Wenn ich heute über diese Angelegenheit zu Ihnen spreche, so darf ich wohl voraussetzen, dass Sie Verständnis entgegenbringen einem, der Jahrzehnte lang in einer anderen politischen Ideenwelt gelebt hat, der aber immer Wert darauf legte, im politischen Leben ein anständiger Mensch zu sein.«⁷

Die Entscheidung, Rausch im Amt zu belassen, traf Fees wohl auch deshalb, weil sich der Verbindungsmann der NSDAP zur badischen Regierung, Karl Eisenhut, bei Fees ausdrücklich für den Verbleib des ehemaligen Sozialdemokraten im Amte einsetzte.⁸ Als Fees Mitte Mai

---

6 1922 erfolgte Rauschs Beförderung zum Oberregierungsrat. Ab September 1907 hatte er bei der AOK Heidelberg in einer Abteilung gearbeitet, die sich überwiegend mit der Invaliden- und Hinterbliebenenversicherung beschäftigte. Er war katholisch, verheiratet und trat 1937 in die NSDAP ein. Am Ersten Weltkrieg nahm er als Unteroffizier der Landwehr teil, wurde 1914 zum Sergeant befördert, 1915 zum Feldwebel, 1917 zum Kompagniefeldwebel und im September 1918 zum Offizierstellvertreter. Von 1919 bis 1925 gehörte er zudem als Abgeordneter der SPD dem badischen Landtag an. 1941 wurde er auf einer Dienstreise durch einen körperlichen Angriff des NSDAP-Mitglieds und Vorstandsmitglieds der Landesversicherungsanstalt Baden Fritz Plattners schwer verletzt und schließlich in den Ruhestand entlassen. Vgl. seine Personalakten GLAK 462-4/22; BArch R 3901/108027.
7 Landesversicherungsanstalt Baden, Vermerk, betr. Kundgebung des Personals der Landesversicherungsanstalt Baden am 20.4.1933 zu Ehren des Geburtstages des Reichskanzlers Hitler, 20.4.1933, GLAK 462 Zugang 1994-38/229.
8 Karl Eisenhut (Landesversicherungsanstalt Baden) an Karl Fees (Kommissar für die Landesversicherungsanstalt Baden), 4.5.1933, GLAK 462 Zugang 1994-38/229.

immer noch unsicher war, verwandte Karl Eisenhut sich nochmals für Rausch:

> »Ich weiss, wie schwer es für unsere Bewegung ist, einen früheren Angehörigen der SPD im Amte zu lassen. Aber ich bin auch überzeugt, dass es ganz dem Gerechtigkeitssinn unseres großen Führers entsprechen würde, einen Mann von der Qualität des Herrn Rausch zu halten. Ich kann nur wiederholen, dass Herr Rausch wohl Sozialdemokrat war, aber nie Marxist. Er hat den Boden seiner Heimat treu an der Front verteidigt und hat nach dem Zusammenbruch seine Kompagnie in Ordnung und Disziplin nach Hause geführt. Stets hat er sich mit seiner ganzen Person für die Berufsbeamten eingesetzt und nie hat er dem Drängen seiner politischen Freunde nachgegeben, uns Nationalsozialisten zu verfolgen. Sein Standpunkt war immer: Pflichterfüllung im Dienst, Freiheit der politischen Betätigung ausser Dienst. Von der Sauberkeit seiner Geschäftsführung werden Sie sich wohl selbst überzeugt haben. Zusammenfassend vertrete ich die Auffassung, dass dieser Mann, der sich offen und ehrlich seinen früheren politischen Gegnern gestellt hat, für unsere Bewegung ein grösserer Gewinn sein wird, als mancher, der über Nacht sich mit dem Hackenkreuz [sic!] schmückt. Auch ist er meiner Ansicht nach wertvoller als manche Zentrumsabgeordnete, die vielleicht in Amt und Würde bleiben, weil sie aus äusserem Zwang nationale Mitarbeit heucheln, im Innern aber Zentrumsvertreter sind und bleiben.«[9]

Diese Schreiben verfehlten ihre Wirkung nicht: Rausch verblieb im Amt.

Die beiden im Vorstand der Landesversicherungsanstalt befindlichen Vertreter der Versicherten, Gustav Schulenberg und Josef Schwarz entließ Fees hingegen sofort und setzte an deren Stelle Gefolgsleute aus der NSDAP ein.[10] Außerdem wurde das jüdische Vorstandsmitglied Sägmüller aufgrund des »Berufsbeamtengesetzes« zunächst auf eine niedrigere Position herabgestuft.[11] Zudem ordnete Fees an, dass

---

9 Karl Eisenhut (Landesversicherungsanstalt Baden) an Karl Fees (Kommissar für die Landesversicherungsanstalt Baden), 17.5.1933, GLAK 462 Zugang 1994-38/229.

10 Karl Fees (Kommissar für die Landesversicherungsanstalt Baden) an Landesversicherungsanstalt Baden, 4.5.1933, GLAK 462 Zugang 1994-38/229.

11 Karl Fees (Kommissar für die Landesversicherungsanstalt Baden) an Klotz (Landesversicherungsanstalt Baden), betr. Gesetz zur Wiederherstellung des Berufsbeamtentums, 17.7.1933, GLAK 462-1/2280. Siehe zudem die Nieder-

der Einfluss ärztlicher Sachverständiger sowohl bei den Vorstandssitzungen als auch bei der Untersuchung von Versicherten vergrößert werden solle.[12] Es sollten weitere »Vertrauensärzte« eingestellt und ältere Ärzte, die für die Träger in privaten Angestelltenverhältnissen tätig waren, durch jüngere Mediziner, die über eine Mitgliedschaft in der NSDAP verfügten, ersetzt werden.[13]

Die erste Sitzung des Vorstandes nach der »Machtergreifung« hatte daher auch einen ungewöhnlichen Verlauf. Protokollarisch stand ihr nicht mehr der Präsident vor, sondern Fees in seiner Eigenschaft als »Kommissar« der Landesversicherungsanstalt. In dieser Sitzung wurde vor allem thematisiert, dass die Landesversicherungsanstalt Baden im Mai 1933 kurz vor dem Bankrott stand: Die ersten vier Monate des Jahres 1933 wiesen einen Fehlbetrag von 1,3 Millionen RM auf. Die Lösungsvorschläge von Rausch entsprachen dabei quasi denen des Reichsarbeitsministeriums:

»Wenn die Sanierung der Invalidenversicherung nicht bald in Angriff genommen werde, liesse sich der Zusammenbruch kaum noch aufhalten. Da eine Erhöhung der Beiträge wohl nicht möglich sei, käme nur eine neue Kürzung der Renten in Frage [...]. Bei einer Reform der Invalidenversicherung sollte auch das derzeitige Umlageverfahren durch das Prämiendeckungsverfahren ersetzt werden, das allein die Ansammlung von Reserven und damit die spätere Sicherung der Rentenzahlung ermögliche.«

Diese Aussagen hätten auch ebenso von einem Beamten des Reichsarbeitsministeriums formuliert werden können. Die nächsten Vorstandssitzungen im Blick, erkannte Rausch zu Recht, dass die Vorstandsabteilung den neuen Personalentscheidungen angepasst werden müsse, nachdem »durch die Massnahmen des Herrn Kommissars eine Gleichschaltung des Gesamtvorstandes erfolgt sei«.[14]

 schrift über die Sitzung des Gesamtvorstandes der Landesversicherungsanstalt Baden am 4.12.1933, 4.12.1933, GLAK 462 Zugang 1994-38/331.
12 Landesversicherungsanstalt Baden, betr. Besprechung zwischen Dr. Fees, Dr. Pakheiser und Präsident Rausch, 7.6.1933, GLAK 462 Zugang 1994-38/228, Bl. 47-56.
13 Sitzung des Gesamtvorstandes der Landesversicherungsanstalt Baden, 23.6.1933, GLAK 462 Zugang 1994-38/331. Lapidar bemerkte Fees dazu: »Durch die Neubesetzung der Stelle des Leiters der Beratungsstelle in Karlsruhe schaffe man eine neue Existenzmöglichkeit für einen jüngeren Arzt.«
14 Landesversicherungsanstalt Baden, Vermerk, 8.5.1933, GLAK 462 Zugang 1994-38/229.

Einen Tag nach dieser Sitzung entließ Fees alle 21 Mitglieder des Ausschusses.[15] Damit war die Landesversicherungsanstalt rechtlich nicht mehr in der Lage, ihren Pflichten gegenüber der Aufsichtsbehörde nachzukommen, da die Abnahme der Abschlussrechnung einzig durch den Ausschuss erfolgen konnte.

Zwei Tage später, am 11. Mai 1933, beschloss Fees, alle derzeit laufenden Darlehensgeschäfte der Landesversicherungsanstalt Baden abzuwickeln. Der Rentenversicherungsträger hatte in der Vergangenheit Geld zu günstigeren Konditionen an behördliche oder karikative Einrichtungen verliehen. Die Verträge sollten nun aufgelöst werden, insbesondere weil »die unter dem vergangenen System herrschende Parteipolitik« der Anstalt Darlehen an die Arbeiterwohlfahrt (AWO) und an viele Allgemeine Ortskrankenkassen gewährt hatte.[16]

Aber auch die vier im Besitz der Landesversicherungsanstalt Baden befindlichen Heilanstalten waren vor Fees' Zugriff nicht sicher. So verfügt er zum Beispiel die Entlassung von kommunistischen Versicherten.[17] Außerdem sollten andere Bilder an den Wänden der Heilanstalten aufgehängt werden: »Die Achtung vor der Vergangenheit und der Geschichte des Volkes verlangt, dass die im Jahre 1918 aus den Diensträumen entfernten Bilder der badischen Grossherzöge wieder an ihren alten Plätzen angebracht werden.«[18] Auch das Zeitungsangebot in den Heilstätten der Anstalt monierte Fees: Die NS-Schrift »*Der Führer*« läge noch nicht aus, und die linksliberale *Neue Badische Landeszeitung* aus Mannheim sei abzubestellen.[19]

Darüber hinaus kürzte Fees die Spesensätze, die Beamte der Landesversicherungsanstalt bei auswärtigen Dienstreisen erhielten, deutlich. Dies setzte eine Änderung der Anstaltssatzung voraus, die nur das Landesversicherungsamt Baden als Aufsichtsbehörde wahrneh-

---

15 Karl Fees (Kommissar für die Landesversicherungsanstalt Baden) an Landesversicherungsanstalt Baden, 9.5.1933, GLAK 462 Zugang 1994-38/229.
16 Landesversicherungsanstalt Baden, Vermerk, betr. Darlehensgewährung durch die Landesversicherungsanstalt, 11.5.1933, GLAK 462 Zugang 1994-38/229.
17 Interner Vermerk von Karl Fees (Kommissar für die Landesversicherungsanstalt Baden), 22.5.1933, GLAK 462 Zugang 1994-38/229.
18 Karl Fees (Kommissar für die Landesversicherungsanstalt Baden) an Karl Rausch (Landesversicherungsanstalt Baden), betr. Bilderschmuck in den Diensträumen der Landesversicherungsanstalt Baden, 2.6.1933, GLAK 462 Zugang 1994-38/229.
19 Karl Fees (Kommissar für die Landesversicherungsanstalt Baden) an Karl Rausch (Landesversicherungsanstalt Baden), betr. Bezug von Zeitungen in den Heilstätten, 2.6.1933, GLAK 462 Zugang 1994-38/229.

men konnte. Rausch ersuchte daher das Landesversicherungsamt um die Genehmigung.[20] Das Landesversicherungsamt Baden konnte die geänderte Satzung jedoch nicht übernehmen, da das Reichsarbeitsministerium zur gleichen Zeit ein Gesetz vorbereitete, das die Bezüge ehrenamtlicher Beisitzer neu regeln sollte.[21] Es empfahl schließlich, auch ohne Satzungsänderung nach den von Fees verfügten Änderungen vorzugehen.[22] Dem Vorstand der Landesversicherungsanstalt Baden blieb nichts anderes übrig, als die von Fees verfügten personellen, finanzpolitischen und strukturellen Veränderungen zu akzeptieren.

Mit welch weitreichenden Vollmachten Karl Fees ausgestattet war, wird auch durch seine Rolle bei den staatlichen Sozialversicherungsbehörden, den Oberversicherungsämtern, deutlich. Da die Oberversicherungsämter noch relativ viele anhängige Fälle aus dem Jahre 1932 zu entscheiden hatten, mahnte Fees eine schnellere Bearbeitung durch die vermehrte Nutzung des Instruments der »Vorentscheidung« an.[23] Fees monierte: »Die Oberversicherungsämter werden angewiesen, in weitgehendstem Umfange künftighin Vorentscheidungen in den hierfür geeigneten Fällen zu erlassen. […] Ich muss erwarten, dass in nächster Zeit die Zahl der anhängigen Fälle bei den Oberversicherungsämtern ganz erheblich gesenkt wird.«[24] Allerdings warnte das Oberversicherungsamt Konstanz vor zu hohen Erwartungen bezüg-

20 Karl Rausch (Landesversicherungsanstalt Baden) an Landesversicherungsamt Baden, betr. Satzung der Landesversicherungsanstalt Baden, 13.6.1933, GLAK 462-4/10; sowie noch einmal vier Monate später, als die Landesversicherungsanstalt noch keine Antwort erhalten hatte: Karl Rausch (Landesversicherungsanstalt Baden) an Landesversicherungsamt Baden, betr. Anstaltssatzung, 24.10.1933, GLAK 462-4/10.
21 Das Landesversicherungsamt bezog sich auf die Fünfte Verordnung zum Aufbau der Sozialversicherung vom 21. Dezember 1934 (RGBl. I 1934, S. 1274).
22 Landesversicherungsamt Baden an Landesversicherungsanstalt Baden, betr. Satzung der Landesversicherungsanstalt Baden, 14.11.1933, GLAK 462-4/10.
23 Die Reichsversicherungsordnung erlaubte in der Tat bei Berufungssachen sogenannte »Vorentscheidungen«, die durch den Vorsitzenden der Spruchkammer ausgesprochen werden konnten, und die die Verwaltung vereinfachen sollten. In vermeintlich klaren Fällen sollte so bereits allein durch den Vorsitzenden ohne Hinzuziehung von Beisitzern und dem Versicherten eine Entscheidung gefällt werden. Die Versicherten mussten diese Entscheidung jedoch keineswegs akzeptieren und konnten eine mündliche Verhandlung verlangen oder entsprechende Rechtsmittel einlegen. Vgl. §§ 1657-1658 der Reichsversicherungsordnung, RGBl. I 1911, S. 814.
24 Karl Fees (Badisches Ministerium des Innern) an Oberversicherungsamt Konstanz, betr. Geschäftsstand bei den Oberversicherungsämtern, 22.4.1933, StA Freiburg, D 161/2/304.

lich dieser Praxis. Auf der einen Seite gebe es nicht genügend Personal, um den Wünschen Fees' nachzukommen, auf der anderen Seite mache sich diese Vorgehensweise häufig nicht bezahlt, da viele Versicherte dennoch nicht vor einer mündlichen Verhandlung oder dem Einlegen eines Rechtsmittels zurückschreckten.[25] Wie bei den Ausschussmitgliedern beim Träger, so verfügte Fees auch hier die Auswechslung der Versicherungsvertreter als Beisitzer bei den Versicherungsämtern. Juden, Sozialdemokraten und Kommunisten wurden entlassen und in Absprache mit der Nationalsozialistischen Betriebszellenorganisation (NSBO) durch Parteimitglieder der NSDAP ersetzt.[26]

Auf die Entlassung der Ausschussmitglieder reagierte das Reichsarbeitsministerium zunächst lediglich abwartend. Im Wissen, dass die Rechnungsvoranschläge der Landesversicherungsanstalten nur durch die Ausschüsse zustande kommen konnten, rang es sich nach dem Drängen durch den Reichsverband Deutscher Landesversicherungsanstalten schließlich zu einer Verordnung durch.[27] Im Oktober 1933, also noch vor Verabschiedung des Sanierungsgesetzes, hielt der Reichsverband dazu fest:

»Es wurde betont, dass die bisherige gesetzliche Regelung über die Festsetzung der Voranschläge durch den Ausschuss wegen ihres parlamentarischen Charakters den Ansichten der neuen Zeit über Verwaltungsführung nicht entspreche und dass die Durchführung eines solchen überholten Verfahrens bei den Beteiligten und nach aussen hin berechtigte Verstimmung hervorrufen würde. Ferner wurde darauf hingewiesen, dass bei vielen Anstalten die Ausschüsse zurzeit – insbesondere wegen Ausscheidung sämtlicher bisherigen Arbeitnehmervertreter – noch nicht wieder ordnungsmässig besetzt sind und aus praktischen Gründen auch nicht rechtzeitig wieder besetzt werden können, sodass eine gesetzmässige Durchführung der Festsetzung der Voranschläge durch die Ausschüsse gar nicht möglich sein wird.«[28]

25 Oberversicherungsamt Konstanz, Vermerk, betr. Geschäftsstand bei den Oberversicherungsämtern, 16.6.1933, StA Freiburg, D 161/2/304.
26 Badisches Ministerium des Innern an Oberversicherungsamt Konstanz, betr. Versicherungsvertreter als Beisitzer der Versicherungsämter, 26.5.1933, StA Freiburg, D 161/2/295; Badisches Ministerium des Innern an Oberversicherungsamt Konstanz, betr. Versicherungsvertreter als Beisitzer der Versicherungsämter, 17.7.1933, StA Freiburg, D 161/2/292.
27 Verordnung über die Festsetzung des Voranschlags der Träger der Sozialversicherung für 1934 vom 21.11.1933, RGBl. I 1933, S. 986.
28 Heinz Görling (Reichsverband Deutscher Landesversicherungsanstalten) an Reichsarbeitsministerium, 17.10.1933, BArch R 40/88.

Tatsächlich empfand der Reichsverband das Reichsarbeitsministerium in dieser Hinsicht als »zu passiv«, da es die Vorstände der Träger nicht dazu ermächtigte, die Festsetzung der Bilanz auch ohne das Votum des Ausschusses beim Reichsversicherungsamt einreichen zu können. Auch einige Leiter der Landesversicherungsanstalten drängten auf eine autoritäre Umformung der Träger. Der Präsident der Landesversicherungsanstalt Württemberg, Ludwig Battenberg, befürwortete in einem Schreiben an Heinz Görling vom Reichsverband eine Verordnung zur Änderung der Satzungen der Träger dahingehend, dass die Zuständigkeiten des Ausschusses auf den Leiter übergehen. Seiner Ansicht nach lasse sich das »Führerprinzip« bei den Landesversicherungsanstalten durch eine simple Satzungsänderung »beinahe in Reinkultur verwirklichen«. Über die Erfolgsaussichten einer solchen Satzungsänderung äußerte er sich zuversichtlich:

»Dass man die von mir vorgesehene Satzung unter den heutigen Verhältnissen in dem neuen gleichgeschalteten Ausschuss ziemlich unverändert durchbringt, wenigstens dann, wenn man die Beisitzer nicht gerader vorher mit der Nase darauf stösst und Gelegenheit zu langen Vorberatungen und Debatten gibt, möchte ich bestimmt annehmen. Dann hätten wir das Führerprinzip bereits jetzt ohne reichsgesetzliche Änderung praktisch durchgeführt und könnten mit unseren Organen nach nationalsozialistischer statt nach alter liberaler Methode arbeiten. Ich habe diesen Gedanken neulich schon im Reichsversicherungsamt bei unserem Referenten, Herrn Senatspräsident Bühler, mündlich entwickelt. Er musste mir zugeben, dass sie juristisch richtig sind und auch politisch ohne Zweifel in der Linie des heutigen Staates liegen, mit anderen Worten dem entsprechen, was unser Führer will.«[29]

In einem Punkt irrte Battenberg, nämlich darin, dass es in Form des Aufbaugesetzes sehr wohl einer »reichsgesetzlichen Änderung« bedurfte, um den Ausschuss zu entmachten. In der Sache allerdings sollten die Ausführungen Battenbergs Realität werden: Die Ausschüsse wurden vollständig aufgelöst. Hinsichtlich der Festsetzung des Voranschlags erließ das Ministerium am 21. November 1933 schließlich die entsprechende Verordnung. Die Festsetzung des Voranschlags erfolgte nun nicht mehr gemeinsam mit dem Ausschuss, sondern alleine

---

29 Ludwig Battenberg (Landesversicherungsanstalt Württemberg) an Heinz Görling (Reichsverband Deutscher Landesversicherungsanstalten), 16.11.1933, BArch R 40/282.

durch den Vorstand der Landesversicherungsanstalten und bei der Reichsversicherungsanstalt für Angestellte durch das Direktorium.[30] Auch die Landesversicherungsanstalt Baden konnte so den Voranschlag an das Reichsversicherungsamt übergeben.

Die Inkorporation gesundheitspolititscher Verbände durch die Landesversicherungsanstalt Baden

Gleichzeitig zu den erzwungenen Änderungen durch Karl Fees setzte die Landesversicherungsanstalt Baden eigenmächtig eine Erweiterung ihrer Befugnisse durch, indem sie sich ihrerseits Kompetenzen in der regionalen Verbandspolitik aneignete. Einige vormals eigenständige gesundheitspolitische Verbände, die die Anstalt personell und finanziell unterstützte, nahm sie in ihren Verwaltungsapparat auf. Der Arbeitsausschuss »Badischer Landesverband zur Bekämpfung der Tuberkulose«, dem Karl Rausch aufgrund seiner Eigenschaft als Präsident der Landesversicherungsanstalt Baden vorsaß, wurde beispielsweise organisatorisch mit der Begründung in die Versicherungsanstalt eingegliedert, weil »die Satzung nicht mehr den gegenwärtigen Verhältnissen im Staat« entspreche. Die selbstständige Geschäftsstelle des Verbandes wurde aufgelöst und der Verband »dem Führerprinzip gemäss gleichgeschaltet«. Rausch selbst war sich deswegen unsicher, da er betonte, dass eine Satzungsänderung dem Arbeitsausschuss eigentlich nicht zustehe. Der Verband verstand sich als Instanz, die die Tuberkulose, schlechthin die Volkskrankheit im »Dritten Reich«, bekämpfte.[31] Die Landesversicherungsanstalt übernahm die Kontrolle über einen vormals unabhängigen Verband. Ziel war es, eine größere »Zuschlagskraft« in der Tuberkulosebekämpfung zu erhalten. Nach dem gleichen Muster schaltete die Landesversicherungsanstalt

---

30 Verordnung über die Festsetzung des Voranschlags der Träger der Sozialversicherung für 1934 vom 21.11.1933, RGBl. I 1933, S. 986.

31 Dies sollte durch die Gründung von Tbc-Ausschüssen, den Ausbau und die Gründung von Fürsorgestellen, die Ausbildung von Fürsorgeschwestern, die Schaffung von Beobachtungsstationen, die Aufklärung, Fürsorge, Durchführung von Heilverfahren, Krankenhausbehandlungen, Erholungskuren, den Abschluss von Verträgen mit Krankenhäusern und Heilstätten und über Aufnahme von Kranken aller Stadien erreicht werden. Der Verband bestand neben dem Vorsitzenden und dem Geschäftsführer noch aus einem Ausschuss, dem unterschiedlichste Akteure angehörten: Ärztekammer, betreffendes Ministerium, städtische, ländliche Fürsorgeverbände, badische Krankenkassenverbände und Kreise sowie der badische Frauenverein vom Roten Kreuz, der Caritasverband und der Gesamtverband der inneren Mission in Baden.

Baden in einer weiteren Art der Selbstermächtigung den »Badischen Landesverband zur Bekämpfung des Krebses«, den »Badischen Landesverband zur Bekämpfung der Geschlechtskrankheiten« und den »Badischen Landesverband für Säuglings- und Kleinkinderfürsorge« unter ihrer Führung gleich.[32]

Die Landesversicherungsanstalt Baden war also nicht nur passiv von den neuen Gegebenheiten des »Dritten Reiches« beeinflusst, sondern übernahm ebenso aktiv vormals unabhängige Verbände. Zudem: Die für das Gesundheitswesen so typische Zersplitterung im Verbands- und Fürsorgebereich bekam deutlich zentralisiertere Strukturen. Die Gesundheitsfürsorge erhielt damit früh nach der Machtübertragung ein vollständig neues Erscheinungsbild. Durch die rechtlich nicht gedeckte, quasi im Handstreich erfolgte Übernahme der Verbände realisierte die Landesversicherungsanstalt Baden ein Gegenmodell zum Pluralismus der Weimarer Republik.

Denn genau dieses Element verband die Maßnahmen von Karl Fees und der Landesversicherungsanstalt Baden mit der Politik des Reichsarbeitsministeriums in Bezug auf die Ausgestaltung des Aufbaugesetzes: die Zentralisierung, Erfassung, Straffung und Ausweitung von Befugnissen. Das pluralistische Modell der Weimarer Republik schien genau wie die demokratische Staatsform antiquiert und vorüber zu sein. Die Schaffung autoritärer Strukturen, die Auflösung der den Vorstand kontrollierenden Ausschüsse, die Entlassung sozialdemokratischer und demokratischer Präsidenten sowie der Arbeitnehmervertreter in den Vorständen und schließlich die Auflösung und Integration von Verbänden der Gesundheitsfürsorge in den Apparat der Landesversicherungsanstalten bedeutete den ersten Schritt hin zu einer autoritären Verwaltungsbehörde der Rentenversicherung. Das Aufbaugesetz, so sollte sich zeigen, wurde weniger durch eine vom Reichsarbeitsministerium verfolgte planerische Konzeption ausgearbeitet, sondern durch die beschriebenen, direkt nach der Machtübertragung an die Nationalsozialisten erfolgten Geschehnisse präjudiziert.

---

32 Landesversicherungsanstalt Baden, betr. Sitzung des Arbeitsausschusses des bad. Landesverbandes zur Bekämpfung der Tuberkulose, 1.6.1933, GLAK 462 Zugang 1994-38/229. Im Abschlussbericht von Karl Fees über sein Wirken bei der Landesversicherungsanstalt Baden behauptete er, die Übernahme der Verbände angeordnet zu haben. Jedoch gibt es dafür keine Anhaltspunkte, da Karl Rausch diesbezüglich alleine gehandelt hat. Möglicherweise hatte Fees im Vorfeld einen gewissen Druck aufgebaut. Vgl. Niederschrift über die Sitzung des Gesamtvorstandes der Landesversicherungsanstalt Baden am 4.12.1933, 4.12.1933, GLAK 462 Zugang 1994-38/331.

Die Zentralisierung des ärztlichen Gutachterwesens

Die geplante und im Aufbaugesetz schließlich durchgeführte Zentralisierung des ärztlichen Gutachterwesens ging ebenfalls auf frühere Überlegungen zurück. So erhielt das Reichsarbeitsministerium bei den Vorbereitungen zum Sanierungsgesetz zahlreiche Anmerkungen und Empfehlungen von den beteiligten Ressorts, mittels des ärztlichen Gutachterwesens die Einflussmöglichkeiten auf die Durchführung der Rentenversicherung zu stärken. Im August 1933 etwa vertraten die Vertreter des Reichswirtschafts- und des Reichsfinanzministeriums auf einer Besprechung des Reichsarbeitsministeriums mit den beiden Ressorts und dem Reichssparkommissar einstimmig die Meinung, dass die innere Verwaltung der Rentenversicherungsträger umzubauen sei: Sie betonten

> »die Notwendigkeit mit dieser Reform von außen gleichzeitig eine Reform von innen zu verbinden. Es müsse Vorsorge getroffen werden, daß in Zukunft Renten nur dann bewilligt werden, wenn die gesetzlichen Voraussetzungen auch einwandfrei vorliegen. Hierzu ist nach den Ausführungen des Vertreters des Herrn Reichssparkommissars (Prof. Dr. Stier) eine Umformung des ärztlichen Gutachterwesens erforderlich. Gleichzeitig müßten die zu Unrecht bewilligten Renten wieder entzogen werden.«[33]

Die Pläne des Ministeriums betrafen aber nicht allein die medizinische Untersuchungspraxis. Auch die Landesversicherungsanstalten selbst waren Gegenstand von Überlegungen organisatorischer Umstrukturierungen.

Besagter Ewald Stier, Berliner Professor für Psychiatrie und während der Aufbaugesetzgebung für den Reichssparkommissar als politischer Berater in der »Neurosenfrage« tätig, erkannte die hohe Bedeutung der Ärzteschaft für die Sozialversicherungsgesetzgebung des Reichsarbeitsministeriums.[34] Bereits in der Weimarer Republik hat

---

33 Reichsarbeitsministerium an Reichsfinanzministerium, betr. Sanierung der Invaliden-, der Angestellten- und der knappschaftlichen Pensionsversicherung, 26.8.1933, BArch R 3901/4602 (Hervorheb. i. Orig.). Zur Entziehung wollten die Vertreter dabei den § 1304 der Reichsversicherungsordnung abändern.

34 Ewald Stier (1874-1962) fungierte nach dem Ersten Weltkrieg als politischer Berater in der »Neurosenfrage«. Stier und weitere Psychiater »sprachen sich prinzipiell gegen die Entschädigung chronischer psychischer Störungen aus,

das Reichsarbeitsministerium die Forschungsergebnisse Stiers und weiterer Psychiater für die Spruchbehörden des Versorgungswesens herangezogen.³⁵ Stier fühlte sich nun augenscheinlich bemüßigt, seine Forschungsergebnisse über »Neurosen bei Soldaten« auf die Invalidenversicherung zu übertragen. Um die Sanierung der Träger weiter voranzutreiben, empfahl er Einsparungen beim mit Abstand größten Ausgabenposten der Träger: den Invalidenrenten: »Als einzige Stelle, an der wirklich erfolgsversprechende und bis zur Gesundung der IV [Invalidenversicherung, A. K.] reichende Sparmaßnahmen vorgenommen werden können, bleiben daher die auf ärztlichen Gutachten fußenden Renten.« Die Verantwortung allerdings für die »phantastisch hohen Summen für I.-Renten [Invalidenrenten, A. K.]« trügen ausschließlich die Vorstände der Landesversicherungsanstalten. Stier warb deshalb für den verstärkten Einsatz von Medizinern als beamtete Vorstandsmitglieder in Beratungsfunktion, eine Möglichkeit, die das Reichsarbeitsministerium explizit in seinen Gesetzen einführte. Doch Stier ging noch weiter. Der Zustand, dass Ärzte in den Landesversicherungsanstalten nicht die Verantwortung für die Invalidenrentenvergabe besaßen, sei

> »auf Dauer nicht erträglich, zumal er mit zwei Grundlehren, auf denen das neue Reich aufgebaut wird, in unvereinbarem Widerspruch steht, nämlich sowohl mit dem Führergrundsatz als auch mit dem Sachverständigengrundsatz; denn nach diesen Grundsätzen soll überall ein Mann für alles, was geschieht, allein die volle Verantwortung tragen, und zwar derjenige, der die größte Sachkenntnis für das in Betracht kommende Gebiet besitzt. Es ist daher nicht nur vom ärztlichen, sondern auch vom politischen Standpunkt aus eine heute unausweichliche Forderung, daß die volle Verantwortung für die Bewilligung [...] und Entziehung von Renten [...] ungeteilt einem Mann übertragen wird [...], einem leitenden Arzt«.

Aufgrund seiner gemachten Erfahrung als Gutachter für die Landesversicherungsanstalten Berlin und Brandenburg schätzte er die »Zahl der sachlichen nicht berechtigten I.-Renten zum mindesten zwischen

---

die während oder nach dem Kriege bei Soldaten aufgetreten waren und kein organisches Korrelat aufzuweisen hatten, also nicht dezidiert auf somatische Hirnverletzungen zurückgeführt werden konnten«. Stephanie Neuner: Politik und Psychiatrie. Die staatliche Versorgung psychisch Kriegsbeschädigter in Deutschland 1920-1939, Göttingen 2011, S. 92.

35 Ebd.

25 und 50 v.H.«.³⁶ Auch wenn keine genauen Angaben über die Höhe vermeintlich zu Unrecht gewährter Renten existieren, so sind diese Zahlen dennoch deutlich zu hoch gegriffen. Einzelne Anstalten schätzten, dass maximal fünf % ihres Rentenbestandes von erfolgreichen Nachprüfungen betroffen war. Auch wurde, soweit dies ersichtlich ist, in keiner Landesversicherungsanstalt einem Arzt die komplette Verantwortung für die Gewährung oder den Entzug von Renten übertragen. Allerdings weisen die Ausführungen Stiers in die Richtung, die im »Dritten Reich« eingeschlagen worden ist: die vermehrte Einbeziehung ärztlicher Berater in den Gremien der Landesversicherungsanstalten.

Weitere Planungen

Im Januar 1934, also sieben Monate vor der Verabschiedung des Aufbaugesetzes, plante das Ministerium die Zusammenlegung der Landesversicherungsanstalten Baden und Württemberg zu einer »LVA Südwestdeutschland«. Rausch wandte sich strikt gegen diese Pläne: »Solche Mammutanstalten sind zu gross und unübersehbar und vom Standpunkt der Verwaltung aus gesehen deshalb unerwünscht. [...] Neuzugliedern, um lediglich gleichzuschalten und zu uniformieren, müssen wir entschieden ablehnen.«³⁷ Tatsächlich war die Fusion von Versicherungsanstalten keineswegs eine Besonderheit. Ende 1932 etwa legte das Reichsarbeitsministerium die Landesversicherungsanstalten Oberfranken und Mittelfranken zusammen,³⁸ 1940 diejenigen der Pfalz und des Saarlandes.³⁹

Die Überlegungen des Ministeriums gingen aber noch weiter. Es plante nicht nur die Zusammenlegung von Anstalten, es wollte den Landesversicherungsanstalten auch weitreichendere Befugnisse zuteilwerden lassen. Ende Mai 1934 trafen Krohn und die Beamten der Hauptabteilung II mit Vertretern des Reichsverbandes zusammen, um

---

36 Ewald Stier: Wer trägt die Verantwortung für die Bewilligung von Invalidenrenten?, in: Die Arbeiter-Versorgung. Zeitschrift für die gesamte Sozialversicherung im Deutschen Reiche 51 (1934), S. 65-68.

37 Landesversicherungsanstalt Baden an Landesversicherungsanstalt Braunschweig, betr. Neugliederung der deutschen Landesversicherungsanstalten, 15.1.1934, GLAK 462-4/12.

38 Zusammenlegung der landwirtschaftlichen Berufsgenossenschaften und der Landesversicherungsanstalten Oberfranken und Mittelfranken, RABl. IV (1933), S. 3.

39 Zusammenlegung der Landesversicherungsanstalten des Saarlandes und der Pfalz, RABl. II (1940), S. 391.

die geplanten Maßnahmen des Aufbaugesetzes zu besprechen. Eine Zusammenfassung dieses Gespräches ist durch die Ausführung eines Verbandsmitarbeiters (sehr wahrscheinlich vom Leiter des Verbandes, Heinz Görling) überliefert. Dem Ministerium war durchaus an Vorschlägen vonseiten des Reichsverbandes gelegen: »Die Vertraulichkeit soll von uns nach den Darlegungen von Staatssekretär Krohn dahin gehen, in unserem Kreis die Angelegenheit zu erörtern, um dann dem Reichsarbeitsministerium nähere Vorschläge zu machen.« Insgesamt verfolgte das Ministerium durchaus ambitionierte Ziele:

> »Es unterliegt keinem Zweifel, dass das Reichsarbeitsministerium nunmehr nach Abschluss der Beratungen seines Sozialversicherungsausschusses mit allem Nachdruck an die Neuorganisation der Sozialversicherung herangegangen ist und auch diese Frage weiter vortreiben will. Das Reichsarbeitsministerium ist sich darüber klar, dass das Endziel nur in Etappen zu erreichen ist. Zeitlich wurde erwähnt, dass zunächst wohl nur Einzelgesetze entstehen, um hinterher dann eine grosse neue Reichsversicherungsordnung Anfang 1936 oder 1937 herauszubringen.«[40]

Zur größten Neuorganisation zählte dabei die Verschmelzung von Aufgaben der Kranken- und der Invalidenversicherung. Das langfristige Ziel bestand darin, dass die Krankenkassen den örtlichen »Unterbau« der Landesversicherungsanstalten darstellten sollten. Zwar sollten die Krankenkassen »selbständig bleiben genau so wie die Landesversicherungsanstalt als Mittelinstanz; sie sollen aber insgesamt einer straffen Aufsicht im Sinne des heutigen totalen Staats unterstellt werden«. Zu dieser »straffen Aufsicht« sollte nach dem Willen des Ministeriums auch die Finanzierung der Krankenversicherung gehören. Es plante, die Rücklagen der Krankenkassen in den Besitz der Landesversicherungsanstalten übergehen und die Rentenversicherungsträger somit zu den »Bankiers der Krankenkassen« werden zu lassen. Damit versuchte das Reichsarbeitsministerium, sich mit eigenen Vorschlägen vor dem Reichsfinanzministerium zu profilieren, das schon länger die einheitliche Anlage der Gelder aller Sozialversicherungsträger in einer »zentralen Reichsstelle« forderte. Im Sinne der »Zentralisierung der

---

40 Am 23. Mai trafen sich die Vertreter des Ministeriums und des Reichsversicherungsamtes zunächst mit dem Reichsverband, am 24. mit den Krankenkassen, der Reichsknappschaft und der Reichsversicherungsanstalt für Angestellte und am 25. Mai mit den Berufsgenossenschaften. Vgl. Reichsverband Deutscher Landesversicherungsanstalten an die Verbandsmitglieder, 26.5.1934, BArch R 40/88.

Rücklagen« bezeichnete es Krohn »als eine Hauptaufgabe der Landesversicherungsanstalten in Zukunft die Aufsicht über die Krankenkassen durchzuführen«. Zu den geplanten Neuerungen des Ministeriums zählte auch, dass in allen Organen der Sozialversicherungsträger Ärzte mit einzubeziehen seien; eine Forderung, die Reichsärzteführer Wagner ebenfalls unterstützte,[41] und die auch Eingang in das Aufbaugesetz finden sollte.

Neben den Krankenkassen sollten, so zumindest Gerüchten zufolge, auch die Berufsgenossenschaften, also die Träger der Unfallversicherung, unter die Aufsicht der Landesversicherungsanstalten gelangen. Den dreitägigen Sitzungsmarathon des Ministeriums, auf dem auch die eben erwähnten Vorschläge artikuliert wurden, schloss am 25. Mai 1934 die Zusammenkunft mit Vertretern der Berufsgenossenschaften ab. Zu Beginn der Sitzung wurde darauf verwiesen, dass das Ministerium sehr bald mit dem Rahmengesetz zur Neuordnung der Sozialversicherung fertig sei. Krohn hatte den Entwurf des Ministeriums, der zwar eine Straffung der einzelnen Zweige, aber keine Vereinigung zu einer »Reichsversicherung« vorsah, direkt bei Hitler beworben, und dessen Zustimmung erhalten. Hitler und Krohn waren laut Protokoll »zu den alten Bismarck'schen Auffassungen [zurückgekehrt], daß die soziale Arbeiterversicherung nur ein gewisser Rückhalt im Leben sein sollte, nicht aber eine allgemeine völlige Versorgung«.[42] Als Hitler jedoch die Unfallversicherung als Ganzes zur Disposition stellte, konnte Krohn ihn überzeugen, die Unfallversicherung nicht abschaffen zu lassen. Der Entwurf des Ministeriums konzentrierte sich allerdings stärker auf die Zusammenfassung von Aufgaben der Invalidenversicherung und der Krankenversicherung (»Gemeinsame Aufgaben«) sowie der Aufwertung der Landesversicherungsanstalten zu »provinziellen Mittelinstanzen« in Form einer Landesversicherungsanstalt neuen Typs, die in Preußen vom Oberpräsidenten und in den anderen Ländern von den Reichs- und Gauleitern geleitet werden sollte. Diese Form war jedoch den Plänen des Ministeriums zufolge an die Umsetzung der »Reichsreform« gebunden. Dieses Projekt des Reichsministeriums des Innern kam jedoch nie über den Planungsstatus hinaus – von daher wurde diese neue Landesversicherungsanstalt nicht realisiert.[43]

41 Die neue Zulassungsverordnung für Kassenärzte, in: Völkischer Beobachter, Nr. 144, Ausgabe A, 24.5.1934, S. 2.
42 Schroeder (Verband Deutscher Landwirtschaftlicher Berufsgenossenschaften) an Landwirtschaftliche Berufsgenossenschaften, 26.5.1934, BArch R 40/90.
43 Vgl. generell dazu Teppe: Zur Sozialpolitik des Dritten Reiches, S. 223-225.

Auch die Rechtsprechungsorgane der Sozialversicherung, die Oberversicherungsämter, sollten neu geordnet werden. Das Ministerium betrachtete deren Anzahl von 70 für zu hoch.[44] Diese hätten, nach der Meinung des Ministeriums »im großen ganzen nach allgemeinem Urteil versagt«. Das Protokoll verzeichnet nicht die Gründe für dieses »Versagen«, es kann sich jedoch nur um den Befund handeln, dass die Oberversicherungsämter zu häufig den Versicherten recht gegeben hatten und somit in der Weltwirtschaftskrise für das Anwachsen des Rentenbestandes mitverantwortlich gewesen waren.

Das Ministerium setzte nicht alle der vorgestellten Pläne um, dennoch wiesen sie in dieselbe Richtung: die Zentralisierung von Befugnissen, die Ausweitung der Aufsichtsrechte sowie die Vereinheitlichung des zersplitterten Sozialversicherungssystems. Die angedachte »Mittelinstanz«, also die neue Form der Landesversicherungsanstalten, realisierte das Ministerium nie. Eine solche aber hätte die Form der Sozialversicherung massiv verändert: Aus Körperschaften des öffentlichen Rechts, deren Spitzenbeamte zwar von den Landesregierungen ernannt wurden, aber unabhängig waren, wären reine staatliche Gebilde geworden, die in direkter Abhängigkeit von den Gauleitern gestanden hätten.

2. Das Aufbaugesetz vom 5. Juli 1934

Der eingangs bereits erwähnte und am 7. März 1934 einberufene Ausschuss, der eigentlich die Ausarbeitung von Grundlinien für den Neuaufbau zur Aufgabe hatte, diskutierte also nicht ergebnisoffen die Neuorganisation der Sozialversicherung, sondern lediglich das, was bereits durch das Wirken der Kommissare für die Landesversicherungsanstalten und die Vorarbeiten des Reichsarbeitsministeriums präjudiziert worden war. So war es dem Reichsarbeitsministerium ein Leichtes, die Zustimmung des Ausschusses zum geplanten Gesetzentwurf »einstimmig« zu erhalten. Unter dem nicht gerade präzisen Stichwort »Reichsversicherung« sollten die Kranken-, Renten- und Unfallversicherungen zusammengefasst werden, was jedoch eher symbolhafte denn faktische Bedeutung nach sich ziehen sollte. Die Selbstverwaltung der Träger wurde durch die Abschaffung der Ausschüsse

---

44 Tatsächlich wurden vor allem während des Krieges viele Oberversicherungsämter zusammengelegt.

und der Ausschusskommission[45] praktisch ausgehöhlt, indem deren Befugnisse dem Leiter übertragen wurden (der sich nun also faktisch selbst kontrollierte). Lediglich ein ihn beratender Beirat wurde ihm zur Seite gestellt, dessen Mitglieder von der Deutschen Arbeitsfront vorgeschlagen und vom Reichsversicherungsamt bestätigt werden sollten. Auch die Aufsichtsbefugnisse sollten verschärft werden: Die Frage der Aufsicht erstreckte sich fortan nicht nur auf die Beachtung gesetzlicher Grundlagen, sondern auch auf deren zweckmäßige Anwendung. Mit der Unterstellung der Reichsversicherungsanstalt für Angestellte, der Reichsknappschaft und der Gemeindeunfallversicherung unter die Aufsicht des Reichsversicherungsamts und mit dem Wegfall der Landesversicherungsämter wurde das Reichsversicherungsamt alleinige Spruch-, Beschluss- und Aufsichtsbehörde der Sozialversicherung.

Das zeitgenössische Aufsichtsrecht kannte grundsätzlich zwei Varianten: In einer stärkeren Variante (»positive Aufsicht«) bedeutete es das Recht der Aufsichtsbehörde, einen gewünschten rechtlichen Zustand gegenüber den zu beaufsichtigenden Behörden durchzusetzen und herzustellen, während in einer schwächeren Variante (»negative Aufsicht«) die Aufsichtsbehörden lediglich dazu befugt waren, die Aufrechterhaltung bestehender gesetzlicher Regelungen zu überwachen.[46] Das Reichsarbeitsministerium und vor allem das Reichsversicherungsamt besaßen nun durch die Verabschiedung des Aufbaugesetzes Aufsichtsbefugnisse, die einer »positiven Rechtsaufsicht« gleichkamen. In wichtigen Fragen, so urteilte die zeitgenössische Fachwelt, besaß die Behörde nun eine »Befugnis zum Eingreifen auch in Ermessenssachen«, diese sei aber auf »staatswichtige Notwendigkeiten« beschränkt.[47]

Gerade das Reichsversicherungsamt hat – wie geschildert – schon vorher für die Ausweitung von Aufsichtsbefugnissen beim Reichsarbeitsministerium geworben. Zudem sollten die Träger der Invalidenversicherung und der Krankenversicherung in einigen Bereichen unter dem Dach der Landesversicherungsanstalten zusammengefasst werden, namentlich in noch zu bestimmenden »Gemeinsamen Aufgaben«, die eine größere Schlagkraft in der Gesundheitspolitik durch

---

45 Zur Struktur der Träger vgl. Kapitel I.2.
46 Vgl. Heinrich Triepel: Die Reichsaufsicht. Untersuchungen zum Staatsrecht des Deutschen Reiches, Darmstadt 1917; sowie Walter Jellinek: Verwaltungsrecht, Berlin 1931.
47 Ernst Knoll: Die Durchführung des Aufbaus der Sozialversicherung, in: Deutsches Ärzteblatt 65 (1935), Nr. 4, S. 81-84.

die Sozialversicherung ermöglichen sollte. Auch sollten fortan ärztliche Sachverständige in den Vorständen der Träger sitzen.[48] Insbesondere der durch eine Ausführungsverordnung auf die Landesversicherungsanstalten übertragene Vertrauensärztliche Dienst sollte hier eine besonders wichtige Rolle spielen.[49] Am 5. Juli 1934 wurde das »Gesetz über den Aufbau der Sozialversicherung« schließlich erlassen.[50]

Nach Karl Teppe hat das Reichsarbeitsministerium mit dem Aufbaugesetz einen regelrechten »Coup« gelandet. Es habe nicht nur die Ansprüche der Deutschen Arbeitsfront abgewehrt, den Einfluss des Staates vergrößert sowie die Sozialversicherung auf eine neue Grundlage gestellt, sondern mit seinem Elan sogar Hitler »überrumpelt«.[51] Die Zusammenführung von Aufgaben der Invaliden- und Krankenversicherung zur Erledigung von »Gemeinsamen Aufgaben« war tatsächlich ein bedeutender Schritt. Allerdings war die Ausarbeitung des »Aufbaugesetzes« als Rahmengesetz, das erst noch durch Durchführungsverordnungen präzisiert werden sollte, kein Zufall.

Als das Reichsarbeitsministerium und der Reichsverband Deutscher Landesversicherungsanstalten das Aufbaugesetz im Jahre 1935 auf einer großen Festveranstaltung des Verbandes vorstellten, beschworen sie einen »neuen Geist« in der Sozialversicherung. Der Präsident des Verbandes, Heinz Görling, betonte die neue Rolle des Reichsversicherungsamtes.[52] Es könne seine »Aufsicht auch auf Fragen der Zweckmäßigkeit erstrecken, jedoch solle sie sich in diesem Fall auf wichtige Fragen beschränken und in das Eigenleben und die Selbstverwaltung der Versicherungsträger nicht unnötig eingreifen. Das Eigenleben der Versicherungsanstalten solle also gewahrt und die lebendigen Kräfte der Selbstverwaltung erhalten werden.« Zwar bedauerte Görling, dass die Überleitung zum Anwartschaftsdeckungsverfahren bis jetzt noch nicht erfolgt sei, allerdings räumte er ein, dass die Neuorganisation der Rentenversicherung im Vordergrund stehe. Ministerialdirigent Gerhard Zschimmer vom Reichsarbeitsministerium lobte das Gesetzes-

---

48 Teppe: Zur Sozialpolitik des Dritten Reiches, S. 219-223.
49 Vgl. Dritte Verordnung zum Aufbau der Sozialversicherung (Gemeinschaftsaufgaben) vom 18.12.1934, RGBl. I 1934, S. 1266.
50 Gesetz über den Aufbau der Sozialversicherung vom 5.7.1934, RGBl. I 1934, S. 577.
51 Teppe: Zur Sozialpolitik des Dritten Reiches, S. 223.
52 Verbandssitzung des Reichsverbandes Deutscher Landesversicherungsanstalten, 1935, BArch R 40/90.

werk seiner Behörde dahingehend, dass die Invalidenversicherung auf eine neue Grundlage gestellt worden sei:

> »Man habe trotz aller Schwierigkeiten jetzt bereits eine große Etappe durchschritten, und wenn im Anfang nach dem Umbruch Stimmen laut geworden seien dahingehend, daß das Reichsarbeitsministerium nicht im Stande sein werde, in der Invalidenversicherung neue Gedanken zur Durchführung zu bringen, so sei demgegenüber darauf hinzuweisen, daß trotz allem im kleinen Kreis unentwegt daran gearbeitet worden sei, die Invalidenversicherung umzustellen, einfacher zu gestalten, straffer zu organisieren und mit neuen Gedanken zu füllen. [...] Wenn auch das Aufbaugesetz außerordentlich kurz und unscheinbar sei, so sage er doch nicht zuviel, wenn er dies Gesetz als den wichtigsten Gesetzgebungsakt seit Einführung der Sozialversicherung bezeichne, denn gerade dies Gesetz bringe in die Versicherung den neuen Geist.«[53]

Wie sich dieser »neue Geist« in der Rentenversicherung ausgewirkt hat, sollte sich bald herausstellen. Die Aufbaugesetzgebung zeigt, dass das Reichsarbeitsministerium schließlich das in Gesetzesform gegossen hatte, was bei den Trägern bereits praktisch der Fall gewesen ist. Denn es legalisierte in großen Teilen lediglich das, was bereits seit Frühjahr 1933 bei den Trägern Realität war. Schon vor Beginn der Ausarbeitungen zum »Aufbaugesetz« spielten die Ausschüsse keine Rolle mehr, sie wurden also nicht durch das Reichsarbeitsministerium entmachtet. Das »Führerprinzip« war bereits durch die Ausschaltung des Ausschusses und der Ausschusskommission verwirklicht. Zum letztgenannten zählt auch die erzwungene Übernahme ehemals unabhängiger gesundheitspolitischer Verbände. Zudem wurde die verstärkte Mitwirkung von Ärzten bei den Trägern durch die Maßnahmen der Kommissare der Landesversicherungsanstalten schon erwirkt.

Dennoch lassen die Initiativen des Reichsarbeitsministeriums erkennen, dass es diesen Richtungswechsel ebenfalls befürwortet hat. Mit der Zentralisierung des ärztlichen Gutachterwesens und der Einführung einer neuen Abteilung in den Landesversicherungsanstalten (»Krankenversicherung«) hat es darüber hinaus gezeigt, dass es die bereits im Vorfeld eingeführten Maßnahmen in noch stärkerem Ausmaße institutionalisieren konnte.

---

53 Ebd.

3. Gesundheitspolitische Maßnahmen

Die Sanierungs- und Aufbaugesetzgebung schuf für das Reichsarbeitsministerium erst die grundsätzliche Möglichkeit, die Organisation der Rentenversicherungsbehörden über das Rentenversicherungsrecht hinaus nach eigenen Vorstellungen umzugestalten und einer zentralen Steuerung zu unterwerfen. Für eine gezielte Instrumentalisierung war das System der gesetzlichen Rentenversicherung noch zu inhomogen. Durch das Sanierungs- und Aufbaugesetz vollzog das Reichsarbeitsministerium den ersten Schritt, um diese Inhomogenität zugunsten zentraler Einflussnahmen aufzulösen. Bereits seit dem Kaiserreich entwickelten die Rentenversicherungsträger eigenständige Profile und eigene Verwaltungsabläufe, um ihren gesetzlichen Aufgaben nachzukommen. Allein die hohe Anzahl von Trägern, die als Anstalten des öffentlichen Rechts zwar staatliche Aufgaben wahrnahmen, aber keine staatlichen Behörden waren, machte eine Umgestaltung oder Durchsetzung eigener Vorstellungen schwierig. Die Aufteilung der Träger nach Berufsarten erschwerte dies zusätzlich. Erst das Aufbaugesetz schuf in der bis dahin 45-jährigen Geschichte der Rentenversicherung die Voraussetzungen für eine solche Einflussnahme, indem es die Rechte der Versicherten bei den Trägern kappte und den Verwaltungsaufbau der Landesversicherungsanstalten zugunsten gesundheitspolitischer Zielsetzungen zu synchronisieren suchte. Allerdings besaß nicht einmal der Dachverband, der Reichsverband Deutscher Landesversicherungsanstalten, gesicherte Informationen über den Verwaltungsablauf bei den Trägern der Arbeiterversicherung. Das Sanierungsgesetz und das Aufbaugesetz zum Anlass nehmend, bereiste der Reichsverband daher alle Landesversicherungsanstalten im Reich, um Informationen zu sammeln und auf dieser Grundlage Verfahrensänderungen bei den Trägern anzuregen.[54] Dabei fielen den Vertretern des Verbandes vor allem die höchst unterschiedlichen Verwaltungspraktiken der Träger auf. Dies betraf sowohl die Organisation der Rentenabteilung als auch das ärztliche Gutachterwesen. Vor allem an der Kritik, die der Verband am Gutachtersystem der Träger äußerte, wird deutlich, wie unterschiedlich diese bei der Durchführung der Invalidenversicherung arbeiteten: »Man muss sich wundern über die Vielgestaltigkeit der Systeme, die bei den Landesversicherungsanstalten hinsichtlich der Mitwirkung der ärztlichen Gutachter bestehen,

---

54 Heinz Görling (Reichsverband Deutscher Landesversicherungsanstalten) an die Verbandsmitglieder, Verfügung, 26.7.1934, BArch R 40/302.

und dass man sich in dieser Beziehung unter den Verbandsmitgliedern noch nicht grundsätzlich auf gewisse Richtlinien hat einigen können.«[55] Der Verband kritisierte das System der Landesversicherungsanstalten, die bereits einen »Vertrauensarzt« installiert hatten;[56] diese seien wegen zeitlicher Überlastung oftmals nicht in der Lage, die Rentenbewerber ausreichend zu untersuchen. Stattdessen plädierte er dafür, die Krankenhäuser mit in die Diagnostik einzubeziehen. Dies hatten die Träger häufiger vermieden, da die Krankenhausaufenthalte mit höheren Kosten verbunden waren.

Der Verband konnte seinen Mitgliedern neue Verfahrenspraktiken und die konkrete Form der Verwaltungsarbeit nur empfehlen, tatsächlich besaß allein das Reichsarbeitsministerium das Recht, die Rentenversicherungsträger zu bestimmten Verwaltungsänderungen zu verpflichten. Dennoch zeigt der Bericht des Verbandes, dass bezüglich der Organisation der Träger ein erhebliches Informationsdefizit bestand und eine Einflussnahme aufgrund der Zerklüftung der Träger (noch) nicht möglich war. Dies hätte auch der Arbeitsweise der Rentenversicherung widersprochen, die seit ihrer Einführung vom Prinzip der Selbstverwaltung und dezentralen Strukturen geprägt war. Erst die Agenda des Reichsarbeitsministeriums im Jahre 1933/34 schickte sich an, diese Strukturen grundlegend zu ändern.

Dass die Verbandsarbeit eine wichtige Informationsquelle für die Hauptabteilung II darstellte, wird aus zahlreichen Treffen zwischen dem Reichsversicherungsamt und dem Reichsverband deutlich. Der Leiter Heinz Görling und Mitarbeiter des Reichsverbandes, Landesrat Fix (der später die sogenannte »Verbindungsstelle der Landesversicherungsanstalten« im Reichsarbeitsministerium leiten sollte), Landesrat Antoni und Regierungsrat Otto Rocktäschel, trafen im Dezember 1934 Vertreter vom Reichsversicherungsamt, um die »Bereinigung von Rentenlisten« zu besprechen. Vor allem Otto Rocktäschel war ein alter Bekannter im Ministerium; er wurde häufig bei Fragen der Sanierung der Rentenversicherung hinzugezogen. Die Rentenlisten der Versicherungsträger sollten von jenen Personen bereinigt werden, die keine Rente mehr bezogen und nun mehr lediglich als »Karteileichen« fungierten. Da die Träger aufgrund der Überprüfung des Rentenbestandes nach »ungerechtfertigt vergebenen Renten« noch immer ausgelastet waren, sollte die Reichspost die Aufgabe der Bereinigung der Ren-

55 Ebd.
56 Dieser ist nicht mit dem Vertrauensärztlichen Dienst (VÄD) zu verwechseln, der später vom Ministerium eingeführt worden ist (siehe Kap. IV.1).

tenlisten übernehmen.⁵⁷ Sämtliche Rentenversicherungsträger sollten nun überprüfen, ob die von den Rentenrechnungsstellen der Reichspostdirektionen aufgestellten Listen Personen enthielten, die von der betreffenden Landesversicherungsanstalt als nicht (mehr) rentenberechtigt eingestuft wurden (sei es durch Tod oder durch Besserung des Gesundheitszustandes).⁵⁸ Damit verbesserte das Reichsversicherungsamt nicht nur die Genauigkeit der Zahlenangaben über laufende Renten, es ermöglichte ebenfalls die Überprüfung des Rentenbestandes nach mehrfach vergebenen Renten (etwa wenn Rentenbezieher neben der Invalidenrente noch Unfall- oder Krankenrenten erhielten).

Doch nicht nur dem Reichsverband war die unterschiedliche Verwaltungspraxis der Träger aufgefallen. Auch das Reichsversicherungsamt bemühte sich darum, den konkreten Verwaltungsaufbau der Träger zu erfassen. Keine zwei Monate nachdem das Aufbaugesetz erlassen worden war, forderte das Reichsversicherungsamt von allen Landesversicherungsanstalten einen umfangreichen Bericht über die Organisation der Träger und ihrer Rentenabteilung an.⁵⁹ Ausgehend von den übersandten Berichten begann das Reichsversicherungsamt am 6. April 1935 schließlich damit, die Landesversicherungsanstalten neu zu gestalten, da ihm genügend Informationen vorlagen. Die Landesversicherungsanstalten hatten für die Gemeinschaftsaufgaben von Kranken- und Invalidenversicherung neue Abteilungen einzurichten. Bei den Landesversicherungsanstalten sollte die »Abteilung Invalidenversicherung« wie bisher alle Belange der Rentenversicherung bearbeiten, während fortan eine eigens zu gründende »Abteilung Krankenversicherung« die Durchführung des Vertrauensärztlichen Dienstes und der »Gemeinsamen Aufgaben« zu verantworten hatte. Die genauen inhaltlichen Aufgaben der »Abteilung Krankenversicherung« waren

---

57 Reichsversicherungsamt, Niederschrift über die Besprechung vom 11. September 1934, 12.9.1934, BArch R 89/9223, Bl. 103-104. Die Post war in die Invalidenversicherung dahingehend involviert, dass sie den Zahlungsverkehr zwischen den Rentnern und den Trägern übernahm.
58 Hugo Schäffer (Reichsversicherungsamt) an alle Landesversicherungsanstalten, betr. Rundschreiben: Bereinigung der Rentenlisten, 10.12.1934, GLAK 462-4/Nr. 590.
59 Vgl. die Antwort der Landesversicherungsanstalt Baden auf dieses Anschreiben Wilhelm Pfisterer (Landesversicherungsanstalt Baden) an Reichsverband Deutscher Landesversicherungsanstalten, betr. Organisation der Rentenabteilung der Versicherungsanstalten, 8.4.1935, GLAK 462 Zugang 1994-38/100.

allerdings vom Reichsversicherungsamt noch nicht festgelegt worden, dennoch sollten die Träger bereits mit dem Aufbau beginnen.[60] Allerdings präzisierte das Reichsarbeitsministerium diese vom Reichsversicherungsamt verfügte Verwaltungsorganisation erst mit Beginn des Jahres 1935, als die Vorschriften über die Gemeinschaftsaufgaben mit dem 1. Januar 1935 in Kraft getreten waren.[61] Das Ministerium ging dabei nicht von einem schnellen Wandel aus, sondern wünschte sich eine »langsame organische Überleitung«. Zu diesem Zweck hat es »Beauftragte« für die Überführung der Gemeinschaftsaufgaben auf die Landesversicherungsanstalten bestellt.[62] Vor allem sollten die gesundheitspolitischen Ziele des Regimes im Bereich der Heilfürsorge und den vorbeugenden Gesundheitsmaßnahmen ohne Unterbrechung fortgeführt werden. Dazu sollte unter anderem die Einrichtung des Vertrauensärztlichen Dienstes weiter vorbereitet werden, indem die Beauftragten dem Ministerium die jeweilige augenblickliche Regelung übermitteln und neue Vertrauensärzte »nur kommissarisch« anstellten, bis das Reichsarbeitsministerium allgemeine Richtlinien erstellt hatte. Zudem sah es vor, dass die neu errichteten Gesundheitsämter einheitlich mit dem Vertrauensärztlichen Dienst zusammenarbeiten sollten.[63] Das Reichsarbeitsministerium war zu Beginn des Jahres 1935 also zunächst noch damit beschäftigt, die vielgestaltigen Verhältnisse bei den Landesversicherungsanstalten in Erfahrung zu bringen,[64] gleichzeitig

---

60 Hugo Schäffer (Reichsversicherungsamt) an alle Landesversicherungsanstalten, betr. Runderlaß. Organisatorische Frage zum Neuaufbau der Landesversicherungsanstalten, 6.4.1935, GLAK 462 Zugang 1994-98/Nr. 230, Bl. 51-53.
61 Die Zweite Verordnung zum Aufbau der Sozialversicherung vom 24.10.1934 (RGBl. I 1934, S. 1172) setzte die Vorschriften des Aufbaugesetzes bezüglich der »Gemeinsamen Aufgaben« zum 1. Januar 1935 in Kraft.
62 Vgl. die betreffenden Vorgänge in BArch R 3901/20603.
63 Johannes Krohn (Reichsarbeitsministerium) an die Sozialministerien der Länder und die Leiter der Landesversicherungsanstalten, betr. Überführung der Gemeinschaftsaufgaben der Krankenversicherung auf die Landesversicherungsanstalten, 5.1.1935, BArch R 1501/143795.
64 So geht es auch aus dem ersten Rundschreiben des Reichsversicherungsamtes zu der Neuorganisation der Landesversicherungsanstalten im Zuge der »Gemeinsamen Aufgaben« hervor. Die Neuorganisation habe sich »nach den Erfordernissen jeder einzelnen Landesversicherungsanstalt« zu richten. Hugo Schäffer (Reichsversicherungsamt) an alle Landesversicherungsanstalten, betr. Organisatorische Fragen zum Neuaufbau der Landesversicherungsanstalten, die sich aus dem Gesetz über den Aufbau der Sozialversicherung vom 5. Juli 1934, 6.4.1935, GLAK 462 Zugang 1994-98/Nr. 230, Bl. 51-53.

aber auch die Weichen für eine einheitliche Regelung für die Umsetzung der gesundheitspolitischen Ziele zu stellen.

Tatsächlich sorgte diese Regelung jedoch erst einmal für Verwirrung. Im November 1936 fragte die Landesversicherungsanstalt Baden bei einigen Landesversicherungsanstalten nach, wie diese mit dem Aufbaugesetz umgingen. Völlig ungeklärt sei die Frage nach dem Dienstverhältnis des Leiters der »Abteilung Krankenversicherung« zum Leiter der gesamten Anstalt sowie die konkrete Durchführung des Vertrauensärztlichen Dienstes.[65]

Auch auf personellem Gebiet versuchte das Reichsarbeitsministerium zunächst einmal, sich einen genauen Überblick über die Verhältnisse bei den Trägern zu beschaffen. Vor der Verabschiedung des Aufbaugesetzes waren die Länderregierungen und die Arbeitgeber- und Arbeitnehmervertreter für die Bestellung von Vorstandsmitgliedern zuständig, bei Bedarf konnte auch der Ausschuss Mitglieder des Vorstandes bestellen. Diese Kompetenzen waren nun an das Reichsarbeitsministerium übergegangen, sodass nicht nur die Versichertenvertreter, sondern auch die Länderregierungen von den Personalentscheidungen ausgeschlossen waren. Demgemäß untersagte das Reichsarbeitsministerium bereits im Juli 1933 die Wiederbesetzung freiwerdender Vorstandsstellen, »da der künftige Aufbau der Sozialversicherung noch nicht geklärt sei«. Um das Aufbaugesetz umsetzen zu können, erneuerte das Reichsarbeitsministerium sein Verbot im Oktober 1934: »Um die bevorstehende Durchführung dieses Gesetzes nicht zu erschweren und dem Reich auf dem Gebiet der Personalbesetzung möglichst freie Hand zu erhalten, bestimme ich [...], dass Anstellungen, Beförderungen und Höherstufungen von Vorstandsmitgliedern der Landesversicherungsanstalten meiner Zustimmung bedürfen.«[66]

Über das Reichsversicherungsamt ordnete das Reichsarbeitsministerium des Weiteren die Übersendung einer Auflistung sämtlicher im Vorstand der Anstalten befindlichen Personen an. Die Träger hatten Angaben über Name, Geburtsdatum, Stellung und Amtsbezeich-

---

65 Karl Rausch (Landesversicherungsanstalt Baden) an die Landesversicherungsanstalten Ostpreussen, Berlin, Schlesien, Sachsen-Anhalt, Hannover, Westfalen, Hessen-Nassau, Rheinprovinz, Pfalz, Sachsen, Württemberg, Thüringen, Hansestädte, betr. Anschreiben. Dienstverhältnis des Leiters in anderen Landesversicherungsanstalten in Bezug auf Krankenversicherung und Gemeinschaftsaufgaben, 12.11.1936, GLAK 462 Zugang 1994-98/Nr. 230, Bl. 143-146.
66 Reichsarbeitsministerium an Innen- und Sozialministerien der Länder, betr. Besetzung freiwerdender Vorstandsstellen bei den Landesversicherungsanstalten, 18.10.1934, GLAK 462-4/22.

nung, Dienstalter, Vorbildung, Dienstbeginn, frühere Beschäftigungen, Kriegsteilnahme, Religionszugehörigkeit sowie Familienstand zu übersenden.[67]

Tatsächlich markierte das Aufbaugesetz eine »gesundheitspolitische Wende« in der Sozialversicherungspolitik. Ärztliche Gutachter waren seit der Einführung der Sozialversicherung für ihre Durchführung ein zentraler Bestandteil. Die Stellung des Arztes aber wurde in den Jahren seit 1934 noch einmal massiv hervorgehoben, was auch in der Ärzteschaft anerkannt worden ist.[68]

Die gesundheitspolitische Wende, die mit der Überleitung des Vertrauensärztlichen Dienstes von den Krankenkassen auf die Landesversicherungsanstalten eingeleitet worden ist, wurde durch weitere Möglichkeiten der Zusammenarbeit zwischen den Rentenversicherungsträgern und Parteistellen fortgeführt. Das Hauptamt für Volksgesundheit und der Reichsverband erließen 1935 Richtlinien zur Durchführung von Tuberkulose-Heilverfahren. Die Landesversicherungsanstalten übernahmen – wie seit jeher – die Kosten für die Heilbehandlung tuberkulöser Versicherter zur Wiederherstellung der Arbeits- und Erwerbsfähigkeit des Erkrankten. Die Landesversicherungsanstalten führten nun zusätzlich das Heilverfahren *nicht versicherter* Tuberkulose-Erkrankter durch, wobei die NSV die Kosten dann übernahm, wenn kein anderer Kostenträger (neben den Landesversicherungsanstalten noch die Fürsorgeverbände) dafür in Frage kam.[69] Die Erkrankung an Tuberkulose war zwar der häufigste Grund für die Einleitung eines Heilverfahrens, aufgrund der relativ guten Genesungsaussichten war sie aber nicht der häufigste Grund für eine dauerhafte Erwerbsunfähigkeit. Altersschwäche, Arterienverkalkung, Herzmuskelkrankheiten sowie chronischer Gelenkrheumatismus zählten Ende der 1930er-Jahre zu den häufigsten Erkrankungen, die zu

---

67 Hugo Schäffer (Reichsversicherungsamt) an Träger der Rentenversicherung, betr. Übersendung eines Verzeichnisses der beamteten Vorstandsmitglieder, 13.11.1934, GLAK 462-4/22.
68 Vgl. etwa Heinrich Grote: Arzttum und Reichsversicherung, in: Deutsches Ärzteblatt 66 (1936), Nr. 5, S. 127; H.G. Schmid: Aus der vertrauensärztlichen Tätigkeit bei der Ortskrankenkasse, in: Deutsches Ärzteblatt 67 (1937), Nr. 24, S. 584-586.
69 Richtlinien über die Zusammenarbeit des Reichsverbandes Deutscher Landesversicherungsanstalten mit dem Hauptamt für Volkswohlfahrt (bei der Reichsleitung der NSDAP) zur Durchführung von Tuberkulose-Heilverfahren, 10.12.1935, BArch R 89/9321, Bl. 44-46.

einer dauerhaften Invalidität führten.⁷⁰ Die Bekämpfung der Tuberkulose gehörte dennoch zu den wichtigsten Betätigungsfeldern der Rentenversicherungsträger, denn, anders als bei den eben angesprochenen Invalidisierungsgründen, waren die Heilungschancen hier relativ hoch. Die Verhältnisse in der Weimarer Republik wurden dabei häufig – vor allem von ärztlicher Seite – als Negativkontrast zu den nun zu tätigenden Maßnahmen betrachtet.⁷¹ Daher konzentrierten sich die Maßnahmen von Sozialversicherungsbehörden und Partei auch darauf, die Tuberkulosebekämpfung so umfassend wie möglich durchzuführen.

Im Oktober 1937 verfügte das Reichsversicherungsamt eine weitere Vertiefung der Zusammenarbeit zwischen Rentenversicherungsträgern und Parteidienststellen. Um den »Kampf gegen die Tuberkulose wirksamer zu gestalten« und die »Ansteckungsquellen schnellstens« zu beseitigen, ordnete das Reichsversicherungsamt die Einführung eines bei manchen Landesversicherungsanstalten bereits durchgeführten »Schnelleinweisungsverfahrens« an, mit dem Ziel der »Beseitigung aller bürokratischen Hemmnisse, die durch eine langwierige und umständliche Feststellung der Kosten- oder Mitkostenträger entstehen«. Besonders stark an Tuberkulose Erkrankte – egal ob Versicherte oder Nichtversicherte – konnten einen Antrag bei all denjenigen Behörden stellen, die die Tuberkulosebekämpfung durchführten. Die Anträge wurden an die Landesversicherungsanstalten weitergeleitet, da diese durch die Rentenversicherung nicht nur einen Großteil der Bevölkerung erfassten (80%), sondern weil ihnen ebenfalls die »nötigen Mittel, die großen Erfahrungen, gut eingerichtete Heilstätten und der erforderliche Verwaltungsapparat« zur Verfügung standen. Die Träger sollten auf langwierige Nachforschungen verzichten, ob eine Anwartschaft des Versicherten bestand, und stattdessen sofort die Heilmaßnahmen durchführen und die Kosten vorstrecken. Auch sollen die Träger die Heilverfahren der nicht versicherten Familienmitglieder übernehmen. Die Träger durften zudem nicht versicherten Erkrankten die Heilmaßnahmen nicht verweigern. Erst nach der Einweisung in eine Heilanstalt sollen die Träger daher die Kostenfrage klären und sich mit den Heilfürsorgeverbänden bzw. der NSV in Verbindung setzen.⁷²

70 Vgl. Johannes Seifert: Die deutsche Sozialversicherung 1937 und 1938, in: Deutsches Ärzteblatt 69 (1939), Nr. 24/25, S. 433-437.
71 Vgl. G. Augustin: Die Vermögensverhältnisse in der deutschen Sozialversicherung, in: Deutsches Ärzteblatt 66 (1936), Nr. 36, S. 901-904.
72 Hugo Schäffer (Reichsversicherungsamt) an die Leiter der Landesversicherungsanstalten und der Seekasse, an den Präsidenten der Reichsversicherungsanstalt für Angestellte, an den Kommissar für die Reichsknappschaft, an

Wenn der Reichsverband Deutscher Landesversicherungsanstalten 1935 die Zusammenarbeit zwischen den Landesversicherungsanstalten und der NSV durch die Behandlungsgarantie nicht versicherter Tuberkulosekranker auf eine neue Stufe gehoben hat, dann nur, weil die Träger über die Kostenverteilung und -verantwortung Bescheid wussten. Die Landesversicherungsanstalten konnten diesen Weg mitgehen, da die Frage der Kostenübernahme – entweder durch sie selbst, einen Heilfürsorgeverband oder durch die NSV – geklärt war. Die nun vom Reichsversicherungsamt getroffene Anordnung barg jedoch auch ein gewisses finanzielles Risiko: Wenn die Landesversicherungsanstalten die Kosten für die Heilverfahren vorstreckten, so mussten sie befürchten, dass sie diese tragen mussten, wenn andere Träger die Kostenübernahme verweigerten. Dies war auch dem Reichsversicherungsamt bewusst, es drängte aber dennoch auf Durchführung der Maßnahmen, da »kein deutscher Volksgenosse im Falle einer Tuberkulose-Erkrankung ohne Betreuung und ohne schnelle Hilfe bleiben darf. Finanzielle Gründe müssen gegenüber diesem Gesichtspunkt zurücktreten.«[73] Diese Vorgehensweise war mehr als eine Übertretung der Aufsichtspflicht, es war ein gravierender Einschnitt in die Kompetenzen der Träger. Die Landesversicherungsanstalt Baden hat sich erfolglos gegen die Schnelleinweisungsstelle und die Zusammenarbeit mit der NSV gewehrt.[74] Auch die Einführung dieses Verfahrens im annektierten Elsass konnte es nicht verhindern. Den Trägern wurde immer stärker vom Reichsversicherungsamt vorgegeben, welche gesundheitspolitischen Maßnahmen und Aufgaben sie neben ihrem Kerngeschäft, der Durchführung der Rentenversicherung, zu leisten hatten. Dies wurde von den Trägern durchaus negativ erfahren und überraschend deutlich in der Öffentlichkeit kritisiert. Schon vor Verabschiedung des Erlasses über das Schnelleinweisungsverfahren kritisierte Verbandschef Görling die Aufsichtspraxis des Reichsversicherungsamtes in grundsätzlicher Weise, obwohl er bis dahin vor allem als besonders radikaler Verfechter des neuen obrigkeitsstaatlichen Kurses in Erscheinung getreten war. Wenn das Reichsversicherungsamt früher »Empfehlungen« abgegeben habe, so Görling, seien diese in der NS-Zeit vermehrt zu

den Vorsitzenden des Vorstandes der Reichsbahn-Versicherungsanstalt, betr. Bekämpfung der Tuberkulose, hier: Schnelleinweisungsverfahren, 21.10.1937, BArch R 89/9321, Bl. 86-88.
73 Ebd., Bl. 87.
74 Vgl. Sprauer (Chef der Zivilverwaltung im Elsass) an Karl Rausch (Landesversicherungsanstalt Baden), betr. Tuberkulosebekämpfung, 10.10.1940, GLAK 462 Zugang 1994-38/398, Bl. 27-28.

»Bestimmungen« mutiert, die durchgeführt werden müssten. Auch die den Landesversicherungsanstalten auferlegte Pflicht, Personen, die sie selbst nicht ausgesucht hätten, Heilbehandlungen zugutekommen lassen zu müssen, kritisierte er:

> »Es ist ja das Anweisungs- und Aufsichtsrecht des Reichsversicherungsamtes schon soweit ausgedehnt, daß die Selbstverwaltung und Selbstverantwortlichkeit der Landesversicherungsanstalten nicht nur in finanzieller Hinsicht ganz erheblich eingeschränkt worden ist. Ich glaube, es wäre wirklich an der Zeit, wenn dieses ganze Problem vom Verbandsvorstand mit aller Deutlichkeit an maßgebender Stelle einmal angeschnitten und zur Sprache gebracht würde. So geht das nicht. Wir sind einstweilen noch Selbstverwaltungskörper und müssen in erster Linie entscheiden, ob und welche Aufgaben wir innerhalb der gesetzlichen Bestimmungen übernehmen können und wollen.«[75]

Seine Einschätzung war jedoch bald schon nur noch eine Illusion.

Dies zeigte sich auch am Druck des Reichsversicherungsamtes, Jugendcamps zu finanzieren, durch die kranke und körperbehinderte Jugendliche gestärkt werden sollten. Die Träger finanzierten daher bereits seit 1935 Jugendcamps, die von der Hitlerjugend geleitet wurden.[76] Ab 1937 wurden diese von mehreren Landesversicherungsanstalten finanziert, ihre Einrichtung beruhte »auf der Erwägung, daß Schwächlichkeit und Krankheitsbereitschaft nicht durch Mast- und Liegekuren, sondern nur durch aktive Kräftigung des gesamten Körpers, durch Steigerung der natürlichen Abwehrkräfte und durch Abhärtung beseitigt werden können«. Zu den Ausstattungen dieser Camps gehörte unter anderem: lagermäßige Unterbringung, straffe Tageseinteilung, einfache, aber kräftige Ernährung, systematische Übungs- und Abhärtungsbehandlung. Die Teilnehmerzahlen waren allerdings sehr gering: Die Camps verursachten bei 1300 Teilnehmern Kosten in Höhe von 264 000 RM und machten eine fast zu vernachläs-

---

75 Reichsverband Deutscher Landesversicherungsanstalten, Niederschrift über die Verhandlungen des Verbandstages des Reichsverbandes Deutscher Landesversicherungsanstalten in Dresden, am 24. Juni 1936, 24.6.1936, GLAK 462 Zugang 1994-38/500, Bl. 29.
76 Reichsversicherungsamt, Niederschrift über die Besprechung am 5. November 1935: Ausgaben der Rentenversicherung für die Jugend, 5.11.1935, BArch R 89/9321, Bl. 27-28.

sigende Größe bei den freiwilligen Leistungen der Träger aus, die 1937 insgesamt fast 60 Millionen RM betrugen.[77]

Die Bedeutung des Aufbaugesetzes lag vor allem in den Maßnahmen, die durch es umgesetzt wurden, um die disparate Arbeitsweise der Rentenversicherungsträger zu einer einheitlichen Verwaltungspraxis zu synchronisieren. Nach der Ausschaltung der Selbstverwaltung sollte mit der Umorganisation der Träger eine Möglichkeit geschaffen werden, die Rentenversicherung nach einheitlichen Gesichtspunkten zu führen – den Zugriff der Zentralbehörde also erst ermöglichen. Das Beispiel der Schnelleinweisungsverfahren und die erzwungene Zusammenarbeit mit der NSV verdeutlichen die nun verstärkt vorhandenen Gestaltungsmöglichkeiten des Reichsarbeitsministeriums. Der Kampf gegen die Tuberkulose, der in der Rentenversicherung all die Jahre zuvor dezentral auf Länderebene geführt worden war, sollte nun vom Reichsarbeitsministerium zentral koordiniert werden. Die Einmischung zentraler staatlicher Stellen in die vormals vor allem regional verantwortete und durchgeführte Tuberkulosebekämpfung markiert gleichzeitig den Beginn der Irritationen zwischen den Trägern und dem Ministerium, die bis Kriegsende anhalten sollten.

4. Die Rolle der Deutschen Arbeitsfront

Ab 1935 erwuchs dem Reichsarbeitsministerium mit der Deutschen Arbeitsfront (DAF) eine Konkurrenz, die das Ministerium in der Gesundheitspolitik schnell vor sich hertreiben sollte. Denn die Geschwindigkeit, mit der das Reichsarbeitsministerium gesundheitspolitische Maßnahmen umsetzte, war nach Ansicht einiger Zeitgenossen keineswegs zufriedenstellend. Die Deutsche Arbeitsfront, die seit ihrer Niederlage bei der Ausgestaltung des Aufbaugesetzes das Ministerium fortwährend Angriffen aussetzte,[78] stand nach dem Leiter der Landesversicherungsanstalt Hannover, Major a.D. Wagner, bereits in den Startlöchern, um die Sozialversicherung zu übernehmen. Wagner befürchtete im Januar 1935, dass das Zögern und die ruhige Verwaltungsarbeit des Ministeriums in Anbetracht der lautstarken Angriffe von Robert Ley, die ab Herbst 1934 verstärkt zugenommen hatten, als

---

77 Kurt Hartrodt: Die Gesundheitsfürsorge in der Invalidenversicherung im Jahre 1937, in: Deutsches Ärzteblatt 68 (1938), Nr. 41, S. 698-701.
78 Vgl. Teppe: Zur Sozialpolitik des Dritten Reiches, S. 217-224, hier v.a.S. 223.

Zeichen der Schwäche gewertet werden könnten. Er könne es »beim besten Willen nicht verstehen, wenn die Gesamtheit der Fachleute einschließlich RAM, RVA und des Reichsverbandes genau wissen, was für die Sozialversicherung erforderlich und ersprießlich ist, daß diese geschlossene Phalanx es nicht fertig bekommen kann, Laien[79] in der Sozialversicherung, die nur einen machtpolitischen Standpunkt vertreten, erfolgreich entgegenzutreten«.[80] Wagner sprach hier die vermehrt öffentlich ausgetragenen Angriffe der Deutschen Arbeitsfront gegen das System der Sozialversicherung an. Diese Konkurrenzsituation veranlasste das Reichsarbeitsministerium erst dazu, die gesundheitspolitischen Maßnahmen in der vorgestellten Form durchzusetzen.

Tatsächlich wäre es stark untertrieben, das Verhältnis zwischen der Deutschen Arbeitsfront und dem Reichsarbeitsministerium lediglich als »unterkühlt« zu bezeichnen.[81] Während die oberste politische Ebene vor allem durch Streitigkeiten, Ablehnung und gar die Herausforderung zu einem Duell gekennzeichnet war, so lässt sich dies für die Rentenversicherungspraxis vor Ort nicht sagen. Hier hat es vielmehr vielfältige Kooperationen gegeben, wodurch die Rentenversicherung schließlich sogar stabilisiert wurde.

Bisher überwog in der Forschung vor allem das Bild von der Deutschen Arbeitsfront als einer Organisation, die mittels ihres erratischen Führers Robert Ley alles darangesetzt habe, die Sozialversicherung zu torpedieren, zu bekämpfen und schließlich zur Auflösung oder zumindest zu einer Übernahme durch die DAF zu führen.[82] Ohne Zweifel war die Auseinandersetzung zwischen Robert Ley und dem Reichsarbeitsministerium ein integraler Bestandteil in den Beziehungen des Ministeriums zu den NS-Parteistellen. Dem steht diametral

---

79 Mit diesem Wortspiel kann nur der Führer der Deutschen Arbeitsfront, Robert Ley, gemeint sein.
80 Wagner (Landesversicherungsanstalt Hannover) an Heinz Görling (Reichsverband Deutscher Landesversicherungsanstalten), 4.1.1935, BArch R 40/90.
81 Vgl. Rüdiger Hachtmann: Reichsarbeitsministerium und Deutsche Arbeitsfront. Dauerkonflikt und informelle Kooperation, in: Alexander Nützenadel (Hg.): Das Reichsarbeitsministerium im Nationalsozialismus. Verwaltung – Politik – Verbrechen, Göttingen 2017, S. 137-176.
82 Teppe: Zur Sozialpolitik des Dritten Reiches, S. 238; Schlegel-Voß: Alter in der »Volksgemeinschaft«, S. 156; Mason: Sozialpolitik im Dritten Reich, S. 111; Recker: Nationalsozialistische Sozialpolitik, S. 109-120. Demgegenüber betont vor allem Rüdiger Hachtmann auch die verbindenden und kooperativen Elemente der Deutschen Arbeitsfront zu staatlichen Behörden. Vgl. ders.: Reichsarbeitsministerium und Deutsche Arbeitsfront.

die Beobachtung entgegen, dass unterhalb der Konfrontationslinie ein reger Austausch zwischen dem Ministerium und den Vertretern der DAF stattfand, der deutlich stärker auf Kooperation ausgerichtet war. Die Deutsche Arbeitsfront trug ab 1933 mit der reichsweiten Durchführung der Rechtsberatung in der Sozialversicherung mit dazu bei, diese zu stabilisieren, während ihr Führer Robert Ley in immer neuen Angriffen sie ironischerweise zu erschüttern gedachte.[83]

Denn Anfang Dezember 1935 hielt Robert Ley eine Rede, die dem Reichsarbeitsministerium zugespielt wurde und das Ministerium in höchste Alarmbereitschaft versetzt haben dürfte. Der Führer der größten Massenbewegung im Nationalsozialismus, der zudem direkten Zugang zu Hitler hatte, behauptete, »die heutige Sozialversicherung sei überholt und müsse ›revolutionär umgebaut werden‹ [...]. Die Rentenversicherungen seien versicherungsmathematisch nicht in Ordnung.« Die Verwaltungskosten würden laut Ley nicht 360 Millionen RM ausmachen, wie es das Reichsarbeitsministerium behauptete, sondern eine Milliarde RM.[84] Zusätzlich hielt Robert Ley am 4. Dezember 1935 eine weitere Rede auf der 5. Arbeits- und Schulungstagung der Deutschen Arbeitsfront in Leipzig, in der er behaupte, dass die Sozialversicherung völlig neu – unter Führung der DAF – umgebaut werden müsste: »Mit Reformen ist es hier nicht getan, denn das, was heute ist, ist völlig bankrott und pleite, das hat keinen Wert mehr. Das hat keinen Sinn mehr.«[85] Seldte wandte sich daraufhin an Hitler, um sich über Leys Äußerungen zu beschweren,[86] erhielt aber nur die Antwort, dass er sich selbst mit Ley auseinandersetzen solle.[87]

Am 5. März 1936 lud das Reichsarbeitsministerium daher Ley ein, um mit ihm zu diskutieren. Ley wiederholte lediglich seine Anschul-

---

83 Vgl. dazu Hiroki Kawamura: Die Geschichte der Rechtsberatungshilfe in Deutschland. Von der Wilhelminischen Zeit bis zur Entstehung des Beratungshilfegesetzes von 1980, Berlin 2014, S. 304; Simone Rücker: Rechtsberatung. Das Rechtsberatungswesen von 1919-1945 und die Entstehung des Rechtsberatungsmissbrauchsgesetzes von 1935, Tübingen 2007; sowie zeitgenössisch Erich Schmieder: Die Rechtsberatung in der Deutschen Arbeitsfront, Freiburg 1940; und Heinrich Jagusch: Die Rechtsberatungsstellen der Deutschen Arbeitsfront ihre Aufgaben, ihr Wesen und ihre Rechtsverhältnisse, Berlin/Leipzig/Wien 1940.
84 Reichsarbeitsministerium, Vermerk, 5.12.1935, BArch R 3901/20649, Bl. 1-2.
85 Franz Seldte (Reichsarbeitsministerium) an Adolf Hitler, 10.12.1935, BArch R 3901/20644, Bl. 39-45, hier Bl. 39.
86 Ebd.
87 Hans Heinrich Lammers (Reichskanzlei) an Franz Seldte (Reichsarbeitsministerium), 24.12.1935, BArch R 3901/20644.

digungen, dass die Sozialversicherung nicht wirklich saniert sei, und sprach sich dafür aus, in der Sozialversicherung »neue Wege zu gehen«. Konkret sollte die Sozialversicherung in eine allgemeine, aus Steuern finanzierte »Versorgung« umgewandelt werden, die durch Einsparungen in der Verwaltung dreimal so hohe Rentenleistungen gewähren sollte als das jetzige System.[88] Das Ministerium hielt die Vorschläge weder für realisierbar (es rechnete bei einer Umsetzung mit einer Erhöhung der Einkommenssteuer um 50%) noch politisch für vernünftig. Sie würden einen erheblichen »sozialpolitischen Rückschritt« bedeuten, da sie die in der Sozialversicherung angelegte »Hilfe zur Selbsthilfe« beschneiden, und – weit wichtiger für das Ministerium – die Qualität der geleisteten Arbeit, die sich in der unterschiedlichen Rentenhöhe bemerkbar machte, entwerten würden.[89]

Auch die in der Folgezeit stattgefundenen Treffen von Johannes Krohn mit Claus Selzner, dem sozialpolitischen Berater Robert Leys, brachte keine Einigung.[90] Noch im Januar 1937 forderte Ley die Verwaltung der Sozialversicherung in einer einzigen Organisation zusammenzufassen und sie auf alle Deutschen im Reich auszudehnen.[91] Die Pläne Robert Leys waren sehr weitreichend, gleichzeitig aber inhaltlich derart unkonkret und finanziell wie organisatorisch kaum ohne größere Schwierigkeiten durchführbar, dass das Ministerium realistischerweise nicht mit ihrer Umsetzung in nächster Zeit rechnete. Dennoch konnten sich die Beamten nicht sicher sein, dass Ley seine Pläne nicht bei Hitler aufgrund seines Immediatzuganges würde durchbringen können. In sehr geschickter Weise hat Ley eine Anordnung Hitlers, dass er die Erarbeitung eines Planes für eine Reform der Altersversorgung ausarbeiten solle, so aufgefasst, dass diese angeblich einem »Führerauftrag« gleichkäme.[92] Auffällig bleibt jedoch die Diskrepanz zwischen den öffentlichen Verlautbarungen Leys und den konkreten Folgen. Der Apparat der Deutsche Arbeitsfront war eben keineswegs eine homogene Organisation, sondern zutiefst widersprüchlich. Den Verlautbarungen ihrer Führung folgten keine entsprechenden Konse-

---

88 Reichsarbeitsministerium, Vermerk über eine Besprechung des Ministers mit Staatsrat Dr. Ley am 5. März 1936, 5.3.1936, BArch R 3901/20644.
89 Franz Seldte (Reichsarbeitsministerium) an Robert Ley (DAF), 12.6.1936, BArch R 3901/20644.
90 Vgl. die entsprechenden Vorgänge in BArch R 3901/20645.
91 Wilhelm Dobbernack (Reichsarbeitsministerium), betr. Neugestaltung der Sozialversicherung, 29.1.1937, BArch R 3901/20644.
92 Siehe Karl Haedenkamp (Verband der Ärzte Deutschlands) an Johannes Krohn (Reichsarbeitsministerium), 25.5.1936, BArch R 3901/20644.

quenzen auf der unteren Ebene. Dies wird vor allem bei der Sozialversicherung deutlich, die wie kaum ein anderer Bereich im Fadenkreuz der DAF stand.

Die Niederlage während der Verhandlungen zum Aufbaugesetz zum Anlass nehmend, versuchten die Mitarbeiter der DAF ab der zweiten Hälfte des Jahres 1934 vermehrt Einblicke in die Arbeitsweise der Träger und Versicherungsämter zu erhalten. So forderte das Zentralbüro der DAF vom Reichsversicherungsamt statistische Angaben über die Anzahl der Revisionen sowie einen Einblick in das Prozessregister.[93] Auch wenn man in der Antwort etwas schroff davon ausging, dass sich der Einblick in das Prozessregister erübrigen würde, wenn das Reichsversicherungsamt das genaue Zahlenmaterial über die Rekurse in der Unfallversicherung und die Revisionen in der Invaliden-, Knappschafts- und Angestelltenversicherung liefern würde,[94] so markierte dies dennoch einen ersten Schritt des Eindringens der Deutschen Arbeitsfront in die Sphäre der Gerichte der Sozialversicherung. Um sich einen Überblick über die durch grundsätzliche Entscheidungen des Reichsversicherungsamtes ständig verändernde Auslegung des Sozialversicherungsrechts anzueignen, bat die DAF auch um die Übersendung aller grundsätzlichen Entscheidungen des Reichsversicherungsamtes.[95] Weitere Statistiken erhielten die Vertreter der DAF vom Reichsversicherungsamt über die durchschnittliche Dauer der Arbeits- und Erwerbsfähigkeit für die Zwecke der Berufsberatung sowie des Arbeitseinsatzes.[96]

Aber die gesundheitspolitische Kehrtwende des Aufbaugesetzes unterstützte die Deutsche Arbeitsfront, wenn auch unfreiwillig. Die medizinische Kontrolle der Versicherten, die mittels der vom Hauptamt für Volksgesundheit initiierten, von der DAF organisierten und von den Landesversicherungsanstalten finanzierten »Jahrgangsuntersuchungen« durchgeführt worden sind, bedeuteten eine wichtige Vorarbeit zu den Bestrebungen des Ministeriums, die »Volksgesundheit«, und damit vor allem die Arbeits- und Wehrfähigkeit zu heben. Be-

---

93 Deutsche Arbeitsfront an Reichsversicherungsamt, betr. Einsichtnahme in das Prozessregister, 1.10.1934, BArch R 89/10099, Bl. 79.
94 Reichsversicherungsamt an Deutsche Arbeitsfront, betr. Übersicht über die Revisionsentscheidungen, 6.10.1934, BArch R 89/10099, Bl. 83.
95 Deutsche Arbeitsfront an Reichsversicherungsamt, betr. Zustellung der grundsätzlichen Entscheidungen des Reichsversicherungsamts, 10.10.1934, BArch R 89/10099, Bl. 84.
96 Reichsversicherungsamt, Niederschrift über die Besprechung im RVA am 20. Februar 1936, 21.2.1936, BArch R 89/9223, Bl. 167.

ginnend mit den Jahrgängen 1910 und 1911 schickte die Deutsche Arbeitsfront ihre Mitglieder zu ärztlichen Untersuchungen, bei denen Gesundheitsstammbücher erstellt und mit medizinischen Informationen versehen wurden, die den Versicherten ein Leben lang begleiten sollten. Das Ziel dieser Aktion sei nicht nur »der nichtkranke Mensch, sondern soweit erb- und rassebiologisch überhaupt erreichbar, der gesündeste und stärkste Mensch«. Auch wenn es keinen gesetzlichen Zwang für diese Untersuchungen gab, so wurde ein hoher Druck auf die zu Untersuchenden durch einen persönlichen Besuch des DAF-Ortsgruppenblockleiters aufgebaut: Erschien ein Mitglied nicht zu der Untersuchung, so sollte die DAF dafür sorgen, dass die Person sich umgehend der Untersuchung stelle (»Es bleibt der Ortswaltung der DAF überlassen, welche Massnahmen sie hierzu ergreifen will«). Anschließend wertete die DAF diese Untersuchungen für die Berufsberatung, Berufsschulung und Umschulungen sowie für zusätzliche Leistungen durch die NSV (Heilaufenthalte für Tuberkulöse) aus.[97]

Die Landesversicherungsanstalten begleiteten diesen Prozess zunächst durch eigene Presseveröffentlichungen in ihren jeweiligen Bezirken. In einer Pressemitteilung (»Kampf für die Volksgesundheit«) warben die Träger für diese groß angelegte Untersuchungsaktion:

> »Denn gerade für die besonderen Zwecke und Aufgaben der Sozialversicherung kommt den Untersuchungen eine gewaltige Bedeutung zu. Die Erkenntnis, dass Vorbeugen besser als Heilen, Schaden verhüten besser als Schaden vergüten ist, ist schon lange Gemeingut der deutschen Sozialversicherung. Aber in Anwendung dieser Grundsätze war die rechtzeitige Erfassung bisher doch nur eine mehr zufällige. Hier setzt nun erstmalig eine Planmäßigkeit ein.«[98]

Zudem bezogen sich die Landesversicherungsanstalten direkt auf die Zielsetzung des Aufbaugesetzes, denn es sei eine

> »Vereinheitlichung und Stärkung der Stosskraft durch das Gesetz über den Aufbau der Sozialversicherung erzielt worden. Danach haben die Landesversicherungsanstalten als Träger der Krankenversicherung für Gemeinschaftsaufgaben auch die vorbeugende Ge-

---

97 Gerhard Wagner (Hauptamt für Volksgesundheit) an alle Landesversicherungsanstalten, betr. Durchführungsbestimmungen zu den DAF-Jahresuntersuchungen, 14.10.1935, GLAK 462 Zugang 1994-38/291, Bl. 89-107.
98 Heinz Görling (Reichsverband Deutscher Landesversicherungsanstalten) an alle Landesversicherungsanstalten, betr. Jahrgangsuntersuchungen, 9.12.1935, GLAK 462 Zugang 1994-38/291, Bl. 135-136.

sundheitsfürsorge sowie Aufgaben der Bevölkerungspolitik durchzuführen [...]. Das Problem der Zusammenarbeit der Partei mit dem Staat und seinen öffentlich-rechtlichen Körperschaften zur Erreichung des grösstmöglichen Erfolges für unser deutsches Volk hat damit auf diesem Gebiet seine Lösung gefunden.«[99]

Tatsächlich zeichnete sich hier lediglich eine von der dienstvorgesetzten Behörde »erzwungene« Lösung ab: Die immensen Kosten, die mit den Untersuchungen verbunden waren und den Landesversicherungsanstalten aufgebürdet wurden, wurde von diesen stark kritisiert; auch wenn sie auf der gesundheitspolitischen Linie des Ministeriums und auch der DAF lagen. Die Landesversicherungsanstalt Württemberg beschwerte sich im März 1937 beim Reichsverband, dass »jetzt schon ein reichlich grosses Mass von ärztlichen Untersuchungen für die deutsche Bevölkerung vorhanden ist, insbesondere durch die Untersuchungen in der SA, SS, beim Arbeitsdienst, bei Betriebseinstellungen u.a.«. Ihrer Ansicht nach sei es allgemein »anerkannt [...], dass die Jahrgangsuntersuchungen für die Erfüllung der den Versicherungsträgern obliegenden Aufgaben nach den bisherigen Erfahrungen so gut wie wertlos waren«, weil nicht »ein einziger Fall für ein Heilverfahren der Landesversicherungsanstalt in Betracht kam und z.B. unter den tausenden von Untersuchungen nicht ein Tuberkulosekranker festgestellt werden konnte, der dem Versicherungsträger [...] nicht schon vorher bekannt gewesen wäre«.[100] Die Klagen halfen nicht: Die Jahrgangsuntersuchungen wurden bis zum Kriegsbeginn weiter durchgeführt. Durch die seit 1939 durchgeführten sogenannten »Röntgenreihenuntersuchungen«, die zusätzlich durch die Träger erfolgten, wurde die ärztliche Untersuchungspraxis sogar noch verschärft.[101]

Das Ziel dieser vielfältigen Untersuchungspraxis wurde von Reichsärzteführer Wagner sehr deutlich formuliert. Er nahm die Erhöhung der Lebenserwartung in Deutschland zum Anlass, um vor einer »Überalterung des Volkes« zu warnen. Zwar möge die erhöhte Lebenserwartung

---

99 Ebd.
100 Mayer (Landesversicherungsanstalt Württemberg) an Reichsverband Deutscher Landesversicherungsanstalten, betr. Abschrift. Betriebsuntersuchungen anstelle von Jahrgangsuntersuchungen, 30.3.1937, GLAK 462 Zugang 1994-38/291, Bl. 359-364, hier Bl. 360 (Hervorheb. i. Orig.).
101 Vgl. Johannes Donhauser: Das Gesundheitsamt im Nationalsozialismus. Der Wahn vom »gesunden Volkskörper« und seine tödlichen Folgen. Eine Dokumentation, in: Das Gesundheitswesen 69 (2007), S. 7-127.

»für den einzelnen Menschen erfreulich sein, für die Allgemeinheit kann sie sich nur günstig auswirken, wenn es gelingt, auch die Arbeits- und Leistungsfähigkeit des deutschen Menschen entsprechend zu verlängern, also zu steigern. Gelingt das nicht, so führt die Erhöhung des Lebensalters nur zur biologischen Überalterung des Volkes und damit zu schwerer Belastung der Allgemeinheit, die ja schließlich und endlich die Lasten für die alten, nicht mehr voll arbeitsfähigen und invaliden Volksgenossen aufbringen muss.«[102]

Robert Ley, und auch dies zeigte die Diskrepanz zwischen Führung und Behörde, war über die Einrichtungen und Kooperationen der DAF mit den Trägern allerdings kaum informiert. Im Mai 1937 lud er Johannes Krohn und Wilhelm Dobbernack zu sich ein, um über die gesundheitspolitische Verantwortung der Rentenversicherungsträger zu dozieren. Dabei war er der Ansicht, dass alle Deutschen laufend ärztlich untersucht werden sollten und dass sich die Träger an diesen Kosten zu beteiligen hätten. Krohn konnte darauf nur erwidern, dass genau dies durch die Jahrgangsuntersuchungen bereits geschehe und verwies auch auf die Zusammenarbeit der Träger mit dem Hauptamt für Volksgesundheit sowie die Durchführung von »Reihenuntersuchungen«.[103]

Die Deutsche Arbeitsfront wirkte zudem dabei mit, nach einem erfolgreichen Abschluss eines Heilverfahrens dem genesenen Versicherten wieder eine Arbeitsstellte zu vermitteln.[104] Die Vertrauensärzte der Landesversicherungsanstalten wurden außerdem von einigen Landesversicherungsanstalten zum Dienst für die DAF herangezogen, sodass die Verbindung zwischen Rentenversicherung und der größten NS-Organisation weiter gefestigt wurde. Dies besaß für die Träger den Vorteil, dass abgelehnte Rentenbewerber schnell von der DAF betreut und in eine Arbeitsstelle vermittelt werden konnten.[105]

Aber auch auf die Spruchpraxis der Gerichte der Oberversicherungsämter nahm die Deutsche Arbeitsfront Einfluss: Denn die Rechtsbera-

---

102 Gerhard Wagner: Die Ziele der nationalsozialistischen Gesundheitspolitik, in: Deutsches Ärzteblatt 67 (1937), Nr. 39, S. 876-879.
103 Johannes Krohn (Reichsarbeitsministerium), Vermerk, 3.5.1937, BArch R 3901/20644, Bl. 216-221.
104 Auszug aus der Niederschrift über die Tagung der Vertreter des Reichsversicherungsamts und der Träger der Rentenversicherung in Oberschreiberhau am 3.3.1939, 3.3.1939, GLAK 462 Zugang 1994-38/417, Bl. 151b-152.
105 Niederschrift über die Tagung der Vertreter des Reichsversicherungsamts und der Leiter der Träger der Rentenversicherung in Oberschreiberhau vom 3.3.1939, 3.3.1939, GLAK 462 Zugang 1994-38/72, Bl. 303-335, hier Bl. 308.

tungsstellen der DAF lösten die vielen Versichertenverbände ab, die bis 1933 die Rechtsberatung für Versicherte durchgeführt hatten. Die Versicherten, die sich keinen privaten Rechtsbeistand leisten konnten, wandten sich bis dahin an Organisationen wie den »Zentralverband der Arbeitsinvaliden und Witwen Deutschlands«, die »Deutsche Arbeitsopferversorgung e.V.« oder den »Internationalen Bund der Kriegsopfer und der Opfer der Arbeit – Sektion Deutschland«.[106] Kurz nach der Machtübertragung an die Nationalsozialisten hatte sich noch der »Nationalsozialistische Reichsverband der Deutschen Arbeitsopfer« gegründet. Bis 1935 wurden diese Verbände verboten, oder sie verschmolzen, wie die Deutsche Arbeitsopferversorgung, mit der Deutschen Arbeitsfront. In allen Städten des Reiches bildeten sich stattdessen Rechtsberatungsstellen der DAF, an die sich die Versicherten wenden konnten, wenn sie gegen einen negativen Rentenbescheid vorgehen wollten.

Diese Rechtsberatungsstellen genossen einen ausgezeichneten Ruf bei den Versicherungsträgern und den Oberversicherungsämtern. Die Landesversicherungsanstalt Baden hob hervor, dass neben den Versicherungsanstalten, -ämtern und den Bürgermeistern lediglich die Deutsche Arbeitsfront Rentenanträge entgegennehmen dürfe.[107] Auch lud die DAF zu »Gauschulungstagen« ein, die von Beamten der Landesversicherungsanstalten zu besuchen waren.[108] Die enge Verbindung zwischen den Rechtsberatungsstellen der DAF zu den Behörden der Rentenversicherung war vom Gesetzgeber gewollt. Durch Rundschreiben des Reichsversicherungsamtes vom 12. September 1938 wurde den Rechtsberatungsstellen erlaubt, direkt in Kontakt mit den Trägern zu treten, um mit der vorzeitigen Übersendung der Rechtsmittelschrift auf eine gütliche Einigung zur Vermeidung unerwünsch-

---

106 Dies waren die häufigsten Verbände, die die Versicherten in Schwaben aufsuchten, wenn sie einen Rechtsbeistand benötigten. Vgl. Einzelfälle in der Invalidenversicherung des Oberversicherungsamtes Augsburg, StA Augsburg, J 1933-1936.
107 Landesversicherungsanstalt Baden an »Landrat« (Versicherungsamt Karlsruhe), betr. Die Vorbereitung der Rentenanträge, 3.2.1939, GLAK 357/ Nr. 32.732. Dies sollte sich auch im Zweiten Weltkrieg nicht ändern. Vgl. Landesversicherungsanstalt Baden an badische Landräte und Versicherungsämter und die Rechtsberatungsstelle der Deutschen Arbeitsfront, betr. Neue Vordrucke zur Entgegennahme von Hinterbliebenenrentenanträgen, 4.12.1942, GLAK 357/Nr. 32.732.
108 Hugo Schäffer (Reichsversicherungsamt) an alle Rentenversicherungsträger, betr. DAF-Schulungen, 2.4.1936, BArch R 89/7087, Bl. 26.

ter Rechtsstreitigkeiten mit dem Träger hinzuarbeiten.[109] Tatsächlich hat sich dieses Vorgehen in den meisten Fällen bewährt.[110]

Vor allem die Oberversicherungsämter begrüßten diese Zusammenarbeit sehr. Als sich im Zuge des Aufbaugesetzes die Beiräte neu bildeten, veranstaltete das Sozialamt der Deutschen Arbeitsfront Schulungskurse, an denen auch Beamte der Oberversicherungsämter teilnahmen. Den Rechtsberatungsstellen der DAF wurde dabei vor allem zugutegehalten, dass sie scheinbar aussichtslose Rentengesuche von vornherein unterbanden. Das Oberversicherungsamt Würzburg lobte: Die »Gaurechtsberatungsstelle der Deutschen Arbeitsfront [ist] in erfolgreicher Weise bemüht [...] aussichtslose und ungerechtfertigte Berufungen nach Möglichkeit zu verhindern. Besonders dankenswert wird es empfunden, daß die Gaurechtsberatungsstelle der Deutschen Arbeitsfront die beteiligte Kammer im Kampfe gegen die Rentenneurotiker und Rentenhysteriker unterstützt.« Das Oberversicherungsamt Speyer wusste 1935 zu berichten, dass sich die Zusammenarbeit mit der Deutschen Arbeitsfront als »sehr angenehm gestaltete«. Das Würzburger Oberversicherungsamt sprach sich 1938 wegen der guten Zusammenarbeit mit den Rechtsberatungsstellen sogar dafür aus, dass das Reichsarbeitsministerium eine Vorschrift erlassen solle, wonach »Berufungen gegen die Bescheide der Versicherungsträger nur durch Vermittlung der Arbeitsfront eingelegt werden dürfen«. Gleichzeitig wunderten sich manche Oberversicherungsämter über die geringe Zahl der Versicherten, die die Rechtsberatungsstellen der DAF aufsuchten. Nur etwa ein Viertel aller klagenden Versicherten baten 1935 im Bezirk des Oberversicherungsamtes Augsburg die Rechtsberatungsstellen der DAF um Rat. Noch 1938 hielt das Oberversicherungsamt Augsburg fest, dass die Rechtsberatungsstellen nur sehr spärlich von den Versicherten frequentiert würden.[111]

Allerdings waren die Rechtsberatungsstellen besser als ihr Ruf, denn es lässt sich keineswegs sagen, dass die Erfolgsquote von Versicherten, die sich an die Deutsche Arbeitsfront wandten, deutlich schlechter war – sofern sie männlichen Geschlechts waren. In den untersuchten Einzelfällen der Spruchkammern der Oberversicherungsämter Frei-

---

109 Verzögerung der Weitergabe von Rechtsmittelschriften durch die Versicherungsträger, RABl. IV (1938), S. 396.
110 Vgl. dazu die Ausführungen des Oberversicherungsamtes Augsburg vom 2.7.1941 in der Streitsache Wucherer gegen die Landesversicherungsanstalt Schwaben, StA Augsburg, J 1940-1948.
111 Siehe für alle Angaben die Sammlung von Geschäftsberichten des Oberversicherungsamtes Augsburg, StA Augsburg.

burg, Konstanz, München und Augsburg ergab sich eine Erfolgsquote von 43% für Versicherte, die sich von der DAF vertreten ließen. Ohne die Vermittlung durch die DAF stieg diese Quote lediglich auf 45%, blieb also nahezu unverändert. Allerdings gibt es sehr wohl eine Auffälligkeit: Von der Deutschen Arbeitsfront betreute Frauen hatten wesentlich schlechtere Chancen auf eine erfolgreiche Berufung (nur eine Erfolgsquote von 38% – bei einer allgemeinen Erfolgsquote von 49% für Frauen). Vor allem Männer profitierten also von der Rechtsberatung der DAF: Ihre Erfolgschancen stiegen von 40% (ohne DAF-Rechtsberatung) auf 48% (mit DAF-Rechtsberatung). Über die Gründe dafür lässt sich nur spekulieren. Offenbar betrachteten sich die DAF-Rechtsberatungsstellen ideologisch vor allem als Verteidiger der »männlichen Opfer der Arbeit«, während Frauen im Weltbild von DAF-Funktionären nicht in sozialversicherungspflichtigen Berufen arbeiten sollten, sondern vor allem den klassischen Rollenbildern als Mutter und Hausfrau zu entsprechen hatten.

Zwei Aspekte sind hier hervorzuheben: Die Führung der Deutschen Arbeitsfront hat in den 1930er-Jahren ausdauernd versucht, die Verantwortung über die Sozialversicherung vom Reichsarbeitsministerium zu übernehmen. Möglicherweise erklärt dies indirekt die Sozialversicherungsgesetzgebung des Ministeriums, seine Einflussmöglichkeiten bei den Trägern zu erhöhen. Damit konnte das Ministerium demonstrieren, dass es den »Zeitgeist« aufgenommen und die Handlungsfähigkeit in einem beinahe »bankrotten« Sozialversicherungszweig wiedererlangt hatte. Gleichzeitig profitierten die Sozialversicherungsbehörden auf der unteren Ebene von der Deutschen Arbeitsfront, da sie die Zusammenarbeit mit den Rechtsberatungsstellen als Gewinn für ihre Verwaltungstätigkeit betrachteten, weil diese »scheinbar aussichtlose« Rentenverfahren unterbanden.

5. Rechtliche und organisatorische Folgen der Umstrukturierung

Mit dem Aufbaugesetz hat das Reichsarbeitsministerium nicht initial – wie vielfach angenommen wurde – die Selbstverwaltung der Träger abgeschafft, das »Führerprinzip« eingeführt, sozial- und deutschdemokratische Leiter entfernt und die aus Arbeitnehmer- und Arbeitgebervertretern bestehenden Organe aufgelöst. Das Aufbaugesetz erbrachte zwar diese Regelungen, jedoch legalisierte das Reichsarbeitsministerium damit lediglich das, was bereits seit April 1933 in den Landesversicherungsanstalten durch die einberufenen »Kommissare« Realität war. Eine Stärkung des Vorstandes, wie es im Herbst 1933 der Reichsverband Deutscher Landesversicherungsanstalten gefordert hatte, als diesem das alleinige Recht für die Abnahme des Voranschlags eingeräumt werden sollte, setzte das Reichsarbeitsministerium nur schleppend um. Die Neuorganisation der Landesversicherungsanstalten war vom Ministerium durchaus weitreichender geplant, als es schließlich im Aufbaugesetz verwirklicht wurde. Genuine Bedeutung besaß das Gesetz vor allem durch die in den Folgeverordnungen eingebrachten gesundheitspolitischen Aspekte. Die Übertragung des Vertrauensärztlichen Dienstes von den Krankenkassen auf die Landesversicherungsanstalten reihte sich in die Zentralisierung des Begutachtungswesens ein, die bereits seit 1932 vom Reichsversicherungsamt verfolgt worden war. Diese Veränderungen bildeten die Grundlage der Weichenstellung in der Rentenversicherungspolitik durch das Reichsarbeitsministerium im »Dritten Reich«, verstärkt wurden die gesundheitspolitischen Ziele des Regimes unterstützt. Die Deutsche Arbeitsfront spielte hierbei mit ihrem umfassenden Apparat eine wesentliche Rolle.

Diese Weichenstellung, die auch durch die stärkeren Aufsichtsbefugnisse des Ministeriums möglich wurde, ist von den Trägern teilweise recht kritisch aufgenommen worden. Verstärkt lassen sich ab 1935 Tendenzen ausmachen, wonach die Rentenversicherungsträger nicht mehr ausschließlich für ihre Versicherten oder deren Angehörige zuständig waren, sondern einer Entkopplung ihrer staatlichen und freiwilligen Aufgaben zusehen mussten. Durch die Aufnahme von nicht versicherten Personen in ihre Heilanstalten wurde den Trägern die Entscheidungsbefugnis über ihre freiwilligen Aufgaben genommen. Dies ermöglichte die Heranziehung der Träger für die gesundheitspolitischen Ziele des Regimes. Durch die Sanierungs- und Aufbaugesetzgebung sicherte sich das Reichsarbeitsministerium jenen Einfluss auf die Verwaltungstätigkeit und Organisation der Träger, die es zur Verfolgung eigener Ziele benötigte.

Die Versuche der Träger, sich dieser Indienstnahme zu verwehren, scheiterten. Selbst auf der Verbandstagung des Dachverbandes wandten sich die Träger öffentlich gegen die gesundheitspolitischen Bestrebungen des Regimes. Auch die Reihen- und Jahrgangsuntersuchungen, die sie im Auftrag der Deutschen Arbeitsfront zu finanzieren hatten, wurden vom Ministerium nicht gestoppt – im Gegenteil, gegenüber Robert Ley betonten die betreffenden Beamten die Rolle der Sozialversicherung für die gesundheitspolitischen Belange. Die Mitwirkung der DAF bei der Durchführung der Verfahren vor den Gerichten der Sozialversicherung hingegen begrüßten Träger und Behörden gleichermaßen. Dabei zeigen die betreffenden Spruchakten, dass eine Vertretung durch die Rechtsberatungsstellen der Deutschen Arbeitsfront – zumindest bei den männlichen Versicherten – keine Nachteile nach sich zog.

IV. Die Forcierung des Arbeitseinsatzes und Einschränkungen der Versichertenrechte, 1936-1941

1. Der Vertrauensärztliche Dienst

Die gesundheitspolitischen Maßnahmen waren vor allem dazu gedacht, den Arbeitseinsatz so weit wie möglich zu unterstützen. Dem Vertrauensärztlichen Dienst, der durch das Aufbaugesetz und die dazugehörigen Durchführungsverordnungen bei den Landesversicherungsanstalten installiert worden ist, kam dabei eine bedeutsame Stellung zu. Die in dieser Hinsicht unterschiedlichen Verwaltungspraktiken der Träger sollten durch eine zentrale, steuerbare Instanz ersetzt werden. Dies war natürlich mit Kosten verbunden. Die Einrichtung neuer Abteilungen bei den Rentenversicherungsträgern mit Vertrauensärzten und Personal war zu Beginn des Jahres 1935 beschlossen worden. Die konkrete Ausgestaltung beanspruchte noch etwas mehr Zeit. Der Reichsverband Deutscher Landesversicherungsanstalten stand dieser Entwicklung aufgeschlossen gegenüber:

»Wenn der Krankenkassenverband immer nur den Gesichtspunkt der Kosten in den Vordergrund stellt, so muß uns leiten der viel wichtigere Gesichtspunkt, der für alles entscheidend ist, nämlich der Gesichtspunkt einer einheitlichen Gesundheitsfürsorge im Sinne des Dritten Reiches. [...] Das ist der Ausgangspunkt gewesen, von dem aus der vertrauensärztliche Dienst in unsere Hände gelegt worden ist und von dem aus der den einzelnen Kassen aus den Händen genommen worden ist. Er ist den einzelnen Kassen nicht weggenommen worden, weil hier und dort ein Herr-im-Hause-Standpunkt gegenüber den Ärzten vertreten worden ist, welcher den einzelnen Kassenarzt in eine unwürdige Abhängigkeit brachte, sondern darüber hinaus ist der grundsätzliche Gesichtspunkt maßgebend gewesen, daß der Arzt seine Ausrichtung auf das Ganze haben sollte, und daß der gesamte vertrauensärztliche Dienst von einem einheitlichen Willen geleitet und eingerichtet werden sollte.«

Auch die Auswahl der Vertrauensärzte hatte sich dem zu beugen: Es komme »nur ihre fachliche Eignung d.h. neben fachlichem Können ihr Verständnis für die gesundheitspolitischen Ziele des nationalsozialistischen Staates in Betracht«.[1]

Indessen arbeitete das Reichsarbeitsministerium weiter daran, den Vertrauensärztlichen Dienst zu vereinheitlichen. Im Juli 1936 erließ es über das Reichsversicherungsamt die »Bestimmungen über Anstellung, Besoldung und Dienstverhältnis« der Vertrauensärzte.[2] Zudem erließ es allgemeine Dienstanweisungen, die im Januar 1939 von der Gemeinschaftsstelle der Landesversicherungsanstalten beim Reichsversicherungsamt modifiziert worden sind. Zu den Aufgaben des Vertrauensärztlichen Dienstes zählten etwa die Nachuntersuchung von Arbeitsunfähigen, die Nachuntersuchung auf Antrag des behandelnden Arztes, die Begutachtung von Anträgen auf Einweisung in ein Krankenhaus oder eine Heilstätte, die Überwachung der Dauer der Krankenhauspflege sowie die Überprüfung des Krankenstandes.[3] Die umfangreichen Vollmachten des Vertrauensärztlichen Dienstes ergaben sich aus seiner Bedeutung für den Arbeitseinsatz. Das Reichsarbeitsministerium hatte hier vor allem die Krankenversicherung im Blick, denn tatsächlich wurde der Vertrauensärztliche Dienst hauptsächlich für die Senkung des Krankenstandes in den Betrieben aufgebaut und nicht unbedingt für die Begutachtung in der Invalidenversicherung. Allerdings – so sollte sich bald zeigen – ergaben sich aufgrund des bald herrschenden Ärztemangels keine klaren Abgrenzungen mehr in der Begutachtung von Kranken- oder Rentenversicherten. Einige Anstalten nutzten die eigene »Abteilung Krankenversicherung« in Personalunion für die Kranken- und Invalidenversicherten.[4] Die Übertragung auf die Landesversicherungsanstalten hatte vor allem den Zweck, einen zentralen Zugriff zu ermöglichen, da es bedeutend weniger Landesversicherungsanstalten als Krankenkassen gab. Dies zeigte sich schon bei

1 Reichsverband Deutscher Landesversicherungsanstalten, Niederschrift über die Verhandlungen des Verbandstages des Reichsverbandes Deutscher Landesversicherungsanstalten in Dresden am 24. Juni 1936, 24.6.1936, GLAK 462 Zugang 1994-38/500, Bl. 29.
2 Hugo Schäffer (Reichsversicherungsamt) an alle Versicherungsträger, betr. Bestimmungen über Anstellung, Besoldung und Dienstverhältnisse der Vertrauensärzte vom 15. Juli 1936, 15.7.1936, BArch R 89/5260, Bl. 173-175.
3 Ausschuss der Gemeinschaftsstelle der Landesversicherungsanstalten beim Reichsversicherungsamt, betr. Dienstanweisung für den vertrauensärztlichen Dienst, 27.1.1939, BArch R 89/5265, Bl. 253-261; sowie Ausschuss der Gemeinschaftsstelle der Landesversicherungsanstalten beim Reichsversicherungsamt, betr. Entwurf. Dienstanweisung nach Abschnitt III Nr. 1 der Bestimmungen, 26.10.1936, BArch R 3901/20604, Bl. 80-84.
4 Tennstedt: Sozialgeschichte der Sozialversicherung, S. 475.

der Auswahl der Vertrauensärzte, die, nach den erlassenen Richtlinien, eigentlich die Träger selbst vorzunehmen hatte. In der Praxis übernahm allerdings das Reichsversicherungsamt, in Absprache mit dem Reichsarbeitsministerium, die Auswahl der Vertrauensärzte.[5]

Die Landesversicherungsanstalt Baden arbeitete bereits ab August 1935 nach dem Prinzip, dass der Vertrauensärztliche Dienst sowohl für die Krankenversicherten als auch für die Invalidenversicherten zur Begutachtung herangezogen wurde. Damit nahm die Landesversicherungsanstalt Baden eine Anregung des »Ständigen Ausschusses der Landesversicherungsanstalten beim Reichsversicherungsamt« auf, der den Trägern auf einer Tagung in Münster im Juni 1935 empfahl, dass bei den verschiedenen örtlichen Versicherungszweigen der Sozialversicherung möglichst dieselben Ärzte zu Vertrauensärzten bestellt werden sollten. Dies besaß auch durchaus Einsparpotenziale: Da die Gesundheitsämter, die die Begutachtungen für die Invalidenversicherung durchführten, Gebühren für ihre Tätigkeit erhoben, sollten diese nun durch vermehrte Nutzung des »internen« ärztlichen Dienstes (also der Vertrauensärzte) eingespart werden.[6] Dies wurde allerdings nicht überall in gleicher Weise angewandt. Die Landesversicherungsanstalt Mainfranken etwa ließ den Großteil der Rentenbewerber über die Gesundheitsämter begutachten, während der Vertrauensärztliche Dienst dafür nur vereinzelt in Anspruch genommen wurde.[7]

Das Reichsarbeitsministerium hingegen besaß klare Vorstellungen, zu welchen Zwecken der Vertrauensärztliche Dienst herangezogen werden sollte. Im Februar 1939 betrachtete es den gesteigerten Krankenstand als »bedrohlich«, dem trotz aller »Gegenmaßnahmen« nicht beizukommen schien. Der Vertrauensärztliche Dienst sei daher so umzugestalten, dass Versicherte, die sich arbeitsunfähig meldeten, sofort nachzuuntersuchen seien. Das Reichsversicherungsamt solle daher Sorge tragen, dass bei den Landesversicherungsanstalten nebenamtliche Vertrauensärzte eingestellt würden, die die zusätzlichen Untersu-

---

5 Vgl. die Geschehnisse im Reichsversicherungsamt, Vermerk, betr. Auswahl der Vertrauensärzte, 5.11.1936, BArch R 89/9321, Bl. 38.
6 Landesversicherungsanstalt Baden, Abteilung Krankenversicherung, an Rausch (Landesversicherungsanstalt Baden), betr. Zusammenarbeit mit der Abteilung Invalidenversicherung, hier insbesondere: 1. Regelung des vertrauensärztlichen Dienstes, 2. Prüfung der Geschäfts-, Rechnungs- und Betriebsführung der Krankenkassen, 16.8.1935, GLAK 462 Zugang 1994-38/7, Bl. 113-115.
7 Quarck (Landesversicherungsanstalt Mainfranken) an Landesarbeitsamt Bayern, betr. Gutachtenserteilung, 7.9.1938, DRV RfA-Archiv/Aktenordner »Nr. 34«.

chungen durchführen sollten.⁸ Später konkretisierte das Reichsarbeitsministerium seine Vorgaben: Auf 25 000 Versicherte in einem Gebiet solle ein Vertrauensarzt kommen. Die Umsetzung dieser Vorgabe erschien jedoch mitunter schwierig: Es war den Trägern oftmals nicht möglich, weitere Vertrauensärzte für die Anstalt zu gewinnen, sodass man sich mit der Maßnahme begnügen müsste, vermehrt »Jungärzte« auszubilden, die zwar nicht die nötige Erfahrung besaßen, dafür die Möglichkeit boten, »sich einen wirklich interessierten, sachlich vorgebildeten Stamm von Vertrauensärzten zu schaffen«.⁹

Das Reichsarbeitsministerium wollte freilich nicht so lange warten, bis neue Ärzte ihre Ausbildung abgeschlossen hatten. Nur zwei Wochen nach dem Überfall des Deutschen Reiches auf Polen erneuerte das Ministerium seine Anordnung an die Träger, für eine ausreichende Anzahl an Vertrauensärzten zu sorgen. Auf Anregung des Hauptamts für Volksgesundheit sollte etwa die Möglichkeit erwogen werden, Betriebsärzte als nebenamtliche Vertrauensärzte einzustellen.¹⁰ Die vermehrte Zusammenarbeit zwischen Betriebs- und Vertrauensärzten sollte das Reichsarbeitsministerium allerdings erst im Oktober 1941 anordnen.¹¹ In Absprache mit dem Leiter der Parteikanzlei und dem Reichsgesundheitsführer verfügte das Reichsarbeitsministerium, dass die strikte Trennung von Betriebsärzten und Vertrauensärzten in »Ausnahmefällen« aufgehoben werden könne: Auf Antrag der Landesversicherungsanstalten und mit einer Genehmigung vom DAF-Amt »Gesundheit und Volksschutz« konnten Betriebsärzte nebenamtlich vertrauensärztliche Tätigkeiten übernehmen – wie auch umgekehrt: Vertrauensärzte erhielten ebenfalls die Möglichkeit, als nebenamtliche Betriebsärzte tätig zu sein.¹² Um die Landesversicherungsanstalten zudem stärker zu überwachen und auf die genannten Maßnahmen hinzuwirken, ernannte das Reichsarbeitsministerium Dr. Otto Walter,

8 Hans Engel (Reichsarbeitsministerium) an Reichsversicherungsamt, betr. Vertrauensärztlicher Dienst, 4.2.1939, BArch R 89/5265, Bl. 183.
9 Niederschrift über die Tagung der Vertreter des Reichsversicherungsamts und der Leiter der Träger der Rentenversicherung in Oberschreiberhau vom 3. März 1939, 3.3.1939, GLAK 462 Zugang 1994-38/72, Bl. 303-335.
10 Reichsarbeitsministerium an Reichsversicherungsamt, betr. Durchführung des vertrauensärztlichen Dienstes in der Krankenversicherung, 21.9.1939, BArch R 89/5265, Bl. 201.
11 Vgl. Erlass des Reichsarbeitsministeriums »Vertrauensärzte und Betriebsärzte« vom 16.10.1941, RABl. II (1941), S. 414.
12 Vgl. G. Anders: Betriebsarzt und Sozialversicherung, in: Zentralblatt für Reichsversicherung und Reichsversorgung 15/16 (1942), S. 163-166.

den Leiter der Abteilung Vertrauensärztlicher Dienst beim Reichsleiter der Kassenärztlichen Vereinigung Deutschlands, zum »Sonderbeauftragten für den vertrauensärztlichen Dienst«.[13]

Der Vertrauensärztliche Dienst fungierte in erster Linie für die Begutachtung in der Krankenversicherung,[14] obwohl ihn das Reichsarbeitsministerium organisatorisch bei den Rentenversicherungsträgern ansiedelte. Die Begutachtung der Rentenversicherten erfolgte teilweise allerdings auch durch den Vertrauensärztlichen Dienst, der neben den Fachärzten, Allgemeinmedizinern und Krankenhäusern herangezogen wurde. Genaue Zahlen über den Anteil der jeweiligen Ärzte bei der Begutachtung der Invalidenversicherten sind nicht zu ermitteln. Noch zu Beginn des »Dritten Reiches« waren die Fachärzte und Allgemeinmediziner die häufigsten Gutachter, zu weiteren Untersuchungszwecken wiesen die Träger die Rentenbewerber auch in Kliniken ein. Der Vertrauensärztliche Dienst wirkte aber vor allem als regulierende Instanz. In Betrieben mit besonders hohen Krankmeldungen wurde er ebenso eingesetzt wie später bei Landesversicherungsanstalten mit einer hohen Invalidisierungsrate. Den höchsten Stand seiner Gutachtertätigkeit erreichte der Vertrauensärztliche Dienst im Zweiten Weltkrieg, als der immer gravierendere Ärztemangel zu einer weiteren Zentralisierung der Gutachtertätigkeit in den Städten führte.

2. Aus der Praxis der Rechtsprechung

Die verschärfte Begutachtungspraxis war nicht nur auf den Vertrauensärztlichen Dienst beschränkt. In vielen Einzelfällen haben auch andere Begutachter, etwa Fachärzte, Gesundheitsämter oder Krankenhäuser, mit äußerst restriktiven Beurteilungen den Versicherten Rentenansprüche verwehrt. Vor allem das Reichsversicherungsamt ist für eine verschärfte Begutachtungspraxis eingetreten. Als das Oberversicherungsamt Freiburg im Mai 1936 dem Maler und Lackierer Georg Heil recht gegeben hat, als dieser gegen einen ablehnenden Rentenbescheid klagte, legte die Landesversicherungsanstalt Baden Revision beim Reichsversicherungsamt ein. Auch wenn die Versi-

---

13 Reichsarbeitsministerium an Reichsversicherungsamt, betr. Durchführung des vertrauensärztlichen Dienstes in der Krankenversicherung, 21.9.1939, BArch R 89/5265, Bl. 201.

14 Vgl. Winfried Süß: Der Volkskörper im Krieg. Gesundheitspolitik, Gesundheitsverhältnisse und Krankenmord im nationalsozialistischen Deutschland 1939-1945, München 2003.

cherten deutlich häufiger die gegebenen Rechtsmittel einlegten, so konnten dies selbstverständlich auch die Rentenversicherungsträger tun – wenn sie ein Urteil des Oberversicherungsamtes anfechten wollten. Das Oberversicherungsamt Freiburg, also die erste Instanz, die von Georg Heil angerufen worden ist, verurteilte die Landesversicherungsanstalt Baden zur Zahlung der Rente, weil ihn das Freiburger Arbeitsamt »mit Rücksicht auf seinen Gesundheitszustand« nicht mehr für vermittlungsfähig hielt. Gegen diese Begründung legte nun die Landesversicherungsanstalt Baden – erfolgreich – Revision ein. Die Anstalt argumentierte, dass die Universitätsklinik Freiburg nur eine Erwerbsminderung von 50% annahm und der Versicherte »noch leichte Arbeiten, wie Büroarbeiten, Aufseherposten und dergl. ausführen« könne. Weiter schrieb das Reichsversicherungsamt in seiner Urteilsbegründung:

>»Die Frage der Arbeitsgelegenheit, von der das Arbeitsamt bei seiner Auskunft ausgeht, hat nichts mit der Frage der Invalidität zu tun […]. Das Oberversicherungsamt hätte, wenn es sich dem Gutachten der Mediz. Universitätsklinik Freiburg nicht anschliessen konnte, noch weitere Ermittlungen anstellen und insbesondere prüfen müssen, welche Beschäftigungen für den Kläger noch in Frage kommen und ob er durch sie das für ihn in Frage kommende Lohndrittel zu verdienen vermag.«[15]

Tatsächlich war die Frage der Beziehung zwischen den allgemeinen Chancen auf dem Arbeitsmarkt und dem Invaliditätsbegriff in der Invalidenversicherung ein ständiger Anlass für Diskussionen und Beurteilungen unterschiedlichster Akteure der Sozialversicherung.[16] Zuletzt hatte das Reichsversicherungsamt im Jahre 1935 diese Frage dahingehend ausgelegt, dass die individuellen Chancen auf dem Arbeitsmarkt und die dortigen Verhältnisse nicht in die Beurteilung

---

15 Reichsversicherungsamt, Urteil des Reichsversicherungsamtes in der Invalidenrentensache des Georg Heil, 18.6.1936, StA Freiburg, D 161/2/125.
16 So schlug der Leiter der Landesversicherungsanstalt Württemberg nur kurz nach der Veröffentlichung des Sanierungsgesetzes im Rahmen eines Verbandstreffens des Reichsverbandes Deutscher Landesversicherungsanstalten vor, die Arbeitsmarktlage künftig zu berücksichtigen, da die »Wettbewerbsfähigkeit« nicht außer Acht gelassen werden sollte. Vgl. Reichsverband Deutscher Landesversicherungsanstalten, Niederschrift der Verhandlung der Verbandsmitglieder, 12.12.1933, BArch R 40/84.

AUS DER PRAXIS DER RECHTSPRECHUNG

der Invalidität einfließen dürften.[17] So gesehen handelte das Reichsversicherungsamt in diesem Fall durchaus nach den eigenen Auslegungen des Sozialversicherungsrechts. Die Episode illustriert auch vielmehr die verschärfte Begutachtungspraxis in der Rentenversicherung, die sogar über das eh schon strenge Urteil der Arbeitsämter hinausging, die sich besonders intensiv um jegliche erdenkliche Arbeitskraft bemühten.[18] Von den Oberversicherungsämtern wurde der Grundsatz, dass die Lage des Arbeitsmarkts für die Beurteilung der Invalidität keine Rolle spielen dürfte, allerdings nicht durchgehalten. Sie sind nicht nur von der Frage ausgegangen, ob der Versicherte seine Arbeitskraft in gegenwärtigen Lage des Arbeitsmarktes noch einsetzen kann; sondern sie haben in ihren Urteilen die Anforderungen des Arbeitseinsatzes in besonderem Maße berücksichtigt, wie Urteile aus der Spruchpraxis belegen.

Als die Landesversicherungsanstalt Baden etwa im Februar 1938 dem 56-jährigen Knecht Julius Danner die Invalidenrente entzog, die er seit Mai 1917, also seit über 20 Jahren, aufgrund Taubheit und einer geistigen Erkrankung erhielt, so begründete sie dies mit einer »wesentlichen Besserung des Zustandes«, die vom staatlichen Gesundheitsamt attestiert worden sei. Der Invalidenrentner legte vor dem Oberversicherungsamt Konstanz Berufung ein, welches ihn allerdings abwies. Allein die Begründung dafür lässt aufhorchen: »Bei der jetzt und in Zukunft besonders gesteigerten Nachfrage nach Arbeitskräften jeder Art kann auf einen körperlich leistungsfähigen landwirtschaftlichen Arbeiter nicht verzichtet werden.« Das Reichsversicherungsamt war über diesen Vorgang informiert: Danner legte Revision ein, erhielt aber auch hier kein Recht zugesprochen.[19] Wenn es darum ging, dem Arbeitsmarkt dringend benötigte Kräfte hinzuzufügen, so spielte die

17 Einer sechsfachen Mutter, die »in einem heruntergekommenen Zustand war«, wurde die Rente genau aufgrund dieser Auslegung nicht gewährt. Es wurde zwar allgemein anerkannt, dass sie auf dem Arbeitsmarkt keine Chance mehr habe, dennoch verneinten die ärztlichen Gutachter Invalidität im Sinne des Gesetzes. Das Reichsversicherungsamt betonte zwar, dass im »neuen Staat« die Mutter mehr geschätzt werden solle, dennoch seien die Gesetze möglichst »streng auszulegen«. Vgl. Reichsversicherungsamt: Über den Begriff der Invalidität. Das geltende Recht ist auch nach der Staatsumwälzung anzuwenden, in: Entscheidungen und Mitteilungen des Reichsversicherungsamts 35 (1935), S. 339-343.
18 Vgl. Marx: Arbeitsverwaltung und Organisation der Kriegswirtschaft.
19 Berufungssache vor dem Oberversicherungsamt Konstanz, Julius Danner gegen die Landesversicherungsanstalt Baden, StA Freiburg, D 161/2, Oberversicherungsamt Konstanz, Nr. 129.

Auslegung des Reichsversicherungsamtes, dass die Situation auf dem Arbeitsmarkt keine Rolle für die Beurteilung der Invalidität spielen dürfe, offenbar keine Rolle mehr.

Auch haben die Landesversicherungsanstalten ärztliche Gutachten von Haus- und Fachärzten, die die Invalidität bejahten, regelmäßig in Frage gestellt und weitere Gutachten, vor allem in Kliniken, in Auftrag gegeben. Die Urteile bedienten sich dabei sehr häufig einer Sprache, die die Ansprüche der Versicherten als übertrieben und haltlos darstellten. Der Landesvertrauensarzt der Landesversicherungsanstalt Baden bemerkte etwa im September 1936 bei einem 61-jährigen Rentenbewerber:

»Das Hauptleiden besteht in einer nervösen Erschöpfung. Die Zittrigkeit bei Bewegungen, die Aufgeregtheit seines Wesens, seiner Sprache, die Neigung, seine Beschwerden zu übertreiben waren bei der Untersuchung sehr deutlich [...]. Es liegt also keine Invalidität vor. Unsere genauen Untersuchungen haben ergeben, dass keine Herzschwäche vorliegt, wie sie Herr Dr. Wintermantel [der Facharzt des Versicherten, A.K.] annimmt.«[20]

Wenn die Fachärzte Invalidität verneinen, akzeptierte die Landesversicherungsanstalt Baden dies, selbst dann, wenn der betreffende Arzt Zweifel hegte, ob der Versicherte, in diesem Fall ein 67-jähriger Zeitungsausträger, noch erwerbsfähig war: »Ich halte den Mann für schwere und regelmässige Arbeit nicht mehr geeignet. Jedoch kann auch ich bei seiner Betätigung als Zeitungsträger keine Invalidität in Anbetracht seines Schulterleidens erkennen.«[21]

Die Hartnäckigkeit, mit der die Landesversicherungsanstalt Baden Begutachtungen zu widerlegen versuchte, die Invalidität bescheinigten, war bemerkenswert. August Tröndle, ein 55-jähriger Weber, wurde im September 1936 vom ansässigen Krankenhaus eine Erwerbsminderung von 70 % bestätigt, was einen sehr hohen Grad der Erwerbsminderung darstellte. Dies nicht akzeptierend, schaltete der Träger daraufhin seinen Landesvertrauensarzt ein, der durch weitere Untersuchungen die Invalidität schließlich verneinte. Als sich der Versicherte gegen diese Einschätzung zur Wehr setzte, und die DAF-Rechtsberatungsstelle

---

20 Berufungssache vor dem Oberversicherungsamt Konstanz, Nikolaus Dufner gegen die Landesversicherungsanstalt Baden, StA Freiburg, D 161/2, Oberversicherungsamt Konstanz, Nr. 111.
21 Berufungssache vor dem Oberversicherungsamt Konstanz, Friedrich Odenwälder gegen die Landesversicherungsanstalt Baden, StA Freiburg, D 161/2, Oberversicherungsamt Konstanz, Nr. 113.

AUS DER PRAXIS DER RECHTSPRECHUNG

Konstanz mit dem Fall betraute, entschied sich die Landesversicherungsanstalt Baden für eine erneute Untersuchung beim staatlichen Gesundheitsamt. Dieses urteilte: »Wenn man allgemein für den Verlust eines Beins mit Verlust des Knies eine Erwerbsminderung von 60-75 % annimmt, kann man in dem vorliegenden Falle die verbliebene Arbeitsfähigkeit mit 30 % ansetzen. Invalidität besteht daher nach wie vor.« Der Verlust eines Beines eines Webers war für die Anstalt also nicht ausreichend, um eine Invalidenrente zu gewähren. Selbst nach der Einschätzung des Gesundheitsamtes stellte sich der Träger auf den Standpunkt, dass keine Invalidität vorliege, so wie es der Vertrauensarzt angegeben habe. Daraufhin zog der Versicherte vor das Oberversicherungsamt Konstanz und erschien dort persönlich: »Zu der mündlichen Verhandlung ist Tröndle persönlich erschienen, sodass die Spruchkammer die Möglichkeit hatte, sich über die dem Tröndle verbliebene Arbeitskraft und seine Einsatzfähigkeit auf dem allgemeinen Arbeitsfeld selbst ein Urteil zu bilden.« Das Oberversicherungsamt erkannte auf Invalidität. Die Landesversicherungsanstalt Baden akzeptierte auch dieses Urteil nicht und legte Revision beim Reichsversicherungsamt ein. Erst als dieses die Invalidität bestätigte, gab die Anstalt auf und nahm die Rentenauszahlung auf.[22]

Ein solches Vorgehen war keineswegs die Ausnahme. Selbst in Fällen, in denen ein Vertrauensarzt die Invalidität bestätigt hatte, versuchte die Landesversicherungsanstalt Baden weitere Gutachten, die in ihrem Sinne waren, einzuholen.[23] Die Begutachtungen der Ärzte, die Ausführungen der Träger oder die Urteile der Gerichte enthielten teilweise Ausdrücke und Formulierungen, in denen die Rentenversicherten als »Hypochonder« oder »Neurotiker« dargestellt wurden. Einem Versicherten ließ sich etwa »einwandfrei nachweisen, dass [er] seine Beschwerden übertreibt«.[24] Der begutachtende Arzt einer 54-jährigen Versicherten hatte »den Eindruck, daß die von Natur schwächliche Frau dennoch in der Lage ist, leichte bis mittelschwere Hausarbeiten zu verrichten und daß eine wohl hauptsächlich durch den Ehemann

22 Berufungssache vor dem Oberversicherungsamt Konstanz, August Tröndle gegen die Landesversicherungsanstalt Baden, StA Freiburg, D 161/2, Oberversicherungsamt Konstanz, Nr. 116.
23 Berufungssache vor dem Oberversicherungsamt Konstanz, Elisabeth Trippel gegen die Landesversicherungsanstalt Baden, StA Freiburg, D 161/2, Oberversicherungsamt Konstanz, Nr. 117.
24 Berufungssache vor dem Oberversicherungsamt Konstanz, Ludwig Düwel gegen die Landesversicherungsanstalt Baden, StA Freiburg, D 161/2, Oberversicherungsamt Konstanz, Nr. 119.

hervorgerufene Rentensucht besteht«.²⁵ Ein 49-jähriger Versicherter »macht den Eindruck einer weichen Persönlichkeit, die dazu neigt, Beschwerden, denen noch kein eigentlicher Krankheitswert zukommt, in ihren Auswirkungen auf die Leistungsfähigkeit zu überschätzen«.²⁶ Eine 47-jährige Köchin, die vier Jahre Leistungen aus der Invalidenversicherung bezogen hatte, wurde vom Vertrauensarzt wieder als erwerbsfähig betrachtet: »Hinsichtlich der Schmerzen im rechten Fuss übertreibe Klägerin außerordentlich; dadurch werde Invalidität sicher nicht hervorgerufen. In der Hauptsache handle es sich um Psychopathie.«²⁷ Vielen Versicherten wurde »Rentenneurose«²⁸ oder »Simulantentum«²⁹ vorgeworfen, eine Vielzahl von Berufungen wurde aufgrund der Erfordernisse des Arbeitseinsatzes zurückgewiesen.³⁰

Einem 43-jährigen Versicherten wurde im Jahre 1932 eine Invalidenrente zugesprochen, da er auf dem linken Auge blind war, und auf dem rechten Auge nur noch eine Sehkraft von 40% besaß. Die Landesversicherungsanstalt entzog ihm im September 1937 aufgrund des §24 des Aufbaugesetzes die Invalidenrente, nachdem der Entzug einer Rente auch dann möglich war, wenn sich in den Verhältnissen des Versicherten keine wesentliche Verbesserung ergeben habe. Der betreffende Arzt stufte in der Nachuntersuchung die Erwerbsminderung auf nur 50% ein. Das Oberversicherungsamt glaubte aber nicht, dass der Versicherte erwerbsfähig war und verurteilte die Landesversicherungsanstalt Baden zur Zahlung der Rente. In der anschließenden Revision, die die Landesversicherungsanstalt beantragt hatte, gab das Reichsversicherungsamt dem Versicherten im März 1938 recht, allerdings nur, weil die Wirkung des §24 am 31. Dezember 1937 außer Kraft getreten war, und das Urteil des Oberversicherungsamtes am

25 Berufungssache vor dem Oberversicherungsamt Konstanz, Christina Öhl gegen die Landesversicherungsanstalt Baden, StA Freiburg, D 161/2, Oberversicherungsamt Konstanz, Nr. 122.
26 Berufungssache vor dem Oberversicherungsamt Konstanz, Franz Duller gegen die Landesversicherungsanstalt Baden, StA Freiburg, D 161/2, Oberversicherungsamt Konstanz, Nr. 136.
27 Berufungssache Zäzilie Eggstein gegen die Landesversicherungsanstalt Schwaben, StA Augsburg, Oberversicherungsamt Augsburg, J 1933-1936.
28 Berufungssache Anna Bergschneider gegen die Landesversicherungsanstalt Oberbayern, StA München, Oberversicherungsamt München.
29 Berufungssache Alois Burgstaller gegen die Landesversicherungsanstalt Oberbayern, StA München, Oberversicherungsamt München.
30 Vgl. Berufungssachen von Alois Attenberger, Anton Aumüller, Josef Dorn, Alfred Heinzl, Max Laumer, Maria Wittmann gegen die Landesversicherungsanstalt Oberbayern, StA München, Oberversicherungsamt München.

27. Januar 1938 erfolgte. Nur diesem Umstand verdankte der Kläger die Weiterzahlung der Rente, da sich inzwischen die Rechtsprechung des Reichsversicherungsamtes bei Krankheiten der Augen dahin gewandelt hatte, dass selbst eine völlige Erblindung nicht zur Gewährung einer Invalidenrente genügte, wie das Reichsversicherungsamt selbst feststellte: »Es muss zunächst festgestellt werden, daß selbst bei völliger Erblindung nach Angewöhnung an eine noch zuzumutende Arbeit nach der grundsätzlichen Rechtsprechung des Reichsversicherungsamts eine Invalidenrente nicht zusteht.«[31]

Tatsächlich lassen sich in den Berufungsstreitsachen etliche Urteile finden, in denen der Arbeitseinsatz oder die allgemeinen Verhältnisse des Arbeitsmarktes für die Bewertung der Invalidität eine Rolle spielten, und zwar sowohl in der Hinsicht, dass Arbeitskräfte für den Arbeitseinsatz benötigt würden, aber auch, dass Versicherte aufgrund ihres schlechten Gesundheitszustandes nicht mehr in der Lage seien, eine Arbeitsstelle zu finden. Vor allem die Rechtsberatungsstellen der Deutschen Arbeitsfront haben bei der Verteidigung von Rentenbewerbern die Arbeitsmarktlage in ihrer Argumentation mit den Trägern hervorgehoben. Beispielhaft steht dafür die Streitsache der 50-jährigen Charlotte Dörr, die im Mai 1937 um die Weitergewährung ihrer Invalidenrente nachsuchte, die sie seit 1930 wegen Basedowscher Krankheit und Herzkrämpfen erhielt. Die DAF-Rechtsberatung argumentierte: »Bei der Frage, ob Invalidität vorliegt, sind nicht nur die ärztlichen Gutachten maßgebend, sondern auch die allgemeinen und besonderen Verhältnisse des Arbeitseinsatzes und die wirtschaftlichen und persönlichen Verhältnisse des Versicherten.« Dem entgegnete der Träger in seiner Antwort an die DAF:

> »Nach ständiger Rechtsprechung des Reichsversicherungsamtes muss aber gerade die Frage des allgemeinen wie des besonderen Arbeitseinsatzes bei der Beurteilung der Invaliditätsfrage unberücksichtigt bleiben. Das Gleiche gilt für soziale oder wirtschaftliche Verhältnisse. Ausschlaggebend ist allein die Fähigkeit zum Erwerb unter den in § 1254 RVO näher umschriebenen Bedingungen.«

Das Oberversicherungsamt Konstanz, das schließlich den Streit zwischen Versicherter und Träger entscheiden sollte, folgte der Argumentation der DAF-Rechtsberatung: »Sie [die Versicherte, A.K.] ist daher

---

31 Berufungssache vor dem Oberversicherungsamt Konstanz, Reinhard Dessel gegen die Landesversicherungsanstalt Baden, StA Freiburg, D 161/2, Oberversicherungsamt Konstanz, Nr. 123.

auf dem allgemeinen Arbeitsmarkt nicht mehr in nennenswertem Umfang zu verwenden und muß daher als invalid im Sinne der Reichsversicherungsordnung anerkannt werden.«[32]

Es waren vor allem die Landesversicherungsanstalten, die sich bemühten, die Auslegung des Rentenversicherungsrechtes genauestens zu beachten. Die Oberversicherungsämter hingegen ignorierten diese Auslegung vielfach und berücksichtigten den Arbeitseinsatz in ihren Urteilen. So lassen sich bei den Urteilen der Oberversicherungsämter vielfach Formulierungen wie die folgende vernehmen: »Die Kammer hat aus dem Gutachten des Herrn Dr. Schön in Verbindung mit der gesamten Entwicklung des Falles die Überzeugung erhalten, daß Frau Dreher die Kraft und Energie nicht aufzubringen vermag, die erforderlich wäre, um sich auf dem allgemeinen Arbeitsmarkt durchzusetzen und eine Arbeitsstelle auf die Dauer sachgemäß zu versehen.«[33] Dies war das Ergebnis der vom Reichsarbeitsministerium angestoßenen Veränderung der Rentenversicherung: Sie wurde vielfach mit den Erfordernissen des Arbeitsmarktes bzw. des Arbeitseinsatzes in Verbindung gesetzt und schließlich – vor allem mit Beginn des Krieges – komplett darauf ausgerichtet. Die Möglichkeit der Gewährung einer Invalidenrente reduzierte sich daher einzig auf die Frage, ob der Versicherte im nationalsozialistischen Arbeitseinsatz noch unterzubringen sei oder nicht. Mit Erreichung der Vollbeschäftigung sowie dem infolge der forcierten Aufrüstung eintretenden massiven Arbeitskräftemangel mussten sich diese Parameter zuungunsten der Versicherten verschieben: Je höher der Arbeitskräftemangel desto niedriger die Wahrscheinlichkeit, dass die Oberversicherungsämter und Landesversicherungsanstalten eine Invalidenrente vergaben.[34]

32 Berufungssache vor dem Oberversicherungsamt Konstanz, Charlotte Dörr gegen die Landesversicherungsanstalt Baden, StA Freiburg, D 161/2, Oberversicherungsamt Konstanz, Nr. 125.

33 Berufungssache vor dem Oberversicherungsamt Konstanz, Therese Dreher gegen die Landesversicherungsanstalt Baden, StA Freiburg, D 161/2, Oberversicherungsamt Konstanz, Nr. 128.

34 Diese allgemeine Entwicklung, nämlich dass die Lage des Arbeitsmarktes auf den Begriff der Erwerbsfähigkeit einwirkt, setzte sich nach dem Zweiten Weltkrieg – bis heute – fort. Zwar wurde im Jahre 2000 versucht, das Arbeitsmarktrisiko auf die gesetzliche Arbeitslosenversicherung zurückzuverlagern; dies misslang jedoch. Faktisch trägt die gesetzliche Rentenversicherung daher noch immer einen erheblichen Teil des Arbeitsmarktrisikos, da sie bei der Frage der verminderten Erwerbsfähigkeit die aktuelle Arbeitsmarktlage berücksichtigt. Vgl. Eichenhofer: Handbuch der gesetzlichen Rentenversicherung, S. 458.

Die Verwaltungsvereinfachungen vor Beginn des Zweiten Weltkrieges, die in mehreren Verwaltungsbereichen von der Reichsregierung durchgeführt worden sind, haben ihre Spuren ebenfalls in der Rentenversicherung hinterlassen. Durch eine 1939 erlassene Verordnung wurden die Rechte der Versicherten massiv eingeschränkt.[35] Bereits die große Anzahl an Berufungen belastete die Arbeit der Versicherungsämter. Dabei stellte die Möglichkeit der Berufung lediglich die erste Instanz im Beschwerdeverfahren dar. Die uneingeschränkte Möglichkeit der Revision beim Reichsversicherungsamt, als zweiter und letzter Instanz, vergrößerte die Verwaltungsarbeit in den Behörden nochmals um ein Vielfaches, was diese seit Längerem beklagten. Die Oberversicherungsämter empfahlen bereits seit mehreren Jahren die Entziehung des Rechts der Versicherten auf ein Revisionsverfahren, wenn es sich ausschließlich um die Anerkennung der Invalidität handelte.[36] Diese Impulse griff die Reichsregierung 1939 im Zuge der Gesetztätigkeit über die Verwaltungsvereinfachung schließlich auf, indem sie die Revisionsmöglichkeit massiv einschränkte. Fortan durften nur noch diejenigen Fälle vor dem Reichsversicherungsamt verhandelt werden, bei denen es sich um grundsätzliche Entscheidungen handelte. Auch die Spruchpraxis ab dem Jahre 1940 zeigt dies: In der absolut überwiegenden Mehrzahl der Berufungsfälle der Oberversicherungsämter München und Augsburg wurde das Rechtsmittel der Revision nicht mehr zugelassen. Auch konnten die Vorsitzenden der Spruchkammern, sowohl beim Reichsversicherungsamt als auch bei den regionalen Oberversicherungsämtern, Entscheidungen in den Spruchverfahren von nun an alleine treffen; Arbeitnehmer- und Arbeitgebervertreter waren in den Kammern nicht mehr zugegen. Die vom Reichsarbeitsministerium befürworteten Verwaltungsvereinfachungen lassen sich auf die konkreten Erfahrungen der regionalen Versicherungsbehörden zurückführen.

3. Die vermehrte Überprüfung der Träger

Die umfangreichen Erweiterungen der statistischen Angaben, die die Träger im Zuge der Gesetzgebung zur Sanierung der Invalidenversicherung machen mussten, erlaubten ab Mitte der 1930er-Jahre eine detailliertere Betrachtung der Rentenvergabepraxis durch die Landes-

---

35 Verordnung über die Vereinfachung des Verfahrens in der Reichsversicherung und der Arbeitslosenversicherung vom 28.10.1939, RGBl. I 1939, S. 2110.
36 Vgl. StA Augsburg, Oberversicherungsamt Augsburg, Geschäftsberichte.

versicherungsanstalten. Diese nahm der Arzt Dr. Steinhoff zum Anlass, die teils großen Unterschiede in der Vergabepraxis der Rentenversicherungsträger zu kritisieren. Erstmals 1936 veröffentlichte er einen Aufsatz, der auf die unterschiedliche Vergabepraxis der Träger einging. Dank der erweiterten Statistik, die die Rentenversicherungsträger anzulegen hatten, konnte die Vergabepraxis nun für jede einzelne Anstalt ermittelt werden. Dabei stellte sich heraus, dass die nord- und ostdeutschen Landesversicherungsanstalten die Gewährung von Invalidenrenten wesentlich restriktiver handhabten als die süddeutschen Anstalten. Steinhoff kam zu dem Schluss:

»Endlich wird man sich fragen müssen, ob die Verwaltungspraxis, die zur Bewilligung der Renten führt, in allen Bezirken die gleiche ist. Ganz wesentlich ist u.a. der Maßstab, der an die gesetzlichen Merkmale des Invaliditätsbegriffs gelegt wird. Dieser Maßstab wird in der Hauptsache durch die vertrauensärztliche Begutachtung gefunden; ob er bei allen Landesversicherungsanstalten der gleiche ist, dürfte nicht leicht festzustellen sein.«[37]

Landesrat Fix vom Reichsverband Deutscher Landesversicherungsanstalten versuchte bereits im Dezember 1936, Dr. Steinhoff auf die Verhältnisse bei den Trägern aufmerksam zu machen. Insbesondere die hohe Anzahl von Rentenempfängern in Ostpreußen versuchte er dadurch zu erklären, dass viele Arbeiter aus dem Osten in die westdeutschen Industriereviere zogen, aufgrund der höheren Löhne dort arbeiteten, und dann, beim Eintritt der Invalidität, wieder zurück in die »kalte Heimat«, nach Ostpreußen, gingen. Auch die statistische Erscheinung, dass die Landesversicherungsanstalten in den westlichen Industriebezirken besonders viele relativ junge Invalidenversicherte besaßen, versuchte Fix zu erklären. In den Industriegebieten würden viele Menschen schon in jugendlichem Alter invalide werden, weil sie den »besonders starken Anforderungen – z.B. am Hochofen oder im Walzwerk« nicht gewachsen seien.[38]

Auch wenn das Reichsversicherungsamt (über Oberregierungsrat Heinze) von Landesrat Fix über seine Einschätzung bezüglich der Unterschiede der Landesversicherungsanstalten informiert worden ist,

---

37 Steinhoff: Invalidenrentenstatistik und Gesundheitsstand (1936), S. 1212; siehe auch ders.: Invalidenrentenstatistik und Gesundheitsstand, in: Deutsches Ärzteblatt 67 (1937), Nr. 40, S. 907-912.
38 Fix (Reichsverband Deutscher Landesversicherungsanstalten) an Steinhoff, 14.12.1936, BArch R 89/4926, Bl. 199.

so nahm es dennoch diese aus der Statistik gewonnen Erkenntnisse zum Anlass, die Landesversicherungsanstalten einer Überprüfung zu unterziehen. Im Zeitraum vom 23. September bis zum 8. Oktober 1937 bereisten Vertreter des Reichsversicherungsamtes, unter anderem Senatspräsident Hoenig, die Landesversicherungsanstalt Baden zur »Prüfung der Geschäfts- und Rechnungsführung«. Um die Qualität der ärztlichen Untersuchungspraxis der Anstalt zu überprüfen, wählten die Vertreter des Reichsversicherungsamtes 25 Rentenempfänger aus, um diese im Gesundheitsamt der Stadt Heidelberg nachuntersuchen zu lassen. Tatsächlich hat sich in dieser Stichprobe kein Fall finden lassen, wonach die Invalidität »zu Unrecht« anerkannt wurde. Außer einigen Vorschlägen über die Vereinfachung des Geschäftsstandes hatte das Reichsversicherungsamt nichts zu kritisieren.[39]

Als die Vertreter des Reichsversicherungsamtes zweieinhalb Jahre später, am 28. Mai 1940, den Karlsruher Rentenversicherungsträger erneut überprüften, geschah dies bereits unter dem Eindruck des Krieges und des verschärften Arbeitskräftemangels. Auch hier haben die statistischen Erhebungen zur wiederholten Überprüfung der Träger geführt:

»Der Anlaß, die Handhabung der Rentengewährung bei der Prüfung der einzelnen Landesversicherungsanstalten etwas eingehender zu untersuchen, war dadurch gegeben, daß die Auswertung der statistischen Vergleichszahlen gezeigt hat, daß in der Rentengewährung zwischen den einzelnen Landesversicherungsanstalten erhebliche Unterschiede bestehen, daß bei einer Anzahl von Anstalten nicht nur verhältnismäßig mehr Invalidenrenten gewährt werden, sondern daß die Rentengewährung auch in einem früheren Lebensalter einsetzt als bei anderen Landesversicherungsanstalten.«[40]

Die Landesversicherungsanstalt Baden fand sich bezüglich der statistischen Auswertung im unteren Mittelfeld wieder: Auf 1000 Versicherte wurden in der »günstigsten Anstalt« im Jahre 1937 für 7,4 Versicherte die Rente gewährt, bei der »ungünstigsten« waren es 13,3 Versicherte. Der Karlsruher Träger hatte mit 11,6 gewährten Renten auf 1000 Versicherte einen relativ hohen Zugangswert. Beim Verhältnis zwischen Invaliden- und Altersrentner lobten die Vertreter hin-

---

39 Bemerkungen über die Prüfung der Geschäfts- und Rechnungsführung, GLAK 462 Zugang 1994-38/100.
40 Auszug aus dem Bericht der Gemeinschaftsstelle über die Prüfung der LVA Baden im Jahre 1940, 18.5.1940, GLAK 462 Zugang 1994-38/258, Bl. 1105.

gegen die Verhältnisse in Baden: 44 % der neuen Rentner bekamen Invalidenrente, 56 % Altersrente aufgrund Erreichung des 65. Lebensjahres. Das Verhältnis des Reichsdurchschnitts betrug 50:50. Da die Vergabe der Altersrente an objektive Bedingungen geknüpft war (Erreichung des 65. Lebensjahres, Erfüllung der Wartezeit, Nichterlöschen der Anwartschaft), die Vergabe der Invalidenrente jedoch an das Urteil des begutachtenden Arztes geknüpft und somit variabel war, bedeutete ein höheres Verhältnis von Altersrentnern gegenüber Invalidenrenten eine gegenüber dem Reichsdurchschnitt strengere Beurteilung. Auf lange Sicht gesehen befand sich die Rentenversicherung im »Dritten Reich« in einer Übergangsphase. Anfänglich als Invalidenversicherung konzipiert, wandelte sie sich aufgrund der Erhöhung der Lebenserwartung im Laufe des 20. Jahrhunderts vor allem zu einer »Altersversicherung«, bis nach Ende des Zweiten Weltkrieges das »Alter« schließlich die dominante Zugangsform zur Rentenversicherung darstellte. Insgesamt ergab sich allerdings für das Reichsversicherungsamt die Frage, »ob man die Verhältnisse bei der LVA. Baden noch verbessern kann und ob der ärztliche Dienst dazu beizutragen in der Lage ist«.[41]

Georg Schmidt, der Vizepräsident des Reichsversicherungsamtes, veröffentlichte ebenfalls einen Aufsatz, der die gleichen Schlussfolgerungen wie derjenige von Dr. Steinhoff zog.[42] Steinhoff, inzwischen zum stellvertretenden Leiter und Landesvertrauensarzt der Landesversicherungsanstalt Oldenburg-Bremen ernannt, pflichtete ihm bei, indem er die Kritik von Landesrat Fix, die er 1937 erhielt, zurückwies: Die Zahlen der Statistik »zeigen derartige Unterschiede, dass sie tatsächlich mit Verschiedenheiten der Landschaften, der Stämme oder anderer örtlicher Gegebenheiten kaum erklärt werden können«. Zur Lösung schlug er einen »Erfahrungsaustausch« der Vertrauensärzte derjenigen Landesversicherungsanstalten vor, die eine angeblich besonders großzügige Rentenvergabepraxis besaßen, sowie einen Besuch von »zentraler Stelle« bei den »divergierenden Gebieten«.[43] Tatsächlich nahm das Reichsversicherungsamt diese Vorschläge umgehend auf. Die Formulierungen in Steinhoffs Brief nahezu wörtlich übernehmend, ersuchte das Reichsversicherungsamt die Träger per Runderlass darauf hinzuwirken, »daß alle zweifelhaften Fälle von den Vertrauens-

---

41 Ebd., Bl. 1099-1109.
42 Steinhoff (Landesversicherungsanstalt Oldenburg-Bremen) an Georg Schmidt (Reichsversicherungsamt), 29.5.1940, BArch R 89/4926, Bl. 190.
43 Ebd.

ärzten der Landesversicherungsanstalt (Abteilung Invalidenversicherung) eingehend geprüft werden«. Zudem »würde es auch ratsam sein, eine kleine Kommission von Vertrauensärzten einmal andere Anstalten mit besonders günstigen Verhältnissen, wie z.B. die Landesversicherungsanstalt Oldenburg besuchen zu lassen, um sich dort über die Art der Untersuchungen und die dortigen Verhältnisse zu unterrichten«.[44]

Die Landesversicherungsanstalt Sudetenland wusste dem Reichsversicherungsamt zu berichten, dass die Invalidisierungen ihrer Anstalt zwar verhältnismäßig hoch waren, dies jedoch auf die Praxis der Prager »Zentralsozialversicherungsanstalt« zurückging, die vor der Annexion des Sudetenlandes an das Deutsche Reich für die Begutachtung der Rentenbewerber zuständig und »weniger streng war als die Praxis im Altreich«. Durch ständige Kontakte des Landesvertrauensarztes mit den Gutachterärzten war es aber gelungen, »bei diesen Voraussetzungen zu schaffen, die geeignet sind, die Praxis der des Altreichs tunlichst anzugleichen«.[45]

Auch die Frage der Heilbehandlung in den Heilanstalten der Landesversicherungsanstalten wurde auf den Arbeitseinsatz abgestimmt. Die Landesversicherungsanstalt Baden änderte »auf Grund des Kräftemangels in der Wirtschaft und auch bei den Behörden« ihre Heilverfahrensbestimmungen dahingehend, dass sie »dem heutigen Zeitgeist völlig Rechnung« trugen. Um die Erwerbsfähigkeit wiederherzustellen, erlaubte der Träger auch dann ein Heilverfahren, wenn es sich um einen Rentenbezieher handelte oder um einen über 60-jährigen Versicherten. Normalerweise führte der Träger keine Heilbehandlung durch, wenn der Versicherte das 60. Lebensjahr erreicht hatte. Nun war dies möglich, »wenn die Wahrscheinlichkeit besteht, den Rentenempfänger durch Gewährung eines Heilverfahrens wieder arbeitsfähig zu machen«.[46]

44 Hugo Schäffer (Reichsversicherungsamt) an die Herren Leiter der Landesversicherungsanstalten, betr. Prüfung der Invalidität, 26.8.1940, BArch R 89/4926, Bl. 196.
45 Landesversicherungsanstalt Sudetenland an Reichsversicherungsamt, betr. Prüfung der Invalidität: Ihr Schreiben vom 26. August 1940, 6.9.1940, BArch R 89/4926, Bl. 200.
46 Karl Rausch (Landesversicherungsanstalt Baden) an alle Orts-, Betriebs-, und Innungskrankenkassen sowie an sämtliche Fürsorgeträger der Stadt- und Landkreise, betr. Die Durchführung des Heilverfahrens bei der LVA Baden. Hier: Änderung der Heilverfahrensbestimmungen, 2.1.1940, GLAK 357/Nr. 32.737.

Die erweiterten statistischen Möglichkeiten, die das Reichsarbeitsministerium durch die Sozialversicherungsgesetzgebung 1933/34 einführten, ermöglichten eine genauere Untersuchung über die Invalidisierungspraxis der Rentenversicherungsträger. Die unterschiedliche Höhe in den einzelnen Anstalten zum Anlass nehmend, bereisten ärztliche Kommissionen die Träger, um die Gründe dafür in Erfahrung zu bringen. Direkte Folgen für die Träger hatte dies zunächst nicht, markierte aber gleichsam – genau wie die geänderten Heilverfahrensbestimmungen der Landesversicherungsanstalt Baden – die verstärkte Ausrichtung der Rentenversicherung auf den Arbeitseinsatz.

4. Die »staatsfeindliche Betätigung« von Rentnern

Die Entziehung einer Rente aufgrund »staatsfeindlicher Betätigung« stand nicht im Zeichen des Arbeitseinsatzes; sie wird allerdings in der Forschungsliteratur als zentraler Bestandteil einer »NS-spezifischen« Rentenversicherungspolitik angesehen. Lil-Christin Schlegel-Voß spricht ihr eine »erhebliche Bedeutung« zu,[47] Hans-Jörg Bonz eine unmittelbare Beziehung mit dem »NS-Unterdrückungsapparat«.[48] Das Begehen einer »staatsfeindlichen Betätigung«, die zu einer Gefängnisstrafe führte, sollte demnach zusätzlich dadurch bestraft werden, dass dem Betreffenden die Rente für eine bestimmte Zeit entzogen wurde. Wann ein Rentenbezieher »staatsfeindlich« gehandelt hatte, wurde jedoch nicht durch ein gerichtliches Verfahren ermittelt,[49] sondern durch die willkürliche Entscheidung des Reichsinnenministers und des Reichsarbeitsministers festgelegt. Die Träger leiteten dafür die Akten von Rentenempfängern, die eine mutmaßliche staatsfeindliche Betätigung begangen hatten, an das Reichsversicherungsamt weiter, welches es dann gesammelt dem Reichsarbeitsministerium übergab. Die Entscheidung darüber, ob eine »staatsfeindliche Betätigung« vorlag, traf schließlich das Reichsinnenministerium; das Reichsarbeitsministerium entschied bei einer Bestätigung über die Dauer des Entzuges. Die Rentenentziehung besaß somit sowohl eine erzieherische als auch eine bestrafende Wirkung. In den besetzten Gebieten wurden die Be-

---

47 Schlegel-Voß: Alter in der »Volksgemeinschaft«, S. 79.
48 Bonz: Für Staatsfeinde keine Rente, S. 531.
49 Das Justizministerium nahm genau dies zum Anlass den ursprünglichen Gesetzentwurf des Reichsarbeitsministeriums zu kritisieren, dies wurde jedoch vom Reichsinnen- und Reichsarbeitsminister erfolgreich abgewehrt. Vgl. Schlegel-Voß: Alter in der »Volksgemeinschaft«, S. 81 f.

stimmungen gegenüber ausländischen Rentenempfängern besonders streng angewandt.

Bei der Landesversicherungsanstalt Baden lassen sich aus den Jahren 1936 und 1937 zum Beispiel Ausführungen zu folgenden »Vergehen« finden: Ein Rentner hätte »an seinem ausländischen Wohnort den Führer und Reichskanzler in unerhörter Weise beschimpft«, ein anderer gegen das »Heimtückegesetz«[50] verstoßen. Die »Vorbereitung zum Hochverrat« zog ebenso einen Rentenentzug nach sich, wie die »Betätigung für die Ziele der verbotenen SPD«.[51] Ein 41-jähriger Invalidenrentenempfänger erhielt eine Freiheitsstrafe von einem Jahr, weil er in einem Lokal führende Parteigenossen beschimpft haben soll:

> »Ihr Mörder und Mordbrenner (gemeint waren damit die dem Wirtschaftslokal anwesenden Parteigenossen). Wenn es bei uns in Deutschland auch so käme wie in Spanien, dann könnte ich auch noch ein Gewehr nehmen. Göring (Ministerpräsident Göring gemeint) ist ein Dreckspatz, man wüsste ja nicht, wieviele er im Jahre 1934 habe erschiessen lassen. Er (Ministerpräsident Göring) ist ein Bluthund, wie man es jetzt den kommunistischen Arbeitern in Spanien zuschreibt.«[52]

Die Mitgliedschaft bei den »Bibeltreuen Christen« (die ältere Bezeichnung der Zeugen Jehovas), die eine sechsmonatige Gefängnisstrafe nach sich zog, galt ebenfalls als eine »staatsfeindliche Betätigung«.[53] Die den Versicherten zur Last gelegten Vergehen bezogen sich jedoch lediglich auf diejenigen »Straftatbestände«, die als »staatsfeindliche Betätigung« definiert wurden. Es handelte sich nicht um ein Instrument, um gezielt gegen Sozialdemokraten oder Kommunisten vorzugehen (wenn sich diese ruhig und angepasst verhielten). So verneinte das Reichsinnenministerium in einem betreffenden Fall etwa eine »staatsfeindliche Betätigung«:

---

50 Gesetz gegen heimtückische Angriffe auf Staat und Partei und zum Schutz der Parteiuniformen vom 20.12.1934, RGBl. I 1934, S. 1269-1271.
51 Siehe zu allen Beispielen Karl Rausch (Landesversicherungsanstalt Baden) an Reichsversicherungsamt, betr. Ruhen der Rente bei staatsfeindlicher Betätigung, 12.1.1937, BArch R 89/5011, Bl. 2-5.
52 Karl Rausch (Landesversicherungsanstalt Baden) an Reichsversicherungsamt, betr. Invalidenrente des Otto Meier in Lahr, 17.6.1937, BArch R 89/5011, Bl. 32.
53 Vgl. etwa Reichsarbeitsministerium, Invalidenrente der Frau Anna Schrötter, 16.12.1937, BArch R 89/4984, Bl. 138-141.

»Seine Überführung in das Konzentrationslager Sachsenhausen als Schutzhäftling ist aus präventionspolizeilichen Gründen erfolgt, da Krüger als unbelehrbarer Kommunist bekannt geworden ist. Der Nachweis einer staatsfeindlichen Betätigung des Krüger nach dem 30.1.1933 ist nicht zu erbringen. Aus diesem Grunde habe ich von der Entscheidung [der Rentenentziehung, A. K.] Abstand genommen.«[54]

Auch »geläuterte« kommunistische Rentner, deren »staatsfeindliche Betätigung« schon längere Zeit zurücklag, konnten bei »Bewährung« die Wiederaufnahme der Rentenzahlung erwarten, wie ein Fall eines kommunistischen Rentenbeziehers belegt: »Da die staatsfeindliche Betätigung jedoch seit 1933 zurückliegt, ohne schwerwiegende Folgen blieb, und Weigl [der Rentner, A. K.] nachher politisch nicht mehr nachteilig in Erscheinung getreten ist, werden gegen eine Weiterzahlung der Invalidenrente [...] keine Bedenken erhoben.«[55]

Die Definition, was unter einer »staatsfeindlichen Betätigung« zu verstehen sei, wurde nicht festgelegt, sondern unterlag einem ständigen Wandel. Oftmals hat das Reichsministerium des Innern erst in speziellen Fällen, die erstmalig an das Ministerium herangetragen wurden, eine »grundsätzliche« Entscheidung getroffen, die dann bei ähnlichen Fällen in gleicher Weise angewendet wurde. So entschied es zum Beispiel 1938, dass eine Abtreibung den Straftatbestand der »staatsfeindlichen Betätigung« nicht erfüllte.[56] Das Reichsinnenministerium besaß also die Deutungshoheit darüber, was als »staatsfeindliche Betätigung« anzusehen sei. So konnten jegliche Vergehen und Straftaten in diese Kategorie eingeteilt werden, wenn die Umstände geeignet erschienen. So zählten ab August 1939 Devisenvergehen – wohl den bevorstehenden Krieg vor Augen – ebenfalls dazu:

»Zuwiderhandlungen gegen die vom Reiche erlassenen Devisenbestimmungen sind grundsätzlich als politische Straftaten anzusehen, da sie unmittelbar zum Schutze der deutschen Volkswirtschaft, insbesondere zur Aufrechterhaltung der Währung und für den lebensnotwendigen Außenhandel erlassen sind. Wer demnach

---

54 Reichsministerium des Innern an Reichsarbeitsministerium, betr. Ruhen der Invalidenrente des Fritz Krüger wohnh. in Falkensee, 4.2.1938, BArch R 89/4984, Bl. 280.
55 Reichsministerium des Innern an Reichsarbeitsministerium, 8.4.1938, BArch R 89/4984, Bl. 325.
56 Heinrich Himmler (Reichsführer SS) an Reichsarbeitsministerium, betr. Ruhen der Rente wegen staatsfeindlicher Betätigung, 8.2.1938, BArch R 89/4980, Bl. 106.

gegen die Devisengesetze verstößt, schädigt die deutsche Wirtschaft unmittelbar und betätigt sich damit im staatsfeindlichen Sinne.«[57]

Gegen Ende des Krieges galt bereits der Diebstahl von Gegenständen aus einer Metallsammlung als »staatsfeindliche Betätigung«.[58]

Für die Träger ergaben sich für ihre Verwaltungspraxis insbesondere zwei Änderungen. Auf der einen Seite waren sie es, die ermittelten, ob sich ein Rentenbezieher ihrer Anstalt womöglich im »staatsfeindlichen« Sinne betätigt hatte. Auf der anderen Seite interpretierten sie die gesetzlichen Bestimmungen aufgrund ihres willkürlichen Charakters dahingehend, dass sie die Zahlungen bereits vor der Entscheidung des Reichsinnen- und Reichsarbeitsministers einstellten. Dabei spielte die Frage, ob es sich um deutsche oder ausländische Rentenbezieher handelte, ebenfalls eine Rolle.

Die Besonderheit dieser gesetzlichen Bestimmungen ergab sich durch ihre Willkür. Wie bereits gesagt, gab es keine einheitliche Definition der »staatsfeindlichen Betätigung«. Auch die Frage der »Bewährung« eines Rentenempfängers nach einer verbüßten Haftstrafe hing einzig vom ministeriellen Urteil ab. Und schließlich: Die Dauer des Rentenentzuges lag komplett im Ermessensspielraum des Reichsarbeitsministeriums. Folgerichtig bezeichnete das Reichsversicherungsamt den betreffenden Paragrafen als »lex speciales«: Das Reichsarbeitsministerium war vollkommen frei in seiner Entscheidung über die Dauer des Ruhens der Rente. Es bestimmte, ob die Rente an Angehörige während der Schutzhaft ausgezahlt wurde und gegebenenfalls über die Rentenkürzung. Auch die Entziehung und Rückforderung bereits überwiesener Rentenzahlungen konnte das Reichsarbeitsministerium festlegen.[59]

Die Erfassung einer »staatsfeindlichen Betätigung« eines Rentenbeziehers stieß jedoch auf gewisse Schwierigkeiten. Die Landesversicherungsanstalt Berlin etwa berichtete, »daß eine staatsfeindliche Betätigung des Rentenempfängers bzw. Bewerbers hier nur in den seltensten Fällen bekannt wird«. Daher schlug der Träger vor, dass die Polizeidienststellen von sich aus die Rentenversicherungsträger über

---

57 Heinrich Himmler (Reichsführer SS), Vermerk, betr. Entscheidung, 30.8.1939, BArch R 89/4980, Bl. 170.
58 Sudetendeutsche landwirtschaftliche Berufsgenossenschaft an Reichsversicherungsamt, betr. Ruhen der Renten bei staatsfeindlicher Betätigung, 30.8.1944, BArch R 89/4982, Bl. 69.
59 Reichsversicherungsamt, Vermerk, betr. Auslegung der Vorschriften der §§ 615, 615a RVO., 26.3.1940, BArch R 89/4982, Bl. 23.

die »staatsfeindliche Betätigung« eines Rentners informieren sollten.⁶⁰ Dieses System spielte sich tatsächlich ein: Die Polizeibehörden unterrichteten zwar nach den ersten Erfahrungen des Reichsarbeitsministeriums in den meisten Fällen den Rentenversicherungsträgern von der »staatsfeindlichen Betätigung« eines ihrer Rentenempfänger.⁶¹ Dieser Informationsfluss gestaltete sich jedoch auf Dauer als »zu dürftig«.⁶² Daher ließ Johannes Dormann über das Reichsversicherungsamt den Trägern Anordnungen zukommen, wie diese sich bei Fällen zu verhalten hätten, bei denen die »staatsfeindliche Betätigung« nicht einwandfrei feststehen würde und es lediglich Verdachtsmomente gebe, sie aber von Polizeibehörden über den betreffenden Rentenempfänger nicht informiert worden seien. In diesen Fällen sollten sich die Träger an die zuständige Polizeidienststelle wenden, um Auskunft darüber zu erhalten, ob es sich um eine »staatsfeindliche Betätigung« handelte.⁶³ Dies taten sie auch – sehr zum Missfallen von Heinrich Himmler. Der Reichsführer SS und Chef der Deutschen Polizei untersagte den Trägern schließlich, sich an die Polizeidienststellen zu wenden, um dies in Erfahrung zu bringen.⁶⁴ Dadurch waren die Träger allerdings wieder vor das Problem gestellt, wie sie die »staatsfeindliche Betätigung« von Rentenempfängern erfassen sollten. Dies umso mehr, weil das Reichsversicherungsamt die Träger angemahnt hatte, die Feststellung der »staatsfeindlichen Betätigung« umfassender als bisher durchzuführen:

> »Aus den von den Versicherungsträgern vorgelegten Berichten ist zu ersehen, daß bei der Feststellung der Fälle, die für die Herbeiführung der Entscheidung über das Ruhen der Rente nach §615a der RVO in Betracht kommen, nicht gleichmäßig verfahren worden ist [...]. Etwa 70 Versicherungsträger [haben] Fehlanzeige erstattet und sich mit der Mitteilung begnügt, daß ihnen derartige Fälle ›nicht bekannt‹ seien. [...] Um die Durchführung des Verfahrens [...] zu gewährleisten, muß es als Aufgabe der Versicherungsträger bezeichnet werden, möglichst alle Fälle staatsfeindlicher Betätigung auch für die

60 Landesversicherungsanstalt Berlin an Reichsversicherungsamt, 13.1.1937, BArch R 89/4984, Bl. 2.
61 Friedrich Fuisting (Reichsversicherungsamt) an alle Landesversicherungsanstalten, betr. RVA-Rundschreiben. Ruhen der Rente bei staatsfeindlicher Betätigung, 14.6.1937, GLAK 462 Zugang 1994-38/271, Bl. 25-26.
62 Reichsversicherungsamt, Vermerk, 4.5.1942, BArch R 89/4982, Bl. 38-47.
63 Reichsversicherungsamt, Vermerk, 5.2.1937, BArch R 89/4980, Bl. 8.
64 Heinrich Himmler (Reichsführer SS) an Reichsversicherungsamt, betr. Ruhen von Renten bei staatsfeindlicher Betätigung, 18.8.1937, BArch R 89/4980, Bl. 60.

rückliegende Zeit zu ermitteln. Zum mindesten müssen die Fälle, in denen eine Inhaftierung oder Strafvollstreckung stattgefunden hat, daraufhin geprüft werden, ob eine staatsfeindliche Betätigung der Anlaß gewesen ist.«[65]

Teilweise wandten sich die Rentenversicherungsträger daher an Staatsanwaltschaften, um die gewünschten Informationen über ihre Rentenbezieher zu erhalten. Die Landesversicherungsanstalt Schleswig-Holstein befragte beispielsweise die Kieler Staatsanwaltschaft. Allerdings war es für diese nicht möglich, die gewünschten Auskünfte zu geben. Denn um diese

»zutreffend und erschöpfend erteilen zu können, würde einmal erforderlich sein, daß die Strafakten zuverlässigen Aufschluß darüber geben, ob die Beschuldigten, Angeklagten oder Verurteilten Rentenempfänger sind; dafür, daß diese Voraussetzung erfüllt sei, bestehe aber keine Gewähr, solange nicht bei den Vernehmungen die entsprechenden Feststellungen getroffen werden. Sodann aber bedürfe es vor allem einer näheren Erläuterung des Begriffes der ›staatsfeindlichen Betätigung‹, der nicht genügend bestimmt sei, um danach die einschlägigen Strafsachen erfassen zu können.«[66]

Erst im Februar 1942 erlaubte Himmler wieder die Anfrage an die Polizeidienststellen, allerdings nur an die Geheime Staatspolizei,[67] nicht an Ortspolizeibehörden, da diese »die Ermittlungen der Geheimen Staatspolizei stören« würden und erst bei der Verhaftung des Rentenempfängers von der »staatsfeindlichen Betätigung« erfahren sollten.[68]

Formal waren die Rentenversicherungsträger nicht befugt, die Rentenzahlungen vor der Entscheidung des Reichsministeriums des Innern und des Reichsarbeitsministeriums einzuziehen. Diesbezügliche Anfragen von den Trägern wurden vom Reichsarbeitsministerium verneint.[69] Die Träger haben jedoch dennoch in einigen Fällen die Rentenauszahlung an betreffende Rentenbezieher gestoppt, obwohl

---

65 Reichsversicherungsamt an alle Versicherungsträger, betr. Ruhen der Rente bei staatsfeindlicher Betätigung, 2.7.1937, BArch R 89/4984, Bl. 26.
66 Generalstaatsanwalt Kiel an Landesversicherungsanstalt Schleswig-Holstein, 10.4.1937, BArch R 89/4980, Bl. 86.
67 Peter Schmitt (Reichsversicherungsamt) an die Träger der Unfall- und Rentenversicherung, betr. Ruhen der Rente wegen staatsfeindlicher Betätigung, 14.2.1942, GLAK 462 Zugang 1994-38/271, Bl. 655.
68 Reichsversicherungsamt, Vermerk, 4.5.1942, BArch R 89/4982, Bl. 38-47.
69 Vgl. Landesversicherungsanstalt Berlin an Reichsversicherungsamt, 3.4.1937, BArch R 89/4984, Bl. 9; sowie Gerhard Zschimmer (Reichsarbeitsministe-

der Reichsinnenminister noch nicht die »staatsfeindliche Betätigung« bestätigt hatte. Die Landesversicherungsanstalt Baden erklärte gegenüber dem Reichsversicherungsamt, dass es die Rente einer betreffenden Person nicht zum Ruhen gebracht hätte, sondern lediglich »die Zahlung einstweilen ausgesetzt« hätte, bis die ministerielle Bestätigung eingegangen sei.[70] Dies ist ein überaus bedeutsamer Punkt, denn die exakt gleiche Vorgehensweise haben die Rentenversicherungsträger bei der Einbehaltung von Renten jüdischer Rentenberechtigter an den Tag gelegt, mit dem Unterschied, dass das Reichsversicherungsamt die eigenmächtige Rentenentziehung gegen Rentner, die sich »staatsfeindlich« betätigt hätten, verboten hatte, während sich das Reichsarbeitsministerium mit der »einstweiligen Einbehaltung« der Renten von jüdischen Versicherten stets einverstanden erklärt hatte.

Tatsächlich schloss der Wortlaut des Gesetzes die vorzeitige Einbehaltung der Rente bis zu einer endgültigen Entscheidung der Ministerien keineswegs aus (»Die Rente ruht, wenn der Berechtigte sich nach dem 30. Januar 1933 in ›staatsfeindlichem‹ Sinne betätigt hat«), wie schon die Landesversicherungsanstalt Berlin hervorgehoben hatte.[71] Bedingung dafür war aber, dass das Reichsinnenministerium bereits in einem konkreten Fall die »staatsfeindliche Betätigung« bestätigt hatte, wie etwa beim Vergehen gegen das »Heimtückegesetz«. Das Reichsarbeitsministerium hat im März 1940 dem Reichsversicherungsamt bei der Beurteilung, ob diese Verwaltungspraxis rechtens sei, freie Hand gelassen: »Die Frage, ob die <u>Auszahlung</u> der Rente bis zur Entscheidung des RAM nach §615a erfolgen müsse, oder bis dahin zurückgehalten werden könne, sei lediglich vom RVA als Aufsichtsbehörde zu beurteilen.« Die Beamten des Reichsversicherungsamts scheuten sich indes davor, die Verantwortung für die »einstweilige Aussetzung der Rente« zu übernehmen und ordneten die Auszahlung der Renten in den verdächtigen Fällen bis zur Entscheidung des Reichsinnenministeriums durch die Träger an.[72]

Bei Renten an ausländische Rentenbezieher überließ das Reichsarbeitsministerium die Auslegung des §615a allerdings nicht dem

rium) an Reichsversicherungsamt, betr. Ruhen der Renten beim Verdacht staatsfeindlicher Betätigung, 23.4.1937, BArch R 89/4984, Bl. 10.

70 Landesversicherungsanstalt Baden an Reichsversicherungsamt, betr. Witwenrente der Anna Margarete Ritz, GLAK 462 Zugang 1994-38/271, Bl. 71.

71 Landesversicherungsanstalt Berlin an Reichsversicherungsamt, 3.4.1937, BArch R 89/4984, Bl. 9.

72 Reichsversicherungsamt, Vermerk, betr. Auslegung der Vorschriften der §§615, 615a RVO, 26.3.1940, BArch R 89/4982, Bl. 23 (Hervorheb. i. Orig.).

Reichsversicherungsamt. Das Reichsarbeitsministerium hielt es für zweckmäßig,

»daß von der Überweisung der Rente in das Ausland bis zu meiner Entscheidung nach §615 a der Reichsversicherungsordnung abgesehen wird [...]. Bei der gegenwärtigen Devisenknappheit halte ich es nicht für vertretbar, daß Renten nach dem Ausland überwiesen werden, die aller Wahrscheinlichkeit nach wegen der staatsfeindlichen Betätigung des Berechtigten mit rückwirkender Kraft zum Ruhen gebracht werden.«

Dies sollte allerdings nur für neu festzusetzende Renten gelten: »Von der Einstellung laufender Rentenzahlungen wird [...] auch bei Auslandszahlungen grundsätzlich abzusehen sein.«[73] Die Bewährungsprobe dafür ergab sich im April 1940. Die Landesversicherungsanstalt Schlesien war für polnische Rentenbezieher zuständig, die in ehemals polnischen, nun zu Schlesien gehörenden Gebieten, lebten. In Schutz- und Konzentrationslagerhaft gebracht, forderten die Ehefrauen von polnischen Rentenbeziehern die Auszahlung der Renten. Da das Reichsinnenministerium in den betreffenden Fällen noch keine Entscheidung wegen »staatsfeindlicher Betätigung« getroffen hat, hätten die Renten eigentlich ausgezahlt werden müssen. Der Leiter der Landesversicherungsanstalt gab jedoch zu bedenken, dass »dies von den deutschen Volkszugehörigen der Gemeinde, in der der Häftling bisher wohnte, nicht verstanden werden« würde. Die Anstalt bat daher um die Erlaubnis, die Renten an die Ehefrauen nicht zur Auszahlung bringen zu müssen;[74] eine Bitte, der das Reichsarbeitsministerium nachkam. Das Ministerium hatte keine Bedenken, »daß die Renten der in Schutzhaft befindlichen Rentenempfänger auch an deren Ehefrauen vorläufig nicht zur Auszahlung kommen«. Falls die Ehefrau jedoch »deutscher Volkszugehörigkeit« sei, war das Ministerium damit einverstanden, »ihr die Rente ganz oder teilweise« zu überweisen.[75]

---

73 Hugo Schäffer (Reichsversicherungsamt) an alle Landesversicherungsanstalten, betr. Ruhen der Rente wegen staatsfeindlicher Betätigung, 15.2.1939, GLAK 462 Zugang 1994-38/271, Bl. 119 (Hervorheb. i. Orig.).
74 Landesversicherungsanstalt Schlesien an Reichsversicherungsamt, betr. Ostoberschlesische Rentenempfänger in Konzentrationslagern, 12.4.1940, BArch R 89/4980, Bl. 196.
75 Hugo Schäffer (Reichsversicherungsamt) an alle Landesversicherungsanstalten, betr. Ruhen von ehemals polnischen Renten bei staatsfeindlicher Betätigung, 28.5.1940, GLAK 462 Zugang 1994-38/271, Bl. 375.

Gerade bei der Entziehung von Renten von ausländischen Berechtigten sowie ausgebürgerten Personen gingen die beteiligten Behörden hingegen sehr energisch vor. Die Gestapo übersandte etwa dem Reichsarbeitsministerium ab 1938 laufend Listen der ausgebürgerten Personen, die das Land verlassen hatten.[76] Das Reichsversicherungsamt ordnete an, dass die Träger diese Listen stets zu überprüfen hätten, und die Renten ausgebürgerter Personen einzuziehen seien.[77] Darunter befanden sich sowohl Personen des öffentlichen Lebens, wie etwa Thomas Mann, aber auch jüdische Bürger.

Die Dimensionen dieser Überprüfung und der damit verbundene Verwaltungsaufwand waren gewaltig. Bis Mai 1943 hatte allein die Landesversicherungsanstalt Baden 28 000 Personen, die vor ihrer Ausreise oder Deportation zuletzt im Anstaltsbezirk gelebt hatten, überprüft. Die 6000 jüdischen Deportierten, die im Zuge der »Wagner-Bürckel-Aktion« aus Baden und der Pfalz verschleppt worden waren, waren hierbei nicht eingerechnet. Alle Renten- und Unfallversicherungsträger im Reich dürften daher sicher bis zu eine Million Überprüfungen durchgeführt haben. Die Landesversicherungsanstalt Baden beschloss, die Überprüfung der Listen ab Mai 1943 einzustellen; die mangelnden Möglichkeiten, das Reich oder Europa auf legalem Wege zu verlassen, verringerte die Zahl der aberkannten Staatsangehörigkeiten auf ein Minimum, sodass kaum noch Fälle von ausgewiesenen Rentenbeziehern erwartet wurden.[78]

Mit der vermehrten Beschäftigung von Rentnern im Arbeitseinsatz[79] verlor das erzieherische Element des Rentenentzuges aufgrund von »staatsfeindlicher Betätigung« schließlich seine Wirkung. Zudem hatte sich bis Mitte 1942 der Instanzenzug zwischen dem Reichsministerium des Innern, dem Reichsarbeitsministerium, dem Reichsversicherungsamt und den Trägern derart eingespielt, dass das Reichsarbeitsministerium seine Befugnisse bei der Festsetzung der Dauer des Renten-

---

76 Lothar Rosenberg (Reichsarbeitsministerium) an Reichsversicherungsamt, betr. Ruhen von Renten bei staatsfeindlicher Betätigung, hier Verzeichnis der ausgebürgerten Personen, 5.11.1938, BArch R 89/4980, Bl. 136.
77 Hugo Schäffer (Reichsversicherungsamt) an alle Landesversicherungsanstalten, betr. Rundschreiben. Ruhen von Renten bei staatsfeindlicher Betätigung, 3.12.1938, GLAK 462 Zugang 1994-38/271, Bl. 77.
78 Wilhelm Pfisterer (Landesversicherungsanstalt Baden), Vermerk, betr. Ruhen der Rente bei ausgebürgerten Personen, 13.5.1943, GLAK 462 Zugang 1994-38/271, Bl. 722.
79 Vgl. Kapitel IV.1.

entzuges an das Reichsversicherungsamt übertrug.[80] Die Übertragung der Befugnisse war nur konsequent. Der Verlust der erzieherischen Wirkung ließ die Folgen der vom Reichsministerium des Innern festgestellten »staatsfeindlichen Betätigung« zu einer berechenbaren und bürokratischen Verwaltungsroutine werden, die nicht Aufgabe eines Reichsministeriums sein konnte. Das Reichsarbeitsministerium ordnete lediglich an, dass das Reichsversicherungsamt betreffende Akten nur weiterleiten sollte, wenn es zu einer anderen Auffassung als das Reichsinnenministerium kam.[81] Mit dem generellen Verzicht der Rentenentziehung, wenn der betreffende Rentner seine Haftzeit verbüßt hatte, wurde die Verwaltungsarbeit zusätzlich vereinfacht.[82] Die Übertragung an das Reichsversicherungsamt hatte ihren Anlass einzig im Bedeutungsverlust der Rentenentziehung durch eine »staatsfeindliche Betätigung« aufgrund der starken Beschäftigung von Rentnern für den Arbeitseinsatz.

Dies erkannte auch das Reichsinnenministerium: »Da die Rentenberechtigten, insbesondere die Invalidenrentner, infolge der Kriegslage in den Wirtschaftsprozeß eingegliedert wurden und deshalb wirtschaftlich sich besser stellen, hat der §615a der RVO, politisch gesehen, nicht mehr die frühere erzieherische Bedeutung.«[83] Nachdem das Reichsversicherungsamt keine Bedenken gegen den Wegfall dieser Vorschriften hatte, wurde der Verzicht auf die Erfassung der »staatsfeindlichen Betätigung« vor allem als Verwaltungsvereinfachung begrüßt.[84]

In der Forschung wird der Entzug einer Rente aufgrund »staatsfeindlicher Betätigung« als augenscheinlichstes Beispiel für den Bruch »mit den Prinzipien berechenbarer Sozial- und Wirtschaftspolitik« in der

80 Gerhard Zschimmer (Reichsarbeitsministerium) an Reichsversicherungsamt, betr. Ruhen der Rente wegen staatsfeindlicher Betätigung, 13.4.1942, BArch R 89/4982, Bl. 36.
81 Gerhard Zschimmer (Reichsarbeitsministerium) an Reichsversicherungsamt, betr. Ruhen der Rente wegen staatsfeindlicher Betätigung, 20.4.1942, BArch R 89/4982, Bl. 37.
82 Gerhard Zschimmer (Reichsarbeitsministerium) an Reichsministerium des Innern, betr. Ruhen der Rente wegen staatsfeindlicher Betätigung nach §615a der RVO, 12.6.1942, BArch R 89/4982, Bl. 50.
83 Reichsministerium des Innern an Franz Seldte (Reichsarbeitsministerium), betr. Behandlung von Rentensachen, 28.4.1944, BArch R 89/4982, Bl. 71.
84 Reichsversicherungsamt an Franz Seldte (Reichsarbeitsministerium), betr. Wegfall des Ruhens der Renten gemäß §615a der RVO, 24.5.1944, BArch R 89/4982, Bl. 73-75.

Rentenversicherung in der Zeit des Nationalsozialismus gedeutet.[85] Die Sozialversicherung sei dadurch »unmittelbar mit dem NS-Unterdrückungsapparat in Beziehung« getreten.[86] In der Tat kann man von einem Disziplinierungselement in der Rentenversicherung sprechen, wonach Kritik am Regime oder seinen Repräsentanten oder das Verfolgen sozialdemokratischer oder kommunistischer Ziele massive finanzielle Einbußen nach sich ziehen konnten. Was jedoch gegenüber der Diskriminierung der Juden auffällt, ist, dass diese Änderung der Reichsversicherungsordnung der Gesetzgebung folgte und dem politischen Willen der nationalsozialistischen Regierung entsprach. Die Legalität des Zustandekommens und seine Durchführung in der Verwaltungspraxis sind nicht zu leugnen, auch wenn selbstverständlich das bloße Vorhandensein einer solchen Regelung den Grundsätzen der Sozialversicherung als einer Versicherung gegen die Risiken des Arbeitslebens entgegensteht. Dennoch wurde die Rentenversicherung auch in der Weimarer Republik politischen Zielen dienstbar gemacht.[87] Daher sollte der Bruch nicht überbetont werden, auch weil sich der Weg der Gesetzgebung nicht von derjenigen der Präsidialkabinette in der Weimarer Republik unterschied. Dass das Konzept des Rentenentzugs bei »staatsfeindlicher Betätigung« eine besonders diskriminierende Praxis des nationalsozialistischen Staates war, steht dabei natürlich außer Frage.

5. Anpassung und Indienstnahme

Die gesundheitspolitische Wende durch das Sanierungs- und Aufbaugesetz und die damit einhergehende Zentralisierung der begutachtenden Stellen fand in der zweiten Hälfte der 1930er-Jahre aufgrund des immer stärker werdenden Arbeitskräftemangels ihre Fortsetzung. Die Rentenversicherung wurde zunehmend – wie die Krankenversicherung – für die Zwecke des nationalsozialistischen Arbeitseinsatzes instrumentalisiert. Als der Reichsverband Deutscher Landesversicherungsanstalten diese Zielsetzung Mitte 1936 formulierte und das Reichsarbeitsministerium zum gleichen Zeitpunkt Richtlinien für den

---

85 Vgl. den Überblick bei Manfred G. Schmidt: Sozialpolitik in Deutschland. Historische Entwicklung und internationaler Vergleich, Wiesbaden 2005, S. 69.
86 Bonz: Für Staatsfeinde keine Rente, S. 531.
87 Vgl. Führer: Für das Wirtschaftsleben »mehr oder weniger wertlose Personen«.

Vertrauensärztlichen Dienst erließ, zeigten diese Maßnahmen bald ihre Wirkung. Dabei suchte das Ministerium noch vor dem Krieg nach Mitteln, geeignete Vertrauensärzte zu finden, um die Umsetzung zu forcieren.

Vor allem die Praxis der Rechtsprechung zeigt, dass die Entscheidungen über eine Erwerbsunfähigkeit auf die Bedürfnisse des Arbeitseinsatzes angepasst wurden. Zahlreiche Urteile, sowohl von den Oberversicherungsämtern als auch vom Reichsversicherungsamt, belegen die Indienstnahme der Rentenversicherung für den Arbeitseinsatz. Die angebliche Neutralität der »Arbeitsmarktlage«, die für die Gewährung einer Rente keine Rolle spielen sollte, war faktisch nicht gegeben. Wurde in vorausgehenden Debatten noch darüber diskutiert, dass die geringen Chancen eines Rentenbewerbers, seine Arbeitskraft auf dem Arbeitsmarkt noch verwerten zu können, nicht in die Beurteilung der Invalidität einfließen dürfe, so erfolgte aufgrund des massiven Arbeitskräftemangels im »Dritten Reich« ein völlig anderer Umgang damit: *Weil* es der deutschen Wirtschaft an Arbeitskräften mangelte, wurde die Invalidität in vielen Fällen verneint, und nicht, weil der Versicherte keine Aussicht mehr auf die Verwertung seiner Arbeitskraft auf dem Arbeitsmarkt besaß.

Auch die vermehrten Überprüfungen der Rentenversicherungsträger durch das Reichsversicherungsamt sind in diesem Sinne zu deuten. Die Träger wurden in den 1930er-Jahren insgesamt dreimal von Vertretern der Zentralbehörden aufgesucht: 1932/33 im Rahmen des Sanierungsgesetzes, 1936 aufgrund der unterschiedlichen Bewilligungspraxis sowie 1940 aufgrund der immer wichtiger werdenden Rolle der Rentenversicherung für den Arbeitseinsatz. Das Reichsversicherungsamt sprach es dabei deutlich aus: »Nachdem in der jetzigen Kriegszeit die Frage des Arbeitseinsatzes eine große Rolle spielt, muß jede vorzeitige Invalidisierung im Interesse der Gesamtheit nach Möglichkeit unterbunden werden.«[88] Dies war die logische Folge der Politik des Reichsarbeitsministeriums, die im Sanierungs- und Aufbaugesetz ihre Grundlage hatte. Das Reichsversicherungsamt setzte die Rentenversicherungspolitik des Reichsarbeitsministeriums nach dessen Vorstellungen um.

---

88 Auszug aus dem Bericht der Gemeinschaftsstelle über die Prüfung der LVA Baden im Jahre 1940, 18.5.1940, GLAK 462 Zugang 1994-38/258, Bl. 1105.

V. Die verstärkte Mobilisierung im Kriege 1941-1945

1. Das »Kriegsgesetz« und die weitere Forcierung des Arbeitseinsatzes

Im dritten Kriegsjahr sollten die in den 1930er-Jahren eingeleiteten Maßnahmen der Indienstnahme der Rentenversicherung für den Arbeitseinsatz weiter ausgebaut werden. Das Kalkül des Reichsarbeitsministeriums in der Friedenszeit, den Zugang zu den Leistungen der Rentenversicherung zu erschweren, um Menschen länger in Beschäftigungsverhältnissen zu belassen oder dem Arbeitseinsatz zur Verfügung zu stellen, musste im Jahre 1941 auf die veränderte Situation angepasst werden. Eine noch restriktivere Rentengewährung wäre angesichts des Krieges politisch wohl nicht durchsetzbar gewesen,¹ zudem befand sich das Ministerium durch die seit Ende 1939 durchgehend geführten Diskussionen um das »Versorgungswerk« der Deutschen Arbeitsfront und der ständigen Angriffe durch Robert Ley bereits unter Zugzwang.² Die Leistungen der Rentenversicherung befanden sich seit den Notverordnungen der Brüning-Ära und dem Sanierungsgesetz³ weiter deutlich unterhalb eines Niveaus, das ausreichte, um die Lebenskosten zu decken.⁴

---

1 Aly: Hitlers Volksstaat, S. 71-74. Aly verweist im Gegenteil sogar darauf, dass das Regime die Leistungsverbesserungen in der Rentenversicherung Ende 1941 aus einem ganz eigenem Kalkül durchgeführt hätte: Vor allem diejenigen Führer des »Dritten Reiches« hätten einen »großen sozialen Veränderungswillen« gehabt, die den Holocaust durchsetzten. Die Verbesserungen der Leistungen in der Rentenversicherung waren nach Aly eine direkte Folge der Ermordung der europäischen Juden.

2 Vgl. Schlegel-Voß: Alter in der »Volksgemeinschaft«, S. 63 f.; Teppe: Zur Sozialpolitik des Dritten Reiches, S. 237-248; Recker: Nationalsozialistische Sozialpolitik, S. 98-127. Vgl. dazu auch die derzeit im Entstehen begriffene Gesamtdarstellung über die Deutsche Arbeitsfront von Rüdiger Hachtmann.

3 Die Notverordnungen Brünings brachten insgesamt eine deutliche Verschlechterung von Leistungen in der Rentenversicherung. Aufgrund der desolaten Finanzlage vor allem der Invalidenversicherungsträger kürzte das Reichsarbeitsministerium im Sanierungsgesetz die Neurenten um weitere 7 %. Der wirtschaftliche Aufschwung nach 1933, der die Kassen der Träger schnell füllte, wurde jedoch nicht dazu genutzt, die Leistungen der Rentenversicherung zu erhöhen. Vgl. Schlegel-Voß: Alter in der »Volksgemeinschaft«, S. 62-73; sowie Alfred C. Mierzejewski: Plundering Pensions. The Destruction of the German Pension System by the Third Reich, in: Historian 74 (2012), S. 286-306.

4 Vgl. Teppe: Zur Sozialpolitik des Dritten Reiches, S. 250.

Die Bestimmungen des Reichsarbeitsministeriums

Das Reichsarbeitsministerium entschied sich daher für »entgegengesetzte« Maßnahmen: Es standen nun nicht mehr die Versicherten im Fokus, die Zugang zu den Leistungen aus der Rentenversicherung erstrebten und beantragten, sondern diejenigen, die sie bereits erhielten: die Rentner selbst. Auch sollten die Maßnahmen keinen restriktiven Charakter mehr haben, im Gegenteil: Durch positive Leistungsanreize sollten Rentner nun dazu gebracht werden, wieder in den Arbeitsprozess einzutreten. Das am 15. Januar 1941 veröffentlichte »Gesetz über weitere Maßnahmen in der Reichsversicherung aus Anlaß des Krieges«,[5] das im Behördenjargon (und auch im Folgenden) bald nur »Kriegsgesetz« genannt wurde, war der augenscheinlichste Ausdruck der Bemühungen des Ministeriums, die Rentenversicherung für den Zweck der Arbeitskräfterekrutierung umzugestalten. Das »Kriegsgesetz« zählt nach den Sanierungs- und Aufbaugesetzen, den Leistungsverbesserungsgesetzen von 1937, 1941 und 1942 sowie dem Handwerkergesetz von 1938[6] zu den eher unbekannteren Gesetzen des Ministeriums. Dennoch sollte es nicht nur symbolhaft für die Politik des Ministeriums stehen, sondern auch ganz konkrete Folgeprobleme nach sich ziehen, die sämtliche Träger und auch – wie sich zeigen sollte – die Reichswehr unmittelbar betrafen. Die Intention des »Kriegsgesetzes« war dabei eindeutig: Indem Rentenbezieher zur Arbeitsaufnahme bewegt werden sollten, versuchte das Ministerium auf diesem Wege, vermeintlich brachliegendes Arbeitskräftepotenzial für die Zwecke der Kriegswirtschaft zu reaktivieren.

5 RGBl. I 1941, S. 34-36. Das sogenannte Kriegsgesetz selbst und seine Auswirkungen wurden in sehr wenig von der Forschung berücksichtigt. Insbesondere fehlt eine Einordnung in die Gesamtpolitik des Reichsarbeitsministeriums und eine Analyse, welche Folgen es für die Verwaltungspraxis der Träger hatte. Schlegel-Voß betont lediglich die durch das Gesetz geschaffene grundsätzliche Erhaltung der Anwartschaft während des Krieges sowie einige kleinere Verbesserungen in der Berechnung der Halbdeckung. Vgl. dies.: Alter in der »Volksgemeinschaft«, S. 91. Auch Teppe benennt das Gesetz lediglich im Zuge der allgemeinen Leistungsverbesserungen in der Rentenversicherung im Jahre 1941. Vgl. ders.: Zur Sozialpolitik des Dritten Reiches, S. 236. Auch Tennstedt beleuchtet nicht die Folgen dieses äußerst weitreichenden Gesetzes, indem er lediglich festhält: »Selbst die Rentner, die nach scharfer vertrauensärztlicher Nachprüfung noch eine Rente bezogen, sollten damit zur Arbeitsleistung ›angeregt‹ werden«. Vgl. ders.: Sozialgeschichte der Sozialversicherung, S. 478.
6 Gesetz über die Altersversorgung für das Deutsche Handwerk vom 21.12.1938, RGBl. I 1938, S. 1900-1901. Vgl. auch Schlegel-Voß: Alter in der »Volksgemeinschaft«, S. 132-157.

Tatsächlich stellte das Gesetz die Versicherten deutlich besser, sodass es eigentlich in einer Reihe mit den Leistungsverbesserungsgesetzen der Rentenversicherung hätte stehen können. So bestimmte das Gesetz, dass Anwartschaften in der Rentenversicherung während der Zeit des Krieges grundsätzlich nicht erlöschen würden (§ 15). Außerdem galt die Wartezeit für Soldaten als erfüllt, wenn sie während des Krieges starben (dies war für die Hinterbliebenenversicherung bedeutsam) oder invalide bzw. berufsunfähig wurden (§ 17). Vor allem aber sollte eine Bestimmung des Gesetzes die gravierendsten Folgen nach sich ziehen, der § 21: »Eine wegen Invalidität (Berufsunfähigkeit) gewährte Rente darf nicht deshalb entzogen werden oder ruhen, weil der Berechtigte während des Krieges erneut eine Tätigkeit ausübt.«[7] Anders ausgedrückt: Nahm ein Rentner wieder eine Arbeitstätigkeit auf, sollte seine Invaliden- oder Altersrente uneingeschränkt weiter gewährt werden, selbst wenn der Rentner durch die Aufnahme einer Arbeit seine Erwerbsfähigkeit de facto bewies. Dieser Versuch des Reichsarbeitsministeriums, durch positive Leistungsanreize bereits in Rente stehende Personen wieder dem Arbeitseinsatz zuzuführen, sollte vor allem für die Rentenversicherungsträger eine immense Reichweite besitzen, da diese für die damit verbundenen Kosten aufkommen mussten. Auch wenn das Gesetz zunächst auf die langfristigen Alters- und Invalidenrentner, also auf diejenigen Personen, die sich *dauerhaft* in Rente befanden, abzielte, und die durch diese finanziellen Anreize wieder in den Arbeitsprozess integriert werden sollten, so verbot es dennoch den Entzug der Rente auch bei denjenigen Rentnern, die nur eine *vorübergehende* Invalidenrente bezogen.[8] Das »Kriegsgesetz«

7 Gesetz über weitere Maßnahmen in der Reichsversicherung aus Anlaß des Krieges vom 15.1.1941, RGBl. I 1941, S. 34-36. § 15: »In der Zeit vom 26. August 1939 bis zum Ablauf des auf das Kriegsende folgenden Kalenderjahres erlöschen Anwartschaften in der Rentenversicherung nicht.« § 17 (1): »Bei Versicherten, die während des Krieges als Soldaten gestorben oder infolge einer Beschädigung bei besonderem Einsatz oder einer Wehrdienstbeschädigung invalide (berufsunfähig) geworden sind, gilt die Wartezeit als erfüllt.«
8 Das Rentenversicherungsrecht kannte grundsätzlich zwei Arten der Alters- und Invalidenrenten: Dauerhafte und vorübergehende Renten. Dauerhafte Renten wurden bis zum Lebensende des Rentners gewährt oder so lange bis er seine Erwerbsfähigkeit wiedererlangte. Normalerweise war der körperliche oder geistige Zustand dauerhafter Rentner allerdings so schlecht, dass eine Wiederherstellung der Erwerbsfähigkeit nicht zu erwarten war. Vorübergehende Renten wurden nur für einen gewissen Zeitraum bewilligt, ärztliche Nachuntersuchungen sollten darüber Auskunft geben, ob ein Rentenbezieher wieder erwerbsfähig sei. Vorübergehende Renten wurden vor allem denjenigen

erschwerte demnach den gewöhnlichen Rentenentzug, etwa nach erfolgreichem Abschluss eines Heilverfahrens oder der Besserung des Gesundheitszustandes, und barg somit – je nach Auslegung – die Gefahr einer unkontrollierten finanziellen Mehrbelastung für die Träger in sich. Denn deren Kostenkalkulationen beinhalteten den Wegfall der vorübergehenden Invalidenrenten aus dem Rentenbestand des Trägers.

Diese wenigen Gesetzeszeilen, vom Reichsarbeitsministerium verantwortet, bedeuteten in ihrer Konsequenz letztlich die Aufhebung des Charakters der Rentenversicherung, wie sie durch die Bismarck'sche Sozialversicherungsgesetzgebung 50 Jahre zuvor eingeführt worden war. Konzipiert als Versicherung gegen die finanziellen Risiken der dauerhaften und vorübergehenden Erwerbsunfähigkeit, mutete es geradezu grotesk an, dass Invalidenrentner, die den Zugang zu den Leistungen aus der Versicherung über eine bescheinigte Erwerbsunfähigkeit geltend gemacht hatten, ihre »Nicht-Invalidität« de facto versicherungsrechtlich beweisen konnten, um so wieder in den Arbeitsprozess integriert werden zu können. Der vom Ministerium eingeschlagene Pfad der möglichst langen Erhaltung der Arbeitskräfte für den Arbeitseinsatz sowie – in diesem Fall – die Reaktivierung brachliegenden Arbeitskräftepotenzials folgte der Logik einer Uminterpretation der Funktion und der Aufgaben der Rentenversicherung. Während bis zum Januar 1941 vor allem der Zugang zu den Leistungen aus der Rentenversicherung erschwert werden sollte, zielte das »Kriegsgesetz« nun vor allem auf diejenigen Personen, die bereits Rente bezogen.

Die konkrete Entstehungsgeschichte des Gesetzes innerhalb des Ministeriums lässt sich nicht mehr in gleicher Weise rekonstruieren, wie es etwa beim Sanierungsgesetz aufgrund der relativ guten Quellenlage möglich war. Die betreffenden Akten zum »Kriegsgesetz« wurden vermutlich im Zweiten Weltkrieg vernichtet. Dennoch lässt sich die Vorgeschichte teilweise erschließen, wobei vor allem deutlich wird, dass die anfänglichen Impulse für diese Gesetzgebung hauptsächlich aus den nachgeordneten Behörden sowie von Parteistellen stammten. Ähnlich wie bei der Einschränkung des Revisionsrechts begann allerdings auch die Vorgeschichte des »Kriegsgesetzes« bereits einige Jahre früher. Auch hier kam der Impuls für die neue Gesetzgebung nicht aus dem Ministerium selbst. Am 14. Mai 1937 richtete der Stab des Stellvertreters des Führers ein Schreiben an Arbeitsminister Seldte, um auf

---

Versicherten zuerkannt, bei denen die Wiederherstellung der Erwerbsfähigkeit erwartet wurde – entweder durch Heilverfahren oder durch eine allgemeine Besserung des Zustandes. Vgl. Richter: Sozialversicherungsrecht, S. 140-175.

die Möglichkeit des Arbeitseinsatzes von bereits in Rente stehenden Personen aufmerksam zu machen: »Aus Mangel an geeigneten Facharbeitern sind verschiedene Waffenfabriken dazu übergegangen, Arbeiter über 65 Jahre, die bereits im Genuß ihrer Altersrente sind, weiter zu beschäftigen. Da diese jedoch bereits eine Rente bezogen, weigerten sie sich, Arbeitsverträge einzugehen.«[9] Um die vom Ministerium erbetene Stellungnahme ausarbeiten zu können, wandte sich die Hauptabteilung II nach üblicher Verwaltungspraxis über das Reichsversicherungsamt an die Rentenversicherungsträger, um deren Einschätzung einzuholen. Da es sich nach deren Ansicht nur um eine relativ kleine Gruppe von Versicherten handelte, empfahl der Reichsverband der Landesversicherungsanstalten eine Nachprüfung bei denjenigen Altersrentnern zu unterlassen, die wieder eine Tätigkeit aufnahmen.[10] Ab diesem Zeitpunkt konnte die weitere Entwicklung, die zum »Kriegsgesetz« führte, nicht mehr aufgehalten werden. Indem das Ministerium seinen Maßnahmenkatalog über den Arbeitseinsatz mit der Möglichkeit des Verzichts auf eine Nachprüfung erweiterte, schaffte es die Voraussetzungen, dem Arbeitskräftemangel mit Methoden zu begegnen, die dem Charakter der Rentenversicherung entgegenstanden – mit weitreichenden Folgen. Die dafür benötigten Gelder sollten freilich nicht durch den Reichshaushalt gedeckt, sondern von den Rentenversicherungsträgern bereitgestellt werden.

Tatsächlich hat sich die Empfehlung des Dachverbandes der Rentenversicherungsträger, von der Nachuntersuchung wieder in den Arbeitsprozess integrierter Altersrentner abzusehen, in der Praxis nicht bewährt. Ohne rechtliche Grundlage oder direkte Anweisung vom Reichsarbeitsministerium oder dem Reichsversicherungsamt leiteten die Träger auch weiterhin ein Rentenentzugsverfahren ein, wenn sie herausfanden, dass ein Invalidenrentner durch die Aufnahme einer Arbeitstätigkeit seine offensichtlich noch vorhandene Erwerbsfähigkeit unter Beweis stellte. Noch im September 1939 versuchte das Reichsversicherungsamt in einem Rundschreiben erneut die Träger davon zu überzeugen, auf die Einleitung eines Rentenentzugsverfahrens in diesen Fällen zu verzichten:

---

9 Stab des Stellvertreters des Führers an Franz Seldte (Reichsarbeitsministerium), betr. Beschäftigung von Rentenempfängern, 14.5.1937, BArch R 89/4922, Bl. 11.
10 Reichsverband Deutscher Landesversicherungsanstalten an Reichsversicherungsamt, betr. Beschäftigung von Rentenempfängern, 8.7.1937, BArch R 89/4922, Bl. 14.

DAS »KRIEGSGESETZ« UND DIE WEITERE FORCIERUNG DES ARBEITSEINSATZES

»Die Arbeitsämter und die Deutsche Arbeitsfront bemühen sich im Hinblick auf den derzeitigen großen Mangel an Arbeitskräften Rentenempfänger wieder auf Arbeitsplätze zu bringen, auf denen sie noch eine nutzbringende Tätigkeit ausüben können, welche den ihnen verbliebenen Fähigkeiten und Kräften angepaßt wird oder entspricht [...]. Das Reichsversicherungsamt erwartet daher, daß die Träger der Rentenversicherung nicht schon lediglich die Aufnahme einer solchen Arbeit zum Anlaß für eine Nachuntersuchung des Rentenempfängers nehmen.«[11]

Die Erwartung des Reichsversicherungsamtes, dass die Träger die Aufnahme einer Arbeit nicht als Indiz für die Wiedererlangung der Erwerbsfähigkeit betrachten und auf die Aufnahme eines Rentenentzugsverfahrens verzichten würden, wurde enttäuscht. Auch nach diesem Rundschreiben entzogen die Landesversicherungsanstalten die Renten von Personen, die dem Aufruf zum Arbeitseinsatz folgten und ein Arbeitsverhältnis eingingen. Erst die in den Augen der Beamten des Ministeriums nicht gewünschte Verwaltungspraxis der Träger, eben dieses Rentenentzugsverfahren einzuleiten, führte schließlich zu der Entscheidung des Ministeriums, eine gesetzliche Regelung in Form des »Kriegsgesetzes« zu erlassen.[12] Allerdings, und das sollte die weitere Entwicklung zeigen, änderte das »Kriegsgesetz« nicht sofort die Verwaltungspraxis der Träger. Zum einen stellten diese auch weiterhin die Renten von Personen ein, die wieder eine Erwerbstätigkeit aufnahmen, zum anderen ergaben sich aufgrund dieser äußerst ungewöhnlichen Maßnahme vielfältige Unklarheiten bei der Durchführung des Gesetzes.

Die Reichsversicherungsanstalt für Angestellte war sich nicht sicher, wie der § 17 auszulegen sei, der die Wartezeit eines versicherten Soldaten als erfüllt ansah, wenn ein Soldat im Kriegseinsatz starb oder invalide bzw. berufsunfähig wurde. Es war ferner unklar, ob dieser Paragraf neben den Soldaten der Wehrmacht auch auf Angehörige des

---

11 Hugo Schäffer (Reichsversicherungsamt) an alle Versicherungsträger, betr. Rentenentziehung bei Rentenempfängern, die durch Vermittlung eines Arbeitsamtes als beschränkt einsatzfähig wieder beschäftigt werden, 6.9.1939, DRV RfA-Archiv/Aktenordner »Nr. 24a«.
12 Die konkrete Ausgestaltung des Gesetzes geht dabei ebenso auf Hermann Göring in seiner Eigenschaft als Vorsitzender des Ministerrats für die Reichsverteidigung zurück. Zudem wurde das Gesetz im »Führer-Hauptquartier« letztmalig ausgearbeitet. Vgl. Gesetz über weitere Maßnahmen in der Reichsversicherung aus Anlaß des Krieges vom 15.1.1941, RGBl. I 1941, S. 34-36, hier S. 36. Der konkrete Einfluss Görings ist nicht mehr rekonstruierbar.

Sicherheitsdienstes (SD), des Reichsarbeitsdienstes (RAD) oder des Luftwarndienstes anzuwenden sei, wie es bei den bisherigen Kriegsverordnungen auf dem Feld der Sozialversicherung der Fall gewesen war.[13] Auch wurde beim Angestelltenträger darüber spekuliert, ob die Invalidität und Berufsunfähigkeit sich nur auf die Soldaten erstreckte oder auf alle Versicherte, die aufgrund von Kampfhandlungen erwerbsunfähig wurden, auch wenn sie sich gerade nicht »im besonderen Einsatz der Wehrmacht« befanden. Weiter war sich der Träger nicht sicher, ob das Reichsarbeitsministerium ebenfalls den Zustand befürwortete, nach dem ein Soldat sich freiwillig versichern konnte, um nach der Zahlung nur eines einzelnen Wochenbetrags bei Eintritt des Versicherungsfalls bereits Leistungen aus der Rentenversicherung erhalten konnte. Wenn die Wartezeit lediglich dadurch erfüllt würde, dass der Versicherungsfall eines Soldaten beim Wehrmachtseinsatz aufträte (er also starb oder erwerbsunfähig wurde), dann wäre in der Tat die Zahlung einer Rente nach der Zahlung nur eines Pflichtbeitrages (auch bei freiwilliger Versicherung) möglich. Zwar wandte sich die Reichsversicherungsanstalt an das Reichsarbeitsministerium, um diese Frage zu erläutern, das Ministerium blockte jedoch zunächst ab: Es werde keine offizielle Kommentierung des Gesetzes geben.[14] Die Auslegung des »Kriegsgesetzes« würde vielmehr die Verwaltungspraxis zeigen.[15]

13 Etwa in den Verordnungen vom 13. Oktober 1939 (Verordnung über die Rentenversicherung der Arbeiter und der Angestellten sowie die knappschaftliche Pensionsversicherung während des besonderen Einsatzes der Wehrmacht, RGBl. I 1939, S. 2030), 11. November 1939 (Verordnung über die Sozialversicherung der einberufenen Luftschutzdienstpflichtigen, RGBl. I 1939, S. 2181), 12. Dezember 1939 (Verordnung über Änderungen in der gesetzlichen Krankenversicherung und in der Arbeitslosenhilfe, RGBl. I 1939, S. 2414), 22. Januar 1940 (Verordnung über die Rentenversicherung der Arbeiter und der Angestellten sowie die knappschaftliche Pensionsversicherung während des besonderen Einsatzes der Wehrmacht, RGBl. I 1940, S. 225) und 17. April 1940 (Zweite Verordnung über die Rentenversicherung der Arbeiter und der Angestellten sowie die knappschaftliche Pensionsversicherung während des besonderen Einsatzes der Wehrmacht, RGBl. I 1940, S. 680).
14 Reichsversicherungsanstalt für Angestellte, Vermerk, betr. Zur Auslegung des § 17 des Gesetzes vom 15.1.1941, 24.01.1941, DRV RfA-Archiv/Aktenordner »Nr. 27«.
15 Noch Ende November 1941 vertrat Engel die Auffassung, dass die Frage der freiwilligen Nachzahlung von Versicherungsbeiträgen nicht auf dem Verordnungswege gelöst werden müsse, da hierfür von der Versichertenseite wohl kein Bedarf bestehe. Allerdings war er der Auffassung, dass eine freiwillige

Darüber hinaus war nicht geregelt, ob ebenfalls Soldaten von verbündeten Staaten, die aufseiten des Deutschen Reiches kämpften, von den Bestimmungen profitieren sollten oder nicht (zu diesem Zeitpunkt kamen allein italienische Soldaten in Betracht). Die Reichsversicherungsanstalt für Angestellte kam hier jedoch zu dem Schluss, dass dies nur für deutsche Soldaten gelten könne, da der §17 zu weitreichend sei, um auch auf nichtdeutsche Soldaten ausgeweitet zu werden.[16] Zur besseren Durchführung des Gesetzes erließ die Reichsversicherungsanstalt interne Richtlinien, wobei sie darin vor allem den §21, der den Entzug einer Rente verbot, wenn ein Rentner wieder eine Arbeitsstelle antrat, zu fassen versuchte. Das »Kriegsgesetz« bestimmte zwar, dass für die Zeit nach dem 26. August 1939 die Anwartschaften erhalten blieben, ob der §21 jedoch auch für die Zeit davor anzuwenden war, war keineswegs sicher. Da dies aber nicht explizit erwähnt wurde, ging die Reichsversicherungsanstalt davon aus, dass das Reichsarbeitsministerium den Rentenentzug grundsätzlich verbieten wollte. Konsequenterweise ließ die Reichsversicherungsanstalt alle Nachuntersuchungen der betreffenden Rentner einstellen. Allerdings ging der Träger zu Beginn des Jahres 1941 noch davon aus, dass die erste Nachuntersuchung nach Ablauf einer vorübergehenden Rente gestattet sei.[17] Schnell sollte sich jedoch zeigen, dass das Reichsarbeitsministerium den §21 weitreichender auffasste.

Einwände des Militärs

Erste Einwände gegen das »Kriegsgesetz« von militärischer Seite wurden ab August 1941 geäußert. Der Leiter der Landesversicherungsanstalt Sachsen berichtete an den Reichsverband Deutscher Rentenversicherungsträger über die in den Lazaretten aufgetretenen Klagen von Militärärzten:

»Lazarettärzte, die ich gesprochen habe, vor allem auch solche aus einem Umschulungslazarett, bei dessen Insassen die rein ärztliche

---

Nachentrichtung von Versicherungsbeiträgen nicht dazu führen könne, dass der §17 auf diese Personen zutreffen würde. Vgl. Hans Engel (Reichsarbeitsministerium) an Reichsversicherungsamt, betr. Durchführung des Kriegsgesetzes, 25.11.1941, BArch R 89/7044, Bl. 194.
16 Reichsversicherungsanstalt für Angestellte, Vermerk, betr. Zu §17 Absatz 1 Nr. 3 der Richtlinien, 5.3.1941, DRV RfA-Archiv/Aktenordner »Nr. 27«.
17 Reichsversicherungsanstalt für Angestellte, Vermerk, betr. Betr. §21 des Gesetzes vom 15. Januar 1941, 8.3.1941, DRV RfA-Archiv/Aktenordner »Nr. 27«.

Behandlung im allgemeinen bereits zum Abschluss gekommen ist, z.B. weil bereits Versteifungen eingetreten sind oder nur noch Zustände nach Schußbruch, Granatsplitterverletzung usw. vorliegen, halten es für nachteilig, wenn während der Umschulung zu einer geeigneten Beschäftigung ein Rentenverfahren läuft, das den Lazarettinsassen den wieder in die Arbeit einzusetzen die Lazarettärzte bemüht sind, veranlassen könnte, seinerseits nicht alles zu tun, was ihn wieder arbeitseinsatzfähig macht [...]. Von militärärztlicher Seite bin ich deshalb darauf hingewiesen worden, daß die Lazarettinsassen doch während des Lazarettaufenthaltes die Rente in keiner Weise benötigen, weil sie völlig versorgt sind.«[18]

Bis 1943 klagten militärische Stellen gegen die Möglichkeit der Rentengewährung für verletzte Soldaten. Dies hing vor allem mit der ungelösten Frage zusammen, wann die Rente eines verwundeten Soldaten frühestens beginnen durfte. Der maßgebliche Paragraf der Reichsversicherungsordnung ermöglichte zwar den Beginn der Rente »mit dem ersten Tage des Monats, der auf den Monat folgt, in dem die Voraussetzungen für die Gewährung der Rente erfüllt sind«. Falls der Rentenantrag jedoch zu einem späteren Zeitpunkt gestellt wurde, als die Voraussetzungen vorlagen, so begann die Rente erst in diesem Monat, und zwar »auch dann, wenn der Antrag nicht früher gestellt werden konnte«.[19]

Diese Bestimmung ging auf die Vierte Notverordnung vom 8. Dezember 1931 zurück.[20] Vorher waren die Versicherten deutlich bessergestellt: Auch wenn der Antrag später gestellt wurde, so begann die Rente ab dem Zeitpunkt, als der Versicherungsfall eingetreten war, was durch eine Sterbeurkunde (für die Hinterbliebenenversicherung) oder ärztliche Bescheinigung (für die Berufsunfähigkeit oder die Invalidität) nachgewiesen werden konnte. Da dies jedoch einen deutlich höheren Verwaltungsaufwand bedeutete, begrüßten die Träger die Bestimmung

---

18 Katzschner (Landesversicherungsanstalt Sachsen) an Reichsverband Deutscher Rentenversicherungsträger, betr. Rentenanträge kriegsbeschädigter bzw. kriegskranker Lazarettpfleglinge, 2.8.1941, DRV RfA-Archiv/Aktenordner »Nr. 7«.
19 § 1286 der Verordnung über die Änderung, die neue Fassung und die Durchführung von Vorschriften der Reichsversicherungsordnung, des Angestelltenversicherungsgesetzes und des Reichsknappschaftsgesetzes vom 17.5.1934, RGBl. I 1934, S. 419-446, hier S. 424.
20 Vgl. Vierte Verordnung des Reichspräsidenten zur Sicherung von Wirtschaft und Finanzen zum Schutze des inneren Friedens vom 8.12.1931, RGBl. I 1931, S. 699.

der Vierten Notverordnung, nach der die Rente frühestens mit dem Datum des Antrages beginnen durfte.

Das Reichsarbeitsministerium war sich jedoch des Problems bewusst, dass dadurch schwer verletzte Soldaten, die sich wochen- oder monatelang in Behandlung befanden und nicht in der Lage waren, einen Rentenantrag zu stellen, gegenüber anderen Soldaten benachteiligt wurden, die den Antrag stellen konnten und dies auch unverzüglich taten. Als das Reichsarbeitsministerium diese Lücke schließen wollte, wurde innerhalb der Reichsversicherungsanstalt ein Prozess in Gang gesetzt, um diese Frage zu klären:

»Bei der Berufsunfähigkeit [...] ist es praktisch meist geradezu unmöglich, nachträglich etwa den Zeitpunkt einer früheren Berufsunfähigkeit genau festzustellen. Deshalb sollte man bei der Berufsunfähigkeit unter allen Umständen beim Antragsprinzip verbleiben und auch davon nicht bei verwundeten Soldaten abgehen. Würde man das nämlich tun, dann würde – kurz über lang – dasselbe auch für die zivilen Versicherten erstrebt werden.«[21]

Diese Sichtweise konnte sich jedoch nicht durchsetzen. Für den zivilen Bereich erkannte die Reichsversicherungsanstalt die Bedeutung des § 1286 und wollte auch keine Veränderung. Die geplante Ausnahmeregelung für Soldaten begrüßte es jedoch – vor allem aufgrund des Gesichtspunktes des Arbeitseinsatzes: Die

»Sonderregelung [ist aber] aus psychologischen Gründen erwünscht, um den Versicherten während seiner Lazarettbehandlung nicht mit der Sorge um das Rentenverfahren zu belasten und um zu vermeiden, daß durch die vorzeitige Aufrollung des Rentenverfahrens die Zuversicht des Versicherten auf die Wiedererlangung seiner Arbeitsfähigkeit beeinträchtigt oder durch das Streben nach der Rente sein Wille zur Gesundung gehemmt wird«.[22]

Bis Herbst 1941 mehrten sich allerdings die Beschwerden von Soldaten, die ihren Rentenantrag nicht früher hatten stellen können. Insbesondere die Reichsversicherungsanstalt drängte das Ministerium

---

21 Reichsversicherungsanstalt für Angestellte, betr. Vermerk, 29.8.1941, DRV RfA-Archiv/Aktenordner »Nr. 7«.
22 Reichsversicherungsanstalt für Angestellte, betr. Referentenbesprechung der Abt. I Lei, 9.9.1941, DRV RfA-Archiv/Aktenordner »Nr. 7«. Vgl. auch Koch (Reichsversicherungsanstalt für Angestellte) an Friedrich Wankelmuth (Reichsarbeitsministerium), 17.9.1941, DRV RfA-Archiv/Aktenordner »Nr. 7«.

daher, den für viele Soldaten ungünstigen Zustand rechtlich zu ändern. Ein interner Vermerk verdeutlicht dies:

»Bei dem Rentenbeginn bei Verwundeten wird man aber so viel schon als gewiss annehmen können, dass 1. der jetzige Rechtszustand höchst unbefriedigend ist, und daß 2. unter allen Umständen eine befriedigendere Lösung erfolgen muss [...]. Die R.f.A., die von sich aus genug getan hat, um diesen unerfreulichen Zustand zugunsten der Verwundeten zu ändern, hat es m.E. wirklich nicht nötig, die Langsamkeit in der Gesetzgebung zu ihren Lasten gehen zu lassen und nach aussenhin als der ›unsoziale‹ Versicherungsträger zu erscheinen. Daher bin ich dafür, nunmehr auch dem Versicherten klipp und klar zu sagen, wie wir über den bestehenden Rechtszustand denken und was wir zu einer befriedigenderen Abänderung bereits veranlasst haben. Vor allem dienen wir damit auch am besten dem Ansehen der R.[eichsversicherungsanstalt, A.K.] und damit dem Ansehen der gesamten staatlichen sozialen Versicherung.«[23]

Der Angestelltenversicherungsträger wandte sich im Oktober 1941 daher an das Reichsversicherungsamt, um für eine Gesetzesänderung beim Reichsarbeitsminister zu werben,[24] ein Ansinnen, das auch der Deutsche Gemeindetag unterstützte, der sich diesbezüglich an das Reichsarbeitsministerium wandte. Denn man hätte in der Praxis bemerkt,

»dass Kriegsbeschädigte häufig durch verspätete Antragsstellung Rentenverluste erleiden. Diese Verluste entstehen z.B., wenn verwundete Soldaten noch längere Zeit nach ihrer Verwundung in Feldlazaretten verbleiben oder wegen der Schwere ihrer Verwundung nicht in der Lage sind, einen Rentenantrag zu stellen. In anderen Fällen sind die Versicherten nicht darüber unterrichtet, dass die Voraussetzungen für die Gewährung der Rente auf Grund des § 17 [...] erfüllt sind.«[25]

23 Reichsversicherungsanstalt für Angestellte, Vermerk, Oktober 1941, DRV RfA-Archiv/Aktenordner »Nr. 7«.
24 Koch (Reichsversicherungsanstalt für Angestellte) an Reichsversicherungsamt, betr. § 1286 RVO. Hier: Rentenbeginn bei Ruhegeldern von verwundeten Soldaten, 13.10.1941, DRV RfA-Archiv/Aktenordner »Nr. 7«.
25 Schlüter (Deutscher Gemeindetag) an Reichsarbeitsministerium, betr. Anwendung des § 1286 RVO auf Versicherte, die während des Krieges als Soldaten invalide (berufsunfähig) geworden sind, 27.11.1941, BArch R 1501/143794. Schlüter unterrichtete zudem das Reichsministerium des Innern über dieses Schreiben.

Zudem mussten die erforderlichen Unterlagen in den meisten Fällen zunächst beschafft werden, und erst die Überführung des Verwundeten in ein Lazarett im Reich ermöglichte die Antragsstellung.

Die Wirkung des §21

Dennoch standen für das Ministerium zunächst andere Probleme im Vordergrund. Die weitreichende Regelung des §21 war inzwischen Gegenstand von mehreren Beschwerden von Rentnern geworden, deren Renten trotz des Rundschreibens des Reichsversicherungsamtes vom 6. September 1939 und trotz den Bestimmungen des »Kriegsgesetzes« eingestellt worden waren. Insbesondere die Deutsche Arbeitsfront beschwerte sich beim Reichsarbeitsministerium über die Missachtung des §21 durch die Rentenversicherungsträger. Im November 1941 berichtete das »Amt für Arbeitseinsatz« der DAF daher an das Reichsarbeitsministerium:

> »Immer wieder erhalte ich Beschwerden von Rentner [sic!], denen bei Wiederaufnahme der Arbeit während des Krieges die Rente angerechnet wird. Dieses Vorgehen macht die Bestrebungen der Gauwaltungen, die Invalidenrentner erneut in die Kriegswirtschaft einzureihen, zunichte. Die Rentner stellen nämlich ihre Arbeit sofort ein, wenn sie merken, dass ihnen die Rente wieder entzogen werden soll, und sie sind sehr verärgert, dass sie durch die Arbeitsaufnahme die Rente verlieren, obwohl sie in den Zeitungen und auch sonst ausdrücklich zur Arbeitsaufnahme aufgefordert wurden mit dem Versprechen, dass ihnen in den Rentenbezügen durch die Arbeitsaufnahme kein Nachteil entstehen würde.«[26]

Beispielhaft für viele Vorgänge fügte die Deutsche Arbeitsfront die Streitsache von Josef Berndl gegen die Landesversicherungsanstalt Oberbayern bei, von der ihm die Rente nach Beginn der Arbeitsaufnahme entzogen worden war. Die Landesversicherungsanstalt hatte §21 so interpretiert, dass ein Rentenentzug aufgrund des Wegfalls der Erwerbsunfähigkeit möglich war (was der eingeübten und jahrzehntelangen Verwaltungspraxis der Träger entsprach), und nicht, was der Intention des Ministeriums nach vermieden werden sollte, weil der Versicherte wieder eine Beschäftigung aufgenommen hatte. Mit dieser Interpretation verließen die Träger nicht den vom Minis-

---

26 Deutsche Arbeitsfront an Franz Seldte (Reichsarbeitsministerium), betr. Rentenentziehung bei Arbeitsaufnahme während des Krieges, 12.11.1941, BArch R 89/7044, Bl. 92.

terium gesteckten gesetzlichen Rahmen. Dennoch verfehlten sie aber die Intentionen des »Kriegsgesetzes«. Tatsächlich interpretierte das Reichsversicherungsamt besagten §21 ähnlich wie die DAF, wonach ein Ruhen der Rente schlechthin nicht möglich sein sollte, wenn sich ein Rentenbezieher zur Aufnahme einer Arbeitstätigkeit entschlossen hatte: »Nunmehr wird also diese Rechtslage ausdrücklich derart sanktioniert, daß das Gesetz ausdrücklich verbietet, eine wegen Invalidität oder Berufsunfähigkeit gewährte Rente deshalb zu entziehen oder ruhen zu lassen, weil der Berechtigte während des Krieges erneut eine Tätigkeit ausübt.«[27]

Die betreffende Landesversicherungsanstalt sah sich dennoch im Recht, schließlich hätte es die Invalidenrente nicht aus dem Grunde eingestellt, weil der Berechtigte wieder eine Arbeitstätigkeit aufgenommen hatte, sondern weil sie den Rentner wieder als erwerbsfähig ansah. Da der Träger §21 nicht so weit fasste, dass der Rentenentzug generell verboten sei (sondern nur, wenn der Rentner eine Arbeit aufnahm, ohne erwerbsfähig sein – was ein Widerspruch ist), handelte er nach der eingeübten Verwaltungspraxis – und verneinte die Geltung des §21 in diesem Fall. Denn der Rentenversicherungsträger berichtete an das Reichsarbeitsministerium: »Die Rentenentziehung erfolgte im vorliegenden Falle völlig unabhängig von dem Umstand, daß Berndl wieder beschäftigt wurde, sondern ausschließlich im Hinblick auf das die Invalidität verneinende amtsärztliche Nachuntersuchungsgutachten. Der Bescheid stand deshalb auch nicht im Widerspruch mit §21 des Reichsgesetzes vom 15.1.41.«[28]

Die vor Beginn des Zweiten Weltkrieges eingeleiteten Verwaltungsvereinfachungen[29] hätten eine grundsätzliche Klärung beinahe verhindert, da es

> »erwünscht gewesen [wäre], daß das Oberversicherungsamt in seinem die Berufung zurückweisenden Urteil gemäß Ziff. IV Abs. 3 des Erlasses des Führers und Reichskanzlers über die Vereinfachung der Verwaltung vom 28.8.39 die Revision ausdrücklich für zulässig erklärt hätte, damit eine grundsätzliche Entscheidung des Reichs-

---

27 Hermann Dersch: Gesetz über weitere Maßnahmen in der Reichsversicherung aus Anlaß des Krieges, in: Zentralblatt für Reichsversicherung und Reichsversorgung 11/12 (1941), S. 107.
28 Landesversicherungsanstalt Oberbayern an Reichsversicherungsamt, betr. Rentenentziehung bei Arbeitsaufnahme während des Krieges, 9.12.1941, BArch R 89/7044, Bl. 93.
29 Vgl. Kapitel IV.2.

versicherungsamts möglich gewesen wäre. Nachdem dies nicht geschehen ist, würde ich in Übereinstimmung mit der Deutschen Arbeitsfront begrüßen, wenn der vorliegende Fall zum Anlaß einer maßgebenden Auslegung des §21 des Reichsgesetzes vom 15.1.41 durch das Reichsversicherungsamt genommen würde.«[30]

Möglicherweise war dieser Fall für das Reichsarbeitsministerium tatsächlich ausschlaggebend dafür, eine detailliertere Definition des §21 zu veröffentlichen, denn knapp zwei Wochen nach dem Schreiben der Deutschen Arbeitsfront an das Reichsarbeitsministerium veröffentlichte das Ministerium einen Erlass über die Durchführung des Kriegsgesetzes. Der wichtigste Punkt betraf demnach auch den §21: Dieser sei »so auszulegen, daß die Entziehung einer wegen Invalidität (Berufsunfähigkeit) gewährten Rente während des Krieges schlechthin ausgeschlossen ist, wenn und solange der Berechtigte noch beschäftigt wird«.[31]

Tatsächlich forderte das Reichsversicherungsamt die Landesversicherungsanstalt Oberbayern daher im Dezember 1941 auf, die Zahlung der Rente an Josef Berndl wiederaufzunehmen. Dass es dabei das Urteil des Oberversicherungsamtes München ignorierte, war für das Amt Nebensache: Die Aufforderung erging auf dem Verordnungs- und nicht auf dem Rechtsweg und illustriert die erweiterten Aufsichtsbefugnisse des Reichsversicherungsamtes während des Krieges.[32]

Der Erlass vom 25. November 1941 bestätigte also die Auslegung des Reichsversicherungsamtes. Zur Förderung des Arbeitseinsatzes sollten

---

30 Landesversicherungsanstalt Oberbayern an Reichsversicherungsamt, betr. Rentenentziehung bei Arbeitsaufnahme während des Krieges, 9.12.1941, BArch R 89/7044, Bl. 93.

31 Hans Engel (Reichsarbeitsministerium) an die Versicherungsbehörden und Rentenversicherungsträger, betr. Durchführung des Kriegsgesetzes, 25.11.1941, RABl. II (1941), S. 472. Parallel zum Erlass über die Durchführung des »Kriegsgesetzes« vom 25. November 1941 teilte Hans Engel der Reichsversicherungsanstalt für Angestellte mit, dass der Personenkreis des Gesetzes in §17 einzig auf Soldaten beschränkt sei, und nicht etwa auf Angehörige des Sicherheitsdienstes (SD) erweitert werden solle. Hans Engel (Reichsarbeitsministerium) an Reichsversicherungsamt, betr. Durchführung des Kriegsgesetzes, 25.11.1941, BArch R 89/7044, Bl. 194. Diese Entscheidung sollte später noch eine bedeutende Rolle spielen, als die Geltung des §17 nach und nach auf weitere Personengruppen ausgedehnt wurde.

32 Sonderhoff (Reichsversicherungsamt) an Landesversicherungsanstalt Oberbayern, betr. Wiederaufnahme der Rentenzahlung an Josef Berndl, 16.12.1941, BArch R 89/7044, Bl. 96.

die Renten von denjenigen Rentnern nicht entzogen werden dürfen, die wieder in den Arbeitsprozess integriert worden waren, einerlei, ob sie erwerbsfähig waren oder nicht. Das Reichsarbeitsministerium hatte allerdings nicht die Frage geklärt, ob der Rentenentzug sowohl bei dauerhafter als auch bei vorübergehender Invalidität oder Berufsunfähigkeit ausgesprochen werden konnte. Sowohl das Gesetz als auch der betreffende Erlass machten diesbezüglich keinen Unterschied. Die Reichsversicherungsanstalt für Angestellte war jedoch der Ansicht, dass dies nur für dauerhaft zugesprochene Renten gelten konnte und erließ aus diesem Grund im April 1942 interne Richtlinien. Zwar hielt die Behörde fest, dass nach den Veröffentlichungen des Reichsarbeitsministeriums der Rentenentzug »grundsätzlich unzulässig« sei, die Renten wegen vorübergehender Berufsunfähigkeit würden allerdings nicht darunter fallen, da diese ja nur für einen bestimmten Zeitraum gewährt würden, und daher der Begriff »Rentenentzug« in diesen Fällen nicht zum Tragen komme.[33] Jedoch, und das war der Reichsversicherungsanstalt für Angestellte wohl bewusst, war der Hauptgedanke des § 21 »die Förderung des Arbeitseinsatzes während des Krieges, d.h. der Arbeitsaufnahme und ihrer Fortsetzung«.[34]

Dass dies die einzige richtige Interpretation des »Kriegsgesetzes« war, wird zusätzlich durch die Bemühungen des Reichsarbeitsministeriums deutlich, auch jene Rentner wieder in den Arbeitsprozess zu integrieren, die in Alten- und Invalidenheimen lebten. Aus dem Kreis Quedlinburg wurde dem Ministerium gemeldet, dass es der »Mangel an Arbeitskräften aller Art« erforderlich mache, »daß auch die Empfänger von Alters- und Invalidenrenten ihre Arbeitskraft auch so weit wie möglich zur Verfügung stellen«. Betreffende Rentner in Altersheimen bekämen jedoch Probleme durch die Heimleitung, wenn sie wieder eine Arbeit aufnahmen, da diese Alters- und Invalidenheime in ers-

33 Abteilungsverfügung betreffend § 21 des Gesetzes vom 15. Januar 1941, 27.4.1942, DRV RfA-Archiv/Aktenordner »Nr. 27a«. Die Reichsversicherungsanstalt bezog sich bei dieser Auslegung auf ein Urteil des Reichsversicherungsamtes von 1931 (RABl. IV [1931], S. 82) und begründete dies wie folgt: »Bei einer zeitlich begrenzten und bereits abgeschlossenen vorübergehenden Berufsunfähigkeit kann von einer ›Entziehung‹ nicht gesprochen werden.« Vgl. Reichsversicherungsanstalt für Angestellte, Vermerk, betr. Verfügung betreffend § 21 des Gesetzes vom 15. Januar 1941, 11.5.1942, DRV RfA-Archiv/Aktenordner »Nr. 27a«.
34 Reichsversicherungsanstalt für Angestellte, betr. an die Herren Abteilungsleiter betreffend die Ausführungen des OVA. Wien v. 23.6. und von ORR. Dr. Wallentin vom 13.7.42, 15.7.1942, DRV RfA-Archiv/Aktenordner »Nr. 27a«.

ter Linie für diejenigen geschaffen waren, die nicht mehr in der Lage waren, zu arbeiten. »Diese Regelung wirke sich jetzt, wenn sie wieder arbeiten, ungünstig für den Arbeitseinsatz aus.« Da die betreffenden Rentner deswegen auf die Arbeitsaufnahme verzichteten, wandte sich Heller an das Reichsversicherungsamt, um Gegenmaßnahmen in die Wege zu leiten.35

In einem Rundschreiben an die Landesversicherungsanstalten ordnete das Reichsversicherungsamt daher an, dass einem in einem Invalidenhaus befindlichem Pflegling nicht die Anstaltspflege zu entziehen sei, nur weil er wieder eine Arbeit aufnehme. Es sei höchstens die Erhebung einer Gebühr aus dem Arbeitsverdienst möglich.36

Inzwischen hatte das Reichsarbeitsministerium auch die Frage, ob neben den Soldaten noch weitere Dienstverpflichtete in die Gunst des § 17 kommen sollten, dahingehend beantwortet, dass eine solche Auslegung nicht zulässig sei, die Besserstellung also ausschließlich für Soldaten galt.37 Zudem entschied das Reichsversicherungsamt schließlich in einer »grundsätzlichen Entscheidung«, dass der Abschluss einer freiwilligen Versicherung nicht ausreiche, um durch die §§ 17 und 21 in den Genuss einer Rente zu kommen.38 Vor allem die Verord-

---

35 Wilhelm Heller (Reichsarbeitsministerium) an Reichsversicherungsamt, betr. Schwierigkeiten beim Arbeitseinsatz von Rentenempfängern, 4.9.1941, BArch R 89/4926, Bl. 208.
36 Hugo Schäffer (Reichsversicherungsamt) an alle Landesversicherungsanstalten, betr. Arbeitseinsatz von Rentenempfängern, 12.11.1941, BArch R 89/4926, Bl. 230.
37 Die Begründung lautete, da der § 17 »absichtlich auf Soldaten beschränkt« sei. Vgl. Zweifelsfragen aus dem Kriegsgesetz vom 15.1.41, 29.4.1942, RABl. II (1942), S. 298. Tatsächlich hat das Reichsversicherungsamt in einer grundsätzlichen Entscheidung vom 11. Dezember 1941 beschlossen, dass ausschließlich Soldaten in den Genuss des § 17 kommen konnten. Im betreffenden Fall hatten die Hinterbliebenen eines zur Polizeireserve gehörenden Versicherten argumentiert, dass der geleistete Polizeidienst durch seine »Einberufung, Ausbildung, Unterbringung und sein Einsatz« dem eines Soldaten gleichzusetzen sei, was das Reichsversicherungsamt jedoch verneinte. Vgl. Grundsätzliche Entscheidung des Reichsversicherungsamtes, in: Zentralblatt für Reichsversicherung und Reichsversorgung, Berlin 1942, S. 83.
38 Das Reichsversicherungsamt argumentierte entsprechend den Bemühungen des Reichsarbeitsministeriums, Sondervorschriften für Soldaten zu schaffen: »Bei dieser Vorschrift handelt es sich vielmehr um eine für die Kriegsdauer und die Kriegsverhältnisse erlassene Sondervorschrift, die den Sinn und Zweck hat, solchen Personen die bereits beim Eintritt in den Wehrdienst der Rentenversicherung angehört haben, die Vergünstigung der Erfüllung der

nung über den Personenkreis, deren Mitglieder in den Genuss des § 17 kommen durften, war jedoch bald – wie die Praxis zeigen sollte – überholt. Denn die Reichsversicherungsanstalt für Angestellte gewährte Rentenleistungen nach § 17 ebenfalls Angehörigen der SS-Polizeidivisionen, da diese durch einen Runderlass des Reichsministeriums des Innern Soldaten der Wehrmacht gleichgestellt wurden.[39] Das Reichsarbeitsministerium selbst korrigierte seinen Erlass vom 29. April 1942 und erweiterte schließlich im Juli 1943 den Personenkreis für die Geltung des § 17 um Mitglieder der Polizei und des Sicherheitsdienstes des Reichsführers SS[40] – als zu ähnlich empfand das Ministerium die Tätigkeit der Dienste im Vergleich, womit es sicherlich nicht falsch lag. Kurze Zeit nach diesem Erlass forderte allerdings der Reichsarbeitsführer Konstantin Hierl für die Mitglieder des »Reichsarbeitsdienst« ebenfalls die Geltung des »Kriegsgesetzes«.[41] Dem kam das Reichsversicherungsamt schließlich nach.[42] Anfang Februar 1944 erweiterte das Reichsversicherungsamt abermals den Personenkreis für § 17: Der Einsatz für den Sicherheitsdienst (SD), die Dienstleistung eines Revieroberwachtmeisters der Schutzpolizei bei der Bewachung von polnischen Strafgefangenen in der Heimat, der Dienst eines Wehrmachtsbeamten (Meteorologen) auf einem Schlachtschiff, die Dienstleistung von Angehörigen der Organisation

> Wartezeit für den Fall zukommen zu lassen, daß sie als Soldaten während des Krieges sterben oder infolge einer Beschädigung invalide oder berufsunfähig werden. Der Senat nimmt an, daß es nicht die Absicht des Gesetzgebers gewesen ist, auch solche Personen zu begünstigen, die, ohne jemals in der Rentenversicherung Versicherte gewesen zu sein, durch die an sich mögliche Entrichtung freiwilliger Beiträge auf ein Jahr zurück nach der Einberufung zum Wehrdienst sich die Eigenschaft eines Versicherten, und dies unter Umständen mit einem sehr hohen Beitrag für die Zeit vor der Einberufung zu verschaffen. Geschützt und besonders bevorzugt werden sollen nur die tatsächlich bei der Einberufung bereits Versicherten.« Grundsätzliche Entscheidung des Reichsversicherungsamtes vom 8. Mai 1942, RABl. II (1942), S. 374.
>
> 39 Schaefer (Reichsversicherungsanstalt für Angestellte), Vermerk, betr. Abteilungsverfügung zum Gesetz vom 15. 10.8.1942, DRV RfA-Archiv/Aktenordner »Nr. 27a«.
> 40 Zschimmer, Erlass des Reichsarbeitsministeriums, RABl. II (1943), S. 370.
> 41 Stamm (Reichsarbeitsministerium) an Reichsversicherungsamt, betr. Anwendung des § 17 Abs. 1 des Gesetzes über weitere Maßnahmen in der Reichsversicherung aus Anlaß des Krieges vom 15.1.1943 auf Angehörige des Reichsarbeitsdienstes, 31.8.1943, DRV RfA-Archiv/Aktenordner »Nr. 27b«.
> 42 Peter Schmitt (Reichsversicherungsamt) an Reichsversicherungsanstalt für Angestellte, 25.9.1943, DRV RfA-Archiv/Aktenordner »Nr. 27b«.

Todt bei Stalingrad, beim Bau des Atlantikwalls und anderen Frontarbeiten sowie der Dienst der männlichen Angehörigen des Reichsarbeitsdienstes galten fortan als Einschlusskriterium für den §17.[43] Mit der Einbeziehung von weiteren Bevölkerungsgruppen in den Krieg erweiterte sich auch der Personenkreis für potenzielle Leistungen aus der Sozialversicherung, wodurch deutlich wird, wie sehr die Sozialversicherung zur Abfederung der Kriegsfolgen herangezogen worden ist. Dies einschränkend ist aber die Erwähnung wichtig, dass das Reichsarbeitsministerium zwei Monate später anordnete, dass die Einsetzung eines Rentenverfahrens erst nach der Entlassung aus dem aktiven Wehrdienst oder anderen Dienstverhältnissen erlaubt war.[44]

Im Jahre 1942 beklagten sich die Rentenversicherungsträger allerdings vor allem über die weitgehende Auslegung des §21. Anhand der Folgeprobleme, die diese Auslegung nach sich zog, war dies auch nicht verwunderlich: Das unvorhergesehene Gebot, den Rentenentzug künftig nicht mehr durchführen zu können, bedeutete eine hohe finanzielle Belastung für die Träger. Der Entzug einer Rente aufgrund einer Besserung des Gesundheitszustandes entsprach der gängigen Verwaltungspraxis der Träger. Das Reichsarbeitsministerium bürdete durch das »Kriegsgesetz« die Kosten der Förderung des Arbeitseinsatzes den Trägern auf. Die Reichsversicherungsanstalt für Angestellte bemerkte dies ebenfalls. Durch das »Kriegsgesetz« und die Durchführungsverordnungen[45] stiegen die Rentenausgaben der Träger unmittelbar, obwohl sich die wahren Ausmaße erst mit der längeren Dauer des Krieges zeigen sollten.[46]

---

43 Peter Schmitt (Reichsversicherungsamt) an Träger der Rentenversicherung, betr. Erweiterung des Personenkreises im §17 des Gesetzes über weitere Maßnahmen in der Reichsversicherungsordnung aus Anlaß des Krieges vom 15. Januar 1941 (RGBl. I S. 34), 26.2.1944, DRV RfA-Archiv/Aktenordner »Nr. 27b«.
44 Zweite Durchführungsverordnung zum Gesetz über weitere Maßnahmen in der Reichsversicherung aus Anlaß des Krieges vom 5.4.1944, RGBl. I 1944, S. 93.
45 Vgl. Durchführungsverordnung zum Gesetz über weitere Maßnahmen in der Reichsversicherung aus Anlaß des Krieges vom 13.9.1941, RGBl. I 1941, S. 568-567. Durch diese Durchführungsverordnung wurde die Kriegsdienstzeit eines Versicherten, die er sowohl im Ersten als auch im Zweiten Weltkrieg leistete, bei Übertritt in einen anderen Versicherungszweig für die Erfüllung der Wartezeit angerechnet.
46 Reichsversicherungsanstalt für Angestellte, Vermerk, 15.9.1942, DRV RfA-Archiv/Aktenordner »Nr. 27a«.

Dies war jedoch vor allem dem Umstand geschuldet, dass eben nicht nur dauerhafte Renten nicht entzogen werden durften, sondern die Rechtsprechung des Reichsversicherungsamtes immer mehr dazu tendierte, auch die vorübergehenden Renten in den Schutz des § 21 des »Kriegsgesetzes« zu stellen, wenn dadurch die Arbeitsaufnahme gefördert wurde. In einer grundsätzlichen Entscheidung hob das Reichsversicherungsamt am 12. Oktober 1942 ein Urteil des Oberversicherungsamtes Rostock auf, das die Entziehung einer vorübergehenden Invalidenrente im Oktober 1941 durch die Landesversicherungsanstalt Mecklenburg bestätigte. Ein im Dienst beschädigter Wehrmachtsangehöriger wurde nach einer erfolgreichen Umschulung bei der örtlichen Ortskrankenkasse beschäftigt. Er bezog während seiner Umschulung Invalidenrente, da er nach dem »Kriegsgesetz« alle Bedingungen für den Rentenbezug erfüllte. Jedoch stand ihm auch für die Zeit nach seiner Umschulung die Auszahlung der Invalidenrente zu: »Für die Folgezeit war eine Rentenentziehung, da der Kläger nunmehr beschäftigt war, nach § 21 des Gesetzes vom 15. Januar 1941 in Verbindung mit dem Erlass vom 25. November 1941 ausgeschlossen.«[47] Der Rentenbezieher hatte nach Ansicht des Reichsversicherungsamtes mit der Umschulung bewiesen, dass er gewillt war, seine Arbeitskraft zu verwerten. Ihm stand daher die Rente nach den Bestimmungen des »Kriegsgesetzes« zu. Zum Zeitpunkt der Arbeitsaufnahme war er gerade einmal 24 Jahre alt.[48]

Die andauernde Kritik der Träger

Inzwischen mehrten sich jedoch die Stimmen derer, die diese weite Auslegung des Verbots des Rentenentzugs kritisierten. Der Reichsverband Deutscher Rentenversicherungsträger argumentierte, es werde nicht zwischen Renten wegen dauernder und vorübergehender Invalidität unterschieden. Bereits am 25. Februar 1942 besprach der Ständige Ausschuss der Landesversicherungsanstalten beim Reichsversicherungsamt die unerwünschten Folgen dieser Regelung. Ende März 1942 berichtete er dem Reichsarbeitsministerium, »daß es unerwünscht sei, wenn Renten wegen vorübergehender Invalidität nach Wiedereintritt der vollen Arbeitsfähigkeit neben dem vollen Lohn

---

47 Entscheidung des Reichsversicherungsamtes, Abteilung für Kranken- und Invalidenversicherung, in der Invalidenrentensache des früheren Kellners Erich Rattmann in Sanitz gegen die Landesversicherungsanstalt Mecklenburg, 12.10.1942, BArch R 89/22860, Bl. 19-24, hier Bl. 20.
48 Ebd., Bl. 22.

DAS »KRIEGSGESETZ« UND DIE WEITERE FORCIERUNG DES ARBEITSEINSATZES

weitergezahlt werden und der Berechtigte gleichzeitig auch noch die Beitragsanteile für die Rentenversicherung spart«. Arbeiter, die keine Invalidenrente bezogen, befänden sich daher gegenüber ihren Rente beziehenden Kollegen deutlich im Nachteil. Nach Auffassung des Verbandes würde dadurch das »Gegenteil dessen [eintreten], was der Gesetzgeber einst beabsichtigte«.[49]

Als das Reichsarbeitsministerium in dieser Frage keine für die Träger zufriedenstellende Regelung erließ, trafen sich im Oktober 1942 Vertreter der Landesversicherungsanstalten, der Reichsversicherungsanstalt für Angestellte und der Deutschen Arbeitsfront im Reichsversicherungsamt, um die weiteren Auswirkungen des »Kriegsgesetzes« zu besprechen. Wegen der Länge des Krieges und der finanziellen Auswirkungen dieser Praxis plädierte der Träger der Angestelltenversicherung für eine Einschränkung dieser Regelung: »Dazu zwinge bei aller Anerkennung der notwendigen Förderung des Arbeitseinsatzes vor allem die ungünstige psychologische Wirkung voll berufsfähiger und berufstätiger Rentenempfänger auf die keine Rente beziehenden Arbeitskameraden und deren Willen zum Arbeitseinsatz.«[50] Auch wenn sich die ungünstige psychologische Wirkung auf die Arbeiter nicht bestreiten lässt, so ließen sich die Träger doch eher von finanziellen Gesichtspunkten leiten,[51] während davon auszugehen ist, dass das Reichsversicherungsamt wohl gleichfalls die Belange des Arbeitseinsatzes verfolgte. Mit der Förderung des Arbeitseinsatzes durch die Instrumentalisierung der Rentenversicherung hat sich das Ministerium zu sehr dem durch das Regime erzeugten Druck der Arbeitskräftegewinnung gebeugt. Die Rentenversicherung, die auf die Möglichkeit der

---

49 Liebing (Verband Deutscher Rentenversicherungsträger) an Reichsversicherungsanstalt für Angestellte, betr. Entziehung von Renten während des Krieges, 11.11.1942, DRV RfA-Archiv/Aktenordner »Nr. 27b«.

50 Reichsversicherungsanstalt für Angestellte, Vermerk über eine Besprechung im Reichsversicherungsamt betreffend die Auslegung der §§ 21, 31 des Kriegsmaßnahmengesetzes vom 15.1.1941, 7.10.1942, DRV RfA-Archiv/Aktenordner »Nr. 27b«.

51 Vgl. die Berechnungen in Reichsversicherungsanstalt für Angestellte, Vermerk, betr. Statistik der Ruhegehaltsrentner, 18.11.1942, DRV RfA-Archiv/Aktenordner »Nr. 27b«. Die Rentenversicherungsträger schätzten den Anteil der Renten wegen vorübergehender Invalidität in der Friedenszeit auf etwa 15 %, während er in der Kriegszeit aufgrund der vielen Verwundungen von Wehrmachtssoldaten auf 35 % stieg. Vgl. Peter Schmitt (Reichsversicherungsamt) an Franz Seldte (Reichsarbeitsministerium), betr. Entziehung von Renten wegen vorläufiger Invalidität, 12.12.1942, BArch R 89/4922, Bl. 91-93.

Entziehung einer wegen Invalidität oder Berufsunfähigkeit gewährten Rente angewiesen war, wurde so zu einer bloßen Zahlstelle zur Reaktivierung eines brachliegenden Arbeitskräftepotenzials degradiert. Auch wenn bei den einzelnen Akteuren unterschiedliche Motivlagen ausschlaggebend waren, so vollzog sich dennoch innerhalb eines Jahres nach Veröffentlichung des Erlasses vom 25. November 1941 ein Wendepunkt im Verhältnis des Reichsarbeitsministeriums zu seinen nachgeordneten Behörden. Viele Träger missachteten die weitgehende Auslegung des §21 oder suchten Mittel und Wege, um auf eine geänderte Gesetzgebung des Reichsarbeitsministeriums hinzuwirken.

Als Sprachrohr dieser Versuche fungierte das Reichsversicherungsamt, das sich im Dezember 1942 an das Reichsarbeitsministerium wandte, um eine alternative Auslegung des »Kriegsgesetzes« anzuregen. Dabei hielt das Reichsversicherungsamt vor allem §21 für zu weitgehend:

> »Der Anlaß zu dieser Vorschrift war die Durchführung des Arbeitseinsatzes. Ein Invalide, der sich für fähig hält, wieder zu arbeiten, sollte nicht von der Aufnahme einer Arbeit deshalb absehen, weil er befürchten muß, der Versicherungsträger werde aus der Aufnahme der Arbeit schließen, er sei nicht mehr invalide und ihm die Rente entziehen. Bei einigen Landesversicherungsanstalten griff die Auffassung Platz, die Rente dürfe entzogen werden, wenn die Entziehung sich nicht auf die Tatsache der Arbeitsaufnahme, sondern auf die Beseitigung der Invalidität stützt; sie veranlassten deshalb nach der Aufnahme der Arbeit eine ärztliche Untersuchung, und wenn diese – ob mit oder ohne Rücksicht auf die Arbeitsaufnahme – die Invalidität als beseitigt erklärte, so entzogen sie die Rente nicht wegen der Arbeitsaufnahme, sondern wegen Wegfalls der Invalidität.«

Aus diesem Grunde, so argumentierte das Reichsversicherungsamt, sei der Erlass des Reichsarbeitsministeriums vom 25. November 1941 ergangen, der den Rentenentzug grundsätzlich ausschließen sollte, aber das Problem mit sich brachte, dass dadurch auch der gewöhnliche Rentenentzug nach der Vergabe einer vorübergehenden Rente nicht mehr möglich war. Denjenigen Versicherten, die aufgrund der Besserung ihres Gesundheitszustandes wieder erwerbsfähig wurden, »trotzdem die Rente zu belassen, widerspricht dem Grundgedanken, daß die Rente ein Ersatz für die Einbuße an Erwerbsfähigkeit ist und daß das Geld, das die Volksgemeinschaft aufbringt, nur für diesen Zweck verwendet werden soll«. Es plädierte dafür – wie die Träger, der Reichsverband Deutscher Rentenversicherungsträger und die

Deutsche Arbeitsfront –, die Rechtslage dahingehend zu ändern, dass die Entziehung einer Rente wegen vorübergehender Invalidität wieder möglich sein sollte.[52]

Dass die bestehende Regelung Unzufriedenheit bei der arbeitenden Bevölkerung hervorrief, war ohne Zweifel der Fall. Die Akten zu den betreffenden Vorgängen umfassen zahlreiche Beispiele, in denen die demoralisierende Wirkung dieser Gesetzgebung auf den Arbeitswillen angeprangert wird.[53] Das Reichsarbeitsministerium änderte dennoch nicht die bestehende Gesetzeslage, sodass das Reichsversicherungsamt schließlich eigenmächtig vorging, und den Rentenversicherungsträgern eine Verwaltungspraxis empfahl, wie die weitgehende Auslegung des §21 umgangen werden konnte. Die Konsequenz daraus zog es schließlich in einem an alle Rentenversicherungsträger gerichteten Rundschreiben vom 23. Februar 1943, in dem es einen neuen Umgang mit dem Problem des §21 vorschlug, um »bei der langen Dauer des Krieges einem unberechtigt langen Rentenbezug in den Fällen vorzubeugen, in denen von vornherein feststeht, daß die Invalidität (Berufsunfähigkeit) in absehbarer Zeit behoben sein wird«.[54] Mit der etwas schwammigen Formulierung, wonach »nach einwandfreiem ärztlichen Gutachten« angenommen werden könne, dass die Invalidität spätestens eineinhalb Jahre nach ihrem Beginn wieder beseitigt sein würde, sollte den Trägern erlaubt werden, eine Rente wegen vorübergehender Invalidität für einen bestimmten Zeitraum festsetzen zu dürfen. Erst wenn die Nachuntersuchung nach Ende dieses Zeitraumes zeige, dass die Invalidität nicht beseitigt sei, solle eine Rente wegen dauerhafter Invalidität gewährt werden. Dieses Vorgehen war rentenversicherungsrechtlich heikel, da sie nicht der üblichen Vorgehensweise der Träger entsprach, im Grundsatz jedoch angewandt werden konnte. Die Reichsversicherungsanstalt für Angestellte war sich dieser Grauzone bewusst, in dem sie von vornherein in einer Abteilungsverfügung einen straffen Umgang mit den Empfehlungen des Rundschreibens verfügte:

---

52 Peter Schmitt (Reichsversicherungsamt) an Franz Seldte (Reichsarbeitsministerium), betr. Entziehung von Renten wegen vorläufiger Invalidität, 12.12.1942, BArch R 89/4922, Bl. 91-93.
53 Vgl. dazu die vielfältigen an das Reichsversicherungsamt gerichteten Beschwerden in BArch R 89/4922.
54 Peter Schmitt (Reichsversicherungsamt) an alle Träger der Rentenversicherung, betr. Renten wegen vorübergehender Invalidität, 23.2.1943, BArch R 89/4922, Bl. 107.

»Für die Annahme, daß die Berufsunfähigkeit in spätestens anderthalb Jahren nach ihrem Beginn wieder beseitigt sein wird, müssen überzeugende ärztliche Unterlagen vorliegen. An die Erwartung dieser Herstellung ist ein strenger Maßstab anzulegen, bei Zweifel ist dauerhafte Berufsunfähigkeit anzunehmen [...]. Teilt der Rentenempfänger jedoch vor Ablauf der Bewilligungszeit mit, seine Berufsunfähigkeit bestehe noch fort, so ist das Ruhegeld einstweilen weiterzuzahlen – also kein Rentenwegfallauftrag zu erteilen – und die ärztliche Nachuntersuchung beschleunigt durchzuführen.«[55]

Offensichtlich wollte sich das Reichsversicherungsamt gegenüber Beschwerden von Versicherten absichern und wirklich nur die Fälle erfassen, bei denen die Wiederherstellung der Erwerbsfähigkeit mit hoher Wahrscheinlichkeit anzunehmen sei.

Grundsätzliche Kritik an der Rentenversicherungspolitik des Reichsarbeitsministeriums seit 1941 kam ebenso von den Landesversicherungsanstalten. Die nach dem Anschluss Österreichs an das Deutsche Reich gegründete Landesversicherungsanstalt Graz kritisierte durch ihren »Chefarzt der Invalidenversicherung« Camillo Morocutti in drastischen Worten im April 1943 die Situation der Rentenversicherung in einem Schreiben an Reichsversicherungsamt und Reichsarbeitsministerium. Seiner Ansicht nach

»bedeutet es eine große psychische und soziale Gefahr wenn in Hunderttausenden und Millionen junger deutscher Männer der Invaliditätskomplex und Rentenkomplex seelisch dadurch fest verankert wird, daß jedem Kriegsversehrten nach den derzeit geltenden Bestimmungen schon nach 6 monatiger Lazarettbehandlung auch bei geringfügigen Verletzungen und selbst nach Herstellung seiner vollen Erwerbsfähigkeit Rentenanspruch und Weiterbezug bereits gewährter Invalidenrenten von vornherein zugestanden wird«.

Die Bestimmungen des »Kriegsgesetzes« würden »nicht nur eine große soziale, sondern in weiterer Auswirkung auch eine wehrpolitische Gefahr bedeuten«, denn die

»erleichterte Rentengewährung durch die Landesversicherungsanstalten steigert die Rentensucht Kriegsversehrter und mindert deren Arbeitswilligkeit und Wehrwilligkeit. Nur durch eine rechtzeitige Abänderung der diesbezüglichen Bestimmungen in der Ren-

---

55 Reichsversicherungsanstalt für Angestellte, Vermerk, betr. Abteilungsverfügung, 29.3.1943, DRV RfA-Archiv/Fach 17, Nr. 1.

tenversicherung kann der hier drohenden verhängnisvollen Entwicklung im Sozialrecht und in der Sozialpolitik vorgebeugt werden.«
Morocutti schlug daher vor, dass das Reichsarbeitsministerium eine Regelung erlassen solle, nach der die Feststellung der Invalidität erst nach Abschluss des Heilverfahrens erfolgen dürfe.⁵⁶
Auch wenn im Reichsversicherungsamt die teils drastische Wortwahl Morocuttis kritisiert wurde, konnte man dennoch seinen Argumenten nicht unbedingt widersprechen. Insbesondere die Auslegung des §21 im Erlass vom 25. November 1941 hat sich dem Reichsversicherungsamt zufolge aufgrund der Länge des Krieges als zu weitgehend erwiesen. Wenn Ende November 1941

»noch angenommen war, daß die Auslegung des Erl. v. 25.11.41 bei Renten wegen dauernder Invalidität hingenommen werden könnte, so hat die Praxis erwiesen, daß auch bei Renten wegen [vorübergehender, A.K.] Invalidität eine Entziehung möglich sein muß, wenn man nicht Zustände zulassen will, die geeignet sind, Mißstimmung und Unzufriedenheit hervorzurufen. Es kann nicht als gerechtfertigt angesehen werden, daß ein Versicherter eine Rente wegen Invalidität oder Bu. [Berufsunfähigkeit, A.K.] bezieht, wenn er seine volle Arbeitskraft ohne Schädigung seiner Gesundheit einsetzen kann.«⁵⁷

Das Reichsversicherungsamt empfahl dem Reichsarbeitsministerium bereits Mitte Dezember 1942, den §21 nur auf Renten wegen dauernder Invalidität zu beschränken. Erst als das Reichsarbeitsministerium

56 Camillo Morocutti (Landesversicherungsanstalt Graz) an Reichsarbeitsministerium und Reichsversicherungsamt, betr. Zur Frage der Rentengewährung an Kriegsversehrte, 1.4.1943, BArch R 89/4922, Bl. 147-150.
57 Thielmann (Reichsversicherungsamt), betr. Bemerkungen zu II 1 2211 a 2/43 – 414 –, 28.7.1943, BArch R 89/4922, Bl. 157-163. Das vollständige Zitat lautet: »Wenn damals noch angenommen war, daß die Auslegung des Erl. v. 25.11.41 bei Renten wegen dauernder Invalidität hingenommen werden könnte, so hat die Praxis erwiesen, daß auch bei Renten wegen *dauernder* Invalidität eine Entziehung möglich sein muß, wenn man nicht Zustände zulassen will, die geeignet sind, Mißstimmung und Unzufriedenheit hervorzurufen.« Beim zweiten Aufkommen des Wortes »dauernder« muss es sich um einen Fehler handeln, da es angesichts der Vorgeschichte (der Empfehlung des Reichsversicherungsamtes, Renten wegen »vorübergehender« Invalidität nur für einen bestimmten Zeitraum zu gewähren [Peter Schmitt (Reichsversicherungsamt) an alle Träger der Rentenversicherung, betr. Renten wegen vorübergehender Invalidität, 23.2.1943, BArch R 89/4922, Bl. 107] und den weiteren Ausführungen dieser Quelle nur »vorübergehender« statt »dauernder« heißen kann.

dies verneinte, wandte sich das Reichsversicherungsamt mittels Rundschreiben vom 23. Februar 1943 an die Träger, um die Verwaltungspraxis zu empfehlen, nur noch Renten für einen bestimmten Zeitraum festzulegen. Dies bedeutete nichts weniger als eine Missachtung des Willens des Reichsarbeitsministeriums. Inzwischen erkannte das Reichsversicherungsamt, dass jedoch auch diese Lösung nicht zufriedenstellend sei, da die Versicherten nun ungleich behandelt werden würden, je nachdem ob der begutachtende Arzt eine vorübergehende oder dauernde Invalidität bescheinigte. Daher stimmte man dem Vorschlag Morocuttis zu, dass Rentenanträge erst nach Abschluss des Heilverfahrens, sowie – bei Soldaten – nach Entlassung aus dem aktiven Wehrdienst zugelassen werden sollten.[58] Am 18. September 1943 übermittelte das Reichsversicherungsamt dieses Anliegen schließlich dem Reichsarbeitsministerium.[59]

Zudem hat die Wehrmachtführung auf den vereinfachten Rentenzugang von im Krieg beschädigten Soldaten reagiert und angeordnet, dass Soldaten einen Rentenantrag erst nach Entlassung aus dem Lazarett stellen durften.[60] Das Reichsarbeitsministerium sah sich nun also neben dem Druck der Träger und dem Reichsversicherungsamt ebenfalls der Kritik der Wehrmachtstellen ausgesetzt. Denn die von der Wehrmacht eingeführte Einschränkung ging den betreffenden Stellen nicht weit genug, da die Soldaten nach ihrer Entlassung aus dem Lazarett sofort einen Rentenantrag gestellt haben. Das Oberkommando der Wehrmacht forderte daher sogar vom Reichsarbeitsministerium, dass Soldaten von der Gewährung einer vorübergehenden Rente ausgeschlossen sein sollten.[61] Dieses generelle Anliegen hätte das Reichsarbeitsministerium eigentlich nur zurückweisen können, da es sich durchaus für die soziale Absicherung von beschädigten Soldaten im Kriegsverlauf verantwortlich sah.[62] Dennoch zeigten sich in

---

58 Thielmann (Reichsversicherungsamt), Vermerk, betr. Bemerkungen zu II 1 2211 a 2/43 – 414, 28.7.1943, BArch R 89/4922, Bl. 157-163, hier Bl. 159.
59 Peter Schmitt (Reichsversicherungsamt) an Franz Seldte (Reichsarbeitsministerium), betr. Rentengewährung an Kriegsversehrte, 18.9.1943, BArch R 89/4922, Bl. 175.
60 Erlass der Reichswehr vom 2. Juli 1943, RABl. II (1943), S. 394.
61 Frese (Oberkommando der Wehrmacht) an Franz Seldte (Reichsarbeitsministerium), betr. Rentengewährung bei Arbeitsunfähigkeit, 5.11.1943, BArch R 89/4922, Bl. 201-202.
62 Wie es etwa das Reichsversicherungsamt formulierte: Die Erscheinung, dass Kriegsversehrte Anträge auf Rente aus der Sozialversicherung in steigendem Maße stellen, »möchte das Reichsversicherungsamt […] als eine natür-

einer Besprechung im Reichsarbeitsministerium Wilhelm Heller dieser Regelung nicht abgeneigt, wobei sicherlich der Druck nahezu aller beteiligten Behörden keine geringe Rolle gespielt haben dürfte. Heller war damit einverstanden, eine Verordnung auszuarbeiten, nach der Soldaten erst nach der Entlassung aus dem aktiven Wehrdienst einen Rentenantrag stellen durften.[63]

Allerdings veröffentlichte das Reichsarbeitsministerium erst im April 1944 die entsprechende Verordnung. Die »Zweite Durchführungsverordnung zum Kriegsgesetz« setzte die Forderungen des Oberkommandos der Wehrmacht um und erlaubte die Einsetzung eines Invalidenrentenverfahrens erst nach der Entlassung aus dem aktiven Wehrdienst.[64] Wie dringend dies dem Reichsversicherungsamt erschien, wird schließlich dadurch deutlich, dass diese Regelung auch für schwebende Fälle galt und bereits eingeleitete, aber noch nicht zum Abschluss gekommene Rentenverfahren von Soldaten eingestellt werden sollten. Da bereits Rentenvorschüsse von einzelnen Trägern gezahlt worden waren, sah das Reichsversicherungsamt davon ab, den Trägern die Rückforderung dieser Vorschüsse zu empfehlen.[65]

Das Reichsarbeitsministerium, so zeigen die Vorgänge rund um die Radikalisierung des »Kriegsgesetzes«, war von den Rentenversicherungsträgern abhängig. Es musste bis 1944 die verschärften Aufsichtsbefugnisse einsetzen, um die Träger zur gewünschten Politik anzuhalten. Diese traf auf eine immer größer werdende Gegenwehr, vor allem der Träger, des Reichsversicherungsamtes und des Oberkommandos der Wehrmacht und markiert einen Wendepunkt in der Ausgestaltung sozialpolitischer Vorstellungen durch das Ministerium. Diese Situation bedeutete einen Machtzuwachs für die Träger. Angesichts des

---

liche Folgeerscheinung eines langen schweren Krieges bezeichnen, welche die Sozialversicherung in den ersten Jahren nach der siegreichen Beendigung des Krieges überwinden wird«. Peter Schmitt (Reichsversicherungsamt) an Franz Seldte (Reichsarbeitsministerium), betr. Rentengewährung an Kriegsversehrte, 18.9.1943, BArch R 89/4922, Bl. 175.

63 Wilhelm Heller (Reichsarbeitsministerium), Vermerk, betr. Besprechung im RAM, 12.11.1943, BArch R 89/4922, Bl. 198-199.

64 Zweite Durchführungsverordnung zum Gesetz über weitere Maßnahmen in der Reichsversicherung aus Anlaß des Krieges vom 5.4.1944, RGBl. I 1944, S. 93.

65 Peter Schmitt (Reichsversicherungsamt) an die Träger der Rentenversicherung, betr. Rentenvorschüsse an Soldaten vor Entlassung aus dem aktiven Wehrdienst, 5.8.1944, BArch R 89/4922, Bl. 230.

fortgeschrittenen Krieges und dem Zerfall der »Heimatfront« markierte sie auch den Beginn der Auflösung staatlicher Strukturen in der Rentenversicherung. Denn dem Reichsarbeitsministerium fehlten die nötigen Ressourcen, um sich gegen die Verweigerungshaltung der Träger und des Reichsversicherungsamtes durchzusetzen. Dies zeigt eindrücklich die Grenzen der ministeriellen Durchsetzungsfähigkeit. Bei sich überschneidenden Zielvorstellungen agierte das Ministerium im Zusammenspiel mit den Trägern aus einer Position der Stärke heraus, indem die destruktive Arbeitsweise des Reichskabinetts und die undurchdringliche Situation im nationalsozialistischen Ämterchaos durch eine vermehrte Gesetzgebung auf dem Verordnungswege ausgeglichen wurden. Im umgekehrten Fall heißt dies jedoch auch, dass sich diese Stärke in eine Schwäche verwandeln konnte, nämlich dann, wenn sich die Rentenversicherungsträger dem Gestaltungsspielraum widersetzten – eine Situation, die wohl nur durch die Radikalisierung des Krieges und die hohe Anzahl der beteiligten Akteure zustande kommen konnte.

2. Die Zusammenarbeit mit den Arbeitsämtern

Auf der einen Seite verfügte das Reichsarbeitsministerium sehr weitgehende finanzielle Maßnahmen, um Rente beziehende Personen wieder in den Arbeitsprozess zu integrieren oder verwundete Soldaten mit Rentenleistungen zu versorgen. Auf der anderen Seite führte es aber gleichzeitig die seit 1934 verschärfte Rentenvergabepraxis für jene Versicherten weiter, die noch keine Rente bezogen. Der Vertrauensärztliche Dienst spielte dafür eine entscheidende Rolle, allerdings nicht die einzige. Denn die Rentenversicherungsträger verstärkten ab 1941 ebenfalls die Zusammenarbeit mit den örtlichen Arbeitsämtern, um so eine gemeinsame Grundlage für die ärztliche Beurteilung der Erwerbsfähigkeit von Rentenbewerbern zu erhalten. Erste Maßnahmen aus dieser Zusammenarbeit hatten sich bereits seit Mitte 1938 ergeben. In einigen wenigen Fällen kam es vor, dass das Arbeitsamt bei einem Betroffenen eine Arbeitsfähigkeit verneinte, während gleichzeitig der Vertrauensarzt des Rentenversicherungsträgers eine Erwerbsunfähigkeit ausschloss. Dann erhielten die Betroffenen weder eine Arbeitslosenunterstützung noch eine Rentenzahlung. Das Reichsversicherungsamt schlug daher die Erstellung einer gemeinsamen Arztliste vor, die vom jeweiligen Träger und dem Landesarbeitsamt geführt werden sollte. Aufgrund der Erfahrungen mit den

Vertrauensärzten empfahl das Reichsversicherungsamt außerdem, deren Gutachten als die entscheidenden anzusehen: »Verneint der gemeinsame Vertrauensarzt die Invalidität, so wird das Arbeitsamt die Arbeitsfähigkeit als gegeben ansehen.«[66] Auf einer Tagung der Träger in München im Mai 1938 wurde schließlich ein Abkommen mit der Reichsanstalt für Arbeitsvermittlung und Arbeitslosenversicherung geschlossen, wonach als »besonders zuverlässig« geltende Vertrauensärzte auf eine gemeinsame Arztliste aufgenommen werden sollten. Auch die Reichsversicherungsanstalt für Angestellte sollte diese von den Landesversicherungsanstalten zusammengestellten Arztlisten nutzen können.[67] Bis Oktober 1940 hatte sich beim Angestelltenversicherungsträger daneben die Verwaltungspraxis eingespielt, wonach wieder als erwerbsfähig untersuchte Versicherte, die beim Arbeitsamt als arbeitsunfähig galten, dem betreffenden Arbeitsamt namhaft gemacht wurden, mit der Empfehlung, einen Vertrauensarzt aus eben jener Arztliste zur Nachuntersuchung auszuwählen.[68]

Die Landesversicherungsanstalt Danzig-Westpreußen verfuhr bezüglich der Frage der Beurteilung der Invalidität und der Zusammenarbeit mit den Arbeitsämtern ebenfalls nach diesem Muster: Die Anstalt werde »mit der Erstattung der vertrauensärztlichen Gutachten zwecks Beurteilung der Invalidität eines Versicherten die Ärzte der anliegenden Arztliste beauftragen. Soweit diese Ärzte nicht zugleich Vertrauensärzte des zuständigen Arbeitsamtes sind, wird die Landesversicherungsanstalt sie darauf hinweisen, daß sie sich vor der Erstattung des Gutachtens wegen der Frage der Arbeitseinsatzfähigkeit des Versicherten mit dem Vertrauensarzt des zuständigen Arbeitsamtes zu verständigen haben.« Diese in einem Zusatzprotokoll getroffene Vereinbarung des Danziger Rentenversicherungsträgers mit dem Lan-

---

66 Reichsversicherungsamt an Träger der Rentenversicherung, betr. Zusammenarbeit zwischen den Trägern der Rentenversicherung und den Arbeitsämtern zwecks einheitlicher Beurteilung der Invalidität (§ 1254 der RVO) und der Arbeitsunfähigkeit (§ 88 des Gesetzes über Arbeitsvermittlung und Arbeitslosenversicherung), 19.5.1938, DRV RfA-Archiv/Aktenordner »Nr. 34«.
67 Reichsversicherungsanstalt für Angestellte, Vermerk, 30.5.1938, DRV RfA-Archiv/Aktenordner »Nr. 34«.
68 Reichsversicherungsanstalt für Angestellte an Landesarbeitsamt Ostpreußen, betr. Zusammenarbeit zwischen den Trägern der Rentenversicherung und den Arbeitsämtern zwecks einheitlicher Beurteilung der Invalidität (§ 1254 der RVO) und der Arbeitsunfähigkeit (§ 88 des Gesetzes über Arbeitsvermittlung und Arbeitslosenversicherung), 11.10.1940, DRV RfA-Archiv/Aktenordner »Nr. 34«.

desarbeitsamt Danzig-Westpreußen ging sogar noch weiter. Sämtliche auf der gemeinsamen »Arztliste« aufgelisteten Mediziner wurden im Einvernehmen zwischen beiden Behörden aufgestellt; sämtliche Namen der Versicherten, bei denen zudem die Invalidität verneint wurde, wurden dem zuständigen Arbeitsamt vom Rentenversicherungsträger mitgeteilt.[69] Auch die Landesversicherungsanstalt Baden arbeitete eng mit dem Landesarbeitsamt Südwestdeutschland zusammen. Eine erste Annäherung erfolgte bereits 1939, als die Frage nach einer einheitlichen Beurteilung der Invalidität vermehrt auftrat.[70] Mit der Besetzung des Elsass weitete sich die Zusammenarbeit aus: Die Landesversicherungsanstalt Baden vermittelte elsässische Arbeitskräfte an das Landesarbeitsamt Südwestdeutschland.[71]

Auch die Reichsversicherungsanstalt für Angestellte vertiefte ihre Zusammenarbeit mit den Arbeitsämtern während des Krieges dahingehend, dass ein Arzt auf einer gemeinsam erstellten Arztliste dann hinzuziehen war, wenn sich das Urteil des Arbeitsamtes über die Berufsunfähigkeit von dem der Reichsversicherungsanstalt unterschied.[72]

Wie intensiv die Arbeitsämter mit den Trägern zusammenarbeiteten und wie sehr der Vertrauensärztliche Dienst dazu genutzt wurde, Rentner dem Arbeitsmarkt zuzuführen, zeigt das Beispiel einer Tabakfabrik im Sudetenland. Zeitlich fielen diese Gegebenheiten mit der Planung und Veröffentlichung des »Kriegsgesetzes« zusammen. In Rente stehende Pensionäre der »ehemaligen tschecho-slowakischen

---

69 Landesversicherungsanstalt Danzig-Westpreußen, Zusatzprotokoll der Vereinbarung vom 5. Februar 1941 betr. Zusammenarbeit zwischen dem Landesarbeitsamt Danzig – Westpreußen und der Landesversicherungsanstalt Danzig-Westpreußen zwecks einheitlicher Beurteilung der Invalidität und Arbeitseinsatzfähigkeit eines Versicherten, 5.2.1941, DRV RfA-Archiv/Aktenordner »Nr. 34«.

70 Bühler (Landesarbeitsamt Südwestdeutschland) an Karl Rausch (Landesversicherungsanstalt Baden), betr. Zusammenarbeit zwischen den Trägern der Rentenversicherung und den, 26.4.1939, GLAK 357/Nr. 32.732.

71 Wilhelm Pfisterer (Landesversicherungsanstalt Baden) an Wilhelm Heller (Reichsarbeitsministerium), betr. Landesversicherungsanstalt Elsaß-Lothringen, 12.8.1940, GLAK 462 Zugang 1994-38/344, Bl. 17-18.

72 Post (Reichsversicherungsanstalt für Angestellte) an Arbeitsamt Gladbach-Rheydt, betr. Zusammenarbeit zwischen den Trägern der Rentenversicherung und den Arbeitsämtern zwecks einheitlicher Beurteilung der Invalidität (§ 1254 der RVO) und der Arbeitsunfähigkeit (§ 88 des Gesetzes über Arbeitsvermittlung und Arbeitslosenversicherung), 30.8.1941, DRV RfA-Archiv/Aktenordner »Nr. 34«.

Tabakregie« sollten nachuntersucht werden, da sie sich dem Arbeitseinsatz noch nicht angeschlossen hatten. Auf Druck des Landesarbeitsamtes Sudetenland entschied sich der Leiter der örtlichen Landesversicherungsanstalt, die Nachuntersuchungen beginnen zu lassen, fürchtete jedoch eine Beeinträchtigung der Stimmung der Rentner, da diesen nach der Annexion des Sudetenlandes verschiedene Versprechungen gemacht worden waren, unter anderem auch die, dass sie ihre Rente nicht durch Nachuntersuchungen verlieren sollten. Diese Versprechungen ignorierten die Behörden und die Träger. Das Reichsversicherungsamt, das vom Leiter der Landesversicherungsanstalt Sudetenland in dieser Sache eingeschaltet wurde, teilte nur wenige Tage nach der Veröffentlichung des »Kriegsgesetzes« mit:

> »Noch wichtiger als die Rücksichtnahme auf die Stimmung ist, dass das zuständige Arbeitsamt Arbeitskräfte benötigt. Dieser Gesichtspunkt ist besonders während der Kriegszeit der politisch wichtigere, denn bei der notwendigen Anspannung aller Kräfte kann nicht zugelassen werden, dass Arbeitskräfte ungenutzt bleiben, die noch in der Lage sind, einigermassen brauchbare Arbeit zu leisten. Die vorstehende Ansicht hat auch die Billigung des Reichsarbeitsministers gefunden. Infolgedessen muss mit den Nachuntersuchungen alsbald begonnen werden.«[73]

Im Juni 1941 berichtete das Reichsversicherungsamt an das Reichsarbeitsministerium, dass die Nachuntersuchungen erfolgreich waren, da viele Arbeiter wieder einer Beschäftigung nachgingen. Die noch in Rente befindlichen Personen, die eine dauerhafte Rente bezogen, könnten außerdem – so die Erwartung – bald dem Arbeitseinsatz zugeführt werden, da sich die Bestimmungen des »Kriegsgesetzes« vorteilhaft auswirken würden.[74]

---

73 Kreissl (Landesversicherungsanstalt Sudetenland) an Franz Seldte (Reichsarbeitsministerium), betr. Vorläufige Regelung über die Pensionen und Anwartschaften von, 2.5.1941, BArch R 89/7192, Bl. 12-17. Diese auf den 2. Mai 1941 datierte Quelle zitiert die Aussage des Reichsversicherungsamtes, die am 23. Janaur 1941, also gerade einmal acht Tage nach Bekanntmachung des »Kriegsgesetzes«, beim Leiter der Landesversicherungsanstalt Sudetenland einging.

74 Hugo Schäffer (Reichsversicherungsamt) an Franz Seldte (Reichsarbeitsministerium), betr. Vorläufige Regelung über die Pensionen und Anwartschaften von Gefolgschaftsmitgliedern der ehemaligen tschecho-slowakischen Tabakregie in den sudetendeutschen Gebieten, 9.6.1941, BArch R 89/7192, Bl. 20-21.

Vermutlich spielte der Druck, den die Arbeitsämter ausübten, keine geringe Rolle bei der Erarbeitung des »Kriegsgesetzes«, obwohl diesbezügliche Einflussnahmen nicht mehr rekonstruiert werden können. Zudem beschränkte sich die Zusammenarbeit zwischen Arbeitsämtern und Landesversicherungsanstalten nicht nur auf die gemeinsame Nutzung des Vertrauensärztlichen Dienstes oder der Arztlisten. Auch die in den Heilanstalten der Rentenversicherungsträger eingewiesenen Versicherten konnten sich den Anforderungen des Arbeitseinsatzes nicht entziehen. Nach Abschluss ihres Heilverfahrens und der Wiederherstellung der Erwerbsfähigkeit fand noch auf dem Gelände der Heilanstalten eine »Berufsberatung und Vermittlung« durch die örtlichen Arbeitsämter statt.[75] Diese Praxis beruhte auf einer Anordnung des Reichsversicherungsamtes aus dem November 1936, dass zusätzlich zu der »Nachfürsorge« (Vermittlung einer Arbeitsstelle durch das örtliche Arbeitsamt) ebenso die »Arbeitstherapie« in der Heilanstalt selbst gefördert werden solle.[76]

Die Landesversicherungsanstalt Baden hatte hinsichtlich der »Arbeitstherapie« weitreichende Pläne. So sollten beispielsweise Tuberkulosepatienten in »mechanischen Werkstätten« der Erholungsheime Friedrichsheim-Luisenheim und der sogenannten Nordrach-Kolonie kleine, leichte »Dreh-, Fräs-, Biege- und Stanzarbeiten« vornehmen.[77] Im September 1942 forderte das Reichsversicherungsamt umfangreiche Berichte von den Landesversicherungsanstalten, um über die Fortschritte der »Arbeitstherapie« informiert zu werden.[78] Tatsächlich wa-

75 Der Direktor der Lungenheilstätte Nordrach-Kolonie an Karl Rausch (Landesversicherungsanstalt Baden), betr. Berufsberatung, 2.7.1941, GLAK 462 Zugang 1994-38/417, Bl. 193. Bereits im November 1940 wurde die Zusammenarbeit zwischen den Heilstätten und den Arbeitsämtern von der Landesversicherungsanstalt Baden angeordnet. Vgl. Wilhelm Pfisterer (Landesversicherungsanstalt Baden) an Lungenheilstätte Nordrach-Kolonie, betr. Berufsberatung und Arbeitsvermittlung, 1.11.1940, GLAK 462 Zugang 1994-38/417, Bl. 188.
76 Die Anordnung aus dem Jahre 1936 konnte selbst nicht ermittelt werden. Ihr Inhalt ist einem Schreiben zu entnehmen: Landesversicherungsanstalt Baden an Reichsversicherungsamt, betr. Nachfürsorge für Lungenkranke nach erfolgreichem klinischem Abschluß, 1.11.1940, GLAK 462 Zugang 1994-38/417, Bl. 189-191.
77 Ebd.
78 Wilhelm Pfisterer (Landesversicherungsanstalt Baden) an Lungenkliniken in seinem Bezirk, betr. Nachfürsorge bei Lungenkranken nach erfolgreichem klinischen Abschluss des Heilverfahrens; hier Arbeitstherapie, 8.9.1942, GLAK 462 Zugang 1994-38/417.

ren bereits die Chefärzte der Heilanstalten an der Arbeitsvermittlung von Versicherten beteiligt. Sie empfahlen die aus den Heilanstalten entlassenen Versicherten an regionale Arbeitgeber und berücksichtigten dabei auch die körperliche Verfassung des Entlassenen. Nach einem Bericht an die Landesversicherungsanstalt Baden gingen die meisten Firmen auf diese Empfehlungen ein. Erst danach wurden die Arbeitsämter eingeschaltet.[79]

Die Pläne der Landesversicherungsanstalt Baden zur Errichtung von »mechanischen Werkstätten« wurden allerdings nicht umgesetzt; dies scheiterte in der Heilstätte Friedrichsheim-Luisenheim an kriegsbedingten Transportschwierigkeiten, die die Herstellung weiterer »Auftragsarbeiten für die Industrie« unmöglich machte. So blieb die »Arbeitstherapie« ab September 1942 auf die Fertigung in Handarbeit beschränkt: Männer erstellten Holzerzeugnisse und Spielzeug, führten Schreinerarbeiten aus, Frauen produzierten Weber- und Strickarbeiten (Decken, Bettvorlagen, Handtaschen, Anzug- und Kleiderstoffe). Die Arbeitszeit betrug je nach Schwere der gesundheitlichen Beeinträchtigung vier bis acht Stunden täglich. Der Arbeitslohn war gestaffelt: Männer erhielten 20 Pfennig die Stunde, Frauen 15 Pfennig.[80] Die »Nachfürsorge« und »Arbeitstherapie« kostete die Landesversicherungsanstalt Baden jährlich 80 000 RM, wobei 20 000 RM auf das Elsass entfielen, das ab 1943 ebenfalls einbezogen wurde.[81]

Die stärkere Ausrichtung der Sozialpolitik auf die Belange des Arbeitsmarktes führte zu einer verstärkten Kooperation zwischen den Arbeitsämtern und den Sozialversicherungsträgern. Das verbindende Element bestand in der Synchronisierung des ärztlichen Begutachtungswesens durch die Nutzung gemeinsamer Arztlisten. Damit wird deutlich, wie stark die Rentenversicherung auf die Belange des Arbeitseinsatzes ausgerichtet wurde und wie sie sich von der Funktionsweise im Kaiserreich und in der Weimarer Republik unterschied. Der Arbeitsmarkt spielte zwar stets eine Rolle bei der Gewährung

---

79 Briest (Friedrichsheim-Luisenheim) an Wilhelm Pfisterer (Landesversicherungsanstalt Baden), betr. Nachfürsorge bei Lungenkranken nach erfolgreichem klinischen Abschluss des Heilverfahrens; hier Arbeitstherapie, 19.9.1942, GLAK 462 Zugang 1994-38/417.
80 Ebd.
81 Wilhelm Pfisterer (Landesversicherungsanstalt Baden) an Reichsversicherungsamt, betr. Nachfürsorge bei Lungenkranken nach erfolgreichem klinischen Abschluss des Heilverfahrens; hier Arbeitstherapie, 25.9.1942, GLAK 462 Zugang 1994-38/417.

von Rentenleistungen, eine so offene und zielgerichtete Ausrichtung wie im Nationalsozialismus – durch das Zusammenwirken von Arbeitsämtern und Trägern – war jedoch neu. Auch die Situation in den Heilanstalten kann nicht mit vorherigen Entwicklungen verglichen werden. Zwar wirkten diese immer auch »disziplinierend«,[82] doch hatte die Vorgehensweise in der NS-Zeit eine neue Qualität.

3. Die verschärfte Begutachtung durch den Vertrauensärztlichen Dienst

Unabhängig von der Zusammenarbeit mit den Arbeitsämtern hatte sich der Vertrauensärztliche Dienst in der Rentenversicherung nach den Vorstellungen des Ministeriums und des Reichsversicherungsamtes bewährt. In einer Besprechung zwischen Leonardo Conti[83] und dem Vizepräsidenten des Reichsversicherungsamtes, Peter Schmitt,[84] am 1. Juli 1941 wurde auch die Rolle des Vertrauensärztlichen Dienstes besprochen. Wie Schmitt in einem Aktenvermerk festhielt, sei dieser inzwischen zu einem »notwendigen Übel« geworden, »einem Polizeihund vergleichbar«.[85]

Diese Bezeichnung war ohne Zweifel angebracht. Anhand der Spruchpraxis der Oberversicherungsämter München, Augsburg, Freiburg und Konstanz lässt sich die immer größer werdende Bedeutung

---

82 Vgl. Kott: Sozialstaat und Gesellschaft, S. 165-191.
83 Leonardo Conti (1900-1945), ein schweizerisch-deutscher Mediziner, der bereits früh in die NSDAP eintrat, war während der NS-Zeit als Reichsgesundheitsführer und Chef der Reichsärztekammer sowie als Leiter des Hauptamtes für Volksgesundheit tätig. Unter anderem war er an der Vorbereitung der »Euthanasie«-Verbrechen beteiligt. Nach dem Zweiten Weltkrieg beging er in alliierter Haft Selbstmord. Vgl. Eckhard Hansen/Christina Kühnemund/Christine Schoenmakers/Florian Tennstedt (Bearb.): Biographisches Lexikon zur Geschichte der deutschen Sozialpolitik 1871 bis 1945, Bd. 2: Sozialpolitiker der Weimarer Republik und im Nationalsozialismus 1919 bis 1945, Kassel 2018, S. 31-33.
84 Peter Schmitt (1884-1945) war der letzte Präsident des Reichsversicherungsamtes. Seine guten Kontakte zu Wilhelm Börger verhalfen ihm zu einer steilen Karriere vom Oberregierungsrat, Senatspräsidenten und schließlich zur Ernennung zum Präsidenten des Reichsversicherungsamtes am 20. April 1944 durch Hitler, nachdem er die Amtsgeschäfte von Hugo Schäffer bereits seit 1942 übernommen hatte.
85 Peter Schmitt (Reichsversicherungsamt), Aktenvermerk Besprechung Conti, 9.7.1941, BArch R 89/2640.

DIE VERSCHÄRFTE BEGUTACHTUNG DURCH DEN VERTRAUENSÄRZTLICHEN DIENST

des Vertrauensärztlichen Dienstes für die Untersuchung von Rentenbewerbern aufzeigen sowie die damit einhergehende verschärfte Begutachtungspraxis.[86] Die Oberversicherungsämter waren die erste Beschwerdeinstanz für Rentenversicherte, die gegen einen negativen Rentenbescheid ihrer Landesversicherungsanstalt klagen wollten, indem sie das Rechtsmittel der Berufung einlegten. Bei diesen Klagen handelte es sich also nicht um die Abweisung von Erstanträgen von Invalidenversicherten, sondern um die Beantragung einer Berufungsentscheidung nur von denjenigen Personen, die gegen die Abweisung eines Rentenversicherungsantrages auf dem Rechtsweg vorgingen, weil sie sich berechtigte Hoffnungen machten, vom Oberversicherungsamt recht zu bekommen. Zwischen 1933 bis 1938 gaben die genannten Oberversicherungsämter in 41 % aller Fälle den klagenden Versicherten recht. Diese Verfahren führten die Ämter noch nach den Grundsätzen von vor 1933 durch.[87] Auffällig ist vor allem ein hoher Anteil von Frauen. 1933 bis 1938 machten Frauen 61 % der klagenden Versicherten aus, für den gesamten Zeitraum des »Dritten Reichs« waren es 58 %; die leicht niedrigere Zahl ist wohl vor allem dem Umstand geschuldet, dass kriegsbedingt viele Soldaten Berufungen vor den Oberversicherungsämtern einlegten. Diese Annahme wird auch dadurch

86 Insgesamt wurden 904 Einzelfälle von Berufungsklagen von Arbeitern und Arbeiterinnen gegen die Landesversicherungsanstalten vor den Oberversicherungsämtern München, Augsburg, Freiburg und Konstanz im Zeitraum 1933-1945 untersucht. Bei den Versicherten wurden folgende soziale Daten für die Auswertung aufgenommen: Name, Vorname, Geschlecht, Geburtsdatum, Wohnort, Beruf, das den Versicherungsfall begründende Leiden und die Rechtsvertretung. Die Daten des Erstantrages bei der Landesversicherungsanstalt beinhalten Folgendes: untersuchender Arzt (in den Kategorien »Haus- und Facharzt«, »Vertrauensärztlicher Dienst«, »Militärarzt«, »Krankenhaus« und »Anstaltsarzt«), Grad der Erwerbsminderung, Bejahung oder Verneinung der Invalidität. Zudem die Daten über die folgende, das Urteil des Oberversicherungsamtes beeinflussende Gutachten der Zweituntersuchung: untersuchender Arzt (in den gleichen Kategorien wie oben), Grad der Erwerbsminderung. Bezüglich des Verfahrens vor dem Oberversicherungsamt wurde in die Auswertung aufgenommen: Einlegung der Revision, Möglichkeit der Revision, abschließendes Urteil sowie, ob Beisitzer beim Urteilsspruch anwesend waren. Genutzte Quellen: Bestand »Oberversicherungsamt München« des Bayerischen Hauptstaatsarchivs München, »Oberversicherungsamt Augsburg« des Staatsarchivs Augsburg und »Oberversicherungsamt Konstanz« des Staatsarchivs Freiburg.
87 Mit der Ausnahme, dass die Versicherungsvertreter, die den Arbeiterparteien nahestanden oder jüdisch waren, durch Gefolgsleute der NSBO und der NSDAP ausgetauscht worden sind. Vgl. dazu Kapitel III.2.

gestützt, dass sich das Durchschnittsalter der klagenden Versicherten bis 1944 massiv verringert hatte. Bis 1938 betrug das Durchschnittsalter der klagenden Versicherten relativ konstant 50 Jahre. 1942 betrug es 47,7 Jahre, 1943 44,7 Jahre und 1944 schließlich nur noch 41 Jahre. Der Anteil der Soldaten unter den Klägern der Jahre 1940 bis 1945 betrug mindestens 10%, jedoch wurde nicht in jeder Berufungsakte festgehalten, ob es sich um eine Kriegsverletzung handelte, sodass der Anteil höher geschätzt werden muss. Das Herabsinken des Durchschnittsalters um fast zehn Jahre ist eher ein Indiz dafür, dass vermehrt Soldaten vor den Oberversicherungsämtern klagten.

Der hohe Anteil von Frauen ergibt sich teilweise durch den Umstand der Berufungsklage wegen einer Witwenrente. 27% aller Klagen durch weibliche Versicherte hatten die Gewährung einer Witwenrente zum Gegenstand. Rechnet man diese Personen heraus, so ergibt sich ein Geschlechterverhältnis von nahezu 50:50. Rechnet man zudem noch die Fälle von im Zweiten Weltkrieg beschädigten Soldaten heraus, berücksichtigt man also nur die Kläger, die keine Witwenrente beantragten oder nicht im Krieg verwundet wurden, so machten Frauen in diesen Fällen 54% der klagenden Versicherten aus. Das Bedürfnis, seine Rechte auch vor Gericht geltend zu machen, scheint bei Frauen besonders stark ausgeprägt gewesen zu sein. Möglicherweise bildete die dadurch gegebene soziale Teilhabe an gesellschaftlichen Prozessen neben der ökonomischen Not ein besonders motivierendes Moment für Frauen, vor den Oberversicherungsämtern um ihre Rechte zu kämpfen.[88]

Wie beschrieben betrug die Erfolgsquote vor den Oberversicherungsämtern in den Jahren vor dem Zweiten Weltkrieg 41%. Tatsächlich stieg sie 1941, dem Jahr, in dem das »Kriegsgesetz« in Kraft trat, auf 63%. Diese Quote kann nur mit den sehr vorteilhaften Bestimmungen der §§ 17 und 21 des »Kriegsgesetzes« erklärt werden. Denn tatsächlich schlugen sich bald die bereits beschriebenen Widerstände vonseiten nahezu aller Sozialversicherungsbehörden, den Trägern, den Verbänden, der Deutschen Arbeitsfront und dem Oberkommando der Wehrmacht in den Statistiken nieder.[89] Die Erfolgsquote vor den Spruchkammern

---

88 Für diesen Hinweis danke ich Sandrine Kott sehr. Zu der Rolle der Sozialversicherung, die gerade für Frauen sehr viele Partizipationsmöglichkeiten bot, vgl. Kott: Sozialstaat und Gesellschaft, S. 117-134. Die Beobachtung Kotts für das Kaiserreich (»Frauen konnten dank der Sozialgesetzgebung in die männlich dominierte Zivilgesellschaft eindringen«) ist auch für den Zeitraum des Nationalsozialismus gültig.
89 Siehe Kapitel V.1.

sank in den Jahren 1942 (46%), 1943 (25%) und 1944 (nur noch 7%) derart rapide ab, dass man spätestens ab den Jahren 1943/44 nicht mehr von geregelten und fairen Verfahren vor den Spruchkammern sprechen kann. Der Grund dafür waren die Untersuchungen durch den Vertrauensärztlichen Dienst, aber auch durch die Krankenhäuser, die nicht nur im Verhältnis gegenüber den Untersuchungen von den Anstaltsärzten sowie den Haus- und Fachärzten massiv anstiegen, sondern darüber hinaus auch deutlich strengere Urteile über die erlangte Erwerbsminderung fällten. Über den gesamten Zeitraum von 1933 bis 1945 erkannten die Fach- und Hausärzte in 47% aller Fälle die Invalidität als gegeben an. Die Vertrauensärzte hingegen erkannten nur in 26% aller Fälle Invalidität, die Krankenhäuser nur in 24%.[90] Auch bei der Höhe der Erwerbsminderung (wenn sie denn angegeben wurde) entschieden die Ärzte des Vertrauensärztlichen Dienstes deutlich restriktiver. Die Haus- und Fachärzte gaben die erreichte Erwerbsminderung im Schnitt mit 51% an, die Vertrauensärzte mit 48% und die Krankenhäuser nur mit 46%. Noch strenger fielen nur die Beurteilungen durch die Militärärzte aus, deren Anteil an den Gesamtgutachten allerdings gering und zu vernachlässigen ist. Sie gaben mit 33% durchschnittlicher Erwerbsminderung die strengsten Urteile ab, wohl eine direkte Folge der Widerstände des Oberkommandos der Wehrmacht gegen die Rentenversicherungspolitik des Reichsarbeitsministeriums.

Diese bis 1944 immer rigoroser werdende Spruchpraxis der Oberversicherungsämter spiegelte dabei vor allem die Bedeutung von Arbeitskräften während des Zweiten Weltkrieges wider. Wenn in früheren Verfahren vor den Versicherungsbehörden immer wieder Zweifel wegen des Einflusses der allgemeinen Arbeitsmarktlage auf die Beurteilung der Invalidität auftraten, so erübrigte sich diese Frage für die Zeit des Krieges. Hermann Dersch, der Direktor des Reichsversicherungsamtes, merkte 1943 an, dass das Reichsversicherungsamt dazu Stellung hätte nehmen müssen, wäre es nicht zum Krieg gekommen.

»Heute ist jedoch die Frage in der Hauptsache gegenstandslos durch die besondere Arbeitseinsatzlage im Kriege, die es ermöglicht, auf Grund der vorhandenen Maßnahmen zur Schaffung von Arbeitsplätzen und Lenkung des Arbeitseinsatzes die überhaupt für Arbeit

---

90 Aus den 904 Einzelfällen ließ sich nur in 367 Fällen der Arzt ermitteln. In den anderen Fällen war die Rede etwa vom »Sachverständigen der Anstalt« oder einfach nur von »ärztlicher Begutachtung«.

in Frage kommenden, auch begrenzten Arbeitskräfte, in Arbeitsplätze zu vermitteln.«[91]

Zusammenfassend lässt sich daher sagen, dass sich die großzügigen Regelungen des Reichsarbeitsministeriums durch das »Kriegsgesetz« dahingehend relativiert haben, dass die Erfolgschancen einer Berufungsklage von Versicherten vor allem ab dem Jahre 1942 deutlich gesunken sind und es bis 1944 kaum noch möglich war, einen Rentenanspruch über den ersten Instanzenzug doch noch geltend zu machen. Da ab 1939 zudem der zweite Instanzenzug, der Gang zum Reichsversicherungsamt in Berlin, nicht mehr beschritten werden konnte,[92] waren die Versicherten de facto vom Urteil des bescheidenden Arztes ihrer Landesversicherungsanstalt abhängig. Schaltete der Träger mit dem Vertrauensärztlichen Dienst seinen »Polizeihund«, wie ihn Conti nannte, zur Begutachtung ein, waren die Chancen noch einmal geringer, obwohl auch die Haus- und Fachärzte im Laufe des Krieges ebenfalls restriktivere Gutachten über die verbliebene Erwerbsfähigkeit ausstellten.

Die Landesversicherungsanstalten waren in dieser Hinsicht in keiner Weise abgeneigt, den Vertrauensärztlichen Dienst für ihre Zwecke nicht zu nutzen. Im Gegenteil, die Gemeinschaftsstelle der Landesversicherungsanstalten beim Reichsversicherungsamt beantragte die »Durchführung von vertrauensärztlichen Sondereinsätzen«, um den Krankenstand in den Betrieben einzudämmen, aber auch für den Bezirk der jeweiligen Landesversicherungsanstalt zu berücksichtigen.[93] Tatsächlich stand der Vertrauensärztliche Dienst aufgrund seiner hohen Reichweite und Schlagkraft im Fokus des Interesses zahlreicher weiterer Akteure im polykratischen System des Nationalsozialismus. Insbesondere die Stellung der Landesvertrauensärzte, die bei den Lan-

---

91 Dersch: Leistungsvoraussetzungen der Sozialversicherung und Arbeitseinsatz, S. 146.
92 Und auch nur noch dann, wenn das Oberversicherungsamt nach einer »grundsätzlichen Entscheidung« des Reichsversicherungsamtes in einer konkreten Angelegenheit fragte. Die Möglichkeit der Revision wegen eines in den Augen der Versicherten mangelhaften ärztlichen Gutachtens, das vor 1939 möglich und üblich war, fiel daher komplett weg. Vgl. Verordnung über die Vereinfachung des Verfahrens in der Reichsversicherung und der Arbeitslosenversicherung vom 28.10.1939, RGBl. I 1939, S. 2110.
93 Storck (Ausschuss der Gemeinschaftsstelle der Landesversicherungsanstalten beim Reichsversicherungsamt) an alle Landesversicherungsanstalten, betr. Durchführung des vertrauensärztlichen Dienstes, 16.10.1942, BArch R 3901/20289, Bl. 81.

desversicherungsanstalten eigene Abteilungen besaßen, führte zu Debatten und Spekulationen. Die Landesvertrauensärzte und Vertrauensärzte erhielten für ihre Tätigkeit umfangreiche Sonderzahlungen, die nicht mit den Grundsätzen der üblichen Bezahlung des öffentlichen Dienstes vereinbar waren. Als Karl Friedrich Kolbow, Leiter der Landesversicherungsanstalt Westfalen sich bezüglich dieser Sonderzahlungen beim Reichsversicherungsamt und Reichsarbeitsministerium beschwerte, bat man ihn, seine Bedenken zurückzustellen. Denn »es käme augenblicklich alles darauf an, daß der vertrauensärztliche Dienst die ihm von Dr. Gutermuth gestellten Aufgaben meistere. Hierbei sei allein der sachliche Erfolg ausschlaggebend und es dürfte dieser keinesfalls durch an sich berechtigte Bedenken gegen die Art und Weise der Durchführung in Frage gestellt werden.«[94]

Dr. Wilhelm Gutermuth,[95] der im Februar 1943 von Hitlers »Generalkommissar für das Sanitäts- und Gesundheitswesen« Karl Brandt zum »Bevollmächtigten für ärztliche Sonderaufgaben in der Rüstungsindustrie« ernannt wurde, sollte bei allen kriegswichtigen Betrieben den Krankenstand überprüfen und deutlich reduzieren. Bei dieser nach ihm benannten »Gutermuth-Aktion« konnte er, mit umfassenden Vollmachten ausgestattet, auch den Vertrauensärztlichen Dienst der Landesversicherungsanstalten in Anspruch nehmen. Vor allem mit finanziellen Anreizen gedachte Gutermuth, die Arbeit der Vertrauensärzte voranzutreiben: Schaffte ein Vertrauensarzt weitere Untersuchungen über seinem Soll von 45 Patienten in sieben Stunden, so erhielt er für jeden zusätzlich untersuchten Patienten zwei RM.[96]

Vizepräsident Peter Schmitt wusste, dass diese Sonderhonorierungen für die Vertrauensärzte mit den Vorschriften, die im öffentlichen Dienst bestanden, eigentlich unvereinbar seien, »jedoch verfüge Dr. Gutermuth über so umfassende Vollmachten, daß ein Einspruch hiergegen nicht nur nutzlos, sondern sogar der Sache abträglich sein würde«. Denn, so argumentierte Schmitt weiter, einzig die Tatsache, dass sich Gutermuth für den Verbleib des Vertrauensärztlichen Dienstes bei den Landesversicherungsanstalten ausgesprochen hatte, würde garantieren, dass nicht andere Dienststellen, und hier insbesondere der

---

94 Peter Schmitt (Reichsversicherungsamt) an Karl Friedrich Kolbow (Landesversicherungsanstalt Westfalen), betr. Vertrauensärztlicher Dienst, 7.4.1943, BArch R 89/2640.
95 Wilhelm Gutermuth (1905-1982), stellvertretender Direktor und Oberarzt der Universitätsklinik Frankfurt am Main, Mitglied der NSDAP und der SS.
96 Süß: Der Volkskörper im Krieg, S. 252.

Reichsärzteführer, versuchen würde, den Dienst von den Trägern auf ihre eigene Organisation zu übertragen.[97]

Auch angesichts der Arbeitsleistung der Vertrauensärzte stellte Kolbow schließlich seine Bedenken zurück, würden die Sonderzahlungen doch so weit führen, dass die Tageshöchstleistung eines Vertrauensarztes seiner Anstalt 168 Untersuchungen ergab, »während gelegentlich frühere Auseinandersetzungen sich darum drehten, ob eine Tagesleistung von mehr als 25 Fällen überhaupt vertretbar sei«. Diese Zahlen deuten an, dass aufgrund der hohen Auslastung der Vertrauensärzte eine ausgewogene Begutachtung kaum noch möglich war und die Qualität der Untersuchung litt. Dennoch befürchtete Kolbow, dass Gutermuth die Landesvertrauensärzte mit derart hohen Vollmachten auch innerhalb der Landesversicherungsanstalt ausstatten wollte, dass diese zu den »heimlichen Leitern« der Träger mutieren würden, indem diese nicht dem Anstaltsleiter Rechenschaft schuldeten, sondern gerade umgekehrt, der Landesvertrauensarzt zur Durchführung seines Auftrages Unterstützung von der Anstaltsleitung verlangen konnte.[98] Schließlich hat das Reichsarbeitsministerium selbst in einem Erlass an die Träger angeordnet, dass diese die »Aktion Gutermuth« unterstützen sollten.[99] Der Vertrauensärztliche Dienst war für die Träger somit ein zweischneidiges Schwert. Auf der einen Seite ermöglichte die Nutzung des Dienstes eine rigorosere Rentenvergabepraxis, was angesichts des »Kriegsgesetzes« die Träger aus finanziellen Gründen sicherlich begrüßten. Auf der anderen Seite bestand die Gefahr, dass ihre eigene Position aufgrund der theoretischen Möglichkeit, dass weitere Vollmachten auf die Landesvertrauensärzte übertragen werden konnten, gefährdet war.

Die Landesversicherungsanstalten suchten daher das Gespräch mit Gutermuth. Der Leiter der Landesversicherungsanstalt Württemberg, Heinrich Münzenmaier, versuchte dabei in Erfahrung zu bringen, über welche Vollmachten Gutermuth verfügte. Inwieweit es dazu gekommen ist, muss offenbleiben. Allerdings eröffnete ihm Maximilian

---

97 Peter Schmitt (Reichsversicherungsamt) an Karl Friedrich Kolbow (Landesversicherungsanstalt Westfalen), betr. Vertrauensärztlicher Dienst, 7.4.1943, BArch R 89/2640.
98 Karl Friedrich Kolbow (Landesversicherungsanstalt Westfalen) an Peter Schmitt (Reichsversicherungsamt), betr. Vertrauensärztlicher Dienst, 14.4.1943, BArch R 89/2640.
99 Der Hinweis findet sich ebd.

Sauerborn am 2. Juni 1943, dass das Reichsarbeitsministerium plane, hierzu einen Runderlass zu veröffentlichen.[100] Ein solcher wurde jedoch nie erlassen. Sauerborn bezog sich vielmehr auf das Rundschreiben des Reichsversicherungsamtes, das fünf Tage später veröffentlicht wurde, und die Stellung des Landesvertrauensarztes bei den Landesversicherungsanstalten präzisierte. Dabei räumte das Reichsversicherungsamt den Landesvertrauensärzten von sich aus umfangreiche Vollmachten ein: In ärztlichen Angelegenheiten wurde ihnen weitgehende Selbstständigkeit zugestanden, die Auswahl des Personals sollten sie selbst treffen sowie über den Erwerb von erforderlichen Anschaffungen selbst entscheiden. Soweit die Abteilung Krankenversicherung vertrauensärztliche Fragen mit bearbeitete, unterstand sie ebenfalls der Verfügungsgewalt von Gutermuth. Um den Krankenstand in den Betrieben zu senken, konnte Gutermuth daher dem Vertrauensärztlichen Dienst der Landesversicherungsanstalten Anweisungen geben sowie jegliche Sondervergütungen gewähren.[101] Obwohl das Reichsversicherungsamt dieses Rundschreiben verschickte, muss davon ausgegangen werden, dass das Reichsarbeitsministerium den Inhalt wesentlich bestimmt hat. Auch wenn die Träger sicherlich aufgrund der erschwerten Rentenvergabepraxis vom Vertrauensärztlichen Dienst profitierten, so wird dennoch deutlich, dass sie dafür einen hohen Preis zahlten. Denn die finanziellen, organisatorischen und räumlichen Rahmenbedingungen der Abteilung der Landesvertrauensärzte wurden von ihnen bereitgestellt, ohne dass sie ihnen gegenüber weisungsbefugt waren. Das Reichsarbeitsministerium hat sich dieser Übertragung von Kompetenzen auf die Landesvertrauensärzte nicht nur nicht in den Weg gestellt, sondern mittels der Landesversicherungsanstalten die Infrastruktur dafür geschaffen, dass Hunderttausende Versicherte nicht nur in der Kranken- sondern ebenso in der Rentenversicherung um verdiente Sozialversicherungsleistungen betrogen worden sind.

Die Forderung Ewald Stiers, dem bereits erwähnten Berliner Professor für Psychiatrie, dass die Ärzteschaft die alleinige Verantwortung für die Vergabe und den Entzug von Invalidenrenten innehaben

---

100 Reichsverband Deutscher Rentenversicherungsträger, Auszug aus der Niederschrift über die Sitzung des Arbeitskreises Südwest im Reichsverband der Deutschen Rentenversicherungsträger am 2.6.1943 in Rüdesheim/Rh., 2.6.1943, GLAK 462 Zugang 1994-38/7, Bl. 325.
101 Peter Schmitt (Reichsversicherungsamt) an alle Landesversicherungsanstalten, betr. RVA-Rundschreiben: Vertrauensärztlicher Dienst, 7.6.1943, GLAK 462 Zugang 1994-38/7, Bl. 321-322.

sollten,[102] erfüllte das Reichsarbeitsministerium zwar nicht, dennoch erweiterte es die Befugnisse der Landesvertrauensärzte. Die Auswertung der Streitfälle vor den Oberversicherungsämtern München, Augsburg, Konstanz und Freiburg zeigt, dass sich der Vertrauensärztliche Dienst ebenfalls in die Begutachtung von Rentenbewerbern einschaltete. Die Vertrauensärzte gaben nicht nur die mit Abstand strengsten Gutachten ab, ihr Anteil an der gesamten Ärzteschaft, die Invalidenversicherte begutachtete, stieg weiter an. Hausärzte wurden immer seltener als Sachverständige von den Oberversicherungsämtern eingesetzt. Die Erfolgsquote von Versicherten vorm Oberversicherungsamt München sank im Jahre 1944 auf nur noch 6% ab. In der Endphase des Krieges kann nur noch schwerlich von geregelten Verfahren vor den Oberversicherungsämtern gesprochen werden. Dennoch bildete der Vertrauensärztliche Dienst auch eine Gefahr für die Landesversicherungsanstalten. Einerseits sorgte er dafür, dass der Versicherungsbestand nicht weiter anwuchs, andererseits mussten die Träger die Übertragung weiterer Kompetenzen von den Anstalten auf die Landesvertrauensärzte befürchten. Das Reichsarbeitsministerium agierte dabei sehr geschickt: Indem es die »Erfolge« des Vertrauensärztlichen Dienstes zu gewährleisten schien, blockierte es die Einflussnahme durch andere Akteure, die Kompetenzen des Vertrauensärztlichen Dienstes aus den Landesversicherungsanstalten zu verlagern.

4. Das letzte Mittel: die Vereinfachung des Rentenversicherungsrechts

Nicht nur die Versicherten und Rentner gerieten ins Visier der Beamten des Reichsarbeitsministeriums, als sie nach neuen Möglichkeiten für den Arbeitseinsatz suchten, sondern ebenso die einzelnen Behörden des riesigen Verwaltungsapparates der Sozialversicherung. Auf der einen Seite ordnete das Ministerium weitere Vereinfachungen an, etwa im Bereich der Urkundenbeschaffung beim Tod von Soldaten[103] oder

102 Stier: Wer trägt die Verantwortung für die Bewilligung von Invalidenrenten?
103 So beklagte der Reichsverband Deutscher Rentenversicherungsträger, dass die Landesversicherungsanstalten beim Todesfall eines Soldaten lediglich die Sterbeurkunde akzeptierten und nicht die einfache Benachrichtigung des Truppenteils. Das Reichsversicherungsamt und der Verband empfahlen daher, die Benachrichtigung des Truppenteils zu akzeptieren, obwohl die Beibringung der Sterbeurkunde der üblichen Verwaltungspraxis entsprach und auch in der Reichsversicherungsordnung verlangt wurde. Vgl.

bei der Erlangung einer Witwenrente.¹⁰⁴ Zudem wurde die Amtszeit der ehrenamtlichen Leiter der Träger und die Amtszeit der Mitglieder der Beiräte auf dem Verordnungswege verlängert.¹⁰⁵ Auf der anderen Seite stand das Verwaltungspersonal selbst stärker im Fokus. Die Grundlage für eine verstärkte Einberufung des Personals der Träger und Versicherungsbehörden für den Kriegsdienst oder die Rüstungsindustrie bildete der »Erlass des Führers über den umfassenden Einsatz von Männern und Frauen für Aufgaben der Reichsverteidigung« vom 13. Januar 1943.¹⁰⁶ Das Reichsarbeitsministerium reichte die daraus resultierenden Forderungen an seine nachgeordneten Behörden

Möbius (Reichsverband Deutscher Rentenversicherungsträger) an alle Verbandsmitglieder, betr. Standesamtliche Beurkundung der Sterbefälle von Wehrmachtsangehörigen, 9.6.1942, GLAK 357/Nr. 32.732. Die Landesversicherungsanstalt Baden akzeptierte diese Neuerung. Vgl. Versicherungsamt Karlsruhe an die Bürgermeister der Gemeinden des Landkreises Karlsruhe, betr. Standesamtliche Beurkundung der Sterbefälle von Wehrmachtsangehörigen, 9.7.1942, GLAK 357/Nr. 32.732.

104 Parallel zu der Regelung beim Tod von Soldaten verfügte das Reichsversicherungsamt, dass das Besitzzeugnis des »Ehrenkreuzes der deutschen Mutter« ausreiche, um zu beweisen, dass diese Frau mindestens vier lebende Kinder geboren hatte. Die Geburtsurkunden waren also nicht mehr beizubringen. Um eine Invalidenrente zugesprochen zu bekommen, konnten Witwen sie auf diesem Wege beantragen, auch wenn sie nicht invalide waren. Vgl. Peter Schmitt (Reichsversicherungsamt) an alle Landesversicherungsanstalten, betr. Nachweis kinderreicher Mütter über die Geburt von mindestens vier lebenden Kindern, 7.10.1942, GLAK 357/Nr. 32.732. Die Vergabe einer Witwenrente, wenn die Ehefrau des verstorbenen Versicherten mindestens vier lebende Kinder geboren hatte, geht auf das zweite Leistungsverbesserungsgesetz vom 19. Juni 1942 zurück. Zweites Gesetz über die Verbesserung der Leistungen in der Rentenversicherung, 19.6.1942, RGBl. I 1942, S. 407.

105 Vgl. die weiteren Verwaltungsvereinfachungen im »Kriegsgesetz«: »§ 1: Verlängerung der Amtszeit der ehrenamtlichen Leiter von Trägern der Reichsversicherung und ihren Verbänden«. Gesetz über weitere Maßnahmen in der Reichsversicherung aus Anlaß des Krieges vom 15.1.1941, RGBl. I 1941, S. 34-36, hier S. 34; sowie § 1 der ersten Durchführungsverordnung zum Kriegsgesetz: »Verlängerung der Amtszeit der Mitglieder von Beiräten der Versicherungsträger«. Durchführungsverordnung zum Gesetz über weitere Maßnahmen in der Reichsversicherung aus Anlaß des Krieges vom 13.9.1941, RGBl. I 1941, S. 568-567.

106 Der Erlass ist abgedruckt in Martin Moll (Hg.): »Führer-Erlasse« 1939-1945. Edition sämtlicher überlieferter, nicht im Reichsgesetzblatt abgedruckter, von Hitler während des Zweiten Weltkrieges schriftlich erteilter Direktiven aus den Bereichen Staat, Partei, Wirtschaft, Besatzungspolitik und Militärverwaltung, Stuttgart 1997, S. 311. Vgl. auch Dieter Rebentisch: Führerstaat

weiter. Nach diesem Erlass sollten sämtliche Männer und Frauen erfasst werden, deren Arbeitskraft noch nicht voll ausgenutzt war, um sie für die Zwecke des Krieges neu zu positionieren. Ziel sei es, »die jüngeren volltauglichen Männer an der Front, die älteren und minderkriegsbrauchbaren für Kriegsaufgaben hinter der Front und in der Heimat einzusetzen und jeden Mann und jede Frau an den Platz zu stellen, an dem sie nach Tätigkeit und Kenntnissen am zweckmäßigsten Verwendung finden«.[107] Die Obersten Reichsbehörden, somit auch das Reichsarbeitsministerium, sollten veranlassen, dass alle Arbeiten, die nicht im Sinne des Auftrages der Reichsverteidigung lagen, eingestellt würden. Des Weiteren sollten sämtliche Vorbereitungen und Planungen, die eine künftige Friedensordnung betrafen, eingestellt werden. Den Reichsverteidigungskommissaren stand dabei die Aufgabe zu, die Umschichtung der freigegebenen Personen zu organisieren.

Das Reichsarbeitsministerium wandte sich im Februar 1943 an die Reichsverteidigungskommissare, um ihnen eine detailliertere Anordnung über die Folgen des Erlasses für seinen Verwaltungsbereich zukommen zu lassen. Dabei wurde betont, dass auf »dem Gebiete der Sozialversicherung [...] nicht nur der Personalbedarf der Versicherungsträger im Reichsgebiet, sondern auch der Bedarf für die eingeglie-

und Verwaltung im Zweiten Weltkrieg. Verfassungsentwicklung und Verwaltungspolitik 1939-1945, Stuttgart 1989, S. 475.
107 Franz Seldte (Reichsarbeitsministerium), betr. Erlaß des Führers über den umfassenden Einsatz von Männern und Frauen für die Aufgaben der Reichsverteidigung vom 13. Januar 1943, 18.2.1943, BArch R 89/7047, Bl. 151-152. Die lange Liste der Adressaten spiegelt die Bedeutung wider, die das Reichsarbeitsministerium diesem Erlass beimaß. Es handelt sich im Einzelnen um: das Reichsversicherungsamt, die Landesarbeitsämter, die Reichsstelle für Arbeitsvermittlung in Berlin, die Reichstreuhänder der Arbeit, die Reichstreuhänder für den öffentlichen Dienst, die Sondertreuhänder der Heimarbeit, die Hauptversorgungsämter, den Stadtpräsidenten von Berlin, die Regierungspräsidenten in Preußen, den Berliner Polizeipräsidenten, den Siedlungsverband Ruhrkohlenbezirk Essen, die Landesregierungen, den Reichsstatthalter in Hamburg, die Reichsstatthalter in Wien, Oberdonau, Linz, der Steiermark, Graz, Tirol, Vorarlberg und Innsbruck, die Reichsstatthalter im Sudetengau und in Reichenberg (Liberec), die Gewerbeaufsicht in Danzig-Westpreußen, den Reichsstatthalter im Warthegau und in der Westmark. Nachrichtlich ging er zudem an die Verbände der Versicherungsträger, die Gemeinschaftsstelle der Landesversicherungsanstalten beim Reichsversicherungsamt, die Kassenärztliche Vereinigung Deutschlands, die Kassenzahnärztliche Vereinigung Deutschland und die Kassendentistische Vereinigung Deutschlands.

derten und besetzten Gebiete zu decken« sei. Gerade in den besetzten und annektierten Gebieten bestand ein höherer Bedarf an qualifizierten Fachbeamten, da viele jüngere Beamte, die zu Beginn des Krieges dorthin versetzt worden waren, inzwischen ihre Einberufung zur Wehrmacht erhalten hatten. Daher behielt sich das Reichsarbeitsministerium die Entscheidung darüber vor, wenn Beamte außerhalb der Sozialversicherung eingesetzt werden sollten.[108] Zur Durchführung der Sozialversicherung in den besetzten Gebieten, die noch stärker als im Reich als Instrument der Arbeitskräfterekrutierung genutzt worden ist, war das Reichsarbeitsministerium auf diese Fachbeamten angewiesen.[109]

Wiederum einen Monat später präzisierte das Reichsversicherungsamt den Erlass in einem Rundschreiben an die Träger. Diese sollten nach Einstellung der nicht kriegsnotwendigen Arbeiten ihre Geschäftsverteilung dahingehend ändern, dass jede Arbeitskraft tatsächlich voll ausgenützt werde. Wenn dadurch nun Fachkräfte frei würden, so seien diese sofort dem Reichsarbeitsministerium mitzuteilen. Nur die sonstigen Personen, die freigemacht werden könnten, also alle Nichtfachkräfte, sollten den Reichsverteidigungskommissaren sowie den Arbeitsämtern mitgeteilt werden. Alle »kleinen Bedenken« gegen die Einbeziehung der Reichsverteidigungskommissare in die Personalpolitik der Träger seien zurückzustellen, da der »Militärdienst unbedingt den Vorrang hat«. Darüber hinaus ordnete das Reichsversicherungsamt an, alle männlichen Mitarbeiter der Behörde ab dem Jahrgang 1901, die nicht als unbedingte Führungs- und Fachkräfte angesehen wurden, sofort den Wehrersatzdienststellen namhaft zu machen.[110] Der Umgang des Reichsarbeitsministeriums mit diesem Erlass Hitlers verdeutlich dreierlei: Erstens wird ersichtlich, wie stark sich das Reichsarbeitsministerium für die Belange des Krieges, für die Rekrutierung von Arbeitskräften, einsetzte. Zweitens nutzte es den Verwaltungsapparat konsequent, indem es durch seine Aufsichtsbehörde, das Reichsversicherungsamt, maßgeblichen Einfluss auf die Personalpolitik einstmals selbstverwalteter Körperschaften des öffentlichen Rechts nahm: Es

---

108 Franz Seldte (Reichsarbeitsministerium) an Reichsverteidigungskommissare, betr. Erlaß des Führers über den umfassenden Einsatz von Männern und Frauen für die Aufgaben der Reichsverteidigung vom 13. Januar 1943, 18.2.1943, BArch R 89/7047, Bl. 153.
109 Vgl. dazu Kapitel VI.2.
110 Peter Schmitt (Reichsversicherungsamt) an Träger der Rentenversicherung, betr. Erlaß des Führers über den umfassenden Einsatz von Männern und Frauen für die Aufgaben der Reichsverteidigung vom 13. Januar 1943, 3.3.1943, BArch R 89/7047, Bl. 150.

forderte die Träger auf, angesichts der Reichsverteidigungskommissare keine Bedenken gegen diese Politik zu erheben. Und drittens wird deutlich, welch hohen Stellenwert das Reichsarbeitsministerium der Sozialverwaltung in den besetzten Gebieten einräumte.

Die Träger wehrten sich gegen die für ihren Verwaltungsapparat weitreichenden Bestimmungen des Erlasses so gut sie konnten. Denn die Arbeitsämter wandten sich durchaus forsch an die Landesversicherungsanstalten um auf Grundlage des Erlasses Kräfte einzufordern. In der Friedenszeit zählte die Landesversicherungsanstalt Baden 200 bis 250 Mitarbeiter. Im Juli 1943 waren 98 Beamte zum Kriegsdienst eingezogen. Als das Karlsruher Arbeitsamt weitere 35 Kräfte anforderte (durchweg Frauen, v.a. Stenotypistinnen), weigerte sich die Landesversicherungsanstalt, diese Kräfte abzugeben.[111] Mit der Verlegung von ganzen Abteilungen in kleinere Orte reagierten die Landesversicherungsanstalten zudem auf die britisch-amerikanischen Luftangriffe, was die Verwaltungsarbeit zusätzlich erschwerte.[112] Kleinere, staatliche Versicherungsbehörden wurden teilweise komplett geschlossen, etwa das Oberversicherungsamt Konstanz. Dessen Dienstgeschäfte übernahm das Oberversicherungsamt Freiburg bis zum Ende des Krieges.[113]

Der letzte Versuch des Reichsarbeitsministeriums, noch mehr Personal für den Kriegsdienst freizustellen, beruhte auf dem Erlass des Ministeriums vom 25. September 1944. Sämtliche Behörden und Träger sollten zusätzlich 20% ihrer Mitarbeiter freigeben und den Arbeitsämtern melden. Die Durchführung wurde streng überwacht: Die Träger hatten die Namenslisten an den Reichsverband zu senden, der diese dann an das Reichsarbeitsministerium weiterzuleiten hatte. Zu den genannten Personen durften allerdings keine Vertrauensärzte oder Mit-

---

111 Georg Götz (Landesversicherungsanstalt Baden) an Arbeitsamt Karlsruhe, betr. Erfassung und Gewinnung zusätzlicher Arbeitskräfte, 10.7.1943, GLAK 462 Zugang 1994-38/236, Bl. 203.

112 Die Abteilungen der Landesversicherungsanstalt Baden wurden in die umliegenden Orte Oberkirch, Oppenau, Maisach und Bad Antogast verlegt. In Maisach amtierte auch bis zum Kriegsende der Leiter der Anstalt, Georg Götz. Vgl. Wilhelm Pfisterer (Landesversicherungsanstalt Baden) an Badisches Ministerium des Innern, betr. Präsident Dr. Götz, Leiter der Landesversicherungsanstalt Baden, 2.10.1944, Personalakte von Georg Götz, eingesehen im Dienstgebäude der Deutschen Rentenversicherung Baden-Württemberg in Karlsruhe.

113 Oberversicherungsamt Konstanz an DAF-Rechtsberatung in Konstanz, betr. Invalidenrentensache der Frieda Oberst, 30.8.1944, StA Freiburg, D 161/2/139, Bl. 7.

arbeiter der Heilanstalten und Krankenhäusern gehören.¹¹⁴ Außerdem ordnete das Reichsarbeitsministerium kurze Zeit später die Einberufung aller weiblichen Arbeitskräfte der Jahrgänge 1920 bis 1925 für den Reichsarbeitsdienst und den Wehrmachtseinsatz an. Das Ministerium wies darauf hin, »dass die hierfür freigestellten Arbeitskräfte unter das Kontingent von 20 v. H. des Gesamtpersonalbestandes fallen, das insgesamt für Wehrmacht und Rüstung freizugeben ist«. Auch wenn dies die Träger in eine »ernste Lage« bringen würde, wie es der Reichsverband Deutscher Rentenversicherungsträger formulierte, gebe es angesichts der »kriegswichtigen Erfordernisse« keine Alternative dazu.¹¹⁵

Die administrative Arbeit im Reichsversicherungsamt hatte unter diesen Maßnahmen zu leiden. In einem internen Bericht wird deutlich, dass der Verwaltungsablauf Ende Dezember 1944 nur noch rudimentär vonstattenging:

> »Durch eine Reihe wesentlicher Vereinfachungsmaßnahmen, wie sie den Wünschen des Reichsbevollmächtigten für den totalen Kriegseinsatz entsprechen, ist im Reichsversicherungsamt die Arbeit in Verwaltung und Rechtsprechung erheblich vermindert worden. Die Abgabe aller freigewordenen Beamten für die Rüstung war jedoch nicht möglich, weil viele Beamte infolge von Alter oder Krankheit für einen Einsatz in der Rüstung nicht mehr in Frage kommen. [...] [Die Behörde sei] nicht in der Lage, auf die im hohen Alter befindlichen Beamten gestützt die Arbeiten des Amtes voll durchzuführen.«¹¹⁶

Auch aufgrund dieser Nachfrage nach Arbeitskräften versuchte das Ministerium ab Anfang 1944, eine Kräftefreigabe bei den Trägern durch eine geplante Vereinfachungsreform zu erreichen. Die langwierigen Berechnungen der Rentenhöhe und die Feststellung, ob die

---

114 Reinhard Jakob (Reichsarbeitsministerium) an die Leiter der Verbände der Versicherungsträger, betr. Kräfteabgabe für Wehrmacht und Rüstung, 2.10.1944, GLAK 462 Zugang 1994-38/236, Bl. 269; weitergegeben durch den Reichsverband Deutscher Rentenversicherungsträger an die Landesversicherungsanstalten am 9. Oktober 1944.
115 Reinhard Jakob (Reichsarbeitsministerium) an die Leiter der Verbände der Versicherungsträger, betr. Kräfteabgabe für Wehrmacht und Rüstung, hier: Weibliche Arbeitskräfte der Jahrgänge 1920/25, 10.10.1944, GLAK 462 Zugang 1994-38/236, Bl. 271.
116 Reichsversicherungsamt, Vermerk, betr. Versetzung in den Ruhestand der Senatspräsidenten Krehl, Däschlein und Sperling, 16.12.1944, BArch R 601/2093.

Anwartschaft noch erhalten war, schienen dabei besonders geeignet zu sein, vereinfacht zu werden. Denn die Hauptarbeitszeit der Beamten der Rentenabteilungen betraf die in der Tat langwierige Erfassung aller Beitrags- und Ersatzzeiten sowie die Berechnung der sich aus den Anwartschaften ergebenden Rentenhöhe.[117] Der Preis dafür hätte allerdings darin bestanden, das Leistungsprinzip in der Rentenversicherung aufzugeben, nach dem die Höhe der zu erwartenden Rente den Verdienst des Arbeitslebens so gut wie möglich widerspiegeln sollte. Gerade darauf legte das Reichsarbeitsministerium seit 1933 großen Wert.[118] Spätestens seit Jahresbeginn 1944 wurde im Reichsarbeitsministerium allerdings über eine Art »Kriegsnotrecht« nachgedacht, das dieses Prinzip komplett einebnen würde. Ein Vorschlag der radikalen Vereinfachung des Anwartschaftsrechts unter formeller und materieller Begründung des Rentenanspruchs lag dem Reichsarbeitsministerium vor. Vorbild dafür war vor allem die Arbeitsweise jener Landesversicherungsanstalten, deren Dienstgebäude im Kriege zerstört worden waren, und die daher nur noch unvollständige Bestände von Quittungskarten besaßen. Zudem solle durch die Gewährung von Vorschüssen – so der Plan – die Rentenauszahlung gewährleistet sein, auch wenn sich die Festsetzung der Rente durch den Träger verzögerte.[119] Ohne Zweifel wurzeln diese Überlegungen in der massiven Verringerung des Personalbestandes der Träger und dem weiterhin bestehenden Arbeitskräftebedarf.

---

[117] 1944 war es folgendermaßen geregelt: Eine Rente wurde gewährt, wenn die Wartezeit erfüllt und die Anwartschaft erhalten war. Die Rentenhöhe ergab sich aus einem Grundbetrag, einem Steigerungsbetrag und dem Kinderzuschuss. Der Grundbetrag betrug in der Invalidenversicherung 13 RM und in der Angestelltenversicherung 37 RM monatlich. Der Steigerungsbetrag für Versicherungszeiten nach der »Zweiten Lohnabzugsverordnung« vom 24. April 1942 betrug in der Invalidenversicherung 1,2 % der in der Quittungskarte eingetragenen Entgelte, in der Angestelltenversicherung 0,7 %. Für die Zeiten vor der »Zweiten Lohnabzugsverordnung« wurden noch die Beitragsmarken berücksichtigt. In der Invalidenversicherung gab es zehn Beitragsklassen, die den Steigerungsbetrag für jeden in einer Klasse gezahlten Beitrag um 8 (Klasse I) bis 65 (Klasse X) Pfennige erhöhte. Der Kinderzuschuss war bei beiden Zweigen gleich hoch: Für jedes zuschlagsberechtigte Kind gab es 10 RM monatlich. Der Aufwand für die Ermittlung der Anwartschaft und der Rentenhöhe war daher nicht gering.

[118] Vgl. hierzu Kapitel II.2.

[119] Auszug aus der Niederschrift des ständigen Ausschusses. Frage der Schaffung eines Kriegsnotrechts der Rentenversicherung, 26.1.1944, GLAK 462 Zugang 1994-38/211, Bl. 407.

Allerdings legte das Reichsarbeitsministerium erst im August 1944, dem Kabinett einen Entwurf über die »Anpassung der Reichsversicherung an den Krieg« vor. Dieser bestand im Wesentlichen nur aus einer Maßnahme: Die Festsetzung der Renten sollte während des Krieges eingestellt und stattdessen sollten Vorschüsse gewährt werden. Die Vorschüsse sollten unter der Prämisse ausgezahlt werden, dass alle Anwartschaften aus allen Zweigen der Rentenversicherung als erhalten galten. Die Höhe des Vorschusses sollte sich einzig nach dem Lebensalter bei Eintritt des Versicherungsfalls und nach der Höhe des monatlichen Entgelts richten. Ein stark vereinfachter Steigerungsbetrag (aufgeteilt in drei Klassen) sollte die Monatsbeiträge zumindest leicht berücksichtigen. Rechtsmittel waren gegen den Bescheid des Vorschusses nicht zugelassen. Versicherte in Österreich, dem Protektorat Böhmen und Mähren und in den angegliederten Ostgebieten waren von dieser Regelung ausgeschlossen, ebenso jene Berechtigte, deren Rentenbescheid aufgrund zwischenstaatlicher Vereinbarungen zustande gekommen war sowie die Berechtigten der Handwerkeraltersversicherung. Die dadurch entstehende Mehrbelastung sollte nicht von den Trägern, sondern vom Reichsstock für Arbeitseinsatz getragen werden. Zur Begründung führte das Ministerium aus:

> »Die sich aus dem totalen Kriegseinsatz ergebende Notwendigkeit zur Einsparung von Verwaltungsarbeit in der öffentlichen Verwaltung auf allen Gebieten zwingt dazu, die vorstehend geschilderten Verwaltungsschwierigkeiten möglichst weitgehend zu beseitigen, ohne daß dadurch allerdings eine untragbare Schädigung der Rentenberechtigten, insbesondere der qualifizierten Facharbeiter und der jahrzehntelang im Arbeitseinsatz stehenden Volksgenossen, im Hinblick auf ihre Alters- und Hinterbliebenenversorgung eintreten darf.«[120]

Die Leistungen sollten dabei auf keinen Fall weiter sinken. Die Rentenleistungen hätten insbesondere für die Arbeiter, so das Ministerium, »eine völlig unzureichende Höhe«, sodass »von den schaffenden Volksgenossen noch viel mehr als schon jetzt berechtigte Kritik an den Leistungen der deutschen Rentenversicherung geübt werden müßte«. Aus propagandistischen Gründen – auch gegenüber dem Ausland – wären zu niedrige Vorschüsse »nicht vertretbar«: »Die

---

120 Hans Engel (Reichsarbeitsministerium), Entwurf einer Ersten Verordnung über die Anpassung der Reichsversicherung an den totalen Kriegseinsatz, 25.8.1944, DRV RfA-Archiv/Aktenordner »Nr. 37«.

Vorschüsse müssen daher in einer Höhe festgesetzt werden, daß sie wenigstens einer einigermaßen ausreichenden Mindestversorgung gleichkommen, und nach Möglichkeit über die entsprechenden Leistungen des Auslandes, insbesondere der westlichen Demokratien, hinausgehen.« Das Reichsarbeitsministerium schätzte die Verminderung der Verwaltungstätigkeit bei den Trägern auf 40%.[121]

Tatsächlich hätte dieser Entwurf die Renten der Invalidenversicherung massiv erhöht, etwa zwischen 40 und 50%. Dementsprechend wenige Erfolgschancen besaß er – vor allem beim Reichsfinanzministerium, das bereits gegen frühere Versuche des Ministeriums, die Renten zu erhöhen, ein Veto eingelegt hatte. Noch im September legte das Reichsarbeitsministerium eine veränderte Fassung der Reform vor, die nun sogar auch noch eine Erhöhung der bereits laufenden Renten vorsah.[122]

Vor allem Reichspropagandaminister Joseph Goebbels besaß ein großes Interesse daran, dass der Entwurf in dieser Form beschlossen werden sollte. Seine Ankündigung, er würde notfalls, falls das Reichsfinanzministerium seine Bedenken nicht zurückstellen würde, eine »Führerentscheidung« einholen, beeindruckte das Finanzressort jedoch nicht. Auch die Feststellung, dass die »Invalidenrenten in krassem Gegensatz zu unserem sozialpolitischen Programm stehen«, konnte das Reichsfinanzministerium nicht überzeugen.[123] Denn, so rechnete es vor, die geplanten Einsparungen von 2000 Beamten der Sozialverwaltung, die für die Kriegswirtschaft freigemacht werden könnten, stünden einer Mehrbelastung des Reiches in Höhe von 670 Millionen RM – allein im ersten Jahr – gegenüber, was bedeuten würde, dass das Reich für jede Arbeitskraft 335 000 RM aufwenden müsste. Die Reform sei daher nur ein erneuter Versuch des Ministeriums, die Renten zu erhöhen. Aber auch aus einem anderen Grund könne es nicht zustimmen: Die »Invalidenrente [spielt] während des Krieges nicht die Rolle, die sie früher gespielt hat. Sehr viele oder die meisten Sozialrentner beziehen jetzt neben ihrer Rente wieder ein Arbeitseinkommen, weil sie irgendwie wieder in die Wirtschaft eingegliedert sind«.[124]

---

121 Ebd.
122 Schlegel-Voß: Alter in der »Volksgemeinschaft«, S. 103-107.
123 Werner Naumann (Reichsministerium für Volksaufklärung und Propaganda) an Fritz Reinhardt (Reichsfinanzministerium), 13.10.1944, BArch R 2/18377.
124 Fritz Reinhardt (Reichsfinanzministerium) an Werner Naumann (Reichsministerium für Volksaufklärung und Propaganda), betr. Erhöhung der Renten in der Rentenversicherung, 19.10.1944, BArch R 2/18377.

Aufgrund der rapide schlechter werdenden militärischen Lage des Deutschen Reiches und der Auflösung staatlicher Strukturen durch die Eroberung immer größerer Gebiete Deutschlands durch die Alliierten, versandete der Entwurf schließlich. Was blieb, war die Feststellung des Reichsfinanzministeriums, dass auch die Rentner wieder im Arbeitsprozess standen. Dies war, seit 1933, die faktisch verfolgte Politik des Reichsarbeitsministeriums, die im Sanierungs- und im Aufbaugesetz angelegt war, und nun, im Krieg, konsequent umgesetzt wurde.

Die letzte Phase der Instrumentalisierung der Rentenversicherung für den Arbeitseinsatz markierte weiter den schwindenden Einfluss des Reichsarbeitsministeriums. Wie gegen die Bestimmungen des »Kriegsgesetzes«, so wehrten sich die Träger so gut sie konnten auch hier gegen die Maßnahmen des Ministeriums. Die Abordnungen von Beamten und Angestellten empfanden sie als eine weitere Zumutung der Zentralbehörden. Ob aufgrund des Voranschreitens des Krieges überhaupt noch von einem geregelten Verwaltungsablauf gesprochen werden kann, ist fraglich. Die Landesversicherungsanstalt Baden etwa war wegen der Fliegerangriffe auf die Stadt Karlsruhe auf vier verschiedene Standorte im Umland verteilt. Die letzten Versuche auf dem Feld der Gesetzgebung, Arbeitskräfte von den Trägern durch eine rigide Verwaltungsvereinfachung zu erreichen, scheiterten – wie so häufig bei Gesetzesinitiativen des Reichsarbeitsministeriums – im Kabinett.

5. Konsequenzen aus der Arbeitskräftepolitik und dem Kriegsverlauf

Das »Kriegsgesetz« war der augenscheinlichste Versuch des Reichsarbeitsministeriums, die Rentenversicherung für den Arbeitseinsatz zu instrumentalisieren. Dabei hatte es vor allem jene im Blick, die keiner Erwerbstätigkeit mehr nachgingen: die Rentner. Die Vorgeschichte des »Kriegsgesetzes« zeigt, wie andere Behörden Impulse an das Reichsarbeitsministerium herantrugen. Hier verlief die Entwicklung keineswegs geradlinig; die Phase der Problemwahrnehmung wurde vor allem durch die Deutsche Arbeitsfront und die Arbeitsämter ausgefüllt. Die Phasen der Zielfestlegung, der Ausarbeitung von Lösungsalternativen und der Auswahl einer dieser Alternativen begann im Jahre 1937 und endete erst mit der Veröffentlichung des Gesetzes im Januar 1941. Die Ratifizierung durch die Reichsregierung ließ sich aufgrund mangelhafter Quellenlage nicht mehr rekonstruieren. Dass die im *Reichsgesetzblatt* veröffentlichte Fassung des Gesetzes als Ortsangabe das »Führer-Hauptquartier« angibt, ist aber ein Hinweis darauf, dass auch andere Akteure ein konkretes Interesse an der Verabschiedung des Gesetzes besaßen. Die lange Entstehungsgeschichte des »Kriegsgesetzes«, die weitgehende Auslegung des Sozialversicherungsrechts zugunsten des Arbeitseinsatzes und die massive Ablehnung der Rentenversicherungsträger stellen eine merkwürdige Begleiterscheinung dar. Die anfängliche Übereinstimmung der Träger mit dem Ministerium und die übliche Verwaltungspraxis des Reichsversicherungsamtes wandelten sich noch vor Veröffentlichung des Gesetzes zu einer Situation des Widerwillens der Träger und einer schleichenden Entfremdung des Reichsversicherungsamtes. Das Reichsversicherungsamt musste seine verstärkten Aufsichtsrechte bemühen, um die Träger dazu zu bringen, den Willen des Ministeriums umzusetzen, den diese sogar teilweise bewusst ignorierten.

Dabei war man sich bei den Trägern der Bedeutung des »Kriegsgesetzes« bewusst. Die Vergünstigungen für Soldaten setzten sie – vor allem zu Beginn des Krieges – mit Überzeugung um. Dennoch muss festgehalten werden, dass es erst der im November 1941 veröffentlichte Erlass des Reichsarbeitsministeriums – und nicht das »Kriegsgesetz« selbst – war, der die weitgehende Auslegung mit sich brachte, dass zur Reaktivierung von Arbeitskräften der Rentenentzug generell verboten wurde. Die Abwehr, die sich daraufhin gegen diese weitreichenden Bestimmungen formierte, reichte dabei vom Oberkommando der Wehrmacht, über die Träger, den Reichsverband Deutscher Rentenversicherungsträger bis schließlich zum Reichsversicherungsamt. In Durchführungsbestimmungen zeigte dieses den Trägern Möglichkeiten auf, die Bestimmungen des »Kriegsgesetzes« zu umgehen. Selbst als sich die Stimmung in der Bevölkerung aufgrund der Beibehaltung von Invalidenrenten bei wieder Erwerbstätigen verschlechterte, ließ das Reichsarbeitsministerium nicht von seiner verfolgten Linie ab. Lediglich die Einschränkung, dass das Rentenverfahren erst nach der Entlassung aus dem aktiven Wehrdienst eingeleitet werden durfte, akzeptierte es.

Bei der Verwaltungspraxis zum »Kriegsgesetz« lässt sich also eine Verschiebung feststellen: Die konstruktive Zusammenarbeit des Reichsarbeitsministeriums mit den Rentenversicherungsträgern beim Sanierungs- und Aufbaugesetz lässt sich für das »Kriegsgesetz« nicht konstatieren. Im Gegenteil, die weitreichende Missachtung gegen die Indienstnahme der Rentenversicherung für den Arbeitseinsatz ging mit zunehmender Dauer des Krieges nicht nur von den Trägern, sondern auch vom Reichsversicherungsamt aus. Die Träger wandten sich vor allem aus Kostengründen gegen die folgenreiche Auslegung des Gesetzes; das Reichsversicherungsamt und das Oberkommando der Wehrmacht betonten die negativen Folgen für die Stimmung in der Bevölkerung. Doch diese Einwände wurden im Ministerium ignoriert, zu sehr konzentrierten sich die Beamten auf die Durchführung des Arbeitseinsatzes. Die Empfehlungen des Reichsversicherungsamtes an die Träger, die Durchführung des »Kriegsgesetzes« bei den Fällen von vorübergehender Invalidität auszusetzen, kann nur als Bruch zwischen dem Ministerium und dem Reichsversicherungsamt interpretiert werden, da dieses als nachgeordnete Behörde des Ministeriums die Auslegung des Gesetzes bewusst anders weitergab, als es das Reichsarbeitsministerium wünschte.

Vor allem an den Beziehungen zwischen den Rentenversicherungsträgern und den Arbeitsämtern, die die Verteilung von Versicherten, die sich erfolglos um die Erhaltung einer Rente bemühten oder die nach einem Genesungsprozess wieder aus einer Heilanstalt entlassen worden sind, übernahmen, wird die Indienstnahme der Rentenversicherung für den Arbeitseinsatz deutlich. Das Reichsversicherungsamt koordinierte diese Bemühungen. Auch die Spruchpraxis vor den Oberversicherungsämtern veranschaulicht die veränderte Bedeutung der Rentenversicherung im »Dritten Reich« für die Dienste des Arbeitseinsatzes. Der Begriff der »Invalidität« orientierte sich in den Urteilen nun offen an dessen Erfordernissen, die Versicherten traten den Spruchbehörden nicht mehr als »Anspruchsberechtigte« gegenüber, sondern als »Rentenneurotiker«, die sich dem Arbeitseinsatz zu entziehen suchten.

Die Vereinfachung des Rentenversicherungsrechts sowie die Maßnahmen des Ministeriums, Beamte und Angestellte der Sozialverwaltung für die Rüstungsindustrie und einen Einsatz für die Wehrmacht freizustellen, bedeuteten hingegen die letzten – verzweifelten – Versuche, eine »totale« Erfassung aller Personen im Verwaltungsbereich des Ministeriums zu organisieren.

VI. Das Reichsarbeitsministerium in Europa 1933-1945

1. Internationale Kongresse der Sozialversicherung: die Propagierung des »deutschen Modells«

Das international vernetzte System der Sozialversicherung führte zur Etablierung eines internationalen Austausches zwischen Fachbeamten, Politikern und Wissenschaftlern, etwa durch die International Labour Organization (ILO) in Genf oder auch durch große, internationale Kongresse über Fragen der Sozialversicherung.[1] Als Deutschland 1933 aus dem Völkerbund und der ILO ausschied, bedeutete dies keineswegs das deutsche Ende des internationalen Austausches, dieser verschob sich lediglich: Das Sozialversicherungssystem der demokratischen westlichen Staaten Europas galt es zu diskreditieren, während das NS-Regime und dessen sozialpolitische Repräsentanten nun vor allem die Diskussion mit autoritären Staaten wie Italien, Ungarn und Österreich suchten und intensivierten. Die Repräsentanten der deutschen Sozialpolitik, egal ob es sich um Beamte, Wissenschaftler oder Publizisten handelte, waren bereits vor 1933 in internationale Strukturen eingebettet. Auf großen Sozialversicherungskongressen, meistens abgehalten in den Hauptstädten der Gastgeberländer, wurde über aktuelle Entwicklungen auf dem Felde der Sozialversicherung oder der Sozialpolitik debattiert und diskutiert.[2] In den Vorträgen der deutschen Delegationen spiegeln sich die Entwicklungen in der Sozialversicherung wider, die das Reichsarbeitsministerium forciert hat. Auch

---

1 So fanden zu Beginn des 20. Jahrhunderts allein wegen Tuberkulose zahlreiche Kongresse statt: Berlin 1902, Paris 1903, Kopenhagen 1904, Paris 1905, Den Haag 1906, Wien 1907, Philadelphia 1908, Stockholm 1909, Brüssel 1910, Rom 1912, Berlin 1913. Vgl. Ernst Gerhard Dresel: Wohlfahrtspflege, Tuberkulose, Alkohol, Geschlechtskrankheiten, Berlin 1926, S. 341. Seit 1894 gab es zudem die in Paris gegründete »Gesellschaft für internationale Sozialversicherung«. Vgl. Walter Kaskel: Das neue Arbeitsrecht. Systematische Einführung, Berlin 1920, S. 286; sowie ders.: Grundriss des sozialen Versicherungsrechts. Systematische Darstellung auf Grund der Reichsversicherungsordnung und des Versicherungsgesetzes für Angestellte, Berlin 1912. Ebenfalls in Paris war das 1889 gegründete »Internationale Komitee für Sozialversicherung« ansässig. Vgl. Kott: Sozialstaat und Gesellschaft, S. 161 f.
2 So etwa auch in den Vereinigten Staaten auf der »First American Conference on Social Insurance« in Chicago im Jahre 1913; vgl. Dorothy Porter: Health, Civilization and the State. A History of Public Health from Ancient to Modern Times, London u. a. 1999, S. 222.

nach 1933 beteiligte sich das Deutsche Reich an solchen Kongressen. Allerdings änderten sich die Gesprächspartner. Statt mit England und Frankreich wurden nun vor allem Gespräche mit Italien, Österreich und Ungarn geführt, mit Ländern also, die den demokratischen Weg verlassen und autoritäre Regime installiert hatten. Die wichtigsten internationalen Kongresse für Sozialversicherungsfachleute fanden während der Zeit des »Dritten Reiches« 1935 in Budapest, 1936 in Dresden und 1938 in Wien statt. Während des Zweiten Weltkrieges wurden keine internationalen Kongresse mehr abgehalten.

Tatsächlich verband das NS-Regime mit diesen internationalen Kongressen mehr als nur einen Meinungsaustausch zwischen Fachbeamten und -kollegen. Sie wurden als »Propagandaplattform« genutzt, um das deutsche Modell der Sozialpolitik zu bewerben. Denn das Reichspropagandaministerium unter Goebbels monierte: »Die Möglichkeit, Gedankengut nationalsozialistischer Prägung über weltbewegende Streitfragen im Sinne unserer Staatsführung zur Erörterung zu stellen, wurde kaum jemals mit Erfolg ausgenutzt.« Jeder wissenschaftliche Kongress, so das Ministerium, »führt eine Anzahl für die öffentliche Meinung bedeutsamer in- und ausländischer Persönlichkeiten zusammen und kann daher zu einem wirksamen Propagandainstrument ausgestaltet werden«. Das Reichsarbeitsministerium leitete diese Gedanken schließlich an seine wichtigsten nachgeordneten Behörden weiter, da deren Beamte diese Kongresse besuchen und für das Reich werben sollten.[3] Die deutschen Beiträge auf den Konferenzen in Budapest, Dresden und Wien betonten daher im besonderen Maße die »autoritären« Regelungen und Neuentwicklungen auf dem Gebiet der Sozialversicherung.

Budapest 1935

Den Anfang machte 1935 Ungarn, das bereits seit 1920 unter autoritärer Führung des Reichsverwesers Miklós Horthy stand. Die deutschungarische Annäherung führte 1934 zu einem Wirtschaftsabkommen. Die Verbindungen zwischen Ungarn und Deutschland wurden durch den Sozialversicherungskongress noch einmal gestärkt. Dieser, der vom 16. bis 21. Mai 1935 in Budapest stattfand, war die erste Veranstaltung einer geplanten internationalen Kongressreihe, die in einem jährlichen Turnus immer in einem anderen Land organisiert werden sollte. Für das Jahr 1936 gelang dies mit dem Dresdner Kongress, 1937

---

3 Hermann Rettig (Reichsarbeitsministerium) an Reichsversicherungsamt, betr. Wissenschaftliche Kongresszentrale, 25.5.1935, BArch R 40/294.

fand kein Kongress statt, während der 1938 in Wien abgehaltene Kongress der letzte vor Beginn des Zweiten Weltkrieges sein sollte. Der Titel der Budapester Veranstaltung lautete: »Die Rationalisierung der Sozialversicherung. Der erste internationale Kongress für Sozialversicherungsfachleute«. Die meisten Teilnehmer stammten aus Deutschland, Italien, Österreich und Ungarn, weitere aus Irland, Polen, Spanien, Rumänien und der Tschechoslowakei. Zudem waren Vertreter der International Labour Organization vertreten. Zehn der 19 Vorträge wurden in deutscher Sprache gehalten (neben den Deutschen und Österreichern auch von der polnischen und von Teilen der ungarischen und der tschechoslowakischen Delegation). Die Vorträge diskutierten die Rationalisierung der Verwaltungsarbeit. Es galt, Einsparpotenziale in der Verwaltung aufgrund der technischen Entwicklung zu identifizieren.

Erster Redner der deutschen Delegation war Prof. Dr. Lutz Richter, der seinen Vortrag unter anderem gegen die Bestrebungen der Deutschen Arbeitsfront im Reich richtete, indem er auf die Ursprünge des deutschen Sozialversicherungswesens und sein vermeintliches Vorbild für andere Nationen hinwies:

> »Die Entscheidung über die politische Zielsetzung in der Sozialversicherung ist in den Kulturstaaten nach deutschem Vorbild, nach den Ideen Bismarcks längst gefallen. Die Vorschläge, die auf Ersetzung der Sozialversicherung durch eine allgemeine Versorgung oder durch Sparzwang gerichtet sind, versprechen keinen Fortschritt unter dem Gesichtspunkt der Rationalisierung. Auch ist der scheinbar rationale Gedanke einer Einheitsversicherung ein trügerisches Ideal.«[4]

Aber auch den Versuchen zu Beginn der NS-Zeit, die Landesversicherungsanstalten zu einer großen »Reichsversicherungsanstalt« zusammenzufassen, erteilte Richter eine klare Absage:

> »Abzulehnen ist die Einheitsversicherung auch in der abgemilderten und verwässerten Form bei der die verschiedenen Wagnisarten zwar versicherungstechnisch und versicherungswirtschaftlich auseinandergehalten, verwaltungsmäßig aber in die Hand eines einzigen, einheitlichen Versicherungträger gelegt werden.«[5]

4 Vom internationalen Kongreß der Sozialversicherungsfachleute in Budapest vom 16.-21. Mai 1935, 1935, BArch R 40/294.
5 Im Zuge der Sanierungsgesetzgebung forcierten einige Stellen eine Abschaffung der zergliederten regionalen Landesversicherungsanstalten und deren Konzentration in einer großen »Reichsversicherungsanstalt«, die für alle Rent-

Stattdessen bemühte er sich, die Ergebnisse des Aufbaugesetzes vom 5. Juli 1934 herauszustellen: Nicht die Umorganisation der gesamten Sozialversicherung (wie es der DAF vorschwebte) oder die Umorganisation der Träger (wie es Exponenten des Regimes forderten), sondern die Vereinheitlichung der inneren Verfassung (und damit: die Auflösung der Selbstverwaltung und die Einführung des »Führerprinzips«) sei der richtige Weg, die Sozialversicherung zu rationalisieren. Auf dem Feld der Beitragseinziehung sah Richter jedoch noch durchaus Potenzial: Die gemeinsame Einziehung aller Sozialversicherungsbeiträge (Renten- und Krankenversicherungsbeiträge) würde eine Erleichterung bringen.[6]

Neben Richter sprachen von deutscher Seite noch Hans Schäfer, Esser und Heinz Görling, deren Beiträge vor allem die Rationalisierung einzelner Bereiche zum Inhalt hatten (Angestelltenversicherung, Invalidenversicherung). Auch die Vertreter der anderen Staaten betonten ihre Rationalisierungsmaßnahmen, die sich mit verschiedenen Teilbereichen beschäftigten. Als gemeinsame Grundlage wurde vor allem das Beitragseinziehungsverfahren anerkannt, das die Einziehung von Beiträgen vereinheitlichen und damit Verwaltungskosten einsparen sollte. Tatsächlich wurde dies in den anderen Ländern intensiv diskutiert, bevor das Reichsarbeitsministerium das gemeinsame Beitragseinziehungsverfahren 1941 umsetzte. Teilweise standen einer gemeinsamen Einziehung jedoch zu hohe Verwaltungskosten sowie weitere, technische Hürden entgegen.[7]

Insbesondere Landesrat Heinz Görling vom Reichsverband Deutscher Landesversicherungsanstalten, dem Gesamtverband der Arbeiterrentenversicherungsträger, tat sich mit einem längeren Vortrag hervor, der auf die Eigenheiten und Entwicklungen der Invalidenversicherung seit der Machtübertragung einging.[8] Vor allem das Sanierungsgesetz hob er dabei heraus, indem er die Einführung von Hollerith-Maschinen zur Erstellung statistischer Daten, um so die Leistungsbilanz der Ren-

---

ner und Versicherte der Arbeiterrentenversicherung zuständig sein sollte. Siehe hierzu Kapitel III.2. Das Zitat stammt aus: Die Rationalisierung der Sozialversicherung. Die Arbeiten des ersten internationalen Kongresses der Sozialversicherungsfachleute, Budapest 1935, S. 20.

6 Dies wurde erst im Jahre 1941 umgesetzt. Vgl. Schlegel-Voß: Alter in der »Volksgemeinschaft«, S. 61.

7 Vom internationalen Kongreß der Sozialversicherungsfachleute in Budapest vom 16.-21. Mai 1935, 1935, BArch R 40/294.

8 Die Neuordnung der deutschen Sozialversicherung vom Standpunkt der Invalidenversicherung, 1935, BArch R 40/294.

Die deutsche Delegation im Sitzungssaal der Landessozialversicherungsanstalt Budapest im Mai 1935 (2. Reihe von vorne: Hans Schäfer (links), Heinz Görling, Esser, Otto Rocktäschel und Lutz Richter)

tenversicherungsträger besser einschätzen zu können, anpries.[9] Aber auch die Auswirkungen des Aufbaugesetzes, etwa die Zusammenlegung von Aufgaben der Invalidenversicherung und der Krankenversicherung bei den Landesversicherungsanstalten (»Gemeinsame Aufgaben«), waren Gegenstand seiner Ausführungen. Zudem betonte er die erweiterten Aufsichtsfunktionen des Reichsversicherungsamtes. Über die Landesversicherungsanstalten verstärke sich das Aufsichtsrecht des Reichsversicherungsamtes, da die Landesversicherungsanstalten Aufsichtsbefugnisse gegenüber den Kassen besäßen und selbst vom Reichsversicherungsamt beaufsichtigt würden. Auch die Aufsicht selbst sei erweitert worden: Statt nur darauf zu achten, dass Satzung und Gesetz eingehalten würden (»negative Aufsicht«[10]) hätten sich die Aufsichtsbefugnisse auch auf Fragen der Zweckmäßigkeit erweitert (»positive Aufsicht«). Görling warb zusätzlich für das bei den Trägern eingeführte »Führerprinzip« und den Wegfall der Vertretungsorgane der Versicherten und Arbeitgeber. Insgesamt stellte Görling die vom

9 Vgl. hierzu Kapitel II.2. Mit den Hollerith-Maschinen konnte die Statistik der Träger um genaue Zu- und Abgangszahlen erweitert werden. Die ersten Ergebnisse dieses Verfahrens wurden veröffentlicht in: Amtliche Nachrichten für Reichsversicherung, 1935, S. 187.
10 Zum Begriff »negative Aufsicht« versus »positive« Aussicht vgl. Triepel: Die Reichsaufsicht, S. 481.

Reichsarbeitsministerium erlassenen Gesetze und Verordnungen in ein Licht der Vereinfachung der Verwaltung:

»Es ist zu hoffen dass bei den bisherigen weitgehenden Fortschritten in der Reform und Rationalisierung der deutschen Sozialversicherung es bald gelingt, das Reformwerk abzuschliessen und damit der deutschen Sozialversicherung eine Gestalt zu geben, die zum Wohle der Volksgemeinschaft einen Bestand von Jahrzehnten hat. Altes deutsches Kulturgut ist mit neuzeitlichen, vorwärtsdrängenden und verheissungsvollen Geist erfüllt!«[11]

Dresden 1936

Der zweite Kongress der Sozialversicherungsfachleute wurde vom Reichsverband Deutscher Landesversicherungsanstalten organisiert und fand vom 4. bis 8. September 1936 im Hygienemuseum in Dresden statt. Bereits in Budapest dominierten die deutschen Entwicklungen und Maßnahmen auf dem Feld der Sozialversicherung – hier war dies nicht anders. In Dresden standen Diskussionen um die gesundheitspolitischen Aspekte in der Sozialversicherung im Vordergrund, den veränderten Rahmenbedingungen im Reich entsprechend, die mit dem Aufbaugesetz und den betreffenden Durchführungsverordnungen einhergingen. Ferner wurden zwischenstaatliche Zusammenhänge diskutiert sowie über die »Volkstümlichkeit« der Sozialversicherung.[12] Das Reichsarbeitsministerium war, wie schon in Budapest, nicht mit eigenen Rednern präsent. Lediglich Oberregierungsrat Martin und Hans Engel waren als Zuhörer und Diskutanten vor Ort. Eröffnet wurde die Konferenz allerdings von Johannes Krohn, der in einem Seitenhieb an die Deutsche Arbeitsfront die in der Sozialversicherung angelegte »Hilfe zur Selbsthilfe« als ihre eigentümliche Stärke pries sowie die weitere, geplante Umorganisation der Sozialversicherung andeutete: Die wahre Stärke der Sozialversicherung

»liegt nicht nur in den Leistungen und ihrer wirtschaftlichen Bedeutung, sondern beruht vor allem in den sittlichen Unterlagen, auf denen sie aufgebaut ist: die Sozialversicherung ist eine organisierte

11 Vgl. Die Neuordnung der deutschen Sozialversicherung vom Standpunkt der Invalidenversicherung, 1935, BArch R 40/294.
12 Ein Anliegen, das das Reichsarbeitsministerium bereits seit 1934 verfolgte. Vgl. Josef Eckert: Die Änderungen der Reichsversicherungsordnung, des Angestelltenversicherungsgesetzes und des Reichsknappschaftsgesetzes, in: Deutsches Ärzteblatt 64 (1934), Nr. 27, S. 609-611.

Selbsthilfe, sie ist die Organisation einer Gemeinschaft. Die Ursachen für die vorhandenen Mängel liegen an Einzelheiten im Aufbau. Die Aufgabe der Sozialversicherungsfachleute bleibt es daher, in offener und freundschaftlicher Aussprache Erfahrungen auszutauschen, ob der Aufbau den notwendigen Grundlagen entspricht.«[13]

Weitere deutsche Teilnehmer waren Lutz Richter und Otto Walter. Den Delegationen gehörten erneut vor allem Vertreter autoritärer Staaten, die das Gegenmodell zum Sozialversicherungsmodell westlicher Demokratien darstellten, an. Neben den Vertretern des Deutschen Reiches waren ungarische, polnische, italienische, österreichische und rumänische Sozialversicherungsfachleute eingeladen. Von »westlicher« Seite nahmen die Niederlande und Großbritannien teil sowie die Schweiz.

So war es auch die niederländische Delegation, die angesichts der europaweiten Wanderung von Arbeitskräften für eine Lösung des Problems der unterschiedlichen Sozialversicherungssysteme auf europäischer Ebene warb. Es sei innerhalb Europas eine »Vereinheitlichung der Sozialversicherung« anzustreben, die gleiche Rechte für In- und Ausländer garantiere und eine Gleichmäßigkeit der Finanzsysteme und der Vermögensanlegung bringen solle. Der Austritt Deutschlands aus der ILO sei deshalb besonders zu bedauern, da die ILO die Koordination dieser Maßnahmen hätte vornehmen können.[14] Es war ein absolutes Novum in dieser – zugegebenermaßen noch jungen – Kongreßreihe, dass für eine »europäische Sichtweise« derart offen plädiert wurde. Die anderen Delegationen teilten diese Grundgedanken nicht, auch wenn die vielen zwischenstaatlichen Verträge einen ersten Schritt in diese Richtung bedeuteten.

Beim Stichwort der »Volkstümlichkeit« schlug die italienische und österreichische Delegation eine umfassende Propaganda in Schrifttum und Film vor, die die Segnungen der Sozialversicherung herausstellen sollten. Tatsächlich hatte das Reichsversicherungsamt bereits seit längerer Zeit mit der Erstellung eines »Kultur- und Werbefilms der Sozialversicherung« diese Idee aufgegriffen, und die Produktion eines solchen Filmes in Auftrag gegeben. Der Film mit dem Titel *Einer für 20 Millionen* kam schließlich 1937 in die Kinos.[15]

---

13 Vgl. G. Augustin: Zweiter Internationaler Kongreß der Sozialversicherungsfachleute, in: Deutsches Ärzteblatt 66 (1936), Nr. 44, S. 1079-1082.
14 Ebd.
15 Der Reichsverband Deutscher Landesversicherungsanstalten war mit dem Ergebnis sichtlich zufrieden: »Der Film ist technisch und künstlerisch voll-

Oberregierungsrat Martin vom Reichsarbeitsministerium sah jedoch noch eine andere Möglichkeit, wie die Sozialversicherung mehr Akzeptanz im Volk erhalten könnte, nämlich durch die »Ausmerzung der Schädlinge in der Sozialversicherung. Der gesunde Volkswille und der Selbsterhaltungstrieb des Volkes wollen und fordern, daß sich nicht einige wenige auf Kosten der Gesamtheit bereichern, sondern daß der Gemeinnutz vor Eigennutz vorangehe«.[16] Nach Hans Engel böten die Heilstätten als die sichtbarste Komponente der Sozialversicherung die besten Möglichkeiten, die Sozialversicherung bei der Bevölkerung beliebter zu machen: »Kehren die Behandelten in ihre Arbeitsstätten zurück, so beweisen sie schon durch ihr frischeres Aussehen und das Fehlen der früher geklagten Beschwerden, daß es einen Sinn hatte, sich einer derartigen Kur zu unterziehen.«[17]

Wien 1938

Der dritte – und letzte – Kongress der Sozialversicherungsfachleute fand vom 18. bis 22. Mai 1938 in Wien statt. Als die österreichische Hauptstadt als Tagungsort ausgewählt worden war, hatte Österreich noch nicht zum Deutschen Reich gehört. Umso erfreuter zeigte sich die Delegation, dass nach Dresden 1936 wieder eine Veranstaltung »in Deutschland« stattfand. Aus diesem Anlass reiste Reichsarbeitsminister Franz Seldte nach Wien, um in einer kurzen Eröffnungsrede die Teilnehmer in der Wiener Hofburg, dem Tagungsort, zu begrüßen. Die Tagung stand vor allem unter dem Gesichtspunkt gesundheitspolitischer Aspekte in der Sozialversicherung – parallel zu den betreffenden Entwicklungen im Reich. Die deutsche Delegation bestand daher vor allem aus Vertretern der Kassenärztlichen Vereinigung Deutschlands (KVD): Heinrich Grote in seiner Funktion als Stellvertreter des Reichsärzteführers der KVD sowie Otto Walter.[18] Auch im äußeren Auftreten hatte sich die deutsche Delegation geändert:

---

endet. Er wirkt vom Anfang bis zum Ende spannend und hält die Zuschauer ständig in Bann. Trotz des weiten Gebietes der Sozialversicherung sind die Landesversicherungsanstalten m. E. nicht zu kurz gekommen.« Reichsverband Deutscher Landesversicherungsanstalten, betr. Kultur- und Werbefilm der Sozialversicherung, 14.9.1936, BArch R 40/85.

16 Augustin: Zweiter Internationaler Kongreß der Sozialversicherungsfachleute.
17 Arno Werner: Gedanken über die Volkstümlichkeit der Sozialversicherung auf Grund der Erfahrungen eines Heilstättenarztes, in: Deutsches Ärzteblatt 67 (1937), Nr. 8, S. 205-207.
18 Aribert Schulz: III. Internationaler Kongreß der Sozialversicherungsfachleute in Wien, in: Deutsches Ärzteblatt 68 (1938), Nr. 23, S. 411-416.

Sie erschien nicht mehr im Anzug, sondern in Parteiuniform. Es war mehr als bezeichnend, dass auf den Kongress in Wien vor allem Vertreter der Ärzteschaft entsendet wurden. Dies spiegelt die gewachsene Bedeutung von Medizinern in der Sozialversicherung wider, die durch Sanierungs- und Aufbaugesetz eingeleitet worden war.

In Wien warb Walter für die Rolle von Ärzten bei der Durchführung der Sozialversicherung. »Verhütung statt Vergütung von Schaden« und »Kampf für die Volksgesundheit« lauteten dabei die Stichworte der Entwicklung, die seiner Ansicht nach den Vertrauensärztlichen Dienst kennzeichneten. Nicht nur die aktuelle Erkrankung solle der Vertrauensarzt behandeln, sondern die Gesamtverfassung des Versicherten erfassen, um durch geeignete Heilmaßnahmen »die höchstmögliche Wiederherstellung der Gesamtleistungsfähigkeit zu erreichen«. Dabei hatte der Vertrauensarzt »allgemeine sozialmedizinische Maßnahmen« durchzuführen. Dies sollte vor allem durch die Zusammenarbeit mit den Gesundheitsämtern erfolgen, denjenigen Einrichtungen also, die vor dem Krieg hauptsächlich mit der Beurteilung von Bewerbern in der Invalidenversicherung beauftragt wurden.[19]

Die Zusammenarbeit zwischen Vertrauensärztlichem Dienst und den Gesundheitsämtern wurde bereits 1935/36 in die Wege geleitet. Maximilian Sauerborn hob hervor, dass die Begutachtung in der Kranken- und Invalidenversicherung zwar noch getrennt geschehe, eine Zusammenlegung sei jedoch nur noch eine Frage der Zeit:

»Es braucht nun keineswegs als Absicht des Gesetzgebers unterstellt zu werden, daß der vertrauensärztliche Dienst der Krankenversicherung und der Rentenversicherung auf die Dauer völlig voneinander unbeeinflußt bleiben sollen. Ihre spätere Annäherung wird leicht sein, da ja beide durch den gleichen Versicherungsträger errichtet sind und dem gleichen Leiter unterstehen. Aber auch die Bestimmungen selbst weisen bereits in einer Reihe von Punkten auf Verbindungen hin.«[20]

Die vierte Tagung der Sozialversicherungsfachleute hätte im Herbst 1939 in Rom stattfinden sollen. Aufgrund des Zweiten Weltkrieges fand sie nicht statt.

---

19 Otto Walter: Fürsorge für Gesunde als Aufgabe der Sozialversicherung, in: Deutsches Ärzteblatt 68 (1938), Nr. 23, S. 417-420.
20 Vgl. Maximilian Sauerborn: Die Neuregelung des vertrauensärztlichen Dienstes in der Krankenversicherung, in: Deutsches Ärzteblatt 66 (1936), Nr. 23, S. 599-606.

Die internationalen Kongresse boten in erster Linie eine Plattform für den Austausch von Experten und Sozialpolitikern in Europa. Dass die Kongresse jedoch in Budapest, Dresden und Wien stattfanden und nur der Zweite Weltkrieg eine vierte Veranstaltung in Rom verhinderte, war kein Zufall. Das nationalsozialistische Deutschland traf vor allem mit Fachkollegen aus autokratisch und diktatorisch regierten Ländern zusammen. Auch die geladenen Gesprächspartner kamen seltener aus Ländern, die eine liberale Demokratie besaßen. Auf den Kongressen warben die Deutschen für ihre Konzepte der Sozialpolitik, wobei sie unverhohlen den rassistischen Charakter des Regimes darstellten. Die Bedeutung dieser Veranstaltungen sollte allerdings nicht überbetont werden. Als Foren für Diskussionen über sozialpolitische Themen waren sie für die Fachbeamten sicherlich von Interesse – politische Folgen in der Gesetzgebung werden sie wohl eher weniger gehabt haben. Das materielle Interesse des Reiches an der Rentenversicherung in anderen Ländern wurde erst durch deren Besetzung geweckt.

2. Die Durchführung der Rentenversicherung im Protektorat Böhmen und Mähren

Sowohl in der Weimarer Republik als auch im Nationalsozialismus war das Reichsarbeitsministerium in internationale Strukturen und Prozesse eingebunden. Die Arbeitsmigration innerhalb Europas hat schon früh internationale Abkommen zwischen den Nationen erforderlich gemacht. Der Erste Weltkrieg, oder genauer: dessen Folgen, leiteten schließlich die Hochphase internationaler Regelungen und Abkommen ein, die nicht zuletzt durch die massiven Gebietsverluste Deutschlands bedingt waren. So haben die Landesversicherungsanstalten, deren Grenzen unmittelbar zu denjenigen Gebieten verliefen, die das Deutsche Reich verloren hatte, eigens Abteilungen gegründet, um die nun im Ausland befindlichen Rentner betreuen zu können. Analog verfuhr die Reichsversicherungsanstalt für Angestellte. Auch das Reichsarbeitsministerium und das Reichsversicherungsamt mussten sich intern mit den Folgen der Gebietsverluste für die Ausgestaltung der Sozialversicherung auseinandersetzen. Die deutschen Rentenversicherungsträger, die sich nach dem Verlust der deutschen Territorien nun im Ausland befanden, mussten sich einer sogenannten *Vermögensauseinandersetzung* zwischen dem Reich und dem jeweiligen Staat unterziehen, da die betreffenden Versicherten mitsamt ihren aufgebauten Anwartschaften nicht mehr Teil des deutschen Sozialversicherungssystems waren, sondern in den Versicherungsbestand der Träger des betreffenden Staates überführt wurden. Bei der Vermögensauseinandersetzung zwischen den betreffenden Staaten ging es primär um die Frage, in welcher Höhe die Vermögen der deutschen Versicherungsanstalten in die der Versicherungsanstalten desjenigen Staates übergingen, der die Leistungsempfänger der Sozialversicherung in den abgetrennten Gebieten übernommen hatte. Als das nationalsozialistische Deutschland zwanzig Jahre später die Tschechoslowakei zerschlug, besetzte und Teile ins Reichsgebiet eingliederte, setzte das Reichsarbeitsministerium ebenfalls eine Vermögensauseinandersetzung zwischen deutschen, tschechischen und nun slowakischen Sozialversicherungsträgern an. Dies bedeutete in dieser Hinsicht eine Kontinuität zu den Gebietsübertragungen nach dem Ersten Weltkrieg – mit dem Unterschied, dass diese Gebietsabtretungen durch das internationale Völkerrecht gedeckt und Resultat des verlorenen Krieges waren. Die Eingliederung des Sudetenlandes und der Tschechoslowakei waren hingegen Teil der aggressiven Machtpolitik des »Dritten Reiches«.

Exemplarisch für die Bedeutung der Durchführung der Rentenversicherung im besetzten Europa sollen daher im Folgenden zwei Gebiete untersucht werden, um den Einfluss des Reichsarbeitsministeriums auf internationaler Ebene zu analysieren. Mit der Gründung des »Reichsprotektorats Böhmen und Mähren« und der damit einhergehenden Annexion der tschechischen Landesteile der Tschechoslowakei weitete sich das deutsche Sozialversicherungssystem bereits vor dem Zweiten Weltkrieg auf Gebiete aus, die aufgrund österreichischer Sozialversicherungsgesetzgebung während der K.-u.-K.-Monarchie und der tschechoslowakischen Sozialversicherungsgesetzgebung nach dem Ersten Weltkrieg bereits ein ähnliches Sozialversicherungssystem besaßen wie dasjenige im Deutschen Reich. Welche Anpassungsprozesse lassen sich in diesem Gebiet ausmachen? Haben die deutschen Dienststellen in Prag die Sozialversicherung lediglich übernommen und ausschließlich rassistisch und antisemitisch bedingte Änderungen eingeführt? Lassen sich ähnliche Tendenzen wie im Reich ausmachen, indem die Sozialversicherung verstärkt für den Arbeitseinsatz herangezogen worden ist? Besaßen die führenden Akteure im Protektorat eine eigene sozialpolitische Agenda oder bildete die Politik des Reichsarbeitsministeriums das Vorbild für erfolgte Gesetzesänderungen? Und schließlich: Wie konkret war der Einfluss des Reichsarbeitsministeriums im Protektorat?

Ähnliche Fragestellungen ergeben sich für das zweite Fallbeispiel, die Durchführung der Rentenversicherung im Elsass. Der elsässische Fall unterscheidet sich vom Protektorat dadurch, dass die »Landesversicherungsanstalt Elsaß-Lothringen« bereits im Deutschen Kaiserreich gegründet worden ist, und zwar als Träger der reichsdeutschen Invalidenversicherung des »Reichsland Elsaß-Lothringen«. Die Rentenversicherung im Elsass war also deutschen Ursprungs. Die »stille Annexion« der französischen Gebiete Elsass und Lothringen nach der französischen Niederlage im Jahre 1940 war für deutsche Dienststellen daher auch keine »Besetzung«, sondern eher eine »Rückgliederung«. Die Landesversicherungsanstalt Elsaß-Lothringen in Straßburg sollte nach französischer Zwischenkriegszeit wieder »deutsch« werden. Ein weiterer Unterschied zum Protektorat besteht in der Zuständigkeit für diese »Eindeutschung«. Während im Protektorat eigens abgestellte deutsche Verwaltungsstellen beim Reichsprotektor und später in tschechischen Ministerien für die Durchführung der Rentenversicherung zuständig waren, war das im Elsass anders: Die Landesversicherungsanstalten Baden und Saarpfalz integrierte die ehemals französischen Gebiete Elsass (Baden) und Lothringen (Saarpfalz) versicherungsrechtlich und -technisch ins »Altreich«. Die Maßnahmen gingen hier also von deutschem Boden aus und fielen daher auch in den Aufsichtsbereich des Reichsversicherungsamtes und des Reichsarbeitsministeriums.

Die Verwaltungsorganisation

Als das Deutsche Reich das Protektorat Böhmen und Mähren am 16. März 1939 ausrief, stand die genaue Verwaltungsorganisation dieses Gebietes noch nicht fest. Insbesondere die Frage, welche Rolle die Reichsministerien in dem neuen Gebiet spielen, und wie deren Verhältnis zu den Befugnissen des Amtes des Reichsprotektors aussehen sollte, war noch unbeantwortet. Die Abgrenzung der Zuständigkeiten zwischen dem Reichsprotektor und den Fachbehörden führte schließlich die »Verordnung über den Aufbau der Verwaltung und die Deutsche Sicherheitspolizei im Protektorat Böhmen und Mähren« vom 1. September 1939 ein.[21] Nach außen hin sollten die Fachministerien keine großen Einwirkungsmöglichkeiten besitzen. Im Hintergrund agierte jedoch vor allem das Reichsministerium des Innern und suchte die Machtbefugnisse des Reichsprotektors Konstantin von

---

21 Detlef Brandes: Die Tschechen unter deutschem Protektorat, Bd. 1: Besatzungspolitik, Kollaboration und Widerstand im Protektorat Böhmen und Mähren bis Heydrichs Tod, München u.a. 1969, S. 34.

Neurath zugunsten der Reichsressorts zu beschneiden. Es arbeitete einen »Begleiterlass« aus, nach dem die Reichsministerien Weisungsbefugnisse gegenüber dem Reichsprotektor ausüben könnten: der Reichsprotektor sollte »als ›Beauftragter der Reichsregierung‹ auch an die Verordnungen und allgemeinen, fachlichen Anordnungen der Ressortminister gebunden« sein.[22] Neurath konnte sich mit seiner energischen Haltung gegen diesen »Begleiterlass« aus dem Innenressort durch eine konsequente Blockadehaltung durchsetzen. Auch das Reichsarbeitsministerium besaß somit gegenüber von Neurath keine politische Möglichkeit, ihm oder einer seiner Fachabteilungen Weisungen zukommen zu lassen. Das sollte sich bis zum Ende des »Dritten Reiches« auch nicht ändern.[23] Dennoch war das Reichsarbeitsministerium nicht ohne Einfluss: Erstens, weil es einige Beamte in wichtigen Positionen des Amtes des Reichsprotektors stellte, zweitens, weil seine Rentenversicherungspolitik vorbildhaft für die Ausgestaltung der Rentenversicherung im Protektorat wirkte, und drittens, weil die Reichsministerien in der Anfangszeit die tschechischen Ministerien durch eigens eingesetzte Kommissionen eingewiesen haben.

Die völkerrechtswidrige Ausrufung des »Protektorats Böhmen und Mähren« am 16. März 1939 und die Annexion der ehemaligen Tschecho-Slowakischen Republik durch das Deutsche Reich sollte auch das Reichsarbeitsministerium betreffen. Die ehemalige Tschechoslowakei besaß bereits ein weitverzweigtes, der deutschen Reichsversicherung nicht unähnliches Sozialversicherungssystem mit Kranken-, Unfall-, Arbeiter- und Angestelltenrentenversicherung.[24] Das Gebiet des Protektorats umfasste den Teil der Tschecho-Slowakischen Republik, der nach Abtretung an das Deutsche Reich (Sudetenland), an Polen (Olsagebiet) und an Ungarn (Karpatoukraine) sowie der

22 Ebd., S. 35.
23 Vgl. die Debatte um die Krankenversicherung für Landwirte im Protektorat bei Walter Bertsch an Karl Hermann Frank, betr. Invaliden-, Alters- und Krankenversicherung der selbstständigen Landwirte im Protektorat Böhmen und Mähren, 29.10.1944, Národní archiv ČR (NACR, Nationalarchiv der Tschechischen Republik), 959/109-1-66, Bl. 16-18.
24 Zum Sozialversicherungswesen der Tschechoslowakei vor der Besetzung vgl. Claudia Matthes: Tschechische Republik: Unvollständige Wiedereinführung korporatistischer Selbstverwaltung, in: Tanja Klenk (Hg.): Abkehr vom Korporatismus? Der Wandel der Sozialversicherungen im europäischen Vergleich, Frankfurt am Main 2012, S. 481-524; Jaromír Balcar: Panzer für Hitler – Traktoren für Stalin. Großunternehmen in Böhmen und Mähren, 1938-1950, München 2014; Reidegeld: Staatliche Sozialpolitik in Deutschland, Bd. 2, S. 511-551.

Sezession der Slowakei übriggeblieben war. Zu den ersten Aufgaben des Reichsarbeitsministeriums gehörte daher die Auseinandersetzung mit den tschechischen Vertretern der Sozialversicherungsbehörden des Protektorats über die Übertragung des Rentenbestandes sowie deren Deckungskapitalien auf die Träger der verschiedenen Gebiete. Die Invalidenrentner des Sudetenlandes etwa sollten fortan von der Landesversicherungsanstalt Schlesien betreut werden, die Versicherten der Angestelltenversicherung von der Reichsversicherungsanstalt für Angestellte in Berlin.

Die deutsche Einflussnahme auf die Sozialversicherung in Böhmen und Mähren wurde zunächst allein vom Amt des Reichsprotektors wahrgenommen. Die erst in »Gruppen«, später dann in »Abteilungen« gegliederten Sachbereiche im Amt des Reichsprotektors bildeten diejenigen Stellen, die mit den – formal freien, de facto jedoch von den Deutschen abhängigen – tschechischen Ministerien über die Ausgestaltung politischer Inhalte in Verhandlung traten. Die für die Sozialpolitik zuständige »Gruppe X – Arbeit und Sozialangelegenheiten«, deren Etat vom Reichsarbeitsministerium und vom Reichsministerium des Innern bereitgestellt wurde,[25] wurde im Rahmen der Verwaltungsorganisation Ende 1939 in die »Abteilung II/4« integriert und gliederte sich in die fünf Sachbereiche: Arbeitseinsatz und Arbeitslosenhilfe, Lohnpolitik, Sozialversicherung, Versorgung sowie Wohnungs- und Siedlungswesen.[26] Der Sachbereich Sozialversicherung wurde seit Mai 1939 von Joseph Schneider geleitet, der aus dem Reichsversicherungsamt, also der wichtigsten nachgeordneten Behörde des Reichsarbeitsministeriums, ins Protektorat abgeordnet wurde.[27] Die Sachbearbeiter

25 Joseph Schneider (Gruppe X – Arbeits- und Sozialangelegenheiten, Amt des Reichsprotektors) an Gruppenleiter Wilhelm Dennler (Amt des Reichsprotektors), 5.12.1939, NACR, 959/109-1-90, Bl. 1-4.
26 Vermerk über die Gliederung der Behörde des Reichsprotektors, 13.2.1940, NACR, 959/109-1-90, Bl. 6-9.
27 Joseph Schneider (26.10.1900-7.6.1986) studierte in Bonn Jura. Ab 1931 war er Referent im Preußischen Ministerium des Innern, 1935/36 Dezernent bei der Regierung der Rheinprovinz in Aachen. Danach war er bis 1939 im Reichsversicherungsamt tätig, bevor er im Mai 1939 als Referent für die Sozialversicherung beim Reichsprotektor in Böhmen und Mähren abgeordnet wurde. Ab 1942 leitete er die Sektion Sozialversicherung im neu geschaffenen Ministerium für Wirtschaft und Arbeit in Prag. Im Mai 1945 wurde er zusammen mit seiner Familie nach Deutschland deportiert. Nach dem Krieg ging seine Karriere quasi nahtlos weiter. 1947 wurde Schneider Oberkreisdirektor des Kreises Olpe, ab 1950 leitete er die Abteilung für allgemeine Verwaltung und Rechtsangelegenheiten im Bonner Bundesministerium für Arbeit. 1954 wurde

der verschiedenen Gruppen führten dabei direkt die Verhandlungen mit den tschechischen Ministerien, zudem waren die Reichsministerien ebenfalls in den Verwaltungsprozess mit den tschechischen Ministerien eingeschaltet.

Auch das Reichsarbeitsministerium war nicht nur von Berlin aus tätig, sondern mit zahlreichen Beamten vor Ort beteiligt. Die Sozialversicherung im Protektorat wurde zunächst von Beamten des Reichsarbeitsministeriums gelenkt. Die meisten Reichsministerien stellten Kommissionen mit Beamten und Angestellten aus dem eigenen Ministerium zusammen, die dann im März/April 1939 nach Prag reisten und entsprechende Verwaltungspositionen bei ihren tschechischen Pendants besetzten. Zu diesen zählten etwa Beamte des Verkehrs-, des Justiz-, des Finanzministeriums, des Reichsministeriums für Ernährung und Landwirtschaft, des Wirtschafts- und des Reichspostministeriums. Das Reichsarbeitsministerium stellte die Kommissionen für gleich zwei Prager Ministerien: Das »Ministerium für soziale Fürsorge und Gesundheitswesen« und das »Ministerium für öffentliche Arbeiten«. Bei Ersterem fungierte Hans Engel als Leiter, Günther Schmilinsky und Richard Lubisch für den Bereich der Sozial- und Lohnpolitik, Siepmann und Wohlrab für den Arbeitseinsatz. Beim Ministerium für öffentliche Arbeiten wurde Kurt Wilhelmi zum Leiter bestimmt, Joachim Fischer-Dieskau und Rudolf Gawenat waren für Straßen- und Brückenbau zuständig, Zerban und Artur Gebhardt für Luftfahrt, Elektrifizierung, Bergbau und Hüttenwesen.[28] Der Zweck, zu dem die Vertreter der Reichsministerien ins Protektorat geschickt wurden, war dabei eindeutig: »Zur Lenkung der Zentralbehörden in Prag sind von den obersten Reichsbehörden Kommissionen gebildet worden, die in

---

er zum ersten Präsidenten des Bundessozialgerichts ernannt, dem er bis 1968 vorstand. Siehe zu seiner Person Richard Lossen: Joseph Schneider (1900-1985), in: Michael F. Feldkamp (Hg.): Arminia 1863-1988. Festschrift zum 125. Bestehen des katholischen Studentenvereins Arminia, Bonn 1988, S. 209-214; Karl-Heinz Nickel/Harald Schmidt/Florian Tennstedt/Heide Wunder: Kurzbiographien, in: Georg Wannagat (Hg.): Kassel als Stadt der Juristen (Juristinnen) und der Gerichte in ihrer tausendjährigen Geschichte, Köln u.a. 1990, S. 505-506; Michael F. Feldkamp: Franz Roman Nüßlein (1909-2003) und die sog. »Nachruf-Affäre« des Auswärtigen Amtes im Jahre 2005, in: ders. (Hrsg.): 1863-2013. Festschrift zum 150. Stiftungsfest des katholischen Studentenvereins Arminia, Bonn 2013, S. 74-101.

28 Beauftragte des Reichsarbeitsministeriums beim Ministerium für soziale Fürsorge und Gesundheitswesen in Prag, o.D., NACR, URP/66; sowie Beauftragte des Reichsarbeitsministeriums beim Ministerium für öffentliche Arbeiten in Prag, o.D., NACR, URP/66.

Prag die entsprechenden Ministerien besetzen.«²⁹

Aus dem Reichsarbeitsministerium sollte vor allem Kurt Wilhelmi die Sozialversicherung im Protektorat maßgeblich beeinflussen. Die meisten Beamten des Ministeriums wurden, nachdem sie die Prager Ministerien eingewiesen haben, wieder nach Berlin versetzt und nur bei dringenden Problemen und Anliegen wieder in Prag vorstellig.³⁰ Wilhelmi sollte bleiben und mehrere Positionen in deutschen Dienststellen sowie tschechischen Ministerien und Rentenversicherungsträgern bekleiden. Die wirkmächtigste Person aus dem

Josef Schneider, 1956

Reich, die in der Sozialversicherung des Protektorats wirkte, war aber nicht Wilhelmi, sondern Joseph Schneider. Schneider war zunächst direkt in der Behörde des Reichsprotektors in der sogenannten »Gruppe X – Sozialversicherung« tätig und leitete später im aus dem Ministerium für soziale und Gesundheitsverwaltung aufgegangenen »Ministerium für Wirtschaft und Arbeit« das Referat für Sozialversicherung. Beide aus dem Reichsarbeitsministerium, bzw. aus seiner wichtigsten nachgeordneten Behörde, dem Reichsversicherungsamt, stammenden Beamten haben die Sozialversicherung des Protektorats maßgeblich beeinflusst. Sie glichen das Protektoratsrecht an dasjenige des Reiches an, instrumentalisierten die Rentenversicherung für den Arbeitseinsatz, sicherten den deutschen Einfluss in den Ministerien und den Sozialversicherungsträgern, erhöhten die Renten auf Anweisung des Reichsprotektors und führten gänzlich neue Regelungen im Bereich der Sozialversicherung ein. Dabei hatten sie jene Kompetenzen inne, die denen des Reichsarbeitsministeriums im Reich entsprachen. Sie waren für die Vorbereitung von Gesetzen der Sozialversicherung zuständig und überwachten die Träger des Protektorats.

---

29 Übersicht über die Verwaltung des Protektorats, Schriftstück »Für die militärische Besetzung der Tschechoslowakei ist folgende Verwaltungsorganisation vorgesehen«, o.D., NACR, URP/66.
30 Wie später etwa Hans Engel.

Das tschechische »Ministerium für soziale und Gesundheitsverwaltung« in Prag war formell für die Ausgestaltung der Rentenversicherung im Protektorat verantwortlich, tatsächlich aber von der Gruppe X des Reichsprotektors und der Kommission des Reichsarbeitsministeriums abhängig. Das in acht »Sektionen« eingeteilte Ministerium, mit dem Minister Vladislav Klumpar an der Spitze,[31] fungierte als ausführende Behörde der deutschen Dienststellen beim Amt des Reichsprotektors. Die Sektion IV, Sozialversicherung und Versorgung, wurde von den tschechischen Ministerialräten Viktor Hofman und Richard Ernest geleitet. Vor allem Ernest bildete dabei die Verbindung zwischen dem Ministerium und Joseph Schneider. Der Aufgabenbereich der Sektion IV glich dabei ziemlich genau demjenigen der Hauptabteilung II des Reichsarbeitsministeriums: Gesetzliche und normative Regelung und Organisierung der Sozialversicherung, internationale Regelungen, zwischenstaatlicher Verkehr, Arbeiterversicherung für den Fall der Krankheit und der Invalidität, Unfallversicherung, Angestelltenversicherung, gesundheitliche Fürsorge, Bekämpfung der Volkskrankheiten, versicherungsmathematische Belange, Aufsicht über die Träger und Prüfung ihrer Bilanzen.[32]

Während es im Amt des Reichsprotektors noch bis 1940 zu diversen Umstrukturierungen gekommen ist,[33] machte sich Joseph Schneider sehr früh daran, den Einfluss deutscher Stellen auf das Ministerium und die Sozialversicherungsträger zu sichern. Im August 1939, also gerade einmal drei Monate nach der Entsendung Schneiders ins Protektorat, wurde bereits deutlich, dass Schneider der entscheidende Mann für diese Aufgabe war, und auf diesem Gebiet deutlich mehr Gestaltungsmöglichkeiten besaß, als die ihm übergeordneten deutschen Stellen oder natürlich die tschechischen Ministerien. Konkret ging es ihm darum, deutsche Beamte an entscheidenden Positionen innerhalb des Sozialversicherungswesens im Protektorat zu installieren.

Die Personalpolitik

Die Versicherungsträger in der Tschechoslowakei hatten nach der Abtretung des Sudetenlandes infolge des Münchner Abkommens mit

---

31 Vladislav Klumpar (9.8.1893-27.6.1979) amtierte in der Regierung Alois Eliáš vom 27. April 1939 bis zum 19. Januar 1942 als Minister für soziale und Gesundheitsverwaltung.
32 Organisation des Ministeriums für soziale und Gesundheitsverwaltung, 26.2.1940, NACR, 959/109-1-97, Bl. 1-8.
33 Vgl. die zahlreichen Vorgänge in NACR, 959/109-1-90.

einem Schwund von Mitarbeitern zu kämpfen. Einige deutsche Beamte wurden von den tschechoslowakischen Stellen entlassen, einige zogen freiwillig ins Sudetenland. Einer dieser Mitarbeiter war ein gewisser Kubelka von der Arbeiterunfallversicherungsanstalt Brünn, der aufgrund der Überbesetzung seiner Abteilung entlassen wurde.[34] Der größte Abbau von Personal ergab sich auch infolge der Besetzung durch das Deutsche Reich, als die Sozialversicherungsträger des tschechischen Teiles der ehemaligen Tschechoslowakei etwa 40% ihres Versichertenbestandes an das Deutsche Reich, die Slowakei, Polen und Ungarn verloren. Kubelkas Nachfolger, sein bisheriger Stellvertreter Dr. Dostal, war zwar Deutscher, besaß jedoch »nicht das Vertrauen deutscher Stellen«.[35] Das tschechische Ministerium für soziale und Gesundheitsverwaltung, das Kubelka 1938 entlassen hatte, wurde von Schneider angewiesen, Kubelka wieder einzusetzen.[36] Insgesamt versuchten die tschechischen Behörden die von den deutschen Stellen verfolgten Personalangelegenheiten (konkret: die Nachprüfung des Ausscheidens von 400 deutschen Angestellten, die Einsetzung deutscher Staatsangehöriger in den Organen der Sozialversicherungsträger; wie im Falle Kubelkas) zu verhindern oder wenigstens zu verzögern. Infolge der Ereignisse von 1938 und 1939 in der ehemaligen Tschechoslowakei haben sich umfangreiche Personalverschiebungen ergeben. Als etwa im Sudetenland nach der Annexion durch das Deutsche Reich neue Sozialversicherungsträger aufgebaut wurden, hat das Reichsarbeitsministerium (durch seinen Beauftragten im Sudetenland, Oberregierungsrat Martin) und die Reichsversicherungsanstalt für Angestellte viele deutsche Beamte, die in der Tschechoslowakei entlassen worden waren, angeworben. Zudem sind tschechische Beamte nach der Annexion des Sudetenlandes ins Protektorat zurückgegangen. Schneiders Aufgabe war es daher, deutsche Beamte, die entweder entlassen worden waren oder das Protektorat vorher freiwillig verlassen hatten, wieder in Sozialversicherungsbehörden im Protektorat einzusetzen. Dazu hat er Personalunterlagen von der Protektoratsregierung, vom Reichsarbeitsministerium, von Sozialversicherungsträgern des Deutschen Reiches und den deutschen Vertrauensmän-

---

34 Erich Deabis an Joseph Schneider (Amt des Reichsprotektors), 4.8.1939, NACR, 959/109-4-957, Bl. 13.
35 Joseph Schneider (Amt des Reichsprotektors) an Wilhelm Dennler (Amt des Reichsprotektors), 4.9.1939, NACR, 959/109-4-957, Bl. 6-9.
36 Der deutsche Vertrauensmann des Reichsprotektors bei der Arbeiterunfallversicherungsanstalt in Brünn an Joseph Schneider (Amt des Reichsprotektors), 29.8.1939, NACR, 959/109-4-957, Bl. 10.

nern der Sozialversicherungsträger des Protektorats angefordert. Der Zweck war dabei eindeutig: »Die Frage, wie weit entlassene deutsche Angestellte wieder eingestellt werden können, hängt davon ab, wieviele und welche Stellen in den Versicherungsträgern des Protektorats zur Wahrung eines ausreichenden deutschen Einflusses mit deutschen Staatsangehörigen besetzt werden müssen und können.«[37] Maßgebend für Schneider war hierfür, inwieweit der strukturelle Aufbau der Träger verändert werden musste. Dabei wurden die Leitungspositionen im Protektorat mit überproportional vielen Deutschen besetzt und orientierten sich nicht am »Volkstumsschlüssel«. Außerdem erfolgte eine »rassische, sachliche und politische« Überprüfung der verbliebenen und neu eingestellten deutschen Beamten.

Doch auch in den Sozialversicherungsgerichten sollte der deutsche Einfluss gesichert werden, indem Schneider auch dort personelle Änderungen umsetzte. Die Protektoratsregierung hatte nach Aufforderung durch Schneider einen gewissen Dr. Pschor, der vorher bei der Arbeiterunfallversicherung in Prag beschäftigt gewesen war, zum Vorsitzenden eines überwiegend deutschen Senats beim »Oberversicherungsgericht Prag« bestellt. Dadurch sollten vor allem die Versicherungsansprüche sudetendeutscher Versicherter bei den im Protektorat befindlichen Trägern gesichert werden:

> »Die Protektoratsregierung hat beschlossen, die Entscheidung über die Ansprüche sudetendeutscher Versicherter besonderen Kammern und Senaten mit überwiegend deutscher Besetzung zuzuweisen. Der Regierungsentwurf wurde von uns genehmigt. Diese besonderen Gerichte werden später für die Ansprüche deutscher Staatsangehöriger im Protektorat eingesetzt werden.«[38]

Schneider war demnach nicht nur der verantwortliche Referent für die Personalpolitik, auch auf anderen Feldern waren er und seine Abteilung beteiligt. Im Reichsarbeitsministerium wurde zwar die wirtschaftliche Auseinandersetzung zwischen dem Reich und den Trägern des Protektorates geführt, tatsächlich war die Zentralbehörde in Berlin aber abhängig von den von Joseph Schneider und seiner Abteilung gesammelten Informationen. Denn diese stellten die rechtlichen, finanziellen und organisatorischen Verhältnisse bei allen Sozialversicherungsträgern des Protektorats fest und bereiteten somit die

---

37 Joseph Schneider (Amt des Reichsprotektors) an Wilhelm Dennler (Amt des Reichsprotektors), 4.9.1939, NACR, 959/109-4-957, Bl. 6-9.
38 Ebd.

finanzielle Auseinandersetzung zwischen dem Reich und dem Protektorat vor. Daneben koordinierten sie die Sozialversicherung für die 70000 Tschechen, die zu diesem Zeitpunkt im »Altreich« lebten sowie deren Angehörigen im Protektorat. Auch waren sie die Anlaufstelle für die deutschen Arbeiter und Angestellten bei den Behörden und Dienststellen des Reiches, die im Protektorat angesiedelt waren. Zusätzlich überwachten sie die Gesetzgebung des Protektorates. Dieses Aufgabenprofil zeigt, dass Schneiders Abteilung diejenigen Aufgaben im Protektorat wahrnahm, die das Reichsarbeitsministerium im Reich verfolgte. Die Vorbereitung von Gesetzen, die formell zwar vom tschechischen Ministerium für soziale und Gesundheitsverwaltung verantwortet wurde, lag in der Hand von Schneiders Abteilung: Sie bereiteten die Gesetzgebung vor und formulierten Gesetzesentwürfe.[39]

Die Befugnisse Schneiders und seiner Abteilung reichten jedoch nicht so weit, besonders prestigeträchtige Direktorenstellen zu vergeben. Dies wurde auf höchster Ebene entschieden. Im Zuge der Besetzung der dritten Direktoriumsstelle der Zentralsozialversicherungsanstalt in Prag[40] im Oktober 1939 favorisierte Ministerpräsident Alois Eliáš – im Gegensatz zu Staatssekretär Karl Hermann Frank – einen tschechischen und keinen reichsdeutschen Beamten. Formal wäre für die Ernennung auch keine andere Stelle als der Vorstand der Anstalt ermächtigt gewesen, der Minister für soziale und Gesundheitsverwaltung besaß lediglich das Recht, die Person des Direktors zu genehmigen. Erfolglos versuchte Eliáš auf diesen Umstand aufmerksam zu machen:

> »Ich habe volles Verständnis dafür, dass es unter den heutigen Verhältnissen notwendig ist, dass die Person deutscher Volkszugehörigkeit, die der Vorstand für diese Funktion ins Auge fasst, im Einvernehmen mit dem Herrn Reichsprotektor ernannt werde, doch glaube ich, dass die Initiative für diesen Schritt der Hand des durch Gesetz hierzu berechtigten Vorstandes nicht entzogen werden kann. Laut Erlass des Führers und Reichskanzlers ist das Protektorat autonom und verwaltet sich selbst; alle in Böhmen und Mähren geltenden gesetzlichen Vorschriften wurden, sowie sie mit der Uebernahme

---

39 Ebd.
40 Die Zentralsozialversicherungsanstalt (ZSVA) war der Rentenversicherungsträger der Arbeiter im Protektorat. Das reichsdeutsche Pendant waren die Landesversicherungsanstalten, die sich im Reich jedoch auf alle Gliedstaaten erstrecken. Die ZSVA war der zentrale und einzige Träger der Arbeiterrentenversicherung.

des Schutzes nicht im Widerspruche stehen, ausdrücklich in Kraft belassen [...]. Die Selbstverwaltungsorgane der Sozialversicherungsanstalten sind sich ihrer ihnen vom Führer garantierten Rechte voll bewusst, und ich hege Befürchtungen dahin, ob es gelingen würde, den Vorstand der grossen Arbeiterversicherungsanstalt, deren Versicherungsnehmer zu 95 % Tschechen sind, dazu zu veranlassen, als Direktor eine Person zu wählen, die [...] die tschechische Sprache nicht beherrschen würde.«[41]

Sollte Eliáš dies wirklich so gemeint haben, unterschätzte er massiv die Bedeutung, die Frank dem Personalwesen der wichtigsten Behörden im Protektorat einräumte. Jedenfalls konnte Frank Eliáš keine positive Antwort auf sein Schreiben bescheiden und forderte ihn stattdessen auf, das Erforderliche zu veranlassen, dass der von ihm vorgeschlagene deutsche Beamte eingesetzt werde.[42] Eliáš hat daraufhin sofort dem Minister für soziale und Gesundheitsverwaltung, Vladislav Klumpar, Bescheid gegeben, und ihn aufgefordert mit dem Vorsitzenden der Zentralsozialversicherungsanstalt und dem Kandidaten des Reichsprotektors in Verhandlung zu treten.[43] Tatsächlich war die Ernennung des reichsdeutschen Kandidaten lediglich Formsache. Joseph Schneider notierte im Januar 1940, dass die Ernennung des Kandidaten des Reichsprotektors zum Direktor der Zentralsozialversicherungsanstalt inzwischen erfolgt sei. Es handelte sich um Kurt Wilhelmi, seinerseits Oberregierungsrat im Reichsarbeitsministerium. An der Spitze des größten Rentenversicherungsträgers des Protektorats Böhmen und Mähren konnte er massiv auf die Umsetzung der Rentenversicherungspolitik im Sinne der Reichsregierung und des Reichsprotektors einwirken – was er auch tun sollte.

Ende des Jahres 1939 hat der Reichsprotektor die Gliederung seiner Behörde umgestellt. Die in verschiedenen »Gruppen« (I-X) organisierten Fachbereiche wurden in vier Gruppen zusammengefasst. Die Abteilung II/4 gliederte sich in die Sachgebiete: »Arbeitseinsatz und Arbeitslosenhilfe«, »Lohnpolitik«, »Sozialversicherung«, »Versorgung«

---

41 Alois Eliáš (Vorsitzender der Regierung) an Karl Hermann Frank, 3.10.1939, NACR, 959/109-4-960, Bl. 25-26a.
42 Karl Hermann Frank an Alois Eliáš (Vorsitzender der Regierung), 14.10.1939, NACR, 959/109-4-960, Bl. 28.
43 Alois Eliáš (Vorsitzender der Regierung) an Karl Hermann Frank (Staatssekretär), betr. Zentralsozialversicherungsanstalt – Freiwerden einer Direktorenstelle, 27.10.1939, NACR, 959/109-4-960, Bl. 30.

und »Wohnungs- und Siedlungswesen«.[44] Leiter der Abteilung II/4 wurde ab Oktober 1939 Wilhelm Dennler,[45] davor war es der Leiter der Kommission aus dem Reichsarbeitsministerium, Kurt Wilhelmi. Leitender Referent der Sozialversicherung blieb Joseph Schneider. Anfang Januar 1940 ließ Dennler Karl Hermann Frank einen Bericht über die Tätigkeit seiner Abteilung zukommen, aus dem vor allem hervorgeht, wie stark der deutsche Einfluss auf die Ausgestaltung – Personal, Finanzen und Aufsicht – war.

Vereinheitlichung und Konkretisierung: die praktische Umsetzung

Die von den neuen Rentenversicherungsträgern im Sudetengau und in der Slowakei übernommenen Rentner bekamen ihre Leistungen auf Rechnung der Protektoratsträger, da die Rentner bei diesen Anstalten Anwartschaften aufgebaut hatten. Diese kurzfristige Maßnahme präjudizierte jedoch die Auseinandersetzung zwischen dem Deutschen Reich und dem Protektorat über die Vermögensübertragung von Trägern des Protektorats auf Träger im Reich und in der Slowakei, Polen und Ungarn. Die Träger im Sudetengau haben zusätzlich umfangreiche Vollmachten gegenüber den Protektoratsträgern erhalten: Sie besaßen Zugriff auf deren Vermögen und verwalteten deren Grundbesitz im Sudetenland, was ohne Frage einer Enteignung gleichkam. Darüber hinaus regelte der Reichsprotektor mit Zustimmung des Reichsarbeitsministeriums die laufenden Spruchverfahren in einer Verordnung vom 4. Juli 1939 neu. Die Ansprüche deutscher Versicherter wurden an deutsch besetzte Senate übergeben und die

---

44 Vermerk über die Gliederung der Behörde des Reichsprotektors, 13.2.1940, NACR, 959/109-1-90, Bl. 9.
45 Der bei Nürnberg geborene Wilhelm Dennler (geb. 27.2.1902) studierte Rechtswissenschaften in Heidelberg und schloss sein Studium 1924 mit der Promotion zum Dr. jur. ab. Im April 1929 wurde er stellvertretender Arbeitsamtsdirektor in Weißenburg, ab Frühjahr 1933 stellvertretender Präsident des Landesarbeitsamtes Bayern. Im Oktober 1939 wechselte er in das Amt des Reichsprotektors und leitete dort zunächst die Gruppe X (Arbeits- und Sozialangelegenheiten) und dann ab Anfang 1940 die Gruppe II/4 mit dem gleichen Namen. Er wurde als Oberregierungsrat, später Ministerialrat, eingestellt. Laut Miroslav Kárný war Dennler der Hauptorganisator des tschechischen Arbeitseinsatzes (ders.: Deutsche Politik im »Protektorat Böhmen und Mähren« unter Reinhard Heydrich 1941-1942. Eine Dokumentation, Berlin 1997, S. 21). Dennler war Mitglied der SA und wurde im Januar 1942 zum SA-Brigadeführer befördert. Nach der Veröffentlichung eines Erinnerungsbuches in den 1950er-Jahren verliert sich seine Spur.

Vermögensauseinandersetzung vorbereitet. Für die 60000 Reichsdeutschen im Protektorat sollte eigentlich die Reichsversicherung eingeführt werden; zu hohe technische Hürden sprachen allerdings dagegen. Auch die Einführung eigener Träger für die Reichsdeutschen wurde verworfen, da derart kleine Träger ökonomisch nicht sinnvoll seien. Aus diesem Grunde entschied sich Dennlers Abteilung laut seinem Bericht dazu, den deutschen Einfluss in den Trägern zu stärken. Es ist jedoch davon auszugehen, dass dies auch sonst geschehen wäre. Aus Schneiders Tätigkeitsbericht geht hervor, dass er die entscheidende Stelle dafür war. Er setzte Vertrauensleute bei den Trägern ein und berief viele Beamte, die ins Sudetenland gingen, zurück (wie er es etwa bei Kubelka tat). Die Protektoratsregierung wurde

> »ersucht, die Vorstände und Ausschüsse der zentralen Versicherungsträger umzubilden und mit einer ausreichenden, über den Volkstumsschlüssel beträchtlich hinausgehenden Zahl von Vertretern der deutschen Staatsangehörigen zu besetzen. Dies ist inzwischen geschehen: in diesen Organen sitzen Deutsche, die von den Beauftragten der Gauleiter der NSDAP vorgeschlagen sind.«[46]

Aber auch die Leitungsebene wurde mit Deutschen besetzt. Wie beschrieben, wurde mit Wilhelmi ein Beamter des Reichsarbeitsministeriums zum Direktor der Zentralsozialversicherungsanstalt, dem größten Sozialversicherungsträger im Protektorat, bestellt. Die Suspendierung der anderen beiden Direktoren erfolgte durch die Deutschen. Auch die größten Krankenversicherungsanstalten, die Bezirkskrankenversicherungsanstalten in Prag und Brünn, wurden mit Deutschen besetzt. Im Ministerium für soziale und Gesundheitsverwaltung wurde ein deutscher Ministerialrat eingesetzt, der die Aufsichtsbefugnisse des Ministeriums über die Träger kontrollierte. Dem Bericht nach sprach sich der Reichsprotektor für eine Erhöhung der Invalidenrenten aus. Die Angestelltenversicherung besaß – aufgrund höherer Beiträge – insgesamt bessere Leistungen als ihr Pendant im Reich. Die Invalidenversicherung war mit durchschnittlich 130 Kronen deutlich geringer als diejenige des Reiches. Als später die Löhne im Protektorat anzogen, erhöhte die Protektoratsregierung auch die Renten. Die Heilanstalten waren laut dem Bericht insgesamt in einem deutlich schlechteren Zustand als im Reich und auch von geringerer

---

46 Wilhelm Dennler (Amt des Reichsprotektors) an Karl Hermann Frank (Staatssekretär), betr. Aufbau und Gestaltung der Sozialpolitik im Protektorat Böhmen und Mähren 1939, 6.1.1940, NACR, 959/109-4-1159, Bl. 1-47.

Qualität. Gemäß den Entwicklungen im Reich betrachtete es die Abteilung als eine ihrer Aufgaben, die Situation in den Heilanstalten zu verbessern, um die Leistungsfähigkeit der Versicherten zu steigern.[47]

Die Rentenhöhe im Protektorat war in der Invalidenversicherung deutlich niedriger, in der Angestelltenversicherung etwas höher als im Reich. Joseph Schneiders Abteilung hat daher die Rentenversicherung der Arbeiter in zwei Schritten, 1940 und 1941, um 40 % und danach um weitere 20 % erhöht, damit diese ungefähr dem Niveau des Reiches entsprachen.[48]

Am 21. September 1941 wurde Ministerpräsident Eliáš in Prag festgenommen, nachdem Reinhard Heydrich die Nachfolge von Konstantin von Neurath angetreten hatte. Grund für die Verhaftung Eliáš' waren seine Kontakte zum tschechischen Widerstand und zur Exilregierung um Edvard Beneš. Er wurde vom Volksgerichtshof unter Vorsitz von Otto Georg Thierack zum Tode verurteilt. Die Vollstreckung des Urteils wurde jedoch aufgehoben, da Eliáš noch als »Geisel für die Ruhe im Land« dienen sollte. Erst nach dem Attentat auf Reinhard Heydrich im Mai 1942 wurde Eliáš im Zuge der einsetzenden Terrorwelle ermordet. Seit dem 27. September 1941 war das Protektorat daher ohne funktionsfähige Regierung. Dieses Interregnum wurde von den Deutschen bewusst aufrechterhalten, ehe Heydrich am 1. Dezember 1941 Staatssekretär Wilhelm Stuckart vom Reichsministerium des Innern erklärte, er wolle die Gründung eines neuen Wirtschaftsministeriums vorantreiben. Walter Bertsch, bisheriger Leiter der Gruppe Wirtschaft im Amt des Reichsprotektors, sollte zum Ressortchef des betreffenden Ministeriums ernannt werden, um »durch die Teilnahme eines Deutschen an den Sitzungen des Ministerrats diese Institution als Instrument politischer Willensbildung weitgehend unschädlich zu machen«.[49]

Dabei glich die Inthronisierung von Bertsch einem reinen Kulissenspiel. Heydrich legte Emil Hácha[50] nahe, mit Walter Bertsch einen

---

47 Ebd.
48 Vgl. Balcar: Panzer für Hitler, S. 246-252. Auf seine Tätigkeit im Protektorat angesprochen, hat Joseph Schneider Ende der 1970er-Jahre vor allem diese Verbesserungen, die seine Abteilung eingeführt hat, betont. Seinen Beitrag zum Arbeitseinsatz und zur Diskriminierung der Juden verschwieg er. Vgl. Gustav von Schmoller: Heydrich im Protektorat Böhmen und Mähren, in: Vierteljahrshefte für Zeitgeschichte 27 (1979), Nr. 4, S. 626-645, hier S. 642.
49 Brandes: Die Tschechen unter deutschem Protektorat, S. 213 f.
50 Emil Hácha (12.7.1872-27.6.1945) fungierte zwischen 1938 und 1939 als Präsident der Tschechoslowakei, bis er am 15. März 1939 vom NS-Regime

SS-Oberführer und Ministerialdirigent zum Minister einer bis dahin komplett aus Tschechen bestehenden Regierung zu ernennen.[51] Als Emil Hácha versuchte, sich dieser »Empfehlung« Heydrichs mit Gegenvorschlägen zu erwehren, intervenierte auf Betreiben Heydrichs der persönliche Referent des Staatssekretärs Karl Hermann Frank, Dr. Robert Gies, bei Hácha, um ihn davon zu überzeugen, Walter Bertsch für den Ministerposten zu nominieren, wobei Heydrich äußerst perfide vorging:

> »Um Hácha von sich aus zu den von mir gegebenen Forderungen kommen zu lassen (damit nie die Behauptung aufgestellt werden könnte, er habe auf Befehl oder erzwungen bestimmte Dinge gemacht), liess ich durch den persönl. Referenten des Staatssekretärs dem persönl. Referenten Háchas telefonisch mitteilen, dass der Staatssekretär völlig empört über diese Ignorierung des Gesprächs mit dem Stellv. Reichsprotektor sei und dass er (der Staatssekretär) sehr im Zweifel sei, ob er dem Stellv. Reichsprotektor einen solchen Brief vorlegen könne; wie er den Stellv. Reichsprotektor kenne, würde das einen Riesenkrach geben. Als Ergebnis dieses Kulissenspiels ging am 20.12.1941 folgender Brief des Staatspräsidenten Dr. Hácha ein.«[52]

In dem betreffenden Brief versicherte Hácha, dass es sich um ein Missverständnis handele und er nun Walter Bertsch als Minister berufen werde.[53]

> formal zum »Staatspräsidenten« des Reichsprotektorats Böhmen und Mähren ernannt wurde, faktisch jedoch von deutschen Stellen abhängig war. In dieser Position amtierte er bis zum Ende der deutschen Besatzung.
>
> 51 Walter Bertsch (4.1.1900-5.1.1952) studierte Rechtswissenschaften in Tübingen und schloss sein Studium mit dem Dr. jur. ab. Von 1933 an war er Mitglied der NSDAP und bis 1936 Landrat in Göppingen. 1936 wurde er zum Ministerialrat im Reichswirtschaftsministerium ernannt. Ab 1939 war er Ministerialdirigent unter Staatssekretär Rudolf Brinkmann. 1942 wurde er schließlich zum Minister für Wirtschaft und Arbeit im Protektorat ernannt. 1947 wurde er in der Tschechoslowakei zu lebenslanger Haft verurteilt, in der er 1952 verstarb.
> 52 Heydrich über Hácha und die Protektoratsregierung, in: Herder-Institut (Hg.): Dokumente und Materialien zur ostmitteleuropäischen Geschichte. Themenmodul »Protektorat Böhmen und Mähren«, bearb. von Stefan Lehr (Münster), https://www.herder-institut.de/resolve/qid/2962.html (24.8.2018).
> 53 Was laut Robert Gerwarth ein »weitere[r] perfide[r] Coup« Heydrichs war, da Bertsch als einziger deutscher Minister im Kabinett kein Tschechisch sprach und die Kabinettsrunden fortan auf Deutsch stattfanden. Siehe Robert

Aus dem Ministerium für soziale und Gesundheitsverwaltung entstand das neue »Ministerium für Wirtschaft und Arbeit«, das zusätzlich noch einige Kompetenzen aus dem Arbeits-, dem Finanz- und dem Sozialministerium erhielt. Auch die Aufsichtsbefugnisse gingen auf das neue Ministerium über.⁵⁴ Am 19. Januar 1942 wurde die neue Regierung der Öffentlichkeit vorgestellt, der mit Walter Bertsch erstmals ein Deutscher auf einem Ministerposten angehörte. Die Umbildung der Ministerien, deren Anzahl auch verkleinert wurde, orientierte sich an den Gruppen im Amt des Reichsprotektors. Tatsächlich war geplant, dass in einem nächsten Schritt die Vereinigung der Gruppen mit den Ministerien zu »einheitlichen Ämtern« vollzogen werden würde, was jedoch durch den weiteren Kriegsverlauf nicht mehr in Angriff genommen wurde.⁵⁵

Dafür wurden die tschechischen Ministerien ab Mai 1942 vermehrt durch weitere deutsche Beamte infiltriert. Dieser Prozess war im Oktober abgeschlossen. Von den 2500 deutschen Beamten »beim Amt des Reichsprotektors« wurden 1100 in Ministerien und Behörden des Protektorats überführt, 700 verblieben im Amt des Reichsprotektors und weitere 700 konnten für einen Einsatz bei der Wehrmacht entlassen werden.⁵⁶ In diesem Zusammenhang kam auch Joseph Schneider in das neu gegründete Ministerium für Wirtschaft und Arbeit.⁵⁷

Die Verwaltungsreform, die Umbildung der Regierung und die Errichtung eines gänzlich neuen Ministeriums riefen ab Januar 1942 auch wieder das Reichsarbeitsministerium auf den Plan. Engel war noch immer zuständig für diesen Bereich, also reiste er kurzerhand ins Protektorat, um sich mit Frank zu treffen, und die Neuordnung der Rentenversicherung im Protektorat voranzutreiben.⁵⁸ Als Leiter des Referats für Sozialversicherung bereitete Joseph Schneider dieses Treffen vor. Insbesondere das zukünftige grundsätzliche Verhältnis der Sozialversicherung des Protektorats zur Reichsversicherung sollte Ge-

---

Gerwarth: Reinhard Heydrich. Biographie, aus dem Engl. von Udo Rennert, München 2013, S. 284.
54 »Im Protektorat neue Pflichtversicherung geplant«, in: »Deutscher Versicherungsdienst«, Der Neue Tag an Joseph Schneider (Ministerium für Wirtschaft und Arbeit), 10.3.1942, NACR, URP/969 – A1 1a.
55 Brandes: Die Tschechen unter deutschem Protektorat, S. 213f.
56 Ebd., S. 224.
57 Vgl. die Personalakte Joseph Schneiders des Reichsarbeitsministeriums, BArch R 3901/109467.
58 Joseph Schneider (Amt des Reichsprotektors) an Dr. Gies, betr. Dienstreise Ministerialdirektor Dr. Engel, 22.1.1942, NACR, 959/109-4-693, Bl. 4.

genstand der Besprechung sein, aber ebenso die Frage, ob Reichsdeutsche und gegebenenfalls Protektoratsangehörige in die Heilstätten der Slowakei aufgenommen werden könnten. Dagegen spräche aus Sicht Schneiders allerdings das Bedürfnis der Waffen-SS, die die Heilanstalten der Slowakei für ihre Mitglieder belegte.[59] Frank sagte das Treffen mit Engel schließlich aus Krankheitsgründen ab, sodass das Treffen mit Schneider und Dennler stattfand; gleichwohl ließ er sich die Ergebnisse zukommen. Engel plädierte dabei für eine Neuregelung der Beziehungen zwischen der Reichs- und der Protektoratsversicherung, da diese »politisch und sachlich notwendig« sei: politisch, weil zwischen dem Reich und dem Protektorat teilweise noch der alte Gegenseitigkeitsvertrag von 1931 angewendet werde, sachlich, weil die bestehenden Regelungen für den verstärkten Einsatz von Tschechen zum Arbeitseinsatz im Reich nicht mehr genügten. Die Versicherten aus dem Protektorat sollten auch in slowakischen Heilanstalten untergebracht werden. Ob sich dies wirklich so zugetragen hat, ist schwer zu sagen. Zudem plädierte Engel dafür, in Prag ein eigenes Oberversicherungsamt nur für Reichsdeutsche zu gründen.

Die Instrumentalisierung der Kranken- und der Invalidenversicherung für den Arbeitseinsatz

Die Veränderungen in der Sozialversicherung durch die deutschen Stellen ergaben sich bis zur Neugründung der Ministerien 1942 vor allem auf personalpolitischem Gebiet. Erst mit der Gründung des »Ministeriums für Wirtschaft und Arbeit« verstärkte sich die Einflussnahme auf die Sozialversicherung, ihr Recht und ihre Durchführung. Wie bald deutlich werden sollte, waren die Parallelen zum Reich im Protektorat nicht zu übersehen. Auch hier wurde die Sozialversicherung als Instrument für den Arbeitseinsatz instrumentalisiert. In drei Schritten wurden die Krankenversicherung und schließlich die Invalidenversicherung für den Arbeitseinsatz nutzbar gemacht. Während das Reichsarbeitsministerium mit dem »Kriegsgesetz« den Arbeitseinsatz noch mit positiven Anreizen versucht hatte zu fördern, und Schneider dies im Protektorat ebenfalls einführte, wandelten sich die Verhältnisse. Der Arbeitseinsatz von Rentnern und Versicherten sollte nun nicht mehr alleine durch positive Anreize gefördert werden, sondern vermehrt durch Zwangsmaßnahmen. In den Überlegungen

---

59 Joseph Schneider (Amt des Reichsprotektors), Vermerk, betr. Dienstreise des Ministerialdirektors Dr. Engel vom Reichsarbeitsministerium, 22.1.1942, NACR, 959/109-4-693, Bl. 5.

der Abteilung für Sozialversicherung aus Bertschs Ministerium, wie dem Arbeitseinsatz weitere Arbeitskräfte zugeführt werden könnten, führten Schneider und seine Kollegen die gleichen Maßnahmen wie das Reichsarbeitsministerium zuvor bei der Verringerung des Krankenstandes im Reich ein.

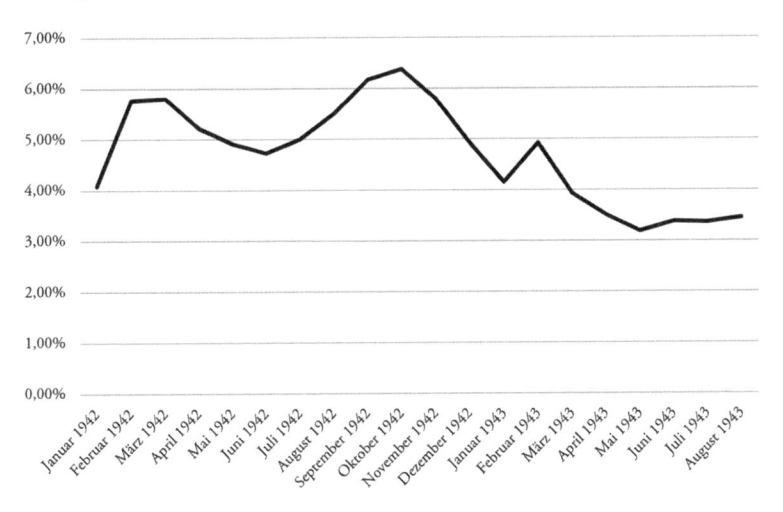

Die Entwicklung des Krankenstandes in der AOK Berlin von Januar 1942 bis August 1943 (in % der Versicherten)

Um das Potenzial dieser Maßnahmen zu erkunden, musste die Abteilung erstens zunächst einen Vergleich darüber anstellen, inwieweit der Krankenstand im Protektorat demjenigen des Reiches entsprach. Zweitens hatte Schneider auf dieser Grundlage die Krankenversicherungsträger im Protektorat dazu angehalten, den Krankenstand in ihren Gebieten mittels verschärfter Begutachtungspraxis zu verringern. Und drittens schließlich nutzte Schneider auch die Invalidenversicherung im Protektorat als letzten Schritt dazu, Arbeitskräfte für den Arbeitseinsatz bereitzustellen.

Im April 1942 wandte sich Dr. Schraft von der Abteilung II/4c (Sozialversicherung) im Ministerium für Wirtschaft und Arbeit an den Reichsverband der Ortskrankenkassen um den durchschnittlichen Krankenstand bei einigen Ortskrankenkassen im Reich zu erfragen.[60]

---

60 Reichsverband der Ortskrankenkassen an Dr. Schraft, betr. Krankenstand bei den reichsgesetzlichen Krankenkassen, 6.5.1942, NACR, URP/969 – A1 1b; Laggai (Amt des Reichsprotektors) an Reichsverband der Ortskrankenkas-

Die Abteilung informierte sich bis Herbst 1943 stets über den Krankenstand im Reich.[61] Schneider reiste dazu mehrmals ins Reichsarbeitsministerium, um sich mit Ministerialrat Alexander Grünewald über die Entwicklung des Krankenstandes im Reich und im Protektorat auszutauschen.[62] Durch eine verschärfte Gutachtertätigkeit wurde der Krankenstand im Reich ab Winter 1942/Frühjahr 1943 gesenkt. Der Krankenstand der AOK Berlin sank etwa innerhalb weniger Monate von 6 % auf unter 4 % (siehe Abb.).

Im Juli 1943 entschied sich schließlich das Ministerium für Wirtschaft und Arbeit dazu, Maßnahmen einzuleiten, um den Krankenstand in den Betrieben des Protektorats zugunsten des verstärkten Arbeitseinsatzes zu verringern. Dies sollte über die unter deutscher Kontrolle stehenden Arbeitsämter erfolgen. Das Ministerium für Wirtschaft und Arbeit ordnete im August 1943 die enge Zusammenarbeit zwischen den Krankenversicherungsträgern und den Arbeitsämtern ihres jeweiligen Gebietes an. Insbesondere legte es Wert auf den gegenseitigen Austausch zwischen den Amtsärzten und den Ärzten der Sozialversicherungsträger,[63] eine Entwicklung, wie sie ebenfalls im Reich forciert wurde.

Grundlage dieses Erlasses waren zahlreiche Klagen von Arbeitgebern über die Höhe des Krankenstandes in ihren Betrieben, so auch beim Eisenwerk in Witkowitz, in der Nähe von Mährisch-Ostrau (Ostrava). Die »Witkowitzer Eisenwerke« (Vítkovické zelezárny, VZ) gehörten zu den bedeutendsten Unternehmen der Schwerindustrie in Mähren und produzierten Munition und Raketenbauteile für die deutsche Kriegsmaschinerie. Als der Krankenstand der Eisenwerke auf ein für die Deutschen nicht mehr zu akzeptierendes Maß stieg (das Ministerium ging aufgrund der Berichte seines Kontaktmannes von einem Krankenstand von 20 % aus), intervenierte Minister Bertsch persönlich. Als Aufsichtsbehörde über die Krankenkassen, sollte die Zen-

---

sen, betr. Krankenstand bei den reichsgesetzlichen Krankenkassen, 22.7.1942, NACR, URP/969 – A1 1b.
61 Reichsverband der Ortskrankenkassen an Amt des Reichsprotektors, betr. Krankenstand bei den reichsgesetzlichen Krankenkassen, 1.9.1943, NACR, URP/969 – A1 1b.
62 Laggai (Ministerium für Wirtschaft und Arbeit) an Alexander Grünewald (Reichsarbeitsministerium), betr. Krankenstand bei den Trägern der reichsgesetzlichen Krankenversicherung, 27.9.1943, NACR, URP/969 – A1 1b.
63 Ministerium für Wirtschaft und Arbeit an Krankenversicherungsanstalt der Privatangestellten in Prag, betr. Arbeitsärztlicher Dienst, 14.9.1943, NACR, MHP 250, 3396.

tralsozialversicherungsanstalt dieser Sache nachgehen, wozu Bertsch Generaldirektor Kuchinka beauftragte. Kuchinka bestellte den Chefarzt der betreffenden Betriebskrankenversicherungsanstalt ein (BKVA Mährisch-Ostrau), damit dieser sich im Ministerium für Wirtschaft und Arbeit einfand, um die Angelegenheit mit der betreffenden Abteilung zu klären. Ministerialrat Dennler (als Abteilungsleiter) und Oberregierungsrat Schneider (als Referatsleiter) besprachen die Angelegenheit mit dem Chefarzt und dem deutschen Obmann der BKVA. Das Referat bestimmte: Zwei »der tüchtigsten Ärzte« des hiesigen Krankenhauses sollten für die BKVA freigemacht werden. Außerdem solle die BKVA einen entsprechenden Appell an ihre beschäftigten Ärzte richten: »Die Betriebskrankenversicherungsanstalt wird alle ihre Ärzte nochmals eingehend darauf hinweisen, dass sie bei der Beurteilung der Arbeitsunfähigkeit einen gerechten aber sehr strengen Massstab anzulegen haben und dass mehr als bisher der Versuch gemacht werden müsse, die Simulanten als solche zu erkennen.« Auch wenn das Ministerium die Zusammenarbeit mit den Arbeitsämtern angeordnet hatte, so stellte es allerdings dennoch klar, dass die Überprüfung des Krankenstandes allein Angelegenheit der Krankenversicherungsanstalt war und nicht im Aufgabenbereich der Arbeitsämter lag.[64]

Dass die Abteilung dies noch einmal explizit erwähnen musste, lag am Vorgehen des Arbeitsamtes Mährisch-Ostrau, das den Erlass des Ministeriums als Ausweitung seiner Kompetenzen interpretierte. Es schaltete sich mit seinem Amtsarzt Dr. Schmeiser eigenständig in die medizinische Gutachtertätigkeit vor Ort ein, auch bei den Witkowitzer Eisenwerken. Das Arbeitsamt lud zu Aussprachen mit den Werksärzten und den Ärzten der Betriebskrankenversicherungsanstalt Mährisch-Ostrau ein, um »Fragen der ärztlichen Tätigkeit für den Arbeitseinsatz« zu erläutern. Der Krankenstand sei nach Ansicht des Arbeitsamtes »vor allem durch die falsche Einstellung des Chefarztes selbst« verursacht. Amtsarzt Schmeiser wolle von einigen Ärzten erfahren haben, »dass die Bekämpfung der Quasikranken ärztlicherseits zu wenig streng geschehe«, weswegen er »in diesem Sinne wiederholt an das Ministerium für Wirtschaft und Arbeit berichtet« habe. Laut eigener Aussage hätte das Arbeitsamt mit einer verschärften Gutachterpraxis und seinem Einfluss auf die deutschen Direktoren und Ärzte sowie auf die tschechischen Ärzte, den Krankenstand bei

---

64 Laggai (Ministerium für Wirtschaft und Arbeit) an Leiter des Arbeitsamtes Mährisch Ostrau, betr. Krankenstand im Eisenwerk Witkowitz, 2.10.1943, NACR, MHP 250, 3396.

den Witkowitzer Eisenwerken so bereits im Sommer 1942 kurzfristig gesenkt, bis dieser im Jahre 1943 wieder anstieg. Der Direktor des Arbeitsamtes warnte daher vehement gegen jegliche Versuche, die Kompetenzen und die eingeübte Praxis seines Amtsarztes einzuschränken, solle der Arbeitseinsatz nicht gefährdet werden.[65]

Das Ministerium für Wirtschaft und Arbeit wollte über diese Vorgänge schließlich detaillierter informiert werden. Im Auftrag des Ministeriums lud ein Mitarbeiter der Zentralsozialversicherungsanstalt, der Aufsichtsbehörde aller Betriebskrankenversicherungsanstalten, die beiden leitenden Beamten des Arbeitsamtes Mährisch-Ostrau nach Prag ein: den Leiter des Amtes, Dr. Petersen, und besagten Amtsarzt Dr. Schmeiser. In einer Art Befragung mussten die beiden Verantwortlichen über ihre Tätigkeit berichten, etwa darüber, worin die Mitwirkung des Arbeitsamtes bei der Bekämpfung des Krankenstandes bestand, welche Erfolge dies zeitigte, welche Ärzte sich ihrer Erfahrung nach den Versicherten zu zuvorkommend verhielten, welche Beweise sie dafür hätten und was sie zu dem Schluss kommen ließ, die Betriebskrankenversicherungsanstalten würden bei der Beurtei-

---

[65] M. Schmeiser (Arbeitsamt Mährisch Ostrau) an Wilhelm Dennler (Ministerium für Wirtschaft und Arbeit), betr. Mitwirkung des arbeitsamtsärztlichen Dienstes bei der Entwicklung des Krankenstandes, 12.10.1943, NACR, MHP 250, 3396. Das Arbeitsamt behauptete in diesem Schreiben zudem, dass die Krankenversicherungsanstalten aktiv um die Mitwirkung der arbeitsamtsärztlichen Dienste gebeten hätten; eine Einschätzung die wohl nicht auf alle Träger zutraf. Laggai vom Ministerium für Wirtschaft und Arbeit forderte die Träger auf, über ihr Verhältnis zum Arbeitsamt Mährisch-Ostrau genauer zu berichten. Vgl. Laggai (Ministerium für Wirtschaft und Arbeit) an Zentralsozialversicherungsanstalt, betr. Mitwirkung des Arbeitsamtes bei der Krankenkontrolle, 18.10.1943, NACR, MHP 250, 3396. Der Träger der Angestelltenversicherung etwa berief sich explizit auf den Erlass des Ministeriums, wonach die Träger mit den Amtsärzten der Arbeitsämter zusammenarbeiten sollten, als es das Angebot des Arbeitsamtes annahm, Krankenkontrollen für den Träger zu übernehmen. Vgl. Breier (Krankenversicherungsanstalt der Privatangestellten, Amtsstelle Mährisch Ostrau) an Franz Ritter (Krankenversicherungsanstalt der Privatangestellten), 26.10.1943, NACR, MHP 250, 3396. Die Revierbruderlade Mährisch-Ostrau hingegen, also der Sozialversicherungsträger der Bergarbeiter, arbeitete schon länger eng mit dem Arbeitsamt zusammen. Schmeiser fungierte hier nämlich als Vertrauensarzt der Anstalt. Allerdings handelte es sich hier »wirklich nur« um eine einvernehmliche Zusammenarbeit, wie der Direktor der Revierbruderlade betonte. Vgl. Revierbruderlade an Laggai (Ministerium für Wirtschaft und Arbeit), betr. Mitwirkung des Arbeitsamtes bei der Krankenkontrolle, 26.10.1943, NACR, MHP 250, 3396.

lung der Arbeitsunfähigkeit nicht einheitlich und nicht streng genug vorgehen. Die Aussagen der beiden zeigen, welche komplexen Verflechtungen zwischen den tschechischen Krankenversicherten und den verschiedenen deutschen Dienststellen bestanden. Die Mitwirkung des Arbeitsamtes ergab sich durch eine fallweise Überprüfung von Versicherten, denen von den Kassenärzten Arbeitsunfähigkeit attestiert wurde. Entsprechende Hinweise bekam das Arbeitsamt direkt von den Arbeitgebern, die sich häufiger über krankheitsbedingte Ausfälle ihrer Arbeiter beschwerten. Verdächtigte das Arbeitsamt einen Arzt, er würde die Versicherten durch zu milde Urteile allzu leicht arbeitsunfähig schreiben, gab es diesen Namen an die Betriebskrankenversicherungsanstalt Mährisch-Ostrau weiter. Auf der anderen Seite monierte das Arbeitsamt, dass die Ärzte generell nicht streng genug seien, ein Missstand, der aufgrund fehlender Richtlinien zustande käme. Als Beweis gaben die Vertreter die unterschiedliche Höhe des Prozentsatzes der Anerkennung der Arbeitsunfähigkeit an. In der Tat schwankte der Prozentsatz der einzelnen Kassenärzte zwischen 30% und 70%, wofür die Zentralsozialversicherungsanstalt allerdings die unterschiedlichen Bedingungen bei den Betrieben und Gebieten verantwortlich machte.[66]

Um sich ein genaueres Bild von der Lage vor Ort machen zu können, sandte Oberregierungsrat Laggai vom Ministerium für Wirtschaft und Arbeit besagten Kosak schließlich zur Betriebskrankenversicherungsanstalt Mährisch-Ostrau, um erstens das genaue Verhältnis zwischen dem Arbeitsamt und den Krankenversicherungsanstalten zu erfahren, und zweitens der Frage nachzugehen, ob und warum die Betriebskrankenversicherungsanstalten nicht in der Lage seien, den Krankenstand von sich aus zu bekämpfen. Die Klagen des Arbeitsamtes konzentrierten sich vor allem auf die tschechischen Ärzte, die ihrer Meinung nach nicht streng genug gegen die Versicherten vorgingen. Der deutsche Leiter des Arbeitsamtes, Petersen, beschwerte sich über die mangelnde Bereitschaft der tschechischen Ärzte, dem Arbeitseinsatz Rechnung zu tragen:

»Da das Arbeitsamt ein grosses Interesse daran habe, dass die der Industrie gestellten Kontingente von Arbeitskräften dem Produktionsprozess auch erhalten bleiben und sich nicht über den Krankenstand verflüchtigen, habe er bereits seit 2 Jahren von Zeit zu Zeit die Aerzte seines Wirkungsbereiches zusammengerufen und sie auf die Forderungen des Arbeitseinsatzes einzurichten versucht.«

---

66 Niederschrift über die Besprechung, 29.10.1943, NACR, MHP 250, 3396.

Schmeiser, der Amtsarzt des Arbeitsamtes, konnte sich kaum vorstellen, dass die beiden tschechischen Ärzte der BKVA den tschechischen Betriebsärzten »gegenüber mehr als unbedingt notwendig tun würden, um auf die Senkung des Krankenstandes hinzuwirken«. Nur bedingt konnte das Ministerium die genauen Ursachen für das Ansteigen des Krankenstandes bei bestimmten Betrieben überprüfen; auch die Richtigkeit der Angaben Petersens und Schmeisers waren ohne konkrete Fälle nicht zu entscheiden. Die BKVA Mährisch-Ostrau hielt die Anschuldigungen des Arbeitsamtes jedenfalls für ungerechtfertigt. Dennoch ergriff das Ministerium Maßnahmen, um eine bessere Kontrolle der Ärzte und Versicherten zu ermöglichen. Deutsche Revisionsärzte sollten von nun an den Amtsarzt des Arbeitsamtes die Namen derjenigen tschechischen Ärzte anzeigen, die ihrer Meinung nach zu milde Gutachten ausgestellt hatten. Der Amtsarzt des Arbeitsamtes erhielt darüber hinaus das Recht, den entsprechenden Arzt zu verwarnen und ihn beim Ministerium anzuzeigen. Zudem führte das Ministerium unangekündigte Kontrollen von tschechischen Ärzten sowie Betriebsbesuche von deutschen Vertrauensmännern ein. Mit diesen Mitteln glaubte das Ministerium, den Krankenstand bei den kriegswichtigen Betrieben besser regulieren zu können.[67]

Doch nicht nur das Arbeitsamt Mährisch-Ostrau drängte auf eine stärkere Kontrolle der tschechischen Ärzte und Versicherten. Als das Arbeitsamt Pilsen im März 1944 ebenfalls auf die von deutscher Seite so angesehenen Missstände des Arbeitseinsatzes aufmerksam machte, griff das Ministerium für Wirtschaft und Arbeit auf die letzte Möglichkeit zurück, unter den Bedingungen der Personalknappheit die Kontrolle über die Versicherten aufrechtzuerhalten oder gar zu erweitern. Mit der Hilfe von Laien, also von den Deutschen eingesetzten, nicht medizinisch ausgebildeten Vertrauensmännern, sollten die Betriebe und Arbeiter stärker überwacht werden. Diese Laienkontrollen wurden schließlich von den Arbeitsämtern durchgeführt, wobei das Arbeitsamt Pilsen nach eigener Aussage positive Erfahrungen mit diesem Instrument machte: »Es hat sich immer wieder erwiesen, dass allein die Tatsache des Vorhandenseins einer zentralen planmässigen Kontrollorganisation die Zahl der Absenzen um ein Wesentliches senkt, da al-

---

67 Rudolf Th. Wolf (Zentralsozialversicherungsanstalt) an Laggai (Ministerium für Wirtschaft und Arbeit), betr. Mitwirkung des Arbeitsamtes bei der Krankenkontrolle, 3.11.1943, NACR, MHP 250, 3396.

lein schon die Angst kontrolliert zu werden, bei den Meisten ausreicht, um unnötige Absenzen zu verhindern.«[68]

Die durch die Arbeitsämter im Protektorat festgestellte Unzufriedenheit deutscher Dienststellen mit der Entwicklung des Krankenstandes zum Anlass nehmend, suchte Joseph Schneider das Problem der von den Deutschen so wahrgenommenen milden Begutachtungspraxis der tschechischen Ärzte noch auf anderem Wege Herr zu werden. Durch die Ausarbeitung von Richtlinien für Werksärzte versuchte das Ministerium für Wirtschaft und Arbeit den Krankenstand in den kriegswichtigen Betrieben wieder zu senken. Ab dem Juni 1944 stand das Ministerium daher im Kontakt mit dem »Zentralverband der Industrie für Böhmen und Mähren«,[69] um über die Einführung eines verschärften medizinischen Gutachterwesens bei den Werksärzten zu beraten.[70] Bedingt durch den für die Deutschen nicht zu akzeptierenden hohen Krankenstand bei einigen Betrieben sollten durch neue Richtlinien für die Werksärzte ein strenger Standard bei der Anerkennung von Arbeitsunfähigkeit durchgesetzt werden. Die Eckpunkte des von Schneiders Referat ausgearbeiteten Programms waren: Als ärztliche Gutachter durften nur noch die von den Betrieben eingestellten Werksärzte sowie die von der Deutschen Arbeitsfront gestellten Betriebsärzte eingestellt werden. Tschechische Ärzte, die bei den Krankenkassen eingestellt waren, durften keine Betriebsuntersuchungen mehr durchführen. Wenn einem Versicherten eine Arbeitsunfähigkeit von einem Kassenarzt bestätigt worden war (also von außerhalb des Betriebes), hatten die Werksärzte die Pflicht, diesen Arbeiter noch einmal zu untersuchen. Aufgrund des Ärztemangels konnten jedoch nur solche Betriebe Werksärzte einstellen, die drei Bedingungen erfüllten: die Kriegswichtigkeit des Betriebes musste gegeben sein, der Betrieb musste mindestens 500 Gefolgschaftmitglieder umfassen und einen unverhältnismäßig hohen Krankenstand haben.[71]

---

68 Arbeitsamt Pilsen an Ministerium für Wirtschaft und Arbeit, betr. Durchführung von Laienkontrollen, 18.5.1944, NACR, MHP 250, 3396.

69 Der »Zentralverband« fungierte auf der einen Seite als Interessenverband der böhmischen Industrie, auf der anderen Seite als Lenkungsinstanz durch die Deutschen. Vgl. Balcar: Panzer für Hitler, S. 63 f.

70 Zentralverband der Industrie für Böhmen und Mähren an Joseph Schneider (Ministerium für Wirtschaft und Arbeit), betr. Werksärzte, 7.7.1944, NACR, MHP 250, 3264.

71 Ebd.; Zentralverband der Industrie für Böhmen und Mähren an Joseph Schneider (Ministerium für Wirtschaft und Arbeit), betr. Werksärzte, 10.8.1944, NACR, MHP 250, 3264.

Zusätzlich zu diesen Bestimmungen sollte die Beziehung zwischen den Krankenversicherungsanstalten und den Betrieben verbessert werden: Die Werksärzte hatten die Träger davon in Kenntnis zu setzen, wenn es bei den Betrieben zu besonderen Vorkommnissen kommt, die den Krankenstand negativ beeinflussten. Die Einrichtung der Werksärzte war bei den Betrieben unbeliebt. Zahlreiche Eingaben an das Ministerium für Wirtschaft und Arbeit sowie an das Deutsche Staatsministerium belegen das Interesse von einigen Betrieben, Werksärzte einstellen zu dürfen.[72] Denn nur diejenigen Betriebe durften Werksärzte einstellen, die sich auf einer vom Ministerium noch zu erstellenden Liste befanden, oder – bis zur Fertigstellung der Liste – mindestens 500 Gefolgschaftsmitglieder beschäftigten. Über den Zentralverband der Industrie konnten sich interessierte Firmen beim Ministerium um Aufnahme auf die Liste bewerben. Die Zielrichtung, die Schneider verfolgte, war klar gegeben:

»Ich möchte vor allen Dingen erreichen, dass der Einsatz von Werksärzten in den wichtigsten Betrieben nicht verzögert wird. Deswegen hat das Ministerium sich ja auch damit einverstanden erklärt, dass bei Betrieben mit mehr als 500 Gefolgschaftsmitgliedern schon vor Aufstellung des Verzeichnisses Werksarztverträge abgeschlossen werden.«[73]

Im September 1944 lud das Ministerium schließlich die wichtigsten Akteure ins Ministerium ein, um darüber zu debattieren, welcher Betrieb Werksärzte einstellen darf. Aufseiten der Versicherungsträger wurde der Direktor der Zentralsozialversicherungsanstalt, Koreis, eingeladen, sowie der Befehlshaber der Sicherheitspolizei, der Leiter der Verbindungsstelle des Deutschen Staatsministeriums für Böhmen und Mähren, SS-Oberführer Kauper, der Leiter der Parteiverbindungsstelle für Böhmen und Mähren, Kaute, sowie die Leiter der Sektionen

---

72 Vorgänge in Rüstungsinspektion Prag an Ministerium für Wirtschaft und Arbeit, betr. Lineolwerke Widerholz & Co. KG. Iglau – Zuweisung eines Werksarztes, 17.10.1944, NACR, MHP 250, 3264; Westmährische Elektrizitätswerke an Feith (Deutsches Staatsministerium), betr. Werksarzt der Westmähr. Elektrizitätswerke AG, 21.3.1945, NACR, MHP 250, 3264; Motorenwerke Ostmark an Laggai (Ministerium für Wirtschaft und Arbeit), 21.3.1945, NACR, MHP 250, 3264.

73 Schneider (Ministerium für Wirtschaft und Arbeit) an Zentralverband der Industrie für Böhmen und Mähren, betr. Werksärzte, 10.8.1944, NACR, MHP 250, 3264.

AI und AII des Ministeriums für Wirtschaft und Arbeit.[74] Das Ergebnis dieses Entscheidungsprozesses war schließlich eine Liste mit den kriegswichtigsten Betrieben im Protektorat Böhmen und Mähren: Waffen-, Munitions- und Maschinenfabriken, Elektrizitäts- und Eisenwerke, Seifenfabriken und Betriebe der Metallindustrie, aber auch Schuh- und Textilfabriken sowie Außenwerke deutscher Firmen wie Daimler-Benz in Jitschin, Deutsche Lufthansa in Babe bei Nachod und BMW in Iglau und tschechische Firmen wie Škoda oder die Witkowitzer Eisenwerke.[75] Mit der Annahme weiterer Firmen wurde die Liste vom Ministerium stets auf dem neuesten Stand gehalten.[76]

Die Deutsche Arbeitsfront spielte bei der Vermittlung von Ärzten eine entscheidende Rolle. Als bei den »Westmährischen Elektrizitätswerken« in Brünn (Brno) der Krankenstand auf ein für den Betrieb nicht mehr erträgliches Maß stieg, konnte dem durch Vermittlung der Kreisverwaltung der DAF Abhilfe geschaffen werden, als ein SS-Arzt für den Betrieb als Werksarzt »gewonnen« wurde:

74 Ministerium für Wirtschaft und Arbeit an Befehlshaber der Sicherheitspolizei, betr. Werksärzte; hier: Aufstellung des Verzeichnisses des Ministeriums für Wirtschaft und Arbeit über die Werksarztbetriebe, 13.9.1944, NACR, MHP 250, 3264; Ministerium für Wirtschaft und Arbeit an Parteiverbindungsstelle, betr. Werksärzte, hier: Aufstellung des Verzeichnisses des Ministeriums für Wirtschaft und Arbeit über die Werksarztbetriebe, 13.9.1944, NACR, MHP 250, 3264; Ministerium für Wirtschaft und Arbeit an Wächter (Deutsche Gesundheitskammer), betr. Werksärzte, hier: Aufstellung des Verzeichnisses des Ministeriums für Wirtschaft und Arbeit über die Werksarztbetriebe, 13.9.1944, NACR, MHP 250, 3264; Laggai (Ministerium für Wirtschaft und Arbeit) an Franz Koreis (Zentralsozialversicherungsanstalt), betr. Werksärzte, hier: Aufstellung des Verzeichnisses des Ministeriums für Wirtschaft und Arbeit über die Werksarztbetriebe, 13.9.1944, NACR, MHP 250, 3264.

75 Die Liste ist überliefert in Laggai (Ministerium für Wirtschaft und Arbeit) an Wolf (Zentralverband der Industrie für Böhmen und Mähren), 12.10.1944, NACR, MHP 250, 3264.

76 Laggai (Ministerium für Wirtschaft und Arbeit) an Sicherheitspolizei, Sicherheitsdienst SD, Zentralsozialversicherungsanstalt, Krankenversicherungsanstalt der Privatangestellten, Deutsche Gesundheitskammer, Zentralverband der Industrie, betr. Werksärzte, 15.1.1945, NACR, MHP 250, 3264; Laggai (Ministerium für Wirtschaft und Arbeit) an Sicherheitspolizei, Sicherheitsdienst SD, Zentralsozialversicherungsanstalt, Krankenversicherungsanstalt der Privatangestellten, Deutsche Gesundheitskammer, Zentralverband der Industrie, betr. Werksärzte, 6.3.1945, NACR, MHP 250, 3264.

»Durch Vermittlung der Kreiswaltung der DAF wurde zu diesem Zweck [...] Dr. Neumann als Werksarzt gewonnen. Andere deutsche Ärzte waren in Brünn nicht mehr frei und von der Einstellung eines tschechischen Arztes konnte aufgrund der Erfahrungen mit den Krankenkassenärzten ein radikales Durchgreifen nicht erwartet werden. Diese Lösung [...] erwies sich in jeder Hinsicht als glücklich. Dr. Neumann stand uns nur 6 Stunden wöchentlich zur Verfügung, trotzdem ist der Krankenstand beim Unternehmen sofort wieder auf das normale Ausmaß und sehr bald weiter unter das normale Ausmaß zurückgegangen.«

Der Direktor der Werke führte dies unter anderem auch auf die Eigenschaft Neumanns als Arzt der SS zurück: »Schon allein der Umstand, dass ein Sanitätsoffizier der Waffen-SS die Funktion des Werksarztes ausführte hat genügt, die mutwilligen Krankmeldungen praktisch ganz zum Verschwinden zu bringen, auch auf die früher häufigen langfristigen Krankschreibungen der Krankenkassen war dieser Umstand von sehr günstigem Einfluß.«[77] Aufgrund dieser Erfahrung bat der Direktor, da Neumann inzwischen wieder von der SS abberufen worden war, um Einflussnahme auf die SS, damit diese Neumann wieder zur Verfügung stellen würde. Das nahende Ende des Krieges sollte dieses Ansinnen schließlich zunichtemachen.[78]

Parallel zu den Versuchen des Ministeriums, mit der Installation von Werksärzten direkt bei den Betrieben zu strikteren Bewertungen zu kommen, versuchte es auch bei den Ärzten der Krankenversicherungsanstalten in diesem Sinne hinzuwirken. Auf einer Besprechung mit Minister Bertsch im Herbst 1944 diskutierte Joseph Schneider mit dem Minister und dem Mediziner Rudolf Wächter von der »Arbeitsgemeinschaft der Heilberufe« über die Möglichkeiten, die tschechischen Ärzte der Krankenkassen vermehrt für den Gedanken des Arbeitseinsatzes einspannen zu können. Wächter sah vor allem die mangelnde »Erziehung« der tschechischen Ärzte als Hauptgrund für deren mangelnde Bereitschaft an, eine schärfere Begutachtungspraxis durchzuführen. Seiner Meinung nach sollten die Chefärzte der Krankenkasse jene Ärzte zum Gespräch bitten, die überdurchschnittlich viele Arbeits-

---

77 Westmährische Elektrizitätswerke an Feith (Deutsches Staatsministerium), betr. Werksarzt der Westmähr. Elektrizitätswerke AG, 21.3.1945, NACR, MHP 250, 3264.
78 Laggai (Ministerium für Wirtschaft und Arbeit) an Schuster (Bezirkskrankenversicherungsanstalt Brünn), betr. Werksärzte, hier: Westmährische Elektrizitätswerke A.G. in Brünn, 29.3.1945, NACR, MHP 250, 3264.

unfähigkeitsbescheinigungen ausstellen. Um die Chefärzte seinerseits zu kontrollieren, sollten bei der Zentralsozialversicherungsanstalt, der Aufsichtsbehörde der Krankenkassen, deutsche Ärzte eingestellt werden, die die Chefärzte kontrollieren sollten.[79]

Schneider erwog diesen Vorschlag von Wächter. Er war der Ansicht, dass die Kompetenzen der Ärzte der Zentralsozialversicherungsanstalt (ZSVA) durchaus ausreichen würden, um auf die tschechischen Ärzte in gewünschter Weise einwirken zu können. Lediglich das Personal, das diese Aufgabe umsetzen sollte, stand zur Debatte:

»Nach meinen bisherigen Beobachtungen scheint mir aber der ärztliche Dienst der ZSVA jedenfalls in seiner jetzigen personellen Zusammensetzung diesen Aufgaben nicht völlig gewachsen zu sein. Das gilt vor allem für laufende Überwachung des amtsärztlichen Dienstes, aber auch für die eigenen Nachuntersuchungen. Es sollte deswegen geprüft werden, ob und in welcher Weise andere Personen mit diesen ärztlichen Aufgaben betraut werden können.«

Schneider sah für diese Aufgabe sodann gleich einen Arzt aus dem eigenen Ministerium vor.[80] Um diese Frage zu erörtern, beraumte er ein Treffen mit Wächter von der Arbeitsgemeinschaft der Heilberufe, Direktor Koreis von der Zentralsozialversicherungsanstalt und dessen Stellvertreter im Ministerium an. Schneider selbst schickte seinen Mitarbeiter Laggai. Als größten Missstand hoben die beteiligten Akteure auch hier die Gutachtertätigkeit der tschechischen Ärzte hervor: Diese

»sind zum grossen Teil, von wenigen Ausnahmen abgesehen, aus den verschiedensten Gründen geneigt, bei der Beurteilung der Arbeitsfähigkeit der Versicherten nicht den im 6. Kriegsjahr erforderlichen strengen Massstab anzulegen. Durch Überwachung, Schulung und bei einwandfrei festgestellten Verstössen raschest durchgeführte exemplarische Bestrafung der Ärzte wird es möglich sein, sie dahin zu bringen, weniger grosszügig krankzuschreiben.«

---

79 Wächter (Arbeitsgemeinschaft der Heilberufe) an Joseph Schneider (Ministerium für Wirtschaft und Arbeit), betr. Verschärfung der Revision des Krankenstandes bei den Krankenversicherungsanstalten, 9.11.1944, NACR, MHP 250, 4288.

80 Joseph Schneider (Ministerium für Wirtschaft und Arbeit) an Franz Koreis (Zentralsozialversicherungsanstalt), betr. Bekämpfung des Krankenstandes (Verschärfung des Revisionsdienstes), 14.11.1944, NACR, MHP 250, 4288.

Abhilfe sollte eine neue Aufstellung der Ärzte in der Zentralsozialversicherungsanstalt zur Kontrolle der einzelnen Kassenärzte bringen. Das Ministerium hatte jeweils für Böhmen und Mähren bereits geeignete Kandidaten in Aussicht. Zudem wurde dem Verband »Arbeitsgemeinschaft der Heilberufe« vom Ministerium das Recht eingeräumt, Disziplinarverstöße der Ärzte, die dem Verband von den Krankenkassen gemeldet werden müssten, mit Strafen zu ahnden. Die Aufsicht über die Ärzte der Krankenkassen wurde auf die Angestellten- und Knappschaftsversicherung ausgeweitet.[81] Damit machte das Ministerium für Wirtschaft und Arbeit die Zentralsozialversicherungsanstalt zur Aufsichtsbehörde aller Krankenanstalten im Protektorat. Mit dieser Zentralisierung versuchte das Ministerium dem Problem des erhöhten Krankenstandes Herr zu werden. Schneider schlug Minister Bertsch schließlich die Ernennung zweier Ärzte vor, die sich bei der Krankenversicherungsanstalt der Metallindustrie besonders um die Senkung des Krankenstandes verdient gemacht hatten.[82] Im Februar 1945 schließlich konnte der betreffende Arzt, Jaroslaus Vaclavik, den Schneider vorgesehen hatte, per Ministererlass bei der Zentralsozialversicherungsanstalt installiert werden. Er wurde dem deutschen Direktor Koreis unterstellt und erhielt für seine Kontrollfahrten einen eigenen Dienstwagen.[83] Eine Kontrolle von Vaclavik ist schließlich überliefert: Der hohe Krankenstand bei der Betriebskrankenversicherungsanstalt der Elektrischen Unternehmungen in Prag, dem auch die Prager Straßenbahnen angehörten, klagte über den hohen Krankenstand von zum Schaffnerdienst verpflichteten weiblichen Gefolgschaftsmitgliedern. Als Vaclavik schließlich von Laggai damit beauftragt wurde, dieser Sache nachzugehen, konnte er jedoch nur feststellen, dass die Ärzte bereits den gewünschten strengen Maßstab bei der Beurteilung der Arbeitsunfähigkeit anlegten. Aufgrund der kräftezehrenden Arbeit des Schaffnerdienstes und dem kriegsbeding-

---

81 Laggai (Ministerium für Wirtschaft und Arbeit), Vermerk, betr. Massnahmen zur Bekämpfung des Krankenstandes; hier; Neuregelung des revisionsärztlichen Dienstes, 23.11.1944, NACR, MHP 250, 4288.

82 Joseph Schneider (Ministerium für Wirtschaft und Arbeit) an Walter Bertsch (Ministerium für Wirtschaft und Arbeit), betr. Neuregelung des ärztlichen Dienstes bei der Zentralsozialversicherungsanstalt und den Krankenkassen, 27.11.1944, NACR, MHP 250, 4288.

83 Joseph Schneider (Ministerium für Wirtschaft und Arbeit) an Franz Koreis (Zentralsozialversicherungsanstalt), betr. Neuregelung des ärztlichen Dienstes bei der Zentralsozialversicherungsanstalt, 2.2.1945, NACR, MHP 250, 3844.

ten schlechten Allgemeinzustand der Gefolgschaftsmitglieder sei eine »Herabsetzung der Morbidität bei den Elektrischen Unternehmungen nicht« zu erwarten.[84]

Die vielfältigen Versuche und konkreten Aktionen des Ministeriums im Bereich der Krankenversicherung, die von Schneider verantwortet und forciert worden sind, besaßen vor allem den Zweck, den Arbeitseinsatz für das Deutsche Reich so weitreichend wie möglich zu gestalten. Die Krankenversicherung bot hier sicherlich den schnellsten und effektivsten Weg, einen Zweig der Sozialversicherung für den Arbeitskräfteeinsatz zu instrumentalisieren. Die Einrichtungen der Krankenversicherung, die das Risiko der Arbeitsunfähigkeit absicherten, wurden dazu gedrängt, einen verschärften Standard bei der Begutachtung zu setzen. Mögliche andere Faktoren, die zu einem erhöhten Krankenstand führen konnten – saisonbedingte Erkrankungen, verschlechterte Versorgungslage der Bevölkerung und damit einhergehende Schwächung der Arbeitskraft, unterschiedliche Schwere der Beschäftigung –, wurden von den deutschen Dienststellen nicht beachtet. Stets galt es, das angebliche oder tatsächliche »Bummelantentum« zu beheben. Das Referat um Schneider hat daher aktiv an der Instrumentalisierung der Krankenversicherung zum Zwecke des verstärkten Arbeitseinsatzes mitgewirkt. Wie lässt sich Schneiders Wirken im Bereich der Invalidenversicherung darstellen? Wurden deren Träger ebenfalls den Wünschen und Bedürfnissen des Arbeitseinsatzes untergeordnet?

Die Invalidenversicherung unterschied sich in ihrer Instrumentalisierbarkeit gegenüber der Krankenversicherung in einigen Punkten. Der wichtigste Unterschied ist die Dauer des Risikos, die diese beiden Sozialversicherungszweige abdecken. Die Krankenversicherung deckte lediglich einen kurzen Zeitraum ab – den der krankheitsbedingten Arbeitsunfähigkeit. Die Invalidenversicherung hingegen, die ebenfalls die Altersversicherung enthielt, umfasste hingegen das langfristige Risiko der Erwerbsunfähigkeit. Die Krankenversicherung kompensierte also den Verdienstausfall aufgrund kurzfristiger, behandelbarer Beschwerden, während die Invalidenversicherung vor allem bei chronischen

---

84 Wolf (Zentralsozialversicherungsanstalt) an Laggai (Ministerium für Wirtschaft und Arbeit), betr. Krankenstand bei der Betriebsversicherungsanstalt der Elektrischen Unternehmungen in Prag, 17.4.1945, NACR, MHP 250, 5037.

Krankheiten, bei einem Gesamtzustand, der keine Besserung erwarten ließ, und bei der Erreichung der Altersgrenze griff. Zur Instrumentalisierung schien sich daher die Krankenversicherung besser zu eignen, da dadurch kurzfristig Arbeitskräfte gewonnen werden konnten, während durch die Invalidenversicherung ja ihrer Natur nach eher ein geringeres Arbeitskräftepotenzial bereitgestellt werden konnte. Die Invalidenversicherung schien jedoch auf einer anderer Ebene ein hervorragendes Propagandainstrument darzustellen: Versprochene sozialpolitische Wohltaten mussten erst in einer entfernten Zukunft eingelöst werden. Dennoch wurde auch die Invalidenversicherung zu den Zwecken des Arbeitseinsatzes herangezogen – im Reich wie im Protektorat. Im Protektorat Böhmen und Mähren lag es hingegen in der alleinigen Verantwortung von Joseph Schneider, vermeintlich brachliegendes Arbeitskräftepotenzial für den Arbeitseinsatz zu reaktivieren. Wie beschrieben, nutzten die Deutschen die Rentenversicherung vor allem dafür, für das Modell des deutschen Sozialstaates und damit für die Legitimität der eigenen Herrschaft zu werben.

Die Indienstnahme der Invalidenversicherung zeigt sich zum ersten dadurch, dass das damalige Prager Ministerium für soziale und Gesundheitsverwaltung die Bestimmungen des vom Reichsarbeitsministerium im Reich im Januar 1941 eingeführten »Kriegsgesetzes«[85] übernahm, und zweitens, dass ab 1943 dann das neu geschaffene Ministerium für Wirtschaft und Arbeit, genauer das Referat Schneiders, die Versicherten so lange wie möglich im Arbeitsprozess belassen und nicht an die Rentenversicherung »verlieren« wollte.

Die wichtigste Bestimmung des »Kriegsgesetzes« legte fest, dass eine Rente nicht deshalb wieder entzogen werden durfte, wenn der Rentner wieder eine Arbeitsstelle annahm. Damit wollte das Reichsarbeitsministerium die Rentner wieder in den Arbeitsprozess integrieren. Als »positiven Anreiz« durften die Rentner ihre Rente behalten, erhielten also neben dem vollen Lohn ihre Rente, außerdem mussten sie keine Sozialabgaben zahlen.[86]

Mit der Regierungsverordnung 420/41 vom 6. November 1941 führte das Ministerium für soziale und Gesundheitsverwaltung diese Bestimmungen ebenfalls im Protektorat ein.[87] Tatsächlich enthielt die

---

85 Gesetz über weitere Maßnahmen in der Reichsversicherung aus Anlaß des Krieges vom 15.1.1941, RGBl. I 1941, S. 34-36.
86 Vgl. Kapitel V.1.
87 Regierungsverordnung vom 6. November 1941 über einige Übergangsmaßnahmen aus Anlaß des Krieges im Bereiche der öffentlichen Sozialversicherung (Vladni narizeni ze dne 6. listopadu 1941 o nekterych prechodnych

Verordnung als einzige wesentliche Änderung den Inhalt des §21 des »Kriegsgesetzes«. Eine Gegenüberstellung macht dies deutlich:

	Deutsches Reich, Reichsarbeitsministerium	Protektorat, Ministerium für soziale und Gesundheitsverwaltung
Name	Gesetz über weitere Maßnahmen in der Reichsversicherung aus Anlaß des Krieges	Übergangsmaßnahmen aus Anlaß des Krieges im Bereiche der öffentlichen Sozialversicherung
Datum	15.1.1941	6.11.1941
Paragraf, der das Ruhen der Rente verbot	§21: »Eine wegen Invalidität (Berufsunfähigkeit) gewährte Rente darf nicht deshalb entzogen werden oder ruhen, weil der Berechtigte während des Krieges erneut eine Tätigkeit ausübt.«	§5: »Eine Invaliditätsrente (-provision) darf nicht deshalb entzogen werden oder ruhen, weil der Berechtigte während des Krieges erneut eine Beschäftigung ausübt.«

Tabelle 3: Gegenüberstellung des »Kriegsgesetzes« im Deutschen Reich und im Protektorat Böhmen und Mähren

Die Ähnlichkeiten im Namen und Text des Gesetzes waren kein Zufall. Das Ministerium für Wirtschaft und Arbeit griff die Rentenversicherungspolitik des Reichsarbeitsministeriums bewusst auf. Damit übernahm das Ministerium für soziale und Gesundheitsverwaltung aktiv die vom Reichsarbeitsministerium im Reich geschaffene Regelung der positiven Anreize für in Rente stehende Personen, wieder einer Beschäftigung nachzugehen. Dies geschah (wahrscheinlich) ohne Einflussnahme durch das Reichsarbeitsministerium. Das Beispiel belegt aber, wie sich Schneider an der Gesetzgebung des Reiches orientierte. Im Reich führte die Entscheidung, das »Kriegsgesetz« in dieser Form zu erlassen, zu massiven Problemen, da es auf der einen Seite den Rentenbestand und damit die finanziellen Ausgaben der Träger stark anwachsen ließ, auf der anderen Seite aber, dass es die Moral der keine Rente beziehenden Arbeiter beeinträchtigte. Auch im Protektorat ließen die Bestimmungen dieser Verordnung den Bestand der Versiche-

opatrenich z duvoda valky v oboru verejnopravniko socialniho pojisteni), in: Sammlungen der Gesetze und Verordnungen des Protektorates Böhmen und Mähren, 1941, Prag 1941. Nicht nur der Inhalt erinnert an die Bestimmungen des Kriegsgesetzes, selbst der Name ist vom deutschen Gesetz abgeleitet. Schneider hat sich ganz klar an den Ausführungen des Reichsarbeitsministeriums orientiert.

rungsträger massiv ansteigen. Das Reichsarbeitsministerium hatte die Folgen dieser Regelung nicht beachtet. Auf der einen Seite brachte es Rentner dazu, wieder einer Erwerbstätigkeit nachzugehen. Auf der anderen Seite aber wurde dadurch der Rentenentzug unmöglich gemacht, und zwar nicht nur, wenn ein Rentner eine Arbeitsstelle annahm, sondern auch dann, wenn nur eine vorübergehende Invalidenrente gewährt wurde, etwa, weil sie deswegen gewährt wurde, weil die Wahrscheinlichkeit hoch war, dass der Versicherte nach einem längeren Zeitraum oder einer Erholungskur wieder erwerbsfähig werden würde. Das heißt, das Gesetz verbot den normalen, vom Recht gedeckten und auch so vorgesehenen, vollzogenen Rentenentzug bei Besserung des Gesundheitsstandes.

Zusätzlich besaß das »Kriegsgesetz« des Protektorats sogar eine noch weitergehende Regelung, nach der die Ausübung einer Beschäftigung im Bereiche der Invalidenversicherung gänzlich ohne Einfluss auf den Anspruch und Bezug der Rente war. Der betreffende Paragraf war sehr offen formuliert,[88] sodass sich die direkten Folgen daraus erst im Jahre 1943 abzeichnen sollten. Er war dahingehend unpräzise, dass er offenließ, ob sich der Versicherte, der einen Rentenantrag gestellt hatte, noch in einer Arbeitsbeziehung befand. Offensichtlich ging das Ministerium für soziale und Gesundheitsverwaltung davon aus, dass einem Versicherten, der einer Arbeit nachging, keine Invalidität bescheinigt werden würde. Tatsächlich schloss der entsprechende Paragraf die legale Möglichkeit der Vergabe einer Invalidenrente bei gleichzeitiger Erwerbstätigkeit nicht aus. Wenn jedoch die Vergabe einer Rente unabhängig von der wirtschaftlichen Lage war, dann konnte im Protektorat eine Invalidenrente an einen Versicherten vergeben werden, der nach ärztlichem Attest nicht mehr in der Lage sei, einer Erwerbstätigkeit nachzugehen, ganz gleich, ob er sich nun in einem Beschäftigungsverhältnis befand oder nicht.

Weil diese Regelung für das Rentenversicherungsrecht derart ungewöhnlich war, konnte zu Beginn gar nicht abgeschätzt werden, welche Folgen dies besaß. Ein Urteil des Oberversicherungsgerichtes Prag vom 17. Dezember 1943 leitete die Entwicklung zu einem rasanten Anstieg des Invalidenversicherungsbestandes schließlich ein. Die Zentralsozialversicherungsanstalt hatte die Vergabe einer Invalidenrente abge-

---

88 Der konkrete Wortlaut lautete: »Die Ausübung einer Erwerbsbeschäftigung während des Krieges ist im Bereiche der Invaliditäts- und Altersversicherung der Arbeitnehmer und der Provisionsversicherung der Bergarbeiter ohne Einfluß auf die Entstehung des Anspruches auf Renten und deren Genuß.«

lehnt, weil eine Rentenbewerberin, der zwar 80% Erwerbsunfähigkeit anerkannt wurde, noch immer einer Beschäftigung mit vollem Lohn nachging. Das Gericht entschied in der von der Versicherten eingelegten Berufung zuungunsten der Zentralsozialversicherungsanstalt und verwies dabei auf die Verordnung vom 6. November 1941, wonach »die Ausübung einer erwerbstätigen Beschäftigung während des Krieges im Bereich der Invalidenversicherung, um die es sich hier gerade handelt, und im Bereich der Altersversicherung keinen Einfluss hat auf das Entstehen eines Anspruches auf Renten und auf deren Bezug«. Das Gericht attestierte, dass die Bestimmung »also aus Gründen des Krieges eine vorübergehende Massnahme für die Versicherten und Rentner der öffentlich-rechtlichen Versicherung [erhält], die gegenüber [...] der bestehenden Judikatur in der Hinsicht günstiger ist«.[89] Zahlreiche Ärzte der Zentralsozialversicherungsanstalt wandten sich daraufhin an die ZSVA, um die Folgen dieses Urteils für die Begutachtungspraxis zu erfragen und ihre Verwunderung auszudrücken, wie weit die Verordnung bei der gleichzeitigen Gewährung von Rente und Arbeitslohn gehe.[90]

1944, als die statistischen Zahlen über die Entwicklung der Renten im Protektorat im Jahre 1943 vorlagen, wurde dem Ministerium für Wirtschaft und Arbeit schließlich bewusst, wie stark der Versichertenstand im Protektorat inzwischen angewachsen war. Vor allem die Zahl der neu festgelegten Renten war deutlich angestiegen. In den Jahren 1939 bis einschließlich 1941 schwankte die absolute Menge neu festgesetzter Renten zwischen 2200 und 3500 pro Quartal. 1942 stiegen die Neufestsetzungen rasant an. Der Mittelwert zwischen 1939 und 1941 betrug knapp 3000 Neufestsetzungen pro Quartal, 1943 betrug er inzwischen knapp 5900 neue Renten pro Quartal. Die Zahl der Neufestsetzungen hat sich also innerhalb des Jahres 1942 um fast das Doppelte erhöht (siehe Abbildung auf S. 274).

---

89 Urteil des Versicherungsobergerichtes Prag: Vizenzia Sinkyrik aus Brünn gegen die Zentralsozialversicherungsanstalt in Prag, 17.12.1943, NACR, MHP 250, 4110.
90 Ordinarius Ocanasek (Krankenhaus Friedeck) an Rechtsabteilung der Zentralsozialversicherungsanstalt, betr. Erforderliche Aufklärung in den Berührungspunkten der ärztlichen und rechtlichen Entscheidung über den Anspruch auf Invalidenrente, 28.6.1944, NACR, MHP 250, 4110.

Die Entwicklung der neu festgelegten Invalidenrenten der Zentralsozialversicherungsanstalt, 1939-1943

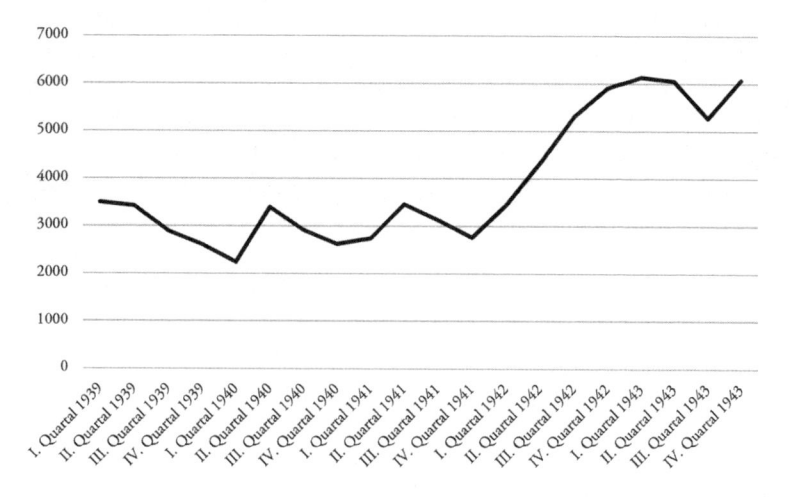

Auch die Gesamtzahl der laufenden Renten der Zentralsozialversicherungsanstalt war gestiegen. Im März 1939 verzeichnete die ZSVA noch 88 317 laufende Invalidenrenten und 21 366 Altersrenten (zusammen 109 683). Im Dezember 1943 hatte sich die Zahl der Invalidenrenten auf 131 903 und die der Altersrenten auf 33 727 erhöht (zusammen 165 630), was einer Steigerung von 51 % entspricht. Dass der Rentenbestand insgesamt stieg, hatte sich auch im Reich gezeigt.

Die Prager Zentralsozialversicherungsanstalt, der zentrale Träger der Arbeiterrentenversicherung im Protektorat, der unter deutscher Leitung eines Direktors Koreis stand, bemerkte das Anwachsen der Versicherungszahlen als Erstes. In einem Rundschreiben an die Krankenkassen, die beteiligten Ärzte und Vertrauensärzte der ZSVA forderte Koreis ein härteres Durchgreifen und die Ausnutzung des gesamten medizinischen Potenzials, um Versicherte nicht in die Invalidität abgleiten zu lassen. Er hatte den Verdacht, dass die Krankenkassen chronisch Kranke und schwer heilbare Fälle allzu leicht »invalidisieren« würden, um sich ihrer zu entledigen. Tatsächlich legte der Druck, den die Zentralsozialversicherungsanstalt und das Ministerium für Wirtschaft und Arbeit auf die Krankenkassen ausübten, den Krankenstand zu verringern, diesen Verdacht sicherlich nahe. Daher forderte Koreis, dass diese »Frühinvalidisierung« aufzuhören habe und der Anspruch auf Krankengeld primär gegenüber dem Anspruch auf Invalidenrente sei. Schwerkranke sollten deswegen nicht sofort in die Invalidität überführt werden; stattdessen sollten alle möglichen Heilfürsorgemaßnahmen ausgeschöpft werden, um die drohende Invalidität abzuwenden oder so weit wie möglich aufzuschieben. Worum es der ZSVA ging, war dabei klar:

> »Die ZSVA wird bei der Beurteilung des gegenseitigen praktischen Verhältnisses von Krankheit und Invalidität nicht allein nur von ihrem finanziellen Interesse (obwohl auch dieser Umstand heute im Hinblick auf das überdurchschnittliche Anwachsen der Rentnerzahl nicht übersehen werden darf), sondern vor allem von dem Interesse für die kranken Versicherten und in der heutigen Zeit auch von dem dringenden Gebot geleitet, daß jede brauchbare Arbeitskraft, selbst wenn die betreffende Person mit körperlichen oder geistigen Mängeln behaftet ist, der Volksgemeinschaft Nutzen bringen und in geeigneter Weise eingegliedert werden muß.«[91]

Koreis hat sich dann sofort an Schneider gewandt, um die erhöhten Invalidenrenten zu besprechen und Gegenmaßnahmen einzuleiten. Auf der einen Seite machte er die in den Jahren 1941 bis 1943 erlassenen Regierungsverordnungen für diese Entwicklung verantwortlich;[92] auf der anderen Seite einen Erlass des Ministeriums für Wirtschaft und Arbeit vom 14. August 1942, der sich an ein Rundschreiben des Reichsversicherungsamtes anlehnte, und eine gewisse Großzügigkeit gegenüber Versicherungsansprüchen einforderte:

> »Weiterhin sind die Versicherungsträger verpflichtet, bei der Anwendung der Gesetze mehr als bisher den Sinn der Vorschriften zu beachten und nicht lediglich nach dem Wortlaut der gesetzlichen Vorschriften ihre Massnahmen zu treffen. Auch hierbei ist zu beachten, dass die gesetzlichen Vorschriften in erster Linie dem Versicherungsträger die Pflicht der Fürsorge für den Versicherten übertragen. Die Vorschriften der Gesetze sind daher möglichst grosszügig und wohlwollend zu Gunsten der Versicherten auszulegen. Soweit als möglich, sind offenbare Unbilligkeiten und Härten, die sich etwa aus dem Wortlaute der Gesetze ergeben können, zu vermeiden.«[93]

---

91 Franz Koreis (Zentralsozialversicherungsanstalt) an alle Krankenkassen, betr. Vorlegen der Anträge auf Invalidenrente, 5.4.1944, NACR, MHP 250, 4110. Dieses Rundschreiben wurde ebenfalls auf Tschechisch versandt.
92 Die schon angesprochene Verordnung 420/41 verbot den Entzug der Rente bei Arbeitsaufnahme,
93 Das Rundschreiben des Reichsversicherungsamtes an die Sozialversicherungsträger vom 30. Juli 1941 prangerte eine Verwaltungspraxis der Träger

Dieses Schreiben wurde ebenfalls in tschechischen Tageszeitungen und in tschechischer Sprache den Ärzten und Versicherten des Protektorats zugänglich gemacht. Als dritten Grund für das rapide Ansteigen der Zahl der Invalidenrenten nannte Koreis den von der Zentralsozialversicherungsanstalt ausgeübten Druck auf die Krankenkassen, den Krankenstand zu senken, wobei auch die Auswirkungen der Verordnung 420/41 eine Rolle spielte:

»Der auf die KVA-en von der ZSVA ausgeübte Druck, den Krankenstand zu senken, hat bei den KVA-en das Bestreben ausgelöst, sich der chronisch kranken Arbeitsunfähigen dadurch zu entledigen, dass sie der Invalidisierung zugeführt wurden. Dies lag umso näher, als ja die meisten Amtsärzte der KVA-en zugleich auch Vertrauensärzte der ZSVA für die Begutachtung der Anträge auf Invalidenrente sind, die vermutlich unter diesen Verhältnissen leichter geneigt sind, die Invalidität als gegeben anzuerkennen. Bei den Versicherten selbst ist erst recht der Wunsch nach Erlangung der Invalidenrente zu verstehen, wenn sich herumspricht, dass Aussicht auf wohlwollende Beurteilung des Antrages besteht und ausserdem sicher ist, dass man damit zu seinem normalen Arbeitsverdienst einen schönen Zuschuss erlangen kann.«[94]

Durch das oben erwähnte Rundschreiben hat die Zentralsozialversicherungsanstalt bereits im April 1944 versucht, diesen Tendenzen entgegenzuwirken. In Abstimmung mit Joseph Schneider hatte Koreis Mitte des Jahres 1944 damit begonnen, Gegenmaßnahmen gegen die immer höher werdende Zahl von Neuzugängen in der Invalidenversicherung zu ergreifen. So wurde eigens ein Vertrauensarzt einge-

---

an, die sich zu formal an dem Gesetzestext orientierte und Versicherungsansprüche nicht wegen »kleiner formaler Ungenauigkeiten« nicht anerkennen solle. In der Praxis haben sich die Träger jedoch nicht an dieses unverbindliche Rundschreiben, das eine gewisse Großzügigkeit gegenüber Versicherten suggerierte, gehalten. Das Rundschreiben des Ministeriums für Wirtschaft und Arbeit trug den Titel »Soziale Rechtsauslegung«, das des Reichsversicherungsamtes »Soziale Rechtsanwendung«. Auch dieser Text ähnelt derart stark dem des Erlasses des Reichsversicherungsamtes, dass von einer direkten Übernahme durch die Protektoratsbehörden ausgegangen werden muss. Das Rundschreiben ist überliefert in: Reichsversicherungsamt an Träger der Unfall-, Invaliden-, Angestellten- und Knappschaftsversicherung, betr. Soziale Rechtsanwendung, 30.7.1941, GLAK 462 Zugang 1994-38/94.

94 Franz Koreis (Zentralsozialversicherungsanstalt) an Joseph Schneider (Ministerium für Wirtschaft und Arbeit), betr. Ungewöhnliches Ansteigen der Zahl der Invalidenrenten, 30.6.1944, NACR, MHP 250, 4110.

stellt, der die von den Ärzten der Zentralsozialversicherungsanstalt genehmigten Invalidenrentenanträge nochmals überprüfen sollte, um gegebenenfalls ergänzende Fachgutachten anfordern zu können. Auch beauftragte Koreis die Vertrauensmänner der ZSVA bei den Sozialversicherungsgerichten, auf die Senatsvorsitzenden Druck auszuüben, damit diese für eine strengere Beurteilung der Invalidität einträten, »wobei sie die Auffassung zu vertreten haben, dass der gesetzliche Begriff der Invalidität keineswegs ein feststehender medizinischer Begriff, sondern entsprechend den jeweiligen wirtschaftlichen Verhältnissen auszulegen ist«. Koreis sprach hier aus, was das Reichsarbeitsministerium bereits seit Beginn der NS-Zeit verfolgt hatte: die Umdeutung des Begriffes der Invalidität. Tatsächlich gab es in der Ausführung der Invalidenversicherung seit ihrem Beginn im Kaiserreich das Problem, inwieweit die wirtschaftliche Lage und die des Arbeitsmarktes, also der Verfügbarkeit von Arbeitsstellen für mehr oder weniger starke invalide Personen, eine Rolle für die Leistungsgewährung spielen sollten. Auch die 1911 eingeführte Reichsversicherungsordnung konnte diese Frage nicht eindeutig beantworten, sodass es weiterhin Sache des Reichsversicherungsamtes und der Oberversicherungsämter blieb, der Frage nachzugehen, inwieweit die aktuelle Lage des Arbeitsmarktes die Beurteilung der Invalidität beeinflusste.[95] Wollte das Reichsarbeitsministerium diese Frage im Reich dahingehend verstanden wissen, dass die Lage des Arbeitsmarktes, sprich, vor allem der massive Arbeitskräftemangel, sehr wohl eine Rolle spielen sollte – so legten es auch Koreis und Schneider für das Protektorat Böhmen und Mähren aus:

»In Zeiten, wo, wie heute, ein grosser Mangel an Arbeitskräften besteht, finden aber auch Menschen Beschäftigung und normalen Verdienst, die wegen eines Gebrechens eigentlich nicht mehr voll einsatzfähig sind oder wenn, so nur für gewisse Arbeiten […]. Jedenfalls aber verdienen sie tatsächlich mehr als ein Drittel des gewöhnlichen Verdienstes eines körperlich und geistig gesunden Arbeiters derselben Art mit ähnlicher Ausbildung […], während sie namentlich in Zeiten wirtschaftlicher Depression dieses Drittel keinesfalls verdienen würden, also invalid wären.«

95 Siehe dazu Dersch: Leistungsvoraussetzungen der Sozialversicherung und Arbeitseinsatz, S. 146; Landesversicherungsamt Saarlouis: Zur Auslegung des Begriffs der Invalidität, in: Die Arbeiter-Versorgung 52 (1935), S. 227; Reichsversicherungsamt: Invalidität und Lohndrittel, in: Die Arbeiter-Versorgung 53 (1936), S. 54-55 (Beilage).

Koreis wollte schließlich noch stärker dafür werben, dass die tschechischen Ärzte die Belange des Arbeitseinsatzes berücksichtigten und sich bei der Auslegung des Begriffs der Invalidität an der wirtschaftlichen Lage des Arbeitsmarktes orientierten.[96] So argumentierte er gegenüber Schneider: »Jedenfalls scheint es klar zu sein, dass die heutige verstärkte Einsatzmöglichkeit auch invalider Personen von entscheidendem Einfluss bei der Beurteilung der Invalidität sein muss, soweit es sich um neue Rentenanträge handelt.«[97]

Das »Kriegsgesetz« des Protektorats unterschied sich von dem des Reiches in einem Punkt: Während das Reichsgesetz das Ruhen einer Rente nur dann verbat, wenn der Versicherte erneut eine Tätigkeit ausübte (also vorher beschäftigungslos war), so gab es diese Einschränkung im Protektorat nicht: Der Bezug einer Rente war möglich, wenn ein Arzt Invalidität bescheinigte, der Rentenbewerber aber dennoch einer Erwerbstätigkeit nachging. Es war fraglich, ob die Gegenmaßnahmen Schneiders und Koreis' die gewünschte Durchschlagskraft für eine bessere Indienstnahme der Rentenversicherung für den Arbeitseinsatz nach sich ziehen würden. Daher entschied sich Schneider, bei Minister Bertsch für eine Novellierung der Regierungsverordnung 420/41 einzutreten.[98] Noch im Januar 1945 stellte die Abteilung Schneiders

---

96 Franz Koreis (Zentralsozialversicherungsanstalt) an Joseph Schneider (Ministerium für Wirtschaft und Arbeit), betr. Ungewöhnliches Ansteigen der Zahl der Invalidenrenten, 30.6.1944, NACR, MHP 250, 4110; Joseph Schneider (Ministerium für Wirtschaft und Arbeit) an Franz Koreis (Zentralsozialversicherungsanstalt), 1.7.1944, NACR, MHP 250, 4110; Josef Schneider (Ministerium für Wirtschaft und Arbeit) an Laggai (Ministerium für Wirtschaft und Arbeit), betr. Weitere Angaben über die Entwicklung der Renten in der Invaliden- und Altersversicherung des Protektorats in den Jahren 1939-1943, 30.6.1944, NACR, MHP 250, 4110.

97 Franz Koreis (Zentralsozialversicherungsanstalt) an Joseph Schneider (Ministerium für Wirtschaft und Arbeit), betr. Entwicklung der Renten in der Invaliden- und Altersversicherung des Protektorats, 7.7.1944, NACR, MHP 250, 4110.

98 Den Impuls dazu erhielt Schneider von Koreis, der zuerst eine Novellierung der Regierungsverordnung forderte. Franz Koreis (Zentralsozialversicherungsanstalt) an Joseph Schneider (Ministerium für Wirtschaft und Arbeit), betr. Regierungsverordnung Nr. 420, 30.9.1944, NACR, MHP 250, 4110. Zunächst beauftragte Schneider seinen engsten Mitarbeiter, Laggai, damit, die Möglichkeit einer Einflussnahme auf die Entscheidungen der Versicherungsgerichte zu sondieren, als dies jedoch nicht erfolgversprechend schien, entschied sich Schneider dazu, für die Novellierung der Verordnung bei Minister Bertsch zu werben. Vgl. Laggai (Ministerium für Wirtschaft und Arbeit)

die Weichen für eine Änderung des Gesetzes, um sich noch stärker am Reichsrecht zu orientieren: »Wir werden nunmehr versuchen, das Protektoratsrecht dem Recht der Reichsversicherung anzupassen, um in Zukunft zu erreichen, dass der Begriff der Invalidität sowohl im Reichsrecht wie im Protektoratsrecht nach einheitlichen Gesichtspunkten ausgelegt wird.«[99] Das Kriegsende beendete die Diskussionen.

Das Beispiel des Protektorats Böhmen und Mähren veranschaulicht die Einflussnahme, die das Reichsarbeitsministerium auch außerhalb seines eigentlichen Verwaltungsbereichs ausübte. Nicht nur die Abordnung von Beamten aus dem eigenen Verwaltungsapparat, die Einsetzung von Kommissionen bei den entsprechenden tschechischen Sozialbehörden und die Rücksprachen zwischen abgeordneten Beamten und dem Reichsarbeitsministerium verdeutlichen dies. Auch die konkrete Ausgestaltung der Rentenversicherung vor Ort orientierte sich an den Regelungen des Reichsarbeitsministeriums im Reich. Woran auch sonst? Die Sozialversicherungsabteilung von Joseph Schneider bestand aus wenigen Beamten. Für eigene sozialpolitische Konzepte gab es aufgrund des kaum überschaubaren Aufgabenfeldes der gesamten tschechischen Sozialversicherung keine verfügbaren Ressourcen. Die Rekrutierung von Arbeitskräften stand noch deutlicher als im Reich im Fokus von Schneiders Wirken. Dennoch muss konstatiert werden, dass sich die Rentenversicherungspolitik im Protektorat nicht von derjenigen des Deutschen Reiches unterschied. Dies betrifft jedoch lediglich die gesetzgeberischen Maßnahmen. Qualitative Unterschiede können nicht ausgeschlossen werden, und von ihnen ist angesichts der deutschen Verbrechen in den besetzten Gebieten auszugehen. Dass das Ghetto und Konzentrationslager Theresienstadt im Protektorat Böhmen und Mähren lag, war zudem für das Reichsarbeitsministerium bei der Diskriminierung der Juden bedeutsam. Wie noch zu sehen sein wird, hing die Diskriminierung der jüdischen Deutschen in der Rentenversicherung mit den Plänen von deutschen Dienststellen im Protektorat Böhmen und Mähren über die dorthin deportieren Juden zusammen.

an Hartrath (Oberversicherungsamt Aussig), betr. Invalidität bei Ausübung einer Beschäftigung, 11.10.1944, NACR, MHP 250, 4110; Laggai (Ministerium für Wirtschaft und Arbeit), Vermerk, betr. Begriff der Invalidität in der Rentenversicherung der Arbeiter, 11.1.1945, NACR, MHP 250, 4110.

99 Laggai (Ministerium für Wirtschaft und Arbeit) an Hartrath (Oberversicherungsamt Aussig), 11.1.1945, NACR, MHP 250, 4110.

3. Missglückte Rückkehr: die deutsche Rentenversicherungspolitik im Elsass

Kaum ein anderes Straßburger Gebäude steht so sehr für die Geschichte der Sozialversicherung in Elsass und Lothringen wie der ehemalige Verwaltungssitz der Landesversicherungsanstalt Elsass-Lothringen. Im Deutschen Kaiserreich erbaut, waren in diesem Gebäude die dort tätigen elsässischen Beamten für die Durchführung der im Kaiserreich eingeführten deutschen Rentenversicherung zuständig. Sie bearbeiteten die Rentenanträge, verwalteten und kontrollierten die Beitragszahlungen und zahlten den Rentnern die Leistungen aus der Rentenversicherung aus. Mit der Niederlage Deutschlands im Ersten Weltkrieg und der Abtretung des Gebietes an Frankreich verlor das Deutsche Reich seine Befugnisse über den Straßburger Rentenversicherungsträger. Erst nach der Niederlage Frankreichs im Westfeldzug 1940 und der faktischen Annexion des Elsass und Lothringens, befanden sich die Rentenversicherung und damit auch das Gebäude wieder in deutscher Hand.

Dies machte sich in den Diensträumen der Behörde unmittelbar bemerkbar, als die Inneneinrichtung im Januar 1941 den politischen Gegebenheiten angepasst werden musste. In einem Erlass der Landesversicherungsanstalt Baden an die des Elsass heißt es:

»Auf den Gängen und in den dem Publikumsverkehr zugängigen Räumen sind die Plakate anzubringen: ›Der deutsche Gruß ist Heil Hitler!‹ Außerdem wolle darauf geachtet werden, daß alsbald in den einzelnen Diensträumen Führerbildnisse in entsprechender Größe, Ausführung und Einrahmung angebracht werden. In dem Sitzungssaal sollten rechts und links der Führerbüste Hakenkreuzflaggen in würdiger und gefälliger Drapierung angebracht werden. Empfehlen möchte ich aber noch zu überlegen, ob es nicht schöner und würdiger wäre, wenn in dem großen Saal statt der Büste des Führers ein großes Bildnis angebracht würde, ähnlich wie Sie das hier in Karlsruhe im Sitzungssaal gesehen haben.«[100]

Genau wie das elsässische Territorium im Jahre 1940 faktisch in das Herrschaftsgebiet des Gauleiters von Baden, Robert Wagner, einge-

---

100 Wilhelm Pfisterer (Landesversicherungsanstalt Baden) an Heydacker (Gemeinsame Außenstelle der Landesversicherungsanstalten Baden und Saarpfalz), betr. Hitler-Büsten etc., 22.1.1941, GLAK 462 Zugang 1994-38/344, Bl. 285-286.

gliedert wurde, so kam die Landesversicherungsanstalt Elsass-Lothringen unter die Verwaltung des badischen Rentenversicherungsträgers in Karlsruhe. Den Auftrag zur Übernahme der Straßburger Geschäfte im Bereich der Rentenversicherung erhielt die Landesversicherungsanstalt Baden dabei sowohl vom Chef der Zivilverwaltung im Elsass als auch vom Reichsarbeitsministerium. Das Reichsarbeitsministerium war aufgrund seiner mittelbaren und unmittelbaren Aufsichtsfunktionen gegenüber den Rentenversicherungsträgern die vorgesetzte Behörde der Landesversicherungsanstalt Baden. Damit war es formal die einzige Behörde, die einer regionalen Landesversicherungsanstalt eine so weitreichende Anordnung zukommen lassen konnte, wie die Übernahme des Rentenversicherungsträgers eines annektierten Gebietes.

Die Nähe Karlsruhes zu Straßburg und die Angrenzung des Landes Bades an das Elsass prädestinierten die Landesversicherungsanstalt Baden zur Übernahme der Rentenversicherung im Elsass. Die beiden Städte lagen nur 80 Kilometer voneinander entfernt. Tatsächlich sollten die benachbarten deutschen Regionen und Länder eine wichtige Rolle in der Verwaltung der Sozialversicherung in den besetzten Gebieten spielen. Als die sudetendeutschen Gebiete dem Reich zugeschlagen wurden, war es Aufgabe der Landesversicherungsanstalt Schlesien in Breslau, diese Gebiete rentenversicherungsrechtlich zu verwalten. Der Gau Westmark, bestehend aus der Pfalz und dem Saarland, war für die Verwaltung der Rentenversicherung in Lothringen zuständig.

Die besondere Geschichte des Elsass erleichterte diese Übernahme. Die im Zuge der Einführung der Sozialversicherung im Deutschen Kaiserreich eingeführten Behörden wurden selbstverständlich auch im deutschen Reichsland Elsass-Lothringen errichtet. So gab es Krankenkassen und Berufsgenossenschaften als Träger der Kranken- und Unfallversicherung und seit Beginn der 1890er-Jahre eine Landesversicherungsanstalt zur Durchführung der Rentenversicherung.

Als Elsass und Lothringen nach der deutschen Niederlage im Ersten Weltkrieg wieder Frankreich zugeschlagen wurden, lösten die französischen Behörden das deutsche Sozialversicherungssystem keineswegs auf. Vielmehr wirkte das deutsche Modell als Vorbild auf die französischen Konzeptionen ein. Die französische Sozialversicherungsgesetzgebung der Zwischenkriegszeit geht direkt auf die vom Deutschen Reich geschaffenen Institutionen im Elsass zurück.[101]

---

101 Vgl. André Straus: Die Verwaltung des Ruhestandes in Frankreich im 19. und frühen 20. Jahrhundert, in: Zeitschrift für Unternehmensgeschichte 48

Bis zur Evakuierung des Elsass aufgrund des deutschen Überfalls auf Polen hat die Landesversicherungsanstalt Elsaß-Lothringen die Zahlungen an die Rentenberechtigten durchgeführt. Das von französischer Seite so genannte »Régime special«, die Sozialversicherung des Elsass nach dem Ersten Weltkrieg, blieb bis zur erneuten Annexion des Elsass durch das Deutsche Reich bestehen. Als das nationalsozialistische Deutschland im Jahre 1940 das ehemalige Reichsland Elsaß-Lothringen besetzte, fand es ein vom Deutschen Kaiserreich geschaffenes Sozialversicherungssystem vor, welches nur geringfügige Änderungen durch die französische Gesetzgebung erfahren hatte. Die dadurch gezogenen Kontinuitätslinien ermöglichten es dem Reichsarbeitsministerium, die Rentenversicherung im Elsass schnell an das deutsche Sozialversicherungssystem anzupassen.

Den Reichsministerien wird in der historischen Forschung eine eher untergeordnete Rolle im Herrschaftsgefüge des NS-Staates zugesprochen. Aufgrund struktureller und ideologischer Unterlegenheit seien die von der konservativen Ministerialbürokratie geprägten Ministerien unfähig gewesen, sich gegen die dynamische Konkurrenz von NS-Organisationen und zahlreichen Sonderbeauftragten durchzusetzen. Speziell das Reichsarbeitsministerium gilt in der Forschung als »schwaches Ministerium«, das in der polykratischen Struktur des NS-Staates gegenüber den Sonderbevollmächtigten aus der Partei häufig das Nachsehen hatte. Dies gilt sowohl für die Belange innerhalb des Deutschen Reiches als auch in den im Zuge des Zweiten Weltkrieges besetzten, annektierten und einverleibten Gebieten.

Das Bild der westdeutschen Gauleiter und Chefs der Zivilverwaltung wurde von der älteren Forschung stark von Hitlers Erlass vom August 1940 über die Verwaltung der annektierten Gebiete im Westen geprägt. Danach war der Chef der Zivilverwaltung einzig Hitler und Göring unterstellt, während er die Weisungen der obersten Reichsbehörden lediglich beachten sollte. Die Kompetenzverteilung zwischen den Chefs der Zivilverwaltung und den Reichsministerien konnte demnach »nur dazu führen und sollte es wohl auch, daß die Gauleiter letztlich taten, was sie wollten«.[102]

(2003), Nr. 1, S. 89-103; sowie vor allem Paul V. Dutton: Origins of the French Welfare State. The Struggle for Social Reform in France, 1914-1947, Cambridge 2002.

102 Eberhard Jäckel: Frankreich in Hitlers Europa. Die deutsche Frankreichpolitik im Zweiten Weltkrieg, Stuttgart 1966, S. 80.

Die Einflussnahme durch das Reichsarbeitsministerium

Das Reichsarbeitsministerium hielt auf dem Feld der Rentenversicherung vielfach die Handlungsinitiative in den Händen, sodass dem Chef der Zivilverwaltung oftmals lediglich die Verkündung der Verordnungen des Reichsarbeitsministeriums im Verordnungsblatt für das Elsass verblieb. Es trug somit zur Umsetzung sozialpolitischer Maßnahmen im Elsass bei.

Dem Chef der Zivilverwaltung fehlte sowohl die Expertise für die deutsche und französische Sozialversicherung als auch die materiellen und behördlichen Ressourcen zu ihrer Ausführung. Die Rentenversicherung, die eine große propagandistische Ausbeute versprach, war für den Chef der Zivilverwaltung allerdings attraktiv. Dennoch besaß er – wie der Reichsprotektor – keine genuine sozialpolitische Agenda, die über den Versuch hinausging, die elsässische Bevölkerung über sozialpolitische Leistungen für die Wiederangliederung des Elsass an das Deutsche Reich zu gewinnen. Stattdessen suchte er vermehrt die Kooperation mit den staatlichen Sozialversicherungsbehörden und dem Reichsarbeitsministerium. Ein hoher Grad der Verflechtung – auch auf personeller Ebene – zwischen staatlichen und NS-Behörden charakterisiert die Situation im Elsass auf dem Gebiet der Rentenversicherung deutlich besser als die Konflikte im Zuge polykratischer Strukturen, die dem NS-Staat zugeschrieben werden.

Die Untersuchung der Rentenversicherungspolitik im Elsass eignet sich aus drei Gründen besonders gut, der Frage nach der Bedeutung des Reichsarbeitsministeriums für die Sozialpolitik eines besetzten Gebietes nachzugehen.

Erstens deckte die Rentenversicherung einen sehr langen Zeitraum ab, meistens die gesamte Erwerbsbiografie der Versicherten. Indem sie die Risiken des Alters und der längerfristigen Erwerbsunfähigkeit absicherte, berücksichtigte sie Versicherungszeiten und Beitragszahlungen, die oftmals mehrere Jahrzehnte zurücklagen. Im Gegensatz zu den eher kurzfristigen Leistungen der Unfall- und Krankenversicherung war die Rentenversicherung somit viel stärker in die wechselhafte Geschichte des Elsass eingebunden. Die Rentenversicherung betonte damit über die politischen Systemwechsel der Zugehörigkeit des Elsass zu Deutschland und Frankreich hinweg einen Moment der Kontinuität.

Zweitens war die Landesversicherungsanstalt Elsass-Lothringen als Träger der Rentenversicherung bis Anfang 1941 für das gesamte

Gebiet Elsass und Lothringens zuständig, während die zahlreichen Krankenkassen und Berufsgenossenschaften deutlich kleinteiliger einzelne Regionen abdeckten. Aufgrund seiner zentralen Bedeutung für einen gesamten Versicherungszweig lässt sich somit das Wirken der Landesversicherungsanstalt Elsass-Lothringen und derjenigen Badens für die Sozialpolitik im Elsass unter deutscher Besatzung besonders gut untersuchen.

Und schließlich drittens lassen sich in der Rentenversicherungspolitik im Elsass genau die Elemente jener spezifischen NS-Sozialpolitik beobachten, die sich ebenfalls im »Altreich« bemerkbar machten. Beide Aufgaben der Rentenversicherung, die Absicherung der Risiken des Alters sowie die Hinauszögerung und Vermeidung von langfristiger Erwerbsunfähigkeit (»Invalidität«), spiegeln sowohl »alte« als auch »neue« Formen deutscher Sozialpolitik wider.

Dazu zählt, dass die Rentenversicherungsträger auch für die Gesundheitsförderung zuständig waren. Um die drohende Invalidität eines Versicherten abzuwenden oder hinauszuzögern, wiesen die Landesversicherungsanstalten ihre Versicherten in eigens erbauten Heilanstalten für medizinische Heilverfahren ein. Die Landesversicherungsanstalt Elsass-Lothringen etwa besaß vier Heilanstalten.

Bei der Durchführung der Alters- und Invalidenversicherung wird deutlich, welchen Vorbildcharakter die Gesetze und Verordnungen im Reich für die Regelungen im Elsass besaßen, welche diskriminierenden Praktiken gegenüber den sogenannten »Reichsfeinden« verfolgt worden sind und wie stark die sozialpolitische Agenda des Reichsarbeitsministeriums auf die Rentenversicherung eingewirkt hat. Insbesondere wird hier die Zusammenarbeit zwischen dem Ministerium und dem Chef der Zivilverwaltung im Elsass deutlich.

Der Chef der Zivilverwaltung im Elsass betonte besonders die gesundheitspolitischen Aspekte der Rentenversicherung – und hier vor allem den »Kampf gegen die Tuberkulose«. Die Tuberkulose, insbesondere die Lungentuberkulose, war die häufigste Krankheit, die zu einer vorübergehenden Invalidität der Versicherten geführt hat. Der Chef der Zivilverwaltung im Elsass hat diesen staatlichen und von der Rentenversicherung maßgeblich durchzuführenden gesundheitspolitischen Bereich zunächst in eigener Verantwortung übernommen. Im Gegensatz zur Invalidenversicherung kam es in diesem Bereich sehr bald zu Konflikten mit dem Reichsarbeitsministerium und der Landesversicherungsanstalt Baden.

Über Systemwechsel hinweg: die Landesversicherungsanstalt Elsass-Lothringen

Ob im Deutschen Kaiserreich, der französischen Demokratie der Zwischenkriegszeit oder der Diktatur des »Dritten Reiches«, die Landesversicherungsanstalt Elsass-Lothringen bildete stets die unverzichtbare Behörde der Rentenversicherung im Elsass. Dies galt auch für die Zeit der Besatzung und Annexion durch das nationalsozialistische Deutschland. Als die zu Beginn des Zweiten Weltkrieges aus dem Elsass evakuierte Bevölkerung nach der Niederlage Frankreichs im Westfeldzug zurückkehrte, wurde die Dienststelle der Landesversicherungsanstalt Elsass-Lothringen ebenfalls wieder in Betrieb genommen. Deren Personal sowie der Aktenbestand war zwischenzeitlich in der Lungenheilstätte Saales untergebracht.[103]

Insgesamt betreute die Behörde 450 000 Versicherte. Sie genehmigte Alters-, Invaliden-, Witwen- und Waisenrenten, deren Anzahl sich auf etwa 100 000 belief. Der Träger vergab sowohl Renten nach deutschem als auch nach französischem Recht, wie etwa die »vorzeitige Altersrente«, die das Sozialversicherungsrecht in Deutschland nicht kannte. Die Dienstaufsicht über die Landesversicherungsanstalt, die das Reichsversicherungsamt nach dem Ersten Weltkrieg verloren hatte, führte bis zum Zweiten Weltkrieg das Office Général des Assurances sociales d'Alsace et de Lorraine, danach das Zentralversicherungsamt in Périgueux.[104] Die Aufsicht über die Landesversicherungsanstalt wechselte demnach nicht zurück nach Berlin zum Reichsversicherungsamt.

Zu Beginn der Besatzung war es noch völlig unklar, wie die Sozialversicherung künftig in den Gebieten der Chefs der Zivilverwaltung durchgeführt werden sollte. Eine völkerrechtliche und offene Annexion des Gebietes hat das Deutsche Reich bekanntermaßen vermieden. Stattdessen fasste der Chef der Zivilverwaltung von Beginn an die Beteiligung der Landesversicherungsanstalt Baden an der Durchführung der Rentenversicherung im Elsass in Auge. Eine erste Fühlungnahme mit dem badischen Rentenversicherungsträger wurde bereits im Juli 1940 eingeleitet, als die Vorbereitungen zur Aufteilung der Landesversicherungsanstalt Elsass-Lothringen begannen. Das lothringische Versicherungsgebiet sollte planmäßig der Landesversicherungsanstalt

---

103 Vgl. Peggy Geissler/Francis Kessler/Norbert Olsz: L'Alsace-Lorraine, in: Philippe-Jean Hesse/Jean-Pierre Le Crom (Hg.): La protection sociale sous le régime de Vichy, Rennes 2001, S. 279-308.

104 Bericht über die derzeitige Lage der Landesversicherungsanstalt Elsass-Lothringen, 1.7.1940, GLAK 462 Zugang 1994-38/344, Bl. 23-63.

Saarpfalz in Saarbrücken zugeschlagen werden, während das elsässische Gebiet unter badischer Verwaltung stehen sollte. Organisatorisch vollzogen die Chefs der Zivilverwaltung die Trennung des Gebietes und die Auflösung der Landesversicherungsanstalt Elsass-Lothringen schließlich zum 1. Januar 1941. Forthin als »gemeinsame Außenstelle der Landesversicherungsanstalten Baden und Saarpfalz« bezeichnet, wurde die Straßburger Behörde zur ausführenden Dienststelle der beiden benachbarten deutschen Rentenversicherungsträger degradiert. Das Reichsarbeitsministerium war in diesem frühen Stadium nicht mit eigenem Personal bei den zahlreichen im Vorfeld der Trennung stattgefundenen Gesprächen anwesend, blieb jedoch aufgrund der Berichterstattung der Landesversicherungsanstalt Baden stets informiert.[105]

Dennoch standen die Sachbearbeiter im Ministerium der geplanten Übernahme zunächst abwartend gegenüber. Als die Verhandlungen über die Ausrichtung der elsässischen Rentenversicherung noch nicht abgeschlossen waren, veröffentlichte es im September 1940 einen Erlass an alle Militärbefehlshaber sowie zivile Stellen in den besetzten Gebieten. Der Erlass sah vor, dass die »reichsdeutsche« Bevölkerung nach den Verordnungen der Reichsversicherungsordnung zu versichern sei, während die einheimische Bevölkerung bei den dortigen Sozialversicherungsträgern versichert bleiben solle. Aufgrund der unklaren Stellung des Elsass in der deutschen Verwaltungsstruktur sollte dieser Grundsatz zunächst auch dort gelten.[106]

Der Chef der Zivilverwaltung im Elsass ließ jedoch die nicht »reichsdeutschen« Elsässer, die bei deutschen Firmen arbeiteten, nach der Reichsunfallversicherung versichern. Erst nachträglich hat das Reichsarbeitsministerium diesen Verordnungen zugestimmt.[107]

Auf dem Gebiet der Personalentwicklung besaß der Chef der Zivilverwaltung allerdings die alleinige Verantwortung. Im Juli 1940 hatte Wagner die Bedingungen für eine Übernahme elsässischer Beamter in den deutschen Dienst formuliert. Juden, französische Beamte so-

---

105 Wilhelm Pfisterer (Landesversicherungsanstalt Baden) an Gerhard Zschimmer (Reichsarbeitsministerium), betr. Versicherungsanstalt Elsaß-Lothringen, 31.7.1940, GLAK 462 Zugang 1994-38/344, Bl. 5-9.
106 Lothar Rosenberg (Reichsarbeitsministerium) an den Chef der Zivilverwaltung im Elsass, betr. Sozialversicherung in den besetzten Gebieten, 12.9.1940, BArch R 89/4498, Bl. 38-39.
107 Johannes Dormann (Reichsarbeitsministerium) an Chef der Zivilverwaltung im Elsass, betr. Unfallversicherung in Elsaß-Lothringen, 10.10.1940, BArch R 89/4498, Bl. 40.

wie jene Elsässer, die sich nicht zum »Deutschtum« bekannten, sollten nicht übernommen werden. Zudem wurde ein Grundsatz für die Übernahme formuliert: »Großmut nach unten und Härte nach oben« – dessen Umsetzung sich für den Bereich der Sozialversicherung bestätigen lässt. Bei denjenigen Beamten, die ins Elsass zurückkehrten, hielt sich der personelle Austausch jedoch in Grenzen: Von 173 Beamten, Angestellten und Arbeitern der Behörde, wurden vier wegen »französischer Volkszugehörigkeit«, neun wegen Weigerung, sich zum »Deutschtum« zu bekennen, und weitere vier, die vom Chef der Zivilverwaltung ausgewiesen worden sind, nicht wieder in den Dienst aufgenommen. Dem »Ausweisungsgrund« der »jüdischen Abstammung«, der der Statistik der Landesversicherungsanstalt Baden zu entnehmen ist, wurden keine Personen mehr zugeordnet.[108] Die Deportation und Abschiebung jüdischer Elsässer fand zu diesem Zeitpunkt bereits in vollem Umfang statt. Jüdische Angestellte der Landesversicherungsanstalt Elsass-Lothringen wurden bereits im Sommer 1940 aus dem Dienst entlassen, wobei sich darunter vor allem Ärzte der Heilanstalten befanden, wie der Chefarzt des Sanatoriums in Charleville in Lothringen.[109] Zu den entlassenen Mitarbeitern der »Gemeinsamen Außenstelle« gehörte auch der ehemalige Leiter der Anstalt, Julius Wackenthaler, der dort seit 1922 tätig war,[110] sowie der Leiter der Personalabteilung.[111]

Der personelle Austausch von elsässischen Beamten hielt sich demnach sehr in Grenzen und es entsteht der Eindruck, dass dies dem Wunsch der deutschen Besatzer entsprach. Aufgrund der strukturellen, rechtlichen und behördlichen Ähnlichkeit der Landesversicherungsanstalt Elsass mit denen im Reich sowie der Expertise der Beamten vor Ort war zur erfolgreichen Durchführung der deutschen Rentenversicherung kein Personalwechsel notwendig. Anders als in den besetzten Ostgebieten oder etwa in Österreich müssen die Kontinuitätslinien hervorgehoben werden. Auch wenn keine quantitativen

---

108 Gemeinsame Außenstelle der Landesversicherungsanstalten Baden und Saarpfalz an Landesversicherungsanstalt Baden, 19.6.1941, GLAK 462 Zugang 1994-38/345, Bl. 255-256.
109 Landesversicherungsanstalt Baden, Bericht über die derzeitige Lage der Landesversicherungsanstalt Elsass-Lothringen, 1.7.1940, GLAK 462 Zugang 1994-38/344, Bl. 23-63.
110 Chef der Zivilverwaltung im Elsass, Übernahme für den Beamtendienst im Elsass, 1.1.1941, GLAK 462 Zugang 1994-38/345, Bl. 137.
111 Wilhelm Pfisterer (Landesversicherungsanstalt Baden), Vermerk, 6.1.1941, GLAK 462 Zugang 1994-38/344, Bl. 15.

Aussagen hierzu getätigt werden können, lässt sich doch festhalten, dass einige Beamte der Landesversicherungsanstalt Elsaß-Lothringen bereits im Deutschen Kaiserreich in der Behörde tätig waren. Das deutsche Sozialversicherungsrecht war vielen der dort tätigen Beamten also noch präsent.

Den entlassenen Beamten folgten nicht selten deutsche Beamte, die im Elsass beschäftigt gewesen waren, nach dem Ersten Weltkrieg aber von französischen Stellen ins Deutsche Reich vertrieben worden waren. Die Bewerbungen solcher Beamter stapelten sich beim Chef der Zivilverwaltung, bereits im Juli 1940 waren es mehr als 100.[112]

Der temporäre und dauerhafte personelle Austausch zwischen der Landesversicherungsanstalt Baden und der »Gemeinsamen Außenstelle« wurde bereits sehr früh forciert. Zur Einarbeitung der deutschen Verwaltungstätigkeit wurden elsässische Beamte zur Landesversicherungsanstalt Baden abgeordnet, während badische Beamte den Aufbau der Verwaltung nach deutschem Vorbild im Elsass kontrollierten. Die Einarbeitung der elsässischen Beamten, die nach Karlsruhe abkommandiert worden waren, gelang aufgrund der gemeinsamen Ursprünge beider Landesversicherungsanstalten nahezu ohne Reibungen. Viele Beamte befanden sich bereits vor 1918 im Dienst. Das Fachwissen der elsässischen Beamten war in Karlsruhe daher außerordentlich gefragt.[113]

Die Landesversicherungsanstalt Baden hat neben elsässischem Personal auch ganze Abteilungen nach Karlsruhe verlegt. Die Bearbeitung neuer Rentenanträge wurden fortan dort bearbeitet, ebenso die Beitragsüberwachung, die Innenrevision und die Anträge zur Beitragserstattung bei Heirat. Lediglich die Heilverfahrensabteilung und die Abteilung zur Umrechnung französischer Renten nach dem Sozialversicherungsrecht im Reich verblieben in Straßburg. Zur Bearbeitung dieser Aufgaben sollten »vorwiegend leistungsfähige Beamte« aus dem Elsass nach Karlsruhe abgeordnet werden.[114] Die Landesversicherungsanstalt Baden ging bis zum Juli 1941 dabei von der Annahme aus, dass die »Gemeinsame Außenstelle« in Straßburg »so rasch wie

112 Chef der Zivilverwaltung im Elsass, Vermerk, betr. Beamtenverordnung für das Elsaß, 27.7.1940, GLAK 462 Zugang 1994-38/345, Bl. 133-134.
113 Landesversicherungsanstalt Baden an Chef der Zivilverwaltung im Elsass, betr. Beschluss, 22.4.1941, GLAK 462 Zugang 1994-38/348, Bl. 71-77.
114 Landesversicherungsanstalt Baden, Vermerk, betr. Die Übernahme der Heilfürsorge der Außenstelle Straßburg der LVA Baden auf die Hauptverwaltung in Karlsruhe, 13.1.1941, GLAK 462 Zugang 1994-38/362, Bl. 27-39.

möglich sozusagen auszuhöhlen und alles [...] nach Karlsruhe« zu nehmen sei. Konsequent hat sie dabei die personellen Lücken, die ihr in Folge der Abkommandierung vieler eigener Beamter zum Wehrdienst entstanden sind, mit elsässischen Beamten gefüllt.[115] Die elsässischen Beamten widersetzten sich den Abberufungen nach Karlsruhe vehement, jedoch erfolglos. Die Personalakquisition dieser Beamten gelang nur über das Instrument der Dienstverpflichtung. Kaum jemand meldete sich freiwillig für den Dienst in Karlsruhe, wobei weniger ideologische Gründe dagegensprachen, sondern persönliche. In Fragebögen konstatierten die meisten Beamten, dass sie ihre in Straßburg und Umgebung ansässige Familie nicht verlassen wollten. Diese Phase der Übernahme von Personal, Abteilungen und Aufgaben durch die Landesversicherungsanstalt Baden endete relativ abrupt im April 1941. Der Chef der Zivilverwaltung veranlasste gemeinsam mit dem Reichsarbeitsministerium die Rückverlegung nach Straßburg.[116] Die Gründe dafür hängen mit den konkreten sozialpolitischen Maßnahmen auf dem Gebiet der Rentenversicherung im Elsass zusammen.

Die Invaliden- und Altersversicherung

Das Ministerium agierte zu Beginn der Besatzungszeit aufgrund der unklaren Strukturen und Rechtsverhältnisse im Elsass eher passiv und trat nicht mit genuinen sozialpolitischen Verordnungen in Erscheinung. Dies hing wohl noch mit dem ungewissen Status des Elsass zusammen. Noch im September 1941 wurde etwa vom Reichsversicherungsamt die Terminologie von »souveränen Gebieten deutschen Rechts auf französischem Boden« genutzt.[117] Um die Rentenversicherungspolitik im Elsass durchzuführen, konnte die Landesversicherungsanstalt Baden ab dem 1. Januar 1941 auf die »Gemeinsame Außenstelle« zurückgreifen. Der langjährige Vizepräsident der Landesversicherungsanstalt Elsass-Lothringen, Maurice Heydacker

115 Landesversicherungsanstalt Baden an Chef der Zivilverwaltung im Elsass, betr. Abordnung elsässischer Bediensteten, 20.10.1941, GLAK 462 Zugang 1994-38/347, Bl. 215-220.
116 Wilhelm Pfisterer (Landesversicherungsanstalt Baden), Vermerk, 3.4.1941, GLAK 462 Zugang 1994-38/344, Bl. 307-314.
117 Reichsversicherungsamt, Auszugsweise Abschrift aus dem Bericht über die Dienstreise des Vizepräsidenten Schmitt und der Senatspräsidenten Hoenig und Krause des Reichsversicherungsamts aus Anlaß der Einführung der Reichsversicherung im Elsaß und in Lothringen, 15.9.1941, GLAK 462 Zugang 1994-38/344, Bl. 489-496.

wurde zu deren Leiter befördert. Zu den dringendsten Aufgaben nach der Annexion gehörte die Anpassung der elsässischen Renten an das deutsche Sozialversicherungsrecht und die formale Umrechnung auf das höhere Rentenniveau im Reich. Die Wiedereinführung von Zahlungen an elsässische und »reichsdeutsche« Rentner, die bei einem deutschen Rentenversicherungsträger versichert waren, sowie die Einführung des Vertrauensärztlichen Dienstes zur Beurteilung der Invalidität, zählten darüber hinaus zum Aufgabenspektrum der Landesversicherungsanstalt Baden.

Ihre erste Betätigung war die Wiedergewährung von Renten an »reichsdeutsche« Bürger, die im Elsass lebten und Leistungen von deutschen Trägern bezogen. Aufgrund eines Erlasses des Reichsarbeitsministeriums zu Beginn des Zweiten Weltkrieges mussten alle Beträge, die nach Frankreich gezahlt wurden, als feindliches Vermögen im Ausland angemeldet werden. Entsprechend gerieten auch die Rentenzahlungen ab Ende September 1939 nicht mehr zur Auszahlung. Wegen der unklaren staatsrechtlichen Situation im Elsass und in Lothringen hat das Reichsarbeitsministerium zunächst davon abgesehen, die Rentenzahlungen von deutschen Versicherungsträgern dorthin wiederaufzunehmen – im Gegensatz zu den Niederlanden, Belgien und Luxemburg.[118]

Es war die Landesversicherungsanstalt Baden, die ihre vorgesetzte Behörde darauf aufmerksam machen musste, dass die »Gemeinsame Außenstelle« die Rentenzahlungen an die elsässischen Rentner wieder aufgenommen habe, die deutschen Rentner im Elsass jedoch weiterhin keine Rentenleistungen von Trägern im Reich erhielten.[119] Den Vorschlag, die Renten vorzugsweise durch die »Gemeinsame Außenstelle« auszahlen zu lassen (wobei auf den dazu zu erstellenden »Rentenlisten« keine Juden aufzunehmen seien), setzte das Reichsarbeitsministerium nicht um, sondern erließ in Absprache mit dem Chef der Zivilverwaltung im Elsass die Anordnung, die Rentenzahlungen vom Reich ins Elsass wieder aufzunehmen.[120] Zeitgleich verfügte das Reichs-

---

118 Wilhelm Pfisterer (Landesversicherungsanstalt Baden) an Robert Wagner (Chef der Zivilverwaltung im Elsass), betr. Zahlung von Renten an Berechtigte im Elsaß, 23.8.1940, GLAK 462 Zugang 1994-38/388, Bl. 5-6.

119 Wilhelm Pfisterer (Landesversicherungsanstalt Baden) an Wilhelm Heller (Reichsarbeitsministerium), betr. Landesversicherungsanstalt Elsaß-Lothringen, 12.8.1940, GLAK 462 Zugang 1994-38/344, Bl. 17-18.

120 Reichsarbeitsministerium an Reichspostministerium, betr. Durchführung von Zahlungen der Reichsversicherung nach Elsaß-Lothringen und von Zahlungen elsaß-lothringischer Versicherungsträger nach dem Reich; Nach-

arbeitsministerium, dass der Rentenzahlungsverkehr von elsässischen Rentenversicherungsträgern ins Reich sowie den besetzten Gebieten wieder erfolgen sollte.[121] Das Reichsarbeitsministerium begann also damit, die Rentenzahlungen zwischen allen Territorien des Reiches zu koordinieren. Dies war ein Aufgabenfeld, das nicht zu den Kompetenzen der Chefs der Zivilverwaltung zählen konnte. Denn die Vereinheitlichung des komplexen Sozialversicherungsrechts ließ sich ohne die Berliner Zentralbehörden aus Reichsarbeitsministerium und Reichsversicherungsamt nicht bewerkstelligen. Die Erhöhung der elsässischen Renten folgte weniger der Logik einer »Bestechung« der Bevölkerung, sondern einer Angleichung des Rentenzahlungsverkehrs zwischen den Gebieten, die zum Deutschen Reich gehörten.

Ein Blick auf die Regelung von Anwartschaften scheint dies zu bestätigen. Genau wie das Reichsarbeitsministerium im Reich die Rahmengesetzgebung für die Rentenversicherung durchführte, so übte diese Funktion im Elsass der Chef der Zivilverwaltung aus. Die konkrete Auslegung der Gesetze wiederum war Aufgabe der Rentenversicherungsträger.[122] Die erste Bewährungsprobe stellte die Frage nach der Anwartschaft der elsässischen Renten. Es bestand eine Unsicherheit darüber, bis zu welchem Stichtag das französische Recht für die Bewertung von Rentenbescheiden gelten sollte. Da der Chef der Zivilverwaltung die Reichsversicherungsordnung zum 1. Januar 1941 im Elsass eingeführt hatte, galt es zu entscheiden, wie die Anwartschaften bis zum 31. Dezember 1940 auf französischer Rechtsgrundlage zu bewerten seien. Die beteiligten Akteure, die Landesversicherungsanstalt Baden, die »Gemeinsame Außenstelle«, die Angestelltenversicherung und die Vertreter der Chefs der Zivilverwaltung waren der Ansicht, dass die Anwartschaften, die nach französischem Recht erworben

zahlung von Renten der Reichsversicherung nach dem Elsaß, Lothringen und Luxemburg, 1.10.1940, BArch R 89/9266, Bl. 1.
121 Reichsarbeitsministerium an die Träger der Unfall-, Invaliden-, Angestellten- und Knappschaftsversicherung, betr. Fürsorge für elsass-lothringische Rentenempfänger nach der Fürsorgebekanntmachung vom 28. November 1930 und den Erlassen des Herrn Reichsarbeitsminister vom 20. September 1939 – II b 1497/39 A und vom 27. Juni 1940 – II b 905/40 A, 8.10.1940, GLAK 462 Zugang 1994-38/388, Bl. 21.
122 Koch (Reichsversicherungsanstalt für Angestellte), Vermerk, betr. Ergebnis der Besprechungen in Straßburg vom 21. Februar 1941 über die Einführung der Reichsversicherung im Elsaß und in Lothringen, 1.3.1941, DRV RfA-Archiv/Aktenordner »Nr. 132«.

worden waren, nach dem 1. Januar 1941 nicht erlöschen sollten. Unklar war jedoch, ob französische Anwartschaften, die erloschen waren, wiederaufleben konnten. Da die Anordnungen des Chefs der Zivilverwaltung in diesem Punkt nicht eindeutig waren,[123] forderten die Träger hierzu eine Regelung beim Reichsarbeitsministerium an.[124] Dieses trat, gemeinsam mit den Chefs der Zivilverwaltung,[125] für eine möglichst großzügige Anwendung der Anwartschaftsvorschriften ein. Folglich war es den elsässischen Versicherten formal möglich, auch lange zurückliegende Anwartschaften, die nach französischem Recht bereits erloschen waren, durch die »gemeinsame Außenstelle« wieder aufleben zu lassen.[126] Hierbei muss die symbolische Wirkung hinter diesem Schritt beachtet werden: Die Rentenversicherungspolitik des Chefs der Zivilverwaltung und des Reichsarbeitsministeriums hebt sich von der französischen Vorgehensweise deutlich ab, indem erloschene Anwartschaften aus der französischen Zeit durch deutsche Dienststellen wieder revitalisiert werden. Die Träger hatten besonders darauf zu achten, diese Auskünfte an die elsässischen Versicherten weiterzugeben.[127]

Es ist schwierig zu beurteilen, ob die elsässischen Rentner diese Verbesserungen auch spürbar erfahren haben. Denn die organisatorischen Probleme waren immens: Die Umrechnung der elsässischen Renten ging nur äußerst schleppend voran. Im Mai 1942, also knapp eineinhalb Jahre nach der Übernahme waren erst 13 % der Renten nach deutschem Recht umgerechnet. Aufgrund der personellen Engpässe konnten zahlreiche Rentenanträge erst mit großer Verzögerung oder überhaupt nicht bearbeitet werden.[128]

123 Josef Bürckel (Chef der Zivilverwaltung in Lothringen), Verordnung über die Durchführung der Sozialversicherung in Lothringen, 19.10.1940, GLAK 462 Zugang 1994-38/388, Bl. 9-19.
124 Wilhelm Pfisterer (Landesversicherungsanstalt Baden), Vermerk, 9.1.1941, GLAK 462 Zugang 1994-38/344, Bl. 213-222.
125 Gemeinsame Außenstelle der Landesversicherungsanstalten Baden und Saarpfalz an Landesversicherungsanstalt Saar-Pfalz, 14.7.1941, GLAK 462 Zugang 1994-38/362, Bl. 321-322.
126 August Hermann (Reichsversicherungsanstalt für Angestellte Amtsstelle in Strassburg) an Reichsversicherungsanstalt für Angestellte, betr. Aufrechterhaltung der Anwartschaft bei der Rentenversicherung im Elsass und in Lothringen, 14.4.1942, DRV RfA-Archiv/Aktenordner »Nr. 131«.
127 Ebd.
128 Gemeinsame Außenstelle der Landesversicherungsanstalten Baden und Saarpfalz an Georg Götz (Landesversicherungsanstalt Baden), betr. Umrechnung der Renten, 15.5.1942, GLAK 462 Zugang 1994-38/388, Bl. 449-452.

Zudem bedeutete die Erleichterung von Anwartschaften nicht automatisch eine Verbesserung der Leistungen der rentenberechtigten Versicherten. Ein genauerer Blick zeigt auch hier deutliche Parallelen zu den Verhältnissen im Reich, die das Reichsarbeitsministerium maßgeblich mitgestaltet hatte. Einer vermeintlichen Verbesserung der Lage von Invalidenrentenversicherten wurde durch die Einführung des sogenannten Vertrauensärztlichen Dienstes konterkariert.

Der Vertrauensärztliche Dienst wurde bereits im August 1940 im Elsass durch die Dienststellen der Landesversicherungsanstalt Baden und dem badischen Innenministerium eingeführt. Das Reichsarbeitsministerium wurde auch hier von Anfang an durch die Landesversicherungsanstalt Baden über den aktuellen Stand informiert.[129] Der Vertrauensärztliche Dienst diente vor allem zur Kontrolle der Leistungsfähigkeit der Versicherten und zur Sicherstellung ihrer Arbeitsbereitschaft. Die dazu eingesetzten Ärzte kamen aus dem »Altreich«, Ärzte aus dem Elsass waren nicht als Vertrauensarzt tätig.[130] Den Aufbau dieses Bereiches überließ der Chef der Zivilverwaltung der Landesversicherungsanstalt Baden. Das Ziel, das er dabei verfolgte, war dasselbe wie im Reich: den Zugang zu den Leistungen der Rentenversicherung aufgrund des Arbeitseinsatzes zu erschweren. Die Bedingungen, die das Reichsarbeitsministerium im Reich geschaffen hatte, um die Rentenversicherung in den Dienst des Arbeitseinsatzes zu stellen, sollten dem Chef der Zivilverwaltung zufolge ebenfalls für das Elsass dienstbar gemacht werden: »Zur Sicherung des Arbeitseinsatzes im Elsass ist es dringend notwendig, dass sofort der vertrauensärztliche Dienst, wie er bisher in Baden eingerichtet ist, auch hier im Elsass durchgeführt wird.«[131]

Als der Chef der Zivilverwaltung den Aufbau des Vertrauensärztlichen Dienstes durch die Landesversicherungsanstalt Baden angeordnet hatte, griff er auf die Gesetzgebungsakte des Reichsarbeitsministeriums, die Durchführungskompetenzen der Träger der Rentenversicherung und des Personals der Landesversicherungsanstalt Baden zurück. Er stell-

129 Wilhelm Pfisterer (Landesversicherungsanstalt Baden) an Wilhelm Heller (Reichsarbeitsministerium), betr. Landesversicherungsanstalt Elsaß-Lothringen, 12.8.1940, GLAK 462 Zugang 1994-38/344, Bl. 15-16.
130 Wilhelm Pfisterer (Landesversicherungsanstalt Baden), 4.1.1941, GLAK 462 Zugang 1994-38/344, Bl. 199-200.
131 Chef der Zivilverwaltung im Elsass an Landesversicherungsanstalt Baden, betr. Vertrauensärztlicher Dienst, 9.12.1940, GLAK 462 Zugang 1994-38/347, Bl. 9.

te keine eigenen Überlegungen hierzu an, sondern kopierte das vom Reichsarbeitsministerium geschaffene Vorbild aus dem Reich.

Vollends in den Bereich des Reichsarbeitsministeriums fiel die Regelung der Sozialversicherung auf zwischenstaatlichem Gebiet. Dabei wurde die Frage angesprochen, wie zu verfahren sei, wenn ein Versicherter das Elsass verließ und sich nicht auf dem Territorium des Deutschen Reiches niederließ. Da die Erhöhungen der elsässischen Renten nicht durch eingezahlte Beiträge gedeckt waren, sondern das Ergebnis der kurzfristigen Anpassung an das Rentenniveau im Deutschen Reich waren, verlangte diese Frage eine Regelung durch das Reichsarbeitsministerium.

Das Reichsarbeitsministerium ließ bereits im Januar 1941 die entsprechenden Verordnungen über den Chef der Zivilverwaltung den Rentenversicherungsträger im Elsass zukommen. Falls elsässische Rentenberechtigte das Elsass verließen und ins besetzte Frankreich zogen, sollte ihre Rente auf den alten Stand vor der Erhöhung zurückgesetzt werden.[132] Diese politisch gewollte »Bestrafung bei Abwanderung ins Ausland« stieß bei den Rentenversicherungsträgern auf Unverständnis, mit der Begründung, dass die erneute Berechnung der Renten einen zu hohen Verwaltungsaufwand bedeute.[133] Diese der gesamten bisherigen Rentenvergabe widersprechende Verwaltungspraxis hielt das Reichsarbeitsministerium trotz vielfältiger Bedenken der Träger aufrecht. So ließ es für das Elsass wieder durch den Chef der Zivilverwaltung seine Entscheidung mitteilen: Neue Rentenanträge von außerhalb des Elsass seien nach altem Recht zu berechnen, also ohne die Rentenerhöhungen. Laufende Renten von Versicherten hingegen, die aus dem Elsass in ein Gebiet zogen, das nicht dem Deutschen Reich angehörte, seien durch einen neuen Leistungsbescheid auf das niedrigere Niveau zu senken.[134]

Die einzige Ausnahme von dieser Regelung setzte dann ein, wenn ein Rentner in ein Land verzog, mit dem das Reichsarbeitsministerium einen Gegenseitigkeitsvertrag ausgehandelt hatte. In diesem Fall sollte die normale Rente weitergezahlt werden, die Erhöhung wurde also

---

132 Maurice Heydacker (Gemeinsame Außenstelle der Landesversicherungsanstalten Baden und Saarpfalz) an Wilhelm Pfisterer (Landesversicherungsanstalt Baden), 21.1.1941, GLAK 462 Zugang 1994-38/344, Bl. 25-26.
133 Obé (Chef der Zivilverwaltung im Elsass) an Reichsversicherungsanstalt für Angestellte, 20.8.1942, DRV RfA-Archiv/Aktenordner »Nr. 131«.
134 Maurice Heydacker (Gemeinsame Außenstelle der Landesversicherungsanstalten Baden und Saarpfalz), Vermerk, 10.11.1942, GLAK 462 Zugang 1994-38/390.

nicht eingestellt. Das Reichsarbeitsministerium hat in dieser Frage von Anfang an eine konsequente Haltung vertreten und sich dabei den Dienststellen des Chefs der Zivilverwaltung im Elsass bedient.[135] Auch hier besaß das Ministerium aufgrund seiner Expertise im internationalen Bereich einen Vorteil gegenüber dem Chef der Zivilverwaltung im Elsass. Es setzte seine sozialpolitische Agenda in einem besetzten Gebiet um, ohne dass sich eine angebliche Durchsetzungsschwäche bemerkbar machte.

Die Frage nach der konkreten Auszahlung der Renten im Elsass beschäftigte das Reichsarbeitsministerium ebenfalls. Die auszuzahlende Rente setzte sich dabei aus mehreren Komponenten zusammen, sie bestand aus sogenannten Steigerungsbeträgen, die den individuellen Beitragszahlungen der Versicherten entsprachen, und dem Grundbetrag, der vom Reich gezahlt wurde. Da die Beitragseinnahmen der »Gemeinsamen Außenstelle« die Ausgaben nicht deckten, war die Frage, aus welchem Etat die Differenz zu begleichen war, akut.

Der Chef der Zivilverwaltung strebte die Beibehaltung der Deckung dieser Ausgaben aus seinem eigenen Haushalt an, während das Reichsarbeitsministerium zur Klärung dieser Frage ein Treffen mit den Chefs der Zivilverwaltung und dem Reichsfinanzministerium anberaumte.[136] In mehreren Gesprächen konnte sich das Reichsarbeitsministerium durchsetzen und erwirkte die Zahlung des Grundbetrags aus seinem Etat. Zudem wurde beschlossen, dass die allgemeine Abrechnung der Landesversicherungsanstalten mit dem Reichsversicherungsamt, das die Finanzaufsicht über die Träger ausübte, sich ebenfalls auf das Elsass und Lothringen zu erstrecken hatte.[137] Im Laufe der Besatzung setzte sich daher beim Reichsarbeitsministerium die Auffassung durch, dass das elsässische und lothringische Versicherungsgebiet nun unter die Aufsicht des Reichsversicherungsamtes gelangen solle – ein Indiz dafür, dass das Ministerium von einer langfristigen Annexion des Gebietes ausging.

Die Rentenversicherungsträger im Elsass hingegen befürworteten die Zahlung des Grundbeitrags aus dem Etat des Chefs der Zivilver-

---

135 Obé (Chef der Zivilverwaltung in Lothringen) an Landesversicherungsanstalt Westmark, betr. Zahlung von Renten der elsass-lothringischen Sozialversicherung an Berechtigte im Ausland, 25.11.1942, DRV RfA-Archiv/ Aktenordner »Nr. 131«.
136 Reichsversicherungsamt, Vermerk, betr. Finanzgebarung der Invalidenversicherung im Elsaß und in Lothringen, 15.11.1941, BArch R 89/9266, Bl. 93.
137 Reichsversicherungsamt, Vermerk, betr. Durchführung der RV. im Elsaß und in Lothringen, 23.1.1942, BArch R 89/9266, Bl. 127.

waltung, um so eine zu weitgehende Abhängigkeit von den Berliner Zentralbehörden zu vermeiden. Das Reichsarbeitsministerium setzte sich somit in einem wichtigen Bereich der Etathoheit gegen die Träger und die Chefs der Zivilverwaltungen durch. Wieder fungierten die Verordnungsblätter der Chefs der Zivilverwaltungen als Veröffentlichungsorgan für das Reichsarbeitsministerium: »Die entsprechenden Verordnungen, die vom Herrn Reichsarbeitsminister vorbereitet sind, werden demnächst von den Chefs der Zivilverwaltung erlassen werden.«[138]

Mit der Regelung der Anwartschaften, der Einführung des Vertrauensärztlichen Dienstes sowie den Auseinandersetzungen um die Etathoheit betrieb das Reichsarbeitsministerium eine Politik, die die Verschmelzung des Elsass mit dem Reich forcierte. Die Abwicklung des Zahlungsverkehrs zwischen den Rentenversicherungsträgern durch das Reichsversicherungsamt bedeutete eine Maßnahme, die die langfristigen Eingliederungspläne des Elsass gegenüber kurzfristigen Annexionsüberlegungen hervorhob.

Bei der zweiten großen Aufgabe der Rentenversicherung, der Gewährung von Heilverfahren, wird ein vollständig anderes Bild sichtbar: Die staatlichen Akteure, das Reichsarbeitsministerium, das Reichsversicherungsamt sowie die Rentenversicherungsträger, konnten sich gegen den Chef der Zivilverwaltung nicht durchsetzen. Am Beispiel der Tuberkulosebekämpfung im Elsass soll dies deutlich werden.

Die Tuberkulosebekämpfung

Der zweite große Teilbereich der Aufgaben der Rentenversicherung umfasste die im Zuge von freiwilligen Leistungen an Versicherte durchzuführenden Heilbehandlungen. Die Landesversicherungsanstalten hatten schon im Deutschen Kaiserreich damit begonnen, Heilanstalten zur Behandlung von Tuberkulose-Kranken einzurichten. Auch die Landesversicherungsanstalt Elsaß-Lothringen eröffnete entsprechende Heilanstalten: in Saales, Schirmeck und Aubure im Elsass sowie in Charleville bei Boulay in Lothringen.

---

138 Landesversicherungsanstalt Westmark an Reichsversicherungsamt, betr. Auf den Erlass vom 29. Januar 1942, 11.2.1942, BArch R 89/9266, Bl. 157. Sechste Anordnung zur Ergänzung der Verordnung über die Durchführung der Sozialversicherung im Elsaß vom 26. Februar 1942, in: Verordnungsblatt des Chefs der Zivilverwaltung im Elsass (1942), Nr. 9, S. 102.

Während die Invaliden- und Altersversicherung den Teil darstellte, in dem der Chef der Zivilverwaltung aufgrund mangelnder Expertise und Ressourcen stark auf die Zusammenarbeit mit der Landesversicherungsanstalt Baden und dem Reichsarbeitsministerium angewiesen war, so verfolgte er mit der »Bekämpfung der Tuberkulose« eine genuin eigenständige Sozialpolitik, die sich deutlich von den Regelungen im Reich abzugrenzen suchte. Dennoch bemühte er sich hier zunächst um die Zusammenarbeit mit der Landesversicherungsanstalt Baden. Da die Durchführung der Invalidenversicherung und die Bekämpfung der Tuberkulose in den Zuständigkeitsbereich der Rentenversicherungsträger fielen, konnte die »Gemeinsame Außenstelle« bedeutende finanzielle Mittel zur Seuchenbekämpfung bereitstellen. Der Chef der Zivilverwaltung sah für die Rentenversicherungsträger einzig eine Funktion vor: Sie sollten die Kosten für die Heilverfahren tragen, die durch seine Abteilung vergeben wurden.

Die Leistungen auf dem Gebiet der Heilfürsorge gehörten – im Gegensatz zur Alters- und Invalidenversicherung – zu jenen, die im Elsass besonders stark beworben worden sind.[139] Allerdings sollte sich bald zeigen, dass die in Eigenregie vom Chef der Zivilverwaltung verfolgten Versprechungen und Pläne mit der Realität nicht mithalten konnten. Auch wenn die Landesversicherungsanstalt Baden im Bereich der Heilfürsorge vor der offiziellen Übernahme der Rentenversicherung im Elsass am 1. Januar 1941 beteiligt worden war, so hatte sie gegenüber den Kompetenzen des Chefs der Zivilverwaltung und der Nationalsozialistischen Volkswohlfahrt (NSV) das Nachsehen. Die NSV war der größte Wohlfahrtsverband im Nationalsozialismus und engagierte sich auch im Bereich der »Volksgesundheit« im Elsass. Der Chef der Zivilverwaltung strebte eine einheitliche Zusammenarbeit zwischen der Rentenversicherung und der NSV an: Während die NSV die Kosten für nicht versicherte Elsässer übernehmen sollte, verblieb der Landesversicherungsanstalt Baden und der »Gemeinsamen Außenstelle« lediglich die Kostenübernahme der bei ihnen Versicherten. Die eigenen Heilverfahrensabteilungen in Straßburg und Karlsruhe besaßen nicht mehr die alleinige Entscheidungshoheit über die Bearbeitung der Heilverfahrensanträge. Die Entscheidung darüber, wer ein Heilverfahren in einer elsässischen Heilanstalt erhalten sollte, musste mit

---

139 Siehe z.B. »Tuberkulosenversorgung der Rentenversicherung«, in: Straßburger Neueste Nachrichten, 17.8.1943, S. 4; sowie »Maßnahmen im Kampf gegen eine Volksseuche«, in: Straßburger Neueste Nachrichten, 18.4.1943, S. 4.

den Stellen des Chefs der Zivilverwaltung und der NSV abgesprochen werden.[140] Damit wurde die Entwicklung im Reich aufgenommen, wo sich ab 1936 eine ähnliche Vorgehensweise eingespielt hatte.[141] Die Grundlagen für diese Entwicklung wurden schnell umgesetzt. Die Mitarbeit der NSV wurde dadurch erleichtert, dass personelle Verflechtungen zwischen ihr und der Landesversicherungsanstalt Baden bestanden. Der Direktor eines von der Landesversicherungsanstalt Baden betriebenen Tuberkulosekrankenhauses war ebenso Gaubeauftragter des Tuberkulose-Hilfswerks der NSV von Baden. Dieser erhielt vom »Reichstuberkuloseausschuss« den Auftrag, die Tuberkulosebekämpfung im Elsass zu organisieren. Dazu sollte bei der »Gemeinsamen Außenstelle« eine »Zentralstelle« eingerichtet werden, die mittels »Schnelleinweisungsverfahren« die unbürokratische Einweisung von Tuberkulosekranken ermöglichen sollte. Auch die Landesversicherungsanstalt Baden sollte sich am Aufbau der Zentralstelle beteiligen, die Form war allerdings noch offen und ohne die Erlaubnis des Reichsarbeitsministeriums konnte sie keine finanzielle Beteiligung garantieren.[142] Ohne die Antwort des Ministeriums abzuwarten, wurde die Einrichtung der Zentralstelle lediglich ein paar Tage später, am 9. Oktober 1940, beschlossen. Obwohl Personal des Chefs der Zivilverwaltung, der NSV und der Landesversicherungsanstalt Baden in der Zentralstelle tätig werden sollte, verlief die Entwicklung insgesamt zu dynamisch, als dass die Landesversicherungsanstalt Baden eigene Vorstellungen durchsetzen konnte. Einen nennenswerten Einfluss nahm sie von daher nicht.[143]

Die Karlsruher Versuche, dem entgegenzusteuern, scheiterten sowohl aus logistischen als auch aus machtpolitischen Gründen. Auf der einen Seite mussten die Bestrebungen der Landesversicherungsanstalt Baden, die Heilverfahrensabteilung von Straßburg nach Karlsruhe zu verlegen, aufgrund eines massiven Platzmangels in der Behörde scheitern: Zur Bewertung der Anerkennung eines Heilverfahrens benötigte der Rentenversicherungsträger den Beleg über die Zahlung von 100

---

140 Chef der Zivilverwaltung im Elsass, Richtlinien für das Schnellbehandlungsverfahren zur Früherfassung von Fällen der Lungentuberkulose im Bereiche des Chefs der Zivilverwaltung in Straßburg, 1.10.1940, GLAK 462 Zugang 1994-38/398, Bl. 17-20.
141 Vgl. Kapitel III.3.
142 Landesversicherungsanstalt Baden, Vermerk, 5.10.1940, GLAK 462 Zugang 1994-38/344, Bl. 81-90.
143 Chef der Zivilverwaltung im Elsass an staatliche Gesundheitsämter, betr. Tuberkulosebekämpfung, 9.10.1940, GLAK Zugang 1994-38/398, Bl. 27-28.

Beitragswochen, die auf eigens angelegten Quittungskarten vermerkt waren. Für die elsässischen Versicherten existierten jedoch insgesamt 14 Millionen Quittungskarten. Es war der Landesversicherungsanstalt Baden nicht möglich – und schon gar nicht im Kriege – diese Quittungskarten nach Karlsruhe bringen zu lassen. Aber auch die Verwaltung der Heilverfahrensabteilung vor Ort in Straßburg nach Karlsruher Vorstellungen war nicht möglich. Der für die Einleitung eines Heilverfahrens benötigte Nachweis von Beitragszahlungen wurde vom Chef der Zivilverwaltung und der NSV als zu bürokratisch abgelehnt, das Konzept der »Schnelleinweisungsverfahren« sah eine schnellere Bearbeitung der Anträge vor. Da die Zentralstelle die Verwaltung der Heilverfahrensanträge sowohl von versicherten als auch von nicht versicherten Elsässern durchführte, besaß sie somit Zugriff auf die Heilanstalten der Rentenversicherung.[144]

Die Landesversicherungsanstalt Baden wehrte sich gegen die Pläne einer Schnelleinweisungsstelle, die Heilverfahren auf ihre Kosten anordnen konnte. Da sie die Erhaltung der Anwartschaft nicht mehr zur Voraussetzung für die Gewährung eines Heilverfahrens machte, fürchtete sie unkalkulierbare finanzielle Folgen. Die Widerstände nützten nichts, der Chef der Zivilverwaltung setzte sich in dieser Frage durch.[145] Es wird deutlich, dass die Landesversicherungsanstalt Baden ohne die Unterstützung des Reichsarbeitsministeriums und des Reichsversicherungsamtes keine Handhabe gegen die Anordnungen des Chefs der Zivilverwaltung besaß. Für die Wiederherstellung der Erwerbsfähigkeit füllten die Heilverfahren für die Arbeitspolitik in der NS-Zeit eine wichtige Funktion aus: Durch den chronischen Arbeitskräftemangel war jede durch ein Heilverfahren wiederhergestellte Arbeitskraft willkommen. Diese keineswegs NS-spezifische Funktion der Rentenversicherung machte sich selbstredend auch der Chef der Zivilverwaltung zunutze.[146]

Die Einbeziehung der Landesversicherungsanstalt Baden und der »Gemeinsamen Außenstelle« zur Bekämpfung der Tuberkulose wich nicht von den grundsätzlichen Tätigkeiten eines Rentenversicherungs-

144 Wilhelm Pfisterer (Landesversicherungsanstalt Baden), Vermerk, 16.12.1940, GLAK 462 Zugang 1994-38/344, Bl. 111-118.
145 Chef der Zivilverwaltung im Elsass, Antragsverfahren bei Heilverfahren für Lungentuberkulose und beim Schnelleinweisungsverfahren, 1941, GLAK 462 Zugang 1994-38/398, Bl. 107-109.
146 Landesversicherungsanstalt Baden, Vermerk, betr. Die Übernahme der Heilfürsorge der Außenstelle Straßburg der LVA Baden auf die Hauptverwaltung in Karlsruhe, 13.1.1941, GLAK 462 Zugang 1994-38/362, Bl. 27-39.

trägers ab. Maßnahmen zur Verhütung von Invalidität förderten die Rentenversicherungsträger schon seit dem Kaiserreich. Auch die NSV wurde direkt von Karlsruhe unterstützt, als sie etwa NSV-Gemeindepflegestationen im Elsass finanzierte.[147]

Das Bestehen einer »Gemeinsamen Außenstelle« in Straßburg, auf die der Chef der Zivilverwaltung und die NSV ebenfalls Zugriff besaßen, bedeutete aber eine einschneidende Änderung in der Organisation der Landesversicherungsanstalt Baden. Wie beschrieben, waren die Versuche der Übernahme der Heilverfahrensabteilung von Straßburg nach Karlsruhe gescheitert. Aber auch der Leiter der »Gemeinsamen Außenstelle«, Heydacker, wandte sich an den Chef der Zivilverwaltung, um ein Veto gegen die Übernahme einzulegen.[148] Dabei sorgte sich die Landesversicherungsanstalt Baden – völlig zu Recht – dass die finanziellen Mittel, die sie bereitstellen sollte, weder von ihr kontrolliert noch in ihrem Namen aufgewandt wurden. Sie befürchtete, dass ihre Leistungen »der Heilfürsorge [...] als das Verdienst der ›LVA Strasbourg‹ und nicht als dasjenige der Hauptverwaltung Baden propagiert und anerkannt werden«.[149]

Einen weiteren Rückschlag erlitt die Landesversicherungsanstalt Baden, als der Chef der Zivilverwaltung die Rückführung aller Abteilungen anordnete, die umgezogen waren. Die Innen- und Außenkontrolle, die Rentenberechnung und die Beitragsüberwachung wurden wieder der »Gemeinsamen Außenstelle« unterstellt.[150] Karlsruhe blieb nichts anderes übrig, als dem Reichsarbeitsministerium einen Bericht über diese Vorgänge zukommen zu lassen.[151]

---

147 Landesversicherungsanstalt Baden an die NSDAP Gauleitung Baden, Abt. Wohlfahrtspflege u. Jugendhilfe-Gemeindepflege, betr. Unterstützung von Gemeindepflegestationen im Elsass, 24.12.1942, GLAK Zugang 1994-38/408, Bl. 37.
148 Landesversicherungsanstalt Baden, Auszug aus der Niederschrift über die Sitzung in der Außenstelle in Straßburg am 21.2.1941, 21.2.1941, GLAK 462 Zugang 1994-38/362, Bl. 143-144.
149 Landesversicherungsanstalt Baden, Vermerk, betr. Zur Angliederung des Heilverfahrens im Elsass an die Hauptverwaltung in Karlsruhe, 5.2.1941, GLAK 462 Zugang 1994-38/362, Bl. 123-125.
150 Sprauer (Chef der Zivilverwaltung im Elsass) an Landesversicherungsanstalt Baden, betr. Auflösung der früheren Landesversicherungsanstalt Elsass-Lothringen, 8.11.1941, GLAK 462 Zugang 1994-38/362, Bl. 377.
151 Landesversicherungsanstalt Baden an die Gemeinsame Aussenstelle der Landesversicherungsanstalten Baden und Westmark, an das Reichsarbeitsministerium, an das Reichsversicherungsamt und an den Chef der Zivilverwaltung im Elsass, betr. Gemeinsame Aussenstelle der Landesversicherungsanstalt

Die Heilanstalten gehörten zu den sichtbarsten Leistungen der Rentenversicherung. Über sie konnten die Träger dafür werben, mit eigenen Mitteln und unabhängig von den Berliner Zentralbehörden gesundheitspolitische Maßnahmen zum Wohle der Versicherten durchzuführen. Die Heilanstalten der ehemaligen Landesversicherungsanstalt Elsass-Lothringen waren auch für den Karlsruher Versicherungsträger interessant, insbesondere weil sie nach der Evakuierung des Elsass leer standen. Zudem entsprach es »aus volksgesundheitlichen Gründen« dem Wunsch des Chefs der Zivilverwaltung, alle zur Verfügung stehenden Heilstätten der »Gemeinsamen Außenstelle« so bald wie möglich zu belegen.[152] Aber auch andere Akteure waren an den Sanatorien und Erholungsheimen interessiert. So gab es bereits im Februar 1941 in der Landesversicherungsanstalt Baden das Gerücht, dass die Heilstätte Schirmeck von der SA zu Erholungszwecken für ihre Offiziere gefordert wurde.[153] Möglicherweise beruhte diese Forderung auf der Nähe der Heilanstalt zum berüchtigten Sicherungslager Schirmeck-Vorbruck. Allerdings erweiterte die SA ihre Forderungen um die Heilanstalten in Schirmeck, Saales und Altenberg bis ins Jahre 1943 immer wieder.[154]

Die Heilanstalten Saales, Schirmeck und Aubure wurden von der Landesversicherungsanstalt Baden verwaltet. Angeblich war es geplant, deutsche »Spitzenleistungen der Heilfürsorge« in den Sanatorien anzubieten.[155] Die elsässische Bevölkerung – so viel vorweg – kann aber nicht als Nutznießer dieser Entwicklung angesehen werden. Die chronischen Überbelegungen der Sanatorien sowohl im Elsass als auch

Baden und Westmark, 15.11.1941, GLAK 462 Zugang 1994-38/362, Bl. 379-381.
152 Wilhelm Pfisterer (Landesversicherungsanstalt Baden) an Reichsverband Deutscher Rentenversicherungsträger, betr. Kennzifferbeschaffung für die Heilstätten Saal, Schirmeck und Altweier, 7.8.1941, GLAK 462 Zugang 1994-38/384.
153 Landesversicherungsanstalt Baden, Auszug aus der Niederschrift über die Sitzung in der Außenstelle in Straßburg am 21.2.41, 21.2.1941, GLAK 462 Zugang 1994-38/362, Bl. 143-144.
154 Gädeke (Chef der Zivilverwaltung im Elsass), Vermerk, betr. Einweisung der im Elsaß gelegenen Lungenheilstätten in den Besitz öffentlich-rechtlicher Körperschaften des Deutschen Reichs, 5.2.1943, GLAK 462 Zugang 1994-38/344.
155 Landesversicherungsanstalt Baden, Vermerk, betr. Zur Angliederung des Heilverfahrens im Elsass an die Hauptverwaltung in Karlsruhe, 5.2.1941, GLAK 462 Zugang 1994-38/362, Bl. 123-125.

in Baden erschwerten es, dort aufgenommen zu werden. Ohne einen Nachweis über die »arische Abstammung« und eine Zugehörigkeit zur NSDAP oder anderen NS-Organisationen war es quasi unmöglich, dort unterzukommen.[156]

Die chronische Überbelegung der badischen Heilanstalten ist unter anderem darauf zurückzuführen, dass sie bereits im August 1941 sehr stark mit verwundeten Soldaten belegt waren. Eine Erholungskur für Versicherte oder die Bekämpfung der Invalidität durch die Versicherungsträger war so in Baden nahezu unmöglich geworden.[157] Die weniger stark belegten Heilanstalten im Elsass wurden für die Landesversicherungsanstalt Baden auch im Blick auf ihre eigenen Versicherten immer attraktiver. Tatsächlich hat sie im August 1941 über die »Gemeinsame Außenstelle« die Verlegung von elsässischen Versicherten von Schirmeck nach Saales und Aubure veranlasst, um die Belegung in Schirmeck mit Versicherten aus den eigenen Reihen zu ermöglichen.[158] Die Wartelisten der Landesversicherungsanstalten Baden und Westmark konnten so dank elsässischer Heilanstalten abgearbeitet werden.

Die Bedingungen in den Heilanstalten lassen sich leider nicht mehr vollends rekonstruieren. Laut einer deutschen Umsiedlerin ließ die ärztliche Betreuung in Altweier sehr zu wünschen übrig, wobei sie sich aber vor allem daran störte, dass in den Sanatorien keine deutschen Ärzte arbeiteten.[159] Der Chef der Zivilverwaltung ließ daraufhin den französischen Chefarzt der Anstalt zu einer badischen Anstalt in der Position eines Assistenzarztes versetzen. Als Grund für die Versetzung gab er an, dass seine »Frau Französin ist und seine Kinder französisch erzogen worden sind«.[160]

Sein Nachfolger in Altweier wurde ein in Baden beschäftigter Lungenfacharzt, der Mitglied der SS war und bis zum Einmarsch der

---

156 Chef der Zivilverwaltung, Gesundheitswesen – Tuberkulosehilfswerk der NSV, 1.4.1941, GLAK Zugang 1994-38/398, Bl. 99-101.
157 Landesversicherungsanstalt Baden, Vermerk, betr. Heilverfahren für die aus dem Elsaß stammenden an Tuberkulose Erkrankten, 4.8.1941, GLAK 462 Zugang 1994-38/362, Bl. 337-338.
158 Wilhelm Pfisterer (Landesversicherungsanstalt Baden), Vermerk, 4.8.1941, GLAK 462 Zugang 1994-38/344, Bl. 363-365.
159 Der Chef der Sicherheitspolizei und des SD Einwandererzentralstelle, Nebenstelle Paris bei dem Beauftragten des Reichsführers SS, Reichskommissar für die Festigung deutschen Volkstums, an Steininger, 7.12.1942, GLAK 462 Zugang 1994-38/432, Bl. 1.
160 Auersbach (Außenstelle Straßburg der Landesversicherungsanstalt Baden) an Schönbeck, 11.6.1943, GLAK 462 Zugang 1994-38/432, Bl. 53.

französischen Armee im Elsass in mehreren Heilanstalten, unter anderem in Schirmeck, elsässische Versicherte medizinisch behandelt hatte. Noch Anfang Mai 1945 gingen Klagen bei der Landesversicherungsanstalt Baden über diesen Arzt ein, er würde sich höchst fahrlässig und absolut ungenügend um die elsässischen Versicherten kümmern.[161] Das Vorzeigeprojekt von deutschen Spitzenleistungen in der Heilfürsorge endete bezeichnend: Kurz bevor die alliierten Truppen das Elsass erreichten, beschlagnahmte die SS am 15. November 1944 die Heilstätte Schirmeck, die inzwischen nur noch mit elsässischen Versicherten belegt war. Die elsässischen Versicherten mussten die Anstalt verlassen und der Verwalter wurde ins Lager Schirmeck-Vorbruck verbracht.[162]

Das Projekt des Chefs der Zivilverwaltung scheiterte. Die kurzfristige Übernahme der Heilverfahrensabteilung der »Gemeinsamen Außenstelle« durch die Einrichtung einer »Schnellverfahrensabteilung« und die formale Erleichterung von Zugangskriterien aus »gesundheitspolitischen« Erwägungen brachte keine erkennbaren Verbesserungen für die elsässischen Versicherten. Die Verlegung von deutschen Versicherten ins Elsass, die mangelnde ärztliche Betreuung sowie die erfolglosen Versuche der Landesversicherungsanstalt Baden, die Kontrolle über die Heilanstalten wiederzuerlangen, führten dazu, dass dieser Bereich der Sozialpolitik nicht mit den Versprechungen von Spitzenleistungen mithalten konnte.

Das Reichsarbeitsministerium betraf dieser Komplex nicht. Die Landesversicherungsanstalt Baden konnte die Entwicklungen auf dem Gebiet der Heilfürsorge im Elsass kaum beeinflussen. Unter dem Chef der Zivilverwaltung spielte sie hierbei keine entscheidende Rolle.

Wie unterschied sich die Rentenversicherungspolitik im Elsass von derjenigen des Reiches? Auf der Ebene der obersten Zentralbehörden, dem Reichsarbeitsministerium und dem Reichsversicherungsamt, erstaunlich wenig. Die Maßnahmen, die im Elsass eingeführt worden sind, um die Rentenversicherung den Anforderungen des Krieges und der NS-Diktatur anzupassen, wurden auch im Reich erlassen. Dies betraf vor allem den Vertrauensärztlichen Dienst, die Aufnahme des

---

161 Heilstätte Hirschhalde an Georg Götz (Landesversicherungsanstalt Baden), betr. Direktor Dr. Owsianowski, Kriegsheilstätte Waldblick in Bad Dürrheim, 4.5.1945, GLAK 462-1/1921.
162 Landesversicherungsanstalt Baden, Vermerk, betr. Beschlagnahmung der Heilstätte Schirmeck durch die SS, 15.11.1944, GLAK 462-1/1921, Bl. 141.

Rentenzahlungsverkehrs zwischen den Landesversicherungsanstalten sowie die Rentenerhöhungen durch das Leistungsverbesserungsgesetz aus dem Sommer 1941.

Die rein »technische« Komponente der Bewilligung und Berechnung von Renten, der Berücksichtigung der französischen Sozialversicherungsgesetzgebung und den Zahlungsverkehr mit den entsprechenden Dienststellen überließ der Chef der Zivilverwaltung dabei den ausführenden Behörden der Rentenversicherung, den Trägern. Eine auch vom Chef der Zivilverwaltung geforderte, möglichst »großzügige« Auslegung der Anwartschaftsvorschriften zugunsten elsässischer Rentner wurde durch die Schwierigkeiten der Rentenumrechnung, des Personalmangels in Straßburg und die Einführung des Vertrauensärztlichen Dienstes konterkariert. Damit lassen sich deutliche Gemeinsamkeiten zwischen den Entwicklungen im Elsass und denjenigen im Reich ausmachen. Denn auch bei der Rentenversicherungspolitik des Reichsarbeitsministeriums in Deutschland konnten die angestrebten und erfolgten Verbesserungen nicht ihre volle Wirkung entfalten, da es neben den positiven Maßnahmen viele diskriminierende Elemente gab, wie die Einschränkung der Berufungsmöglichkeit gegen ablehnende Rentenbescheide, eine striktere Vergabepraxis der Invalidenrenten und eine generell geänderte Erwartungshaltung an ältere Menschen über einen Arbeitseinsatz. Das Reichsarbeitsministerium setzte jene Politik im Elsass fort, die es seit Beginn der NS-Herrschaft auch in Deutschland ausübte. Vor allem durch die Benachteiligungen auf dem Gebiet der Heilfürsorge hatten die elsässischen Versicherten dafür den Preis zu zahlen.

4. Brüche und Kontinuitäten

Vor allem die Entwicklungen im Protektorat Böhmen und Mähren verdeutlichen, wie stark die Sozialversicherung – sowohl die Kranken- als auch die Invalidenversicherung – in den Dienst des Arbeitseinsatzes gestellt worden ist. Mit Joseph Schneider und Kurt Wilhelmi bestimmten die Protektoratsversicherung zwei Beamte aus dem nachgeordneten und unteren Verwaltungsbereich des Reichsarbeitsministeriums, die formal jedoch unabhängig von ihrer Heimatbehörde agierten. Allerdings war das Ministerium über eigene Beamte – Engel und Fischer-Dieskau – an der Lenkung der tschechischen Behörden beteiligt. Wichtiger war aber die Sozialversicherungspolitik im Reich, die stets als Vorbild für die Durchführung der Rentenversicherung im Protektorat herangezogen worden ist. Schneider selbst besaß kein sozialpolitisches Profil im Protektorat, genauso wenig wie die leitenden Personen im Amt des Reichsprotektors. Stattdessen setzte er die gleichen Maßnahmen wie im Reich um, um die Sozialversicherung für den Arbeitseinsatz zu instrumentalisieren. Mit der Unterstützung von Beamten des Reichsarbeitsministeriums baute er einen zentralisierten ärztlichen Dienst zur Überwachung und Senkung des Krankenstandes auf. Dabei kooperierte er mit tschechischen Firmen und Ablegern deutscher Firmen sowie mit den Arbeitsämtern. Tschechische Ärzte wurden vermehrt kontrolliert, indem ihnen deutsche Ärzte zur Seite gestellt wurden. Die Einbeziehung von Werksärzten kopierte die Maßnahmen des Reichsarbeitsministeriums im Deutschen Reich.

Die Invalidenversicherung fungierte auf der einen Seite als Propagandainstrument, um die »Vorzüge deutscher Sozialpolitik« anzupreisen. Gleichzeitig wurde jedoch auch dieser Zweig der Sozialversicherung umfassend von den Bedürfnissen des Arbeitseinsatzes geleitet. Vor allem die Einführung des »Kriegsgesetz« im Protektorat zeigt dies sehr treffend. Die nahezu identische Übernahme des Textes des deutschen Gesetzes machte das Protektoratspendant damit, genau wie im Reich, zum wichtigsten Instrument, um bereits in Rente stehende Personen wieder dem Arbeitseinsatz zuzuführen. Schneider importierte damit eine Regelung, die bereits im Reich äußerst umstritten war und im Protektorat zu ähnlichen unerwünschten Begleiterscheinungen führte. Als der Rentenbestand daraufhin massiv anstieg, versuchte Schneider durch verschiedene Maßnahmen, unter anderem einer strengeren Auslegung des Begriffs der »Invalidität« sowie der Einflussnahme auf tschechische Ärzte und Vertrauensmänner der Sozialversicherungsgerichte, die Gewährung einer Invalidenrente massiv zu erschweren.

Auch im Elsass wurden die Maßnahmen, die das Reichsarbeitsministerium eingeführt hatte, übernommen. Die Übernahme wurde durch die direkte Zuständigkeit eines deutschen Rentenversicherungsträgers, der Landesversicherungsanstalt Baden, wesentlich erleichtert. Auch hier wurde die Rentenversicherung zur Propaganda einer besonders wirksamen deutschen Sozialpolitik genutzt, obwohl es durchaus ebenso Regelungen gab, die elsässische Versicherte, solange sie nicht jüdisch waren, besserstellte. Vor allem die gesundheitspolitischen Maßnahmen wurden wie im Reich umgesetzt, etwa die beschleunigte Durchführung von Heilmaßnahmen zur Tuberkulosebekämpfung. Die Einführung des Vertrauensärztlichen Dienstes und die komplizierten Anpassungen an das Reichsrecht wären ohne die Expertise des

Reichsarbeitsministeriums und der Landesversicherungsanstalt Baden nicht möglich gewesen. Tatsächlich war das Reichsarbeitsministerium daher maßgeblich an der Durchführung der Rentenversicherung im Elsass beteiligt, obwohl es formal, wie im Protektorat, dafür nicht zuständig war.

VII. Die Diskriminierung der Juden 1933-1945

In seinem Rechenschaftsbericht über das Reichsarbeitsministerium im Nationalsozialismus zeichnete Josef Eckert[1] zwei Jahre nach Kriegsende ein Bild des Reichsarbeitsministeriums, in dem sich die Behörde – angeblich – nahezu jeglichem nationalsozialistischen Einfluss hatte erfolgreich erwehren können.[2] Vor allem die Sozialversicherung hätte sich den nationalsozialistischen Zielsetzungen und Maßnahmen widersetzt: Die Grundlagen der einzelnen Zweige, so schrieb Eckert,

»waren auch durch Nazimacht und Naziherrschaft nicht zu erschüttern gewesen. Es waren Naziideen in einzelnen Punkten eingedrungen [...]. Aber – und das war das Wesentliche – das Versicherungsgut als solches bestand, bestand unverändert in alter Form, war nicht an politische Haltung, nicht an parteimäßige Bindungen geknüpft, die Mitgliedschaft zur Partei war nicht Voraussetzung für den Versicherungsschutz, für die Erlangung der Leistungen geworden. Was sich in einzelnen Verwaltungen an parteipolitischen Auswüchsen zeigte, war gemessen an dem Großen und Ganzen im Bereich der

---

1 Josef Eckert (geb. 31.10.1889, gest. 1970) machte nach dem Zweiten Weltkrieg Karriere im neu gegründeten Bundesministerium für Arbeit. Von allen Beamten gehörte er am längsten dem Ministerium an – von 1920 bis 1945 sowie von 1949 bis 1954. Der in München geborene Katholik arbeitete sich vom einfachen Verwaltungsbeamten bei der Bayerischen Baugewerks-Berufsgenossenschaft, bei der er von 1905 bis 1920 tätig war, zum Ministerialdirigenten (Ernennung 1951) im Bundesministerium für Arbeit hoch. 1920 wurde er Hilfsreferent auf Privatdienstbasis im Reichsarbeitsministerium, 1921 Referent und 1925 Regierungsrat. 1929 zum Oberregierungsrat ernannt, arbeitete er ab 1923 ununterbrochen in der Unterabteilung IIa. Ab 1928 leitete er bis Kriegsende das Referat »Knappschaft«. Nach dem Krieg war er zunächst ab 1947 ehrenamtlich im Bayerischen Arbeitsministerium tätig, bis er 1949 nach Bonn berufen wurde, um im Bundesministerium für Arbeit die Abteilung »Sozialversicherung und Kriegsopferversorgung« zu leiten. Im November 1954 wurde er in den Ruhestand verabschiedet. Eckert gehörte zu jenen Beamten, die sich nach 1945 für ihr Handeln während der NS-Zeit besonders stark zu rechtfertigen versuchten. Dabei leugnete er jegliche Diskriminierungen des Ministeriums gegenüber jüdischen Versicherten. Er war nie Mitglied in der NSDAP. Siehe zu seiner Person Personalangelegenheiten der Reichskanzlei: BArch R 43-II/1138b, Reichsfinanzministerium: Reichsarbeitsministerium. Beamte, Bd. 2: 1936-1945, BArch R 2/18429.
2 Josef Eckert: Schuldig oder entlastet?, München 1947.

Sozialversicherung gering gegenüber dem Altbewährten, war jedenfalls nicht Folge der Gesetzgebung oder der zentralen Führung durch das Reichsarbeitsministerium.«³

Mit anderen Worten: Die Beamten des Reichsarbeitsministeriums hätten weder ein antisemitisches Gesetz ausgearbeitet, noch in ihrer Funktion als Entscheidungsträger in einer zentralen Reichsbehörde antijüdische Maßnahmen in ihrem Verwaltungsbereich verantwortet.

Einmal so weit hervorgewagt, war es für Eckert nur noch ein kleiner Sprung, das Vorhandensein jeglicher Maßnahmen zur Diskriminierung der jüdischen Versicherten sowie anderer Gegner des NS-Regimes zu bestreiten:

»In der Gesetzgebung des Reiches über die Sozialversicherung während der Nazizeit wird man vergeblich nach Vorschriften suchen, die ausländischen Arbeitskräften, Andersgläubigen oder politisch Andersdenkenden den Versicherungsschutz oder die Gleichberechtigung versagt. Nichts ist in der Gesetzgebung, auch nicht in geheimen und geheimsten Verwaltungserlassen zu finden.«⁴

Im Gegenteil, die Versuche der Nationalsozialisten, die Juden aus der Sozialversicherung zu drängen, wären angeblich an der geschlossenen Front zerschellt, die die Beamten der Hauptabteilung II, und damit auch Eckert, gegen den NS-Staat aufgebaut hätten:

»Ausnahmeregelungen wurden von der Parteileitung verlangt für die ausländischen Arbeiter, für die Juden, politische Gegner, Zigeuner. An einer kleinen, freilich nicht für die Partei bestimmten Geheimwarnung in der Abteilung ›Jungs, aufgepaßt, tut nichts, was ihr nicht vor einem internationalen Gerichtshof eines Tages verantworten könnt‹ zerschellten sie. Wie, ja das ist eine lange Geschichte für sich, nicht hierher passend; es war zeitweise schon mehr als diplomatische Kunst, eine neue passende ›Zwischenverfügung‹ zu ersinnen. Aber Hauptsache: die Ausnahmeregelungen sind nie erschienen, die natürlichen Rechte der Menschlichkeit und der Völkergerechtigkeit blieben innerhalb der Sozialversicherung von der Abteilung gewahrt [...]. Sitzungen wurden gesprengt, die Ausnahmerechte beschließen sollten mit dem Hinweis auf die Tradition der Abteilung und die Wahrung natürlicher Menschenrechte.«⁵

3 Ebd., S. 197.
4 Ebd.
5 Ebd., S. 201 f.

Die Hauptabteilung II wird also als Hort der Menschenrechte und als Verteidigerin der Rechte von jüdischen Versicherten gegen jegliche Versuche »der Parteileitung«, die Juden in der Sozialversicherung zu diskriminieren, dargestellt. Natürlich lesen sich die Rechenschaftsberichte verantwortlicher Beamten nach dem Zusammenbruch jeglicher staatlicher Ordnung im Mai 1945 vor allem als Entlastungsberichte der eigenen Verantwortung im NS-Staat,⁶ auch dürfte manchen Ministerialbeamten neben seinen zukünftigen beruflichen Aussichten auch die Angst vor einer Platzierung auf der Anklagebank alliierter Gerichte bei der Abfassung solcher Berichte vor Augen gestanden haben.⁷ Das Selbstbewusstsein, mit dem Josef Eckert jedoch vor allem die Abwehr antisemitischer Einflussnahmen betont, ist dennoch bemerkenswert. Tatsächlich war die Liste der antisemitischen Maßnahmen aus dem Reichsarbeitsministerium lang – die ersten Einträge datieren aus dem Frühjahr 1933 und enden erst im Jahre 1944, als sich offiziell kaum noch Juden im »Altreich« aufhielten. Die von Eckert skizzierte Gegenwehr gegen eine antisemitische Rentenversicherungspolitik und antijüdische Maßnahmen gab es nicht. Es waren nicht die Mitarbeiter der Hauptabteilung II, die sich antijüdischen Maßnahmen verwehrten oder gar Widerstand an den Tag legten. Diese Behauptung trifft, wenn überhaupt, dann auf andere zu. So bildete etwa die Ministeriumsmitarbeiterin Irmgard Müller eine große Ausnahme von ihren Kollegen, als sie einer untergetauchten jüdischen Familie 1944 mit offiziellen Dokumenten aus dem Reichsarbeitsministerium aushalf, um ihr damit beim Überleben zu helfen.⁸

Josef Eckert (1925)

6 Vgl. Norbert Frei: Vergangenheitspolitik. Die Anfänge der Bundesrepublik und die NS-Vergangenheit, München 1996, S. 69-99.
7 Vgl. Kim Christian Priemel: Arbeitsverwaltung vor Gericht. Das Reichsarbeitsministerium und die Nürnberger Prozesse 1945-1949, in: Alexander Nützenadel (Hg.): Das Reichsarbeitsministerium im Nationalsozialismus. Verwaltung – Politik – Verbrechen, Göttingen 2017, S. 461-493.
8 Wolfgang Benz: Die Juden in Deutschland 1933-1945. Leben unter nationalsozialistischer Herrschaft, München 1988, S. 665 f.

DIE DISKRIMINIERUNG DER JUDEN

Dennoch hatte Josef Eckert in einem Punkt recht: Das Reichsarbeitsministerium erließ tatsächlich während der Jahre 1933 bis 1945 kein einziges Gesetz, das gezielt Juden, Sinti und Roma oder politische Gegner diskriminierte.[9] Zwar arbeitete die Hauptabteilung II einen Gesetzesentwurf aus, der Juden sowie Sinti und Roma jeglichen Rechtsanspruch in der Sozialversicherung nehmen und die Leistungen auf sehr geringe, nicht einklagbare Fürsorgesätze reduzieren sollte.[10] Allein die Entrechtung, Deportation und Ermordung der deutschen Juden machte eine weitere Behandlung durch das Ministerium überflüssig: Diejenigen, die diskriminiert werden sollten, waren größtenteils nicht mehr am Leben.

Dennoch bleibt die Frage, warum das Reichsarbeitsministerium kein zentrales Gesetzeswerk erließ, das Juden in der Rentenversicherung diskriminierte. Teilweise wurde diese Frage in der Geschichtswissenschaft dadurch beantwortet, dass es sich bei den jüdischen Versicherten im Vergleich zu allen in Deutschland abhängig Beschäftigten nur um eine sehr geringe Anzahl handelte, und daher die Ausarbeitung eines Gesetzes nicht notwendig gewesen sei.[11] Diese Sichtweise ist jedoch nicht plausibel; das Ministerium erließ durchaus auch für kleinere Gruppen (allerdings spezifische Berufsgruppen) bestimmte Gesetze und Verordnungen.

Tatsächlich, und das verschwieg Josef Eckert, war ein spezifisches antisemitisches Gesetz aus dem Reichsarbeitsministerium überhaupt nicht notwendig, um Juden in der Rentenversicherung zu diskriminieren. In einer Ebene unterhalb der Ausarbeitung von Gesetzestexten, nämlich in zahlreichen Verordnungen, Erlassen und Rundschreiben des Reichsarbeitsministeriums, lassen sich vielfältige Diskriminierungen jüdischer Versicherter und Rentner sehr wohl ausmachen. Zahlreiche Einzelbeispiele belegen die alltäglichen Diskriminierungen. Spuren von einer angeblichen Abwehr antisemitischer Maßnahmen lassen sich in der alltäglichen Verwaltungspraxis des Ministeriums und seiner nachgeordneten Behörden nicht ausmachen. Im Gegenteil: Im Folgenden wird deutlich, wie stark das Reichsarbeitsministerium in die Verbrechen des »Dritten Reiches« verstrickt gewesen ist. Die ersten Opfer

---

9 Vgl. Schlegel-Voß: Alter in der »Volksgemeinschaft«, S. 102.
10 Vgl. Hans-Jörg Bonz: Geplant, aber nicht in Kraft gesetzt. Das Sonderrecht für Juden und Zigeuner in der Sozialversicherung des nationalsozialistischen Deutschland, in: Zeitschrift für Sozialreform 38 (1992), S. 148-164.
11 Vgl. Mierzejewski: A History of the German Public Pension System, S. 135-142.

dieser Maßnahmen waren zu Beginn der NS-Herrschaft vor allem die für die Sozialversicherungsträger, das Ministerium und seine nachgeordneten Behörden tätigen jüdischen Beschäftigten. Jüdische Beamte, Ärzte und Rechtsanwälte verloren ihre Stellung. Jüdische Beisitzer in den Beiräten und Vorständen der Träger, jüdische Arbeitnehmer- und Arbeitgebervertreter bei den Oberversicherungsämtern sowie jüdische, ehrenamtlich tätige Personen wurden aus den Gremien der Träger und Versicherungsämter gedrängt. Diese erste Phase, in denen Juden vor allem aufgrund ihrer beruflichen Tätigkeit aus dem öffentlich-rechtlichen Bereich der Sozialversicherung entfernt wurden, dauerte bis Mitte der 1930er-Jahre an. Die erworbenen Rechte von jüdischen Versicherten hingegen blieben zunächst noch unangetastet – jedoch lediglich diejenigen Rechte, auf die die Versicherten einen Rechtsanspruch besaßen. Erst mit Beginn des Zweiten Weltkrieges änderte sich diese Praxis, als die Versicherungsleistungen von Juden massiv eingeschränkt worden sind. Rigoroser als gegen deutsche Juden ging das Reichsarbeitsministerium schließlich nur noch gegen ausländische Juden im Zuge der Besetzung halb Europas vor. Jegliche bis dahin gezeigten Hemmungen, die Rechtsansprüche jüdischer Versicherter auf Leistungen der Sozialversicherung unangetastet zu lassen, ließ das Ministerium und seine nachgeordneten Behörden bei der Implementierung der Rentenversicherung in den besetzten und annektierten Gebieten schließlich vollends fallen.

Die Forschung über die Situation von Juden in der öffentlichen Rentenversicherung ist rar. Bisher wurde vor allem auf die diskriminierende Praxis der Rentenversicherungsträger eingegangen, ohne jedoch befriedigende Antworten auf das komplexe Zusammenspiel zwischen der verantwortlichen Reichsbehörde – dem Reichsarbeitsministerium – und den Trägern zu liefern.[12] Auch in neueren Untersuchungen wird deutlich, dass dieser Themenkomplex immer noch Schwierigkeiten bereitet. Alfred Mierzejewski etwa benennt in seinem Übersichtswerk zwar die antisemitische Praxis des Reichsarbeitsministeriums, kann sich jedoch auch nicht zu einer grundsätzlichen Deutung der Stellung von Juden in der Rentenversicherung durchringen.[13] Genauso klammern die bisher am häufigsten rezipierten Veröffentlichungen zur nationalsozialistischen Rentenversicherungspolitik die Situation jüdischer Versicherter weitestgehend aus.[14]

---

12 Kirchberger: Die Stellung der Juden in der deutschen Rentenversicherung.
13 Mierzejewski: A History of the German Public Pension System, S. 135-142.
14 Sowohl Schlegel-Voß: Alter in der »Volksgemeinschaft«; Teppe: Zur Sozialpolitik des Dritten Reiches; und Tennstedt: Sozialgeschichte der Sozialver-

Im Folgenden wird daher zunächst die Rolle des Reichsarbeitsministeriums bei der Entlassung der jüdischen Beschäftigten aus den Behörden der Rentenversicherung beschrieben. Daran anschließend wird der Verlust des Zugangs für Juden zu den vielfältigen freiwilligen Leistungen, die die Rentenversicherungsträger seit Beginn des 20. Jahrhunderts aufgebaut haben, untersucht. Diese Maßnahmen können jedoch lediglich als Vorspiel zu den diskriminierenden Maßnahmen während des Zweiten Weltkrieges angesehen werden. Abschließend wird daher die antisemitische Verwaltungspraxis, die mit Beginn des Krieges einsetzte, untersucht. Dabei wird auf die Situation jüdischer Versicherter sowohl innerhalb als auch außerhalb des Reichsgebietes eingegangen.

Anhand der Untersuchung der antisemitischen Maßnahmen des Reichsarbeitsministeriums und seiner nachgeordneten Behörden lassen sich eine Vielzahl von Fragen über die Verwaltungspraxis der beteiligten Beamten und Akteure verfolgen. Dabei steht insbesondere die konkrete Arbeitsweise des Ministeriums und der die Rentenversicherungspolitik ausführenden Behörden im Vordergrund. Wie hat sich etwa das Verwaltungshandeln der beteiligten Akteure im Krieg gewandelt? Wie stark wurde das »traditionelle Verwaltungshandeln« in der Rentenversicherung durch die Ausführung diskriminierender Maßnahmen gegenüber jüdischen Versicherten beeinträchtigt? Welche Bedingungen mussten gegeben sein, um die in der deutschen Gesellschaft seit Jahrzehnten ausgebildeten Vorstellungen und Traditionen von der Bedeutung des Rechtsanspruchs und der Rechtsgarantie von Versicherungsleistungen aufzubrechen? Welche Beharrungskraft besaß der hohe Grad der Verrechtlichung der Sozialversicherung in Zeiten von Terror, Deportation und Rechtlosigkeit? Welchen Einfluss auf die Verwaltungstätigkeit hatte das Verhältnis zwischen zentralen Anweisungen des Ministeriums und selbstverantworteten Aktionen der Träger »von unten«? Lassen sich Hemmungen, Probleme und Unsicherheiten bei der Umsetzung der antisemitischen Maßnahmen des Reichsarbeitsministeriums und des Regimes im Bereich der Rentenversicherung ausmachen?

Diese Fragen, die sich vor allem auf die Durchführung der Rentenversicherung von Behörden innerhalb des Reiches konzentrieren, lassen sich im Zuge der Besetzung vieler europäischer Staaten um eine internationale Komponente erweitern: Galten in der antisemitischen

sicherung, blenden das Schicksal jüdischer Rentenempfänger weitestgehend aus.

Verwaltungspraxis in den besetzten Gebieten andere Maßstäbe als im Reich? Welche Unterschiede lassen sich ausmachen, welche Gemeinsamkeiten? Wie hat sich die konkrete Erfahrung, Teil der Besatzungsverwaltung zu sein, auf die aus dem Reichsarbeitsministerium und dem Reichsversicherungsamt abgeordneten Beamten in den jeweiligen besetzten Gebieten ausgewirkt? Wie hat die Abordnung in die Verwaltungskörper der besetzten Gebiete das Handeln der Beamten insgesamt verändert? Dabei kann es nicht darum gehen, eventuelle Motivlagen der beteiligten Beamten zu ermitteln. Vielmehr dient der hohe Grad der Verrechtlichung der Sozialversicherung als Maßstab für die Bewertung der Handlungen der Beamten. Konkret: Welche Rechtsunsicherheiten traten im Zuge der Diskriminierung der jüdischen Versicherten auf, ab wann lässt sich von einem Rechtsbruch sprechen und wie haben die beteiligten Akteure auf diese in der Sozialversicherung niemals dagewesenen Rechtsbeugungen in ihrem Verwaltungshandeln reagiert? Dabei soll nicht von einer »maschinenartigen« Verwaltung ausgegangen werden, die ihre Aufgaben ohne Ansehen der Person, ohne Gewissen und ohne moralisches Urteilsvermögen bewerkstelligte. Der Unrechtscharakter der Verwaltungspraxis wird schließlich dadurch deutlich, dass man sie am Maßstab der »gewöhnlichen Verwaltung« und den bis dahin etablierten Rechtsnormen misst.

1. Berufsbedingte Entlassungen aus den Sozialversicherungsbehörden

Mit dem »Gesetz zur Wiederherstellung des Berufsbeamtentums«, das am 7. April 1933 vom Reichsministerium des Innern erlassen wurde,[15] wurde der Grundstein für die Entlassung zahlreicher Sozialdemokraten, Kommunisten und Juden aus dem öffentlichen Dienst gelegt. Die Einführung eines »Arierparagraphen« bedeutete ein abruptes Ende der jüdischen Gleichberechtigung, die mit der Reichsgründung 1871

---

15 Über das zu den bekanntesten Gesetzen der NS-Zeit zählende »Berufsbeamtengesetz« gibt es eine Fülle von Literatur. Vgl. Peter Longerich: Politik der Vernichtung. Eine Gesamtdarstellung der nationalsozialistischen Judenverfolgung, München/Zürich 1998, S. 41-45; Saul Friedländer: Das Dritte Reich und die Juden, Bd. 1: Die Jahre der Verfolgung, 1933-1939, aus dem Engl. von Martin Pfeiffer, München 1998, S. 40f.; Horst Göppinger: Juristen jüdischer Abstammung im »Dritten Reich«. Entrechtung und Verfolgung, München 1990, S. 69-76.

eingesetzt hatte.[16] Eingeteilt in drei »Kategorien« wurden die Beamten, die dem Regime zufolge nicht mehr in öffentlichen Ämtern tätig sein durften, schrittweise aus dem Dienst entfernt. Für Beamte, »die seit dem 9. November 1918 in das Beamtenverhältnis eingetreten sind, ohne die für ihre Laufbahn vorgeschriebene oder übliche Vorbildung« zu besitzen, sah das Gesetz weder ein Ruhegehalt noch mögliche Nachzahlungen in der Sozialversicherung vor. Es zielte vor allem auf die von den Nationalsozialisten in den Behörden vermuteten »Parteibuchbeamten«, also vor allem Beamte, die den Arbeiterparteien nahestanden und dadurch nach 1918 eine angebliche Bevorzugung in ihrer Beamtenlaufbahn erfahren hatten. Jüdische Beamte konnten aufgrund ihrer »nichtarischen Abstammung« in den Ruhestand versetzt werden, sofern sie nicht vor dem 1. August 1914 verbeamtet worden waren, Frontkämpfer im Ersten Weltkrieg gewesen waren oder den Verlust des Vaters oder eines Sohnes im Kriege zu beklagen hatten. Zur dritten und letzten Kategorie zählten diejenigen Beamten, die »nach ihrer bisherigen politischen Betätigung nicht die Gewähr dafür bieten, daß sie jederzeit rückhaltlos für den nationalen Staat eintreten«, womit vor allem kommunistische Beamte gemeint waren. Auf sie traten die härtesten Regelungen zu: Nach Ablauf von drei Monaten, in denen sie ihre Bezüge weiter erhielten, stand ihnen nur noch drei Viertel ihres Ruhegehaltes zu.[17]

Die Ruhestandsregelungen für die jüdischen Beamten in den Behörden der Sozialversicherung und den Trägern regelte das Reichsarbeitsministerium durch einen Erlass. Dabei verschärfte es die bestehenden Regelungen aus dem »Berufsbeamtengesetz« sogar. Jüdische Beamte, die nicht unter die Ausnahmeregelung fielen, wurden mit Ablauf des Folgemonats gekündigt (wenn die Kündigung am ersten Tag des Monats ausgesprochen wurde, sogar mit Ablauf des aktuellen Monats). Das volle Gehalt sei drei Monate weiterzubezahlen, es sei denn, der Gekündigte könne keine die Kündigung erschwerende Ausnahmeregelung geltend machen (wie etwa eine lange Dienstzeit oder eine Beschäftigung als Schwerbeschädigter) – in diesem Fall entfiel die Weiterzahlung des Gehaltes. Anschließend war dem ehemaligen Beamten ein Ruhegeld nach den allgemeinen Grundsätzen zu gewähren. Für sozialdemokratische oder kommunistische Beamte erließ das Reichsarbeitsministerium schärfere Maßnahmen. Ihnen wurde fristlos

---

16 Longerich: Politik der Vernichtung, S. 42 f.
17 Vgl. §4 Gesetz zur Wiederherstellung des Berufsbeamtentums vom 7.4.1933, RGBl. I 1933, S. 175.

gekündigt, zudem war die Weiterzahlung des Gehaltes für drei Monate ausgeschlossen. Ansonsten galten für sie die gleichen Bestimmungen wie für jüdische Beamte.[18] In der dritten Verordnung über das »Berufsbeamtengesetz«, vom Reichsminister des Innern und dem Finanzminister erlassen, sah der Gesetzgeber die Entscheidung über Entlassungen bei den Landesversicherungsanstalten Baden, Bayern und Sachsen für die jeweiligen Länderbehörden vor, bei den übrigen für das Reichsarbeitsministerium.[19] Diese Aufgabe delegierte das Reichsarbeitsministerium jedoch an die Landesversicherungsämter (für Baden, Bayern und Sachsen) sowie das Reichsversicherungsamt (für die übrigen Landesversicherungsanstalten) weiter.[20] Das Beispiel der Landesversicherungsanstalt Baden zeigt allerdings, dass das Reichsarbeitsministerium mit diesem Erlass nur noch dasjenige anordnete, was schon in den Monaten zuvor umgesetzt worden ist.[21] Das badische Ministerium des Innern hat mit der Einsetzung von Karl Fees[22] zum »Kommissar für die Landesversicherungsanstalt Baden« die Voraussetzungen für eine zügige Durchführung des Gesetzes zur Wiederherstellung des Berufsbeamtentums schon vor den Erlassen des Reichsarbeitsministeriums geschaffen. Bereits am 28. April 1933, exakt drei Wochen nach Verkündung dieses Gesetzes, begann Fees damit, das Personal der Landesversicherungsanstalt anhand der neuen gesetzlichen Kriterien zu überprüfen. Der Leiter der Anstalt, Karl Rausch, in der Weimarer Republik Abgeordneter des badischen Landtags für die SPD, wurde aufgrund seiner besonderen Eignung überraschenderweise im Amt gelassen. Die Annahme von Florian Tennstedt, dass sämtliche sozialdemokratische Präsidenten der Landesversicherungsanstalten ausgetauscht worden sind, trifft also nicht zu.[23] Allerdings verloren sieben Angestellte sowie ein Vor-

---

18 Erlass des Reichsarbeitsministeriums: Durchführung des Gesetzes zur Wiederherstellung des Berufsbeamtentums bei Angestellten und Arbeitern der Träger der Sozialversicherung vom 2.9.1933, RABl. I (1933), S. 228.
19 Dritte Verordnung zur Durchführung des Gesetzes zur Wiederherstellung des Berufsbeamtentums vom 6.5.1933, RGBl. I 1933, S. 245-252.
20 Bestimmungen für Träger der Sozialversicherung zur Durchführung des Gesetzes zur Wiederherstellung des Berufsbeamtentums, 29.9.1933, RABl. I (1933), S. 227.
21 Vgl. zu den »wilden Säuberungen« Heinrich August Winkler: Der lange Weg nach Westen, Bd. 2: Deutsche Geschichte vom Dritten Reich bis zur Wiedervereinigung, München 2000, S. 14.
22 Vgl. Kapitel III.1.
23 Vgl. Tennstedt: Sozialgeschichte der Sozialversicherung, S. 472.

standsmitglied des badischen Rentenversicherungsträgers aufgrund der Bestimmungen des »Berufsbeamtengesetzes« ihre Stellung. Fees entschied dabei über die Entlassungen der Angestellten und Beamten, die nicht Landesbeamte waren:

> »Die Voraussetzungen der §§ 2-4 einschließlich der zugehörigen Bestimmungen der §§ 9 Abs. 5 und 13 des Gesetzes zur Wiederherstellung des Berufsbeamtentums treffen m.E. nur für das 3. Vorstandsmitglied, Oberregierungsrat Sägmüller, zu. Präsident Rausch wird, wie mir der Herr Minister des Innern mitgeteilt hat, infolge seiner besonderen Eignung im Amte verbleiben. Für die Angestellten der Landesversicherungsanstalt habe ich aufgrund des Dienstvertrags die Kündigung in all den Fällen ausgesprochen, in denen § 4 sinngemäss Anwendung zu finden hätte.«[24]

Es zeigt sich also, dass das badische Innenministerium zusammen mit Karl Fees die Entlassungen zu verantworten hatte. Das badische Landesversicherungsamt oder das Reichsversicherungsamt waren in diese Entwicklungen nicht eingebunden. Die Bestimmungen des Reichsarbeitsministeriums vom 29. August 1933, wonach die Kompetenzen für die Entlassung von Beamten von den Länderbehörden auf die Sozialversicherungsbehörden übergingen, kamen in diesem Fall zu spät. Möglicherweise hat das Ministerium auf diese Weise aber auch versucht, die »wilden Säuberungen« in den Sozialversicherungsbehörden einzudämmen, bzw. nachträglich zu legitimieren.

Der nächste Radikalisierungsschub bei der Entlassung von jüdischen Beamten brachte das am 9. September 1935 veröffentlichte Reichsbürgergesetz.[25] Noch bevor das Reichsministerium des Innern konkrete Durchführungsbestimmungen erlassen hat, wurde das Reichsarbeitsministerium aktiv. Das Reichsbürgergesetz sah bei seiner Veröffentlichung noch keinerlei Maßnahmen gegen jüdische Beamte vor, dennoch verfügte das Reichsarbeitsministerium in einem geheimen Erlass an seine nachgeordneten Behörden, alle Beamten mit sofortiger Wirkung vom Dienst zu beurlauben, die »von drei oder vier volljüdischen Großelternteilen abstammen«.[26] Zudem forderte das Ministerium die

---

24 Karl Fees (Kommissar für die Landesversicherungsanstalt Baden) an Klotz (Landesversicherungsanstalt Baden), betr. Gesetz zur Wiederherstellung des Berufsbeamtentums, 17.7.1933, GLAK 462-1/2280.
25 Reichsbürgergesetz vom 15.9.1939, RGBl. I 1935, S. 1146.
26 Franz Seldte (Reichsarbeitsministerium), betr. Jüdische Beamte, 3.10.1935, BArch R 89/10612, Bl. 22. Dieses Schreiben ging an: Reichsversicherungsamt, Reichsversorgungsgericht, Reichsanstalt für Arbeitslosenvermittlung

Adressaten auf, über die durchzuführenden Beurlaubungen Bericht zu erstatten. Damit beendete das Reichsarbeitsministerium eigenständig jegliche Ausnahmeregelungen, die das Gesetz zur Wiederherstellung des Berufsbeamtentums jüdischen Beamten noch gewährt hatte – und dies ohne Rechtsgrundlage. Allerdings dauerte es nur etwas mehr als einen Monat, bis diese mit der Ersten Verordnung zum Reichsbürgergesetz vom Reichsministerium des Innern geschaffen wurde: Die »Reichsbürgerschaft« blieb Juden verwehrt, aber nur »der Reichsbürger kann als Träger der vollen politischen Rechte das Stimmrecht in politischen Angelegenheiten ausüben und ein öffentliches Amt bekleiden«.[27]

Mehr als zweieinhalb Jahre nach der Machtübertragung an die Nationalsozialisten waren in den Behörden der Sozialversicherung allerdings nicht mehr viele Juden beschäftigt. Man muss davon ausgehen, dass die »wilden Entlassungen«, die infolge des Einsatzes von Kommissaren bei den Landesversicherungsanstalten ausgesprochen wurden, aber auch der Druck auf jüdische Beamte und Angestellte, viele von ihnen dazu veranlasst hat, die Stelle zu wechseln oder sich eine neue Beschäftigung zu suchen. In einem im Dezember 1935 versandten Zwischenbericht des Reichsversicherungsamtes an das Reichsarbeitsministerium war schließlich nur noch von drei jüdischen Beamten die Rede, die bei einem Rentenversicherungsträger Dienst taten. Bei der Landesversicherungsanstalt Oberbayern war der Regierungsrat I. Klasse Dr. Josef Grünbaum[28] und der Tuberkulose-Fürsorgearzt Dr. Richard

---

und Arbeitslosenversicherung, an die Treuhänder der Arbeit, das Arbeitsschutzmuseum in Berlin, an alle Hauptversorgungsämter, an die preußischen Oberversicherungsämter, an das Oberversicherungsamt Saarbrücken, an den Siedlungsverband Ruhrkohlenbezirk in Essen und an die Kommissare und Beauftragte für die Krankenkassen. Das Reichsversicherungsamt wurde zudem angewiesen, das Schreiben an alle seiner Aufsicht unterstehenden Träger weiterzuleiten.

27 Dritte Verordnung zum Reichsbürgergesetz vom 14.6.1938, RGBl. I 1938, S. 627-628, v. a. §§ 1-4.

28 Dr. Josef Grünbaum wurde am 20. Juni 1889 in Würzburg geboren. Nach Militärdienst und Jurastudium war er als Leiter bei der Landkreisverwaltung Mellrichstadt beschäftigt. 1930 wechselte er zur Landesversicherungsanstalt Unterfranken als 2. Leiter, danach übte er seinen Dienst bei der Landesversicherungsanstalt Oberbayern aus. 1939 wanderte er mit seiner Familie nach England aus. Vgl. Reiner Strätz: Biographisches Handbuch Würzburger Juden 1900-1945, Würzburg 1989, S. 209.

Schermann[29] beschäftigt, bei der Landesversicherungsanstalt Thüringen die Kanzleiassistentin Lieselotte Sepp.[30] Josef Grünbaum wurde gerade einmal zwei Tage nach Versand des Rundschreibens des Reichsarbeitsministeriums, als dieses die Träger aufforderte, jüdische Beamte zu beurlauben, vom Dienst freigestellt. Richard Schermann war mit Rücksicht auf seine Eigenschaft als Lazarettarzt bisher mit Zustimmung des Reichsversicherungsamtes im Amt belassen worden. Nun wurde ihm zum 31. Dezember 1935 ebenfalls gekündigt.[31] Lieselotte Sepp hingegen wurde im Dienst belassen. Eine Großmutter von ihr war im Alter von 30 Jahren vom jüdischen zum evangelischen Glauben übergetreten. Die Frist für die Entlassung aufgrund des »Berufsbeamtengesetzes« war zwar abgelaufen, dennoch hätte sie nach §6 »im Interesse des Dienstes«[32] entlassen werden können. Der Leiter der Landesversicherungsanstalt Thüringen sah für ihre Entlassung jedoch keine dienstlichen Gründe, weswegen sich das Reichsversicherungsamt einverstanden erklärte, dass Lieselotte Sepp weiterarbeitete. Anfang Oktober 1936 meldete das Reichsversicherungsamt schließlich beim Reichsarbeitsministerium, dass die Rentenversicherungsträger keine Beamten mehr beschäftigten, die unter das Gesetz zur Wiederherstellung des Berufsbeamtentums oder das Reichsbürgergesetz fielen.[33]

Genaue Zahlen über die Entlassung von jüdischen Beamten im Reichsarbeitsministerium selbst oder im Reichsversicherungsamt sind nicht zu ermitteln. Einzelbeispiele geben jedoch einen Einblick in die Personalpolitik des Ministeriums. Das Reichsarbeitsministerium erließ bereits am 10. Mai 1933 Durchführungsbestimmungen, wie mit jüdischen Beamten zu verfahren sei. Das Reichsversicherungsamt nannte dem Ministerium daraufhin drei Beamte, auf die die Bestimmungen über eine »nicht-arische« Abstammung zutreffe: Senatspräsident Ludwig Brühl sowie die Oberregierungsräte August Teutsch und Bruno

---

29 Dr. Richard Schermann (20.11.1897-14.11.1987) war ab 1928 als Tuberkulose-Fürsorgearzt der Landesversicherungsanstalt Oberbayern beschäftigt. Er emigrierte 1936 in die USA. Vgl. Eduard Seidler: Jüdische Kinderärzte 1933-1945. Entrechtet – geflohen – ermordet, Basel/Freiburg 2007, S. 346.
30 Hugo Schäffer (Reichsversicherungsamt) an Franz Seldte (Reichsarbeitsministerium), betr. Jüdische Beamte, 15.7.1936, BArch R 89/10612, Bl. 39a.
31 Hugo Schäffer (Reichsversicherungsamt) an Franz Seldte (Reichsarbeitsministerium), betr. Jüdische Beamte, 13.12.1935, BArch R 89/10612, Bl. 39.
32 §6 zum Gesetz zur Wiederherstellung des Berufsbeamtentums vom 7.4.1933, RGBl. I 1933, S. 175.
33 Hugo Schäffer (Reichsversicherungsamt) an Franz Seldte (Reichsarbeitsministerium), betr. Jüdische Beamte, 1.10.1936, BArch R 89/10612, Bl. 39b.

Müller.³⁴ Auch wenn sich zeigen sollte, dass diese Beamten aufgrund der Ausnahmeregelungen im Amt verbleiben könnten, so Schäffer weiter, sei eine Verwendung der Beamten in der bisherigen Weise nicht tragbar, da vor allem Brühl in seiner Eigenschaft als Senatspräsident in Kontakt mit den Versicherten treten konnte: »Wenn die genannten Beamten auch stets ihre Pflicht durchaus in einwandfreier Weise erfüllt haben, so würde es doch bei ihrer weiteren Beschäftigung, insbesondere als Vorsitzende oder Beisitzer im Spruch- oder Beschlußsenat, leicht zu Störungen kommen können«, wenn sie »mit der rechtsuchenden Bevölkerung unmittelbar in Berührung kommen«.³⁵ Gleichwohl erkannte Schäffer Brühls Fähigkeiten an und warb beim Reichsarbeitsminister um eine weitere Beschäftigung auf einem anderen, niedrigeren Posten. Er war zwar bereits am 1. August 1914 beurlaubt, jedoch nicht ununterbrochen.³⁶ Es gab also durchaus einen Interpretationsspiel-

34 Ludwig Brühl (19.9.1876-11.1.1942), geboren in Posen, trat im Januar 1930 aus dem Judentum aus. Der Jurist war ab 1903 als Gerichtsassessor, danach als Anwalt tätig. Bis 1916 war er Magistratsrat der Stadt Berlin. 1922 ist er als Hilfsarbeiter in das Reichsversicherungsamt eingetreten, im selben Jahr wurde er Regierungsrat und ständiges Mitglied des Reichsversicherungsamtes, 1926 Oberregierungsrat, 1929 Senatspräsident. 1923/24 war er als Hilfsarbeiter im Reichsarbeitsministerium tätig. Seine Entlassung erfolgte 1933. 1942 beging er in Berlin Selbstmord. Siehe zu seiner Person die Personalakte im Reichsarbeitsministerium BArch R 3901/100105; Gedenkbuch Berlins der jüdischen Opfer des Nationalsozialismus, hg. von der Freien Universität Berlin und dem Zentralinstitut für sozialwissenschaftliche Forschung, Berlin 1995, S. 172. August Teutsch (1891-1959) überlebte den Krieg und war nach dem Krieg für eine der beiden Nachfolgebehörden des Reichsversicherungsamtes, das Bundessozialgericht, tätig. Vgl. Tennstedt: Mitglieder des Reichsversicherungsamts, S. 82. Bruno Müller (geb. am 6.4.1879 in Berlin, gest. am 18.8.1942) wurde am 15. August nach Riga deportiert und am 18. August dort ermordet. Vgl. Online-Ausgabe des Gedenkbuches »Opfer der Verfolgung der Juden unter der nationalsozialistischen Gewaltherrschaft in Deutschland 1933-1945«, bearb. und hg. vom Bundesarchiv, https://www.bundesarchiv. de/gedenkbuch/de1124233 (2.8.2018).
35 Walter Zielke (Reichsversicherungsamt) an Reichsarbeitsministerium, betr. Durchführung des Gesetzes zur Wiederherstellung des Berufsbeamtentums, 27.5.1933, BArch R 3901/100105.
36 Walter Zielke (Reichsversicherungsamt) an Reichsarbeitsministerium, betr. Anlage 1: Bericht über Senatspräsident Dr. Ludwig Brühl, 27.5.1933, BArch R 3901/100105.

raum, Brühl doch im Amt zu belassen. Das Reichsarbeitsministerium sprach sich dennoch für seine Entlassung aus.[37]

Bereits im Juli 1933 beschwerte sich das Reichsministerium des Innern darüber, dass das »Berufsbeamtengesetz« in den Reichsministerien nicht rigoros umgesetzt werde.[38] Dieser »Vorwurf« wurde vom Sachbearbeiter Hellbach – in einem internen Bericht an Minister Seldte – rigoros zurückgewiesen. Das Ministerium arbeite – so Hellbach – eng mit Vertrauensleuten der NSDAP zusammen. Schließlich stufte es drei Beamte aufgrund »nichtarischer« Abstammung und zwei Beamtinnen auf niedrigere Positionen herab, da sie unter die Ausnahmeregelungen des »Berufsbeamtengesetzes« fielen. Zudem hob das Ministerium hervor, dass es insbesondere bei den nachgeordneten Behörden auf eine strenge Umsetzung der Maßnahmen Wert lege.[39]

Den Abschluss der Maßnahmen des Reichsarbeitsministeriums hinsichtlich des »Berufsbeamtengesetzes« erfolgten nach der Veröffentlichung der siebten Verordnung zum Reichsbürgergesetz. Für diejenigen jüdischen Beamten, die als Ruhegehalt die vollen ruhegehaltsfähigen Dienstbezüge oder ihr Wartegeld erhielten, was einer höheren Summe als dem gewöhnlichen Ruhegehalt entsprach, sollte das Ruhegehalt nach den üblichen Grundsätzen neu festgesetzt, also verringert werden.[40] Das Reichsversicherungsamt, das Reichsversorgungsgericht und die Hauptversorgungsämter hatten dabei die Ruhegehaltsbezüge für alle Beamten der Besoldungsstufen A4 bis A12 umzurechnen. Das Reichsarbeitsministerium übernahm dies für die Stufen A1 bis A3 – koordiniert durch Hermann Rettig.[41] Dies hatte eine massive Schlechterstellung von ehemaligen jüdischen Beamten zur Folge.

---

37 Reichsarbeitsministerium an Reichsversicherungsamt, betr. Durchführung des Gesetzes zur Wiederherstellung des Berufsbeamtentums, 19.6.1933, BArch R 3901/100105.
38 Reichsministerium des Innern an oberste Reichsbehörden, betr. Vollzug des Gesetzes zur Wiederherstellung des Berufsbeamtentums, 14.7.1933, BArch R 3901/20579.
39 Interner Bericht von Hellbach (Reichsarbeitsministerium), betr. Durchführung des Gesetzes zur Wiederherstellung des Berufsbeamtentums, 20.7.1933, BArch R 3901/20579.
40 Siebente Verordnung zum Reichsbürgergesetz, RGBl. I 1938, S. 1751.
41 Hermann Rettig (Reichsarbeitsministerium) an das Reichsversicherungsamt, das Reichsversorgungsgericht, die Hauptversorgungsämter und das Deutsche Arbeitsschutzmuseum in Berlin, betr. Ruhegehalt (Siebente Verordnung zum Reichsbürgergesetz), 20.12.1938, BArch R 89/10612, Bl. 146.

Das Gesetz zur Wiederherstellung des Berufsbeamtentums bedeutete eine massive Diskriminierung jüdischer Beamter. Da die Beamtenangelegenheiten traditionell vom Innenressort verantwortet wurden, konnte das Reichsarbeitsministerium auf diesem Gebiet nur mit Erlassen und Durchführungsverordnungen tätig werden.[42] In den Zuständigkeitsbereich des Reichsarbeitsministeriums hingegen fiel die Organisation des Ärztewesens. Keine zwei Wochen nach Verabschiedung des »Berufsbeamtengesetzes« erließ das Reichsarbeitsministerium ein entsprechendes Äquivalent für jüdische Ärzte.[43] In dieser Verordnung beendete das Ministerium die Tätigkeit von »nichtarischen« Kassenärzten. Neuzulassungen für jüdische Ärzte waren nicht mehr möglich. Wie im »Berufsbeamtengesetz« gab es allerdings auch hier Ausnahmen: Wer bereits vor dem 1. August 1914 tätig gewesen war, am Ersten Weltkrieg teilgenommen hatte oder den Tod des Vaters oder eines Sohnes im Kriege zu beklagen hatte, behielt seine Zulassung noch. Kommunistische Ärzte hingegen waren von jeglichen Ausnahmen ausgeschlossen.[44]

Tatsächlich wurden diese Bestimmungen äußerst flexibel angewandt. Zahlreiche Beschwerden von jüdischen Ärzten, die im Reichsarbeitsministerium eingegangen sind, zeugen davon, dass die Ausnahmeregelungen nicht immer gleichmäßig angewandt worden sind. So hatten auch Ärzte ihre Zulassung verloren, obwohl sie durch die Teilnahme am Ersten Weltkrieg eigentlich unter die Ausnahmeregelungen fielen.[45] Das Reichsarbeitsministerium gab schließlich diesen Beschwerden statt.[46]

Der NS-Ärztebund wiederum kritisierte im Juni 1933 dieses Verhalten des Reichsarbeitsministeriums. Seiner Meinung nach gäbe es massive Schwierigkeiten bei der Auslegung des Begriffes »Frontkämpfer«, wonach angeblich zu viele jüdische Ärzte unter die Ausnahmeregelung

---

42 Vgl. §17 des Gesetzes zur Wiederherstellung des Berufsbeamtentums vom 7.4.1933, RGBl. I 1933, S. 175.
43 Verordnung über die Zulassung von Ärzten zur Tätigkeit bei den Krankenkassen vom 22.4.1933, RGBl. I 1933, S. 222-223.; BArch R 3901/5135.
44 »Die kassenärztlichen Vereinigungen haben die Zulassung solcher Ärzte mit Wirkung vom 1. Juli 1935 ab für beendet zu erklären, die nach §22 Abs. 2 und 3 nicht zugelassen werden dürften. Dies gilt nicht für Ärzte, die bereits seit dem 1. August 1914 niedergelassen sind, es sei denn, daß sie sich in kommunistischem Sinne betätigt haben.« §27a der Verordnung über die Zulassung von Ärzten zur Tätigkeit bei den Krankenkassen vom 22.4.1933, RGBl. I 1933, S. 222-223.
45 Vielfältige Vorgänge in BArch R 3901/5114, R 3901/5135, R 3901/5734.
46 Vgl. BArch R 3901/5114.

fielen.[47] Während der NS-Ärztebund seine Beschwerden Ende Juli 1933 erneuerte,[48] war der »Kommissar der ärztlichen Spitzenverbände«, der später zum »Reichsärzteführer« ernannte Robert Wagner, an das Reichsarbeitsministerium herangetreten, um die Verwaltungspraxis des Ministeriums zu kritisieren, nach der jüdische Ärzte erfolgreich die Zulassung erstritten hatten, wenn sie am Ersten Weltkrieg teilgenommen hatten. Wagner forderte die Hinzuziehung der NSDAP bei der Entscheidung über die Beschwerden jüdischer Ärzte und schlug hierfür ein dreiköpfiges Gremium von NS-Ärzten vor, das bei Streitfällen ebenfalls gehört werden solle.[49] Auch wenn das Ministerium auf dieses Ansinnen nicht einging, so zeigt es dennoch den Druck, dem es von Angehörigen der NSDAP ausgesetzt war.

Dass dieser Druck allerdings nicht nötig war, bewies das Reichsarbeitsministerium in den Folgeverordnungen über die Zulassung bei den Krankenkassen. So wurden im November 1933 auf der einen Seite die Bestimmungen für jüdische weibliche Ärzte gelockert, nach denen die Ausnahmeregelung für diese Ärztinnen griff, wenn ihr Ehemann im Ersten Weltkrieg gefallen war. Auf der anderen Seite verschärfte das Ministerium die Ausnahmeregelungen: In Städten mit mehr als 100 000 Einwohnern wurden jüdische Ärzte, oder Ärzte, die einen jüdischen Ehepartner hatten, überhaupt nicht mehr zu Tätigkeiten bei den Krankenkassen zugelassen.[50]

Zudem präzisierte das Ministerium im Mai 1934, wann ein Arzt als »jüdisch« anzusehen sei. Ein Eltern- oder Großelternteil, das dem jüdischen Glauben angehörte, genügte fortan, um als »nichtarisch« zu gelten.[51] 1938 schließlich beendete das Reichsarbeitsministerium die Tätigkeit jüdischer Ärzte vollends, als es sämtliche Ausnahmeregelungen abschaffte.[52]

47 Vgl. Schreiben NS-Ärztebund an Reichsarbeitsministerium, Schwierigkeiten bei der Auslegung des Begriffs »Frontkämpfer« bei Ärzten, 13.6.1933, BArch R 3901/5135.
48 NS-Ärztebund an Engel, Beschwerde gegen Zulassung von jüdischen Ärzten mit Ausnahmegenehmigungen, 29.7.1933, BArch R 3901/5135.
49 Vermerk Dr. Haedenkamp, Abteilung IIa, für Hans Engel, 12.7.1933, BArch R 3901/5135.
50 Vgl. Verordnung über die Zulassung von Ärzten, Zahnärzten und Zahntechnikern zur Tätigkeit bei den Krankenkassen vom 20.11.1933, RGBl. I 1933, S. 983.
51 Vgl. Verordnung über die Zulassung von Ärzten zur Tätigkeit bei den Krankenkassen vom 17.5.1934, RGBl. I 1934, S. 399.
52 Vgl. die Vorgänge in BArch R 3901/5114.

Die Landesversicherungsanstalt Baden entließ bereits im Juni 1933 jüdische Ärzte, die in den Sanatorien arbeiteten. Das bekannteste Beispiel war Albert Fraenkel,[53] der in der Lungenheilanstalt Heidelberg-Rohrbach als Chefarzt tätig war. Fees setzte die Kündigung Fraenkels am 1. April 1933 durch, der zudem seit März 1933 nur noch die Hälfte seiner Bezüge ausbezahlt bekam.[54] Der hier skizzierte Druck, der von NS-Organisationen oder eingesetzten Kommissaren ausgeübt wurde, wirkte sich auch bei der Reichsversicherungsanstalt für Angestellte aus. So wurde der Präsident Albert Grießmeyer von der NSDAP massiv angegriffen, weil er sich geweigert hatte »jüdische Lungenfachärzte auszuschalten, obwohl er wiederholt dazu gedrängt worden war«. Zudem habe Grießmeyer sich dafür eingesetzt, dass ein einem jüdischen Arzt gehörendes Sanatorium weiter Patienten betreute, damit dieser es verkaufen konnte. Er habe außerdem dafür gesorgt, dass weitere jüdische Sanatorien Patienten über die Reichsversicherungsanstalt für Angestellte erhielten. Schließlich habe Grießmeyer jüdische Vertrauensärzte geduldet und die Liste bei der Reichsversicherungsanstalt für Angestellte nicht »gesäubert«.[55] Die in dieser Quelle von NS-Stellen aufgeworfenen »Vorwürfe« lassen sich nicht mehr rekonstruieren. Dennoch sagen sie viel über die Erwartungshaltung aus, die an die Direktoren und Präsidenten der Rentenversicherungsträger herangetragen worden sind, aber auch über die Freiräume, die Grießmeyer noch selbstständig füllen konnte. Das Reichsarbeitsministerium wirkte lediglich direkt bei den Krankenkassen auf die Kündigung von jüdischen Ärzten ein. Die Träger schließlich hatten sich dem Druck der NS-Organisationen aber auch der eingesetzten Kommissare zu beugen. Insgesamt lässt sich so die Forschungsmeinung, wonach das Reichsarbeitsministerium die

---

53 Julius Albert Fraenkel (1864-1938) war Tuberkulose- und Herzforscher sowie Arzt. Nach seinem Medizinstudium in München und Straßburg forschte er ab 1893 am Pharmakologischen Institut der Universität Heidelberg. 1928 wurde er Ärztlicher Direktor des von der Landesversicherungsanstalt Baden gegründeten Tuberkulose-Krankenhauses Heidelberg-Rohrbach und zusätzlich Professor an der medizinischen Fakultät der Universität Heidelberg. Vgl. Norbert Giovannini/Claudia Rink/Frank Moraw (Hg.): Erinnern, Bewahren, Gedenken. Die jüdischen Einwohner Heidelbergs und ihre Angehörigen 1933-1945, Biographisches Lexikon mit Texten, Heidelberg 2011, S. 114.
54 Vgl. Gesellschafterversammlung der Krankenhaus Rohrbach GmbH, 13.6.1933, GLAK 462 Zugang 1994-38/229.
55 Vgl. den Vorgang über die einstweilige Verfügung des Ortsgruppenleiters der NSDAP, Schlachtensee, gegen Albert Grießmeyer, 20.12.1935, BArch BDC/OPG 65, Bl. 100-105.

vorher erfolgten »wilden Säuberungen« lediglich nachträglich legalisierte, auch für die Rentenversicherungsträger bestätigen.[56]

Neben den Beamten und Ärzten gehörten Rechtsanwälte zu den jüdischen Berufsgruppen, gegen die das Reichsarbeitsministerium diskriminierende Maßnahmen einleitete. In einem Erlass des Reichsministerium des Innern an die übrigen Reichsbehörden, der am selben Tag wie das »Berufsbeamtengesetz« veröffentlicht wurde, forderte Frick die Reichsministerien auf, die für Behörden des jeweiligen Verwaltungsbereichs tätigen jüdischen Rechtsanwälte zu entlassen und künftig keine jüdischen Rechtsanwälte mehr zu beauftragen.[57] Anfang Mai 1933 gab Hermann Rettig die Bestimmungen dieses Erlasses an das Reichsversicherungsamt und die Reichsversicherungsanstalt für Angestellte weiter:

»Bei der Bestellung zu Prozessbevollmächtigten oder zur sonstigen Wahrnehmung fiskalischer Belange vor öffentlichen Behörden sollen künftig nur solche deutschstämmige Sachwalter berücksichtigt werden, die nach ihrer politischen Einstellung die Gewähr dafür bieten, dass sie die Regierung der nationalen Erhebung unterstützen. Jüdischen Sachwaltern ist eine bereits übertragene Vertretung des Reichsfiskus zu entziehen.«[58]

Innerhalb des Angestelltenversicherungsträgers tat man sich allerdings schwer damit, die Richtlinien umzusetzen. Schließlich wusste man nicht in jedem Fall, welcher Rechtsvertreter der Anstalt jüdisch war. Auch die kurzen Fristen für Gerichtstermine, die vor allem im Geschäftsbereich der Leistungsabteilung vorkamen, erschwerten die Auswahl von Rechtsanwälten, da die Ermittlungen über die »Deutschstämmigkeit« einige Zeit in Anspruch nahmen. Der Sachbearbeiter der Reichsversicherungsanstalt für Angestellte schlug daher vor, gesonderte Listen über »deutschstämmige« Anwälte zu führen:

56 Uwe Dietrich Adam: Judenpolitik im Dritten Reich, Düsseldorf 1972, S. 51, urteilt zutreffend: »Dies weist auf ein nationalsozialistisches revolutionäres Merkmal hin, fassbar mit der Formel der ›justificatio post eventum‹: Durch die stetigen, von den Parteistellen verursachten Bewegungsvorgänge rechtsdurchbrechenden Charakters ergab sich der Zwang, den bestehenden Faktizitäten nachträglich die legalisierende Sanktion zu erteilen.«
57 Erlass des Reichsministeriums des Innern an die übrigen Reichsbehörden, 7.4.1933, abgedruckt in: Karlsruher Zeitung, Nr. 83, 7.4.1933.
58 Hermann Rettig (Reichsarbeitsministerium) an Albert Grießmeyer (Reichsversicherungsanstalt für Angestellte), betr. Prozess- usw. Vertretung des Reichsfiskus, 2.5.1933, DRV RfA-Archiv/Aktenordner »Nr. 18«.

BERUFSBEDINGTE ENTLASSUNGEN AUS DEN SOZIALVERSICHERUNGSBEHÖRDEN

»Um dem Erlass des Reichsarbeitsministers entsprechen zu können, wird deshalb vorgeschlagen, dass für die ganze Behörde einheitlich die Rechtsanwälte bestimmt werden, die mit der Prozessvertretung für die Reichsversicherungsanstalt beauftragt werden sollen und dass bei Präs.-Abt. ein Verzeichnis der zu beauftragenden Rechtsanwälte für alle Landgerichte, Oberlandesgerichte und das Reichsgericht allgemein aufgestellt und geführt werden möge.«[59]

Tatsächlich stellte sich nach den internen Erhebungen heraus, dass von den 18 für die Reichsversicherungsanstalt für Angestellte tätigen Rechtsanwälten vier der jüdischen Religion angehörten: Fritz Freund aus Darmstadt,[60] Dr. John Behrend Levy aus Hamburg,[61] Eduard Feige aus Breslau[62] und Fritz Adler aus Frankfurt.[63] Sie alle verloren ihre

---

[59] Reichsversicherungsanstalt für Angestellte, Vorlage für den Präsidenten den RAM-Erlass vom 2.5.1933 betreffend, 16.5.1933, DRV RfA-Archiv/Aktenordner »Nr. 18«.

[60] Der Rechtsanwalt Friedrich Fritz Julius Freund (geb. am 4.1.1898 in Darmstadt – ermordet 1944 oder 1945 im Konzentrations- und Vernichtungslager Auschwitz) wurde 1917 dem Artillerieregiment 25 zugeteilt und an die Westfront versetzt. Anschließend absolvierte er ein Jurastudium in Heidelberg, Frankfurt und Gießen. Von 1924 bis zum 22. April 1933 war er Gerichtsassessor beim Landgericht Darmstadt, als er aufgrund des »Berufsbeamtengesetzes« seine Zulassung verlor. 1937 zog er nach Berlin um. Vom 9. November 1938 bis 14. Dezember 1938 war er im Konzentrationslager Sachsenhausen inhaftiert. Am 26. Januar 1943 wurde er nach Theresienstadt deportiert und von dort am 18. Mai 1944 nach Auschwitz verbracht und ermordet. Siehe zu seiner Person Aus dem Nachlass Wolfgang Knoll, www.stolpersteine-berlin.de/de/biografie/2617 (4.7.2018); Online-Ausgabe des Gedenkbuches »Opfer der Verfolgung der Juden unter der nationalsozialistischen Gewaltherrschaft in Deutschland 1933-1945«, https://www.bundesarchiv.de/gedenkbuch/de1011491 (2.8.2018).

[61] Über John Behrend Levy (30.11.1876-17.6.1941) sind bis auf den Geburts- und Todestag keine weiteren Informationen bekannt. Siehe Uwe Gießmer: Zur Biografie von Pastor Christian Boeck (1875-1964). Viele Jahre im Dienste der Kirche und der Fehrs-Gilde, o.O. 2016, S. 71.

[62] Das Schicksal von Eduard Feige (geb. 27.7.1884) ist ungewiss. Er wurde nach Theresienstadt deportiert. Online-Ausgabe des Gedenkbuches »Opfer der Verfolgung der Juden unter der nationalsozialistischen Gewaltherrschaft in Deutschland 1933-1945«, https://www.bundesarchiv.de/gedenkbuch/de864176 (2.8.2018).

[63] Julius Friedrich Fritz Adler (geb. 24.8.1888) emigrierte am 12. April 1939 in die Niederlande. Er wurde aus Westerbork deportiert und befand sich am 31. Juli 1944 in Theresienstadt, von wo er am 12. Oktober 1944 nach Auschwitz verbracht wurde. Online-Ausgabe des Gedenkbuches »Opfer

Zuständigkeit als Prozessbevollmächtigte.⁶⁴ Nicht nur jüdische Anwälte wurden von den Behörden nicht weiter beauftragt, es betraf auch Anwälte die »hinsichtlich der politischen Einstellung und nationalen Zuverlässigkeit« als »unzuverlässig« angesehen wurden. So fragte die Reichsversicherungsanstalt für Angestellte etwa am 3. Juni 1933 beim Landgericht Köln nach, ob Bedenken gegen den Rechtsanwalt Professor Dr. Konrad Adenauer bezüglich seiner nationalen Zuverlässigkeit bestünden. Gegen den späteren ersten Bundeskanzler der Bundesrepublik gab es diesbezüglich allerdings nichts Gegenteiliges mitzuteilen.⁶⁵

Der Instanzenzug für die Landesversicherungsanstalten war allerdings ein anderer. Hier hat nicht das Reichsarbeitsministerium eingegriffen, oder, wie es eigentlich zu vermuten gewesen wäre, das Reichsversicherungsamt. Die Anordnung an die Landesversicherungsanstalt Baden, keine jüdischen oder marxistischen Rechtsanwälte zu beauftragen, hatte ihren Ursprung im Erlass des Kommissars für das badische Ministerium des Innern, Karl Fees.⁶⁶ Damit griff Fees neben den Personalveränderungen des Vorstandes, des Ausschusses und der Arbeitnehmervertreter⁶⁷ ebenfalls noch in die externen Personalentscheidungen ein.

Erst als das Reichsministerium des Innern seinen Erlass vom 4. Juli 1933 dahingehend erweiterte, dass nicht nur jüdische und marxistische Anwälte im Inland zu entlassen, bzw. nicht zu beauftragen seien, sondern dies ebenso für Rechtsvertretungen im Ausland zu gelten habe,⁶⁸ setzte das Reichsarbeitsministerium seine vielfältigen Verbindungen zu zahlreichen Dienststellen und nachgeordneten Behörden des Reiches

    der Verfolgung der Juden unter der nationalsozialistischen Gewaltherrschaft in Deutschland 1933-1945«, https://www.bundesarchiv.de/gedenkbuch/de82 8666 (2.8.2018).
64 Reichsversicherungsanstalt für Angestellte, Übersicht über die z. Zt. vor Gerichten schwebenden Leistungssachen, 1.6.1933, DRV RfA-Archiv/Aktenordner »Nr. 18«.
65 Amtsgericht Köln, Anfrage an den Richter des Amtsgerichtes Kölns wegen der politischen Zuverlässigkeit Adenauers, 12.6.1933, DRV RfA-Archiv/Aktenordner »Nr. 18b«.
66 Badisches Ministerium des Innern an Bezirksämter, Polizeipräsidien, Polizeidirektion Baden, (Ober-)Bürgermeister der Städte, betr. Beratung und Vertretung des Fiskus durch Rechtsanwälte, 26.5.1933, GLAK 462 Zugang 1994-38/213, Bl. 3-4.
67 Siehe dazu Kapitel III.1.
68 Hans Pfundtner (Reichsministerium des Innern) an die obersten Reichsbehörden, betr. Vertretung des Reichsfiskus durch Rechtsanwälte, 29.1.1936, GLAK 462 Zugang 1994-38/213, Bl. 7-8.

BERUFSBEDINGTE ENTLASSUNGEN AUS DEN SOZIALVERSICHERUNGSBEHÖRDEN

ein. In einer Verfügung vom Juli 1938 machte Hermann Rettig darauf aufmerksam, dass der Berliner NS-Rechtswahrerbund eine »Weltkartei zuverlässiger arischer Rechts- und Patentanwälte« führe, an der sich die nachgeordneten Dienststellen bei der Suche nach Rechtsvertretungen wenden könnten.[69]

Das »Gesetz über Ehrenämter in der sozialen Versicherung und der Reichsversorgung« vom 18. Mai 1933[70] war nach der Verordnung gegen jüdische Kassenärzte das zweite genuine Werk aus dem Hause des Reichsarbeitsministeriums, das sich gegen in der Sozialversicherung tätige Juden wandte. Dabei orientierte es sich ebenso wie die Verordnung gegen Kassenärzte am »Berufsbeamtengesetz«. Das Gesetz regelte zunächst die grundsätzliche Entfernung bestimmter Personen aus Ehrenämtern bei den Sozialversicherungs- und Versorgungsbehörden. Die Entscheidung über die Entlassung beim Reichsversicherungsamt übernahm dabei das Reichsarbeitsministerium, bei den anderen Trägern die jeweilige Landesbehörde.[71] Einen Tag nach Veröffentlichung des Gesetzes präzisierte Johannes Krohn die Bedingungen der Amtsenthebungen: Es seien die Grundsätze des »Berufsbeamtengesetzes« zugrunde zu legen. Konkret sollten namentlich »Bevollmächtigte und Beistände kommunistischer Einstellung oder nichtarischer Abstammung« zurückgewiesen werden. Diese Personen dürfen zudem zur geschäftsmäßigen Rechtsvertretung vor den Versicherungsbehörden nicht zugelassen werden.[72] Wie dies praktisch

69 Vgl. Reichsarbeitsministerium, betr. Inanspruchnahme von Rechtsanwälten im Ausland, 29.7.1938, GLAK 462 Zugang 1994-38/213. Das Schreiben war adressiert an: Das Reichsversicherungsamt, das Reichsversorgungsgericht, die Reichsanstalt für Arbeitslosenvermittlung und Arbeitslosenversicherung, das Arbeitsschutzmuseum Berlin, die Regierungspräsidenten in Preußen, den Berliner Polizeipräsidenten, das Oberversicherungsamt Berlin, den Siedlungsverband Ruhrkohlenbezirk in Essen, die preußischen Oberversicherungsämter, die Sozialverwaltungen der Landesregierungen, den Reichskommissar für das Saarland, die Landesversicherungsanstalt Saarbrücken, den Reichskommissar für die AOK Berlin und die Verbände der Versicherungsträger.
70 Vgl. Gesetz über Ehrenämter in der sozialen Versicherung und der Reichsversorgung vom 18.5.1933, RGBl. I 1933, S. 277.
71 §2 des Gesetzes über Ehrenämter in der sozialen Versicherung und der Reichsversorgung.
72 Vgl. Erste Verordnung zur Durchführung des Gesetzes über Ehrenämter in der sozialen Versicherung und der Reichsversorgung vom 19.5.1933, RGBl. I 1933, S. 283.

umgesetzt wurde, lässt sich am Beispiel des Oberversicherungsamtes Konstanz aufzeigen. Das badische Ministerium des Innern verfügte die Entlassung der betreffenden Personen bei allen Versicherungsämtern am 26. Mai 1933. Die Neubesetzung der Ämter wurde dabei gemeinsam mit der jeweiligen Kreisleitung der Nationalsozialistische Betriebszellenorganisation (NSBO) durchgeführt.[73] Im Juli 1933 verschärfte das Karlsruher Landesministerium seine Bestimmungen. Fortan durften nur noch Personen als Beisitzer in den Senaten oder Spruchkammern ernannt werden, die auf von der NSBO geführten Listen eingetragen waren. Die Konstanzer Kreisleitung hat auf diese Listen ausschließlich Mitglieder der NSDAP gesetzt. Insgesamt haben das Oberversicherungsamt Konstanz und die in seinem Gebiet befindlichen Versicherungsämter 16% der Arbeitgeber- und Arbeitnehmervertreter ausgetauscht, davon vier Fünftel aufgrund ihrer Mitgliedschaft in SPD oder KPD und alle weiteren aufgrund ihrer jüdischen Abstammung. Dabei arbeitete das Oberversicherungsamt Konstanz mit den Polizeidienststellen der betreffenden Wohnorte aller Vertreter zusammen, um die gewünschten Informationen über die Inhaber der Ehrenämter zu erhalten.[74] Die durch diese Maßnahmen erfolgten Einschränkungen und Diskriminierungen jüdischer oder den Arbeiterparteien nahestehender Versicherter sind wohl kaum zu rekonstruieren. Wenn die Spruchkammern jedoch ausgetauscht und vollständig mit Vertretern der NSDAP besetzt waren, dürfte dies die Erfolgschancen jüdischer und sozialdemokratischer/kommunistischer Kläger deutlich geschmälert haben.[75]

Im Juni 1933 verschärfte das Reichsarbeitsministerium die Bestimmungen des Ehrenämtergesetzes. In der zweiten Verordnung zum Ehrenämtergesetz schränkte es die Gutachtertätigkeit jüdischer Ärzte ein: Sachverständige und Gutachter waren fortan nach den Grundsätzen des »Berufsbeamtengesetzes« auszuwählen. Auch die »nichtarischen« Ärzte, die unter die Ausnahmeregelungen fielen, waren nicht

73 Badisches Ministerium des Innern an Oberversicherungsamt Konstanz, betr. Versicherungsvertreter als Beisitzer der Versicherungsämter, 26.5.1933, StA Freiburg, D 161/2/295.
74 Eigene Berechnungen nach Durchsicht der betreffenden Listen in StA Freiburg, D 161/2/292. Vgl. auch Badisches Ministerium des Innern an Oberversicherungsamt Konstanz, betr. Versicherungsvertreter als Beisitzer der Versicherungsämter, 17.7.1933, StA Freiburg D 161/2/292.
75 Die Gerichtsakten der Oberversicherungsämter München und Augsburg erlauben leider im Hinblick auf die Identität der klagenden Versicherten keine Rückschlüsse auf jüdische oder den Arbeiterparteien nahestehende Kläger.

mehr zulässig. Und falls ein Oberversicherungsamt doch einmal einen jüdischen Arzt als Gutachter auswählen sollte, besaßen die Versicherten die Möglichkeit, diesen Arzt abzulehnen und einen »arischen« Arzt zu verlangen.[76] Im September 1935 schränkte das Ministerium durch Hermann Rettig die Tätigkeit von Juden bei den Versicherungsbehörden weiter ein. Zur Vertretung gegenüber Versicherungsbehörden und -trägern waren nur noch die DAF-Rechtsberatung, zugelassene »deutschstämmige« Rechtsanwälte sowie geschäftsfähige Angehörige zugelassen. Neben jüdischen medizinischen Gutachtern schloss das Ministerium also auch jüdische Rechtsanwälte aus den Senatssälen aus. Es gab eine einzige Ausnahme: »Nichtarier können als Vertreter von Nichtariern zugelassen werden.«[77]

Bei der Gesetzgebung zum Aufbaugesetz[78] verfügte das Reichsarbeitsministerium antisemitische Maßnahmen. Als Leiter einer Landesversicherungsanstalt konnte nur eine Person ernannt werden, die »arischer« Abstammung war (was bereits aus den Bestimmungen des »Berufsbeamtengesetzes« hervorging). Gleichzeitig musste die Ehefrau des Leiters ebenfalls »arischer« Abstammung sein.[79] Für die Versicherungsvertreter in den Versicherungsbehörden (Beisitzer) galten überdies die gleichen Bestimmungen.[80] Auch gegen jüdische Arbeitgeber erließ das Reichsarbeitsministerium auf dem Gebiet der Rentenversicherung antisemitische Maßnahmen. So sorgte das Ministerium bereits im Vorfeld der Feiern zum 1. Mai 1933 dafür, dass jüdische »Betriebsführer« von den Feierlichkeiten ausgeschlossen waren.[81] 1937

76 Zweite Verordnung zum Ehrenämtergesetz vom 23.6.1933, RGBl. I 1933, S. 397.
77 Vierte Verordnung zum Ehrenämtergesetz vom 9.9.1935, RGBl. I 1935, S. 1143.
78 Siehe zur Ausarbeitung und Verabschiedung des Aufbaugesetzes Kapitel III.2.
79 Vgl. §8 der Fünften Verordnung zum Aufbau der Sozialversicherung vom 21.12.1934, RGBl. I 1934, S. 1274.
80 Vgl. Siebente Verordnung zum Aufbau der Sozialversicherung (Versicherungsbehörden und Ehrenämter) vom 25.5.1935, RGBl. I 1935, S. 694.
81 Vgl. Zeitungsausschnitt aus dem Pariser Tageblatt mit einem Schreiben des Reichsarbeitsministers an den Stellvertreter des Führers vom 25. April 1934 über den Ausschluss nichtarischer Unternehmer von der Feier des 1. Mai, Dok. 115, in: Die Verfolgung und Ermordung der europäischen Juden durch das nationalsozialistische Deutschland 1933-1945, hg. von Götz Aly/Wolf Gruner/Susanne Heim/Ulrich Herbert/Hans-Dieter Kreikamp/Horst Möller/Dieter Pohl/Hartmut Weber, Bd. 1: Deutsches Reich 1933-1937, bearb. von Wolf Gruner, München 2008, S. 325.

verfügte es zudem eine strengere Kontrolle bei der Abgabe von Sozialleistungen von jüdischen Arbeitgebern, da die Deutsche Arbeitsfront auf Fälle hingewiesen hatte,

»in denen Inhaber jüdischer Betriebe unter Zurücklassung erheblicher Schulden an Sozialversicherungsbeiträgen ins Ausland geflüchtet sind. Aufgrund dieser Vorkommnisse empfehle ich den Versicherungsträgern, die Entrichtung der Sozialversicherungsbeiträge und der Beiträge zur Arbeitslosenversicherung durch jüdische Betriebe besonders zu überwachen und bei Verstößen und Unregelmäßigkeiten gegen die Verantwortlichen vorzugehen.«[82]

Zusammenfassend lässt sich von einer vom Reichsarbeitsministerium vollständig durchgeführten Entfernung jüdischer Personen aus dem nachgeordneten Verwaltungsbereich des Reichsarbeitsministeriums sprechen. Der Ausschluss jüdischer Beisitzer, Ausschussmitglieder, Leiter, Inhaber von Ehrenämtern, Rechtsvertreter und medizinischer Gutachter markierte einen personellen Einschnitt in die Selbstverwaltungskörper der Sozialversicherung, wie es ihn seit der Einführung der Sozialversicherung nicht gegeben hatte. Nicht immer war das Reichsarbeitsministerium dabei federführend beteiligt. Vor allem bei den Landesversicherungsanstalten griff es nicht, auch nicht über das die Aufsicht führende Reichsversicherungsamt, in die von den Kommissaren für die Landesversicherungsanstalten verfügten Personaländerungen ein. Die Entmachtung der Ausschüsse der Rentenversicherungsträger, die gerade bei Personalangelegenheiten eine wichtige Rolle spielten,[83] fand vor allem durch die Länderregierungen statt, ohne dass das Reichsarbeitsministerium hier einschritt. Bei der Ausgestaltung des »Berufsbeamtengesetzes«, beim Ausschluss von jüdischen Kassenärzten sowie in seinem eigenen Aufsichtsbereich – dem Reichsversicherungsamt, der Reichsversicherungsanstalt für Angestellte und der Reichsknappschaft – verfügte es hingegen den Ausschluss jüdischer Mitglieder selbst.

---

82 Vgl. Badisches Gesetz- und Verordnungsblatt (1937), Nr. 37, Sp. 1030.
83 Vgl. dazu Kapitel III.1. Tatsächlich sollte erst die Aufbaugesetzgebung vom 5. Juli 1934 den Ausschuss durch die Einführung des »Führerprinzips« offiziell entmachten.

2. Maßnahmen gegen jüdische Versicherte

Die bisher dargestellten antisemitischen Maßnahmen des Reichsarbeitsministeriums und seiner nachgeordneten Dienststellen bezogen sich allein auf die beruflichen Tätigkeiten von Juden, die für das Ministerium, das Reichsversicherungsamt, die Rentenversicherungsträger oder die Versicherungsbehörden tätig waren. Die Rechte von jüdischen Versicherten wurden – zunächst – nicht angetastet. Dies lag daran, dass es sich bei den berufsbedingten Entlassungen nicht um einklagbare Leistungen handelte. Auch wenn sie ohne Frage illegitim, diskriminierend und ungerechtfertigt waren, so konnte sich das Ministerium durch eine »scheinbare Legalität«, nämlich durch die vom Reichsministerium des Innern vorgegebenen Gesetze und Verordnungen über das Berufsbeamtentum und das Reichsbürgergesetz sicherfühlen, nicht gegen gesetzliche Regelungen zu verstoßen. Bei den einklagbaren, nicht freiwilligen Leistungen aus der Rentenversicherung (Rente, Ruhegehalt und Knappschaftspension) hingegen, die vertragliche Vermögenswerte darstellten, war dies nicht ohne Weiteres möglich. Tatsächlich haben das Reichsarbeitsministerium und die Rentenversicherungsträger die Rentenleistungen von Juden, die sich innerhalb der Grenzen des »Altreichs« befanden und nicht in Lagern inhaftiert waren, zu keinem Zeitpunkt eingestellt.[84] Möglicherweise lässt sich das Urteil von Uwe Dietrich Adam über jüdische Beamte auch auf jüdische Rentenversicherte übertragen: »Es mochte [...] die noch immer herrschende Überzeugung mitspielen, dass die besondere Stellung des Beamten und der damit untrennbar verbundene Rechtsanspruch auf Ruhegehalt auch für Juden eine unzerstörbare Rechtsgarantie darstellt.«[85] Analog könnte man formulieren, dass die Überzeugung mitspielte, dass der durch jahrzehntelange Einzahlungen in die Pflichtversicherung aufgebaute Rechtsanspruch auf Leistungen im

---

84 Siehe hierzu Wilhelm Pfisterer (Landesversicherungsanstalt Baden) an Reichsarbeitsministerium, betr. Rentenzahlung an deportierte badische Juden, 25.3.1941, GLAK 462 Zugang 1994-38/283, Bl. 3-5; Reichsversicherungsanstalt für Angestellte an Zentralamt für die Regelung der Judenfrage in Böhmen und Mähren, betr. Jüdische Rentner, 10.11.1942, DRV RfA-Archiv/Aktenordner »Nr. 168«; Martin Röttcher (Reichsversicherungsamt) an Reichsarbeitsministerium, betr. Rentenzahlungen an Juden, 14.9.1943, BArch R 89/4981, Bl. 86; Oberfinanzpräsidium Württemberg an Reichsversicherungsanstalt für Angestellte, betr. Einziehung jüdischen Vermögens, 29.1.1942, DRV RfA-Archiv/Aktenordner »Nr. 168«.
85 Adam: Judenpolitik im Dritten Reich, S. 188.

Versicherungsfall auch für Juden – im Deutschen Reich[86] – eine unzerstörbare Rechtsgarantie darstellte.

Die konkreten Maßnahmen gegen jüdische Versicherte aus dem Reichsarbeitsministerium und der Träger vor Beginn des Zweiten Weltkrieges berührten daher nicht – wie im Folgenden gezeigt wird – die einklagbaren Leistungen. Die Motive dafür lassen sich neben der erwähnten Rechtsgarantie auf Renten aber noch anderweitig finden.

Eine komplette Entrechtung und Einstellung von Rentenleistungen für Juden hätte die jüdischen Fürsorgeverbände vor finanzielle Herausforderungen gestellt, die vom Regime aus unterschiedlichen Gründen so nicht gewollt waren. Zudem hätte es die Ausreise jüdischer Versicherter aus Deutschland zusätzlich erschwert, wenn die Rentenzahlungen eingestellt worden wären.[87] Daneben spielten aber auch verwaltungspraktische Gründe eine Rolle.[88]

Jene Leistungen aber, auf die die Versicherten keinen Rechtsanspruch besaßen, konnten von Juden nicht mehr in Anspruch genommen werden. Die Landesversicherungsanstalten haben zu Beginn des 20. Jahrhunderts damit begonnen, Sanatorien und Erholungsheime zu errichten, um der versicherten Bevölkerung Maßnahmen auf dem Gebiet der Heilfürsorge zukommen zu lassen. Dahinter stand vor allem der Gedanke, dass die Zahlung einer Genesungskur, und die damit verbundene Vermeidung oder Hinauszögerung der Invalidität, für die Träger günstiger sei als die Zahlung einer Rente. Die Landesversicherungsanstalten bildeten bezüglich ihrer Heilanstalten eine neue Identität heraus, die sie durchaus aktiv bewarben.[89] Sie waren nicht mehr lediglich für die Verwaltung, Beitragseinziehung, Gewährung und Auszahlung von Rentenleistungen zuständig, sondern entwickelten ein eigenes sozialpolitisches Profil, indem sie gesundheitspolitische Maßnahmen vor Ort für Versicherte anboten und durchführten.

Diese Ausgaben wurden durch die »freiwilligen Leistungen« der Träger gedeckt. Das Reichsversicherungsamt konnte lediglich die

---

86 Tatsächlich wurden auch die Zahlungen an die jüdischen Beamten eingestellt, als ihre Empfänger ins Ausland deportiert worden waren. Siehe dazu die folgenden Ausführungen.
87 Vgl. dazu die beschriebenen Vorgänge bei Kirchberger: Die Stellung der Juden in der deutschen Rentenversicherung.
88 Anhand des Beispiels der Landesversicherungsanstalt Baden und der Reichsversicherungsanstalt für Angestellte wird dies im Folgenden analysiert.
89 Vgl. Kott: Sozialstaat und Gesellschaft, S. 53-70.

Höhe der freiwilligen Ausgaben überwachen,[90] über die Durchführung der Heilverfahren entschieden die Träger selbst.[91] Vom Reichsarbeitsministerium und dem Reichsversicherungsamt gab es daher keine zentralen Verordnungen, wie mit jüdischen Versicherten im Falle der freiwilligen Leistungen umzugehen sei. Dies war vielmehr den Rentenversicherungsträgern selbst überlassen.[92] Die Landesversicherungsanstalt Baden erließ zum 1. Februar 1936 neue Heilverfahrensbestimmungen, nach denen jüdische Versicherte (sowie Söhne und Töchter aus sogenannten »Mischehen«) nicht mehr in den Heilstätten der Landesversicherungsanstalt Baden aufgenommen werden durften. Stattdessen sollten sie einen Zuschuss zur Durchführung der Kuren in »anderen Anstalten« (also in jüdischen Heilanstalten) erhalten. Ausnahmen sollten lediglich zulässig sein, »wenn dies aus ärztlichen Gründen dringend notwendig ist, und nur bis zu dem Zeitpunkt [...] zu dem die Gefahr [der Ansteckung, A. K.] als beseitigt angesehen werden kann«, wobei hier vor allem die Ansteckungsgefahr durch Tuberkulose gemeint war. Da die Behandlung von Tuberkulose aber nicht der einzige Grund für einen Aufenthalt in einer Heilstätte war,[93] bedeutete der Ausschluss jüdischer Versicherter eine massive Diskriminierung; Ausnahmen waren demnach nur zulässig, um die »arische« Bevölkerung vor der Ansteckungsgefahr durch Tuberkulose zu schützen.[94] Die Landesversicherungsanstalt Baden hat die badischen Krankenkassen und Fürsorgeträger noch einmal explizit auf den Ausschluss jüdischer Versicherten von

90 Die freiwilligen Leistungen sollten während der Weltwirtschaftskrise nahezu einbrechen. Siehe Kapitel II.1.
91 Allerdings sollte sich dies durch die zahlreichen Sonderorganisationen im NS relativieren. Vgl. dazu Kapitel III.3; sowie Alexander Klimo: An Unhappy Return: German Pension Insurance Policy in Alsace, in: Sandrine Kott/Kiran Klaus Patel (Hg.): Nazism across Borders. The Social Policies of the Third Reich and their Global Appeal, Oxford 2018, S. 81-104.
92 Die eingängigen Bestimmungen dazu erließ der Reichsverband der Landesversicherungsanstalten 1935 in seinen »Saarbrücker Richtlinien«, an denen sich die Landesversicherungsanstalten orientieren sollten. Vgl. Landesversicherungsanstalt Baden (Hg.): Heilverfahrensbestimmungen der Landesversicherungsanstalt Baden, Karlsruhe 1936.
93 Siehe dazu die in der Einleitung (S. [[xx-xx]]) genannten Invalidisierungsgründe.
94 §3 der Heilverfahrensbestimmungen, Landesversicherungsanstalt Baden (Hg.): Heilverfahrensbestimmungen der Landesversicherungsanstalt Baden, S. 8.

den Heilverfahren aufmerksam gemacht.[95] Wie sehr die Behörde den Erwartungen des Regimes entgegenkam, wird zudem dadurch deutlich, dass die für die Gesundheitsfürsorge notwendigen Zuschüsse an Kinder (etwa für orthopädische Schuhe, Glasaugen, Seh- und Hörhilfen)[96] nicht für Menschen mit Behinderungen gewährt wurden. Dabei setzte die Behörde dieselben Bedingungen wie gegen jüdische Versicherte um: »Nach dem 1.2.1936 werden auch mit Krüppeln Heilverfahren durchgeführt, aber nur, wenn es sich um eine Tuberkulose handelt.«[97]

Genau wie die freiwilligen Leistungen, die die Rentenversicherungsträger gewähren konnten, so besaßen auch die Leistungen in der Kleinrentnerfürsorge[98] keinen einklagbaren Charakter. Als das Reichsfinanzministerium dem Reichsarbeitsminister im November 1936 gestattete, einen Betrag von 2,8 Millionen RM als einmaligen »Sonderzuschuss« zu gewähren, der unter allen Kleinrentnern rechtzeitig zu Weihnachten aufzuteilen sei, nahm der Reichsarbeitsminister jüdische Kleinrentner explizit von diesen Zuschusszahlungen aus.[99] Die Wiederholung dieser Zahlung an Kleinrentner im Jahr darauf machte erneut bei jüdischen Kleinrentnern eine Ausnahme.[100] Diese einmaligen Sonderzahlungen wurden wieder eingestellt, als das Reichsarbeitsministerium Ende 1937 das »Gesetz zum Ausbau der Rentenversiche-

---

95 Karl Rausch (Landesversicherungsanstalt Baden) an Badische Krankenkassen und Fürsorgeträger, betr. Heilverfahrensbestimmungen, 28.1.1936, GLAK 357/Nr. 32.737. Dabei handelt es sich um Rauschs Anmerkungen zu §3.
96 §§20 und 44 der Heilverfahrensbestimmungen, Landesversicherungsanstalt Baden (Hg.): Heilverfahrensbestimmungen der Landesversicherungsanstalt Baden.
97 Karl Rausch (Landesversicherungsanstalt Baden) an Badische Krankenkassen und Fürsorgeträger, betr. Heilverfahrensbestimmungen, 28.1.1936, GLAK 357/Nr. 32.737. Hierbei handelt es sich um Rauschs Anmerkungen zu §44.
98 Kleinrentner (oder auch Sozialrentner) nannte man jene Rentenberechtigten, die aufgrund einer äußerst geringen Rentenhöhe auf zusätzliche Unterstützung durch die Fürsorge angewiesen waren. Vgl. Gesetz über Kleinrentnerfürsorge vom 4.2.1923, RGBl. I 1923, S. 104.
99 Vgl. Erlass des Reichsarbeitsministeriums an die für die Kleinrentnerfürsorge und Kleinrentnerhilfe zuständigen Länder – außer Preußen – und den Reichskommissar für das Saarland, Reichssonderzuschuss für Kleinrentner, 20.11.1936, RABl. I (1936), S. 317.
100 Vgl. Erlass des Reichsarbeitsministeriums an die für die Kleinrentnerfürsorge und Kleinrentnerhilfe zuständigen Länder – außer Preußen – und den Reichskommissar für das Saarland, Reichssonderzuschuss für Kleinrentner, 15.11.1937 RABl. I (1936), S. 309.

rung« erließ,[101] das einige Erleichterungen in der Rentenversicherung vorsah. Den Kleinrentnern sollten die Leistungsverbesserungen dieses Gesetzes ebenfalls zugutekommen, und das Reichsarbeitsministerium verfügte in einem Erlass an die Fürsorgeverbände, dass diese Verbesserungen nicht mit den Fürsorgeleistungen verrechnet werden dürften. So bestimmte der Erlass, dass Steigerungsbeiträge auf die Invalidenversicherung während der Teilnahme am Ersten Weltkrieg, die Erhöhung des Kinderzuschusses, die Waisenrente oder die Kinderzuschüsse in der knappschaftlichen Pensionsversicherung nicht auf Fürsorgeleistungen angerechnet werden dürften. Auf Juden, so schlossen die Ausführungen, sei der Erlass allerdings nicht anzuwenden, es sei denn, es handele sich um schwerkriegsbeschädigte jüdische Kleinrentner.[102]

Jüdische Kleinrentner und Fürsorgeberechtigte mussten sich bereits seit 1934 an die jüdischen Fürsorgeeinrichtungen bei Hilfsbedürftigkeit wenden.[103] 1938 institutionalisierte das Reichsministerium des Innern zusammen mit dem Reichsarbeitsministerium diese Regelung.[104] Was vorher schon faktisch der Fall war, dass jüdische Hilfsbedürftige sich ausschließlich an jüdische Organisationen zu richten hatten (genau wie jüdische Tuberkulose-Erkrankte an jüdische Heilanstalten), wurde nun gesetzlich durch das Reichsarbeitsministerium geregelt.

Die Maßnahmen gegen jüdische Versicherte und Rentenbezieher erfuhren während des Krieges eine Radikalisierung, die eng mit den Verbrechen der Deutschen gegen die jüdische Bevölkerung verknüpft war. Im Folgenden werden daher – neben den Diskriminierungen gegen ausländische jüdische Versicherte – vor allem die Entziehung von Versicherungsleistungen von *deutschen* Juden behandelt. Der Ausbruch des Zweiten Weltkrieges hatte einen massiven Einbruch des internationalen Finanzverkehrs zur Folge, wovon auch die Zahlungen von Versicherungsleistungen ins Ausland betroffen waren. Im Innern des »Großdeutschen Reiches« hingegen gab es keine gesetzlichen Bestimmungen zur Einstellung von Versicherungsleistungen, weder für »arische« noch für jüdische Deutsche. Insofern hatte Josef Eckert recht:

101 Vgl. Gesetz über den Ausbau zur Rentenversicherung vom 21.12.1937, RGBl. I 1937, S. 1393.
102 Vgl. Runderlaß des Reichsarbeitsministeriums an die Träger der Rentenversicherung, 12.12.1938, Badisches Gesetz- und Verordnungsblatt (1939), Nr. 2, Sp. 68-72.
103 Vgl. Gruner: Öffentliche Wohlfahrt und Judenverfolgung.
104 Vgl. Verordnung über die öffentliche Fürsorge für Juden vom 19.11.1938, RGBl. I 1938, S. 1649.

DIE DISKRIMINIERUNG DER JUDEN

Das Reichsarbeitsministerium hat während der zwölf Jahre währenden NS-Diktatur kein Gesetz erlassen, das jüdische Rentenbezieher diskriminierte.[105] Die Diskriminierung der Juden während der Kriegszeit war mit den Deportationen der jüdischen Bevölkerung aus dem »Altreich« verknüpft. In den Waggons der Deportationszüge, die das Reich verließen, etwa nach Gurs in Südfrankreich, ins Ghetto Lodz in den »Warthegau« oder ins Ghetto und Konzentrationslager Theresienstadt im Reichsprotektorat Böhmen und Mähren, befanden sich Tausende ältere und invalide Juden, die Leistungsempfänger von Trägern der Rentenversicherung waren. Das Reichsarbeitsministerium und die Träger waren an den Deportationen zwar nicht beteiligt, dennoch mussten sie selbstverständlich auf die gewaltsame Deportation von Versicherten reagieren – verwaltungstechnisch und sozialversicherungsrechtlich. Die Beamten des Reichsarbeitsministeriums, und hier vor allem diejenigen der Abteilung IIb, die für die internationalen Belange der Sozialversicherung zuständig waren, waren rege an der Diskriminierung beteiligt. Josef Eckert selbst ist bei all diesen diskriminierenden Maßnahmen gegen jüdische Versicherte keine Beteiligung nachzuweisen. Dafür setzten andere hohe Beamte der Hauptabteilung II die Diskriminierungen durch: Hans Engel, Friedrich Wankelmuth, Gerhard Zschimmer, aber auch Walter Bogs und Joseph Schneider, die später in der Bundesrepublik ihre Karrieren in sozialpolitischen Behörden fortsetzen konnten.[106]

Diese Beamten verfolgten dabei ein bestimmtes Ziel: Einmal entzogen, sollte das Rentenvermögen der deportierten Juden einzig den Trägern zugutekommen und nicht an das Reich verfallen oder anderen Akteuren zugänglich gemacht werden. Denn, wie zu zeigen sein wird, die auf Grundlage äußerst ungewisser rechtlicher Regelungen eingezogenen Renten von deportierten Juden weckten Begehrlichkeiten – bei

---

105 Gleichwohl ein solches in Bearbeitung war: Mit der »Verordnung über die Behandlung von Juden und Zigeunern in der Reichsversicherung« wollte das Reichsarbeitsministerium die Versicherungsleistungen massiv einschränken und Juden sowie Sinti und Roma den Rechtsanspruch in der Reichsversicherung nehmen. Die Radikalisierung des Krieges sowie der Völkermord an den Juden und den Sinti und Roma verhinderte jedoch die Veröffentlichung dieser Verordnung. Vgl. Bonz: Geplant, aber nicht in Kraft gesetzt.
106 Walter Bogs (geb. 3.4.1899, gest. 1991) studierte von 1919 bis 1922 Rechtswissenschaft in Marburg und Berlin, danach war er Richter am Arbeitsgericht in Berlin und ab 1933 ständiges Mitglied im Reichsversicherungsamt. Ab 1944 war er Senatspräsident. Nach dem Krieg arbeitete er als Lehrbeauftragter in Göttingen und Wilhelmshaven. Von 1954 bis 1967 war er Senatspräsident beim Bundessozialgericht in Kassel, seit 1965 Vizepräsident.

verschiedenen Partei- wie staatlichen Stellen im In- und Ausland. Es ging also für das Reichsarbeitsministerium nicht nur darum, die Renten jüdischer Versicherter zum Ruhen zu bringen, sondern ebenso, die Verfügungsgewalt über diese Summen nicht zu verlieren.

Die Deportation der badischen Juden am 22. Oktober 1940

Die Geschichte der Diskriminierung jüdischer Rentner im Zweiten Weltkrieg begann in Karlsruhe. Im März 1941 trat die Landesversicherungsanstalt Baden direkt an das Reichsarbeitsministerium wegen eines Vorganges heran, der beispiellos in der fünfzigjährigen Geschichte der Behörde war. Die Deportation der Juden aus Baden und der Pfalz im Oktober 1940, die zu den ersten systematischen Verschleppungen von Juden aus dem Deutschen Reich zählte,[107] stellte die Landesversicherungsanstalt Baden vor eine neue Situation. Der hohe Grad der Verrechtlichung der Sozialversicherung ließ eine bürokratische Verwaltungspraxis entstehen, die auf die Änderungen der Lebensverhältnisse der Versicherten – etwa Wiedererlangung der Erwerbsfähigkeit, Umzug ins Ausland oder der Tod eines Familienmitgliedes – im Rahmen des Rentenrechts angemessen reagieren konnte. Die Deportation von Versicherten gehörte jedoch nicht dazu. Damit gehörte die Landesversicherungsanstalt Baden zu den ersten Rentenversicherungsträgern im Reich, die ihre Verwaltungspraxis an die verbrecherische Politik des NS-Regimes anpassen mussten. Mehr als 6500 Juden aus Baden und der Pfalz wurden während der sogenannten »Wagner-Bürckel-Aktion« ins südfranzösische Gurs verschleppt. In der Geschichtswissenschaft gibt es keine Einigung darüber, wer als Initiator der Ausweisung der Juden aus Baden und der Pfalz angesehen werden kann. Während die ältere Forschung die beiden Gauleiter Robert Wagner (Baden) und Josef Bürckel (Saarpfalz) als Initiatoren betrachtet, hebt Wolf Gruner hervor, dass die treibende Kraft hinter den Deportationen Heinrich Himmler gewesen sei.[108]

Bereits im August 1940 wurden mehrere höhere badische Behörden über die bevorstehende Deportation der jüdischen Bevölkerung infor-

---

107 Alfred Gottwald/Diana Schulle: »Die Judendeportationen« aus dem Deutschen Reich, 1941-1945. Eine kommentierte Chronologie, Wiesbaden 2005, S. 37-46.
108 Vgl. Wolf Gruner: Von der Kollektivausweisung zur Deportation der Juden aus Deutschland. Neue Perspektiven und Dokumente (1938-1945), in: Birthe Kundrus/Beate Meyer (Hg.): Die Deportation der Juden aus Deutschland. Pläne – Praxis – Reaktionen 1938-1945, Göttingen 2004, S. 21-62, hier S. 41.

miert, so auch der Karlsruher Rentenversicherungsträger. Denn Ende August 1940 wies Karl Rausch seine Rentenabteilung an, jüdische Leistungsbezieher in Listen zu erfassen:

»Es sei zweckmäßig, die an Juden zu zahlenden Renten besonders aufzuzeichnen. Es ist daher in allen Fällen, in denen Juden Renten bewilligt werden oder im Geschäftsgang festgestellt wird, dass Rentenempfänger Juden sind, im Beschluß als besondere Ziffer aufzunehmen: Eintrag ins Verzeichnis der Juden [...]. Das Verzeichnis wird bei der Listenführung geführt.«[109]

Da es zu diesem Zeitpunkt keinerlei gesetzliche Einschränkungen gegen die Rentenauszahlung an jüdische Versicherte gab und auch die Landesversicherungsanstalt Baden Renten an Juden auszahlte, konnte es sich bei dieser Anordnung einzig um eine Maßnahme handeln, dass hier eine künftige Verwaltungsvereinfachung bei der zu erwartenden Deportation der jüdischen Bevölkerung vorlag. Die jüdischen Rentner in Baden hatten spätestens ab Juni 1940 ihre Rente beim Polizeipräsidenten oder Landrat (Abteilung jüdisches Vermögen) anzumelden – und durften Zahlungen fortan nur noch auf einem beschränkt zugänglichen Sicherungskonto entgegennehmen.[110] Bereits wenige Wochen nach der Deportation der Juden aus Baden und der Saarpfalz am 22. Oktober 1940 beantragten die Stellen, bei denen die jüdischen Rentner ihre Rente angemeldet hatten, die Auszahlung der Rente bei der Landesversicherungsanstalt Baden auf ihre Konten.[111] So auch der Landrat von Offenburg, der die zum Ruhen gebrachte Invalidenrente der damals 67-jährigen Anna Fetterer[112], die nach

109 Karl Rausch (Landesversicherungsanstalt Baden) an Rentenabteilung (Landesversicherungsanstalt Baden), Interner Vermerk, 28.8.1940, GLAK 462 Zugang 1994-38/283, Bl. 1.
110 Der früheste Hinweis auf diese Pflicht jüdischer Rentner ist zu finden in Wilhelm Pfisterer (Landesversicherungsanstalt Baden) an Reichsarbeitsministerium, betr. Rentenzahlung an deportierte badische Juden, 25.3.1941, GLAK 462 Zugang 1994-38/283, Bl. 3-5.
111 Die Gesamtzahl der jüdischen Rentner, die aus Baden deportiert worden sind, ist nicht mehr zu ermitteln. Aus den betreffenden Akten lassen sich nur Einzelbeispiele rekonstruieren. Eine systematische Übersicht der deportierten Rentner hat die Landesversicherungsanstalt – falls diese angefertigt wurde – nicht erhalten. Vgl. dazu die Überlieferungen in GLAK, 462 Zugang 1994-38/271 und 283.
112 Anna Fetterer (geb. 3.5.1873) aus Gengenbach, Baden, wurde am 22. Oktober 1940 nach Gurs verschleppt, überlebte aber die Inhaftierung und den Krieg. Nach 1945 lebte sie in einem jüdischen Altersheim in Straßburg. Sie klagte

Gurs deportiert worden war, einforderte.¹¹³ Allerdings ohne Erfolg, denn die Landesversicherungsanstalt Baden argumentierte, dass die »Auszahlung nicht ohne weiteres möglich« sei, da der Aufenthaltsort der Rentnerin der Behörde unbekannt war. Eine Auszahlung der Rente (freilich nicht an Anna Fetterer, sondern an den Offenburger Landrat) wäre nur möglich, wenn eine Lebensbescheinigung der Berechtigten beim Rentenversicherungsträger abgegeben würde. Allerdings, so die Landesversicherungsanstalt Baden in ihrem Brief an den Offenburger Landrat weiter, stünde einer Auszahlung der Rente § 1281 der Reichsversicherungsordnung (RVO) entgegen, wonach die Rente ruht, »solange sich der berechtigte Inländer im Ausland aufhält und es unterläßt, der Versicherungsanstalt seinen Aufenthaltsort mitzuteilen«.¹¹⁴

Anna Fetterer, 1939

Die Entwicklung des § 1281 der Reichsversicherungsordnung zeigt, dass die Auslegung der Landesversicherungsanstalt Baden äußert heikel war. Der § 1281 RVO in der Fassung vom 17. Mai 1934 geht auf § 1313 der Reichsversicherungsordnung bei ihrer Einführung am 19. Juli 1911 zurück (vgl. Tbl. 4).¹¹⁵ Im Jahre 1924, als das Reichsarbeitsministerium die Reichsversicherungsordnung neu fasste,¹¹⁶ wurden diese Bestimmungen aufgrund der Ergebnisse des Versailler Vertrages präzisiert,

    erfolglos gegen das Landesamt für Wiedergutmachung wegen Verdienstausfälle infolge der »Verordnung zur Ausschaltung der Juden aus dem Wirtschaftsleben« (RGBl. I 1938, S. 1580). Vgl. StA Freiburg, F 196/1 Nr. 5280; sowie die Ausführung bei Martin Ruch: 700 Jahre Geschichte der Juden in Gengenbach 1308-2008, Willstätt/Norderstedt 2008, S. 122 und 147-149.

113 Wilhelm Pfisterer (Landesversicherungsanstalt Baden) an Landrat Abteilung jüdisches Vermögen, betr. Abschrift: Invalidenrente der Anna Fetterer, 11.12.1940, GLAK 462 Zugang 1994-38/271, Bl. 489.

114 Vgl. Verordnung über die Änderung, die neue Fassung und die Durchführung von Vorschriften der Reichsversicherungsordnung, des Angestelltenversicherungsgesetzes und des Reichsknappschaftgesetzes vom 17.5.1934, RGBl. I 1934, S. 419-446.

115 § 1313 der Reichsversicherungsordnung vom 19.7.1911, RGBl. 1911, S. 752.

116 Vgl. die Bekanntmachung der neuen Fassung der Reichsversicherungsordnung vom 15. Dezember 1924 durch den Reichsarbeitsminister Heinrich Brauns, RGBl. I 1924, S. 779-961.

da sich Zehntausende Rentner nicht mehr auf dem Territorium des Deutschen Reiches befanden.[117]

Reichsversicherungsordnung vom	Entsprechender Paragraf	Wortlaut
19.7.1911	§1313	»Die Rente ruht, solange der Berechtigte sich freiwillig gewöhnlich im Ausland aufhält.«[118]
Neufassung 15.12.1924	§1313	»Die Rente ruht, solange sich der berechtigte Inländer im Ausland aufhält und es unterläßt, der Versicherungsanstalt seinen Aufenthaltsort mitzuteilen. Weist der Berechtigte nach, daß er ohne sein Verschulden die Mitteilung unterlassen hat, so lebt insoweit das Recht auf die Rente wieder auf.«
	§1314	»Die Rente ruht, solange sich der berechtigte Ausländer gewöhnlich im Ausland aufhält.«[119]
Änderungen 17.5.1934	§1281	»Die Rente ruht, solange sich der berechtigte Inländer im Ausland aufhält und es unterläßt, der Versicherungsanstalt seinen Aufenthaltsort mitzuteilen. Weist der Berechtigte nach, daß er ohne sein Verschulden die Mitteilung unterlassen hat, so lebt insoweit das Recht auf die Rente wieder auf.«
	§1282	»Die Rente ruht, solange der berechtigte Ausländer sich **freiwillig** gewöhnlich im Ausland aufhält.«[120]

Tabelle 4: Die Paragrafen, die das Ruhen der Rente bestimmten, in verschiedenen Fassungen der Reichssicherungsverordnung (Übersicht)

117 Die Auswirkungen des Versailler Vertrages auf die Sozialversicherung im Deutschen Reich und in ganz Europa stellt in vielerlei Hinsicht noch ein Forschungsdesiderat dar – und würde eine eigene Abhandlung lohnen. Vgl. dazu auch Urs Ch. Nef: Die Entwicklung zwischen den beiden Weltkriegen, in: Hans F. Zacher/Peter A. Köhler (Hg.): Beiträge zu Geschichte und aktueller Situation der Sozialversicherung, Berlin 1983, S. 125-140.
118 §1313 der Reichsversicherungsordnung vom 19.7.1911, RGBl. 1911, S. 752.
119 RGBl. I 1924, S. 916.
120 RGBl. I 1934, S. 424 (Hervorheb. A. K.).

MASSNAHMEN GEGEN JÜDISCHE VERSICHERTE

Die Reichsversicherungsordnung von 1924 unterschied sich in dieser Angelegenheit zu derjenigen von 1911 nur dadurch, dass sie inländische, also deutsche Versicherte etwas besser stellte, wobei hier auf die Verhältnisse nach dem Ersten Weltkrieg Rücksicht genommen worden ist, als viele Deutsche, etwa in Elsass-Lothringen und in Ostpreußen, nicht mehr im Deutschen Reich lebten. Die Unterschiede zwischen der Neufassung von 1924 und der Änderung von 1934 beschränken sich nur auf ein Wort: freiwillig. Tatsächlich sollte – wie noch zu sehen sein wird –vor allem dieser Term der Reichsversicherungsordnung in Bezug auf die Deportation der Juden Gegenstand von Unsicherheiten in der Verwaltungspraxis der Träger und des Ministeriums werden. Das Wort »freiwillig« taucht erstmals in der Reichsversicherungsordnung von 1911 auf. Davor, beim Invaliditäts- und Altersversicherungsgesetz von 1889, hieß es: »Der nach Maßgabe dieses Gesetzes erworbene Anspruch auf Rente ruht [...] solange der Berechtigte nicht im Inlande wohnt.«[121] Als das Gesetz 1899 neu gefasst wurde, lautete der entsprechende Paragraf: »Das Recht auf Bezug der Rente ruht [...] solange der Berechtigte nicht im Inlande seinen gewöhnlichen Aufenthalt hat.«[122] Doch wie konnte der Term »gewöhnlicher Aufenthalt« definiert werden? Das Reichsversicherungsamt entschied in einem Urteil von 1905 dahingehend, dass damit das »längere Verweilen an einem Orte im Gegensatz zum Wohnsitz, der nicht nur durch tatsächliche, sondern auch durch rechtliche Umstände bewirkt wird« gemeint sei und fügte als Beispiel das Verweilen im Ausland aus Gesundheitsgründen, etwa weil sich der Versicherte in einer Kur befand, an.[123] Das, was der Gesetzgeber 1889, 1899, 1911, 1924 und selbst 1934 festlegte, und wie es das Reichsversicherungsamt auslegte, war nie diskutiert worden – auch nicht im Jahre 1940, als die systematischen Deportationen begannen. Wollten die Rentenversicherungsträger die Einstellung der Renten von Juden (und zwar sowohl für die Anspruchsberechtigten als auch für mögliche Angehörige oder sonstige Dritte), die deportiert worden waren, rechtlich rechtfertigen, mussten sie *erstens* die Deportationen dahingehend interpretieren, dass sie »durch rechtliche Umstände« zustande kamen, und *zweitens* den Term »freiwillig« so verstehen, dass

---

121 §34, Abs. 4 des »Gesetz, betreffend die Invaliditäts- und Altersversicherung«, 22.6.1889, RGBl. I 1889, S. 109.
122 §34, Abs. 4 des Invalidenversicherungsgesetzes vom 13.7.1899, RGBl. I 1899, S. 477f.
123 Reichsversicherungsamt: Amtliche Nachrichten des Reichsversicherungsamts, Berlin 1905, S. 279, Ziffer 1183.

jüdische Rentenbezieher den Aufenthalt in Lagern und Konzentrationslagern im Ausland dem in ihrer Heimat vorzogen.

Kurzfristig waren jedoch solche Überlegungen nicht für die Einstellung der Rentenleistungen verantwortlich, sondern konkrete Verwaltungsprobleme: Tatsächlich war der Bezug der Rente an die Bedingungen der Erreichbarkeit des Beziehers im Inland geknüpft (schließlich übernahmen die Postämter die Rentenauszahlungen in der Invalidenversicherung) sowie der Abgabe von Lebensbescheinigungen. Und schließlich meldeten sich nach der Deportation die verschiedenen Verwalter jüdischen Vermögens und verlangten die Ausbezahlung der Rente. Die Träger mussten also eine rechtliche Definition finden, um Renten von Juden zum Ruhen zu bringen, ohne dass die Rente an Dritte ausbezahlt werden sollte.

Dies zeigt der Fall des 76-jährigen jüdischen Rentenempfängers Leopold Falk aus Karlsruhe, der ebenfalls am 22. Oktober 1940 nach Gurs deportiert worden war.[124] Zunächst ordnete die Devisenstelle des Oberfinanzpräsidiums in Karlsruhe im Juni 1940 an, dass Leopold Falk sämtliche Zahlungen nur noch auf ein »beschränkt verfügbares Sicherungskonto« entgegennehmen konnte, worunter auch die Rentenzahlungen fielen. Am 11. Januar 1941 erhielt Wilhelm Pfisterer von der Landesversicherungsanstalt Baden schließlich Kenntnis davon, dass Leopold Falk deportiert worden war, woraufhin er die Rentenzahlungen einstellte. Pfisterer erhielt nun am 14. März vom Karlsruher Polizeipräsidenten »in seiner Eigenschaft als Verwalter des Vermögens des aus Baden ausgewiesenen Juden Falk« eine Forderung um Überweisung der fälligen Rentenbeträge. Pfisterer verweigerte die Zahlung unter anderem mit der Begründung, dass der Aufenthaltsort von Leopold Falk nicht bekannt sei. Tatsächlich hegte er aber Zweifel, ob die Rente überhaupt an das Karlsruher Polizeipräsidium zu zahlen sei und fragte daher beim Reichsarbeitsministerium nach: »Ich trage aber Bedenken, ob selbst durch Vorlage einer Lebens- und Aufenthaltsbescheinigung die Überweisung der Rente stattfinden kann und bitte im Hinblick darauf, daß wohl in nächster Zeit noch weitere gleichartige Anträge

---

124 Leopold Falk (geb. am 1.8.1864 in Untergrombach bei Bruchsal, gest. am 31.12.1941 in Récébédou in Südfrankreich) wurde am 22. Oktober 1940 nach Gurs, später nach Récébédou deportiert, wo er starb. Vgl. Gedenkbuch für die Karlsruher Juden, http://gedenkbuch.informedia.de/index.php/PID/17/name/907/ort/322/suche/%2A.html (3.8.2018).

MASSNAHMEN GEGEN JÜDISCHE VERSICHERTE

gestellt werden, um baldgefl. Weisung, nach welchen Grundsätzen in solchen Fällen zu verfahren sei.«[125]
Es gab in der Tat keinerlei Rechtsstellung oder Bestimmungen vom Reichsarbeitsministerium oder einer anderen obersten Reichsbehörde, was mit den Renten von deportierten Juden geschehen sollte. Die Anwendung von § 1281 der RVO war dem Wortlaut nach nicht falsch, aber wie oben beschrieben höchst problematisch, da er nicht auf die Deportation von Menschen ausgelegt worden war. Von daher verwundert es nicht, dass Pfisterer zunächst einmal im Ministerium anfragen ließ, ob denn die Rente an einen Vermögensverwalter zu zahlen sei, wie er in seiner Antwort an den Polizeipräsidenten schrieb: »Da Zweifel bestehen, unter welchen Voraussetzungen und in welcher Höhe die Renten der aus Deutschland ausgewiesenen Juden an den jeweiligen Vermögensverwalter zur Zahlung angewiesen werden können, habe ich mich an den Herrn Reichsarbeitsminister mit dem Ersuchen um Erlaß einer Anordnung gewandt.«[126] Die Antwort von Hans Engel war allerdings für den Leiter der Landesversicherungsanstalt Baden unbefriedigend, da er keine Anweisung erhielt, wie mit Fällen dieser Art umzugehen sei. Am 10. Mai 1941 ließ Hans Engel Pfisterer wissen, dass das Reichsministerium des Innern derzeit eine »Verordnung über vermögensrechtliche Vorschriften für Juden« vorbereite und er daher die Entscheidung über die Angelegenheit zurückstelle. Er war allerdings damit einverstanden, dass die Rentenzahlung eingestellt bleibe, es also auch nicht zur Auszahlung an den Karlsruher Polizeipräsidenten komme.[127] Hans Engel verwies auf die Elfte Verordnung zum Reichsbürgergesetz, die im Innenressort ausgearbeitet wurde, und die den Juden bei ihrer Deportation die Staatsangehörigkeit und damit auch alle Versorgungsansprüche entziehen sollte.[128]
Die Reichsversicherungsanstalt für Angestellte sah sich ebenfalls mit der Frage konfrontiert, wie mit den Renten deportierter jüdischer

[125] Wilhelm Pfisterer (Landesversicherungsanstalt Baden) an Reichsarbeitsministerium, betr. Rentenzahlung an deportierte badische Juden, 25.3.1941, GLAK 462 Zugang 1994-38/283, Bl. 3.
[126] Wilhelm Pfisterer (Landesversicherungsanstalt Baden) an den Polizeipräsident in Karlsruhe, 25.3.1941, GLAK 462 Zugang 1994-38/283, Bl. 3-4.
[127] Hans Engel (Reichsarbeitsministerium) an Wilhelm Pfisterer (Landesversicherungsanstalt Baden), betr. Invalidenrente des Juden Leopold Israel Falk, Karlsruhe, 10.5.1941, GLAK 462 Zugang 1994-38/283, Bl. 5.
[128] Elfte Verordnung zum Reichsbürgergesetz vom 25.11.1941, RGBl. I 1941, S. 1146. Siehe dazu unten weiter mehr.

Rentner umzugehen sei. So konstatierte der Träger der Angestelltenversicherung am 27. Januar 1941:

»In letzter Zeit kommen häufig aus Baden und der Saarpfalz die Renten von jüdischen Empfängern zurück mit dem Vermerk: ›Unbekannt verzogen‹. In der Regel handelt es sich um abgeschobene Juden, deren Vermögen von einem Treuhänder verwaltet wird. In diesen Fällen ist die Rentenzahlung einzustellen [...]. Im Rentenblatt ist auf die Zeile, auf der die Einstellung verfügt wird, zu setzen: ›Abgeschobener Jude‹ [...]. Meldet sich der Rentenempfänger wieder, so sind die Akten an Herrn Winkler, Zimmer 505 zu geben.«[129]

Zweierlei ist hier bemerkenswert: Erstens, die Rentenauszahlungen an diese Juden sind von einem Treuhänder verwaltet worden. Und zweitens: Die Reichsversicherungsanstalt für Angestellte behielt die Akten der deportierten Juden noch bei sich, um sie im Falle der Rückkehr des Rentenempfängers verfügbar zu haben. Sicher spielte hier die rechtliche Absicherung des Trägers eine Rolle, die Vorgehensweise verrät aber auch die Verwaltungspraxis des Trägers sowie das fehlende Wissen über das weitere Schicksal der deportierten jüdischen Rentner.

Die Bedeutung der Elften Verordnung zum Reichsbürgergesetz für die Rentenentziehungen

Mit der Elften Verordnung zum Reichsbürgergesetz vom 25. November 1941 verloren Juden »mit der Verlegung des gewöhnlichen Aufenthalts ins Ausland« die deutsche Staatsangehörigkeit. Dadurch wurde die Möglichkeit geschaffen, die Vermögenswerte derjenigen Juden, die das Reich verließen, zugunsten des Staates einzuziehen. Wie Hans Engel im Brief vom 10. Mai 1941 an Wilhelm Pfisterer von der Landesversicherungsanstalt Baden andeutete, war das Reichsarbeitsministerium an der Erarbeitung der Elften Verordnung zum Reichsbürgergesetz beteiligt. Bereits im Vorfeld hatte das federführende Reichsministerium des Innern dort angefragt, ob es hinsichtlich des jüdischen Vermögens auch die Entziehung der Renten ausdrücklich im Verordnungstext erwähnen solle. Insbesondere ging es darum, ob der § 10 (»Versorgungsansprüche von solchen Juden, die gemäß § 2 die deutsche Staatsangehörigkeit verlieren, erlöschen mit dem Ablauf des Monats, in dem der Verlust der Staatsangehörigkeit eintritt«)[130]

129 Reichsversicherungsanstalt für Angestellte, Vermerk, 27.1.1941, DRV RfA-Archiv/Aktenordner »Nr. 26«.
130 § 10 des Reichsbürgergesetzes vom 15.9.1935, RGBl. I 1935, S. 1146.

MASSNAHMEN GEGEN JÜDISCHE VERSICHERTE

noch um Sozialversicherungsleistungen ergänzt werden solle. Friedrich Wankelmuth verneinte dies, wie eine handschriftliche Notiz eines Mitarbeiters der Reichsversicherungsanstalt für Angestellte vom 9. Dezember 1941 verdeutlicht:
»Auf meine fernmündliche Anfrage, ob sich der § 10 der 11. VO zum Reichsbürgerges. vom 25.11.1941 auch auf die Renten der Sozialversicherung beziehe, teilte mir H. Min.Rat Dr. Wankelmuth mit, daß dies nach der Entstehung dieser Vorschrift nicht anzunehmen sei. Bei den Vorarbeiten zu der Verordnung vom 25.11.1941 habe der Reichsmin. d. Innern beim RAM. angefragt, ob eine Ausdehnung der Vorschrift des § 10 auf die Renten der Sozialversicherung notwendig sei. Der RAM habe darauf erwidert, daß eine solche Vorschrift für die Renten der Sozialversicherung nicht zu erlassen sei, weil die Renten eines Ausländers beim Aufenthalt im Ausland ruhten und in der Sozialversicherung für diesen Fall keine Zahlung der ruhenden Beträge an Angehörige im Inland vorgesehen sei. Die in § 10 Abs. 2 vorgesehenen Maßnahmen könnten deshalb in der Sozialversicherung nicht durchgeführt werden.«[131]

§ 10 Abs. 2 der Elften Verordnung zum Reichsbürgergesetz sah die Möglichkeit der Zahlung eines »Unterhaltbeitrages« an im Inland verbliebene Angehörige von Deportierten vor.[132]

Im November 1941 stand das Reichsarbeitsministerium daher auf dem Standpunkt, dass jüdische Rentenversicherte mit dem Verlust ihrer Staatsangehörigkeit bei der Deportation ins Ausland auch ihre Rentenansprüche verlieren würden. Die Auslegung der §§ 1281 (bei den Deportationen von »Inländern« vor dem Inkrafttreten der Elften Verordnung zum Reichsbürgergesetz) und 1282 (bei Deportationen von »Ausländern« nach der betreffenden Verordnung) der Reichsver-

---

131 Reichsversicherungsanstalt für Angestellte, Vermerk, 9.12.1941, DRV RfA-Archiv/Aktenordner »Nr. 168«.
132 § 10 Abs. 2 der Elften Verordnung zum Reichsbürgergesetz, RGBl. I 1935, S. 1146: »Soweit in den Versorgungsgesetzen vorgesehen ist, daß Angehörigen im Falle des Todes des Versorgungsberechtigten Witwengeld, Waisengeld, Unterhaltungsbeitrag oder ähnliche Bezüge gewährt werden, kann diesen Angehörigen solange sie sich im Inland aufhalten, vom Zeitpunkt des Wegfalls der Versorgungsbezüge gemäß Abs. 1 ab ein Unterhaltsbeitrag bewilligt werden. Der Unterhaltsbeitrag kann an nichtjüdische Angehörige bis zur Höhe der entsprechenden Hinterbliebenenversorgung, an jüdische Angehörige bis zur Hälfte dieser Bezüge bewilligt werden. Kinderzuschläge werden nur an nichtjüdische Versorgungsempfänger gewährt.«

sicherungsordnung schien dem Ministerium für das Ruhen der Rente ausreichend zu sein. Allerdings sollte sich bald zeigen, dass das Sozialversicherungsrecht deutlich komplizierter war, und der § 1282 nicht auf die Deportation von Menschen ausgelegt war. Dies betraf etwa die Situation durch die vielen Gegenseitigkeitsverträge, die das Deutsche Reich mit seinen europäischen Nachbarn ausgehandelt hatte. Zudem waren sich die Träger nicht sicher, was geschehen sollte, wenn das Ruhen der Rente doch nicht ausgesprochen werden konnte, weil sich der Rentner in einem vom Ruhen der Rente ausgeschlossenen Grenzgebiet aufhielt.[133]

Diese Problematik hielt ein Mitarbeiter der Reichsversicherungsanstalt für Angestellte in einem Vermerk vom 18. Dezember 1941 fest:

»Am 17. Dezember 1941 habe ich fernmündlich bei dem Herrn Oberregierungsrat Dr. Bogs im Reichsarbeitsministerium angefragt, ob an ausländische Juden die Rente ins Ausland zu zahlen ist, wenn sie einem Staate angehören, mit dem durch Gegenseitigkeitsabkommen die gleiche Behandlung der beiderseitigen Staatsangehörigen vereinbart ist. Er meinte, daß solche Juden wohl wie deutsche Staatsangehörige behandelt werden müßten, da die Juden in den Gegenseitigkeitsabkommen nicht ausgenommen seien, und daß daher die Renten an solche Juden ins Ausland gezahlt werden müßten. Da die Rechtslage allerdings zweifelhaft sei, sollen wir darüber an den Reichsarbeitsminister berichten. Weiter habe ich gefragt, ob die Renten von Juden, die nach §2 der 11. Verordnung zum Reichsbürgergesetz die deutsche Staatsangehörigkeit verloren haben, dem Reich verfallen, wenn sie nicht ruhen, oder der Rentner sich in einem der ausgenommenen Grenzgebiete aufhält. Hierzu wird voraussichtlich durch Erlaß des Reichsarbeitsministers bestimmt werden, daß die Rente eines Juden im Ausland stets ruht, weil auch dann, wenn er auf Grund behördlicher Maßnahmen ins Ausland gegangen oder gebracht worden ist, anzunehmen ist, daß er nicht den Willen hat, wieder nach Deutschland zurückzukehren, daß also die Voraussetzungen für das Ruhen nach § 1282 RVO. ohne weiteres in jedem Falle erfüllt sind.«[134]

---

133 Vgl. §1283 der Reichsversicherungsordnung in der Fassung vom 17.5.1934, RGBl. I 1934, S. 424.
134 Reichsversicherungsanstalt für Angestellte, Vermerk, 18.12.1941, DRV RfA-Archiv/Aktenordner »Nr. 168«.

Mit diesen beiden Vermerken wird die Position des Reichsarbeitsministeriums recht deutlich. Es sah § 1282 RVO als ausreichend an, den deportierten Juden die Rente zu entziehen. Tatsächlich waren die Auswirkungen der Elften Verordnung zum Reichsbürgergesetz, also die Entziehung der Staatsangehörigkeit für deportierte Juden, nicht entscheidend. Hätten die deportierten Juden ihre Staatsangehörigkeit behalten, muss davon ausgegangen werden, dass das Reichsarbeitsministerium in diesem Fall die Versicherungsträger angewiesen hätte, die Rentenzahlungen aufgrund § 1281 RVO einzuziehen – wie es bei den badischen Juden bereits der Fall gewesen ist. Das Entscheidende ist, dass das Reichsarbeitsministerium den Term der »Freiwilligkeit« so interpretierte, dass ein jüdischer Rentner nicht mehr ins Reich zurückgehen wollte (er den Aufenthalt im Konzentrationslager also dem im Reich vorzog), einzig durch den Umstand, dass er »durch behördliche Maßnahmen ins Ausland gebracht« worden ist. Tatsächlich sollte ein Erlass, der diese Interpretation an die Versicherungsträger weitergeben sollte, niemals erscheinen. Zwischen den Trägern und dem Ministerium spielte sich jedoch eine Verwaltungspraxis ein, die dadurch gekennzeichnet war, als ob es einen solchen Erlass gegeben hätte. Eine so weitgehende Frage, ob die gewaltsame Verschleppung von Menschen den Term der »Freiwilligkeit« ausfüllt, hätte das Reichsversicherungsamt beantworten müssen, dies umso mehr, als es etwa vor dem Krieg über eine wichtige Frage entschied, die durch das Unrechtssystem des NS-Staates aktuell wurde; nämlich, ob die Verhängung von »Schutzhaft« die Leistungen der Sozialversicherung zum Ruhen brachte.[135] Eine ähnliche Diskussion unterblieb allerdings bei den Deportationen, zu sehr markierten sie die Willkür des Regimes und den Terror, dem sich die jüdische Bevölkerung ausgesetzt sah. Dennoch wurden die §§ 1281 und 1282 für die Zwecke des Ministeriums und der Träger missbraucht, da sie weit über ein nachvoll-

---

135 Vgl. die einschlägigen Diskussionen in Reichsverband Deutscher Rentenversicherungsträger (Hg.): Kommentar zur Reichsversicherungsordnung. Viertes und Fünftes Buch, Kassel 1941, S. 141 f.; Unterbringung im Konzentrationslager und Versicherungsleistungen, in: Zentralblatt für Reichsversicherung und Reichsversorgung 4 (1933), Nr. 17, S. 253-254; Werner Spohr: Ruht die Rente, solange sich der Berechtigte in Schutzhaft befindet?, in: Deutsche Invalidenversicherung 6 (1934), Nr. 3, S. 39-40; ders.: Schutzhaft und Sozialversicherung, in: Volkstümliche Zeitschrift für die gesamte Sozialversicherung 43 (1937), Nr. 13, S. 185-187; zudem Reidegeld: Staatliche Sozialpolitik in Deutschland, Bd. 2, S. 460, Fn. 650.

DIE DISKRIMINIERUNG DER JUDEN

ziehbares Maß, und zwar zu Lasten der deportierten Juden, ausgelegt worden sind.

Nur zwei Tage nach dem Vermerk des Reichsversicherungsamtes, wonach das Reichsarbeitsministerium diesbezüglich »voraussichtlich einen Erlass« veröffentlichen werde, verkündete Gerhard Zschimmer am 20. Dezember 1941 im *Reichsarbeitsblatt* die Folgen der Elften Verordnung zum Reichsbürgergesetz für die Reichsversicherung:

»Nach §10 der 11. VO zum RBG verliert ein Jude, der seinen gewöhnlichen Aufenthalt im Auslande hat, mit seiner deutschen Staatsangehörigkeit auch die ihm zustehenden Versorgungsansprüche. Für die Rentenansprüche aus der Reichsversicherung gilt die besondere Regelung nach [...] §1282 der RVO. Hiernach ruhen die Renten, und eine Überweisung der Bezüge an die im Inland wohnenden Angehörigen ist nicht möglich.«[136]

Dieser Erlass bildete für beinahe ein halbes Jahr die einzige Grundlage für die Träger, die Renten von deportierten Juden einzustellen. Die Kürze des Erlasses wird der Komplexität des Rentenversicherungsrechts allerdings in keiner Weise gerecht. Denn die von der Reichsversicherungsanstalt aufgeworfene Frage der Regelung der Renten von Juden, die in einem Land lebten, mit dem das Deutsche Reich einen Gegenseitigkeitsvertrag ausgehandelt hatte, wird im Erlass mit keiner Silbe erwähnt. Tatsächlich wandte sich die Reichsversicherungsanstalt für Angestellte am selben Tag, an dem der Erlass erschien, an das Reichsarbeitsministerium, um zu erfragen, ob auch diese Renten einzuziehen seien. Konkret fragte die Behörde durch Berichterstatter Koch:

»Es ist zweifelhaft, ob dementsprechend auch die Renten ausländischer Juden ruhen, die die Staatsangehörigkeit eines Staates besitzen, mit dem durch Gegenseitigkeitsvertrag die gleiche Behandlung der beiderseitigen Staatsangehörigen vereinbart worden ist. Hierbei handelt es sich besonders um Juden ungarischer Staatsangehörigkeit, deren Renten aus der früheren österreichischen Angestelltenversicherung auf uns übergegangen sind und die dem deutsch-ungarischen Vertrag über Sozialversicherung vom 20.3.1941 unterliegen. Da nach Art. 3 dieses Vertrages ein Berechtigter ungarischer Staatsangehörigkeit beim Aufenthalt in Ungarn oder im sonstigen Ausland ebenso zu behandeln ist, wie ein deutscher Staatsangehöriger, muß u.E. die

[136] Vgl. Reichsarbeitsministerium an die Rentenversicherungsträger, betr. »Ruhen der Renten von Juden im Ausland«, 20.12.1941, RABl. II (1942), S. 15.

Rente an einen solchen Berechtigten im Ausland auch dann gezahlt werden, wenn er Jude ist. Die Einstellung der Rentenzahlung ließe sich nur dann rechtfertigen, wenn dem Art. 3 des deutsch-ungarischen Vertrages schon dadurch genügt wäre, daß ein ungarischer Jude zwar nicht wie ein deutscher Staatsangehöriger schlechthin aber doch wie ein deutscher Jude beim Verzug ins Ausland behandelt wird. Der Wortlaut des Vertrages scheint uns aber eine solche Auslegung nicht zuzulassen.«

Weiter glaubte die Behörde, dass es nicht der politische Wille des Ministeriums sein könne, den Rentenbezug an Regelungen der Staatsangehörigkeit zu koppeln, sondern einzig auf der Grundlage, dass es sich um jüdische Rentner handelte: »Andererseits ist es unbillig, daß Renten an ausländische Juden ins Ausland gezahlt werden, diese besser behandelt werden sollen, als deutsche Juden. Wir bitten deshalb um Anweisung, wie wir verfahren sollen.«[137]

Den Willen des Regimes antizipierend, hat die Reichsversicherungsanstalt für Angestellte nicht auf die Antwort aus dem Ministerium gewartet, sondern die Rentenzahlungen an ausländische Juden, in diesem Falle in Ungarn, eigenmächtig eingestellt. So hat sich etwa der ungarische »Verband der pensionierten Privatangestellten« am 20. Mai 1942 an die Reichsversicherungsanstalt für Angestellte mit einer Beschwerde gewandt, dass ungarische Juden keine Rentenauszahlungen erhielten, obwohl dies im deutsch-ungarischen Gegenseitigkeitsvertrag von 20. März 1941 festgeschrieben war. Der Verband ließ wissen, »dass laut ungarischem Gesetze No. 1 vom Jahre 1942, welches den ab 1. Juni 1941 in Kraft getretenen zwischenstaatlichen Vertrag über die Privatangestellten-Sozialversicherung betrifft, die ungarischen Staatsbürger das Recht haben ihre Rente von Ihrer Anstalt hier in Ungarn zu beanspruchen – ohne Rücksicht auf ihre Religion«.[138] Die Antwort von der Reichsversicherungsanstalt für Angestellte war äußerst kurios,

---

137 Reichsversicherungsanstalt für Angestellte an Reichsarbeitsministerium, betr. Rentenzahlung an Juden im Ausland, 20.12.1941, DRV RfA-Archiv/ Aktenordner »Nr. 168«.
138 Verband der pensionierten Privatangestellten an Reichsversicherungsanstalt für Angestellte, 20.5.1942, DRV RfA-Archiv/Aktenordner »Nr. 168« (Rechtschreibfehler verbessert, im Original heißt es: »dass laut ungarischem Gesetze No. 1 vom Jahre 1942, welches den ab 1. Juni 1941 in Kraft getretenen zwischenstaatlichen Vertrag über die Privatangestellten-Sozialversicherung inbegrifft [sic!], die ungarischer [sic!] Staatsbürger das Recht haben ihre Rente von Ihrer Anstalt hier in Ungarn zu beanspruchen – ohne Rücksicht auf ihre Religion«).

wenn nicht gar dreist. Sie lehnte die Rentenzahlungen an ungarische Juden ab, da nach deutschem Gesetze deutsche Juden bei Deportation ins Ausland ihre Staatsangehörigkeit verlören und Renten an Ausländer im Ausland nicht gezahlt würden.[139] Völlig korrekt verwies der ungarische Verband in seiner Antwort darauf, dass dies für die in Ungarn lebenden Juden nicht zutreffe, die deutsche Gesetzeslage die Einstellung der Auszahlung der Renten an in Ungarn lebende ungarische Juden nicht ermögliche, und dass der deutsche-ungarische Sozialversicherungsvertrag »weder die Religion, noch die Herkunft der Rentner berücksichtigt«.[140]

Die Einstellung von Rentenzahlungen durch die Reichsversicherungsanstalt für Angestellte lässt sich ebenfalls durch die im Jahre 1942 begonnenen Arbeiten im Reichsarbeitsministerium über die Behandlung von Juden und Sinti und Roma in der Reichsversicherung erklären. Tatsächlich arbeitete das Ministerium an einer Verordnung, die den Rentenentzug von Juden vollständig legalisieren sollte. Besonders »Fremdstämmige«, nach der Lesart des Regimes also Juden und Sinti und Roma, sollten dieser Verordnung nach keinerlei Rechtsanspruch auf Leistungen aus der Reichsversicherung haben und lediglich zu Empfängern allgemeiner Fürsorgesätze herabgedrückt werden. Die Verordnung sollte zwar niemals erscheinen, bildete aber dennoch einen Orientierungsrahmen für die Rentenversicherungsträger, da das Reichsarbeitsministerium mehrmals von der »baldigen Verabschiedung« dieser Verordnung an die Träger berichtete.[141] Tatsächlich sollte diese Ankündigung nicht ohne Wirkung bleiben. Das Reichsarbeitsministerium hat zwar im April 1942 den allgemeinen Grundsatz an die Träger weitergegeben, dass auch solche Renten an Juden eingestellt werden könnten, die in einem Land lebten, mit dem das Deutsche Reich einen Gegenseitigkeitsvertrag geschlossen habe. An das Reichsversicherungsamt berichtete die Reichsversicherungsanstalt für Angestellte:

»[Wir] werden [...] nach dem Erlaß des Herrn Reichsarbeitsministers vom 17. November 1942[142] [...] künftig, falls es sich um Juden handelt, mit deren Staaten ein Gegenseitigkeitsabkommen abge-

---

139 Verband der pensionierten Privatangestellten an Reichsversicherungsanstalt für Angestellte, 15.6.1942, DRV RfA-Archiv/Aktenordner »Nr. 168«.
140 Ebd.
141 Vgl. dazu die Ausführungen von Bonz: Geplant, aber nicht in Kraft gesetzt.
142 Dieser Erlass ist nicht erhalten geblieben.

schlossen worden ist, die Renten bis zum Inkrafttreten der Verordnung über die Behandlung von Juden und Zigeunern in der Reichsversicherung weiter zahlen.«[143]

Es gab beim Angestelltenversicherungsträger in dieser Sache kein einheitliches Vorgehen, tatsächlich stellte er Renten an einige jüdische Rentner im Ausland ein, andere wiederum wurden weiterhin ausbezahlt. Die mangelhafte rechtliche Situation sowie die inkohärenten Anordnungen aus dem Reichsarbeitsministerium ließen diese willkürliche Verwaltungspraxis entstehen.[144] Gemäß dem Erlass des Reichsarbeitsministeriums vom 20. Dezember 1941 hat die Reichsversicherungsanstalt für Angestellte ihre Rentenzahlungen an Juden, die aus dem Deutschen Reich deportiert worden sind, ab dem 29. Dezember 1941 eingestellt. Intern hat sie ihre Mitarbeiter darauf aufmerksam gemacht, dass weitere Anweisungen in dieser Angelegenheit folgen würden.[145] Die Verordnung des Reichsarbeitsministeriums vom 20. Dezember 1941 sollte in dieser Angelegenheit für die Träger — so meinte man im Ministerium — eine klare Vorgabe darstellen, wie mit den Renten deportierter Juden umzugehen sei. Tatsächlich, und das belegen die Vorgänge, wenn Juden in diejenigen Lager deportiert worden sind, die im Inneren des Reiches lagen, bedeutete sie das Gegenteil. Einen so gravierenden Einschnitt, wie die Einstellung von Rentenleistungen, ließ sich in der Verwaltungspraxis nicht mit einem Erlass regeln, der nur wenige Zeilen lang war. Dieser Erlass traf auf eine vielgestaltige Wirklichkeit, die nicht nur Zweifelsfragen in Bezug auf die Gegenseitigkeitsverträge und die Grenzgebiete aufwarf, sondern auch die konkreten Lager betraf, in die die Juden deportiert worden waren. Es sollte sich zeigen, dass erst die unklaren Bestimmungen aus dem Ministerium das eigenmächtige Handeln der Träger, Gesetze antisemitisch auszulegen, ermöglichte.

Denn die Renteneinstellungen von Juden, die ins Ghetto Lodz (oder »Litzmannstadt«, wie die Deutschen Lodz während der Besetzung

---

143 Reichsversicherungsanstalt für Angestellte an Reichsversicherungsamt, betr. Rentenzahlung an den ungarischen Juden Hugo Matzner in Budapest, 24.2.1943, DRV RfA-Archiv/Aktenordner »Nr. 168«.
144 V.a. Petra Kirchberger und Hans-Jörg Bonz gehen von einer allzu schematischen Verwaltungspraxis der Träger aus, die dem Regime bereitwillig und planerisch mit antisemitischen Maßnahmen in hohem Maße entgegengekommen sei.
145 Reichsversicherungsanstalt für Angestellte, Abteilungsverfügung, 29.12.1941, DRV RfA-Archiv/Aktenordner »Nr. 168«.

nannten) deportiert worden sind, waren nicht durch diese Verordnung gedeckt. Als am 26. Oktober 1939 der Militärbezirk Posen in das Deutsche Reich eingegliedert worden war, gehörte dieser Teil Polens, der am 29. Januar 1940 den Namen »Reichsgau Wartheland« erhielt, ab dem Herbst 1939 zum Reichsgebiet. Zum neuen Reichsgau gehörte auch das zweitgrößte Ghetto, das das Deutsche Reich während des Krieges errichtete: das Ghetto Lodz.[146] Deutsche Juden wurden bereits Mitte des Jahres 1941 ins Ghetto Lodz verschleppt – unter ihnen Rentner der Reichsversicherungsanstalt für Angestellte.

Die Reichsversicherungsanstalt für Angestellte berichtete dem Reichsarbeitsminister am 22. November 1941, dass sich etwa 600 Rentenempfänger der Angestelltenversicherung unter den ins Ghetto Lodz deportierten Juden befanden. Sie wollte wissen, wie sie vorgehen solle, als die Rentenempfänger die Überweisung ihrer Rentenleistungen nach Lodz forderten. Die Antwort reihte sich in die bisherigen Maßnahmen der Reichsversicherungsanstalt für Angestellte nahtlos ein:

»Wir haben den Anträgen dieser Rentner auf Überweisung ihrer Bezüge nach Litzmannstadt bisher nicht entsprochen, weil höchstwahrscheinlich das Vermögen der Betroffenen, wozu auch die Rente aus der deutschen Sozialversicherung gehört, beschlagnahmt worden ist. Voraussichtlich werden diese Juden später nach dem Generalgouvernement abgeschoben. Wir bitten um Anweisung, wie in diesen Fällen verfahren werden soll.«[147]

Eine Antwort blieb das Ministerium jedoch schuldig, am 12. März 1942 vermerkte der Sachbearbeiter knapp: »ORR Bogs vom RAM glaubt, daß die Entscheidung nicht so bald fallen wird.«[148] Der Träger der Angestelltenversicherung hatte die »gewöhnlichen« Renten seiner Versicherten, die in Lodz lebten, an das dortige Postamt überwiesen. Allerdings stellte die Reichsversicherungsanstalt für Angestellte die Zahlungen an deportierte Juden – eigenmächtig – ein, nachdem sie aus dem Ministerium keine Antwort erhielt. An das Postamt Lodz schrieb die Anstalt am 8. Januar 1942:

---

146 Andrea Löw: Juden im Getto Litzmannstadt – Lebensbedingungen, Selbstwahrnehmung, Verhalten, Göttingen 2006, S. 7.
147 Reichsversicherungsanstalt für Angestellte an Reichsarbeitsministerium, betr. Rentenzahlung an die aus dem Reichsgebiet nach Litzmannstadt (Warthegau) abgeschobenen Juden, 22.11.1941, BArch R 89/3414, Bl. 109.
148 Ebd.

»Die Renten werden monatlich an jeden dort wohnenden Rentenempfänger [...] von unserem Postscheckkonto [...] gezahlt. Da in letzter Zeit eine grössere Anzahl Juden aus dem Altreich nach dem Ghetto in Litzmannstadt evakuiert worden sind, haben wir beim Reichsarbeitsminister angefragt, ob die Renten dorthin zu zahlen sind. Eine Antwort steht noch aus. Bis zum Eingang der Antwort werden die Renten nicht gezahlt. Aus diesem Grunde bitten wir, sofern bei Ihnen eine Zahlungsanweisung für Juden im Getto eingehen sollte, diese nicht zur Auszahlung zu bringen sondern unserem Postscheckkonto [...] wieder gutzuschreiben.«[149]

Eine Woche später schrieb der zugelassene österreichische jüdische Rechtsanwalt Michael Stern[150] im Auftrag jüdischer Rentenempfänger aus Wien an die Reichsversicherungsanstalt für Angestellte, um zu erfragen, ob die Rentenzahlungen an ins Ghetto Lodz deportierte jüdische Rentner zur Auszahlung kämen.[151] Die Reichsversicherungsanstalt für Angestellte antwortete Michael Stern ausweichend: Der Reichsarbeitsminister habe »über die Frage, ob die Renten an die nach Lodz abgeschobenen Juden weiter zu zahlen sind, noch keine Entscheidung getroffen«.[152] Die Beamtenpensionen hingegen wurden bis März 1942 noch ins Ghetto überwiesen, allerdings wurden die Ruhegehälter nicht den jüdischen Beamten zugestellt, sondern in eine Gemeinschaftskasse überwiesen. Das Reichssicherheitshauptamt

149 Reichsversicherungsanstalt für Angestellte an Postamt Litzmannstadt, betr. Auszahlung von Renten an Juden im Ghetto Litzmannstadt, 8.1.1942, DRV RfA-Archiv/Aktenordner »Nr. 26b«.
150 Michael Stern (11.12.1897-2.12.1898), österreichischer Rechtsanwalt, studierte Rechtswissenschaft in Wien und wurde am 3. Februar 1922 zum Dr. jur. promoviert. Ab 1931 war er als Rechtsanwalt in der Wiener Neustadt tätig. Im Zuge des Anschlusses Österreichs wurde er aus der Anwaltskammer ausgeschlossen, vertrat aber als einer von 30 jüdischen Rechtsanwälten in Wien jüdische Klienten. Er und seine Eltern überlebten den Krieg, während alle anderen Angehörigen seiner Verwandtschaft in Konzentrationslagern ermordet wurden. Nach dem Krieg stieg er zum führenden Strafverteidiger der Zweiten Republik in Österreich auf. Siehe zu seiner Person Friedrich Weissensteiner: Große Österreicher des 20. Jahrhunderts, Wien 1997, S. 184-185; Peter Malina: Die Akten der Klienten/Klientinnen der Kanzlei Dr. Michael Stern. 1938-1945, Wien 2011, sowie Online-Ressource des Zukunftsfonds der Republik Österreich, http://www.zukunftsfonds-austria.at/download/P06-0055_abstract.pdf (2.8.2018).
151 Michael Stern an Reichsversicherungsanstalt für Angestellte, 15.1.1942, DRV RfA-Archiv/Aktenordner »Nr. 168«.
152 Ebd.

bestätigte diese Vorgehensweise und befürwortete den Stopp dieser Zahlungen.¹⁵³

Die problematische Verwaltungspraxis der Träger

Der Erlass des Reichsarbeitsministeriums vom 20. Dezember 1941 ließ tatsächlich weiterhin viele Fragen offen – insbesondere in Bezug auf die konkrete Durchführung. So vermerkte die Reichsversicherungsanstalt für Angestellte am 19. Januar 1942, dass der Erlass nicht regele,

»wie rückständige Renten aus der Zeit vor dem Inkrafttreten der 11. Verordnung zum Reichsbürgergesetz und Renten an Juden, die sich in Grenzgebieten (§ 1283 RVO.) aufhalten, zu behandeln sind. Wenn nur das Sozialversicherungsrecht angewandt würde, würden diese Renten nicht ruhen. Sie könnten zwar keinesfalls an den Rentner oder für ihn an eine andere Person gezahlt werden, da sie dann nach §3 der 11. Verordnung zum Reichsbürgergesetz als Vermögen der Juden dem Reich verfallen und nach §7 dem Oberfinanzpräsidenten Berlin anzumelden wären.¹⁵⁴ Herr Oberregierungsrat Dr. Bogs im Reichsarbeitsministerium hat mir dies heute fernmündlich bestätigt, aber erklärt, daß nach der 11. Verordnung und nach dem Erlaß vom

153 Richard Meves (Reichsarbeitsministerium) an Reichsversicherungsamt, betr. Zahlung des Ruhegehaltes an jüdische Ruhestandsbeamte, 12.3.1942, DRV RfA-Archiv/Aktenordner »Nr. 168«.
154 §3: »(1) Das Vermögen des Juden, der die deutsche Staatsangehörigkeit auf Grund dieser Verordnung verliert, verfällt mit dem Verlust der Staatsangehörigkeit dem Reich. Dem Reich verfällt ferner das Vermögen der Juden, die bei dem Inkrafttreten dieser Verordnung staatenlos sind und zuletzt die deutsche Staatsangehörigkeit besessen haben, wenn sie ihren gewöhnlichen Aufenthalt im Ausland haben oder nehmen.
(2) Das verfallene Vermögen soll zur Förderung aller mit der Lösung der Judenfrage im Zusammenhang stehende Zwecke dienen.«
§7: »(1) Alle Personen, die eine zu dem verfallenen Vermögen gehörige Sache im Besitz haben oder zu der Vermögensmasse etwas schuldig sind, haben den Besitz der Sache oder das Bestehen der Schuld dem Oberfinanzpräsidenten Berlin innerhalb von sechs Monaten nach Eintritt des Vermögensverfalls (§3) anzuzeigen. Wer dieser Anzeigepflicht vorsätzlich oder fahrlässig zuwiderhandelt, wird mit Gefängnis bis zu drei Monaten oder mit Geldstrafe bestraft.
(2) Forderungen gegen das verfallene Vermögen sind innerhalb von sechs Monaten nach Eintritt des Vermögensverfalls (§3) bei dem Oberfinanzpräsidenten Berlin anzumelden. Die Befriedigung von Forderungen, die nach Ablauf der Frist geltend gemacht werden, kann ohne Angabe von Gründen abgelehnt werden.«

MASSNAHMEN GEGEN JÜDISCHE VERSICHERTE

20. Dezember 1941 nicht beabsichtigt sei, daß in solchen Fällen die Renten an das Reich gezahlt würden, daß vielmehr der Anspruch auf die Renten schlechthin aufgehoben werden sollte.«[155] Zudem werde, so der Vermerk weiter, derzeit im Ministerium eine Durchführungsverordnung ausgearbeitet, die alle Ansprüche für abgeschobene Juden endgültig regeln solle. Bis diese erscheine, solle die Reichsversicherungsanstalt für Angestellte daher erst einmal die Renten nicht zahlen und auch nicht dem Oberfinanzpräsidium melden. Das Ziel des Reichsarbeitsministeriums war es also, die Rentenleistungen von jüdischen Deportierten sowie Versorgungsbezüge für mögliche im Inland Hinterbliebene einzustellen. Allerdings sollten diese Leistungen nicht dem »Reich verfallen«, wie es das Reichsbürgergesetz bestimmte, sondern komplett eingestellt werden.

Auch war die Frage über die Gegenseitigkeitsverträge im Januar 1942 rechtlich noch nicht gelöst, wie die Reichsversicherungsanstalt für Angestellte am 20. Januar 1941 an den Reichsarbeitsminister berichtete:

»Inzwischen ist es weiter zweifelhaft geworden, wie die jüdischen Rentenberechtigten aus dem Protektorat Böhmen und Mähren bei Verlegung ihres Aufenthalts ins Ausland zu behandeln sind. Der jüdische Ruhegehaltsempfänger Otto Israel Popper ist Protektoratsangehöriger und befindet sich in Kroatien [...]. Die Protektoratsangehörigkeit hat Popper durch die 11. Verordnung zum Reichsbürgergesetz nicht verloren. Ebenso wie bei den Angehörigen von Vertragsstaaten, insbesondere bei ungarischen Staatsangehörigen, halten wir es aber für unbillig, in solchen Fällen die Rente ins Ausland oder für den Rentner an einen Berechtigten im Inland zu zahlen. Wir haben deshalb die Rentzahlung in der Sache Popper einstweilen eingestellt und bitten auch für diesen und ähnliche Fälle um Anweisung, wie wir verfahren sollen.«[156]

Auch hier wird wieder das gleiche Muster deutlich: Die Einstellung der Rente war weder durch Gesetz noch durch Erlass des Reichsarbeitsministeriums gedeckt, dennoch hat der Träger die Rente »vorsorglich« bis zur Entscheidung des Reichsarbeitsministers eingestellt.

155 Reichsversicherungsanstalt für Angestellte, Vermerk, 19.1.1942, DRV RfA-Archiv/Aktenordner »Nr. 168«.
156 Reichsversicherungsanstalt für Angestellte an Reichsarbeitsministerium, betr. Rentenzahlung an Juden im Ausland, 21.1.1942, DRV RfA-Archiv/Aktenordner »Nr. 168«.

Die ganze Problematik fasste die Reichsversicherungsanstalt für Angestellte in einer Anfrage noch einmal zusammen:

»Weiter bitten wir auch um Entscheidung über folgende Frage: Nach dem Erlaß vom 20. Dezember 1941 [...] findet für die Rente von Juden, die durch Aufenthalt im Ausland die deutsche Staatsangehörigkeit verlieren, der § 1282 RVO. Anwendung. Danach ruht aber die Rente nicht, wenn der Aufenthalt des Rentners im Ausland nicht freiwillig ist, oder wenn er sich in einem nach § 1283 RVO. ausgenommenen Grenzgebiet aufhält. Es ist zweifelhaft, ob nach dem Erlaß auch in solchen Fällen das Ruhen eintreten soll, oder ob der Erlaß insoweit die sozialrechtlichen Vorschriften ändert und schlechthin in jedem Fall das Ruhen der Rente anordnen will.«

Völlig zu Recht fragt die Reichsversicherungsanstalt für Angestellte, ob der Erlass vom 20. Dezember 1941 so weit gehe, die Reichsversicherungsordnung dahingehend zu ändern, die Rente von Juden, die ins Ausland deportiert worden waren, einzustellen, und dadurch sowohl die Frage der »Freiwilligkeit« als auch die der Zahlungen ins Grenzgebiet (nach denen eine Zahlung laut RVO[157] möglich war) komplett zu missachten. Tatsächlich änderte die Interpretation des Reichsarbeitsministeriums de facto »die sozialrechtlichen Vorschriften«.

Darüber hinaus wollte die Reichsversicherungsanstalt für Angestellte wissen, wie mit rückständigen Renten umzugehen sei, jenen Ansprüchen also, die aufgrund des Krieges unterbrochen seien:

»Dieselbe Frage ergibt sich hinsichtlich der aus der Zeit vor dem Inkrafttreten der 11. Verordnung zum Reichsbürgergesetz rückständigen Rentenbetrags für Juden im Ausland, die bisher wegen des Krieges aus tatsächlichen Gründen nicht gezahlt werden konnten. Diese Beträge werden von dem Ruhen nur erfaßt, wenn sich der Erlaß vom 20. Dezember auch darauf erstrecken soll, da sonst nach § 1290 RVO. das Ruhen frühestens mit dem Ablauf des Monats November 1941 beginnen könnte, in dem die Berechtigten auf Grund der 11. Verordnung die deutsche Staatsangehörigkeit verloren haben. Wir glauben annehmen zu dürfen, daß der Erlaß diese Fragen abschließend und selbständig ohne Rücksicht auf die abweichenden Bestimmungen

---

157 RVO §1283 nach der Änderung von 1934: »Die Reichsregierung kann das Ruhen der Rente für ausländische Grenzgebiete oder für auswärtige Staaten ausschließen, deren Gesetzgebung Deutsche und ihren Hinterbliebenen eine entsprechende Fürsorge gewährleistet.«

des Sozialversicherungsrechts regeln wollte und daß deshalb kein Anspruch auf diese Renten mehr besteht.«

Auch hier benennt die Reichsversicherungsanstalt für Angestellte das Ziel des Erlasses vom 20. Dezember 1941, durch den die Regelungen »abschließend und selbständig ohne Rücksicht auf die abweichenden Bestimmungen des Sozialversicherungsrechts« geregelt werden sollten. Der Angestelltenträger sprach hier präzise das aus, was das Reichsarbeitsministerium vermied, in Gesetzestext umzuwandeln; im unmittelbaren Schriftverkehr mit den Trägern aber faktisch anordnete.

Die unpräzise Regelung des Erlasses im Falle von rückständigen Leistungen wurde hier von der Reichsversicherungsanstalt für Angestellte dahingehend interpretiert, dass es der Wille des Reichsarbeitsministeriums sei, dass ein so kurzer Erlass über das hochkomplexe Rentenrecht gestellt werde, um sämtliche Rentenleistungen von jüdischen Deportierten einzustellen.

Wenn der Erlass allerdings nicht so weit gehen würde, das Rentenrecht in dieser Hinsicht völlig neu zu definieren, würde die Elfte Verordnung zum Reichsbürgergesetz die Anmeldung des Vermögens verlangen, da die Rente nicht ruhe, sondern zugunsten des Reiches eingezogen werden würde:

»Anderenfalls würden zwar diese Renten auch nicht an den Rentner zu zahlen sein, da sie dann nach § 3 der 11. Verordnung als Vermögen des Juden dem Reich verfallen wären, wir müßten sie aber dann nach § 7 der 11. Verordnung innerhalb von 6 Monaten dem Oberfinanzpräsidenten in Berlin anzeigen. Der Anzeige steht aber entgegen, daß wir in den meisten dieser Fälle nicht wissen, ob der Rentenberechtigte noch lebt und ob deshalb noch ein Rentenanspruch besteht. Die Rente könnte daher auch an das Reich nur gezahlt werden, wenn durch eine Lebensbescheinigung oder auf andere Weise nachgewiesen würde, daß der Rentenberechtigte noch lebt. Die Beschaffung eines solchen Nachweises wird aber sehr schwierig, vielleicht überhaupt unmöglich sein.«

Die Frage, ob die Renten an deportierte Juden weiterzuzahlen seien, beantwortete die Reichsversicherungsanstalt für Angestellte eindeutig, in dem es den Willen des Gesetzgebers antizipierte und die Zahlungen, auch diejenigen, die nicht durch Verordnungen gedeckt waren, einstellte. In einem zweiten Schritt ging es daher darum zu klären, ob die Renten an jemand anderen ausgezahlt oder gänzlich zum Ruhen gebracht werden sollten.

Die Reichsversicherungsanstalt für Angestellte sicherte sich daher beim Reichsarbeitsministerium ab: Der Erlass war in der Tat unpräzise, allerdings schien es zwischen Träger und Ministerium keine schriftlich fixierte Abmachung zu geben, dass diese Renten weder an die jüdischen Bezieher ausgezahlt werden, noch dem Reich verfallen:

»Mit Bezug auf das Ferngespräch mit Herrn Oberregierungsrat Dr. Bogs vom 19. Januar werden wir deshalb zunächst die Renten in solchen Fällen nicht zahlen, und auch von der Anzeige bei dem Oberfinanzpräsidenten einstweilen absehen. Wir bitten aber um baldige Anweisung, ob die Anzeige nach §7 der 11. Verordnung notwendig ist, damit wir sie bejahendenfalls rechtzeitig innerhalb der gesetzlichen Frist von 6 Monaten erstatten können.«[158]

Tatsächlich hat der Angestelltenträger vor dem Telefonat mit Walter Bogs teilweise die Renten von Juden, die deportiert worden waren, den Oberfinanzpräsidien gemeldet und überwiesen, so etwa dem Oberfinanzpräsidium Württemberg für sieben am 2. Dezember 1941 deportierte Juden aus Stuttgart und Umgebung.[159] Danach hat sie die Zahlungen allerdings eingestellt.

Die Antwort aus dem Reichsarbeitsministerium auf die oben vorgestellten Fragen war noch nicht eingegangen, da hatte die Reichsversicherungsanstalt für Angestellte den deportierten jüdischen Rentnern dennoch bereits einen Ruhensbescheid zugesandt.[160] Die Polizeidienst-

---

158 Reichsversicherungsanstalt für Angestellte an Reichsarbeitsministerium, betr. Rentenzahlung an Juden im Ausland, 21.1.1942, DRV RfA-Archiv/ Aktenordner »Nr. 168«.
159 Oberfinanzpräsidium Württemberg an Reichsversicherungsanstalt für Angestellte, betr. Einziehung jüdischen Vermögens, 29.1.1942, DRV RfA-Archiv/ Aktenordner »Nr. 168«. Es handelte sich um Julie Brandenburger (geb. 20.7.1887), Helene Stein (geb. 08.7.1873), Willi Schmidt, Bona Rosenfeld (geb. 2.2.1880), Albert Dreifuss (geb. 23.4.1887), Ludwig Odenheimer (geb. 29.6.1877) und Berta Dreifuss (geb. 11.3.1878). Sie wurden alle ins Rigaer Ghetto deportiert. Dort verlieren sich ihre Spuren. Sehr wahrscheinlich wurden alle ermordet. Siehe hierzu (bis auf Willi Schmidt): Gedenkbuch des Bundesarchivs. Für Januar 1942 hat die RfA die Zahlungen noch geleistet, danach dem Oberfinanzpräsidium mitgeteilt, dass die Rentenzahlungen komplett eingestellt werden. Der bereits überwiesene Betrag von 384 RM wurde der RfA wieder zurücküberwiesen. Vgl. Oberfinanzpräsidium Württemberg an Reichsversicherungsanstalt für Angestellte, betr. Einziehung jüdischen Vermögens, 24.2.1942, DRV RfA-Archiv/Aktenordner »Nr. 167«.
160 Reichsversicherungsanstalt für Angestellte, Abteilungsverfügung, 24.2.1942, DRV RfA-Archiv/Aktenordner »Nr. 168«.

MASSNAHMEN GEGEN JÜDISCHE VERSICHERTE

stelle in Riga, an die die Ruhensbescheide geschickt worden waren, hat diese allerdings wieder zurück an den Träger versandt und über die Berliner Gestapo anmerken lassen, dass »solche Ruhensbescheide an Juden in Riga nicht mehr abgesandt werden« sollten.[161] Auch die Berliner Gestapo wandte sich am 15. Mai 1942 an die Reichsversicherungsanstalt, damit diese die Versendung von Ruhensbescheide ins »Ostland« einstelle: »Die dort zuständigen Behörden haben mich ersucht darauf hinzuwirken, daß die Versendung derartiger Bescheide nicht mehr erfolgt.«[162] Am 22. Mai 1942 hat die Behörde schließlich den Versand der Ruhensbescheide beendet und am 8. Juni 1942 das Reichsversicherungsamt davon in Kenntnis gesetzt.[163] Aufgrund der Tatsache, dass Juden in Ghettos und Konzentrationslager deportiert und ermordet wurden, wirkt die Versendung von Ruhensbescheiden mehr als surreal. Dies verdeutlicht aber, wie stark die Träger die gewöhnliche Regelhaftigkeit ihrer Verwaltung im Unrechtsstaat des NS-Regimes beibehielten.

Anfang Februar 1942 hat das Reichsarbeitsministerium die Diskriminierung der jüdischen Versicherten an die militärischen Erfolge der Wehrmacht angepasst. Mit Erlass vom 3. Dezember 1941 bestimmte zunächst das Reichsministerium des Innern, dass die von der Wehrmacht besetzten Gebiete oder die unter deutscher Verwaltung stehenden Gebiete im Osten ebenfalls unter die Bestimmungen der Elften Verordnung zum Reichsbürgergesetz fielen. Das Reichsarbeitsministerium setzte dann am 3. Februar 1942 über das Reichsversicherungsamt die Träger davon in Kenntnis, dass insbesondere das Generalgouvernement und die Ukraine zu den Gebieten zählten, in denen jüdische deutsche Deportierte ihre Staatsangehörigkeit verlören.[164]

161 Philipp Renner (Reichsversicherungsamt) an Reichsversicherungsanstalt für Angestellte, betr. Ruhensbescheide an nach Riga abgeschobene Juden, 1.5.1942, DRV RfA-Archiv/Aktenordner »Nr. 168«.
162 Geheime Staatspolizei an Reichsversicherungsanstalt für Angestellte, betr. Zustellungen an evakuierte Juden, 15.5.1942, DRV RfA-Archiv/Aktenordner »Nr. 168«.
163 Reichsversicherungsanstalt für Angestellte, Abteilungsverfügung, 22.5.1942, DRV RfA-Archiv/Aktenordner »Nr. 168«; und Reichsversicherungsanstalt für Angestellte an Reichsversicherungsamt, 8.6.1942, DRV RfA-Archiv/Aktenordner »Nr. 168«.
164 Richard Meves (Reichsarbeitsministerium) an Reichsversicherungsamt, betr. Zahlung des Ruhegehaltes an jüdische Ruhestandsbeamte, 3.2.1942, DRV RfA-Archiv/Aktenordner »Nr. 168«.

Auch das Reichsversicherungsamt erkannte im Erlass vom 20. Dezember 1941 eine gesetzliche Lücke bei der Durchführung der Diskriminierung jüdischer Versicherter. Insbesondere werde im Erlass nicht erwähnt, wie mit Rentenzahlungen an Juden zu verfahren seien, die in ein Grenzgebiet deportiert worden seien. Obwohl der Erlass des Reichsarbeitsministeriums auf den betreffenden § 1283 der Reichsversicherungsordnung[165] nicht eingehe, habe »gleichwohl [...] die Reichsknappschaft die Bezirksknappschaften angewiesen, auch an diejenigen Juden keine Renten zu zahlen, die ihren gewöhnlichen Aufenthalt in einem Staate oder Grenzgebiet genommen haben, wohin sonst an Ausländer Renten gewährt werden können«.[166] Dem Reichsversicherungsamt war die mangelhafte Gesetzgebung zur Diskriminierung jüdischer Versicherter wohlbekannt und es schlug dem Ministerium daher am 9. März 1942 vor, den Rentenentzug bei Juden deutlicher zu benennen:

»Da der Erlaß vom 20. Dezember 1941 nicht vom § 1283 der Reichsversicherungsordnung spricht, wären Sozialversicherungsleistungen an Juden in Grenzgebieten, die auf Grund des § 1283 der Reichsversicherungsordnung bevorzugt worden sind, zu gewähren, wobei es keinen Unterschied macht, ob diese Juden früher deutsche Staatsangehörige waren oder nicht. Um das Verfahren der Reichsknappschaft gesetzlich zu begründen und um ein einheitliches Verfahren bei allen Versicherungsträgern zu gewährleisten, regt das Reichsversicherungsamt an, Juden von der auf Grund des § 1283 der Reichsversicherungsordnung getroffenen Sonderregelungen auszunehmen.«[167]

Auch dies unterließ das Reichsarbeitsministerium. Obwohl das Reichsversicherungsamt hier eine Gesetzeslücke erkannte, wollte man die Diskriminierung der Juden nicht auf ein rechtliches Fundament stellen.

Die erste Reaktion des Reichsarbeitsministeriums auf die vielen Anfragen der Träger und des Reichsversicherungsamtes erfolgte am

165 § 1283 Reichsversicherungsordnung: »Die Reichsregierung kann das Ruhen der Rente für ausländische Grenzgebiete oder für auswärtige Staaten ausschließen, deren Gesetzgebung Deutschen und ihren Hinterbliebenen eine entsprechende Fürsorge gewährleistet«; RGBl. I 1934, S. 424.
166 Peter Schmitt (Reichsversicherungsamt) an Reichsarbeitsministerium, betr. Ruhen der Rente von Juden im Auslande, 9.3.1942, BArch R 89/4982, Bl. 35.
167 Verband der pensionierten Privatangestellten an Reichsversicherungsanstalt für Angestellte, 20.5.1942, DRV RfA-Archiv/Aktenordner »Nr. 168«.

13. März 1942 und reihte sich nahtlos in die bisherige Vorgehensweise des Ministeriums ein. Johannes Dormann schrieb dem Präsidenten der Reichsversicherungsanstalt für Angestellte: »Die Behandlung der Rentenzahlung an Juden im Ausland und im Generalgouvernement wird demnächst durch Verordnung näher geregelt werden. Soweit die Zahlungen an Juden in diesen Gebieten eingestellt sind, behält es dabei sein Bewenden.«[168]

Die Zurückhaltung des Reichsarbeitsministeriums, die Einstellung von Rentenzahlungen an deportierte Juden zu verfügen, besaß auch Folgen für andere Behörden. Das Wiener Finanzamt fragte am 18. März 1942 bei der Reichsversicherungsanstalt für Angestellte an, ob deportierte Juden ihre Rente weiter erhielten, da »die steuerliche Veranlagung [...] leider trotzdem bei meinem Finanzamt verblieben [ist]. Es interessiert mich nun, ob die Juden, die nach Litzmannstadt oder sonst wohin abgeschoben worden sind, ihre Rente noch weiter beziehen oder nicht.«[169] Die Antwort zeigt die Verwaltungsprobleme, die durch die ungenaue Erlasspraxis des Reichsarbeitsministeriums entstanden waren. Die Elfte Verordnung zum Reichsbürgergesetz, so erklärte die Reichsversicherungsanstalt für Angestellte, entziehe den deportierten Juden bei Übertritt ins Ausland die deutsche Staatsangehörigkeit. Die Rente ruhe, solange sich der »Ausländer freiwillig gewöhnlich im Ausland aufhält«.

»Die nach dem Getto in Litzmannstadt abgeschobenen Juden fallen nicht unter die 11. V.O. zum Reichsbürgergesetz, weil Litzmannstadt zum Warthegau gehört und daher nicht Ausland ist. Wir haben aber auch diese Renten bis zur Entscheidung des R.A.M. vorläufig eingestellt. Eine Anordnung des R.A.M. darüber, ob und inwieweit Ausnahmen zugelassen werden, z.B. wenn der Aufenthalt des Rentners nicht freiwillig ist oder wenn er sich in einem nach § 1283 R.V.O. ausgenommenen Grenzgebiet aufhält steht noch aus.«[170]

168 Johannes Dormann (Reichsarbeitsministerium) an Reichsversicherungsanstalt für Angestellte, betr. Rentenzahlung an Juden im Ausland, 13.3.1942, DRV RfA-Archiv/Aktenordner »Nr. 168«.
169 Möller (Finanzamt Alsergrund) an Reichsversicherungsanstalt für Angestellte, betr. Besteuerung von Juden, 18.03.1942, DRV RfA-Archiv/Aktenordner »Nr. 167«.
170 Reichsversicherungsanstalt für Angestellte an Möller (Finanzamt Alsergrund), betr. Besteuerung der Juden, 31.3.1942, DRV RfA-Archiv/Aktenordner »Nr. 167«.

Letztlich sah sich das Reichsarbeitsministerium aber doch genötigt, den Trägern eine konkrete Vorgehensweise für die Renteneinstellungen von deportierten Juden zu empfehlen.

Konkretisierung durch Rundschreiben, nicht durch Gesetze

Am 16. Juni 1942, also knapp ein halbes Jahr nach dem Erlass vom 20. Dezember 1941, versuchte das Reichsarbeitsministerium in einem vertraulichen Rundschreiben an die Träger der Sozialversicherung, die antisemitischen Maßnahmen zu präzisieren, wobei Gerhard Zschimmer vor allem auf die Anordnungen aus dem Reichsministerium des Innern verwies: Das Vermögen der Juden, die in das Ghetto »Litzmannstadt« verbracht worden waren, sei »nach den einschlägigen Bestimmungen über die Einziehung volks- und staatsfeindlichen Vermögens zu Gunsten des Deutschen Reiches eingezogen worden«. Die Zahlung von Versorgungsgebührnissen an Juden, also auch Leistungen aus der Reichsversicherung, sei auf Anordnung des Reichsministers des Innern einzustellen. Zudem bekräftigte Zschimmer den Erlass des Reichsarbeitsministeriums vom 20. Dezember 1941 und informierte darüber, dass damit auch Juden gemeint seien, die »ihren gewöhnlichen Aufenthalt in den von den deutschen Truppen besetzten oder in deutsche Verwaltung genommenen Gebieten haben«, insbesondere auch »im Generalgouvernement und in den Reichskommissariaten Ostland und Ukraine«.[171] Dieses Rundschreiben bildete neben dem Erlass vom 20. Dezember 1941 erst die zweite Anordnung aus dem Reichsarbeitsministerium, wie mit den Renten deportierter Juden umzugehen war. Bemerkenswert ist, dass das Ministerium weder die Frage der Grenzgebiete, der Gegenseitigkeitsverträge noch den Terminus der »Freiwilligkeit« ansprach. Es präzisierte nur die Einstellung der Rentenzahlung ins Ghetto Lodz, wobei es lediglich das anordnete, was bereits seit Januar 1942 ohne rechtliche Grundlage – »vorsorglich« – durch die Träger durchgeführt wurde.

Das Rundschreiben des Reichsarbeitsministeriums blieb also genauso vage wie der vorhergehende Erlass. Die Reichsversicherungsanstalt für Angestellte erwartete daher auch nach dem Rundschreiben weiterhin eine Verordnung aus dem Ministerium, die den Rentenentzug für Juden endgültig klären sollte. Eine entsprechende Notiz vom 7. Juli 1942, in der diese Erwartungshaltung formuliert wurde, wurde mehr-

---

[171] Gerhard Zschimmer (Reichsarbeitsministerium) an alle Landesversicherungsanstalten, betr. Rundschreiben. Rentenzahlung an nach dem Osten abgeschobene Juden, 16.6.1942, GLAK 462 Zugang 1994-38/283, Bl. 37-38.

MASSNAHMEN GEGEN JÜDISCHE VERSICHERTE

mals abgeändert. Beim Punkt »Wiedervorlage am 1. Januar 1943« war ebenso das Wort »Fehlanzeige« vermerkt, wie bei den Wiedervorlagen am 1. Juli 1943 und 1. Januar 1944. Nüchtern wurde handschriftlich festgehalten: »Die Durchführungsverordnung, durch die sämtliche sich aus der Abwanderung und Ausbürgerung der Juden ergebenden Fragen geregelt werden sollte, ist noch nicht ergangen.«[172] Dies sollte sich nicht ändern.

Unklar blieb weiterhin die Situation im Protektorat Böhmen und Mähren. Das Reichsarbeitsministerium hatte bereits am 8. Dezember 1939 das Protektorat Böhmen und Mähren für alle Belange der Sozialversicherung als »Inland« erklärt: Der Aufenthalt im Protektorat sei dem Aufenthalt im Reich gleichzusetzen.[173] Eine öffentliche Verlautbarung des Reichsarbeitsministeriums, dass das Protektorat sozialversicherungsrechtlich zum Reichsgebiet gehörte, unterließ es allerdings, sodass der Reichsprotektor Konstantin von Neurath noch einmal in einem Schreiben an die Träger im »Altreich« diese darauf aufmerksam machte, dass »das Protektorat Böhmen und Mähren ein Bestandteil des Deutschen Reiches und nicht Ausland ist, demgemäss also Renten [...] in das Protektorat Böhmen und Mähren zu zahlen sind. Ich ersuche die Versicherungsträger um genaue Beachtung.«[174]

Dies war für die Sozialversicherung von besonderer Bedeutung, da sich das Ghetto und Konzentrationslager Theresienstadt, in das viele ältere jüdische Deutsche deportiert worden waren, im Protektorat befand. Das von der NS-Propaganda im Deutschen Reich verklärte »Altersghetto«, das angeblich eine »jüdische Mustersiedlung« sei, war in Wirklichkeit ein Transitlager in die Vernichtungslager. Aber auch in Theresienstadt selbst wurden Menschen ermordet.[175] Die Annexion der Gebiete des neu gegründeten Protektorats Böhmen und Mähren zielte einerseits auf eine kurzfristige Ausbeutung des tschechischen Industriepotenzials für die Rüstungswirtschaft,[176] auf der anderen Seite

172 Reichsversicherungsanstalt für Angestellte, Vermerk, betr. Verfügung, 7.7.1942, DRV RfA-Archiv/Aktenordner »Nr. 168«.
173 Johannes Dormann (Reichsarbeitsministerium) an Reichsversicherungsamt, betr. Ruhen der Rente des Nikolaus Schlechta (Aufenthalt im Protektorat), 8.12.1939, BArch R 89/4980, Bl. 174b.
174 Sprauer (Chef der Zivilverwaltung im Elsass) an Landesversicherungsanstalt Baden, betr. Rentenzahlung aus dem Elsaß in das Protektorat Böhmen und Mähren, 29.8.1941, GLAK 462 Zugang 1994-38/388, Bl. 335.
175 Vgl. Wolfgang Benz: Theresienstadt. Eine Geschichte von Täuschung und Vernichtung, München 2013.
176 Vgl. Brandes: Die Tschechen unter deutschem Protektorat, S. 234-241.

aber auch auf eine langfristige Germanisierung dieses Gebietes, das, genau wie Elsass-Lothringen, in den Augen des Regimes seit Jahrhunderten zum deutschen »Kulturbereich« gehörte.[177] Ebenso wie beim Ghetto Lodz war die Einstellung der Renten von Juden, die nach Theresienstadt deportiert worden waren, rechtlich nicht möglich. Das Sozialversicherungsrecht ermöglichte die Einstellung der Zahlungen nicht, da die jüdischen Rentner nicht unter die Elften Verordnung zum Reichsbürgergesetz fielen. Ab Januar 1942 wurden vermehrt jüdische Deutsche nach Theresienstadt deportiert, und die Frage der möglichen Auszahlung wurde erneut aktuell.

Und zwar aus dem Grunde, weil andere Organisationen, genau wie im Jahre 1940 das Polizeipräsidium Karlsruhe sowie die Vermögensverwalter der deportierten Juden aus Baden, einen Zugriff auf die Rentenleistungen der deutschen Sozialversicherung einforderten. Die »Zentralstelle für jüdische Auswanderung in Prag«[178] forderte am 1. Mai 1942 den »Reichsverband der gewerblichen Berufsgenossenschaften«[179] auf, ihr die Unfallrenten der deportierten jüdischen Versicherten auf ein gesondertes Konto zu überweisen. Der Verband wandte sich zur Klärung dieser Frage und um die Rechtmäßigkeit dieser Forderung in Erfahrung zu bringen, an das Reichsarbeitsministerium. Johannes Dormann kannte die Funktion der »Zentralstelle« wohl nicht, denn den Verband ließ er kurz und knapp wissen: »Die Zahlung von Renten der Reichsversicherung an Juden wird voraussichtlich demnächst durch eine in Vorbereitung befindliche Verordnung geregelt werden. Bis dahin können Sonderwünsche von jüdischen Organisationen nicht

177 Vgl. etwa die Einleitung des Erlasses Hitlers über das Protektorat Böhmen und Mähren vom 16.3.1939. RGBl. I 1934, S. 485: »Ein Jahrtausend lang gehörten zum Lebensraum des deutschen Volkes die böhmisch-mährischen Länder. Gewalt und Unverstand haben sie aus ihrer alten, historischen Umgebung willkürlich gerissen und schließlich durch ihre Einfügung in das künstliche Gebilde der Tschecho-Slowakei den Herd einer ständigen Unruhe geschaffen.«
178 Die »Zentralstelle für jüdische Auswanderung in Prag« war eine von drei NS-Organisationen, die unter diesem Namen die Auswanderung der Juden aus dem Reich forcieren sollten (neben der Berliner und der Wiener Zentralstelle). Tatsächlich entwickelten sich die Zentralstellen aber immer mehr zu Organisationsbehörden der Deportation der Juden in die Vernichtungslager. Vgl. Gabriele Anderl: Die »Zentralstellen für jüdische Auswanderung« in Wien, Berlin und Prag – ein Vergleich, in: Tel Aviver Jahrbuch für deutsche Geschichte 23 (1994), S. 275-300.
179 Der »Reichsverband der gewerblichen Berufsgenossenschaften« war ein seit 1887 bestehender Interessenverband der Träger der Unfallversicherung.

berücksichtigt werden.«[180] Er informierte zusätzlich den Reichsprotektor über die Angelegenheit und sandte ihm eine Abschrift des Bescheides, den er an den Verband gesendet hatte, am 30. Juni 1942 zu.[181] Die Antwort von SS-Standartenführer und Oberst der Polizei, Horst Böhme,[182] war äußert aufschlussreich. Zunächst ließ er Dormann wissen, dass es »nicht ratsam [sei] eine Dienststelle des Reichsführers-SS und Chefs der Deutschen Polizei als jüdische Organisation zu bezeichnen«. Mit den Zahlungen aus der Reichsversicherung, so Böhme weiter, hätte man jedoch etwas anderes vor. Böhme wies nämlich daraufhin,

»daß der Reichsverband der gewerblichen Berufsgenossenschaften e.V. verpflichtet ist, die Renten der Juden an den Auswanderungsfonds für Böhmen und Mähren zu überweisen, solange die ›voraussichtlich‹ angekündigte Verordnung bis zum heutigen Tage – das sind seit der Machtübernahme über 10 Jahre – noch nicht erschienen ist. Die Beträge werden zur Lösung der Judenfrage benötigt und werden selbstverständlich nicht an die Juden ausgezahlt.«[183]

Bemerkenswert ist weniger der »Vorwurf« Böhmes, dass das Reichsarbeitsministerium bisher noch keine antijüdische Verordnung zur Sozialversicherung herausgebracht hatte, sondern dass er davon ausging, dass deutsche Sozialversicherungsträger verpflichtet seien, die

180 Reichsarbeitsministerium an Reichsverband der gewerblichen Berufsgenossenschaften, betr. Zahlung von Renten an Juden, 30.6.1942, NACR, 959/109-4-980, Bl. 8.
181 Johannes Dormann (Reichsarbeitsministerium) an Reichsprotektor in Böhmen und Mähren, betr. Zahlung von Renten an Juden, 30.6.1942, NACR, 959/109-4-980, Bl. 7. Staatssekretär Karl Hermann Frank bemerkte zu dieser Angelegenheit, er (Frank) »habe bis zur Stunde nicht gewußt, daß die hies. Zentralstelle für jüdische Auswanderung eine ›jüdische Organisation‹ sei«. Vgl: Gies an Böhme, Vermerk, 6.7.1942, NACR, 959/109-4-980, Bl. 5.
182 Horst Böhme (geb. 1909, gest. [wahrscheinlich] 1945) trat 1930 in die NSDAP und die SS ein und war früh ein enger Mitarbeiter Reinhard Heydrichs. Im Protektorat oblag ihm die Kommandogewalt über alle Dienststellen der Gestapo. Am 10. Oktober 1940 nahm er an der Besprechung zwischen Heydrich, Hans Frank, Adolf Eichmann und Hans Günther (Leiter der Zentralstelle für jüdische Auswanderung) teil, in der die Maßnahmen zur Deportation der Juden des Protektorats besprochen wurden. Vgl. Michael Wildt: Generation des Unbedingten. Das Führungskorps des Reichssicherheitshauptamtes, Hamburg 2002, S. 620-622.
183 Böhme (Reichsprotektor in Böhmen und Mähren) an Reichsarbeitsministerium, betr. Zahlung von Renten an Juden, 9.7.1942, NACR, 959/109-4-980, Bl. 1.

Sozialversicherungsleistungen jüdischer Deportierter an die »Zentralstelle für jüdische Auswanderung« zu überweisen. Tatsächlich geht diese Annahme auf die Versuche deutscher Stellen zurück, die Mittel der Reichsversicherung für die »Lösung der Judenfrage im Protektorat Böhmen und Mähren« einsetzen zu lassen.[184] Eine Antwort des Ministeriums ist nicht überliefert, allerdings zeigt die folgende Entwicklung, dass das Ministerium dieses Ansinnen nicht unterstützte und die Träger aufforderte, die Renten nicht an die »Zentralstelle« oder sonstige staatliche oder Parteistellen zu überweisen.

Denn genau wie im Falle der Deportation von jüdischen Rentnern ins Ghetto Lodz, so verlangten die nach Theresienstadt deportierten jüdischen Rentner die Überweisung ihrer Rente ins Lager. Daher fragte die Reichsversicherungsanstalt für Angestellte am 11. August 1942 erneut beim Reichsarbeitsministerium an:

»Unter den in letzter Zeit aus dem Reichsgebiet nach Theresienstadt b/Prag abgeschobenen Juden befinden sich auch eine Anzahl Rentenempfänger der A.V.. Obwohl ein Ruhen der Renten nach dem Sozialversicherungsrecht nicht ausgesprochen werden kann, haben wir den Anträgen dieser Rentner auf Überweisung ihrer Bezüge nach Theresienstadt mit Rücksicht auf die ähnlich liegenden Fälle von Litzmannstadt in dem Erl. vom 16.6.42 [...] vorläufig nicht entsprochen. Wir bitten um Anweisung, wie in diesen Fällen verfahren werden soll.«[185]

Wenn die Reichsversicherungsanstalt für Angestellte den vermeintlichen Willen des Gesetzgebers dahingehend interpretierte, dass sie die Rentenzahlungen an deportierte Juden bis zur Entscheidung des Reichsarbeitsministeriums vorläufig einstellte, so bedarf es einer Erklärung angesichts der Tatsache, dass jüdische Rentner, die im Protektorat Böhmen und Mähren lebten und noch nicht in Lager deportiert worden waren, weiterhin Rentenzahlungen erhielten. Denn der Angestelltenträger wandte sich am 10. November 1942 an das »Zentralamt für die Regelung der Judenfrage in Böhmen und Mähren«,[186] um zu erfahren, ob und wenn ja, welche jüdischen Rentenempfänger das Protektorat inzwischen verlassen hatten. Denn:

184 Vgl. dazu das nächste Unterkapitel.
185 Reichsversicherungsanstalt für Angestellte an Reichsarbeitsministerium, betr. Rentenzahlung an die aus dem Reichsgebiet nach Theresienstadt bei Prag, 11.8.1942, DRV RfA-Archiv/Aktenordner »Nr. 168«.
186 Es handelte sich hier um die alternative Bezeichnung für die »Zentralstelle für jüdische Auswanderung in Prag«.

»Da Juden mit ausländischer Staatsangehörigkeit im Ausland gegenüber Juden mit deutscher Staatsangehörigkeit hinsichtlich der Leistungen aus der deutschen Sozialversicherung keinen Anspruch auf eine bevorzugte Behandlung haben, stehen auch solchen Juden die Renten nicht mehr zu, sobald sie sich im Ausland befinden. Wir bitten uns daher sofort zu benachrichtigen, sobald ein Jude, der von uns eine Rente bezieht, abgewandert ist.«

Weiter hieß es allerdings, dass gegen »die Auszahlung von Renten an jene jüdischen Rentenempfänger, die noch hier wohnen, [...] auch weiterhin keine Bedenken bestehen«.[187] Auf der einen Seite besaß die Reichsversicherungsanstalt für Angestellte keine Bedenken, die Rente von Juden einzuziehen, selbst dann, wenn sie in einem Land lebten, mit dem das Deutsche Reich einen Gegenseitigkeitsvertrag ausgehandelt hatte. Auf der anderen Seite ließ es Zahlungen an jüdische Rentenempfänger im Protektorat, die (noch) nicht nach Theresienstadt deportiert worden waren, nicht einstellen. Dies entsprach den Gegebenheiten im Reich, wonach die Rentenzahlungen an Juden innerhalb des Reichsgebietes (wozu das Protektorat zählte) nicht eingestellt wurden. Allerdings wurden die Zahlungen an die noch nicht deportierten jüdischen Anspruchsberechtigten im Protektorat (es handelte sich zu diesem Zeitpunkt um etwa 40 Personen) auf ein Sperrkonto überwiesen[188] – ähnlich wie bereits bei den badischen Juden vor dem 22. Oktober 1940 der Fall verfahren wurde.[189] Die Überweisung der Bezüge wurde nicht eingestellt, weil weder das Reichsarbeitsministerium noch eine andere Behörde oder Parteistelle die Einstellung von Versorgungsgebührnissen an Juden im Reichsgebiet verfügte. Erst die gewaltsame Deportation veranlasste die Träger, und später das Ministerium, Juden die Rente zu entziehen, da sie nach den bisherigen Erfahrungen damit rechneten, dass diese Juden weiter »in den Osten« abgeschoben würden, und dadurch unter die Bestimmungen der Elften Verordnung zum Reichsbürgergesetz fielen. Die antisemitischen Maßnahmen müssen daher vor allem vor dem Hintergrund der Deportation der Juden aus dem Reich betrachtet werden,

---

187 Reichsversicherungsanstalt für Angestellte an Zentralamt für die Regelung der Judenfrage in Böhmen und Mähren, betr. Jüdische Rentner, 10.11.1942, DRV RfA-Archiv/Aktenordner »Nr. 168«.
188 Ebd.
189 Vgl. Wilhelm Pfisterer (Landesversicherungsanstalt Baden) an Reichsarbeitsministerium, betr. Rentenzahlung an deportierte badische Juden, 25.3.1941, GLAK 462 Zugang 1994-38/283, Bl. 3-5.

was Mitte 1942 zu der zynischen Situation führte, dass die Rentenversicherungsträger die Renten an Juden, die sich in Theresienstadt befanden, einstellten, während Rentenzahlungen an Juden im übrigen Protektoratsgebiet weitergezahlt wurden. Am 17. November 1942 schließlich reagierte das Reichsarbeitsministerium zum dritten Mal mit einem Erlass, wie mit den Renten deportierter jüdischer Berechtigter verfahren werden solle. Es erweiterte dabei allerdings lediglich den Erlass vom 16. Juni 1942, wonach Renten an ins Ghetto Lodz deportierte Juden einzustellen seien, um Theresienstadt. Weder ein Gesetzeswerk, noch eine zentrale, im *Reichsarbeitsblatt* veröffentlichte Verordnung, wurde also den Rentenversicherungsträgern zugestellt, sondern erneut ein vertraulicher Erlass, der nicht veröffentlicht werden durfte. Die Rentenversicherungsträger der Arbeiter und die Angestelltenversicherung erhielten also Ende 1942 die nachträgliche Bestätigung ihrer vorläufigen Renteneinstellung an die nach Theresienstadt deportierten Juden.[190]

Die letzten Maßnahmen:
die Diskriminierung der Juden im Deutschen Reich

Am 14. September 1943 schließlich wurde deutlich, dass die Renteneinstellung für Juden vor allem mit ihrem Aufenthalt in Lagern in Verbindung gebracht worden ist. In einer Anfrage des Reichsversicherungsamtes an das Reichsarbeitsministerium, bearbeitet durch Senatspräsident Martin Röttcher, stellte dieser fest, dass nach »den bisher ergangenen Bestimmungen [...] Rentenzahlungen an Juden, soweit sie sich im Innern des Reichs aufhalten, keiner Einschränkung [unterliegen]. Dagegen sollen die Rentenzahlungen an Juden, die in die Lager Litzmannstadt und Theresienstadt (Protektorat Böhmen und Mähren) abgeschoben sind, eingestellt werden.« Nun stellte sich für die Reichsknappschaft die Frage, was mit den Renten von Juden passieren solle, die sich noch im Reich befänden, aber bereits in Sammellagern untergebracht seien, etwa im Berliner Sammellager in der Auguststraße 17: »Da nicht bekannt ist, aus welchen Gründen die Unterbringung der Juden in dem letztgenannten Sammellager erfolgt und welcher Zweck damit beabsichtigt ist, hat die Reichsknappschaft gegen die Weiterzahlung der Renten an diese Juden Bedenken, zumal nicht feststeht,

---

190 Gerhard Zschimmer (Reichsarbeitsministerium) an Reichsversicherungsamt, betr. Rentenzahlung an Juden im Protektorat, 17.11.1942, GLAK 462 Zugang 1994-38/283, Bl. 41.

ob ihnen die überwiesenen Geldbeträge ausgehändigt werden.«[191] Die Ausfertigung der Antwort von Gerhard Zschimmer aus dem Reichsarbeitsministerium dauerte sicher nicht lange, da er sich an den bisher ergangenen Antworten orientierte. Er vermerkte am 12. Oktober 1943, dass er sich mit dem Reichsminister des Innern in Verbindung setzen werde und sich einen weiteren Erlass vorbehalte.[192] Besonders perfide zeigt sich der Zusammenhang von Rentenentzug und Deportation bei im Reich verbliebenen Angehörigen. Als die Ehefrau eines jüdischen Rentners aus Wien, der deportiert worden war, die Auszahlung seiner Rente beantragte, beantwortete Maximilian Sauerborn aus dem Reichsarbeitsministerium die Anfrage kurz und knapp:

»Nach dem geltendem Recht können Renten der Reichsversicherung nur an solche Berechtigte gezahlt werden, deren Aufenthaltsort bekannt ist und für die eine Lebensbescheinigung vorliegt. Sind diese Voraussetzungen nicht erfüllt, so gestattet das Gesetz nicht, die Rente an einen Dritten auszuzahlen. Sobald Ihnen der Aufenthaltsort Ihres Ehemannes bekannt ist, stelle ich anheim, die Reichsversicherungsanstalt für Angestellte zu unterrichten.«[193]

Am 25. Februar 1944 erhielt das Reichsversicherungsamt und die Reichsknappschaft schließlich die Antwort auf ihre Nachfrage. Die Renten an Berechtigte in Berliner Sammellagern seien nicht auszuzahlen. Das Reichsarbeitsministerium hatte an die anderen Reichsministerien inzwischen den Gesetzesentwurf geschickt, der die Stellung von Juden in der Sozialversicherung abschließend regeln sollte. Die sogenannte »Verordnung über die Behandlung von besonderen Fremdstämmigen in der Reichsversicherung« sollte Rentenleistungen für Juden und Sinti und Roma auf das Äußerste beschränken und ihnen auch keinen Rechtsanspruch mehr ermöglichen.[194] Die Renten konnten daher auch weiterhin einbehalten werden. Besonders boshaft war zudem die Begründung zu den Knappschaftsrenten: Für die Einstellung der Rente bestehe »um so mehr Anlaß, als die Renten der knappschaftlichen Rentenversicherung nur zu einem geringen Teil aus den Beiträgen der Versicherten aufgebracht werden, während der

---

191 Martin Röttcher (Reichsversicherungsamt) an Reichsarbeitsministerium, betr. Rentenzahlungen an Juden, 14.9.1943, BArch R 89/4981, Bl. 86.
192 Gerhard Zschimmer (Reichsarbeitsministerium) an Reichsversicherungsamt, betr. Rentenzahlungen an Juden, 12.10.1943, BArch R 89/4981, Bl. 86.
193 Maximilian Sauerborn (Reichsarbeitsministerium) an Agnes Goldenstein, Wien V, 14.5.1943, DRV RfA-Archiv/Aktenordner »Nr. 168«.
194 Das Gesetz wurde nicht mehr verabschiedet.

überwiegende Teil aus allgemeinen Reichsmitteln und aus Beiträgen der Unternehmer gedeckt ist«.[195] Bezüglich des Sammellagers in der Auguststraße 17 hatte diese Anordnung allerdings keine Bedeutung mehr. Es wurde 1943 aufgelöst und die Häftlinge nach Auschwitz deportiert.[196]

Die Diskriminierung der jüdischen Versicherten in der Sozialversicherung begann vor allem mit ihrer Deportation aus dem Deutschen Reich, ab 1943 auch bei der Verschleppung in im Reich befindliche Lager. Die Träger antizipierten den Willen des Regimes und stellten die Renten auch ohne eine rechtliche Grundlage ein, die nachträgliche Bestätigung aus dem Ministerium sahen sie dabei als ausreichend an. Obgleich die Reichsversicherungsanstalt für Angestellte und das Reichsversicherungsamt auf die vielen rechtlichen Ungewissheiten aufmerksam machten und manchmal auch Bedenken beim Reichsarbeitsministerium vortrugen, ob auch Renten an jüdische Empfänger einzustellen seien, die in einem Grenzgebiet lebten oder in einem Land, mit dem das Reich einen Gegenseitigkeitsvertrag ausgehandelt hatte, so lieferte das Ministerium mit seiner »besonderen Definition« des Sozialversicherungsrechts doch die Grundlage für das Ruhen der Rente. Den vielfältigen Bestrebungen von Dritten, sich die Rentenleistungen für die deportierten Juden auszahlen zu lassen, widersetzten sich Ministerium und Träger. Dabei ist davon auszugehen, dass sie dabei mehr an die Finanzen der eigenen Anstalt dachten, als an die Verwahrung des Vermögens, das rechtlich den deportierten Juden zustand.

Im Folgenden wird daher der Frage nachgegangen, ob die Erfahrungen von Annexion und Besatzung vieler europäischer Staaten dort zu einer anderen Rentenversicherungspolitik gegenüber jüdischen Rentnern führte als im Deutschen Reich. Teilweise ist ein direkter Vergleich möglich, wenn die Protagonisten sowohl für ein Versicherungsgebiet im Reich als auch für ein annektiertes Gebiet zuständig

195 Reichsarbeitsministerium an Reichsministerium des Innern, betr. Behandlung von Juden in der Reichsversicherung, 25.2.1944, BArch R 89/4981, Bl. 88.
196 Akim Jah geht davon aus, dass das Sammellager in der Auguststraße bis Mitte/Ende Mai 1943 bestand. Entweder hat sich die Reichsknappschaft erst sehr spät an das Reichsversicherungsamt gewandt oder das Lager bestand doch etwas länger. Vgl. Akim Jah: Die Berliner Sammellager im Kontext der »Judendeportationen« 1941-1945, in: Zeitschrift für Geschichtswissenschaft 61 (2013), Nr. 3, S. 211-231.

waren (wie etwa die Landesversicherungsanstalt Baden, die 1940 das Elsass als Versicherungsgebiet übernahm), teilweise wurden Beamte aus der Sozialverwaltung in die besetzten Gebiete zum Aufbau einer Sozialversicherung nach deutschem Vorbild entsendet. Eines lässt sich festhalten: Jegliche rechtlichen Schranken, die manche Träger im Reich zumindest zu Bedenken gegenüber dem Ministerium veranlasst haben, fielen in den besetzten Gebieten.

Die Situation jüdischer Rentner im Elsass, im Generalgouvernement und im Protektorat Böhmen und Mähren

Unmittelbar nachdem Frankreich Deutschland den Krieg erklärt hatte, verordnete das Reichsarbeitsministerium am 20. September 1939, dass alle Zahlungen aus der Reichsversicherung an Berechtigte im Elsass, ins übrige französische Staatsgebiet sowie in Belgien, den Niederlanden und Luxemburg einzustellen seien,[197] wobei hierunter auch die Rentenzahlungen der Landesversicherungsanstalt Baden an im Elsass befindliche »Volksdeutsche« fielen. Im Januar 1940 definierte Hermann Göring in seiner Eigenschaft als Vorsitzender des Ministerrates für die Reichsverteidigung das Vermögen von Personen, die den »feindlichen Staaten« Großbritannien und Frankreich angehörten oder in diesen Ländern lebten, zum »feindlichem Vermögen«. Gelder dürften nicht in diese Staaten transferiert werden.[198] Erst am 18. April 1940 hat das Reichsarbeitsministerium auch die Rentenzahlungen öffentlich als »feindliches Vermögen« im Sinne von Görings Verordnung eingestuft, obwohl es die grenznahen Träger bereits am 20. September 1939 angewiesen hatte, die Rentenzahlungen vorläufig einzustellen.[199] Nachdem das Deutsche Reich Frankreich im Westfeldzug Ende Mai 1940 militärisch besiegt hatte, verfügte das Reichsarbeitsministerium Ende Juli 1940 die Wiederaufnahme der Rentenzahlungen nach Belgien, in die Niederlande und nach Luxemburg und behielt

---

197 Hinweis auf die Verordnung und deren Inhalt bei Wilhelm Pfisterer (Landesversicherungsanstalt Baden) an Robert Wagner (Chef der Zivilverwaltung im Elsass), betr. Zahlung von Renten an Berechtigte im Elsaß, 23.8.1940, GLAK 462 Zugang 1994-38/388, Bl. 5-6.
198 Verordnung über die Behandlung feindlichen Vermögens vom 15.1.1940, RGBl. I 1940, S. 191.
199 Reichsarbeitsministerium: Anmeldung feindlichen Vermögens, 18.4.1940, RABl. II (1940), S. 126.

sich die Wiederaufnahme ins besetzte Frankreich sowie nach Elsass und Lothringen für einen späteren Zeitpunkt vor.[200] Die Landesversicherungsanstalt Baden sorgte sich daher vor allem um die deutschen Rentner, die weiterhin auf ihre Rentenleistungen warten mussten, während die »Landesversicherungsanstalt Elsaß-Lothringen« die Rentenleistungen der inzwischen ins Elsass zurückgekehrten französischen Bevölkerung Mitte 1940 wieder aufnahm. Wilhelm Pfisterer schlug daher dem Chef der Zivilverwaltung für Elsass, Robert Wagner, vor, die Landesversicherungsanstalt Elsaß-Lothringen auf Kosten der badischen Anstalt die Renten an die »volksdeutschen« Elsässer auszahlen zu lassen. Da die Befugnisse des Reichsarbeitsministeriums – formell – an den Grenzen des Reiches endeten, musste Pfisterer sich mit Wagner in Verbindung setzen, um diesen Vorschlag umsetzen zu können. Eigenmächtig bestimmte Pfisterer, dass auf die für diese Zwecke zu erstellende Liste, die an die Landesversicherungsanstalt Elsaß-Lothringen geschickt werden sollte, Juden nicht aufzunehmen seien.[201] Damit hätte Pfisterer mit einem einfachen Verwaltungsakt die Renten an elsässische Juden zum Ruhen gebracht.[202] Mit Erlass vom 5. September 1940 hat das Reichsarbeitsministerium allerdings die Zahlung von Renten ins Elsass durch die Landesversicherungsanstalt Baden wieder angeordnet.[203] Die Intervention Pfisterers wäre allerdings überhaupt nicht nötig gewesen. Bezüglich jüdischer Elsässer hat das Reichsjustizministerium im Oktober 1940 die Verordnung von Göring dahingehend präzisiert, dass Franzosen nun nicht mehr dem »Feindbegriff« unterlagen – mit der Ausnah-

---

200 Wilhelm Pfisterer (Landesversicherungsanstalt Baden) an Robert Wagner (Chef der Zivilverwaltung im Elsass), betr. Zahlung von Renten an Berechtigte im Elsaß, 23.8.1940, GLAK 462 Zugang 1994-38/388, Bl. 5-6.
201 Ebd.
202 Allerdings ist es fraglich, dass sich noch viele Juden im Elsass befanden, nachdem das Deutsche Reich insgesamt 20 000 jüdische Elsässer ins unbesetzte Frankreich vertrieben hatte, bzw. diese nach der Evakuierung Straßburgs und weiterer elsässischer Städte nach der Niederlage Frankreichs nicht mehr ins Elsass zurückgekehrt sind. Vgl. Lothar Kettenacker: Nationalsozialistische Volkstumspolitik im Elsaß, Stuttgart 1973; Bernhard Vogler: Geschichte des Elsass, Stuttgart 2012.
203 Reichsarbeitsministerium an Reichspostministerium, betr. Durchführung von Zahlungen der Reichsversicherung nach Elsaß-Lothringen und von Zahlungen elsaß-lothringischer Versicherungsträger nach dem Reich, 1.10.1940, BArch R 89/9266, Bl. 1. Aus diesem Schreiben, das an das Reichspostministerium adressiert ist, geht hervor, dass das Reichsarbeitsministerium die Wiederaufnahme der Zahlungen am 5. September 1940 angeordnet hat.

me, wenn es sich um Juden handelte.²⁰⁴ Robert Wagner ließ knapp zwei Wochen später die devisenrechtlichen Beschränkungen der Verordnung Görings gänzlich aufheben, wobei das Reichswirtschaftsministerium in einem Runderlass an die anderen Ministerien bestimmte, dass auch weiterhin Juden als »Reichsfeinde« betrachtet würden und es daher zu keinen Überweisungen von Devisen an Juden im »feindlichen Ausland« kommen dürfe, worunter freilich auch die Rentenauszahlungen fielen.²⁰⁵

Die Situation im »Generalgouvernement« sollte ähnliche Züge aufweisen, obwohl das Reichsarbeitsministerium hier stärker an der Diskriminierung jüdischer Versicherter und Rentner beteiligt war. Mit dem Überfall auf Polen wurden die Zahlungen aus der Reichsversicherung in dieses Gebiet eingestellt, bevor der Reichsarbeitsminister am 15. Juli 1940 die Wiederaufnahme der Rentenzahlungen in denjenigen Teil Polens, den die Deutschen »Generalgouvernement« nennen sollten, anordnete.²⁰⁶ Bemerkenswert ist vor allem der Umstand, dass das Reichsarbeitsministerium in einem Rundschreiben am 8. März 1941 das anordnete, was es im Reich vermieden hat: die vollständige Einstellung von Rentenleistungen an Juden.

»Der Herr Reichsarbeitsminister hat [...] bestimmt, daß Renten an Juden im Generalgouvernement nicht zu zahlen sind. Daher bedarf es keiner Anfrage des für die Rentenleistung zuständigen Trägers der Reichsversicherung bei der Regierung des Generalgouvernements, ob gegen die Wiederaufnahme der Rentenzahlung aus politischen Gründen Bedenken bestehen, wenn aus den Akten mit Sicherheit zu erkennen ist, daß es sich bei dem Rentenberechtigten um einen Juden handelt.«²⁰⁷

Dies ist das früheste Dokument aus dem Reichsarbeitsministerium, das die Einstellung von Rentenzahlungen an Juden direkt verordne-

---

204 Reichsminister der Justiz, Bekanntmachung, 21.10.1940, DRV RfA-Archiv/ Aktenordner »Nr. 132a«.
205 Reichswirtschaftsministerium an den Chef der Zivilverwaltung im Elsass, betr. Runderlass des Reichswirtschaftsministers in Devisenangelegenheiten, 5.11.1940, BArch R 89/9266, Bl. 8.
206 Der Erlass ist nicht überliefert. Ein Hinweis findet sich in Willy Kieffer (Reichsversicherungsamt) an alle Landesversicherungsanstalten, betr. Rundschreiben. Rentenzahlungen an Berechtigte im Generalgouvernement, 8.3.1941, GLAK 462 Zugang 1994-38/271, Bl. 491.
207 Ebd. Das Satzteil »zuständigen Trägers der Reichsversicherung bei der Regierung« wurde nachträglich handschriftlich eingefügt.

te. Offenbar war es für das Ministerium einfacher, den Rechtsbruch »Rentenentzug« in einem Gebiet durchzuführen, das nicht zum Deutschen Reich gehörte.

Nach dem deutschen Sieg über Polen wurden weite Teile des polnischen Staatsgebietes in die Provinz Schlesien eingegliedert, wobei das Reichsarbeitsministerium bereits im Januar 1940 die Reichsversicherungsordnung in den Schlesien zugeschlagenen Gebieten eingeführt hatte.[208] Diese Verordnung spricht allerdings nicht davon, dass Juden keine Versicherungsleistungen erhalten sollten. Zu diesem Zweck wandte das Reichsarbeitsministerium subtilere Methoden an. Durch Erlass vom 5. April 1941[209] ermächtigte das Ministerium gemeinsam mit dem Reichsministerium des Innern den Regierungspräsidenten von Kattowitz, Walter Springorum,[210] in seiner Person als Vorsitzender des Oberversicherungsamtes Kattowitz dazu, eigenmächtig Verordnungen im Bereich der Sozialversicherung zu erlassen. Keine zwei Monate später erließ er eine Verordnung für seinen Bezirk, nach der die Verordnung über die Einführung der Reichsversicherung in diesen Gebieten »auf Juden [...] nicht anzuwenden« sei.[211] Am 7. April 1942 erweiterte Springorum seine Verordnung um weitere Gebiete.[212] Da-

---

208 Verordnung über die Einführung der Reichsversicherung in den der Provinz Schlesien eingegliederten ehemals polnischen Gebieten vom 16.1.1940, RGBl. I 1940, S. 196-201.
209 Der Erlass vom 5. April 1941 (IIa 5022/41) wurde bisher nicht aufgefunden. Der Inhalt ist der Verordnung der Reichsversicherungsanstalt für Angestellte vom 26. Mai 1941 entnommen. Siehe DRV RfA-Archiv/Aktenordner »Nr. 167«.
210 Walter Springorum (1892-1973) war nationalsozialistischer Regierungspräsident des Regierungsbezirks Kattowitz sowie Mitglied des Aufsichtsrates der Hoesch AG. Nach seinem Studium der Rechtswissenschaft in Tübingen und Stationen als Regierungsassessor, Regierungsrat und Landrat wurde er im August 1939 als Ministerialdirigent ins Reichsministerium des Innern berufen. Im Mai 1940 wurde er Regierungspräsident in Kattowitz. Im Kattowitz zugeordneten Landkreis Bielitz befand sich das Konzentrations- und Vernichtungslager Auschwitz. Zusammen mit Heinrich Himmler besuchte er mehrmals Auschwitz. 1945 wurde er in der Tschechischen Republik verhaftet, 1946 nach Deutschland entlassen. Ab Mitte der 1950er-Jahre war er wieder als Aufsichtsratsmitglied der Hoesch AG tätig. Vgl. Mary Fulbrook: Eine kleine Stadt bei Auschwitz. Gewöhnliche Nazis und der Holocaust, aus dem Engl. von Eva Eckinger, Essen 2015, S. 137.
211 Reichsversicherungsanstalt für Angestellte, Verordnung, 26.5.1941, DRV RfA-Archiv/Aktenordner »Nr. 167«.
212 Walter Springorum (Oberversicherungsamt Kattowitz), Verordnung zur Einstellung von Rentenzahlungen an Juden, 7.4.1942, BArch R 89/7044, Bl. 215.

mit delegierte das Reichsarbeitsministerium die Verantwortung für den Ausschluss der Juden aus der Sozialversicherung in den an die Provinz Schlesien angegliederten Gebieten an die ausführenden Dienststellen vor Ort weiter. Wie problemlos die Rentenversicherungsträger dies umsetzten, geht aus der anschließenden Erhebungsaktion der Reichsversicherungsanstalt für Angestellte hervor. An die Landräte der betreffenden Gebiete versandte sie Fragebögen, in denen angegeben werden musste, ob sich unter den Rentenberechtigten Juden befanden. Für den Kreis Bendsburg (Powiat Będziński, vormals Bedzin [Będzin]) ist dieser Vorgang überliefert. An den Landrat in Bendsburg schrieb Sachbearbeiter Koch von der Reichsversicherungsanstalt für Angestellte: »Zur Feststellung, ob sich unter den im dortigen Kreise wohnenden 352 Rentenempfängern der Angestelltenversicherung Juden befinden, übersenden wir deren Anschriften mit der Bitte, die auf ihnen gestellte Frage durch Streichung der Worte ›Ja‹ bezw. ›Nein‹ möglichst umgehend zu beantworten.«[213] Der Landrat hatte also die Liste zurückzusenden, mit der Angabe, ob es sich bei dem entsprechenden Rentenbezieher um einen Juden handelte oder nicht.

Im Protektorat Böhmen und Mähren hingegen lässt sich eine differenziertere Situation ausmachen. Die Diskriminierung der Juden geschah hier ohne Mitwirkung des Reichsarbeitsministeriums – zumindest auf den ersten Blick. Tatsächlich hielt sich das Ministerium im Protektorat auffallend mit eigenen Verordnungen zurück, erlangte jedoch durch die Entsendung von Beamten aus seinem Verwaltungsbereich einen gewissen Einfluss.

Die Diskriminierung der jüdischen Versicherten im Protektorat Böhmen und Mähren begann mit ihrer Erfassung. Am 29. Februar 1940 erschien im Presseorgan des Reichsprotektors *Der neue Tag* die Aufforderung an sämtliche Versicherte der »Allgemeinen Pensionsanstalt« in Prag (dem Versicherungsträger der Angestellten), dass sie eine Erklärung abzugeben hätten, ob sie »arischer oder nichtarischer Abstammung« seien. Es wurde insbesondere darauf hingewiesen, »daß diese Erklärung auch nichtarische Rentner auszufüllen und der Amtsstelle zurückzusenden haben«.[214] Damit sollte offensichtlich verhindert werden, dass sich jüdische Versicherte überhaupt nicht meldeten.

213 Koch (Reichsversicherungsanstalt für Angestellte) an Landrat des Kreises Bendsburg, betr. Feststellung, ob sich unter Rentenempfängern Juden befinden, 20.6.1941, DRV RfA-Archiv/Aktenordner »Nr. 167«.
214 In: Der Neue Tag vom 29.2.1940, NACR, URP/1021.

Die Anordnung erwähnte nicht, warum nur die Rentner der Angestelltenversicherung diese Erklärung abzugeben hatten, und diejenigen der Arbeiter- oder Bergbauversicherung nicht. Der Grund war: Die Allgemeine Pensionsanstalt war der einzige Rentenversicherungsträger im Protektorat, bei dem Juden noch versichert sein durften. Sämtliche jüdische Versicherte, die bei anderen Trägern versichert waren, wurden bis Ende 1939 in den Zuständigkeitsbereich des Rentenversicherungsträgers der Angestellten überstellt. Durch die Konzentration der jüdischen Versicherten und der geforderten Erklärung über ihre »Abstammung« erhielt der von deutschen Beamten geführte Träger eine Übersicht über alle jüdischen Rentenversicherten im Protektorat.[215] Dabei handelte es sich um eine einmalige Vorgehensweise, die kein Äquivalent im »Altreich« hatte.

Bereits im Oktober 1939 verfügte der Reichsprotektor die Entlassung sämtlicher jüdischer Angestellten. Die ersten Maßnahmen gegen jüdische Rentenversicherte datierten vom 14. September 1940 in der »Verordnung über die Rechtsstellung jüdischer Angestellter im Protektorat Böhmen und Mähren«, indem jüdische ehemalige Angestellte massive Kürzungen ihrer Versorgungsbezüge erleiden mussten. Sie durften keine betrieblichen Versorgungsleistungen entgegennehmen, sondern erhielten stattdessen eine Abfindung für ihre geleisteten Bezüge. Zudem durften jüdische Rentenbezieher keine zusätzlichen Leistungen aus der Rentenversicherung beziehen, die über dem Satz lagen, der ihnen rechtlich mindestens zustand.[216] Ausgearbeitet hatten diese diskriminierenden Einschränkungen die Sozialversicherungsabteilung des Reichsprotektors um Joseph Schneider, Laggai und Kurt Wilhelmi. Der letzte angesprochene Punkt allerdings, wonach Juden keine höheren Leistungen als die gesetzlich vorgeschriebenen zustehen sollten, geht auf den Einfluss der Parteiverbindungsstelle der NSDAP zum Reichsprotektor zurück, die sicherstellen wollte, dass Juden von künftigen Leistungserhöhungen ausgeschlossen sein würden.[217]

Die erste Bewährungsprobe dafür sollte sich im Frühjahr 1941 ergeben. Der Ministerrat des Protektorats hatte auf Drängen des Reichs-

---

215 Vgl. Kapitel VI.2.
216 Verordnung über die Rechtsstellung jüdischer Angestellter im Protektorat Böhmen und Mähren vom 14.9.1940, in: Verordnungsblatt des Reichsprotektors in Böhmen und Mähren, 1940, S. 475.
217 Joseph Schneider (Amt des Reichsprotektors), Vermerk zum Entwurf einer Regierungsverordnung betreffend Änderung des Gesetzes über die Pensionsversicherung der Privatangestellten in höheren Diensten, 23.5.1941, NACR, URP/1020 – El.

protektors entschieden, dass allen Pensionsrentnern der Angestelltenversicherung eine einmalige Zulage gewährleistet werden solle. Die Ausarbeitung dieser Zulage fiel in den Zuständigkeitsbereich von Joseph Schneiders Abteilung.[218] Invaliden- und Altersrentner sollten einmalig 600 Kronen erhalten, Witwenrenten sollten mit 360 Kronen und Waisenrenten mit 200 Kronen unterstützt werden. Voraussetzung war, dass die Rente eine gewisse Höhe nicht überstieg (18600 Kronen für Invaliden- und Altersrenten, 12360 Kronen für Witwen- und 6200 Kronen für Waisenrenten). Die Leistungen der Angestelltenversicherung des Protektorats konnten nicht mehr mit den gesteigerten Lebenshaltungskosten in Folge der Lohnerhöhungen mithalten.[219] Allerdings war die Ausarbeitung der Gesetzgebung noch nicht so weit vorangeschritten, dass mit einer entsprechenden Verordnung hätte gerechnet werden können – einmalige Sonderzulagen waren daher leichter umsetzbar.

Tatsächlich war die Frage, ob jüdische Rentenbezieher diese Sonderzulage ebenfalls erhalten sollten, zu Beginn der Verhandlungen keineswegs geklärt. Die Gruppe I 3 (»Allgemeine und innere Verwaltung«) im Amt des Reichsprotektors besaß am 5. April 1941 ebenso wie die »Zentralstelle für jüdische Auswanderung in Prag«[220] ein Interesse daran, auch jüdischen Rentnern die einmalige Zulage zu gewähren, um »eine Notlage der jüdischen Rentenbezieher möglichst« zu vermeiden. Die Hauptmotivation bestand allerdings darin, dass dadurch die Auswanderung nicht gefährdet werden sollte. Die Parteiverbindungsstelle der NSDAP zum Reichsprotektor hingegen war der Meinung, »dass eine Zuwendung an Juden aus öffentlichen Mitteln oder Mitteln der Sozialversicherung unerwünscht sei«.[221] Joseph Schneider entschied diese Frage nicht, allerdings stellte er die erwarteten Kosten fest, die auf die Angestelltenversicherung zukommen würden, wenn Juden die

---

218 Laggai (Amt des Reichsprotektors), Entwurf einer Regierungsverordnung über einmalige ausserordentliche Zulagen zu den Renten der Pensionsversicherung, 12.3.1941, NACR, URP/1021.
219 Vgl. Balcar: Panzer für Hitler, S. 247.
220 Die Auswanderungszentrale in Prag sollte später ihre Mittel nicht mehr für die Förderung der Auswanderung bereitstellen, sondern für die Unterhaltung des Ghettos und Konzentrationslagers Theresienstadt. Vgl. Anderl: Die »Zentralstellen für jüdische Auswanderung«, S. 300.
221 Joseph Schneider (Amt des Reichsprotektors) an Laggai (Amt des Reichsprotektors), betr. Entwurf einer Regierungsverordnung über einmalige ausserordentliche Zulagen zu den Renten der Pensionsversicherung, 8.4.1941, NACR, URP/1021.

Leistungserhöhungen auch erhielten. Diese würden durch die etwa 3800 jüdischen Rentner der Angestelltenversicherung etwa zwei Millionen Kronen betragen.

Die Entscheidung in dieser Angelegenheit sollte schließlich »Gauleiter Jung«[222] treffen, der die Auszahlung der Sonderabgabe an jüdische Rentner am 9. April 1941 ablehnte.[223] Schneider machte im anschließenden Arbeitsprozess mit den anderen Gruppen darauf aufmerksam, dass die in der Verordnung vom 14. September 1940 aufgestellte Vorschrift (siehe oben) zwar besagte, dass »Leistungen [für Juden, A. K.], die über die nach dem seitherigen Recht zu gewährenden hinaus gehen, [...] nicht gewährt werden« dürften, damit waren jedoch – einem Rundschreiben des Ministers für soziale und Gesundheitsverwaltung gemäß – lediglich die Leistungen der Ersatzinstitute gemeint. Schneider betonte, dass der Minister für soziale und Gesundheitsverwaltung in einem Rundschreiben an die Träger klargestellt habe, dass jüdische Rentner durch diese Verordnung »nicht von jeder zukünftigen Regelung der gesetzlichen Renten ausgeschlossen werden sollen«.[224]

Damit befand sich Schneider in einem Dilemma. Auf der einen Seite hatten sich »Gauleiter Jung« und weitere NS-Stellen gegen eine Einbeziehung der Juden bei Rentenerhöhungen eingesetzt, auf der anderen Seite war dies durch die Verordnung vom 14. September 1940 – nach dem Rundschreiben des tschechischen Ministers für soziale und Gesundheitsverwaltung – nicht gedeckt. Die Abteilung I 3 antwortete Schneider hingegen eindeutig, dass für sie kein Anlass bestehe, Juden

222 Es ist nicht klar, wen Schneider hier genau meinte. Für das Protektorat gab es keinen »Gauleiter«, allerdings wurde Rudolf Jung (1882-1945; Politiker der NSDAP, in der Nähe von Pilsen geboren, bis 1935 Mitglied einer deutschen, rechtsextremen Partei in der Tschechoslowakei, später für den Generalbevollmächtigten für den Arbeitseinsatz im Protektorat tätig) von Goebbels in seinen Tagebüchern »Gauleiter e.h.« genannt. Vgl. Helmut Heiber: Das Tagebuch von Joseph Goebbels 1925/26. Mit weiteren Dokumenten, Stuttgart 1960, S. 64.
223 Joseph Schneider (Amt des Reichsprotektors) an Laggai (Amt des Reichsprotektors), betr. Entwurf einer Regierungsverordnung über einmalige ausserordentliche Zulagen zu den Renten der Pensionsversicherung, 8.4.1941, NACR, URP/1021.
224 Joseph Schneider (Amt des Reichsprotektors) an Gruppe I 3 (Amt des Reichsprotektors), betr. Einmalige Zulagen zu den Renten der Pensionsversicherung der Privatangestellten in höheren Diensten hier, 9.4.1941, NACR, URP/1021.

an der in Aussicht gestellten einmaligen Sonderzulage zu beteiligen.[225] Stattdessen sei sie mit dem »Befehlshaber der Sicherheitspolizei und des SD der Meinung, dass Juden von der Erhöhung auszunehmen seien.[226] Schließlich wurde am 29. April 1941 ein neuer Entwurf von Schneiders Abteilung ausgearbeitet. Es gab einen einzigen Änderungswunsch: in der Regierungsverordnung sei »hinter ›wohnen‹ statt des Punktes ein Komma zu setzen und die Worte hinzuzufügen: ›soweit sie keine Juden sind‹«.[227] Schneider hat schließlich dem Druck der Befürworter eines Ausschlusses der Juden von dieser Sonderleistung nachgegeben und pflichtgemäß seine vorgesetzte Behörde, das Reichsarbeitsministerium, am 7. Mai 1941 darüber informiert, dass seine Gruppe nun die Änderung der Leistungserhöhungen mit der Ausschließung der Juden abgeschlossen habe.[228]

Am 12. Mai 1941 schließlich wurde die Verordnung über die einmalige Sonderzahlung bekannt gegeben – mit besagtem Passus, der Juden ausschloss. Dieses Beispiel zeigt, welche Akteure an der antisemitischen Gesetzgebung im Protektorat beteiligt gewesen sind. Vor allem die Parteiverbindungsstelle und der Befehlshaber der Sicherheitspolizei und des SD, aber auch die Gruppe Ic beim Amt des Reichsprotektors setzen sich für die Nichteinbeziehung der Juden ein. Schneider hingegen nahm – noch – eine eher moderierende Position ein, obwohl er letztlich für die Ausgestaltung des Entwurfs verantwortlich war (der freilich noch vom Ministerrat – de facto aber vom Reichsprotektor genehmigt werden musste).

Tatsächlich sollte sich die Rolle Schneiders aber wandeln. Vor allem ab dem Zeitpunkt, als die Deutschen 1942 das »Ministerium für Wirtschaft« unter der Leitung von Walter Bertsch schufen, das fortan die Sozialversicherung im Protektorat bearbeiten sollte – unter Joseph Schneider. Aber auch die wachsende Bedeutung des Ghettos und Konzentrationslagers Theresienstadt für die Zwecke der Entrechtung der

---

225 Gruppe I 3 (Amt des Reichsprotektors) an Joseph Schneider (Gruppe II 4, Amt des Reichsprotektors), betr. Einmalige Zulagen zu den Renten der Pensionsversicherung der Privatangestellten in höheren Diensten, 24.4.1941, NACR, URP/1021.
226 Joseph Schneider (Amt des Reichsprotektors), Vermerk, 23.4.1941, NACR, URP/1021.
227 Joseph Schneider (Amt des Reichsprotektors), Vermerk, 29.4.1941, NACR, URP/1021.
228 Joseph Schneider (Amt des Reichsprotektors) an Reichsarbeitsministerium, betr. Einmalige Zulagen zu den Renten der Pensionsversicherung, 7.5.1941, NACR, URP/1021.

jüdischen Bevölkerung spielte eine Rolle bei der Durchführung der Sozialversicherung im Protektorat. In einer Besprechung mit Schneider, Laggai und SS-Obersturmbannführer Dr. Maurer[229] wurden die Weichenstellung für eine umfassende Diskriminierung der jüdischen Rentner gestellt. Als Ergebnis der Besprechung wurde festgehalten: Solange sich Juden aus dem Protektorat in Theresienstadt aufhielten, war die »Zentralstelle für jüdische Auswanderung in Prag« durch die »Verordnung des Reichsprotektors über die Betreuung der Juden und jüdischen Organisationen« vom 12. Oktober 1941[230] dazu ermächtigt, das Vermögen der Juden eigenständig zu verwalten. Dabei waren die zu deportierenden Juden verpflichtet, eine Erklärung abzugeben, mit der sie die Verwaltung des Geldes durch die Zentralstelle genehmigten. Durch Schneiders und Laggais Teilnahme wurde die Definition, was zu diesem Vermögen gehörte, erweitert: »Zum Vermögen gehören auch die Renten aus der Sozialversicherung und zwar ohne Rücksicht darauf, ob es sich um Renten aus der Reichsversicherung oder aus der Protektoratsversicherung handelt.« Die Begründung für diese Einflussnahme gibt einen Hinweis auf die Anpassung Schneiders an seine Erfahrungen als hoher Beamter einer Besatzungsverwaltung: »Die Verordnung des Reichsprotektors vom 12. Oktober 1941 ist ein Sondergesetz zur Regelung der Judenfrage im Protektorat. Sie geht daher allen entgegengesetzten Vorschriften vor.« Der eingeschlagene Weg war dabei eindeutig:

»Die Übertragung des jüdischen Vermögens zur Abwicklung an die Zentralstelle für jüdische Auswanderung muss daher, wenn die Zwecke der Verordnung des Reichsprotektors erreicht werden sol-

---

229 Leider ist nur wenig über ihn bekannt. Maurer war seit Beginn der Besatzung des Protektorats beim »Deutschen Staatsministerium« beschäftigt, zunächst in der Position als Abteilungsleiter und Ministerialrat beim Befehlshaber der Polizei und des SD im Generalreferat »Reichsaufsicht über die nichtuniformierte Protektoratspolizei und die zugewiesenen Gebiete der Protektoratsverwaltungspolizei«. Vgl. Deutsches Staatsministerium, Verzeichnis der Abteilungsleiter, Generalreferenten und Referenten des Deutschen Staatsministeriums für Böhmen und Mähren, 10.12.1943, NACR, URP/66. Zudem war Maurer frühestens seit 1943 Leiter des Auswanderungsfonds für Böhmen und Mähren bei der Zentralstelle für jüdische Auswanderung in Prag, was auch seine Teilnahme an besagtem Treffen mit Schneider und Laggai am 9. September 1942 erklärt. Vgl. Ralf Banken: Edelmetallmangel und Großraubwirtschaft. Die Entwicklung des deutschen Edelmetallsektors im »Dritten Reich« 1933-1945, Berlin 2009, S. 414, Anm. 255.
230 Verordnung, in: Verordnungsblatt des Reichsprotektors, 1941, S. 555-556.

len, bedingungslos möglich sein. Im Rahmen [...] der Verordnung des Reichsprotektors vom 12.10.1941 können daher die Vorschriften der Sozialversicherungsgesetze, wonach die Übertragung der Renten nur unter bestimmten Voraussetzungen zulässig ist, keine Anwendung finden.«

Schneider befürwortete hier also den offenen Rechtsbruch, um an die Renten der zu deportierenden Juden zu gelangen, und damit einen Teil zur »Lösung der Judenfrage« im Protektorat beizusteuern. Dabei bezog er sich ausschließlich auf die jüdischen Rentner, die sich in Theresienstadt befanden. Die Zentralstelle für jüdische Auswanderung erhielt die Zahlungen also nur für den Zeitraum, in dem sich der jüdische Rentenempfänger dort aufhielt:

»Werden die Juden von dort aus nach dem Osten abgeschoben, so gelten die allgemeinen Grundsätze. Entsprechend dem vertraulichen Erlass des Reichsarbeitsministeriums vom 16.6.1942[231] [...] können daher auch die Renten der Protektoratsversicherung an nach Litzmannstadt abgeschobene Juden eingestellt werden. Bei allen Juden, die sich im Ausland, im Generalgouvernement, in den von den deutschen Truppen besetzten oder in deutsche Verwaltung übernommenen Gebieten aufhalten oder in Zukunft aufhalten werden, kann die RegVerordnung 200/42[232] über das Ruhen der Renten bei reichsfeindliche Betätigung angewendet werden.«[233]

Wie schon der Vorgang von Johannes Dormann gezeigt hat,[234] nahm die Zentralstelle für jüdische Auswanderung diese Vollmachten durchaus ernst. Dass das Reichsarbeitsministerium gerade einmal zwei Monate später, im November 1942, den Erlass über die Einstel-

231 Vgl. Gerhard Zschimmer (Reichsarbeitsministerium) an alle Landesversicherungsanstalten, betr. Rundschreiben. Rentenzahlung an nach dem Osten abgeschobene Juden, 16.6.1942, GLAK 462 Zugang 1994-38/283, Bl. 37-38.
232 Regierungsverordnung 200/42, in: Sammlungen der Gesetze und Verordnungen des Protektorates Böhmen und Mähren, 1942, Prag 1942.
233 Laggai (Amt des Reichsprotektors), Vermerk, betr. Rentenzahlung an evakuierte Juden, NACR, URP/I-36-5835, Karton 389. Für diesen Hinweis danke ich herzlich Frau Dr. Susanne Heim und Herrn Niklas Lämmel vom Editionsprojekt »Die Verfolgung und Ermordung der europäischen Juden durch das nationalsozialistische Deutschland 1933-1945«, in dem dieses Dokument vollständig erscheinen wird (Bd. 6).
234 Vgl. Johannes Dormann (Reichsarbeitsministerium) an Reichsprotektor in Böhmen und Mähren, betr. Zahlung von Renten an Juden, 30.6.1942, NACR, 959/109-4-980, Bl. 7

lung von Rentenleistungen an nach Theresienstadt deportierte Juden veröffentlichte, und nicht bereits vorher, wie es von der Reichsversicherungsanstalt für Angestellte wiederholt verlangt worden ist, kann kein Zufall sein.[235] Vielmehr war die Veröffentlichung dieses Erlasses eine *Reaktion* des Reichsarbeitsministeriums auf die Geschehnisse im Protektorat. Die Versuche Schneiders, die Reichsversicherung für die »Lösung der Judenfrage« heranzuziehen, begründeten die Entstehung des Rundschreibens des Reichsarbeitsministeriums vom 17. November 1942.

In diesem Zusammenhang ist die Frage aufzuwerfen, ob das Ghetto und Konzentrationslager Theresienstadt seinen Ruf als »Altersghetto« vor allem dem Umstand verdankte, dass die Zentralstelle ein Interesse daran besaß, jüdische Rentenempfänger möglichst lange im Ghetto zu belassen, um die Rentenzahlungen der Protektoratsträger für eigene Zwecke einziehen zu können. Denn wie Schneider wusste, waren bei der Deportation »in den Osten« die Renten gemäß dem Erlass des Reichsarbeitsministeriums vom 16. Juni 1942 einzustellen. Es ist wohl nicht mehr zu rekonstruieren, ob Versuche gemacht worden sind, jüdische Protektoratsangehörige im Gegensatz zu anderen Personen aus Theresienstadt erst später zu deportieren, um die Leistungen der Sozialversicherungen für einen längeren Zeitraum »abzuzweigen«. Nach Durchsicht der Akten scheint es eher so gewesen zu sein, dass die Zentralstelle das Vorhandensein eines »Altersghettos« für die eigenen Zwecke ausgenutzt hat, um sich den Rentenleistungen von den zu deportierenden und im Lager konzentrierten Juden zu bemächtigen.

Ungeachtet dessen zeigt sich an Schneiders Beispiel die Verquickung der nationalsozialistischen Verbrechen mit der Verwaltungspraxis deutscher Beamter aus der Sozialpolitik und dem Reichsarbeitsministerium. Es wird deutlich, wie sich ein Verwaltungsbeamter unter den Erfahrungen der gewalttätigen Okkupation und Ausbeutung im Protektorat in den Dienst von Partei und SS stellte, sich von seiner vorgesetzten Behörde distanzierte und sich in Bezug auf die Diskriminierung der jüdischen Rentner schließlich radikalisierte. Erst dieses

235 Vgl. zu dem Erlass Gerhard Zschimmer (Reichsarbeitsministerium) an Reichsversicherungsamt, betr. Rentenzahlung an Juden im Protektorat, 17.11.1942, GLAK 462 Zugang 1994-38/283, Bl. 41. Zum Drängen der Reichsversicherungsanstalt für Angestellte siehe Reichsversicherungsanstalt für Angestellte an Reichsarbeitsministerium, betr. Rentenzahlung an die aus dem Reichsgebiet nach Theresienstadt bei Prag, 11.8.1942, DRV RfA-Archiv/Aktenordner »Nr. 168«.

Wirken Schneiders rief das Reichsarbeitsministerium auf den Plan, die Rentenzahlungen an die nach Theresienstadt deportierten Juden einstellen zu lassen.

3. Antisemitische Rentenversicherungspraxis im Deutschen Reich und im besetzten Ausland

Eine direkte Beteiligung des eingangs erwähnten Josef Eckerts an den hier skizzierten Geschehnissen lässt sich in den Quellen nicht nachweisen, im Gegensatz zu der von Walter Bogs, Johannes Dormann, Hans Engel, Hermann Rettig, Maximilian Sauerborn und Gerhard Zschimmer aus dem Reichsarbeitsministerium sowie Hugo Schäffer, Peter Schmitt und Joseph Schneider vom Reichsversicherungsamt bzw. der Reichsversicherungsanstalt für Angestellte. Es gab somit kaum einen höheren Beamten in der Hauptabteilung II, der nicht in die Diskriminierung der Juden involviert war. Die Aussage von Eckert zwei Jahre nach Kriegsende, dass es kein Gesetz aus dem Hause des Reichsarbeitsministeriums gegeben habe, das Juden in der Sozialversicherung diskriminierte, führt daher bewusst in die Irre. Die zahlreichen Erlasse, Rundschreiben, Verordnungen und Anweisungen aus dem Ministerium zeigen vielmehr, dass ein Gesetz zur Diskriminierung der Juden überhaupt nicht notwendig war. Die zwischen den Trägern und dem Ministerium herrschende »stille Übereinkunft« über die Einstellung von Rentenzahlungen an Juden, die deportiert worden waren, und die frappierende Auslegung der bestehenden Sozialversicherungsgesetze zu Ungunsten der deportierten Rentner waren augenscheinlich ausreichend, um Juden in der Rentenversicherung zu diskriminieren. Oder mit anderen Worten: Ein Gesetz zur Diskriminierung von Juden war unter diesen Umständen überhaupt nicht notwendig. Die Ausführungen von Josef Eckert werfen vielmehr ein Schlaglicht auf die in der Nachkriegszeit übergenug vorgelegten Rechtfertigungsstrategien zur Vertuschung des angeordneten Unrechts und der Leugnung des eigenen Beitrags zum Funktionieren des NS-Staates. Denn eins ist sicher: »Entlastet«, wie es Josef Eckert stellvertretend für sein Ressort fragte, war das Reichsarbeitsministerium ganz sicher nicht, weder vor noch nach 1939, weder in noch außerhalb des Deutschen Reiches. Es ist vielmehr von einem Ministerium auszugehen, das die Diskriminierung der Juden massiv forcierte. Das Reichsarbeitsministerium gedachte die Rentenzahlungen an Juden durch rechtliche Maßnahmen erst ab dem Zeitpunkt einzustellen, als andere Akteure auf die Auszahlung der Rentenleistungen zu ihren Gunsten bestanden. Denn nicht die ständigen Nachfragen der Rentenversicherungsträger führten zu den betreffenden gesetzlichen Bestimmungen, sondern die Befürchtung, dass sich andere Stellen als die Träger diese Leistungen aneignen würden. Dass es dabei nicht um das Wohl der Versicherten ging, wird vor allem dadurch deutlich, dass es die antisemitischen Maßnahmen der Träger stets nachträglich billigte.

Es konnte nur in Ansätzen dargelegt werden, wie sich die Verwaltungspraxis in den unterschiedlichen besetzten Gebieten auswirkte. Vor allem das Beispiel des Protektorats zeigt aber, dass sozialpolitische Verordnungen, Regelungen und Erlasse des Reichsarbeitsministeriums nicht losgelöst von internationalen Entwicklungen betrachtet werden können, also nicht isoliert von der Gewaltherrschaft des Deutschen Reiches, die es in Europa ausübte. Stattdessen sollte man von einer globalen, umfassenden Sichtweise ausgehen. Die Verwaltungspraxis des Reichsarbeitsministeriums und der Reichsversicherungsanstalt für Angestellte hing mit Entscheidungen der Besatzungsverwaltung im Protektorat Böhmen und Mähren zusammen; die devisenrechtlichen Bestimmungen, auch die Ausführungen der anderen Ministerien, mit der Situation »volksdeutscher« und jüdischer Rentner im Elsass. Und auch die in den annektierten Gebieten »im Osten« durchgeführten Verwaltungsmaßnahmen beeinflussten die Verwaltungspraxis der Träger im Reich und die Maßnahmen des Ministeriums zur Delegierung von Aufgaben vor Ort.

Was das Ministerium innerhalb des Deutschen Reiches nur durch vertrauliche Erlasse regelte, die zudem lediglich die bereits feststehende Verwaltungspraxis der Träger bestätigte, setzte es im Generalgouvernement und in den Schlesien zugeschlagenen Gebieten durch eindeutige Verordnungen um. Die Arbeitsweise des Ministeriums hat sich in den zwölf Jahren der nationalsozialistischen Herrschaft deutlich gewandelt. Die vor 1939 durchgeführten antisemitischen Maßnahmen (auch gegen jüdische Versicherte) veröffentlichte das Ministerium offen im *Reichsgesetz- und Reichsarbeitsblatt*. Es bot einer antisemitischen Verwaltungspraxis der Träger ein rechtliches Fundament. Mit Beginn des Zweiten Weltkrieges änderte sich dies. Das Reichsarbeitsministerium agierte nun weniger öffentlich, statt Verordnungen im *Reichsarbeitsblatt* erließ es viele vertrauliche Erlasse und Rundschreiben, statt eindeutiger gesetzlicher Regelungen bestätigte es erst Monate später die von den Trägern antizipierte antisemitische Verwaltungspraxis.

Wenn das Reichsarbeitsministerium zu Beginn des »Dritten Reiches« die Pflichtleistungen in der Rentenversicherung für Juden nicht eingeschränkt hat, so verfuhr es dennoch umso rigoroser, um jüdische Personen aus den Behörden und Organen der Sozialversicherung zu entfernen. Die nicht in seinem Ressort ausgearbeiteten Gesetze über die »Wiederherstellung des Berufsbeamtentums« und das Reichsbürgergesetz führte es mit eigenen Durchführungsverordnungen aus, die die diskriminierenden Bestimmungen noch übertrafen. Vor allem bei den Entlassungen von Ärzten und Inhabern von Ehrenämtern in den Organen der Sozialversicherung war es initiativ tätig, ebenso wie bei der Entziehung von Aufträgen jüdischer Rechtsanwälte. Insgesamt sorgte es für die vollständige Entfernung jüdischer Beamter, Ärzte, Rechtsanwälte, Ausschussmitglieder, Beisitzer und Inhaber von Ehrenämtern in seinem Verwaltungsbereich. Die Entfernung von Juden in den Landesversicherungsanstalten legitimierte es jedoch lediglich nachträglich – die »wilden Säuberungen« fanden auch hier vor der Gesetzgebung des Ministeriums statt.

Jüdische Versicherte wurden vor dem Krieg vor allem auf dem Gebiet der Gesundheitsfürsorge und der Kleinrentnerhilfe Opfer diskriminierender Maßnahmen, in jenen Bereichen also, die nicht zum einklagbaren Leistungsprofil der Versicherungsträger gehörten. Es spricht vieles dafür, dass die Einstellung der Rentenleistungen an Juden im Zweiten Weltkrieg durch die Versuche anderer Behörden forciert wurde, ebendiese Leistungen als Verwalter des Vermögens der Juden an sich zu ziehen. Dies änderte nichts für die betroffenen jüdischen Rentner, wirft aber ein Schlaglicht auf die Verwaltungspraxis des Ministeriums. Die sehr zweifelhafte Auslegung der Reichsversicherungsordnung (v.a. die §§ 1281 und 1282) hatte es nicht durch eindeutige gesetzliche Regelungen präzisiert. Sowohl der Erlass des Ministeriums vom 20. Dezember 1941 über die Durchführung der Elften Verordnung zum Reichsbürgergesetz, als auch die folgenden Rundschreiben über die Einstellung von Rentenzahlungen nach Lodz (16. Juni 1942) und Theresienstadt (17. November 1942) brachten keine, von den Trägern immer wieder geforderte Rechtssicherheit, sondern ordneten lediglich das an, was bereits in der Verwaltungspraxis durchgeführt wurde. Das Reichsarbeitsministerium versuchte sich stattdessen der Verantwortung zu entziehen, die sie als oberste Reichsbehörde eigentlich hätte tragen sollen. Es lagerte die Entscheidung darüber, ob Renten an Juden einzustellen seien, an die Rentenversicherungsträger aus. Diese hatten allerdings – und das zeigen die ständigen Forderungen an das Ministerium, für eindeutige rechtliche Verhältnisse zu sorgen – kein Interesse, die Verantwortung für diesen eindeutigen Rechtsbruch zu übernehmen. Die Ausarbeitungen der »Verordnung über die Behandlung von besonderen Fremdstämmigen in der Reichsversicherung«, die bereits Anfang 1942 begonnen hatten, waren erst über zwei Jahre später, im März 1944, abgeschlossen. Die hier skizzierten Entwicklungen legen nur einen Schluss nahe: Das Ministerium hat die Ausarbeitung dieser Verordnung bewusst verschleppt.

Vor allem der Umgang mit Juden im besetzten Ausland zeigt jedoch, dass sowohl das Reichsarbeitsministerium als auch die Rentenversicherungsträger eine konsequente, in Gesetzgebung und Verwaltungspraxis durchgeführte antisemitische Rentenversicherungspraxis verfolgten. Warum war dies nicht analog im Reich geschehen? Offensichtlich bildeten die bei deutschen Versicherungsträgern aufgebauten Rentenanwartschaften eine gewisse Resistenz gegen gesetzgeberische Maßnahmen aus dem Ministerium – zumindest auf der offiziellen Ebene. In geheimen, nicht zur Veröffentlichung bestimmten Erlassen wurde die Einstellung der Rentenleistungen jüdischer Versicherter sehr wohl verfolgt. Die konsequent antisemitische Auslegung vorhandener rechtlicher Grauzonen stellte das verbindende Element zwischen Reichsarbeitsministerium und Rentenversicherungsträgern dar.

VIII. Schluss

Der Charakter der Rentenversicherungspolitik des Reichsarbeitsministeriums hat sich in den zwölf Jahre von 1933 und 1945 in starkem Maße gewandelt. Zwar hat sich die Rentenversicherung nicht strukturell bedeutend geändert und die Pfadabhängigkeit der Sozialversicherung hat trotz vermehrter Angriffe von Partei und Deutscher Arbeitsfront nicht zu einer Erosion ihrer Grundlagen geführt. Dennoch lassen sich vor allem in der Verwaltungspraxis des Ministeriums, der konkreten Ausübung der Aufsichtsfunktion gegenüber den Trägern und der Durchführung der Rentenversicherungspolitik Veränderungen feststellen, die sich von den Verhältnissen in der Weimarer Republik und auch der Frühphase des »Dritten Reiches« deutlich abhoben. Die Gesetzgebung zum Sanierungs- und Aufbaugesetz spiegelt in einem hohen Maße die von der Verwaltungssoziologie festgestellten Verhaltensweisen in der Ministerialverwaltung wider. Der Austausch mit den nachgeordneten Behörden und mit den Trägern des gesamten Verwaltungsbereichs ermöglichte eine rasche Problemwahrnehmung, Ziel- und Alternativenfeststellung. Die Auswahl einer entsprechenden Lösungsalternative lag zwar formal in den Händen des Ministers, dennoch unterschieden sich die Alternativen nur marginal voneinander, sodass die faktische Auswahl stark durch die Ausarbeitungen der Hauptabteilung II präjudiziert wurde. Dies muss keinen Nachteil bedeuten. Im Gegenteil, dadurch, dass die Fachbeamten durch ihre Expertise und ihr Fachwissen entsprechende Lösungen für konkrete Probleme anbieten konnten, trugen sie erst zu einer zügigen Arbeitsweise des Ministeriums bei. Dadurch konnte sich das Ministerium unabhängig von der Machtübertragung an die Nationalsozialisten in eine Position manövrieren, um das Sanierungsgesetz relativ zügig zu verabschieden. Diese Verabschiedung war kein besonderer »Coup« gegenüber der neuen, mit diktatorischen Vollmachten ausgestatteten Regierung, wie es die Forschung suggeriert, sondern das Ergebnis eines Prozesses, der durch die aktive Einbeziehung der nachgeordneten Behörden ermöglicht wurde. Die hohe Übereinstimmung der Ziel- und auch Alternativenauswahl des Ministeriums mit den Trägern lässt sich nicht nur in den Protokollen der Vorstandssitzungen der Landesversicherungsanstalt Baden ablesen. Auch die direkte Einbeziehung von Beamten der Träger und des Reichsverbandes garantierten eine hohe Übereinstimmung der Zentralbehörde mit den Rentenversicherungsträgern.

SCHLUSS

Das Sanierungsgesetz ermöglichte nicht nur durch eine faktische Fortsetzung der Notverordnungspolitik Heinrich Brünings die Sanierung der Finanzen der Rentenversicherungsträger, sondern es markierte gleichzeitig den Beginn einer Rentenversicherungspolitik, in der Versicherte immer weniger als Besitzer von einklagbaren Rechten wahrgenommen wurden und stattdessen vermehrt in den Verdacht der Erschleichung sozialer Leistungen gerieten. Das Aufbaugesetz hat in dieser Hinsicht eine neue Phase eingeleitet. Durch die Neuordnung der medizinischen Begutachtungspraxis aufgrund des Aufbaugesetzes begann dieser Prozess, der deutlich bedeutsamere Folgen für die Versicherten hatte als die »Gleichschaltung« der Landesversicherungsanstalten durch die Einführung des »Führerprinzips«. Bedingt durch den immer höheren Arbeitskräftebedarf infolge der forcierten Aufrüstung Deutschlands gerieten die bald um Rente nachsuchenden Versicherten in den Fokus von Behörden und Trägern. Die in vielen Gerichtsurteilen hergestellten Bezüge auf den Arbeitseinsatz beantworteten die Frage zum Verhältnis der Rentenversicherung und der Arbeitsmarktlage dahingehend, dass nicht die individuellen Chancen des Rentenbewerbers auf dem Arbeitsmarkt berücksichtigt wurden, sondern der Bedarf des Reiches an Arbeitskräften. Der Invaliditätsbegriff erfuhr somit eine massive Verschärfung. Er war seit Einführung der Rentenversicherung abhängig von sozialen, wirtschaftlichen und politischen Gegebenheiten. Seine Verschärfung lag also nicht in der Existenz der Diktatur des »Dritten Reiches« an sich begründet, sondern in den geänderten Rahmenbedingungen, die das Regime erzeugte. Wesentlich erleichtert wurde diese Verschärfung allerdings durch die Zentralisierung der ärztlichen Begutachtungspraxis, der Urteile des Reichsversicherungsamtes und den Oberversicherungsämtern sowie den Gesetzen des Reichsarbeitsministeriums, die mit der Möglichkeit der Entziehung von bereits rechtskräftig festgestellten Renten und der Ausschaltung der Versichertenvertreter in den Organen und Kammern eine immense Signalwirkung für die Verwaltungspraxis der Träger und der staatlichen Behörden darstellten.

Ab Mitte der 1930er-Jahre lassen sich erste Abwehrversuche der Träger gegen die gesundheitspolitisch aufgeladene Rentenversicherungspolitik des Ministeriums ausmachen. Das staatliche Eindringen in die ureigene Sphäre der Landesversicherungsanstalten, der Durchführung von Heilverfahren in Sanatorien zur Verhütung oder Hinauszögerung der Invalidität, wurde von den Trägern überraschend öffentlich und heftig kritisiert. Die Aufweichung der Entscheidungsbefugnisse der Träger, welchen Versicherten sie ein Heilverfahren gewähren wollten, die generelle Übernahme der Behandlungskosten durch die Einführung des »Schnelleinweisungsverfahrens« sowie das prinzipielle Bereitstehen als Kostenträger der Jahrgangsuntersuchungen der Deutschen Arbeitsfront lehnten die Träger – weitestgehend erfolglos – ab. Auch die geänderte Funktion des Reichsversicherungsamtes registrierten sie recht deutlich, als Empfehlungen und Hinweise immer mehr Anordnungen und Erlassen gewichen waren. Die ersten Risse im Zusammenspiel zwischen Reichsarbeitsministerium und Reichsversicherungsamt auf der einen Seite und den Rentenversicherungsträgern auf der anderen Seite zeichneten sich in dieser Phase ab. Das Reichsversicherungsamt nahm in dieser Interaktion zwischen »Zentrale« und »Peripherie« eine besondere Stellung ein. Schon seit seinem Bestehen hat das Amt die Rentenversicherungsgesetzgebung durch Urteile, Erlasse und Verordnungen interpretiert und beeinflusst und deren Praxis und Wirken vor Ort weiterentwickelt. Zudem besaß es im »Dritten Reich« die Funktion als Verteilerbehörde für die Erlasse aus dem Reichsarbeitsministerium. Die Überprüfung der Träger durch das Amt fand vor allem vor dem Hintergrund des Kampfes gegen die »Frühinvalidisierung« statt. Von daher übte das Reichsversicherungsamt für das Reichsarbeitsministerium eine wichtige Funktion aus, es war auf eine gute Beziehung und Zusammenarbeit mit seiner wichtigsten nachgeordneten Behörde angewiesen. Doch dieses Verhältnis verschlechterte sich zunehmend.

Die Instrumentalisierung der Rentenversicherungspolitik durch das Reichsarbeitsministerium, die mit der verschärften Begutachtungspraxis und der Verschärfung des Begriffes der Invalidität bereits zu Beginn der nationalsozialistischen Herrschaft eingesetzt hatte, fand im Zweiten Weltkrieg seine stärkste Ausprägung. Nicht nur die immer schärfer werdende Begutachtung durch die ärztlichen Sachverständigen fällt dabei auf, sondern auch der Druck, der von den Arbeitsämtern ausgegangen ist, weitere Personen für die Kriegswirtschaft zu gewinnen. Die verstärkte Zusammenarbeit zwischen den Arbeitsämtern und den Rentenversicherungsträgern, etwa bei der einheitlichen Beurteilung der Invalidität, der gemeinsamen Nutzung eines bestimmten Ärztepools oder der »Nachfürsorge« (also der Arbeitsaufnahme) nach dem erfolgreichen Abschluss eines Heilverfahrens, stand vollständig im Zeichen des Arbeitseinsatzes.

Einen entscheidenden Beitrag dazu haben vor allem die Vertrauensärzte der Landesversicherungsanstalten geleistet. Zwar waren sie neben den Fachärzten, Allgemeinmedizinern und Klinikärzten nur eine von mehreren Begutachtungsinstanzen, dennoch haben sie als medizinische Berater und Experten großen Einfluss auf die Praktiken des Sozialstaates gehabt. Die von Lutz Raphael hervorgehobene Bedeutung von Expertenwissen für die Regulierung von Gesellschaften tritt hier besonders zutage. Die Einführung der Sozialversicherung hat zur Verwissenschaftlichung des Sozialstaates entscheidend beigetragen: Die Kalkulation von Risiken und Beiträgen »machte eine sozialstatistische Buchführung auf wissenschaftlicher Grundlage zu einer zwingenden Notwendigkeit« für den Aufbau des Sozialstaates.[1] Die Mediziner spielten vor allem für die Verschärfung des Begriffes der »Invalidität« eine entscheidende Rolle, indem sie Krankheitsbilder unter den Bedingungen, die der nationalsozialistische Staat schuf, neu bewerteten. Indem die Ärzte die Versicherten auf diese Weise für den Arbeitseinsatz disziplinierten, wirkten sie an der autoritären Ausgestaltung des deutschen Sozialstaates mit. Die Geschichte der Rentenversicherung zeigt jedoch, dass die Verwissenschaftlichung des Sozialen nicht immer mit einer »Sozialdisziplinierung« verknüpft ist, wie Raphael bemerkt. Die Verrechtlichung der Sozialversicherung stand einer vollständigen Disziplinierung der Versicherten entgegen.[2] Indem das Reichsarbeitsministerium den Versicherten jedoch sukzessive wichtige Rechte zur Aufrechterhaltung ihrer Ansprüche aus der Rentenversicherung nahm, schwächte es das Element der Verrechtlichung und stärkte den Disziplinierungscharakter der Sozialversicherung in der NS-Zeit.

Dem Disziplinierungsgedanken unterlagen jedoch nicht nur die Versicherten. Das Ministerium band auch die Rentenversicherungsträger in die Bemühungen des Arbeitseinsatzes mit ein. Das »Kriegsgesetz« forderte die Träger auf, eigene Mittel dahingehend zu verwenden, dass Rentner den Rüstungsbetrieben zugeführt wurden. Das Gesetz fasste schließlich dasjenige zusammen, was bereits vorher in der Verwaltungspraxis Realität war, nämlich Maßnahmen für den verstärkten Einsatz von Rentnern für die Belange des Arbeitseinsatzes. Das Ministerium entwickelte daher konsequent die in der Anfangszeit des Nationalsozialismus veröffentlichten Gesetze für die Indienstnahme der Rentenversicherung für den Arbeitseinsatz weiter, indem es die Tendenzen einer Verschärfung des Rentenzugangs mit positiven Anreizen für die Arbeitsaufnahme von bereits in Rente stehenden

---

1 Lutz Raphael: Die Verwissenschaftlichung des Sozialen als methodische und konzeptionelle Herausforderung für eine Sozialgeschichte des 20. Jahrhunderts, in: Geschichte und Gesellschaft 22 (1996), S. 165-193, hier S. 172f.
2 Vgl. ebd., S. 184.

Personen verknüpfte. Wie Mitte der 1930er-Jahre in der verstärkten Untersuchungspraxis sollten auch hier die Träger für die Zielsetzung des Ministeriums Gelder bereitstellen, denn die Anreize zur Arbeitsaufnahme von Rentnern wurden nicht vom Ministerium vergütet, sondern waren alleine von den Trägern zu tragen. Es bedurfte mehrerer Erlasse, Verordnungen und Rundschreiben, das »Kriegsgesetz« selbst sowie schließlich eine weitere Durchführungsverordnung, damit die Träger den Arbeitseinsatz von Rentnern und invaliden Personen finanzierten. Diese Entwicklung vollzog sich – im Gegensatz zur Sanierungs- und Aufbaugesetzgebung – über einen langen Zeitraum, nämlich annähernd fünf Jahre, von 1937 bis 1942. Als sich die nicht intendierten Folgen dieser Verzerrung der Funktion der Rentenversicherung immer offener zeigten, ignorierten einige Träger die weitgehende Auslegung der betreffenden Paragrafen. Das Reichsversicherungsamt empfahl schließlich eine Verwaltungspraxis, die den Intentionen des Ministeriums zuwiderliefen und den »Willen des Gesetzgebers« untergruben. Damit distanzierte es sich faktisch von der Rentenversicherungspolitik des Reichsarbeitsministeriums – deutlicher könnte der Gegensatz zur Sanierungs- und Aufbaugesetzphase nicht sein.

Genau darin besteht das spezifische Element der Rentenversicherungspolitik des Reichsarbeitsministeriums während des »Dritten Reiches«: die schrittweise Entfernung des Ministeriums von einer Rentenversicherungspolitik, die von den Trägern und vom Reichsversicherungsamt noch getragen werden konnte, zugunsten der Indienstnahme der Rentenversicherung für den Arbeitseinsatz. Der Ursprung des »Kriegsgesetzes« lag den Bemühungen der Deutschen Arbeitsfront zugrunde, Rentner für den Arbeitseinsatz zu reaktivieren. Dennoch wurde es vom Ministerium, bis es schließlich Gesetzesreife erlangte, mit hoher Priorität verfolgt und auch nach Veröffentlichung des Gesetzes weiter durchgesetzt, selbst als es auf massive Gegenwehr der Träger, des Reichsversicherungsamtes und des Oberkommandos der Wehrmacht traf. Bezugnehmend auf die Beobachtungen der Verwaltungssoziologie lässt sich daher sagen, dass die zentralen Programminitiativen, wie etwa beim Sanierungs- und Aufbaugesetz, im Laufe der Zeit massiv abgenommen haben. Die Blockade der anderen Reichsministerien erlaubte keine Rentenversicherungspolitik mehr, die durch zentrale Programminitiativen, also durch die Führung des Ministeriums, angestoßen wurde. Daher verlagerte sich der Ort der politischen Gestaltungsmöglichkeit dorthin, wo das Ministerium noch agieren und wirken konnte: weg vom Reichskabinett und der schwierigen

SCHLUSS

Sondierung von Chancen, Möglichkeiten und Risiken, hin zu dezentralen Programminitiativen »von unten«, die aufgrund ihres kurzfristigen Charakters vergleichsweise einfach und effizient umgesetzt werden konnten. Größere reformpolitische Projekte besaßen – vor allem ab Beginn des Krieges – deutlich geringere Realisierungschancen: Die Reformversuche des Reichsarbeitsministeriums, die unzulänglichen Renten zu erhöhen, scheiterten weitgehend genauso wie die Anstrengungen der Deutschen Arbeitsfront, ihr »Alters- und Versorgungswerk« durchzusetzen. Die Rentenreform von 1941 hingegen wurde aufgrund ihrer sozialpolitischen Propagandawirkung realisiert, jegliche Reformversuche zwischen 1935 und 1940 scheiterten aber. Rentenversicherungspolitik im »Dritten Reich« war daher vor allem durch taktische Vorgehensweisen über Verordnungen, Erlasse und Rundschreiben an die nachgeordneten Behörden geprägt und weniger durch die Ausarbeitung von Gesetzen, deren Verabschiedung aufgrund ihrer höheren Tragweite durch das Reichskabinett blockiert wurde. Dezentrale Programminitiativen, die durch Verordnungen und Erlasse durchgeführt wurden, waren der weitaus effektivere Weg, Regelungen im Verwaltungsbereich des Reichsarbeitsministeriums durchzusetzen. Das Reichsarbeitsministerium spielte also keineswegs nur eine marginale Rolle im »Dritten Reich«, die Durchsetzung der politischen Agenda folgte allerdings weitestgehend unterhalb der Ebene, die einen allzu großen Kompromiss mit den anderen Reichsministerien erforderte. Das nationalsozialistische Regierungssystem hat sich dahingehend ausgewirkt, dass das Reichsarbeitsministerium den Machtverlust im interministeriellen Austausch durch eine verstärkte Rentenversicherungspolitik auf dem Verordnungswege zu kompensieren suchte. Auch die Deutsche Arbeitsfront erhielt auf der zentralen Ebene, trotz der Versuche ihres Führers, keinen Einfluss auf die Rentenversicherung, im Gegensatz zu der lokalen Ebene, auf der das DAF-Rechtsberatungswesen von den Sozialversicherungsbehörden vor allem ab 1934 massiv begrüßt wurde. Dabei hat das Reichsarbeitsministerium keineswegs Funktionen und Aufgabenbereiche an den nachgeordneten Bereich abgegeben. Es hat vielmehr die Umsetzung der Ergebnisse des internen Gesetzgebungsprozesses durch Verordnungen und Erlasse in den nachgeordneten Behörden durchführen lassen und nicht mehr die Verständigung mit den anderen Reichsressorts gesucht. Erst als sich die nachgeordneten Behörden den Maßnahmen des Reichsarbeitsministeriums widersetzten, erodierten die Gestaltungsmöglichkeiten des Ministeriums in der Rentenversicherung. Der letzte Versuch Ende 1944, durch eine umfassende Vereinfachungsreform den Arbeitseinsatz zu fördern und gleichzeitig die niedrige Höhe der Renten zu verbessern, scheiterte im innerministeriellen Austausch und provozierte bei den Rentenversicherungsträgern wie dem Reichsversicherungsamt weitere Gegenwehr.

Dies wirft die Frage nach dem Charakter der Herrschaftsstruktur des nationalsozialistischen Staates auf. Bereits in den 1960er-Jahren hat Gerhard Schulz den Bedeutungsverlust des Reichskabinetts betont, in dem er den polykratischen Charakter des »Dritten Reiches« hervorgehoben hat.[3] Die Rentenversicherungspolitik zeigt in der Tat, dass das Kabinett für das Reichsarbeitsministerium als Durchsetzungsinstanz sozialpolitischer Ordnungsvorstellungen immer unbrauchbarer wurde. Auf der interministeriellen Ebene konnte das Reichsarbeitsministerium kaum auf Unterstützung eigener Zielvorstellungen setzen. Lediglich im Abwehrkampf gegen die Deutsche Arbeitsfront war das Kabinett stets ein verlässlicher Partner.[4] Dies verweist auf die Polykratietheorie, die Peter Hüttenberger 1976 in den Mittelpunkt der Überlegungen über die Herrschaftsstruktur des NS-Staates gestellt hat. Demnach sei eine »Vielzahl von weitgehend autonomen Herrschaftsträgern [...] miteinander unter bestimmten Bedingungen in Konflikt geraten«.[5] Vor allem die Ministerialbürokratie hätte sich angesichts des Wirrwarrs unterschiedlichster Herrschaftsträger gegenüber den neuen Akteuren aus Partei und Militär immer weniger durchsetzen können; ein Narrativ, das von den Beamten nach Ende des Krieges zudem weiter gestärkt worden ist. Im Hinblick auf die unterschiedlichen Akteure aus Partei und Militär, die sich als Herrschaftsträger im »Dritten Reich« neu formierten und zu den althergebrachten staatlichen Behörden in Konkurrenz standen, konstatierte auch Dieter Rebentisch einen wachsenden Bedeutungsverlust für die klassischen Reichsministerien.[6] Auch Martin Broszat ging davon aus, dass sich die staatlichen Behörden und Reichsministerien einem massiven Bedeutungsverlust durch die Ämterkonkurrenz infolge der NS-Polykratie ausgesetzt sahen.[7] Vor allem

---

3 Gerhard Schulz: Die Anfänge des totalitären Maßnahmenstaates, in: Karl Dietrich Bracher/Wolfgang Sauer/Gerhard Schulz: Die nationalsozialistische Machtergreifung. Studien zur Errichtung des totalitären Herrschaftssystems in Deutschland 1933/34, Köln/Opladen 1960, S. 371-684, hier S. 419-425.
4 Schlegel-Voß: Alter in der »Volksgemeinschaft«, S. 49-109.
5 Peter Hüttenberger: Nationalsozialistische Polykratie, in: Geschichte und Gesellschaft 2 (1976), S. 417-442, hier S. 420.
6 Vgl. Rebentisch: Führerstaat und Verwaltung im Zweiten Weltkrieg, S. 346.
7 Martin Broszat: Der Staat Hitlers. Grundlegung und Entwicklung seiner inneren Verfassung, München 1969, S. 432.

SCHLUSS

die älteren Forschungsergebnisse der Verfechter der Polykratietheorie haben zu der Ansicht beigetragen, dass sich die Ministerialbürokratie im »Ämterchaos« des »Dritten Reiches« immer weniger habe durchsetzen können – ein Resultat auch der angenommen Ineffizienz und der im NS-System scheinbar angelegten selbstzerstörerischen Strukturen.[8]

Dagegen verweist Rüdiger Hachtmann auf die Effizienz des nationalsozialistischen Herrschaftssystems – trotz oder gerade wegen der Ämterpolykratie und neu geschaffener Konkurrenzsituationen. Diese hätten eben nicht zu chaotischen Zuständen geführt, sondern das Gegenteil bewirkt: Durch neue Formen der Staatlichkeit, »konkurrenzbasierte Kooperationen«, neue Formen der Durchsetzung von Zielen, die sich nicht an den demokratischen Gepflogenheiten der Weimarer Republik orientierten, sondern an den Erfahrungen der nationalsozialistischen »Kampfzeit«, konnten die Ziele des Regimes gerade deswegen mit einer hohen Effizienz erreicht werden – mit all ihren katastrophalen Folgen. Unterhalb der Spitzenebene haben sich vielfältige Formen der Kooperation zwischen staatlichen Behörden und Parteiorganisationen – allen voran mit der DAF – ergeben.[9] Für die Rentenversicherung trifft dies zu. Den Angriffen Robert Leys stehen die vielfältigen Kooperationen zwischen Oberversicherungsämtern und Rechtsberatungsstellen der Deutschen Arbeitsfront gegenüber. Die Rentenversicherungspolitik des Reichsarbeitsministeriums eignet sich dennoch nur bedingt, um über die Polykratietheorie und Hachtmanns These der »Neuen Staatlichkeit« hinaus grundlegende Einsichten beizusteuern, war die Sozialversicherungsabteilung doch gerade jenes Feld, das das Reichsarbeitsministerium ohne Kompetenzverlust über die Dauer des »Dritten Reiches« retten konnte. Die Annahme eines ministeriellen Bedeutungsverlustes muss jedoch zurückgewiesen werden. Der politische Willensbildungsprozess hat sich nicht abgeschwächt, er hat sich verschoben. Das Reichskabinett schied aufgrund

---

8 Ebd., S. 439.
9 Vgl. Rüdiger Hachtmann: »Neue Staatlichkeit« – Überlegungen zu einer systematischen Theorie des NS-Herrschaftssystems und ihrer Anwendung auf die mittlere Ebene der Gaue, in: Jürgen John/Horst Möller/Thomas Schaarschmidt (Hg.): Die NS-Gaue. Regionale Mittelinstanzen im zentralistischen »Führerstaat«, München 2007, S. 22-55; Rüdiger Hachtmann: Elastisch, dynamisch und von katastrophaler Effizienz – zur Struktur der Neuen Staatlichkeit des Nationalsozialismus, in: Sven Reichardt/Wolfgang Seibel (Hg.): Der prekäre Staat. Herrschen und Verwalten im Nationalsozialismus, Frankfurt am Main/New York 2011, S. 29-73.

SCHLUSS

des eigenen Funktionsverlustes in der speziellen Herrschaftsstruktur des Nationalsozialismus als Institution für die Durchsetzung sozialpolitischer Vorstellungen weitgehend aus, während der Austausch mit den nachgeordneten Behörden dafür umso wichtiger wurde. Das Reichsarbeitsministerium hat die Funktionsweise der Rentenversicherung komplett den Zielen des Regimes angepasst, hat die Struktur der Rentenversicherungsträger umgebaut und auch in den besetzten Gebieten durch abgeordnete Beamte die eigene sozialpolitische Agenda umgesetzt. Die Sanierungs- und Aufbaugesetzgebung verdeutlicht ebenso wie die Entwicklungen, die zum »Kriegsgesetz« führten, die hohe Bedeutung des internen Instanzenzuges für die Ausarbeitung von Gesetzen und Verordnungen. Vor allem das »Kriegsgesetz« hat die den Reichshaushalt betreffenden Bedenken des Finanz- und Wirtschaftsministeriums umgangen – indem der Versichertenkreis, für den die Vergünstigen vorgesehen waren, auf dem Verordnungswege sukzessive erweitert worden ist.

Denn ebenso wie das Sanierungs- und Aufbaugesetz war das »Kriegsgesetz« lediglich als Rahmengesetz konzipiert. Die alltägliche Verwaltungspraxis und die Impulsgebung von Trägern und Versicherungsämtern hatten auf die anschließende Ausgestaltung der den Gesetzen folgenden Verordnungen einen immensen Einfluss. Die materiellen Folgen des »Kriegsgesetzes« für die Rentenversicherungsträger hatten Dimensionen erreicht, die, wären sie im Kabinett besprochen worden, sicherlich das Veto vom Finanz- und Wirtschaftsressort nach sich gezogen hätten. Erst das Widerstreben des Reichsversicherungsamtes, der Träger und des Oberkommandos der Wehrmacht haben die Folgen dieses Eingriffes in die finanziellen Grundlagen der Träger beendet. Die Grenzen der Gesetzgebung auf der interministeriellen Ebene versuchte das Reichsarbeitsministerium daher auf dem Verordnungswege zu kompensieren – was dem Ressort bis 1944 auch gelang. Die Gestaltung sozialpolitischer Ordnungsvorstellungen war also auch noch nach 1933 möglich. Das Ministerium hat demnach nicht nur die Stabilität des »Dritten Reiches« gewährleistet, sondern ebenso eigene Zielsetzungen, die vor allem aus dem hohen Arbeitskräftebedarf resultierten, erfolgreich verfolgt.

Die Durchführung der Rentenversicherung im besetzten Elsass und dem Reichsprotektorat Böhmen und Mähren zeigt die Bedeutung des Reichsarbeitsministeriums als entscheidende Instanz zur Durchsetzung sozialpolitischer Ordnungsvorstellungen. Auch die dortige Rentenversicherungspolitik zielte auf die Reaktivierung eines vermeintlich

SCHLUSS

brachliegenden Arbeitskräftepotenzials. Die betreffenden Stellen in den besetzten Gebieten betonten vor allem, dass die Durchführung der Rentenversicherung vor dem Hintergrund der Angleichung an das Reichsrecht durchgeführt worden sei. Formal ist das richtig, das äußerst selektive Vorgehen zeigt jedoch, dass es nur sekundär um die prinzipielle Angleichung an das Reichsrecht ging. Primär setzten sie vor allem diejenigen gesetzlichen Bestimmungen um, die den Arbeitseinsatz betrafen. So wurden die unterschiedlichen Strukturen der Rentenversicherung in den Ländern keineswegs nach dem Vorbild des Reiches neu strukturiert. Im Elsass etwa wurden die Anwartschaftsbedingungen, die in der Zwischenkriegszeit von Frankreich verändert worden waren, übernommen und sogar ausgeweitet. Im Protektorat Böhmen und Mähren fand sich – trotz politischer Versuche – kein Konsens für einen gemeinsamen Beitragseinzug durch die Krankenkassen, wie er 1941 im Reich eingeführt wurde. Hingegen wurde das »Kriegsgesetz« nahezu unverändert kopiert – mit denselben Folgeproblemen, wie sie im Reich auftraten. Die durch den Zweiten Weltkrieg bedingten knappen personellen Ressourcen haben keine umfassenden Anpassungen an das Reichsrecht ermöglicht. Die abgeordneten Beamten aus dem Reichsarbeitsministerium und seinem Verwaltungsbereich konzentrierten sich daher auf die Maßnahmen, die im Reich eingeführt worden sind, um dasjenige zu gewinnen, was das Deutsche Reich am dringendsten benötigte: Arbeitskräfte. Gerade im Protektorat lässt sich zeigen, dass der Befund des vermeintlichen Bedeutungsverlustes der Reichsministerien relativiert werden muss. Beamte des Ministeriums und seiner nachgeordneten Behörden kopierten die sozialpolitische Agenda des Reiches und passte sie den je eigenen Bedingungen in den besetzten Gebieten an.

Die Diskriminierung der jüdischen Versicherten durch das Reichsarbeitsministerium und die Behörden und Träger der Rentenversicherung veranschaulicht die geänderte Verwaltungspraxis des Ministeriums. Seit Anfang 1942 arbeiteten die Beamten zwar an einem Gesetz, um Sozialversicherungsleistungen an Juden und Sinti und Roma einzustellen. Dieses ist jedoch niemals erschienen. Grund dafür waren jedoch keineswegs moralische Hemmnisse, wie sie nach dem Krieg ausgedrückt worden sind, sondern die besondere Struktur der Verwaltungspraxis. Vom Ministerium erlassene Verordnungen und Erlasse zur Diskriminierung der jüdischen Versicherten ersetzten das geplante, aber niemals umgesetzte Gesetz. Wie bei den ministeriellen Maßnahmen zur Indienstnahme der Rentenversicherung für den Arbeitseinsatz, so entfaltete das Reichsarbeitsministerium bei der

SCHLUSS

Diskriminierung der jüdischen Versicherten seine größte Wirkung auf dem Verordnungswege. Die Verwaltungsprobleme, die dadurch auftraten, waren offensichtlich: Sämtliche Grauzonen und rechtliche Unsicherheiten, die sich durch die in den meisten Fällen nicht von der Reichsversicherungsordnung gedeckten Einbehaltung der Renten jüdischer Versicherter ergaben, wurden stets antisemitisch, zu Lasten der Versicherten, ausgelegt. Die Träger forderten immer wieder die Ausarbeitung eines entsprechenden Gesetzes, da sie nicht die Verantwortung für die Diskriminierung ihrer jüdischen Versicherten tragen wollten; ein Anliegen, das die Beamten des Reichsarbeitsministeriums schlicht ignorierten. Erst als andere Akteure die Gelder der jüdischen Rentenberechtigten für eigene Zwecke beanspruchten, wurde das Ministerium aktiv.

Durch die Betrachtung der Verwaltungspraxis wird auch deutlich, dass sich die Thesen Götz Alys bezüglich der Rentenversicherungspolitik im »Dritten Reich« in dieser Form nicht halten lassen. Aly argumentiert, dass die Erhöhung der Rentenleistungen genau von jenen Akteuren gefordert worden sei, die den Holocaust an führender Position vorantrieben.[10] Auch wenn die Akteure, die den Völkermord an den europäischen Juden planten und durchführten, sozialpolitische Verbesserungen forderten, so heißt dies im Umkehrschluss nicht, dass der Holocaust aus dem Grunde durchgeführt worden ist, um den Deutschen sozialpolitische Wohltaten bescheren zu können. Zumindest für die Rentenversicherung, die Aly als Beispiel anführt, trifft dies nicht zu. Die Verwaltungspraxis zeigt vielmehr, dass von einem geplanten und zielgerichteten Vorgehen, wie es Alys These suggeriert, keine Rede sein kann. Auch hätten diese Rentenreformen nicht die führenden Exponenten des Regimes durchsetzen müssen, sondern das Reichsarbeitsministerium als oberstes Fachressort auf dem Gebiet der Rentenversicherung. Die unklare Rechtssituation, die ständigen Anfragen an das Reichsarbeitsministerium, wie in den konkreten Fällen zu verfahren sei, und die unterschiedlichen Verwaltungspraktiken zeigen, dass die Diskriminierung der jüdischen Versicherten und Rentner Ergebnis eines länger anhaltenden Prozesses war, in dem die konkrete Vorgehensweise erst nach und nach mit dem Ministerium abgesprochen und gefunden worden ist. Eine zielgerichtete Entrechtung jüdischer Rentner zugunsten »arischer« Versicherter lässt sich zu keinem Zeitpunkt ausmachen. Zudem können die Rentenerhöhungen 1941 und 1942 nicht losgelöst von der gesamten Rentenversicherungspolitik

10 Aly: Hitlers Volksstaat, S. 73.

SCHLUSS

des Reichsarbeitsministeriums betrachtet werden. Das Einfrieren des niedrigen Leistungsniveaus, die zunehmende Einschränkung von Versichertenrechten und die Instrumentalisierung der Rentenversicherung für den Arbeitseinsatz waren eben auch Ergebnisse der Politik des Reichsarbeitsministeriums. Erst die Verbrechen des Regimes gegen Leib und Leben der jüdischen Deutschen haben das Reichsarbeitsministerium und die Rentenversicherungsträger dazu veranlasst, die Rentenzahlungen an Juden – rechtswidrig – einzustellen.

Ein Vergleich zwischen den Vorbereitungen zum Sanierungs- und Aufbaugesetz mit den eingeführten Maßnahmen gegen jüdische Versicherte zeigt zudem, mit welch geringem Interesse das Reichsarbeitsministerium auf die Deportation der jüdischen Bevölkerung reagierte. Bereits in der ersten Phase des politischen Willensbildungsprozesses, der »Problemwahrnehmung«, zeigte das Ministerium keine Initiativen zur »Lösung«. Selbstverständlich ist hier die Sicht des Ministeriums und der Träger gemeint, wonach die Deportation von Versicherten dahingehend ein »Problem« darstellte, dass das Rentenversicherungsrecht auf solche Maßnahmen nicht ausgelegt war. Das eigentliche Problem, der zum Völkermord führende staatliche Antisemitismus, wurde von den Beamten in den betreffenden Verwaltungsakten nicht thematisiert, sondern lediglich hingenommen. Die »Zielfestlegung« hingegen war offensichtlich: Die Renten sollten weder an die betreffenden Juden ausbezahlt, noch anderen staatlichen Behörden überlassen werden. Aus den Akten lassen sich die Ausarbeitung von verschiedenen »Lösungsalternativen« und die entsprechende »Auswahl«, um dieses Ziel zu erreichen, nicht mehr rekonstruieren. Am wahrscheinlichsten ist es, dass das Reichsarbeitsministerium seine Direktive, mit der Einbehaltung von Renten jüdischer Versicherter stets einverstanden zu sein, ohne die Rechtsgrundlage zu ändern, als einzige »Lösungsform« betrachtete; was schließlich darauf hinausläuft, dass die Diskriminierung der Juden für das Ministerium alternativlos war. Zu einer »Ratifizierung der Entscheidung«, wie es beim Sanierungsgesetz noch sehr deutlich geschah, kam es nie.

Was bedeuten die Ergebnisse der vorliegenden Studie nun für eine Bewertung der Sozialpolitik im »Dritten Reich«? Natürlich kann die Rentenversicherung nicht stellvertretend für die Entwicklung der gesamten Sozialpolitik während der NS-Zeit herangezogen werden. Dennoch war die Rentenversicherung ein bedeutender Teil jener sozialpolitischen Sphäre, die von Historikern und Historikerinnen genannt worden ist, um vor allem die Kontinuität der deutschen

SCHLUSS

Sozialpolitik vom Kaiserreich oder der Weimarer Republik bis hin zur Bundesrepublik zu betonen.[11] Das Scheitern der nationalsozialistischen Pläne zur Umgestaltung der Rentenversicherung schien das Resultat eines großen Beharrungsvermögens der Strukturen der deutschen Sozialversicherung zu sein. Dafür standen exemplarisch die konservativen Beamten des Reichsarbeitsministeriums, die jegliche Angriffe der Deutschen Arbeitsfront auf das System der Sozialversicherung entschieden ablehnten.[12]

Angesichts der Verbrechen des Regimes, etwa in der Fürsorge und der Gesundheitspolitik, wird von der Forschung gleichzeitig angemerkt, dass die deutsche Sozialpolitik auch sehr viele Brüche beinhalte. Christoph Sachße und Florian Tennstedt betonen, dass die nach rassistischen Kriterien zu verteilenden Zuwendungen aus der Sozialpolitik den markantesten Bruch zwischen der Weimarer Republik und dem Nationalsozialismus darstellen.[13] Auch die Abschaffung der Selbstverwaltung, die Einführung des »Führerprinzips« und die Entlassung von jüdischen, kommunistischen und sozialdemokratischen Beamten und Ärzten werden als Beispiele von Brüchen in der deutschen Sozialpolitik angesehen. Die Sozialpolitik im »Dritten Reich« zeichnete sich also durch beides aus: durch Kontinuität und durch Diskontinuität,[14] wobei die erste Zuschreibung klassischerweise der Sozialversicherung zugeordnet wird und die zweite vor allem der Fürsorge und der staatlichen Gesundheitspolitik. Tatsächlich lassen sich die Kontinuitätslinien aber gerade nicht anhand der einzelnen Zweige und Bereiche der Sozialpolitik ziehen. Vielmehr haben sich in den einzelnen Feldern selbst Formen der Kontinuität und Diskontinuität ergeben. Die Rentenversicherung im »Dritten Reich« ist dafür ein gutes Beispiel. Sie löste ihre Kernaufgaben 1944 noch genauso wie in der Weimarer

---

11 Vgl. Michael Prinz: Sozialpolitik im Wandel der Staatspolitik? Das Dritte Reich und die Tradition bürgerlicher Sozialreform, in: Rüdiger vom Bruch (Hg.): Weder Kapitalismus noch Kommunismus. Bürgerliche Sozialreform in Deutschland vom Vormärz bis zur Ära Adenauer, München 1985, S. 219-244; Hans-Ulrich Wehler: Deutsche Gesellschaftsgeschichte, Bd: 4: Vom Beginn des Ersten Weltkrieges bis zur Gründung der beiden deutschen Staaten 1914-1949, München 2003, S. 432. Recker: Nationalsozialistische Sozialpolitik, S. 296.
12 Vgl. Schmidt: Sozialpolitik in Deutschland, S. 62.
13 Sachße/Tennstedt: Der Wohlfahrtsstaat im Nationalsozialismus, S. 274.
14 Gabriele Metzler: Kontinuitäten und Diskontinuitäten der NS-Sozialpolitik, in: Christoph J. Bauer (Hg.): Faschismus und soziale Ungleichheit, Duisburg 2007, S. 13-40.

SCHLUSS

Republik, weder ihre Gesamtstruktur noch die ihrer Behörden wurden trotz verschiedener gegenteiliger Versuche angetastet. Und auch für den Großteil der Versicherten änderte sich zunächst wenig. Gleichzeitig war sie von großen Brüchen geprägt: Die Abschaffung der Selbstverwaltung und die Einführung des »Führerprinzips« gestalteten die Rentenversicherungsträger zu »halbstaatlichen« Behörden um, deren Leiter vom Reichsarbeitsministerium ernannt worden sind und somit in direkte Abhängigkeit von der Zentralbehörde gerieten. Auch die Zentralisierung und Verstaatlichung des ärztlichen Gutachterwesens hat die Rentenversicherung umfunktioniert: Durch eine verschärfte Auslegung des Begriffs der Invalidität wurde sie erst für den nationalsozialistischen Arbeitseinsatz verfügbar gemacht. Der massive Abbau der Versichertenrechte bei den Berufungs- und Revisionsmöglichkeiten markierte einen deutlichen Bruch zu der Rentenversicherung in der Weimarer Republik. Der Zweite Weltkrieg hat diese Entwicklung weiter forciert. Nicht nur verschlechterten sich die Einspruchsmöglichkeiten gegen negative Rentenbescheide massiv, auch der Gang vor die Oberversicherungsämter wurde aufgrund der immer rigider werdenden Spruchpraxis immer aussichtsloser. Das »Kriegsgesetz« schließlich stürzte die Funktion der Rentenversicherungsträger ins Paradoxe. Die Gewährung einer Invalidenrente bei gleichzeitiger Verwertung der Arbeitskraft in einer Beschäftigung steht dem, warum die Reichsregierung die Invalidenversicherung einst eingeführt hat, diametral entgegen; sogar so sehr, dass sich die Rentenversicherungsträger schließlich weigerten, die Politik des Ministeriums umzusetzen. Die Rentenversicherung kann daher nicht mehr als Paradebeispiel für ein sozialpolitisches Feld angesehen werden, das für die hohe Kontinuität des deutschen Sozialstaates steht. Den unangetasteten Strukturen der Sozialversicherung stehen die skizzierten Diskontinuitäten in Form, Funktion und Durchführung der Rentenversicherung entgegen.

Der Grund dafür lag in den vom NS-Regime geschaffenen Strukturen und Bedingungen. Die Sozialpolitik war immer in die wirtschaftliche, arbeitsmarktpolitische und finanzielle Lage des Staates eingebunden. Der nationalsozialistische Staat hat allerdings eine besondere Situation geschaffen, auf die die Beamten der sozialpolitischen Behörden reagieren mussten, sei es die Erwartung nach der Rekrutierung von Arbeitskräften oder der Diskriminierung der Juden. Er bot aber auch neue Möglichkeiten, um mit sozialpolitischen Instrumenten die Wirklichkeit zu formen und diese den Bedürfnissen des Reiches anzupassen. Die Einschränkung von freiwilligen Leistungen der Träger an jüdische Versicherte war für die Beamten – plötzlich – rechtlich mög-

SCHLUSS

lich und auch moralisch durchführbar. Solche auftretenden Freiräume wurden schließlich dazu genutzt, die vermeintlichen Ziele des Regimes umzusetzen. Das Reichsarbeitsministerium verfolgte von Anfang an das Ziel, Arbeitskräfte für den Arbeitseinsatz zu rekrutieren. Durch die Verschärfung der Rentenvergabe konnten sowohl die Ziele des Staates verfolgt, als auch die Sanierung der Träger angegangen werden. Die gleichzeitige Zahlung von Rentenleistungen bei Arbeitsaufnahme im Krieg war eine vom Gesetzgeber und damit vom Staat geschaffene Möglichkeit, letzte Ressourcen für die Kriegswirtschaft zu mobilisieren. Das Instrumentarium der Verwaltungsbeamten vergrößerte und radikalisierte sich. Neue Gestaltungsspielräume öffneten sich, die in der Weimarer Republik rechtlich und moralisch verschlossen waren, um die »Probleme« des Staates zu beheben. Diese Spielräume wurden von den Beamten vor allem in der Frage der Rekrutierung neuer Arbeitskräfte genutzt, während die Diskriminierung der Juden das Ergebnis eines längeren Anpassungsprozesses zwischen den Trägern und dem Ministerium war. Das Konzept, wonach die Sozialversicherung auf den Prämissen von »Leistung« und »Erwerbsarbeit« aufgebaut war, wurde im Nationalsozialismus nicht neu erfunden, das Reichsarbeitsministerium erhob es allerdings zum absoluten Leitmotiv seiner sozialpolitischen Agenda in einem rassistischen Staat.

Die Abhängigkeit des Reichsarbeitsministeriums von den nachgeordneten Behörden ist eine der wichtigsten Erkenntnisse dieser Arbeit. Bei sich überlagernden Zielvorstellungen, etwa der Sanierung der Finanzen oder der Einbehaltung von Renten jüdischer Versicherter und deren Behauptung gegenüber den versuchten Zugriffen anderer Behörden, konnte die vermeintliche Schwäche des Ministeriums, sich auf der obersten Ebene gegen andere machtvolle Akteure nicht durchsetzen zu können, ausgeglichen werden. Dies wird vor allem bei der Durchführung des »Kriegsgesetzes« deutlich, als neben der Förderung des Arbeitseinsatzes auch gleichzeitig eine Verbesserung der finanziellen Lage der betreffenden Rentner erreicht wurde. Falls sich jedoch die Zielvorstellungen zwischen Ministerium und den Trägern nicht deckten, wie etwa bei der Einbeziehung der DAF und der NSV bei der Bekämpfung der Tuberkulose oder den schließlich zu weitreichenden finanziellen Folgen des »Kriegsgesetzes«, wandelte sich diese Abhängigkeit zur Schwäche. Vor dem Krieg konnte das Reichsarbeitsministerium seine Linie dank der vorhergehenden Zentralisierungsbemühungen und der Verstärkung der Aufsichtsbefugnisse gegenüber den Trägern durchsetzen. Im Zweiten Weltkrieg jedoch erodierte mit der zunehmenden Abwehr der Träger und der geschlossenen Front

SCHLUSS

von Reichsversicherungsamt und Oberkommando der Wehrmacht die Machtbasis des Reichsarbeitsministeriums. In letzter Konsequenz bedeutete dies schließlich eine Umstellung des Machtgefüges. Die »alten« Strukturen der Rentenversicherung, institutionalisiert in Reichsversicherungsamt und Landesversicherungsanstalten, konnten sich – freilich unter den Bedingungen des immer weiter voranschreitenden Krieges – dem Machtanspruch des Reichsarbeitsministeriums ab einem gewissen Punkt entziehen. Umgekehrt heißt das jedoch auch, dass das Ministerium bei gleichlautenden Zielfestlegungen, wie der Förderung des Arbeitseinsatzes oder der Diskriminierung der Juden, mit dem weitverzweigten Behördenapparat der Rentenversicherung eine nicht zu unterschätzende Machtbasis besaß, die vor allem auf dem Verordnungswege aktiviert werden konnte. Die Rentenversicherungspolitik des Reichsarbeitsministeriums zeigt, dass die Herrschaftsstruktur des nationalsozialistischen Staates nicht allein auf der Makroebene beschrieben werden kann, sondern das Zusammenspiel zwischen obersten Reichsbehörden und regionalen Instanzen Berücksichtigung finden muss.

Dank

Bei der vorliegenden Studie handelt es sich um die überarbeitete Fassung meiner Dissertation, die im November 2017 im Fachbereich Sozial- und Wirtschaftsgeschichte des Instituts für Geschichtswissenschaften an der Humboldt-Universität zu Berlin angenommen worden ist. Sie entstand im Rahmen des vom Bundesministerium für Arbeit und Soziales finanzierten Forschungsprojektes der Unabhängigen Historikerkommission zur Aufarbeitung der Geschichte des Reichsarbeitsministeriums im Nationalsozialismus.

Herrn Prof. Dr. Alexander Nützenadel und Frau Prof. Dr. Sandrine Kott möchte ich für die überaus hilfreiche Unterstützung bei der Betreuung und Begutachtung meiner Dissertation herzlich danken. Herrn Nützenadel verdanke ich es, dass ich trotz des kleinteiligen Rentenversicherungsrechts stets die übergreifenden Entwicklungen und Fragestellungen nicht aus den Augen verloren habe. Frau Kott danke ich insbesondere dafür, dass sie mich darin bestärkt hat, die gesundheitspolitischen Aspekte des Themas maßgeblich zu verfolgen und die Landesversicherungsanstalten stärker in die Analyse einzubeziehen.

Die Studie verdankt ihre Entstehung zudem den lebhaften Diskussionen, die ich mit allen Kommissionsmitgliedern führen durfte, sowie den vielfältigen Hinweisen und Anregungen, die ich dadurch erhalten habe. Herr Prof. Dr. Rüdiger Hachtmann teilte seine schier unerschöpflichen Kenntnisse über die Deutsche Arbeitsfront mit mir. Frau Prof. Dr. Elizabeth Harvey stand mir stets mit Rat zu den besetzten Gebieten zur Seite. Herr Prof. Dr. Kiran Klaus Patel hat mich darin bestärkt, die internationalen Dimensionen der Rentenversicherungspolitik des Reichsarbeitsministeriums zu verfolgen. Von Herrn Prof. Dr. Michael Wildt erhielt ich wertvolle Anregungen über die Situation von Juden in der Rentenversicherung. Ihnen allen sei für ihre Unterstützung und für die Aufnahme in die Schriftenreihe herzlich gedankt.

Ich möchte ferner allen Personen aus der Mohrenstraße danken, wo die Forschungsgruppe regelmäßig zusammengetroffen ist: vor allem Dr. Martin Münzel, Sören Eden, Swantje Greve und Henry Marx. Zudem danke ich Celeste Copes, Johan Moosleitner, Viktoria Peymann, Lisa-Maria Röhling, Daniel Benedikt Stienen und Mischa Weber.

Besonders möchte ich Frau Annette Schicke vom Bundesministerium für Arbeit und Soziales für ihre Unterstützung danken, die sie mir bei jeglichen Anfragen hat zuteilwerden lassen. Auch Herrn Prof. Dr.

Karl Christian Führer gebührt für die vielen Ratschläge, die ich von ihm erhalten habe, großer Dank. Ohne das Engagement von all den Archivaren und Archivarinnen, die mir bei der teils beschwerlichen Suche nach Dokumenten behilflich waren, wäre mir der Zugang zu vielen Quellen verschlossen geblieben. Vor allem Archivoberrat Matthias Meissner vom Bundesarchiv Berlin-Lichterfelde, Frau Monika Sedláková vom Prager Nationalarchiv und Herrn Dr. Jürgen Treffeisen vom Generallandesarchiv Karlsruhe danke ich dafür sehr. Ebenfalls danken möchte ich Frau Dr. Radka Šustrová – nicht nur für die Hilfe im Prager Nationalarchiv, sondern auch für die konstruktiven Gespräche über Sozialpolitik, die wir miteinander geführt haben.

Der Deutschen Rentenversicherung Bund bin ich für die Erlaubnis der Einsichtnahme ihres in den Kellerräumen in der Ruhrstraße in Berlin befindlichen Aktenmaterials über die Reichsversicherungsanstalt für Angestellte sehr zum Dank verpflichtet. Vor allem Herrn Dr. Reinhold Thiede und Herrn Marcel Lizon danke ich für ihre Unterstützung.

Für das mit großer Sorgfalt durchgeführte Lektorat danke ich Frau Dr. Jutta Mühlenberg sehr.

Besonders herzlich möchte ich mich aber bei meinen Eltern Karin und Michael Klimo bedanken, die mich stets unterstützt haben, sowie bei meiner Frau Judith, die mir immer eine feste Stütze war, und bei meinem Sohn Lukas, der mir jeden Tag zeigt, was im Leben wirklich wichtig ist. Ihnen beiden ist dieses Buch gewidmet.

Heidelberg, im August 2018
Alexander Klimo

Bildnachweise

Wir haben uns bemüht, die Rechteinhaber der Abbildungen ausfindig zu machen. In Fällen, in denen weder der Rechtsinhaber noch der Rechtsnachfolger ermittelt werden konnte, möchten wir den Rechteinhaber auffordern, ggf. mit dem Autor in Kontakt zu treten. Sollten trotz der sorgfältigen Prüfung Rechte Dritter verletzt werden, bitten wir die Rechteinhaber, sich bei dem Autor zu melden.

S. 47: Bundesarchiv, Bild 183-2017-0407-500
S. 48: Bundesarchiv, Bild 116-421-31
S. 234: Bundesarchiv, R 40/294
S. 245: Archiv der sozialen Demokratie/Friedrich-Ebert-Stiftung, FA108396
S. 309: Bundesarchiv, Bild 116-421-34
S. 339: Landesarchiv Baden-Württemberg, Staatsarchiv Freiburg, Bild B 728/1 Nr. 4347. Auf die Veröffentlichungs- und Vervielfältigungsrechte des Landesarchivs Baden-Württemberg wird hiermit hingewiesen.

Tabellenverzeichnis

S. 47, Tabelle 1: Die Hauptabteilung II und die wichtigsten Referate der Abteilung IIa des Reichsarbeitsministeriums, 1933
S. 62, Tabelle 2: Übersicht über die Gründe der Festsetzung von Invaliden- und Waisenrenten und Heilverfahren bei der Landesversicherungsanstalt Rheinprovinz, 7.8.1931
S. 271, Tabelle 3: Gegenüberstellung des »Kriegsgesetzes« im Deutschen Reich und im Protektorat Böhmen und Mähren
S. 340, Tabelle 4: Die Paragrafen, die das Ruhen der Rente bestimmten, in verschiedenen Fassungen der Reichssicherungsverordnung (Übersicht)

Abkürzungsverzeichnis

AOK	Allgemeine Ortskrankenkasse
APK	Arbeiterpensionskasse
BArch	Bundesarchiv
BKVA	Betriebskrankenversicherungsanstalt
DAF	Deutsche Arbeitsfront
DDP	Deutsche Demokratische Partei
DNVP	Deutschnationale Volkspartei
DRV	Deutsche Rentenversicherung
GLAK	Generallandesarchiv Karlsruhe
ILO	International Labour Organization
KPD	Kommunistische Partei Deutschland
KVA	Kassenärztliche Vereinigung Deutschlands
LVA	Landesversicherungsanstalt
NACR	Národní archiv ČR (Nationalarchiv der Tschechischen Republik)
NSBO	Nationalsozialistische Betriebszellenorganisation
NSDAP	Nationalsozialistische Deutsche Arbeiterpartei
NSV	Nationalsozialistische Volkswohlfahrt
ORR	Oberregierungsrat
RABl.	Reichsarbeitsblatt
RAD	Reichsarbeitsdienst
RAM, R.A.M.	Reichsarbeitsministerium
RBG	Reichsbürgergesetz
RfA	Reichsversicherungsanstalt für Angestellte
RGBl.	Reichsgesetzblatt
RM	Reichsmark
RVO, R.V.O.	Reichsversicherungsordnung
SD	Sicherheitsdienst der SS
SPD	Sozialdemokratische Partei Deutschlands
StA	Staatsarchiv
VäD	Vertrauensärztlicher Dienst
VELA	Vereinigung der leitenden Angestellten
VO, V.O.	Verordnung
ZSVA	Zentralsozialversicherungsanstalt

Quellen- und Literaturverzeichnis

Ungedruckte Quellen

Bundesarchiv Berlin
BDC (Berlin Document Center)
R 2 Reichsfinanzministerium
R 5 Reichsverkehrsministerium
R 40 Reichsverband Deutscher Rentenversicherungsträger
R 89 Reichsversicherungsamt
R 601 Präsidialkanzlei
R 1501 Reichsministerium des Innern
R 3901 Reichsarbeitsministerium

Bayerisches Hauptstaatsarchiv München
Oberversicherungsamt München

Deutsche Rentenversicherung Bund
»RfA« – Archiv in den Diensträumen der Deutschen Rentenversicherung Bund, Berlin-Charlottenburg

Generallandesarchiv Karlsruhe
234 Landesversicherungsamt Baden
357 Bezirks-/Landratsamt Karlsruhe: Generalia, Orte
462 Zugang 1994-38 Landesversicherungsanstalt Baden: Verwaltung
462-1 Landesversicherungsanstalt Baden: Personalakten
462-4 Landesversicherungsanstalt Baden: Allgemeine Verwaltung, Kranken-, Invaliden- und Unfallversicherung

Nationalarchiv Prag
MHP (Ministerstvo hospodářství a práce – Ministerium für Wirtschaft und Arbeit)
URP (Úřad říšského protektora – Amt des Reichsprotektors)
959 (Státní tajemník u říšského protektora v Čechách a na Moravě – Staatssekretär beim Reichsprotektor in Böhmen und Mähren)

Staatsarchiv Augsburg
Oberversicherungsamt Augsburg

Staatsarchiv Freiburg im Breisgau
D 161/2 Oberversicherungsamt Konstanz

Staatsarchiv München
Oberversicherungsamt München

Gedruckte Quellen

Anders, G.: Betriebsarzt und Sozialversicherung, in: Zentralblatt für Reichsversicherung und Reichsversorgung 15/16 (1942), S. 163-166.
Augustin, G.: Zweiter Internationaler Kongreß der Sozialversicherungsfachleute, in: Deutsches Ärzteblatt 66 (1936), Nr. 44, S. 1079-1082.
–: Die Vermögensverhältnisse in der deutschen Sozialversicherung, in: Deutsches Ärzteblatt 66 (1936), Nr. 36, S. 901-904.
Dersch, Hermann: Leistungsvoraussetzungen der Sozialversicherung und Arbeitseinsatz, in: Zentralblatt für Reichsversicherung und Reichsversorgung 19-24 (1943), S. 145-150.
–: Gesetz über weitere Maßnahmen in der Reichsversicherung aus Anlaß des Krieges, in: Zentralblatt für Reichsversicherung und Reichsversorgung 11/12 (1941), S. 107.
Dresel, Ernst Gerhard: Wohlfahrtspflege, Tuberkulose, Alkohol, Geschlechtskrankheiten, Berlin 1926.
Eckert, Josef: Die Änderungen der Reichsversicherungsordnung, des Angestelltenversicherungsgesetzes und des Reichsknappschaftsgesetzes, in: Deutsches Ärzteblatt 64 (1934), Nr. 27, S. 609-611.
Grote, Heinrich: Arzttum und Reichsversicherung, in: Deutsches Ärzteblatt 66 (1936), Nr. 5, S. 127.
Hartrodt, Kurt: Die Gesundheitsfürsorge in der Invalidenversicherung im Jahre 1937, in: Deutsches Ärzteblatt 68 (1938), Nr. 41, S. 698-701.
Horkenbach, Cuno: Das Deutsche Reich von 1918 bis heute, Berlin 1935.
Jagusch, Heinrich: Die Rechtsberatungsstellen der Deutschen Arbeitsfront, ihre Aufgaben, ihr Wesen und ihre Rechtsverhältnisse, Berlin/Leipzig/Wien 1940.
Jellinek, Walter: Verwaltungsrecht, Berlin 1931.
Kaskel, Walter: Das neue Arbeitsrecht. Systematische Einführung, Berlin 1920.
–: Grundriss des sozialen Versicherungsrechts. Systematische Darstellung auf Grund der Reichsversicherungsordnung und des Versicherungsgesetzes für Angestellte, Berlin 1912.
Knoll, Ernst: Die Durchführung des Aufbaus der Sozialversicherung, in: Deutsches Ärzteblatt 65 (1935), Nr. 4, S. 81-84.
Landesversicherungsanstalt Baden (Hg.): Heilverfahrensbestimmungen der Landesversicherungsanstalt Baden, Karlsruhe 1936.
Die Rationalisierung der Sozialversicherung. Die Arbeiten des ersten internationalen Kongresses der Sozialversicherungsfachleute, Budapest 1935.
Reichsverband Deutscher Landesversicherungsanstalten (Hg.): Die deutsche Invaliden-Versicherung, Berlin 1932.
Reichsverband Deutscher Rentenversicherungsträger (Hg.): Kommentar zur Reichsversicherungsordnung. Viertes und Fünftes Buch, Kassel 1941.
Reichsversicherungsamt: Amtliche Nachrichten für Reichsversicherung, Berlin 1928-1945.

GEDRUCKTE QUELLEN

–: Über den Begriff der Invalidität. Das geltende Recht ist auch nach der Staatsumwälzung anzuwenden, in: Entscheidungen und Mitteilungen des Reichsversicherungsamts 35 (1935), S. 339-343.

–: Amtliche Nachrichten des Reichsversicherungsamts, Berlin 1885-1927.

Richter, Lutz: Sozialversicherungsrecht, Berlin 1931.

Sauerborn, Maximilian: Die Neuregelung des vertrauensärztlichen Dienstes in der Krankenversicherung, in: Deutsches Ärzteblatt 66 (1936), Nr. 23, S. 599-606.

Schmid, H. G.: Aus der vertrauensärztlichen Tätigkeit bei der Ortskrankenkasse, in: Deutsches Ärzteblatt 67 (1937), Nr. 24, S. 584-586.

Schmieder, Erich: Die Rechtsberatung in der Deutschen Arbeitsfront, Freiburg 1940.

Schulz, Aribert: III. Internationaler Kongreß der Sozialversicherungsfachleute in Wien, in: Deutsches Ärzteblatt 68 (1938), Nr. 23, S. 411-416.

Seifert, Johannes: Die deutsche Sozialversicherung 1937 und 1938, in: Deutsches Ärzteblatt 69 (1939), Nr. 24/25, S. 433-437.

Siefart, Hugo: Der Begriff der Erwerbsunfähigkeit auf dem Gebiet des Versicherungswesens. Im Auftrage des Reichs-Versicherungsamts für den V. internationalen Kongreß für Versicherungswissenschaft und den IV. internationalen Kongreß für Versicherungsmedizin in Berlin 1906, Berlin 1906.

Spohr, Werner: Schutzhaft und Sozialversicherung, in: Volkstümliche Zeitschrift für die gesamte Sozialversicherung 43 (1937), Nr. 13, S. 185-187.

–: Ruht die Rente, solange sich der Berechtigte in Schutzhaft befindet?, in: Deutsche Invalidenversicherung 6 (1934), Nr. 3 S. 39-40.

Steinhoff: Invalidenrentenstatistik und Gesundheitsstand, in: Deutsches Ärzteblatt 67 (1937), Nr. 40, S. 907-912.

–: Invalidenrentenstatistik und Gesundheitsstand, in: Deutsches Ärzteblatt 66 (1936), Nr. 49, S. 1210-1212.

Stier, Ewald: Wer trägt die Verantwortung für die Bewilligung von Invalidenrenten?, in: Die Arbeiter-Versorgung. Zeitschrift für die gesamte Sozialversicherung im Deutschen Reiche 5 (1934), S. 65-68.

Triepel, Heinrich: Die Reichsaufsicht. Untersuchungen zum Staatsrecht des Deutschen Reiches, Darmstadt 1917.

Wagner, Gerhard: Die Ziele der nationalsozialistischen Gesundheitspolitik, in: Deutsches Ärzteblatt 67 (1937), Nr. 39, S. 876-879.

Walter, Otto: Fürsorge für Gesunde als Aufgabe der Sozialversicherung, in: Deutsches Ärzteblatt 68 (1938), Nr. 23, S. 417-420.

Welker, Alban: Zum Ausbau der Invalidenversicherung, in: Die Arbeit. Zeitschrift für Gewerkschaftspolitik und Wirtschaftskunde 6 (1929), S. 78-87.

Werner, Arno: Gedanken über die Volkstümlichkeit der Sozialversicherung auf Grund der Erfahrungen eines Heilstättenarztes, in: Deutsches Ärzteblatt 67 (1937), Nr. 8, S. 205-207.

Literaturverzeichnis

Adam, Uwe Dietrich: Judenpolitik im Dritten Reich, Düsseldorf 1972.
Aly, Götz: Hitlers Volksstaat. Raub, Rassenkrieg und nationaler Sozialismus, Frankfurt am Main 2006.
Aly, Götz/Susanne Heim/Miroslav Kárný/Petra Kirchberger/Alfred Konicznczny: Sozialpolitik und Judenvernichtung. Gibt es eine Ökonomie der Endlösung?, Berlin 1987.
Anderl, Gabriele: Die »Zentralstellen für jüdische Auswanderung« in Wien, Berlin und Prag – ein Vergleich, in: Tel Aviver Jahrbuch für deutsche Geschichte 23 (1994), S. 275-300.
Ayaß, Wolfgang: Wege zur Sozialgerichtsbarkeit. Schiedsgerichte und Reichsversicherungsamt bis 1945, in: Peter Masuch (Hg.): Grundlagen und Herausforderungen des Sozialstaats. Denkschrift 60 Jahre Bundessozialgericht, Berlin 2014, S. 271-288.
Ayaß, Wolfgang/Florian Tennstedt (Hg.): Die Praxis der Rentenversicherung und das Invalidenversicherungsgesetz von 1899. Quellensammlung zur Geschichte der deutschen Sozialpolitik 1867 bis 1914, Darmstadt 2014.
Balcar, Jaromír: Panzer für Hitler – Traktoren für Stalin. Großunternehmen in Böhmen und Mähren, 1938-1950, München 2014.
Banken, Ralf: Edelmetallmangel und Großraubwirtschaft. Die Entwicklung des deutschen Edelmetallsektors im »Dritten Reich« 1933-1945, Berlin 2009.
Barta, Heinz: Kausalität im Sozialrecht. Entstehung und Funktion der sogenannten Theorie der wesentlichen Bedingung – Analyse der grundlegenden Judikatur des Reichsversicherungsamtes in Unfallversicherungssachen (1884-1914). Der Weg vom frühen zivilen, industriell/gewerblichen Haftpflichtrecht zur öffentlichrechtlichen Gefährdungshaftung der Arbeiter(unfall)versicherung, Berlin 1983.
Bracher, Karl Dietrich/Wolfgang Sauer/Gerhard Schulz: Die nationalsozialistische Machtergreifung. Studien zur Errichtung des totalitären Herrschaftssystems in Deutschland 1933/34, Köln 1960.
Beddies, Thomas: Jüdische Ärztinnen und Ärzte im Nationalsozialismus. Entrechtung, Vertreibung, Ermordung, Berlin 2014.
Benz, Wolfgang: Theresienstadt. Eine Geschichte von Täuschung und Vernichtung, München 2013.
–: Die Juden in Deutschland 1933-1945. Leben unter nationalsozialistischer Herrschaft, München 1988.
Bogs, Walter: Sozialrechtspflege vor Einführung der Sozialgerichtsbarkeit, insbesondere Verfassung und Verfahren des Reichsversicherungsamtes, in: Deutscher Sozialgerichtsverband e.V. (Hg.): Sozialrechtsprechung. Verantwortung für den sozialen Rechtsstaat. Festschrift zum 25jährigen Bestehen des Bundessozialgerichts, Köln/Berlin/Bonn/München 1979, S. 3-23.

Bonz, Hans-Jörg: Geplant, aber nicht in Kraft gesetzt. Das Sonderrecht für Juden und Zigeuner in der Sozialversicherung des nationalsozialistischen Deutschland, in: Zeitschrift für Sozialreform 38 (1992), S. 148-164.
–: Für Staatsfeinde keine Rente, in: Zeitschrift für Sozialreform 37 (1991), S. 517-531.
Böttcher, Dirk/Klaus Mlynek/Waldemar R. Röhrbein/Hugo Thielen: Hannoversches biographisches Lexikon. Von den Anfängen bis in die Gegenwart, Hannover 2002.
Boyer, Josef: Ein Sieg der Unternehmerautonomie: Die Berufsgenossenschaften während des Nationalsozialismus, in: Marc von Miquel (Hg.): Sozialversicherung in Diktatur und Demokratie. Begleitband zur Wanderausstellung der Arbeitsgemeinschaft »Erinnerung und Verantwortung« der Sozialversicherungsträger in NRW, Essen 2007, S. 246-260.
Brandes, Detlef: Die Tschechen unter deutschem Protektorat, Bd. 1: Besatzungspolitik, Kollaboration und Widerstand im Protektorat Böhmen und Mähren bis Heydrichs Tod, München u.a. 1969.
Broszat, Martin: Der Staat Hitlers. Grundlegung und Entwicklung seiner inneren Verfassung, München 1969.
Bryant, Thomas: Von der »Vergreisung des Volkskörpers« zum »demographischen Wandel der Gesellschaft«. Geschichte und Gegenwart des deutschen Alterungsdiskurses im 20. Jahrhundert, in: Tel Aviver Jahrbuch für deutsche Geschichte 25 (2007), S. 110-127.
Christmann, Alfred/ Siegfried Schönholz: Die Errichtung des Reichsversicherungsamts und seine geschichtliche Entwicklung, in: Georg Wannagat (Hg.): Entwicklung des Sozialrechts. Aufgabe der Rechtsprechung, Festgabe aus Anlaß des 100jährigen Bestehens der sozialgerichtlichen Rechtsprechung, Köln 1984, S. 3-46.
Conrad, Christoph: Vom Greis zum Rentner. Der Strukturwandel des Alters in Deutschland zwischen 1830 und 1930, Göttingen 1994.
Dipper, Christof: Modernisierung des Nationalsozialismus, in: Neue Politische Literatur 36 (1991), S. 450-456.
Dommach, Hermann: Der Reichssparkommissar Moritz Saemisch in der Weimarer Republik, Frankfurt am Main 2012.
Donhauser, Johannes: Das Gesundheitsamt im Nationalsozialismus. Der Wahn vom »gesunden Volkskörper« und seine tödlichen Folgen. Eine Dokumentation, in: Das Gesundheitswesen 69 (2007), S. 7-127.
Dröge, Martin: Männlichkeit und »Volksgemeinschaft«. Der westfälische Landeshauptmann Karl Friedrich Kolbow (1899-1945): Biographie eines NS-Täters, Paderborn 2015.
Deutsche Rentenversicherung Bund (Hg.): Rentenversicherung in Zeitreihen, 22. Aufl., Berlin 2016.
Dutton, Paul V.: Origins of the French Welfare State. The Struggle for Social Reform in France, 1914-1947, Cambridge 2002.
Eckert, Josef: Schuldig oder entlastet?, München 1947.
Eghigian, Greg: Making Security Social. Disability, Insurance, and the Birth of the Social Entitlement State in Germany, Ann Arbor 2000.

Eichenhofer, Eberhard: Handbuch der gesetzlichen Rentenversicherung – SGB VI, Köln 2012.

Erdmann, Karl Dietrich: Akten der Reichskanzlei. Die Kabinette Marx III und IV: 17. Mai 1926 bis 29. Januar 1927, 29. Januar 1927 bis 29. Juni 1928, bearb. von Günter Abramowski, Bd. 1, Boppard am Rhein 1988.

Erker, Paul/Dierk Hoffmann: Alterssicherungssystem und Reichsversicherungsanstalt in der »Volksgemeinschaft«. Die Geschichte der Rentenversicherung in der NS-Zeit (im Erscheinen).

Feldkamp, Michael F.: Franz Roman Nüßlein (1909-2003) und die sog. »Nachruf-Affäre« des Auswärtigen Amtes im Jahre 2005, in: 1863-2013. Festschrift zum 150. Stiftungsfest des katholischen Studentenvereins Arminia, Bonn 2013, S. 74-101.

Frei, Norbert: Vergangenheitspolitik. Die Anfänge der Bundesrepublik und die NS-Vergangenheit, München 1996.

Friedländer, Saul: Das Dritte Reich und die Juden, Bd. 1: Die Jahre der Verfolgung, 1933-1939, aus dem Engl. von Martin Pfeiffer, München 1998.

Führer, Karl Christian: Untergang und Neuanfang. Die Rentenversicherungen für Arbeiter und für Angestellte im Jahrzehnt der »Großen Inflation« 1914-1924. Ein Vergleich, in: Stefan Fisch/Ulrike Haerendel (Hg.): Geschichte und Gegenwart der Rentenversicherung in Deutschland, Berlin 2000, S. 247-270.

–: Für das Wirtschaftsleben »mehr oder weniger wertlose Personen«. Zur Lage von Invaliden- und Kleinrentnern in den Inflationsjahren 1918-1924, in: Archiv für Sozialgeschichte 30 (1990), S. 145-180.

Fulbrook, Mary: Eine kleine Stadt bei Auschwitz. Gewöhnliche Nazis und der Holocaust, aus dem Englischen von Eva Eckinger, Essen 2015.

Funk, Winfried: Rechtsetzungsbefugnis des Reichsversicherungsamts: Einwirkung seiner Mitglieder im vorparlamentarischen Raum bei der Meinungsbildung und bei Gesetzentwürfen, in: Georg Wannagat (Hg.): Entwicklung des Sozialrechts. Aufgabe der Rechtsprechung, Festgabe aus Anlaß des 100jährigen Bestehens der sozialgerichtlichen Rechtsprechung, Köln 1984, S. 161-192.

Gedenkbuch Berlins der jüdischen Opfer des Nationalsozialismus, hg. von der Freien Universität Berlin und dem Zentralinstitut für sozialwissenschaftliche Forschung, Berlin 1995.

Gedenkbuch für die Karlsruher Juden, http://gedenkbuch.informedia.de/ (4.7.2018).

Gedenkbuch. Opfer der Verfolgung der Juden unter der nationalsozialistischen Gewaltherrschaft in Deutschland 1933-1945, bearb. und hg. vom Bundesarchiv, Koblenz 1986; sowie http://www.bundesarchiv.de/gedenkbuch/intro.html.de (4.7.2018).

Geissler, Peggy/Francis Kessler/Norbert Olsz: L'Alsace-Lorraine, in: Philipp-Jean Hesse/Jean-Pierre Le Crom (Hg.): La protection sociale sous le régime de Vichy, Rennes 2001, S. 279-308.

Gerwarth, Robert: Reinhard Heydrich. Biographie, aus dem Engl. von Udo Rennert, München 2013.

Geyer, Martin H.: Die Reichsknappschaft. Versicherungsreformen und Sozialpolitik im Bergbau 1900-1945, München 1987.
Gießmer, Uwe: Zur Biografie von Pastor Christian Boeck (1875-1964). Viele Jahre im Dienste der Kirche und der Fehrs-Gilde, o. O. 2016.
Giovannini, Norbert/Claudia Rink/Frank Mora (Hg.): Erinnern, Bewahren, Gedenken. Die jüdischen Einwohner Heidelbergs und ihre Angehörigen 1933-1945, Biographisches Lexikon mit Texten, Heidelberg 2011.
Glootz, Tanja Anette: Geschichte der Angestelltenversicherung des 20. Jahrhunderts, Berlin 1999.
Göppinger, Horst: Juristen jüdischer Abstammung im »Dritten Reich«. Entrechtung und Verfolgung, München 1990.
Gottwald, Alfred/Schulle, Diana: »Die Judendeportationen« aus dem Deutschen Reich, 1941-1945. Eine kommentierte Chronologie, Wiesbaden 2005.
Gruner, Wolf: Von der Kollektivausweisung zur Deportation der Juden aus Deutschland. Neue Perspektiven und Dokumente (1938-1945), in: Birthe Kundrus/Beate Meyer (Hg.): Die Deportation der Juden aus Deutschland. Pläne – Praxis – Reaktionen 1938-1945, Göttingen 2004, S. 21-62.
–: Öffentliche Wohlfahrt und Judenverfolgung. Wechselwirkungen lokaler und zentraler Politik im NS-Staat, München 2002.
Grzesinski, Albert: Im Kampf um die deutsche Republik. Erinnerungen eines Sozialdemokraten, München 2001.
Hachtmann, Rüdiger: Reichsarbeitsministerium und Deutsche Arbeitsfront. Dauerkonflikt und informelle Kooperation, in: Alexander Nützenadel (Hg.): Das Reichsarbeitsministerium im Nationalsozialismus. Verwaltung – Politik – Verbrechen, Göttingen 2017, S. 137-176.
–: Elastisch, dynamisch und von katastrophaler Effizienz – zur Struktur der Neuen Staatlichkeit des Nationalsozialismus, in: Sven Reichardt/Wolfgang Seibel (Hg.): Der prekäre Staat. Herrschen und Verwalten im Nationalsozialismus, Frankfurt am Main/New York 2011, S. 29-73.
–: Vernetzung um jeden Preis. Zum politischen Alltagshandeln der Generalverwaltung der Kaiser-Wilhelm-Gesellschaft im »Dritten Reich«, in: Helmut Maier (Hg.): Gemeinschaftsforschung, Bevollmächtigte und der Wissenstransfer. Die Rolle der Kaiser-Wilhelm-Gesellschaft im System kriegsrelevanter Forschung des Nationalsozialismus, Göttingen 2007, S. 77-152.
–: »Neue Staatlichkeit« – Überlegungen zu einer systematischen Theorie des NS-Herrschaftssystems und ihrer Anwendung auf die mittlere Ebene der Gaue, in: Jürgen John/Horst Möller/Thomas Schaarschmidt (Hg.): Die NS-Gaue. Regionale Mittelinstanzen im zentralistischen »Führerstaat«, München 2007, S. 22-55.
Haerendel, Ulrike: Die Weiterentwicklung des Sozialstaats im Kaiserreich und in der Weimarer Republik, in: Peter Masuch (Hg.): Grundlagen und Herausforderungen des Sozialstaats. Denkschrift 60 Jahre Bundessozialgericht, Berlin 2014, S. 93-117.
–: Die Anfänge der gesetzlichen Rentenversicherung in Deutschland. Die

Invalidität- und Altersversicherung von 1889 im Spannungsfeld von Reichsverwaltung, Bundesrat und Parlament, Speyer 2001.

Hansen, Eckhard/Christina Kühnemund/Christine Schoenmakers/Florian Tennstedt (Bearb.): Biographisches Lexikon zur Geschichte der deutschen Sozialpolitik 1871 bis 1945, Bd. 2: Sozialpolitiker der Weimarer Republik und im Nationalsozialismus 1919 bis 1945, Kassel 2018.

Heiber, Helmut: Das Tagebuch von Joseph Goebbels 1925/26. Mit weiteren Dokumenten, Stuttgart 1960.

Herder-Institut (Hg.): Dokumente und Materialien zur ostmitteleuropäischen Geschichte. Themenmodul »Protektorat Böhmen und Mähren«, bearb. von Stefan Lehr (Münster), https://www.herder-institut.de/resolve/qid/2962.html (9.5.2017).

Hildebrand, Klaus: Die Reichsbahn in der nationalsozialistischen Diktatur 1933-1945, in: Lothar Gall/Manfred Pohl (Hg.): Die Eisenbahn in Deutschland. Von den Anfängen bis zur Gegenwart, München 1999, S. 165-244.

Hobsbawm, Eric: Das Zeitalter der Extreme. Weltgeschichte des 20. Jahrhunderts, aus dem Engl. von Yvonne Badal, München 1995.

Hockerts, Hans Günter (Hg.): Drei Wege deutscher Sozialstaatlichkeit. NS-Diktatur, Bundesrepublik und DDR im Vergleich, München 1998.

Hoffmann, Dierk: Neuere Forschungsfragen zur Rentenversicherung und die Aktenüberlieferung der Deutschen Rentenversicherung Bund, in: Marc von Miquel/Marcus Stumpf (Hg.): Historische Überlieferung der Sozialversicherungsträger. Desiderate der Forschung und archivische Überlieferungsbildung, Münster 2012, S. 42-51.

–: Otto Grotewohl. Eine politische Biographie, München 2009.

Hüttenberger, Peter: Nationalsozialistische Polykratie, in: Geschichte und Gesellschaft 2 (1976), S. 417-442.

Jäckel, Eberhard: Frankreich in Hitlers Europa. Die deutsche Frankreichpolitik im Zweiten Weltkrieg, Stuttgart 1966.

Jah, Akim: Die Berliner Sammellager im Kontext der »Judendeportationen« 1941-1945, in: Zeitschrift für Geschichtswissenschaft 61 (2013), Nr. 3, S. 211-231.

Kárný, Miroslav: Deutsche Politik im »Protektorat Böhmen und Mähren« unter Reinhard Heydrich 1941-1942. Eine Dokumentation, Berlin 1997.

Kaschke, Lars: Eine versöhnende und beruhigende Wirkung? Zur Funktion der Rentenverfahren in der Invaliditäts- und Altersversicherung im Kaiserreich, in: Stefan Fisch/Ulrike Haerendel (Hg.): Geschichte und Gegenwart der Rentenversicherung in Deutschland. Beiträge zur Entstehung, Entwicklung und vergleichenden Einordnung der Alterssicherung im Sozialstaat, Berlin 2000, S. 127-144.

–: Nichts als »Bettelgelder«?. Wert und Wertschätzung der Alters- und Invalidenrenten im Kaiserreich, in: Historische Zeitschrift 270 (2000), S. 345-388.

Kawamura, Hiroki: Die Geschichte der Rechtsberatungshilfe in Deutsch-

land. Von der Wilhelminischen Zeit bis zur Entstehung des Beratungshilfegesetzes von 1980, Berlin 2014.
Kershaw, Ian: Hitler. 1889-1936, aus dem Engl. von Jürgen Peter Krause und Jörg W. Rademacher, Stuttgart 1998.
Kettenacker, Lothar: Nationalsozialistische Volkstumspolitik im Elsaß, Stuttgart 1973.
Kirchberger, Petra: Die Stellung der Juden in der deutschen Rentenversicherung, in: Götz Aly/Susanne Heim/Miroslav Kárný/Petra Kirchberger/Alfred Koniczny: Sozialpolitik und Judenvernichtung. Gibt es eine Ökonomie der Endlösung?, Berlin 1987, S. 111-132.
Klimo, Alexander: An Unhappy Return: German Pension Insurance Policy in Alsace, in: Sandrine Kott/Kiran Klaus Patel (Hg.): Nazism across Borders. The Social Policies of the Third Reich and their Global Appeal, Oxford 2018, S. 81-104.
Kott, Sandrine: Sozialstaat und Gesellschaft. Das deutsche Kaiserreich in Europa, Göttingen 2014.
Kott, Sandrine/Kiran Klaus Patel (Hg.): Nazism across Borders. The Social Policies of the Third Reich and their Global Appeal, Oxford 2018.
Krause, Peter: Die Selbstverwaltung der Sozialversicherungsträger in der Rechtsprechung des RVA und des BSG, in: Georg Wannagat (Hg.): Entwicklung des Sozialrechts. Aufgabe der Rechtsprechung, Festgabe aus Anlaß des 100jährigen Bestehens der sozialgerichtlichen Rechtsprechung, Köln 1984, S. 575-607.
Länderrat des Amerikanischen Besatzungsgebiets (Hg.): Statistisches Handbuch von Deutschland. 1928-1944, München 1949.
Lohalm, Uwe: Völkische Wohlfahrtsdiktatur. Öffentliche Wohlfahrtspolitik im nationalsozialistischen Hamburg, München/Hamburg 2010.
Longerich, Peter: Politik der Vernichtung. Eine Gesamtdarstellung der nationalsozialistischen Judenverfolgung, München/Zürich 1998.
Lossen, Richard: Joseph Schneider (1900-1985), in: Michael F. Feldkamp (Hg.): Arminia 1863-1988. Festschrift zum 125. Bestehen des Katholischen Studentenvereins Arminia. Bonn 1988, S. 209-214.
Löw, Andrea: Juden im Getto Litzmannstadt – Lebensbedingungen, Selbstwahrnehmung, Verhalten, Göttingen 2006.
Malina, Peter: Die Akten der Klienten/Klientinnen der Kanzlei Dr. Michael Stern. 1938-1945, Wien 2001.
Marx, Henry: Arbeitsverwaltung und Organisation der Kriegswirtschaft, in: Alexander Nützenadel (Hg.): Das Reichsarbeitsministerium im Nationalsozialismus. Verwaltung – Politik – Verbrechen, Göttingen 2017, S. 282-316.
Mason, Timothy W.: Sozialpolitik im Dritten Reich. Arbeiterklasse und Volksgemeinschaft, Opladen 1977.
Matthes, Claudia: Tschechische Republik: Unvollständige Wiedereinführung korporatistischer Selbstverwaltung, in: Tanja Klenk (Hg.): Abkehr vom Korporatismus? Der Wandel der Sozialversicherungen im europäischen Vergleich, Frankfurt am Main 2012, S. 481-524.

Mayntz, Renate: Soziologie der öffentlichen Verwaltung, Heidelberg/ Karlsruhe 1978.
Metzler, Gabriele: *Kontinuitäten und Diskontinuitäten der NS-Sozialpolitik*, in: Christoph J. Bauer (Hg.): Faschismus und soziale Ungleichheit, Duisburg 2007, S. 13-40.
Mierzejewski, Alfred C.: A History of the German Public Pension System: Continuity Amid Change, Lanham u.a. 2016.
–: Plundering Pensions. The Destruction of the German Pension System by the Third Reich, in: Historian 74 (2012), S. 286-306.
Moll, Martin (Hg.): »Führer-Erlasse« 1939-1945. Edition sämtlicher überlieferter, nicht im Reichsgesetzblatt abgedruckter, von Hitler während des Zweiten Weltkrieges schriftlich erteilter Direktiven aus den Bereichen Staat, Partei, Wirtschaft, Besatzungspolitik und Militärverwaltung, Stuttgart 1997.
Müller, Edda: Organisationsstruktur und Aufgabenerfüllung. Bemerkungen zur ministeriellen Organisation, in: Die öffentliche Verwaltung 39 (1986), Nr. 1, S. 10-15.
Nef, Urs Ch.: Die Entwicklung zwischen den beiden Weltkriegen, in: Hans F. Zacher/Peter A. Köhler (Hg.): Beiträge zu Geschichte und aktueller Situation der Sozialversicherung, Berlin 1983, S. 125-140.
Neuner, Stephanie: Politik und Psychiatrie: Die staatliche Versorgung psychisch Kriegsbeschädigter in Deutschland 1920-1939, Göttingen 2011.
Nickel, Karl-Heinz/Harald Schmidt/Florian Tennstedt/Heide Wunder: Kurzbiographien, in: Georg Wannagat (Hg.): Kassel als Stadt der Juristen (Juristinnen) und der Gerichte in ihrer tausendjährigen Geschichte, Köln u.a. 1990, S. 505-506.
Noll, Dorothea: »... ohne Hoffnung, im Alter jemals auch nur einen Pfennig Rente zu erhalten«. Die Geschichte der weiblichen Erwerbsbiographie in der gesetzlichen Rentenversicherung, Frankfurt am Main 2010.
Nützenadel, Alexander (Hg.): Das Reichsarbeitsministerium im Nationalsozialismus. Verwaltung – Politik – Verbrechen, Göttingen 2017.
Peters, Horst: Die Geschichte der sozialen Versicherung, Sankt Augustin 1978.
Porter, Dorothy: Health, Civilization and the State. A History of Public Health from Ancient to Modern Times, London u.a. 1999.
Priemel, Kim Christian: Arbeitsverwaltung vor Gericht. Das Reichsarbeitsministerium und die Nürnberger Prozesse 1945-1949, in: Alexander Nützenadel (Hg.): Das Reichsarbeitsministerium im Nationalsozialismus. Verwaltung – Politik – Verbrechen, Göttingen 2017, S. 461-493.
Prinz, Michael: Die soziale Funktion moderner Elemente in der Gesellschaftspolitik des Nationalsozialismus, in: ders. (Hg.): Nationalsozialismus und Modernisierung, Darmstadt 1991, S. 297-327.
–: Sozialpolitik im Wandel der Staatspolitik? Das Dritte Reich und die Tradition bürgerlicher Sozialreform, in: Rüdiger vom Bruch (Hg.): Weder Kapitalismus noch Kommunismus. Bürgerliche Sozialreform in Deutschland vom Vormärz bis zur Ära Adenauer, München 1985.

Raphael, Lutz: Die Verwissenschaftlichung des Sozialen als methodische und konzeptionelle Herausforderung für eine Sozialgeschichte des 20. Jahrhunderts, in: Geschichte und Gesellschaft 22 (1996), S. 165-193.
Rebentisch, Dieter: Führerstaat und Verwaltung im Zweiten Weltkrieg. Verfassungsentwicklung und Verwaltungspolitik 1939-1945, Stuttgart 1989.
Recker, Marie-Luise: Nationalsozialistische Sozialpolitik im Zweiten Weltkrieg, München 1985.
Reidegeld, Eckart: Staatliche Sozialpolitik in Deutschland, Bd. 1: Von den Ursprüngen bis zum Untergang des Kaiserreiches 1918, Bd. 2: Sozialpolitik in Demokratie und Diktatur 1919-1945, Wiesbaden 2006.
Ritter, Gerhard A.: Sozialversicherung in Deutschland und England. Entstehung und Grundzüge im Vergleich, München 1983.
Ruch, Martin: 700 Jahre Geschichte der Juden in Gengenbach 1308-2008, Willstätt/Norderstedt 2008.
Ruck, Michael: Korpsgeist und Staatsbewußtsein. Beamte im deutschen Südwesten 1928 bis 1972, München 1996.
Rücker, Simone: Rechtsberatung. Das Rechtsberatungswesen von 1919-1945 und die Entstehung des Rechtsberatungsmissbrauchsgesetzes von 1935, Tübingen 2007.
Rückert, Maria Magdalena (Hg.): Württembergische Biographien. Unter Einbeziehung hohenzollerischer Persönlichkeiten, Bd. 2, Stuttgart 2006.
Sachße, Christoph/Florian Tennstedt: Der Wohlfahrtsstaat im Nationalsozialismus, Stuttgart/Berlin/Köln 1992.
Schmidt, Manfred G.: Sozialpolitik in Deutschland. Historische Entwicklung und internationaler Vergleich, Wiesbaden 2005.
Scheur, Wolfgang: Einrichtungen und Massnahmen der sozialen Sicherheit in der Zeit des Nationalsozialismus, Köln 1967.
Schlegel-Voß, Lil-Christin: Alter in der »Volksgemeinschaft«. Zur Lebenslage der älteren Generation im Nationalsozialismus, Berlin 2005.
Schmied, Volker H.: Andreas Grieser (1868-1955). Das Leben und Wirken des »Nestors« der deutschen Sozialversicherung, Karlstadt 1993.
Schmoller, Gustav von: Heydrich im Protektorat Böhmen und Mähren, in: Vierteljahrshefte für Zeitgeschichte 27 (1979), Nr. 4, S. 626-645.
Schmuhl, Hans-Walter: Arbeitsmarktpolitik und Arbeitsverwaltung in Deutschland 1871-2002, Nürnberg 2003.
Schneider, Michael: In der Kriegsgesellschaft. Arbeiter und Arbeiterbewegung 1939 bis 1945, Bonn 2014.
–: Nationalsozialismus und Modernisierung? Probleme einer Neubewertung des »Dritten Reichs«, in: Archiv für Sozialgeschichte 32 (1992), S. 541-545.
Schroeder, Tatjana: Die Geschichte der Landesversicherungsanstalt Schleswig-Holstein, Kiel 1987.
Schulte, C.J.: Zur Entstehungsgeschichte des Reichsversicherungsamtes und des Bundesamtes für das Heimatwesen als Judikativorgane des Reiches, in: Zeitschrift für Sozialreform 44 (1998), Nr. 1, S. 45-53.

Schulz, Gerhard: Die Anfänge des totalitären Maßnahmenstaates, in: Karl Dietrich Bracher/Wolfgang Sauer/Gerhard Schulz: Die nationalsozialistische Machtergreifung. Studien zur Errichtung des totalitären Herrschaftssystems in Deutschland 1933/34, Köln/Opladen 1960, S. 371-684.

Schumacher, Martin: MdL, das Ende der Parlamente 1933 und die Abgeordneten der Landtage und Bürgerschaften der Weimarer Republik in der Zeit des Nationalsozialismus. Politische Verfolgung, Emigration und Ausbürgerung 1933-1945. Ein biographischer Index, Düsseldorf 1995.

Schwoch, Rebecca: »Treueste Pflichterfüllung« im Dienst der »Volksgesundheit«: Ärztliche Standespolitik im Nationalsozialismus, in: Marc von Miquel (Hg.): Sozialversicherung in Diktatur und Demokratie. Begleitband zur Wanderausstellung der Arbeitsgemeinschaft »Erinnerung und Verantwortung« der Sozialversicherungsträger in NRW, Essen 2007, S. 261-274.

Seidler, Eduard: Jüdische Kinderärzte 1933-1945. Entrechtet – geflohen – ermordet, Basel/Freiburg 2007.

Simon, Ute (Bearb.): Reichsarbeitsministerium. Bestand R 41, Koblenz 1991.

Smelser, Ronald M.: Robert Ley. Hitlers Mann an der »Arbeitsfront«. Eine Biographie, aus d. Amerikan. von Karl und Heidi Nicolai, Paderborn 1989.

Stöhr, Hans: In alten Akten geblättert. 90 Jahre Landesversicherungsanstalt Baden, Karlsruhe 1981.

Stolleis, Michael: Historische Grundlagen. Sozialpolitik in Deutschland bis 1945, in: Bundesministerium für Arbeit und Sozialordnung/Bundesarchiv (Hg.): Geschichte der Sozialpolitik in Deutschland seit 1945, Bd. 1: Grundlagen der Sozialpolitik, Baden-Baden 2001, S. 199-332.

Strätz, Reiner: Biographisches Handbuch Würzburger Juden 1900-1945, Würzburg 1989.

Straus, André: Die Verwaltung des Ruhestandes in Frankreich im 19. und frühen 20. Jahrhundert, in: Zeitschrift für Unternehmensgeschichte 48 (2003), Nr. 1 S. 89-103.

Süß, Winfried: Der Volkskörper im Krieg. Gesundheitspolitik, Gesundheitsverhältnisse und Krankenmord im nationalsozialistischen Deutschland 1939-1945, München 2003.

Šustrová, Radka: Liberale Gesellschaft oder nationale Gemeinschaft? Sozialpolitik im Protektorat Böhmen und Mähren, 1939-1945 (im Erscheinen).

–: »It Will Not Work without a Social Policy!«. Research on Social Policy Practice on the Territory of Protectorate of Bohemia and Moravia, in: Czech Journal of Contemporary History 2 (2014), S. 31-56.

Tennstedt, Florian: Vorläufer der gesetzlichen Rentenversicherung in: Stefan Fisch/Ulrike Haerendel (Hg.): Geschichte und Gegenwart der Rentenversicherung in Deutschland. Beiträge zur Entstehung, Entwicklung und vergleichenden Einordnung der Alterssicherung im Sozialstaat, Berlin 2000, S. 31-48.

–: Das Reichsversicherungsamt und seine Mitglieder – einige biographische Hinweise, in: Georg Wannagat (Hg.): Entwicklung des Sozialrechts. Aufgabe der Rechtsprechung, Festgabe aus Anlaß des 100jährigen Bestehens der sozialgerichtlichen Rechtsprechung, Köln 1984, S. 47-82.
–: Geschichte der Selbstverwaltung in der Krankenversicherung von der Mitte des 19. Jahrhunderts bis zur Gründung der Bundesrepublik Deutschland, Bonn 1977.
–: Sozialgeschichte der Sozialversicherung, in: Sozialmedizin in der Praxis 3 (1976), S. 385-492.
Teppe, Karl: Zur Sozialpolitik des Dritten Reiches am Beispiel der Sozialversicherung, in: Archiv für Sozialgeschichte 17 (1977), S. 195-250.
Topf, Ullrich: Datenverarbeitung in der Rentenversicherung, Wiesbaden 1993.
Die Verfolgung und Ermordung der europäischen Juden durch das nationalsozialistische Deutschland 1933-1945, hg. von Götz Aly/Wolf Gruner/Susanne Heim/Ulrich Herbert/Hans-Dieter Kreikamp/Horst Möller/Dieter Pohl/Hartmut Weber, Bd. 1: Deutsches Reich 1933-1937, bearb. von Wolf Gruner, München 2008.
Vogler, Bernhard: Geschichte des Elsass, Stuttgart 2012.
Vossen, Johannes: Gesundheitsämter im Nationalsozialismus. Rassenhygiene und offene Gesundheitsfürsorge in Westfalen, 1900-1950, Essen 2001.
Wehler, Hans-Ulrich: Deutsche Gesellschaftsgeschichte, Bd. 4: Vom Beginn des Ersten Weltkrieges bis zur Gründung der beiden deutschen Staaten 1914-1949, München 2003.
Wehner, Christoph: Die Landesversicherungsanstalten Baden und Württemberg im »Dritten Reich«. Personalpolitik, Verwaltung und Rentenpraxis 1933-1945, Ettlingen 2017.
Weissensteiner, Friedrich: Große Österreicher des 20. Jahrhunderts, Wien 1997.
Wildt, Michael: Generation des Unbedingten. Das Führungskorps des Reichssicherheitshauptamtes, Hamburg 2002.
Winkler, Heinrich August: Der lange Weg nach Westen, Bd. 2: Deutsche Geschichte vom Dritten Reich bis zur Wiedervereinigung, München 2000.
Zacher, Hans F.: Walter Bogs – 90 Jahre alt, in: Zeitschrift für ausländisches und internationales Arbeits- und Sozialrecht 3 (1989), S. 69-72.
Zitelmann, Rainer: Die totalitäre Seite der Moderne, in: Michael Prinz (Hg.): Nationalsozialismus und Modernisierung, Darmstadt 1991, S. 1-21.